# Pandekten

von

## Heinrich Dernburg,

ordentlichem Professor des Rechtes an der Universität Berlin.

Zweiter Band.

Obligationenrecht.

Vierte, verbesserte Auflage.

———— ⬥ ————

Berlin 1894.
Verlag von H. W. Müller.

.

# Inhaltsübersicht.

## Drittes Buch. Das Obligationenrecht.

## Erster Theil. Die allgemeinen Lehren.

### Erster Abschnitt. Rechtliche Natur der Obligationen.

### Zweiter Abschnitt. Die Entstehungsgründe der Obligationen.

#### Erstes Kapitel. Die Form der obligatorischen Geschäfte.

#### Zweites Kapitel. Der Abschluß obligatorischer Geschäfte.

#### Drittes Kapitel. Verhaftung aus fremden Geschäften.

#### Viertes Kapitel. Erfordernisse obligatorischer Geschäfte.

#### Fünftes Kapitel. Die Arten obligatorischer Geschäfte.

# Zweiter Theil.  Die einzelnen Forderungsrechte.

## Erster Abschnitt.  Die Kontraktsobligationen.

### Erstes Kapitel.  Die Realkontrakte.

# Register der Parömien.

Die Zahlen ohne nähere Bezeichnung bedeuten die Seiten, die in Parenthese stehenden Ziffern die Paragraphen, a - Anmerkung.

Ab heredibus obligationem incipere non posse 53 a 6 (18).
Aliud pro alio invito creditore solvi non potest 151 a 4 (55).
Anweisung ist nicht Zahlung 324 a 10 (119).
Casum sentit dominus 121 a 3 (44).
Casus a nullo praestantur 121 (44).
Cujus periculum, ejus est commodum 69 (23).
Dies interpellat pro homine 111 (40).
Dolo facit, qui petit, quod redditurus est 172 a 5 (62).
Fur semper moram facere videtur 110 a 11 (40).
Genus perire non censetur 73 a 2 (25).
Impossibilium nulla obligatio 45 a 2 (16).
In praeteritum non vivitur 91 (31).
Ipso jure compensatur 173 (62).
Kauf bricht Miethe 304 (111).
Lata culpa dolus est 101 a 6 (36).
Noxa caput sequitur 360 a 9 (133).
Periculum est emptoris 59 (20), 261 (96).
Periculum est locatoris 299 (110).
Prioris periculum ad venditorem posterioris ad emptorem respicit 80 a 6 (27).
Qui delegat solvit 324 a 10 (119).
Qui ex causa judicati solvit repetere non potest 374 a 22 (141).
Quid debeat esse in ejus arbitrio, an debeat non esse 79 a 3 (27).
Species perit ei cui debetur 73 a 2 (25).
Ubi pure quis stipulatus fuerit et cessit et venit dies 96 a 2 (34).

---

## Druckfehlerberichtigung.

Auf S. 249 in Anm. 23) muß es heißen:
Zeile 4: „Depositums" statt „Depositars".
Zeile 5: „Depositars" statt „Deponenten".

# Drittes Buch.

# Das Obligationenrecht.

## Erster Theil.

### Die allgemeinen Lehren.

#### Erster Abschnitt.

#### Rechtliche Natur der Obligationen.[1]

##### § 1. Begriff der Obligation.[2]

I. Obligationen sind Rechtsverhältnisse, die in der Pflicht des Schuldners zu einer vermögenswerthen Leistung an den Gläubiger bestehen.[3][4]

---

1) Eine durchsichtige Darstellung der Obligationen im Allgemeinen giebt das insbesondere für das französ. Recht wichtige Werk von Pothier: traité des obligations in der Gesammtausgabe seiner Werke vol. I p. 1 ff. Vgl. weiter: Unterholzners quellenmäßige Zusammenstellung der Lehre des röm. Rechtes von den Schuldverhältnissen, 2 Bde., nach dessen Tode von Huschke herausgegeben 1840; Savigny, das Obligationenrecht als Theil des heutigen röm. Rechtes, Bd. 1 und 2, 1851 und 1853 — leider unvollendet — hier citirt mit O.R. Zu erwähnen ist auch das auf Vorträgen beruhende, nach dem Tode des Autors veröffentlichte Werk von Molitor, les obligations en droit romain, 3 tomes, 1851; sowie Koch, Recht der Forderungen nach gem. u. preuß. Recht 3 Bde. 2. Aufl. 1859. Gemeines Recht enthält überwiegend Hasenöhrl, österreich. Obligationenrecht, bis jetzt Bd. 1, 2. Aufl. 1892, Bd. 2 Abth. 1 1886, mit zahlreichen Litteraturnachweisen. Den allgemeinen Theil behandelt Ryck, d. Lehre von den Schuldverhältnissen 1889.

2) Vgl. auch oben Bd. 1 § 22 unter 1 b.

3) Legaldefinitionen enthalten: pr. J. de obligat. 3, 13. obligatio est juris vinculum, quo necessitate adstringimur alicujus solvendae rei secundum nostrae civitatis jura und l. 3 pr. D. de obl. et act. 44, 7. Paulus libro 2 institutionum: obligationum substantia non in eo consistit, ut aliquod corpus nostrum aut servitutem nostram faciat, sed ut alium nobis obstringat ad dandum aliquid vel faciendum vel praestandum. Ryck, die obligatio 1878, giebt Mittheilung über die Versuche seit der Zeit der Glossatoren, die Obligation zu definiren.

4) Der Ausdruck obligatio ist ein vieldeutiger. Er bezeichnet: a) den Akt der Obligirung l. 19 de V. S. 50, 16, b) das Verpflichtetsein des Schuldners, pr. J. de

Die Obligationen sollen einen ökonomischen Erfolg herbeiführen. Sie bezwecken bald die Uebereignung körperlicher Sachen, bald deren Ueberlassung zum Gebrauche, bald Dienste physischer oder geistiger Art, bald andere Vortheile. Zu diesem Zweck verbinden sie den Schuldner zu Thun, zu Dulden und zu Unterlassungen. Um dieses alles zu erschöpfen, wählt man seit langer Zeit den Ausdruck „Leistung".[5]

Die Leistung muß aber eine vermögenswerthe sein. Dies giebt dem Kreise der Obligationen seine feste Begrenzung.[6]

Die Obligationen gehören hiernach, wie die Sachenrechte, dem Vermögensrechte an. Aber die Unterschiede dieser beiden Hauptkategorien der Vermögensrechte sind sehr erheblich. Denn die Sachenrechte unterwerfen uns körperliche Sachen unmittelbar. Die Obligationen geben keine Herrschaft über die sichtbare Welt; sie begründen ein Verhältniß von Person zu Person bezüglich Vermögensinteressen. Sie erzeugen eine Pflicht und greifen damit in eine unsichtbare Sphäre ein, in die der Entschlüsse. Diese rufen sie durch psychische Mittel hervor. Den Schuldner treibt zur Erfüllung theils Rechts= und Ehrgefühl, theils Rücksicht auf seinen Kredit; schließlich steht im Hintergrunde der staatliche Zwang. —

Die augenfälligste und geradezu drastische Erzwingung der Obligation ist die Zwangsvollstreckung gegen die Person des Schuldners oder in sein Vermögen. Hier setzt neuerdings eine Auffassung ein, welche der Obligation eine greifbare Herrschaft zuschieben will, indem sie das Wesen der Obligation in die Unterwerfung des Schuldners unter die Zwangsvollstreckung, also in die Haftung von Person und Vermögen des Schuldners für den Fall seiner Nichtleistung setzt.[7] Doch hiermit

---

obligationibus 3, 13, c) das der Verpflichtung gegenüberstehende Forderungsrecht, l. 3 pr. D. de obl. et act. 44, 7, und endlich d) das gesammte Rechtsverhältniß in beiden Beziehungen. Siehe Windscheid Bd. 2 § 251 und die dort angeführten Abhandlungen über die Bedeutung des Wortes obligatio.

5) Schey, Struktur der Forderungsrechte in Grünhuts Zeitschrift Bd. 9 S. 361. W. Stintzing im Archiv f. civ. Praxis Bd. 81 S. 449.

6) Vgl. § 17.

7) Brinz hat die Auffassung, daß „in der Haftung der Begriff der Obligation und seine Restauration liegt", in Grünhuts Zeitschrift Bd. 1 n. 2 vertheidigt, nicht weniger in seinen Pandekten Bd. 2 S. 1 ff. ausgeführt. Gegen ihn hat sich namentlich in eingehender Erörterung Rümelin gewendet im Archiv für civ. Praxis Bd. 68 n. 8, worauf Brinz ebendas. Bd. 70 n. 12 erwidert hat. Sohm in Grünhuts Zeitschrift Bd. 4 n. 7 erachtet die Zwangswirkungen gegen die Person des Schuldners wie gegen sein Vermögen als dem Inhalte des Forderungsrechtes völlig fremd. In der Zwangsvollstreckung sei nur die überlegene Energie des öffentlichen Rechtes thätig. Das Wesen des dinglichen Rechtes sei Macht — durch den Besitz —, das Wesen des Forderungsrechtes Ohnmacht — weil es nicht durch den Besitz gedeckt sei. — Vgl. aber das oben Bd. 1 § 126 Bemerkte. Siehe auch Kuntze, die Obligationen und das

wird Ursache und Wirkung verwechselt. Das Recht der Zwangsvollstreckung besteht wegen der Obligation und in ihrem Gefolge, aber es ist nicht die Obligation. —

II. Die Obligation verweist auf die Zukunft. Es soll etwas werden, geschehen oder unterbleiben. In diesem Sinne enthält j e d e O b l i g a t i o n ein freiwilliges oder auch unfreiwilliges K r e d i t i r e n, d. h. Erwartung künftiger Erfüllung. So rechtfertigt sich der Name Gläubiger — creditor — bei allen Obligationen, auch bei den außerkontraktlichen.[8]

Enger ist der Begriff der K r e d i t g e s c h ä f t e. Als solche bezeichnen die Römer Verträge, bei denen man freiwillig einem Schuldner W e r t h e a n v e r t r a u t unter der Verpflichtung künftiger Erstattung.[9] In einem besonderen Sinne aber ist es „Kreditgeschäft", wenn dem Schuldner Geld oder andere Umlaufsmittel — z. B. Staatspapiere oder auch Waaren an Geldesstatt — ü b e r e i g n e t werden unter Verpflichtung zur Rück= leistung solcher Umlaufsmittel, mag es sich übrigens um eine Darlehens= schuld oder eine Schuld aus einem Wechsel oder eine Kaufgelderschuld oder andere Rechtsverhältnisse handeln.[10]

III. Bei jeder Obligation läßt sich von einer S c h u l d, d. h. einer präsenten oder eventuellen Verbindlichkeit zu einer Leistung reden. Jeder Verpflichtete wird daher Schuldner — debitor — genannt. Im engeren Sinne aber spricht man von einer „Schuld" nur dann, wenn eine Ver= bindlichkeit zur U e b e r t r a g u n g v o n V e r m ö g e n s w e r t h e n besteht.[11] Der Mandatar z. B. ist mit der Uebernahme des Mandates verpflichtet, seine Kraft und Thätigkeit zur Ausführung des ihm ertheilten Auftrages

---

jus extraordinarium 1886, insbesondere S. 90, Kohler in Grünhuts Zeitschrift Bd. 14 S. 3.

8) S. unten §§ 129 ff.

9) Diesen Begriff des Kreditums legte der Prätor zu Grunde, indem er unter dem Titel „de rebus creditis" auch „de commodato et de pignore" edicirte, l. 1 § 1 D. de rebus creditis 12, 1. Vgl. Paulus libro 28 ad edictum l. 2 § 3 D. eod. — Aber anders klingt l. 2 § 1 D. eod. Ueber den Begriff des Kredits vgl. Georg Cohn in Endemanns Handbuch des Handelsr. Bd. 2 Abschnitt 6. Dort finden sich Litteraturnachweise. Siehe auch Schey, oblig. Verhältnisse Bd. 1 S. 30.

10) Vgl. Petražycki Einkommen Bd. 2 § 25. Nach dem Reichsgesetz vom 19. Juni 1893 Art. 4 ist bei öffentlicher Strafe verbunden, wer „aus dem Betrieb von Geld= oder Kreditgeschäften" ein Gewerbe macht, dem Schuldner jährlich über sie eine schriftliche Rechnung mitzuschicken. Es ist zweifelhaft, was hier unter Kreditgeschäften zu verstehen ist. Man wird den Begriff des Textes zu Grunde zu legen haben.

11) Die Unterscheidung wird vorzugsweise von Brinz, Pand. Bd. 2 S. 33 ff. betont. Brinz nimmt an, eine Schuld liege vor, wenn die Leistung aus dem Ver= mögen des Leistenden zu erfolgen habe oder wenn sie doch nicht ohne Vermögens= aufwand von dessen Seite möglich sei, also eine Vermögensverringerung mit sich führe. — Windscheid Bd. 2 § 251 Anm. 2 hält es für dem Sprachgebrauch ent= sprechend, nur „Geldschulden" als Schulden zu bezeichnen. Vgl. übrigens auch Rümelin im Arch. für civ. Praxis Bd. 68 S. 183.

einzusetzen; einen Schuldner des Mandanten werden wir ihn aber erst nennen, wenn er in Folge des Mandates Werthe z. B. eingenommene Gelder an den Mandanten zu erstatten hat. —

IV. Das Obligationenrecht behandelt in seinem ersten **allgemeinen Theile** die Obligation als solche, d. h. das allen oder doch größeren Gruppen von Obligationen Gemeinsame, und in seinem **zweiten besonderen Theile die einzelnen Arten der Obligationen.** [12] [13]

### § 2. Die Leistungspflicht und ihr Zweck.

I. Die Obligation giebt ein **Mittel** zu einem **Ziele.** Das Mittel ist die Leistungspflicht des Schuldners, das Ziel der Vermögensvortheil, welcher dem Gläubiger verschafft werden soll. [1]

Die Obligation hat zum Inhalt die Leistungspflicht des Schuldners, d. h. ein dem Obligationszweck entsprechendes Verhalten desselben. Aber schließlich kommt es dem Gläubiger doch auf den Erfolg an, welcher durch die Leistung herbeigeführt werden soll.

Hieraus erklären sich wichtige Erscheinungen.

Es ist scharf zu unterscheiden: **was ist der Inhalt der Obligation? und: was genügt zu ihrer Erfüllung?**

Auf den ersten Blick scheint, daß sich beides decken müsse. Und dies war in der That der Standpunkt des ältesten Rechtes. Aber er ließ

---

12) Ansprüche zur Geltendmachung dinglicher Rechte unterliegen zu einem nicht geringen Theile Rechtssätzen, welche sich bei den Obligationen entwickelt haben, z. B. über die Cession, nach Einigen auch über die mora. Aber diese Ausdehnung rechtfertigt nicht, jene „dinglichen Ansprüche" den Obligationen geradezu zu unterstellen, wie dies Rümelin im Archiv für civ. Praxis Bd. 68 S. 192 ff. vorschlägt. Die Obligationen sind „besondere" Rechtsverhältnisse „zwischen zwei Personen" — Ryck, Schuldverhältnisse S. 1 —; jene dinglichen Ansprüche sind integrirende Bestandtheile eines anderen, des dinglichen Rechtes. Dies ist eine wichtige grundsätzliche und auch praktisch erhebliche Verschiedenheit. Um deswillen war jedenfalls den Römern die Unterstellung der dinglichen Ansprüche unter die Obligationen — wie Rümelin zugiebt — fremd, § 1 J. de act. 4, 6. Die Systematik muß aber auf den historisch gegebenen Rechtsbegriffen fußen, sonst läuft sie Gefahr, sich ins Bodenlose zu verlieren.

13) Obligationen sind häufig Zubehör dinglicher, familienrechtlicher, erbrechtlicher Verhältnisse. Diese werden im Sachenrecht, Familienrecht, Erbrecht behandelt.

1) Scharf hat G. Hartmann die Obligation: Untersuchungen über ihren Zweck und Bau 1875 hervorgehoben, daß in der Obligation zwei Begriffsmomente liegen, indem sie ein juristisches Mittel zu einem bestimmten Zwecke gewährt, vgl. insbesondere S. 31 ff. Aber Hartmann wird einseitig, wenn er das Recht auf „eine Leistung" aus dem Begriffe der Obligation eliminiren will und hiernach — S. 161 — zu folgender Formulirung kommt: „Die Substanz der Obligation ist nur das konkret begründete und irgendwie rechtlich gesicherte Soll, gerichtet auf Herstellung des vorausbestimmten Zweckerfolges".

sich nicht festhalten. Unter anderem tritt dies bei der Frage hervor, wer befugt ist, eine Schuld zu zahlen? Verpflichtet wird durch die Obligation nur der Schuldner und sein Erbe, dies ist ihr Inhalt, und dennoch kann sie in der Regel Jeder, auch der Nichtschuldner erfüllen. Denn die Leistung durch einen Nichtschuldner bewirkt in der Regel den Erfolg, der erzielt werden soll, nicht minder als die des Schuldners selbst. Dies muß zur Tilgung der Obligation genügen.

Weil die Obligationen nur Mittel zur Erreichung bestimmter Ziele bilden, ist es ferner möglich, daß mehrere Obligationen um desselben Zweckes willen begründet werden.

Und zwar kann einmal derselbe Schuldner in solcher Art verschiedene Obligationen übernehmen. Dies ist z. B. der Fall, wenn der Käufer seinem Verkäufer den Kaufpreis, den er diesem aus dem Kaufkontrakte schuldet, außerdem in einer anderen Rechtsform zusagt, wie in Rom durch eine accessorische Stipulation geschehen konnte und heutzutage oft durch Wechsel geschieht. Es bestehen dann mehrere Obligationen des Schuldners, aber es handelt sich bei allen um eine Zahlung, um dasselbe Ziel.

Nicht anders ist es, wenn verschiedene Personen dasselbe versprechen. Auch hier finden sich mehrere Obligationen, und nur ein Ziel. Hierin liegt das Eigenthümliche der Korrealschuld, an welcher man sich so vielfach vergeblich abgemüht hat.[2]

II. Da die Obligationen die Erlangung eines Vermögensvortheils rechtlich gewährleisten, so repräsentiren sie bereits gegenwärtig in der Schätzung der Menschen einen Vermögenswerth. Sie bilden daher einen Bestandtheil des Vermögens des Gläubigers, über welchen er verfügen, den er insbesondere abtreten und verpfänden[3] kann.

Besteht eine Mehrheit von Obligationen, die übereinstimmend bezwecken, dem Gläubiger dasselbe zu verschaffen, so handelt es sich bei allen nur um einen Vermögenswerth. Sie bilden dann in der Vermögensbilanz des Gläubigers einen Bestandtheil — eine Vermögenspost.

### § 3. Die Obligation und die Klage.

I. Den Gläubiger schützt kein Besitz, wie er dem dinglich Berechtigten zu gute kommen kann. Gegenüber dem säumigen Schuldner ist er in der Regel auf die Klage angewiesen. Nur die klagbare Obligation

---

2) Vgl. unten § 70 ff.
3) Vgl. oben Bd. 1 § 293.

ist daher eine **vollkommene**.[1] Man nennt sie „civilis", weil sie durch die bürgerliche Gesellschaft geschützt ist, mag sie nun im Uebrigen geschichtlich dem alten römischen Civilrecht angehören — o. civilis im engeren Sinne — oder dem jus gentium.[2]

Die Nothwendigkeit für den Gläubiger, zu klagen, um zu seinem Rechte zu kommen, giebt dem Schuldner die oft erwünschte Gelegenheit, die Erfüllung hinauszuziehen, so daß inzwischen der Gläubiger das Geschuldete entbehrt, auch wenn er es noch so dringend bedarf, und obgleich möglicher Weise nach endlicher Fällung des Urtheils Vermögen beim Schuldner nicht mehr zu finden ist.

Das Ideal des Prozesses ist daher ebensowohl **größte Raschheit** des Verfahrens wie **volle Gerechtigkeit** der Entscheidung. In der That kreuzen sich jedoch leicht die Anforderungen zur Verwirklichung dieser Postulate.

Das alte römische Recht zielte vorzugsweise auf schleunigste Erledigung der Prozesse ab. Hieraus erklärt sich zum großen Theile die Einseitigkeit und Sprödigkeit des altrömischen Obligationenrechtes und der ihm zugehörigen judicia stricti juris. Später waren die Römer bestrebt, der materiellen Gerechtigkeit in höherem Maße nachzukommen. Nach diesem Gesichtspunkte entwickelte sich das Obligationenrecht seit Ende der Republik, insbesondere die Handhabung der bonae fidei negotia und der entsprechenden Klagen. Aber die Schattenseite blieb nicht aus; die prompte Erledigung der Prozesse in alter Weise war damit schwer vereinbar.

Gemeinrechtlich gelten die Grundsätze der bonae fidei judicia allgemein; die römischen stricti juris judicia sind in ihnen aufgegangen.[3] Doch das Bedürfniß, gewisse Forderungen schleunig zur gerichtlichen Anerkennung zu bringen, hat zu neuen Formalgeschäften, insbesondere zum „Wechsel" geführt.[4]

---

1) l. 10. l. 108 D. de V. S. 50, 16.

2) Für Obligationen des römischen Civilrechtes gebraucht den Ausdruck § 1 J. de obligationibus, 3, 13, l. 5 pr. D. de pign. 20, 1, l. 1 § 1 D. de nov. 46, 2. Aber civilis obligatio wird auch jede klagbare Obligation ohne Unterschied ihres Ursprunges genannt, l. 16 §§ 3 und 4 D. de fidej. 46, 1, l. 7 § 2 D. de pactis 2, 14. Anders Scheurl, Heidelberg. krit. Zeitschr. Bd. 1 S. 504.

3) Vgl. oben Bd. 1 § 131.

4) Ueber die abstrakten Obligationen vgl. unten § 22. Uebrigens kennt das heutige Recht, auch hiervon abgesehen, zahlreiche Mittel, um Forderungen möglichst rasch zur Vollstreckung zu bringen. Namentlich sind nach C.P.O. § 702 Ziff. 5 Ansprüche aus Urkunden, welche von einem deutschen Gerichte oder von einem Notar innerhalb der Grenzen seiner Amtsbefugnisse in der gesetzlichen Form aufgenommen sind, wenn sie die Zahlung einer bestimmten Summe von Geld oder von anderen Fungibilien zum Gegenstande haben, ohne vorgängiges gerichtliches Verfahren von ihrer Fälligkeit an vollstreckbar, falls sich der Schuldner in der Urkunde sofortiger Zwangsvollstreckung unterwarf. Es kann ferner ein Theilurtheil als Endurtheil über

II. Im alten Rom reagirten scharfe Prozeßstrafen gegen Prozeß= verzögerung durch den Schuldner.⁵ Sie trafen zum größeren Theile den Unterliegenden schlechthin, ohne Unterschied, ob er aus Chikane Prozeß führte, oder in gutem Glauben an sein Recht für dasselbe stritt. In der That ist eine solche Unterscheidung zwar billig, aber wenig praktisch, da sie nothwendig macht, daß dem Prozesse über die Hauptsache ein uner= quickliches Nachspiel über die Frage der Prozeßchikane des Unterliegen= den folgt. Hiernach erscheint aber die Verhängung von Prozeßstrafen überhaupt als bedenklich. Im justinianschen Rechte waren sie bereits sehr vermindert.⁶ Im heutigen Rechte haben sich nur aus besonderen Gründen Nachtheile ungerechtfertigten Ableugnens von Verbindlichkeiten erhalten.⁷

---

einen von mehreren zusammen zur Verhandlung stehenden Ansprüchen erlassen werden — C.P.O. § 273. In vielen Fällen endlich sind Urtheile erster Instanz, sei es von Amtswegen, sei es auf Antrag des Gläubigers, vom Richter für vorläufig vollstreck= bar zu erklären, so daß die Vollstreckung durch die Einlegung von Rechtsmitteln gegen das Urtheil nicht aufgehalten wird. C.P.O. §§ 648 ff.

5) Die poenae temere litigantium in der klassischen Zeit stellt Gajus Inst. IV §§ 171 ff. dar.

6) In mehreren Fällen trafen den Schuldner noch Strafen für das Leugnen des Klageanspruchs. Litiskrescenz auf das Doppelte trat namentlich ein, wenn der mit der actio legis Aquiliae wegen Sachbeschädigung Belangte seine Verpflich= tung in Abrede stellte, also nicht bloß die Höhe der Klageforderung bestritt — in= fitiatione actio duplicatur, in confitentem in simplum datur, l. 2 § 1 D. ad legem Aquiliam 9, 2, vgl. §§ 19, 23, 26 I. de act. 4, 6. Ferner ging die Klage auf Rückgabe des bei einer außerordentlichen Kalamität gegebenen Depositums — des s. g. dep. miserabile — auf das Doppelte, wenn der Depositar den Empfang böslich ableugnete. Strafen wegen Nichterfüllung waren gleichfalls nicht selten. Der mit der actio quod metus causa Belangte insbesondere, welcher dem richter= lichen Befehle der Restitution nicht nachkam, wurde auf das Vierfache verurtheilt, ferner hatte der mit einem Vermächtnisse zu Gunsten der Kirche oder einer pia causa Be= schwerte das Doppelte zu zahlen, wenn er es trotz der bischöflichen Mahnung zum Prozesse kommen ließ, §§ 19, 23, 26 I. de act. 4, 6. Alle diese und einige ähnliche poenae temere litigantium des justinianischen Rechtes sind der deutschen Praxis fremd geblieben; die neuere Prozeßgesetzgebung hat ihnen zudem den Boden entzogen, wenn sie solchen überhaupt gehabt haben. Vgl. L. Seuffert im Archiv für civ. Praxis Bd. 67 n. 9. Anderer Ansicht Windscheid Bd. 2 § 263 Anm. 15, vgl. aber auch R.G. Bd. 11 S. 419, Bd. 26 S. 211.

7) Praktische Geltung haben folgende Nachtheile des Leugnens. Wird einer von mehreren Bürgen verklagt, und leugnet er mit Unrecht seine Verpflichtung aus der Bürgschaft ab, so verliert er die Rechtswohlthat, zu fordern, daß die Klage unter die Mitbürgen getheilt werde, das beneficium divisionis, l. 10 § 1 D. de fidejuss. 46, 1, unten § 81. Nach der Ausdehnung dieses Satzes in der Praxis geht dem Bürgen, wenn er seine Bürgschaftsschuld abgeleugnet hat, auch das beneficium excussionis verloren. Vgl. ferner l. 67 § 3 D. pro socio 17, 2. Es handelt sich bei diesen Normen nicht um Prozeßstrafen, sondern um negative Bedingungen von Rechtswohlthaten, die durch Veränderungen der Formen des Prozesses nicht berührt werden. Praktischen Rechtens ist ferner die l. 25 pr. D. de probat. 22, 3, unten § 141 Anm. 30 ff., wonach der mit der condictio indebiti Belangte, welcher den Empfang einer Zahlung in Abrede gestellt hat, falls diese dargethan wird, seinerseits die Existenz der Schuld, derentwegen die Zahlung geschehen sein soll, beweisen muß. Die Ableugnung läßt es als wahrscheinlich erscheinen, daß der Beklagte nichts zu

Der Unterliegende hat jedoch in der Regel die Prozeß=
kosten zu tragen.[8]

III. Die Obligation gewährt nur ein Klagerecht gegen den Schuld=
ner und dessen Erben — eine actio in personam. Andere können aus
ihr nicht in Anspruch genommen werden. Daher hat selbst der Gläu=
biger, welcher eine bestimmte Sache zu fordern hat, kein Klage=
recht gegen den, welcher dieselbe erwarb, ungeachtet diesem das
Bestehen der Forderung auf die Sache beim Erwerbe bekannt war.
Jener Gläubiger ist darauf beschränkt, von seinem Schuldner, welcher
seiner Verbindlichkeit zur Leistung der Sache nicht nachkommt, Entschädi=
gung wegen Kontraktbruches beizutreiben.[9]

Die ältere gemeinrechtliche Theorie wollte dies nicht anerkennen.
Man schrieb vielmehr dem Gläubiger einer speciell geschuldeten Sache,
insbesondere deren Käufer, ein Recht zur Sache — jus ad rem —
zu, welches auch dritten Erwerbern gegenüber geltend gemacht
werden könne, wenn sie jenes Recht beim Erwerb der Sache kannten.[10]

Dies scheint durch ethische Anforderungen und die deutsche Volks=
auffassung geboten. Eine praktische Schwierigkeit liegt aber darin, daß
Dritten eine sichere Kenntniß der zwischen Anderen bestehenden obligato=
rischen Beziehungen oft nicht nachweisbar ist.

Die neuere gemeinrechtliche Theorie und Praxis ist zu den Grund=
sätzen des reinen römischen Rechtes zurückgekehrt und hat das Recht zur
Sache verworfen.

### § 4. Die Naturalobligationen.[1] Das Allgemeine.

Neben den klagbaren Obligationen — obligationes civiles — finden
sich klaglose — naturales.

---

fordern hatte; diese Wahrscheinlichkeit ist durch l. 25 cit. zur gesetzlichen Vermuthung
erhoben. Auch hier ist also von einer eigentlichen Strafe nicht die Rede. Vgl. L.
Seuffert a. a. O. S. 351.

8) § 1 in fine J. de poena temere litigantium 4, 16. C.P.O. §§ 87 ff. Vgl.
insbesondere Waldner, die Lehre von den Prozeßkosten 1883.

9) l. 6 C. de hereditate vendita 4, 39. Alexander. Qui tibi hereditatem
vendidit, antequam res hereditarias traderet, dominus earum perseveravit et
ideo vendendo eas aliis dominium transferre potuit. sed quoniam contractus
fidem fregit, ex empto actione conventus quod tua interest praestare cogitur.
Vgl. l. 15 pr. C. de rei vind. 3, 32.

10) Ziebarth, Realexekution und Obligation 1866 S. 203 ff., v. Brünneck, über
den Ursprung des s. g. jus ad rem 1869.

1) Das Hauptwerk ist von Schwanert: die Naturalobligation des röm. Rechtes
1861. Dort findet sich in der Einleitung S. 7 ff. eine Darstellung und Kritik der
Schriften von der Glosse an und damit auch eine Uebersicht über die Litteratur. Vgl.
noch Scheurl in Jherings Jahrb. Bd. 7 n. 6 und Brinz, Pand. Bd. 2 §§ 219 ff.

Die obligationes naturales entbehren der Klagbar=
keit und sind um deswillen nur uneigentliche, unvollkommene Obli=
gationen, aber sie sind gleichwohl nicht ohne rechtliche Wirkung,
demzufolge doch Obligationen.

Wie erklärt sich ihre Erscheinung? Die herrschende Ansicht bezeichnet
sie seit Alters als die Obligationen des jus gentium.[2] Aber damit
wird ihre Eigenthümlichkeit, nämlich ihre Klaglosigkeit, nicht erklärt. Sind
doch sonst die Ansprüche des jus gentium klagbar geworden. Andere
suchen ihre Wurzel in dem „Naturrechte"[3] oder in der „Billigkeit"[4] oder
in der „natürlichen Auffassung".[5] [6] Auch damit bringen wir nicht tiefer
in ihr Wesen ein.

Es handelt sich um einen Gegensatz zwischen der bürgerlichen

sowie Unger in Grünhuts Zeitschrift Bd. 15 S. 371. Kuntze, die Obligation S. 192,
Pernice, Labeo Bd. 3 S. 253.

2) Für diese Auffassung hat man sich seit Alters auf eine abgerissene Aeußerung
von Paulus bezogen: lib. 3 quaestionum l. 84 § 1 D. de R. J. 50, 17. Is natura
debet, quem jure gentium dare oportet, cujus fidem secuti sumus. Doch dies
heißt nur: Obligationen des jus gentium gelten zugleich als naturale. Daß alle
naturalen und namentlich die „klaglosen" Obligationen im jus gentium wurzeln, ist
nicht gesagt und wäre unhaltbar. In neuerer Zeit vertheidigen die Zurückführung der
Naturalobligation auf das jus gentium vorzugsweise Puchta, Pand. § 237 und
Savigny, O.R. Bd. 1 S. 22 ff. Vgl. dagegen Schwanert a. a. O. S. 33 ff. Wer
auf jener Basis steht, kommt folgerecht dazu, dem Institute der naturalis obligatio
als einer bloß historischen Erscheinung im heutigen Rechte die Existenzberechtigung ab=
zustreiten. In diesem Sinne führt namentlich Scheurl a. a. O. aus: „Die naturalis
obligatio hatte die Bestimmung, beim Zusammenstoße eines im Absterben und eines
im Werden begriffenen Instituts zu vermitteln; der vollständige Sieg des werdenden
Rechtes über das absterbende muß jenes Rechtsinstitut vollständig zwecklos machen."
Und doch liegt es auf der Hand, daß zwingende innere Gründe verbieten, die Natural=
obligation ohne weiteres mit Klagbarkeit auszustatten, z. B. die des Unmündigen,
wenn er selbständig kontrahirt, oder des Haussohnes, der ohne väterliche Genehmigung
ein Darlehen aufnimmt.

3) Dies war die Auffassung von A. D. Weber, systematische Entwickelung der
Lehre von der natürlichen Verbindlichkeit 1784, in 5. Auflage 1825.

4) Scheurl in der Heidelb. krit. Zeitschrift Bd. 1 S. 501 ff. Scheurl hat seine
Ansicht später in seiner Abhandlung in Jherings Jahrb. Bd. 7 n. 6 nicht fest=
gehalten.

5) Die „natürliche Auffassung" ist für Windscheid Bd. 2 § 287 Anm. 5 die
Wurzel der naturalis obligatio. Auch ihm gegenüber bleibt die Frage, wie kommt
es, daß sich das Recht „die natürliche Auffassung" nicht voll aneignet?

6) Brinz a. a. O. verlangt zur eigentlichen Naturalobligation Kontrakt, Quasi=
kontrakt oder Delikt, gewissermaßen den Körper einer vollkommenen Obligation, so
daß aber irgend ein Umstand bestehe, welcher die civile Wirkung oder den civilen
Fortbestand der Obligation ausschließe. Von den eigentlichen Naturalobligationen
unterscheidet Brinz die auf der Familien= und Staatsgenossenschaft beruhenden
Pflichten — Officialansprüche, die zwar auch als Naturalschulden bezeichnet würden,
aber von den specifischen naturales obligationes wesentlich abwichen. Dazu kommen
dann noch außerhalb der Officialansprüche auftauchende „natürliche Schuldigkeiten".
Aehnlich Schwanert a. a. O., vgl. u. a. S. 53 ff. Diese Theorien gehen zu weit in
der Analyse. So berechtigt diese auch nach mancher Richtung bei der Naturalobli=
gation ist, ist doch eine Gemeinsamkeit offenbar vorhanden und nachzuweisen.

Gesellschaft und dem Staate. Gewisse Verbindlichkeiten respektirt die bürgerliche Gesellschaft theils mit Rücksicht auf merkantilen Krebit und Ruf, theils als Postulate der Sitte und des Anstandes, während ihnen der Staat aus rechtspolitischen Gründen den Weg der Klage verschließt. Sie sind also dem Staate fremd; dennoch sieht er sich veranlaßt, eine gewisse Einwirkung solcher s. g. natürlicher Verbindlichkeiten auf seine Ordnungen anzuerkennen.

Möglich ist bei ihnen jede Wirkung der vollkommenen Obligation, abgesehen von der Klage. Doch ihre vorzüglichste Wirkung ist ihre Zahlbarkeit, b. h. daß die zu ihrer Erfüllung geschehene Leistung rechtlich als Zahlung einer Schuld betrachtet wird.[7] Im Einzelnen kommt Folgendes vor:

1. Wissentlich, b. h. in Kenntniß der Klaglosigkeit der bezüglichen Verbindlichkeiten zu deren Erfüllung gemachte Leistungen gelten als Zahlungen, nicht als Schenkungen.[8]

2. Irrthümlich, b. h. in Nichtkenntniß der Klaglosigkeit geschehene Zahlungen sind seitens des Zahlenden nicht mit der condictio indebiti anfechtbar.[9]

3. Die naturale Obligation kann Grundlage einer Novation, eines Zahlungsversprechens werden.[10]

4. Sie kann rechtsgültig durch Bürgschaft und durch Pfand versichert werden.[11]

5. Kompensation mit naturalen Gegenforderungen ist möglich.[12]

---

7) Brinz, krit. Blätter III faßt den Inhalt der naturalis obligatio dahin zusammen, sie sei „zahlbar, nicht klagbar". Dem stimmt Schwanert a. a. O. S. 222 bei. Windscheid Bd. 2 § 288 Anm. 5 hält dieses um beswillen nicht für eine glückliche Formulirung, weil nicht alle Wirkungen der Naturalobligationen als Erfüllungsakte bezeichnet werden können. Dies ist richtig, schließt jedoch nicht aus, daß die Hauptwirkung der Naturalobligation in ihrer Erfüllbarkeit besteht.

8) l. 19 § 4 D. de don. 39, 5, l. 28 D. de cond. indebiti 12, 6.

9) Julianus libro 53 digestorum l. 16 § 4 D. de fidejussoribus 46, 1. Naturales obligationes non eo solo aestimantur, si actio aliqua eorum nomine competit, verum etiam cum soluta pecunia repeti non potest: nam licet minus proprie debere dicantur naturales debitores, per abusionem intelligi possunt debitores et, qui ab his pecuniam recipiunt, debitam sibi recepisse. Vgl. über diese Stelle auch Windscheid Bd. 2 § 288 Anm. 11. Der ältere Sprachgebrauch hatte als naturales obligations nur die klagbaren, aus bem jus gentium stammenden Obligationen aufgefaßt. In der Kaiserzeit bezeichnete man so auch Obligationen, die nicht klagbar oder zahlbar sind und sich als debita durch die Ausschließung der condictio indebiti manifestiren. Vgl. übrigens l. 40 D. de cond. indebiti 12, 6, wo bereits Neratius von demselben Gedanken ausgeht, dem Julian Ausbruck giebt.

10) l. 1 § 1 D. de novationibus 46, 2, l. 1 § 7 D. de pecunia constituta 13, 5.

11) l. 60, l. 16 § 3 D. de fidejussoribus 46, 1, l. 5 pr. D. de pignoribus 20, 1.

12) l. 6 D. de compensationibus 16, 2, Ulpianus libro 30 ad Sabinum: Etiam, quod natura debetur, venit in compensationem.

Und zwar können sie stets zur freiwilligen Kompensation dienen, aber auch zwangsweise Aufrechnung kommt vor.

Die überhaupt möglichen Wirkungen einer Naturalobligation finden sich keineswegs nothwendig, ja nicht einmal regelmäßig in jedem Falle derselben.[13] Nur davon gehen die Quellen aus, daß in der Regel die Rückforderung einer Zahlung auf die Naturalobligation ausgeschlossen ist, selbst wenn sie im Irrthum geschah.[14] Ausnahmslos ist auch dies nicht.

### § 5. Die Fälle der Naturalobligation.

1. Neben dem Verkehre der Bürger ging in Rom fortgesetzt Handel und Wandel zwischen Bürgern und Sklaven, sowie zwischen Sklaven und Sklaven her. Die Sklaven wurden zwar civiliter aus ihren Kontrakten nicht verpflichtet, aber naturaliter galten sie als obligirt.[1] Das heutige Recht kennt nichts Aehnliches.

2. Das Haus des römischen paterfamilias bildete eine kleine Welt für sich. Jeder Hausangehörige konnte thatsächlich sein besonderes Vermögen und Gewerbe haben und mit dem Hausherrn und den derselben Gewalt Unterstehenden kontrahiren. Solche innerhalb des Hauses begründete Verbindlichkeiten waren aber nicht klagbar; sie bestanden bloß naturaliter.[2]

---

13) Windscheid Bd. 2 § 288 Anm. 4 bemerkt mit Grund: „Für jede natürliche Verbindlichkeit muß ihr rechtlicher Gehalt besonders bestimmt werden. Dieser Gesichtspunkt ist besonders von Schwanert verfolgt worden. Ich sehe darin das Hauptverdienst seines Buches."

14) Vgl. oben Anm. 9.

1) l. 13 pr. D. de cond. indebiti 12, 6, l. 50 § 2 D. de peculio 15, 1, l. 14 D. de obl. et act. 44, 7. Ulpianus libro 7 disputationum. Servi ex delictis quidem obligantur et, si manumittantur, obligati remanent: ex contractibus autem civiliter quidem non obligantur, sed naturaliter et obligantur et obligant: denique si servo, qui mihi mutuam pecuniam dederat, manumisso solvam, liberor. Erwarb also der Sklave durch seine Kontrakte civiliter seinem Herrn und daneben „naturaliter" für sich selbst? Vgl. Mandry, Familiengüterrecht Bd. 1 S. 94 über die Worte „et obligant".

2) Von der Pfordten, civ. Abhandlungen 1840, Abh. 2: Ueber Obligationen zwischen den durch väterliche Gewalt verbundenen Personen. Erörterungen über derartige Naturalobligationen enthält die berühmte l. 38 D. de cond. indebiti 12, 6 nach ihren Anfangsworten „frater a fratre" genannt. Manche fordern für die naturales obligationes des Hausuntergebenen, daß dem Verpflichteten ein peculium zustehe. Vgl. namentlich Mandry, Familiengüterr. Bd. 1 S. 157. Aber mit Recht bemerkt Brinz Bd. 2 S. 46: „der Umstand, daß die Hausuntergebenen Pekulien haben können, hat zur Entwickelung dieser Naturalobligationen beigetragen, und die häufigste Wirkung finden wir im Pekulienrechte, daraus folgt aber nicht, daß ein Pekulium da sein müsse, damit naturalis obligatio entstehe." Brinz citirt gegen die Abhängigkeit vom Pekulium die l. 50 § 2 D. de peculio 15, 1.

Ob hiervon im heutigen Rechte etwas übrig ist, wird im Familien=
rechte untersucht werden.

3. Kontrakte, die von Unmündigen ohne ihren Tutor abgeschlossen
werden, obligiren jene klagbar, soweit sie aus denselben bereichert
sind.³ Hiervon abgesehen verbinden sie die Unmündigen, wie mehrfach
in den Quellen ausgesprochen wird, nicht einmal naturaliter.⁴ Zahlt
also der Pupill die nichtige Schuld, so kann das Geleistete zweifelsohne
zurückgefordert werden.

Und dennoch liegt auch in solchen Kontrakten der Keim einer Obli=
gation. Er gelangt zur Kraft, wenn der Pupill mit Zustimmung des
Tutors oder auch allein nach erlangter Selbständigkeit, oder wenn sein
verpflichtungsfähiger Erbe in Kenntniß der Sachlage zahlt oder expro=
mittirt,⁵ er kann ferner die Grundlage gültiger Zahlung, Verbürgung,
Novation, Pfandbestellung durch Dritte sein.⁶ Eine Verpflichtung des
Pupillen besteht also doch insoweit naturaliter, als verpflichtungs=
fähige Personen auf Grund derselben etwas freiwillig leisten
oder versprechen können.⁷

---

3) l. 5 pr. und § 1 D. de auctoritate tutorum 26, 8. Ulpianus libro 40 ad
Sabinum ... in pupillam ... cuivis actionem, in quantum locupletior factus
est, dandam divus Pius rescripsit.

4) l. 41 D. de condictione indebiti 12, 6. Neratius libro 6 membranarum.
Quod pupillus sine tutoris auctoritate stipulanti promiserit solverit, repetitio
est, quia nec natura debet. l. 58 D. de obl. et act. 44, 7. Licinnius Rufinus,
libro 8 regularum: Papillus mutuam pecuniam accipiendo ne quidem jure
naturali obligatur.

5) l. 19 § 4 D. de donat. 39, 5, vgl. l. 20 § 1 D. de novat. 46, 2.

6) l. 127 D. de verb. obl. 45, 1, l. 2 D. de fidejussoribus 46, 1, l. 95 § 4
D. de solutionibus 46, 3, l. 1 § 1 D. de novat. 46, 2, § 3 J. quibus modis
tollitur obl. 3, 29.

7) So wird denn die Obligation des Pupillen an einigen Stellen schlechthin als
naturale bezeichnet, l. 42 pr. D. de jurejurando 12, 2, l. 21 pr. D. ad legem
Falcidiam 35, 2, l. 25 § 1 D. quando dies legator. 36, 2, l. 95 § 4 D. de solu=
tionibus 46, 3. Wie dies mit den oben Anm. 4 abgedruckten Stellen zu vereinigen
sei, darüber gehen die Ansichten sehr auseinander. — Es handelt sich nur um ver=
schiedene Standpunkte. Neratius und Licinnius Rufinus beschäftigten sich mit der
Frage, ob die Obligation dem Pupillen selbst gegenüber Verbindungskraft habe, und
verneinten dies, jede auch nur naturale Verpflichtung für den Pupillen leugnend.
Die anderen Schriftsteller, welche die mehr komplicirten Fälle einer Anerkennung durch
verpflichtungsfähige Personen ins Auge faßten, bejahten bei dieser Gestaltung die
Naturalobligation. In der Sache selbst bestand wohl keine Meinungsverschiedenheit,
nur der Ausdruck ist einseitig. Vgl. Brinz Bd. 2 S. 47, Pernice, Labeo Bd. 3 S.
255. Die Ansichten der Neueren sind freilich sehr getheilt. Denn Einige leugnen
die Naturalobligation des Pupillen schlechthin und beziehen die Stellen, welche die=
selbe anerkennen, auf Fälle der Bereicherung des Pupillen, was ihnen freilich arge
Gewalt anthut. So Puchta § 237 Anm. h. Andere wollen alle der Naturalobli=
gation möglichen Wirkungen anerkennen, vgl. Savigny, O.R. Bd. 1 S. 61. In
neuerer Zeit ist die hier vorgetragene Ansicht zur Herrschaft gekommen, jedoch nicht
ohne mancherlei Nüancirung im Einzelnen. Vgl. namentlich Keller in Bekkers Jahr=
buch Bd. 4 n. 12.

Was von den Verpflichtungen Unmündiger gilt, bezieht sich auch auf die der entmündigten Verschwender,[8] nach heutigem gemeinen Rechte auch auf die der mündigen Minderjährigen.

4. Den Gelddarlehen an Hauskinder entzog das S. C. Macedonianum die Klagbarkeit. Aber eine naturalis obligatio blieb bestehen.[9][10]

Die römischen Juristen folgerten hieraus den allgemeinen Satz, daß Einreden „in odium creditoris" eine naturalis obligatio übrig lassen, nicht aber solche „in favorem debitoris".[11] Er bildet aber kein Gesetz, sondern eine juristische Beobachtung, und zwar eine unzureichende.

Dies zeigen die Vermächtnisse. Dieselben erleiden einen Abzug, wenn dem Erben die quarta Falcidia nicht frei ist. Zweifelsohne wurde dies nur in favorem debitoris — des Erben — bestimmt. Und doch kann der Erbe nicht zurückfordern, was er wissentlich über die Quart hinaus zahlte — es besteht also eine naturalis obligatio zur Vollzahlung des Vermächtnisses.

5. In Fällen, in welchen die Forderung ihre Klagbarkeit verliert, ohne daß der Gläubiger befriedigt wird, bleibt eine Naturalobligation bestehen, soweit deren Anerkennung mit der Verfassung des Rechtes und den Interessen vereinbar ist, welche zur Aberkennung der Klagbarkeit führten.

Insbesondere erhält sich die Forderung trotz der Klagenverjährung als naturalis.[12] Kompensation mit verjährten An-

---

8) Anders Audibert, études sur l'histoire du droit romain. Bd. 1 1892 S. 263 ff., Steiniger, Voraussetzungen und Rechtswirkungen der Entmündigung. 1890 S. 28.

9) l. 9 §§ 4 ff., l. 10 D. de S. C. Macedoniano 14, 6, l. 26 § 9, l. 40 pr. D. de cond. indebiti 12, 6. Vgl. unten § 88.

10) Das Hauskind kann auch das während der Dauer der väterlichen Gewalt von ihm selbst Gezahlte nicht zurückfordern, l. 9 § 4 D. de S. C. Mac. 14, 6. Dagegen sind seine Expromissionen und andere Versprechen, mittels deren es das Darlehen zurückzuzahlen verspricht, der exceptio des S. C. unterworfen; dieses wäre anderenfalls illusorisch; vgl. l. 2 C. ad S. C. Macedonianum 4, 28. Daß auch in dem Fall der l. 20 D. h. t. die exceptio gegeben wird, ist freilich bedenklich. — Kompensation mit der Forderung gegen das Hauskind kann der Darlehnsgläubiger nach den Zwecken des S. C. nicht vorschützen. Dernburg, Kompensation S. 471, Windscheid Bd. 2 § 289 Anm. 21; anderer Ansicht ist u. A. Mandry, Familiengüterrecht Bd. 1 S. 522 ff. — Dritte können die Darlehensschuld des Hauskindes rechtsgültig übernehmen, sich für sie verbürgen oder sonst verbindlich machen. Vgl. über die Wirkungen der obligatio naturalis des Hauskindes das Nähere bei Mandry a. a. O. S. 502 ff., Huschke, Darlehen S. 91.

11) l. 40 pr. D. de condictione indebiti 12, 6, l. 19 pr. D. eod. Ueber diese Regel vgl. Savigny, System Bd. 5 S. 375 ff., Windscheid Bd. 2 § 289 Anm. 22.

12) Die naturalis obligatio nach der Klagenverjährung ist oben Bd. 1 § 150 Anm. 5 besprochen. Schriftsteller für und wider sind dort Anm. 3 und 4 citirt.

sprüchen gegenüber Forderungen, die erst nach Vollendung der Verjäh=
rung erwuchsen, kann jedoch nicht durchgesetzt werden.

Auch die ungerechtfertigte **richterliche Freisprechung** des
Schuldners läßt die abgewiesene Forderung als naturalis bestehen.[18]
Wissentliche Zahlung, sowie Zahlungsversprechen, Verbürgung, Sicher=
stellung anderer Art sind rechtsgültig. Soweit freilich die Aufrecht=
erhaltung der Rechtskraft des Urtheiles in Frage kommt, kann von der
Geltendmachung der naturalis obligatio nicht die Rede sein.

6. Schuldverträge, welche der gesetzlichen **Form** entbehren, be=
gründen naturale Obligationen, sofern der Verpflichtungswille feststeht.[14][15]

---

Weitere Litteratur findet sich bei Arndts § 277 Anm. 1. Das stärkste Argument für
die Verneinung der Naturalobligation findet Arndts a. a. O. darin, daß der Zweck der
Klagenverjährung ganz vereitelt würde, wenn eine verjährte Forderung noch zur Kom=
pensation gegen eine später entstandene Forderung benutzt werden könnte. Aber
nichts nöthigt uns, eine derartige Kompensation zuzulassen, die in der That verwerf=
lich wäre! Für die Fortdauer der Naturalobligation nach der Verjährung spricht,
daß nach l. 7 C. de praescriptione XXX annorum 7, 39 die Pfandklage in
mehreren Fällen einer längeren Verjährung unterliegt, wie die persönliche Klage, vgl.
oben Bd. 1 § 292 Anm. 1?, und doch müßte das Pfandrecht und damit seine Klage
sofort untergehen, wenn die Forderung durch Verjährung schlechthin erloschen wäre,
siehe oben Bd. 1 § 291 Anm. 3 und 4. Die zwingenden inneren Gründe ferner für
die Fortdauer der Obligation als naturalis nach der Verjährung sind oben Bd. 1
§ 150 ausgeführt.

13) Die Quellenzeugnisse widersprechen sich. Für die naturalis obligatio tritt
entschieden ein l. 60 pr. D. de condictione indebiti 12, 6 Paulus libro 3 quaestionum: Julianus verum debitorem post litem contestatam manente adhuc
judicio negabat solventem repetere posse, quia nec absolutus nec condemnatus
repetere posset: licet enim absolutus sit, natura tamen debitor permanet.
Hiervon macht eine Anwendung l. 28 l. c. 12, 6 Paulus libro 32 ad edictum:
Judex si male absolvit et absolutus sua sponte solverit, repetere non potest.
Die Forderung bleibt also zahlbar. Tryphoninus libro 8 disputationum l. 13 D.
quibus modis pignus solvitur 20, 6 steht dagegen auf anderem Standpunkte . . .
si a judice quamvis per injuriam absolutus sit debitor, tamen pignus liberatur.
Vgl. Dernburg, Pfandrecht Bd. 2 S. 585. Im justinianischen Rechte lassen sich die
Aussprüche sehr wohl in der Weise vereinigen, wie Schwanert a. a. O. thut: „die
obligatio als naturalis bleibt bestehen, aber nur in dem durch die Bedeutung der
res judicata gestatteten Umfange". Daher selbstverständlich keine Kompensation mit
solchen Forderungen; es kann ferner der Schuldner das nach dem Judikate in Nicht=
kenntniß desselben Gezahlte zurückfordern.

14) Ein Fall einer bloß natürlichen Obligation ist es auch, wenn gemäß § 17
des Gerichtsverfassungsgesetzes ein Gerichtshof für Kompetenzkonflikte besteht, und dieser
den Rechtsweg über eine Forderung an den Staat aus politischen Gründen ausge=
schlossen hat, wie z. B. bezüglich der Forderungen der Allodialerben des Kurfürsten
von Hessen gegen den preußischen Staat geschehen, vgl. mein Rechtsgutachten über
diese Ansprüche 1893.

15) Die Quellen erkennen eine naturalis obligatio an im Falle eines Zinsen=
versprechens ohne die nach römischem Rechte erforderliche Form der Stipulation l. 5
§ 2 D. de solutionibus 46, 3, l. 11 § 3 D. de pignoraticia actione 13, 7. Daß
die Römer auch andere formlose Schuldversprechen als naturaliter verbindlich an=
sahen, hat Hellmann in der Zeitschr. der Savigny=Stiftg. rom. A. Bd. 12 n. 14
wahrscheinlich gemacht. Ueber die l. 1 § 2 D. de verb. obl. 45, 1 siehe daselbst
S. 352. Gegen die Annahme einer Naturalobligation ist namentlich Holtius, Ab=

7. Was die Sitte fordert, bildet wenigstens in dem Sinne eine Naturalobligation, daß das ihr gemäß Geleistete nicht zurückgefordert werden kann. Es gehört hierher namentlich die Bestellung einer Dos durch den Schwiegervater an seinen Schwiegersohn und durch die Ehefrau an ihren Ehemann, wenn sie im irrigen Glauben, hierzu verbunden zu sein, geschah.[16]

Die Naturalobligationen wurzeln in den Anschauungen der bürgerlichen Gesellschaft. Ihre Zahl ist daher nicht mit den in den Quellen aufgeführten Fällen abgeschlossen. Beispielsweise ist der Schuldner, welcher in Konkurs gerathen ist und durch Akkord mit der Mehrheit der Konkursgläubiger einen theilweisen Erlaß seiner Schulden erlangt hat, naturaliter zur Vollzahlung verpflichtet.[17] Zahlt er daher später das Erlassene nach, so ist dies Schuldtilgung und keine Liberalität; ebenso sind die für die Vollzahlung später bestellten Sicherheiten rechtsbeständig. Die durch den Akkord erlassenen Ansprüche begründen aber keine Kompensationseinrede.

------

## Zweiter Abschnitt.

### Die Entstehungsgründe der Obligationen.

§ 6. Die Entstehungsgründe der Obligationen im Allgemeinen.

Die oberste Eintheilung der Entstehungsgründe der Obligationen bei den Römern ist die in Kontraktsobligationen und in Deliktsobligationen.[1] Sie beruhte auf einem prinzipiellen Gegensatze.

Kontrakte sind klagbare Verträge. Sie sind die Mittel des Verkehrs.[2]

------

handlungen, übersetzt von Sutro Bd. 1 S. 7 und Brinz, kritische Blätter III S. 16. Vgl. auch Hofmann, Entstehungsgründe der Obligation S. 31. Natürlich kann das Gesetz seine Formvorschriften in dem Sinne aufstellen, daß jede Wirkung des bloß formlosen Vertrages, auch die naturale, rechtlich negirt werden muß. Dies ist z. B. bei der Anforderung gerichtlicher Insinuation größerer Schenkungen der Fall.

16) l. 32 § 2 D. de condictione indebiti 12, 6; ferner auch l. 26 § 12 D. eod. — Schenkungen können unter Umständen eine natürliche Pflicht zu „Gegengeschenken" erzeugen, l. 25 § 11 D. de her. pet. 5, 3, aber um deswillen allgemein von einer „natürlichen Pflicht zur Dankbarkeit" zu reden, geht zu weit.

17) Anders Seufferts Archiv Bd. 45 n. 7. — Vgl. noch Seufferts Archiv Bd. 18 n. 140 über den Fall der Präjudicirung eines Wechsels wegen verspäteten Protestes.

1) Gajus Inst. III. § 88 (Nunc transeamus) ad obligationes, quarum summa divisio in duas species deducitur: omnis enim obligatio vel ex contractu nascitur vel ex delicto. Vgl. Gajus Inst. IV. § 1, § 1 J. de act. 4, 6.

2) Contrahere — im ursprünglichen Sinne zusammenziehen —, wie auch contractus wird von den Römern im weiteren Sinne für jede Begründung rechtlicher

Delikte sind vom Recht verpönte und mit Privatstrafe belegte schuld=
hafte Handlungen.   Die aus Delikten entspringenden Obligationen hatten
in Rom vorzugsweise Strafzwecke, wenn sie auch dem Privatrechte ein=
geordnet waren.[3]

Der Gegensatz trat in zahlreichen und wichtigen Rechtssätzen hervor.
Vor Allem waren die Kontraktsobligationen regelmäßig ver=
erblich, die Deliktsobligationen unvererblich.[4]   Der Haus=
vater ferner, welcher seinem Hausuntergebenen ein Pekulium gab, konnte
bis zum Belaufe desselben aus dessen Kontrakten in Anspruch genommen
werden, nicht aber aus dessen Delikten; ihretwegen haftete er nur mit
Noxalklagen.[5]

Nicht alle Obligationen entstehen aus Kontrakten oder Delikten,
aber alle verfolgen sie in erster Linie entweder vermögensrechtliche Zwecke
oder Strafzwecke.  Hiernach bezeichneten die Römer Obligationen, welche
weder Kontrakten noch Delikten entsprangen, entweder als „quasi ex
contractu" oder als „quasi ex delicto".[6]  Die ersteren nahmen an
Rechtssätzen Theil, die für die Kontrakte, die anderen an solchen, welche
für Delikte aufgestellt waren.[7]

Für das gemeine Recht ist die römische Haupteintheilung in Kon=
trakts= und in Deliktsobligationen nicht mehr zu verwerthen.  Denn die
Deliktsklagen verfolgen derzeit wenigstens zum bei weitem größten Theile
nicht mehr Strafzwecke, sondern nur Vermögensentschädigung und stehen
daher weder principiell noch in den einzelnen Rechtssätzen in einem schroffen

---

Beziehungen unter Individuen verwerthet. Vgl. Schloßmann, Vertrag S. 23 ff. Es
bildete sich aber, und zwar mit Rücksicht auf die Eintheilung der Obligationen „ex
contractu" und „ex delicto", der engere Sprachgebrauch heraus, wonach Kon=
trakte klagbare Verträge sind. Hiervon geht namentlich Gajus, welcher jene
Eintheilung vertrat, regelmäßig aus. Vgl. Gajus Inst. III. § 91, l. 5 D. de obl.
et act. 44, 7. Demnach ist die klagbare conventio „contractus", die nicht klagbare
bloßes „pactum". Vgl. l. 7 pr. § 1 und 2 D. de pactis 2, 14. Zuweilen be=
zeichnen die Römer bloß die entgeltlichen klagbaren Verträge als contractus,
l. 25 § 1 D. de obl. et act. 44, 7, verb. „sui lucri causa".

3) Vgl. oben Bd. 1 § 130.

4) l. 111 § 1 D. de reg. jur. 50, 17. Gajus Inst. IV. § 122, l. 49 D. de
obl. et act. 44, 7.

5) l. 1 D. de nox. act. 9, 4.

6) Schon Gajus libro 2 aureorum l. 1 pr. D. de obl. et act. 44, 7 vermehrt
seine ältere Eintheilung: — vgl. oben Anm. 1 — obligationes aut ex contractu
nascuntur aut ex maleficio aut proprio quodam jure ex variis causarum figuris.
Er kommt dann im weiteren Verlaufe — libro 3 aureorum l. 5 D. eod. — auf die
Subsumtion der Obligationen in quasi ex contractu und quasi ex delicto. Daher
giebt § 2 I. de oblig. 3, 13 die vierfache Eintheilung, aut enim ex contractu sunt
aut quasi ex contractu aut ex maleficio aut quasi ex maleficio.

7) Vgl. l. 1 §§ 7 ff. und l. 5 § 5 D. de his qui effuderint 9, 3.

Gegensatze gegen die übrigen vermögensrechtlichen Obligationen; sie nehmen auch nicht mehr einen so breiten Raum ein, wie in Rom.[8]

Als der natürlichste Eintheilungsgrund stellt sich heutzutage dar, daß ein großer Theil der Obligationen auf Rechtsgeschäften beruht, daß aber ein nicht minder wichtiger Theil sich an andere Thatbestände knüpft.[9]

Die Thatbestände dieser zweiten Gruppe sind mannigfachster Art. Vergehen, ungerechtfertigte Bereicherung, verwandtschaftliche und sociale Beziehungen geben ihren Boden ab.

Allgemeine Grundsätze sind nur bezüglich der Obligationen, die aus Rechtsgeschäften entspringen, zu entwickeln.

---

### Erstes Kapitel.
## Die Form der obligatorischen Geschäfte.

#### § 7. Römisches Kontraktensystem.[1]

Genügt zur Begründung der Obligation jedwede irgendwie erklärte Willenseinigung des Gläubigers und des Schuldners? oder bedarf es einer bestimmten Weise — einer Form — der Erklärung, welche unzweideutig zum Ausdrucke bringt, daß und was geschuldet sein soll?

Ueber diese Frage sind die Nationen seit Jahrtausenden getheilt.

Die Römer verlangten eine Form, damit sich der Abschluß des Geschäftes bestimmt abhebe gegenüber Vorbesprechungen und Vorverhandlungen.[2] Hierzu diente ihnen vorzugsweise die Stipulation.

---

8) Vgl. unten § 129. Auch die Gruppe der Quasikontrakte ist nicht mehr aufrecht zu erhalten. Sie umfaßt sehr Verschiedenes. Richtig ist, daß einzelne der Obligationen, welche die Römer als Quasikontrakte klassificirten, eine innere Verwandtschaft mit bestimmten Kontraktobligationen haben, so daß deren Analogie für sie verwerthet werden kann; dies gilt namentlich für die negotiorum gestio im Verhältnisse zum Mandat. Es ist dies nichts allen römischen Quasikontrakten Eigenthümliches. Vgl. Ramm, der Quasikontrakt 1882.

9) Anders Brinz Bd. 2 § 247.

1) Gneist, die formellen Verträge des neueren röm. Obligationenrechts 1845, A. Pernice in d. Ztschrft. d. Savignystift. r. A. Bd. 9 S. 195. L. Seuffert, zur Geschichte der obligatorischen Verträge 1881. — Eine vollständige Darstellung des römischen Kontraktensystems und seiner Entwickelung ist natürlich hier nicht beabsichtigt, vielmehr nur Hervorhebung des für das Verständniß des jüngsten römischen Rechtes Wesentlichen.

2) Pauli sententiae II, 14 § 1 ex nudo pacto inter cives Romanos actio non nascitur.

Die Stipulation war ein mündlicher Vertrag unter Gegenwärtigen, bei welchem die Betheiligten ohne Unterbrechung Frage und Antwort austauschen. Der Gläubiger — der Stipulant — mußte die Frage thun, in welcher er die Geschäftsbedingungen formulirte, so daß dem Schuldner — dem Promittenten — nur die Bejahung oblag. In ihrer einfachsten Gestalt lautete die Stipulation centum dare spondes? spondeo. [3]

Ueber die Stipulationen wurden herkömmlicher Weise Urkunden auf= genommen, welche das mündliche, rasch verhallende Wort schriftlich fixirten. Dies war nichts rechtlich Nothwendiges, aber bereits zu Ciceros Zeit Sitte. [4]

Den griechischen Nationen, welche vor und nach ihrer Unterwerfung in lebhaftem Verkehr mit den Römern standen, war die Form der Stipulation fremd. Bei ihnen war die Schriftlichkeit Regel, formlose Verträge waren aber nicht wirkungslos, wenn man Zeugen für sie hatte. [5] Nach und nach gewann dies auf das römische Recht erheblichen Einfluß. [6]

Es drang frühe die Anschauung in Rom ein, daß bei gewissen Geschäften Treue und Glauben — die fides — die Erfüllung auch des formlos gegebenen Wortes vom ehrbaren Bürger fordere. Freilich gab dem ursprünglich nur die Rücksicht auf den Kredit und auf die öffentliche Meinung Nachdruck; theilweise trat die Drohung der Infamie hinzu. Schließlich wurden aber Klagen aufgestellt, welche die Erfüllung jener Geschäfte erzwangen, wenn sie auch formlos eingegangen waren. [7]

Wohl blieb die Stipulation die Regel für die Eingehung von Ver= pflichtungen, aber diese Regel wurde mehr und mehr durch sehr weit= gehende Ausnahmen durchbrochen.

---

3) Vgl. l. 1 pr. ff. D. de verb. obl. 45, 1. Ueber die Entstehungsgeschichte der Stipulationen siehe Danz, der sakrale Schutz 1857, Kuntze, Exkurse zu den In= stitutionen S. 157.

4) Cicero Topica cap. 25, 26.

5) Mitteis, Reichsrecht und Volksrecht 1891 S. 459, 514.

6) Dies ist Hypothese. Sie findet einen freilich unsicheren Anhalt in der tra= ditionellen Aeußerung der römischen Juristen, daß „ex jure gentium omnes paene contractus introducti sunt, ut emptio venditio, locatio conductio, societas, de= positum, mutuum et alii innumerabiles" § 2 in fine I. de jure naturali 1, 2. Zahlreiche Analogien dienen zur weiteren Unterstützung, unter anderem das Ein= dringen der „formlosen Hypothek" aus dem griechischen Rechte.

7) l. 11 § 1 D. de a. e. v. 19, 1. — Pernice, Labeo Bd. 1 S. 408 ff. hat nachgewiesen, daß die „fides" entscheidenden Einfluß auf die Entwickelung der Klag= barkeit von formlosen Verträgen, namentlich von Mandat und Societät hatte. Doch liegt hierin nach unserer Auffassung nur ein Uebergangsmoment. Als sich im Leben das Bedürfniß geltend machte, daß gewisse formlose Verträge fest gehalten würden, bildete sich zunächst die Anschauung, daß die „fides" ihre treue Erfüllung verlange, und nachdem diese Ueberzeugung eingewurzelt war, gab man gegen den, welcher ihr untreu wurde, eine Klage.

In der Kaiserzeit unterschied man demzufolge 4 Kategorien, nämlich Real-, Verbal-, Litteral- und Konsensualkontrakte. [8]

1. **Realkontrakte** sind **Darlehen, Kommodat, Depositum** und **Pfandkontrakt**.

Die Realkontrakte sind zusammengesetzte Geschäfte. [9] Der eine Theil giebt eine Sache zu Eigenthum oder zum Besitz, oder wenigstens zur Detention und der andere Theil verbindet sich zur Rückgabe.

2. **Verbalkontrakte** waren vorzugsweise die **Stipulationen**.

Doch nahmen in der Kaiserzeit die Stipulationsurkunden praktisch fast den Charakter von Litteralkontrakten an. Denn es genügte, daß in ihnen das Versprechen des Promittenten schriftlich anerkannt war. Der Gegenbeweis, daß der mündliche Akt unterblieben sei, wurde unzulässig; nur den Beweis ließ man zu, daß an dem Tage der Ausstellung der Urkunde einer der Betheiligten nicht am Orte war, von dem aus sie datirte. [10]

3. Nach altrömischem Rechte wurden **Litteralkontrakte** durch Eintragungen in das Hausbuch des Gläubigers — den codex accepti und expensi — unter Einwilligung des Schuldners abgeschlossen. Dies ist im justinianischem Rechte antiquirt. Was hier Litteralkontrakt genannt wird, ist eine zweideutige Rechtsbildung. [11]

4. Klagbar waren endlich als **Konsensualkontrakte** in Folge bloßer formloser Willensübereinstimmung 4 Verträge mit typischem, genau bestimmtem Inhalt: nämlich **Kauf, Miethe, Mandat** und **Gesellschaft**.

Dazu kamen gewisse Geschäfte, denen der Prätor [12] sowie spätere Kaiser [13] Klagbarkeit verliehen hatten — s. g. pacta praetoria und legitima.

Der Kreis der klagbaren gegenseitigen Konsensualkontrakte war ein festgeschlossener. Formlose gegenseitige Geschäfte, welche nicht unter die Typen von Kauf, Miethe, Mandat oder Gesell-

---

8) Gajus Inst. III § 89.

9) Vgl. namentlich Brinz Bd. 2 § 228.

10) Paulus sent. V. 7 § 2, l. 134 D. de verb. o. 45, 1, l. 1 C. de contr. stip. 8, 37, dann l. 14 C. eod. — Gneist a. a. O. S. 253, Mitteis, Reichsrecht S. 459. Ueber den von Wendt in Jherings Jahrb. Bd. 28 n. 1 angenommenen Realverbalkontrakt siehe Pernice in der Zeitschr. der Savigny-Stiftung, r. A. Bd. 13 S. 246.

11) Siehe hierüber unten § 87 Anm. 9.

12) Hauptfall war das constitutum. Vgl. unten § 69.

13) Es gehörte hierher namentlich das Schenkungsversprechen l. 35 § 5 a. ff. C. de donationibus 8, 54.

2*

schaft fielen — namenlose, Innominatkontrakte —, waren daher nicht klagbar.

Aber hier trat ein neues bedeutsames Moment hervor — die Er= füllung. Wer aus derartigen Geschäften seinerseits geleistet hatte, dem stand seit Alters, falls die erwartete Gegenleistung ausblieb, die condictio sine causa behufs Rückforderung des Geleisteten offen. Seit der Kaiserzeit gewährte man ihm auch einen Anspruch auf die versprochene Gegenleistung.

Den Anstoß gab der Tröbelvertrag. Dies ist ein Geschäft, bei welchem dem Tröbler eine Sache zum Verhandeln unter der Abrede übergeben wird, daß er entweder die Sache oder einen vereinbarten Schätzungspreis zurückgebe. [14] Ein derartiger Vertrag ist weder Kauf, noch Miethe, noch auch Mandat. Daher verstand sich der Prätor dazu, für denselben eine eigene Klage „ex fide bona" aufzustellen, die aestimatoria praescriptis verbis, mittels deren der Geber die Sache oder den Preis vom Tröbler einfordern konnte. [15]

Analog dieser Klage gewährte der Prätor später auf Grund der Autorität großer Juristen, insbesondere des Labeo, auch aus anderen unbenannten gegenseitigen Verträgen demjenigen, welcher seinerseits er= füllt hatte, eine Klage „praescriptis verbis" auf die versprochene Gegen= leistung.

Dies beruhte freilich weder auf Gesetz, noch auf Edikt, sondern nur auf mehr oder weniger bestrittener Juristenmeinung und prätorischer Praxis. Um so eher begreiflich ist, daß man dem erfüllenden Theil außer dem neuen Weg die ihm seit Alters zustehende condictio sine causa auf Rückerstattung des von ihm Geleisteten beließ. Ihm blieb also ein Reuerecht, d. h. die Befugniß zum Rücktritt vom Geschäfte, bis er die Gegenleistung annahm. [16]

---

14) Vgl. unten § 120.

15) Karlowa Rechtsgeschäft S. 254 hat zuerst bemerkt, daß die actio aestimatoria der Ausgangspunkt für die Innominatkontrakte gewesen sei und daß eine allgemeine, für alle bezüglichen Fälle bestimmte actio praescriptis verbis nicht im prätorischen Edikte proponirt war. Lenel edictum S. 237 hat dies zu völliger Ueberzeugung ausgeführt. Vgl. l. 1 pr. D. de aestimatoria 19, 3, l. 1 § 1 D. de rerum permutatione 19, 4, l. 2 D. de praescriptis verbis 19, 5. Siehe übrigens über den Ausdruck „actio" praescriptis verbis Gradenwitz Interpolationen S. 123, Lenel, Ztschrft. d. Savignystift. rom. Abth. Bd. 9 S. 181.

16) Ohne Zweifel stand dem Geber eine condictio sine causa — also ein Rück= trittsrecht — offen, wenn der Empfänger mit der Gegenleistung in Verzug war l. 1 § 4 D. de rer. permut. 19, 4. Hatte aber der Geber auch ein Reuerecht und eine s. g. condictio ex poenitentia, ehe der andere Theil in Verzug mit der Gegen= leistung war, insbesondere, wenn die für die Gegenleistung vereinbarte Zeit noch nicht abgelaufen war? Das war jedenfalls im justinianischen Rechte der Fall l. 3 §§ 1 und 2, l. 5 pr. § 1 D. de cond. causa data 12, 4. Daß aber diese Stellen

### § 8. Verbindungskraft formloser Schuldverträge nach gemeinem Rechte.[1]

1. Das römische Kontraktensystem war zur Reception in Deutschland nicht geeignet. Es fehlten ihm innere Harmonie und gerechte Konsequenz. Denn das Princip der Nothwendigkeit der Form war zwar in ihm nicht verdrängt, aber durch Ausnahmen, die zum großen Theile auf historischen Zufälligkeiten beruhten, willkürlich durchbrochen. Zudem fand die Form der Stipulation keine Anknüpfungspunkte im modernen Leben.

Gleichwohl behaupteten noch die Civilisten des Mittelalters die Klaglosigkeit der pacta nuda. Aber die Kanonisten entschieden sich für den Zwang zu deren Erfüllung.[2] Daraufhin stellte sich die Klagbarkeit formloser obligatorischer Verträge in der Theorie des gemeinen Rechtes fest und wurde zu unbestrittenem Gewohnheitsrechte.[3][4]

2. Hiernach sind auch die römischen Innominatkontrakte sofort mit dem Abschlusse beiderseitig klagbar. Es bedarf also nicht mehr der Erfüllung, um ein Klagerecht auf die Gegenleistung zu erlangen. Eine Konsequenz war, daß das Reuerecht dessen wegfiel, der leistete, ohne daß ihm die Gegenleistung geschah; denn er hat seine Schuld erfüllt, ist daher nur noch zur Einklagung der versprochenen Gegenleistung befugt.[5]

3. Es mußte sich die Frage erheben, ob die römischen Real-

---

interpolirt seien, führt Grabenwitz, Interpolationen S. 146 aus. Ebenso Pernice, Labeo Bd. 3 S. 262. Vgl. auch Noël Verney du jus poenitendi. Lyon 1890, insbes. S. 103 ff.

1) Lothar Seuffert, Geschichte der obligatorischen Verträge 1881, R. Stintzing, Recension dieses Werkes in der kritischen Vierteljahrschr. Bd. 23 S. 489.

2) Vgl. die bei Seuffert a. a. O. S. 45 Angeführten.

3) Das ältere deutsche Recht forderte für die Geltung der Verträge gleichfalls Formen. Vgl. Stobbe, P. R. Bd. 3 § 165 S. 61 und dort Angeführte. Aber schon im späteren Mittelalter machte sich vielfach der Satz geltend, daß man auch das formlos gegebene Wort halten müsse.

4) Die Formlosigkeit der obligatorischen Verträge ist nicht ohne Bedenken. Sie führt die Gefahr mit sich, daß aus Aeußerungen, die unüberlegt hingeworfen wurden, Klagen erhoben werden, nicht minder, daß über Inhalt und Tragweite der formlosen Verträge weitläufige und schwierige Prozesse entstehen. Dann kommt es zu schwankenden Zeugenaussagen und zum Schiedseid, — beides nicht allzu erwünschte Mittel des Prozesses. Will man sich um deswillen für eine Form entscheiden, so bleibt nach den heutigen Verhältnissen nur die Schrift. Jedenfalls müßte sie aber durch Erfüllung, selbst von einer Seite, ersetzt werden. Denn Geben und Nehmen der Leistung zeigt genugsam die Ernstlichkeit der Abrede und begründet zudem einen Zustand, der nicht mehr ignorirt werden kann. Vgl. noch oben Bd 1 § 97. Für Formfreiheit ist Dove, Gutachten zum 22. Juristentage, in dessen Verhandlungen Bd. 1 n. 8.

5) Diese Konsequenzen fanden nur allmählich und nicht ohne Widerstreben Anerkennung. Schriftsteller unseres Jahrhunderts, welche die römische Theorie der Innominatkontrakte als praktisch vertheidigen, zählt Seuffert a. a. O. S. 144 auf.

kontrakte noch diesen Charakter haben, oder ob sie aufgegangen sind in der großen Masse der Konsensualkontrakte? Ist also das einfache Darlehen noch heute Realkontrakt, so daß die Leistung der Valuta durch den Darlehensgeber aufzufassen ist als „obligandi causa" geschehen? Oder ist es Konsensualkontrakt geworden, so daß die Hingabe der Valuta als solvendi causa zu erachten ist, d. h. als Tilgung der vom Darlehensgeber mittels des Darlehenskontraktes seinerseits übernommenen Verbindlichkeit?[6] Das erstere ist das richtige. Es entspricht der Auffassung des Verkehrs und des Lebens, daß sich Verbindlichkeiten wegen Darlehen, Depositum, Kommodat erst an die Empfangnahme knüpfen. Hiernach bilden solche Geschäfte immer noch eine besondere Gruppe. Sie sind freilich in anderem Sinn Realkontrakte als in Rom, denn die Hingabe bildet nicht mehr, wie in Rom, eine positive und zwingende Bedingung der Klagbarkeit, sondern ein nach der Verkehrsauffassung als Parteiwille zu unterstellendes Merkmal der Vertragsperfektion.

4. Obgleich Stipulationen nicht mehr geschlossen werden, spricht man auch heutzutage noch von „Stipulanten" und „Promittenten". Stipulant ist, wer einen Vertrag irgend welcher Art abschließt, um Gläubiger, Promittent, wer ihn abschließt, um Schuldner zu werden.

---

## Zweites Kapitel.

### Der Abschluß obligatorischer Geschäfte.

#### § 9. Schuldverträge und einseitige Versprechen.

1. Die Obligationen werden regelrecht durch Verträge begründet, indem der Gläubiger ein Schuldversprechen des Schuldners annimmt.[1]

---

6) Die Frage ist sehr bestritten. Vgl. Demelius, Realkontrakt im heutigen Rechte in Jherings Jahrbüchern Bd. 3 n. 5, Unger, ebendaselbst Bd. 8 n. 1, Schey, Oblig. Verh. S. 36.

1) Das Versprechen erscheint deutscher Rechtsauffassung als der Hauptbestandtheil des Vertrages, die Annahme desselben — ein Ausdruck, der ursprünglich eine körperliche Handlung, nämlich die Ergreifung eines vom Schuldner dargebotenen Wahrzeichens des Vertrages, bedeutete — als etwas Accessorisches. Vgl. Siegel, das Versprechen als Verpflichtungsgrund S. 7 ff.; aber auch F. Hofmann, die Entstehungsgründe der Obligation S. 64 ff. Nicht richtig ist die Behauptung Siegels S. 49, daß nach deutschem Recht allgemein der einseitige Wille, sich zum Schuldner zu machen, eine Verpflichtung desselben begründe und daß dessen Annahme durch den Gläubiger nur erforderlich sei, wenn der Schuldner sich nur für diesen Fall verpflichten wollte.

Ob hierbei der Gläubiger das Versprechen herausfordert, wie dies bei der römischen Stipulation geschah, oder ob der Schuldner den Vorschlag macht, in welchen der Gläubiger seinerseits willigt, ist rechtlich ohne Bedeutung.

Die Römer denken sich einen Vertrag nur zwischen einem be= stimmten Gläubiger und einem bestimmten Schuldner als möglich.[2] Heutzutage aber kommen nach deutscher Rechtsauffassung[3] auch Verträge mit unbestimmten Gläubigern — die dem Schuldner gegenüber anonym bleiben — zu Stande, indem ein Dritter statt des Gläubigers acceptirt.[4]

2. In gewissen Fällen entstehen Obligationen durch einseitiges Versprechen des Schuldners.[5] Obgleich dann eine Annahme zum Zustandekommen der Obligation nicht gefordert wird, so unterliegt es natürlich doch dem Ermessen des Gläubigers, ob er von der ihm erwachsenen Befugniß Gebrauch machen will.

Schon das römische Recht kennt derartige Fälle. Ihnen ist ge= meinsam, daß es sich um Zusagen handelt, die außerhalb des Geschäfts= verkehrs stehen. Man verschmähte hier die gewöhnlichen Formen.

Hauptfall ist das einseitige Versprechen einer Gabe — pollicitatio[6]

2) Die meisten Romanisten verwerfen Verträge mit unbestimmten Gläubigern nach römischem Rechte, vgl. namentlich l. 10 und l. 21 D. de stip. servorum 45, 3. Siehe die bei Sohm in Goldschmidts Zeitschrift Bd. 17 S. 56 Anm. 34 Angeführten. Sohm selbst ist abweichender Ansicht.

3) Vgl. über das ältere deutsche Recht Gareis in Goldschmidts Zeitschrift Bd. 21 S. 349 ff., Brunner ebendaselbst Bd. 22 S. 85.

4) Speciell anerkannte Geschäfte mit unbestimmten Personen bilden die See= versicherungen „für fremde Rechnung“, wenn der Kommissionär oder Spediteur oder ein sonstiger Vertreter für einen nicht genannten Dritten Waaren desselben ver= sichert; desgleichen die Seeversicherungen für Rechnung dessen, „den es angeht“, bei welchen offen gelassen wird, ob der Versicherungsunternehmer für sich oder für einen Dritten versichert. Doch auf diese besonderen Fälle ist die Möglichkeit von Ver= trägen mit unbestimmten Personen nicht einzuschränken. Daher erkennt R.G. Bd. 11 S. 249 die Rechtsgültigkeit eines Schuldscheines an, laut dessen sich der Aussteller dem künftigen Gläubiger einer auf das Grundstück eines Dritten einzutragenden Hypothek verbürgt. Siehe auch G. L. Strempel, die Blankocession n. gemein. R. 1893.

5) Verpflichtungen aus einseitigen Versprechen sind im Allgemeinen wie die aus Verträgen zu behandeln.

6) Der Ausdruck „pollicitatio“ ist vieldeutig und bezeichnet nicht selten einen „formlosen Vertrag“. Vgl. Schloßmann, Vertrag S. 153. Daß er aber — was Schloßmann leugnet — auch ein bloß einseitiges Versprechen bezeichnen kann und gerade in der Lehre der Versprechen an Stadtgemeinden diese Bedeutung hat, dies geht unzweideutig aus l. 3 pr. D. de pollicitationibus 50, 12 hervor. Ulpianus libro 4 disputationum: Pactum est duorum consensus atque conventio, polli= citatio vero offerentis solius promissum, et ideo illud est constitutum, ut, si ob honorem pollicitatio fuerit facta, quasi debitum exigatur. sed et coeptum opus, licet non ob honorem promissum, perficere promissor eo cogetur, et est con= stitutum. Vgl. Karlowa, Rechtsgeschäft S. 273. Regelsberger, Streifzüge im Ge= biet des Civilrechts 1892 II.

— an eine Stadtgemeinde[7] wegen einer erwiesenen Ehre oder aus anderen rechtfertigenden Gründen.

Auch das Votum gehört hierher, d. h. das einseitige Versprechen einer Zuwendung zu Gunsten eines frommen Zweckes.[8]

In viel weiterem Maße verwerthet das gemeine Recht die Verbindungskraft einseitiger Versprechen. Es läßt sie in allen Fällen zu, in welchen diese Weise der Verpflichtung allgemeinen Verkehrsinteressen nützlich ist.[9] Die Hauptfälle sind folgende:

1. Die Auslobung, d. h. die einseitige öffentlich bekannt gemachte Zusage einer Belohnung für eine nützliche Leistung, ist rechtsverbindlich.[10] Widerruf oder Modifikation der Auslobung steht daher dem Auslobenden nach der Verkündung nur frei, wenn er sich dies vorbehielt. Die Interpretation seiner Auslobung ist ihm aber im Zweifel zuzugestehen.

Wer die Leistung vollzieht, erwirbt sich und seinem Erben den Anspruch auf den ausgelobten Preis, auch wenn dieselbe nicht mit Rücksicht auf die Auslobung und selbst wenn sie ohne Kenntniß derselben geschah.[11] [12]

---

7) Nach R.G. Bd. 15 S. 213 gilt dasselbe für Zusage zum Vortheil des Staates. Dagegen Regelsberger a. a. O. S. 27. Die Pollicitationen stehen unter einem Sonderrechte. Namentlich kann sich der verarmte Schenker mit dem fünften Theile seines Vermögens von der Vollendung des Werkes frei machen. Reicht ferner die Erbschaft des Pollicitanten für das Werk nicht aus, so sind seine Erben befugt, wenn sie seine Descendenten sind, sich mit dem zehnten, wenn sie dies nicht sind, mit dem fünften Theile der Erbschaft loszukaufen. In mehreren Einzelheiten sind übrigens die Aeußerungen der römischen Juristen nicht übereinstimmend. Vgl. l. 6 pr., l. 9, l. 11, l. 14, l. 15 D. h. t. 50, 12, siehe ferner Windscheid Bd. 2 § 304 Anm. 7 und 8.

8) l. 2 D. de pollicitationibus 50, 12, cap. 18 X. de censibus 3, 39.

9) Vgl. Ehrlich, stillschweigende Willenserklärung S. 225.

10) Gewohnheitsrecht hat die Auslobungen für nützliche Zwecke zu rechtsverbindlichen gemacht. Jede Auslobung, die ernstlich ist, für rechtsverbindlich zu erklären, ist unzweckmäßige Uebertreibung. Es verspricht z. B. Jemand öffentlich im Wirthshaus dem 100 Mart, welcher sein Glas am schnellsten leert. Soll das weil es "ernstlich" versprochen ist, klagbar sein?

11) Den Römern waren Auslobungen sehr wohl bekannt. Ein originelles Beispiel giebt das Sklavenhalsband: fugi, tene me, quum revocaveris me domino meo Zosino accipis solidum. Bruns, fontes ed. 6. p. 320. Aber es entstand hieraus nur eine Anstandspflicht, keine klagbare Obligation. — Heutzutage ist es ziemlich allgemein anerkannt, daß aus der Auslobung klagbare Verpflichtungen entspringen. Doch behaupten viele, z. B. Windscheid Bd. 2 § 308 Anm. 3, daß in der Auslobung nur eine Offerte an eine unbestimmte Person liege, die der Annahme bedürfe. Wie diese Annahme zu geschehen habe, darüber streitet man. Einige sehen sie, "um unnöthige Verletzung des Rechtsgefühls" zu vermeiden, schon in der Ausführung der Leistung. Soll dies aber auch angenommen werden, wenn der Handelnde von der Auslobung nichts wußte und, ehe er von ihr erfuhr, verstarb? Es war z. B. dem ersten Eroberer einer feindlichen Fahne im Feldzuge eine Prämie zugesagt! Windscheid a. a. O. § 308 Anm. 7 leugnet ferner die Verpflichtung aus der Auslobung, wenn sie zurückgenommen werde, selbst nachdem die vorgeschriebene Thätigkeit begonnen, aber noch nicht vollendet ist. Es fehle noch die Annahme. Habe jedoch Jemand bereits eine Aufopferung gemacht, so müsse sie der Auslobende

2. Inhaber= und Ordrepapiere werden richtiger Ansicht nach mit ihrer Ausstellung perfekt, so daß Gläubiger aus ihnen wird, wer immer die Urkunde gutgläubig erwirbt, sofern ihn die Skriptur äußerlich als Gläubiger legitimirt.[13]

3. Richtiger Ansicht nach sind auch bindende Offerten gemein=rechtlich möglich geworden, d. h. Anerbieten zu einem Vertrage, bei denen man sich des Rechtes zum Rücktritt für den Fall begiebt, daß der Adressat die Offerte innerhalb der durch sie vorgesehenen Zeit annimmt.[14]

### § 10. Vertragsverhandlungen. Vorverträge.[1] Culpa in contrahendo.

1. Behufs des Vertragsschlusses werden oft langwierige Verhand=lungen geführt, durch welche die entgegenstehenden Prätentionen der Parteien zum Ausgleiche gebracht werden sollen. Nicht selten geht dieser

---

wegen „culpa in contrahendo" ersetzen. Ist dem, welcher mit dem Studium einer gestellten Preisfrage begonnen hat, nichts zu leisten? und wie, wenn mehrere der=artige Aufopferungen und Studien machten? Dann käme der Zurücktretende leicht aus dem Regen in die Traufe. Gesunde Resultate erhalten wir nur, wenn wir den Auslobenden mit der Auslobung als gebunden ansehen. Die Zulassung des aus=drücklichen Vorbehaltes des Rücktrittes steht damit nicht im Widerspruche. Hierin würde eine Resolutivbedingung zu sehen sein. Solcher Vorbehalt kommt übrigens nicht oft vor, da er den Effekt der Auslobung hindern würde. Ueber die Auslobung vgl. Siegel a. a. O. § 91, Hofmann a. a. O. S. 38, Hasenöhrl, österr. Obl.Recht Bd. 2 § 57, Brinz, Bd. 4, 2 A. S. 254, Lichtenstein, die Auslobung. Göttinger Inauguraldiss. 1893, Arnaldo Lucci delle promesse per publici proclami. Napoli 1893.

12) Nicht selten bewirkt die Thätigkeit Mehrerer den Erfolg z. B. die Entdeckung eines Verbrechers. Hier entspricht es der Absicht bei der Auslobung und der Uebung, daß der Preis nach Verhältniß des Antheils am Erfolg getheilt werde. Wie aber, wenn Mehrere die Leistung selbständig vollständig vollbrachten? In der Regel wird dann, wer zuerst leistete, unter Umständen wer das Beste leistete, den Preis nach der Absicht bei der Auslobung zu beanspruchen haben.

13) Die Frage, ob das Inhaber= und Ordrepapier auf Vertrag oder einseitiger „Kreation" beruht, ist eine sehr bestrittene. Sie wird namentlich praktisch, wenn die Papiere dem Aussteller vor der Ausgabe gestohlen wurden und später in die Hände gutgläubiger Erwerber kommen. Wird dann der Erwerber Gläubiger? Die Vertrags=theorie muß dies leugnen, denn es liegt in diesem Falle auch nicht der Schein eines Vertrages vor, die Kreationstheorie muß es bejahen. Für das Gläubigerrecht des Erwerbers R.O.H.G. Bd. 17 S. 150. Uebrigens kann diese Frage hier nur gestreift werden. Vgl. die Litteratur in meinem preuß. P.R. Bd. 2 § 12.

14) Auch dies ist keineswegs anerkannt. Bei Handelsgeschäften aber ist sogar Regel, daß die Offerte für den Offerenten, bis Antwort einlaufen kann, bindend ist. Was hier Regel ist, wird man bei Nichthandelsgeschäften nicht für unmöglich erklären dürfen. Man würde sich hierdurch auch in Widerspruch mit allgemeinen rechtlichen Ueberzeugungen setzen. So auch Bekker, Pand. Bd. 2 S. 89, Regelsberger, Pand. Bd. 1 S. 560. Vgl. auch unten § 11 Anm. 12.

1) Vgl. Regelsberger, civilrechtliche Erörterungen I 1868, Degenkolb, der Begriff der Vorverträge 1871, mit Ergänzungen im Archiv f. civ. Praxis Bd. 71 Nr. 1. Adler, Realkontrakt und Vorvertrag in Jherings Jahrb. Bd. 31 n. 4.

nur schrittweise und Punkt für Punkt vor sich. Ein Vertrag ist aber erst zu Stande gekommen, wenn Einigkeit über alle nach dem Begriffe des bezüglichen Geschäftes und nach der Parteiabsicht wesentlichen Punkte erzielt ist.

Selbst wenn die Parteien den materiellen Inhalt des Geschäftes vollständig festgestellt haben, ist Alles noch offen, falls sie das Geschäft von der Genehmigung eines Dritten oder einer bestimmten Form des Abschlusses, z. B. schriftlicher oder notarieller Beurkundung, a b h ä n g i g gemacht haben.

Welche Tragweite hat es aber, wenn vor dem Abschlusse s c h r i f t = l i c h e  F o r m  v e r a b r e d e t  i s t? Hat dies den Sinn einer V e r t r a g s = b e d i n g u n g? oder bloß der S i c h e r u n g  d e s  V e r t r a g e s, damit das mündlich fest Vereinbarte nachträglich dauernd fixirt werde? Justinian will im Falle der Abrede einer Beurkundung eine Vertragsbedingung angenommen haben.² Die Praxis hat sich dem aber nicht gefügt. Nach gemeinem Recht ist vielmehr die Parteiabsicht vom Richter frei zu er= forschen, um hiernach die Bedeutung der Abrede zu bestimmen. ³ ⁴

2. Dem Vertrage, wie ihn die Parteien schließlich bezwecken, können Verträge vorausgehen, welche diese bereits binden, aber nach ihrer Meinung durch weitere Verträge auszuführen und zu vervollständigen sind — V o r v e r t r ä g e.

a) Hierher können P u n k t a t i o n e n gehören. Punktation ist eine bei der Vertragsverhandlung gemachte Aufzeichnung der Parteien über die Punkte, über welche sie sich verständigt haben. Sie kann verschie-

---

2) l. 17 C. de fide instrumentorum 4, 21, vgl. pr. J. de empt. et vend. 3, 23. Hinsichtlich der hier eingeführten Formen der Urkunde siehe Brunner, Rechtsgeschichte der römischen und germanischen Urkunde 1880, insbesondere S. 63 ff. Ueber die Auslegung der l. 17 C. de fide instrumentorum l. c. herrscht Streit. Setzer, Ab= handlungen aus dem Civilrecht I, über die Verabredung der Schrift 1860, findet in der Verordnung nur Vorschriften über die Abfassung bezüglicher Urkunden. Regels= berger a. a. O. S. 14 thut dagegen dar, daß Justinian die Vereinbarung über die Schriftlichkeit als eine Bedingung und zwar ohne Zulassung des Beweises einer anderen Willensmeinung aufgefaßt wissen wollte.

3) Dies ist Usualinterpretation der l. 17 C. de fide instrumentorum — vgl. Regelsberger a. a. O. S. 154, Bekker 2 S. 83 —, die auch das R.G. Bd. 4 S. 199 theilt. Im Zweifel nimmt Bedingung an Arndts § 232 bei Anm. 3 und im Grunde auch Windscheid Bd. 2 § 312 Anm. 12.

4) Wird nach Abschluß eines mündlichen Vertrages über dessen Inhalt eine von den Vertragschließenden vollzogene Urkunde aufgesetzt, so bildet sie keineswegs eine bloße Beweisurkunde über den mündlichen Vertrag, sondern eine neue schriftliche Vereinbarung — Vertragsreproduktion. Vgl. Degenkolb im Archiv für civ. Praxis Bd. 71 Nr. 5. Zur Entkräftung der Schrift genügt daher nicht der Nachweis, daß ihr Inhalt von dem des vorhergehenden mündlichen Vertrags abweicht. Nothwendig ist vielmehr, daß erhellt, die Aenderung oder Auslassung in der Urkunde beruhe auf Irrthum oder Simulation oder andern Willensmängeln.

bene Bedeutung haben.⁵ Bald dient die Punktation bloß pro memoria zur Vorbereitung des künftigen Vertrages, ist also ohne bindende Kraft, bald bildet sie einen wahren Vertrag. Das letztere setzt voraus, daß sie alle dem Vertrage begrifflich wesentlichen Punkte enthält und daß sich die Parteien an das Aufgezeichnete fest binden wollen, trotzdem sie noch eine Fortsetzung der Verhandlungen in Aussicht nehmen.⁶ — Wie aber, wenn es zu der beabsichtigten weiteren Einigung nicht kommt? Dann hat der Richter in Streitfällen die Konsequenzen des in der Punktation Festgestellten zu ziehen und außerdem die s. g. naturalia negotii als maßgebend zu erachten.

b) Vorverträge anderer Art bilden die pacta de contrahendo,⁷ d. h. Verträge, wodurch man sich dem anderen Theile zum Abschlusse eines Vertrages bestimmter Art — des s. g. Hauptvertrages — verbindet. Dergleichen pacta können auch gegenseitig geschlossen werden, z. B. über Geben und über Nehmen eines Darlehens.

Pacta de contrahendo sind besonders häufig zur Vorbereitung von Realkontrakten, z. B. Darlehen, oder von Skripturobligationen, z. B. Wechseln. Aber auch Verträge über den künftigen Abschluß von Konsensualkontrakten sind nicht selten, namentlich wenn es sich um eine Mehrheit künftiger Geschäfte handelt, deren Individualisirung noch nicht thunlich ist, z. B. ein Fabrikant verpflichtet sich, einem Kaufmann seine sämmtlichen Fabrikerzeugnisse im Falle rechtzeitiger Bestellung gegen den Marktpreis für eine Reihe von Jahren zu überlassen.

Das pactum ist natürlich nur dann bindend, wenn aus ihm der Inhalt des abzuschließenden Geschäftes im Streitfalle richterlich bestimmt werden kann.

Aus dem pactum de contrahendo entspringt eine Klage auf Abschluß des Hauptgeschäftes. Aber der Berechtigte kann im Fall der Säum-

---

5) Degenkolb, a. a. O., wünscht, daß die Punktation als eine Mißfigur aus den Darstellungen unserer Lehrbücher verschwinde, da sie ganz verschiedene Dinge umfasse und als Rechtsbegriff gar nichts bedeute. Es gebe überall nur einen wahren Gegensatz: den Vertrag und die Vorverhandlung. Alle s. g. Mittelfiguren seien nicht reell, weil sie unmögliche Begriffe seien. — Dies ist abstrakt genommen vollkommen richtig. Aber die Punktation ist eine thatsächliche Erscheinung, welche im Leben eine Rolle spielt. Wir können sie daher nicht ignoriren, sondern müssen ihren rechtlichen Gehalt bestimmen, wobei wir allerdings zu dem Resultate kommen, daß sie bald Vertrag, bald rechtlich unverbindlich ist.

6) Ob dies der Fall, ist thatsächliche Frage.

7) Grünblich handelt vom pactum de contrahendo Degenkolb a. a. O. Vgl. ferner Regelsberger a. a. O. S. 129. Den Ausdruck Vorvertrag auf das pactum de contrahendo zu beschränken, ist ungeeignet, weil er das Charakteristische dieses Vertrages nicht bezeichnet. Der Richter, welcher einen Thatbestand prüft und rechtlich zu bestimmen hat, würde nichts Greifbares feststellen, wenn er die Existenz „eines Vorvertrages" anerkennen würde.

niß des andern Theiles auch unmittelbar sein Interesse einklagen, da ein vom Gerichte festgestellter Vertrag nicht einem freiwillig geschlossenen gleichzustellen ist, vielmehr leicht neuen Streitigkeiten die Thüre öffnet.[8]

Ob endlich Vorschriften über die Form des Hauptvertrages auch für die bezüglichen Vorverträge gelten, ist jeweilen nach Inhalt und Zweck dieser Vorschriften zu beurtheilen, also Sache ihrer Interpretation.[9]

3. Durch Verschulden bei Vertragsunterhandlungen — culpa in contrahendo — kann man den beschädigen, welcher sich auf dieselben mit uns einließ. Nicht nach römischem, wohl aber nach heutigem gemeinen Rechte macht solche culpa verantwortlich. Insbesondere haftet, wer schuldhafterweise Angaben machte, welche bei dem anderen Theile die irrthümliche Vorstellung erwecken mußten, daß er einen rechtsbeständigen Vertrag abschließe.[10] Es ist ihm dann mindestens zu ersetzen, was er

---

8) In Rom verlangte das pactum de contrahendo in der Regel die Form der Stipulation. Die Verurtheilung ging auf das Interesse l. 68 D. de verb. obl. 45, 1 Paulus libro 2 ad edictum: ... quod si ita stipulatus fuero: „pecuniam te mihi crediturum spondes?“ incerta est stipulatio, quia id venit in stipulationem quod mea interest. Die Verurtheilung in das Interesse ist derzeit nicht, wie nach römischem Rechte, die allein zu erlangende, aber doch in der Regel in den bezüglichen Verhältnissen das Praktische und Angemessene, daher dem Kläger auf Antrag nicht zu versagen.

9) Die Verpflichtung zum Abschlusse von Geschäften kann auch durch letztwillige Verfügungen auferlegt sein. Sie besteht ferner nicht selten nach Gesetzen. Beispielsweise sind die öffentlichen Eisenbahnen zur Eingehung von Frachtgeschäften, und es ist die Post zur Uebernahme von Postsendungen und zur Beförderung von Reisenden gesetzlich verpflichtet. Es ist allgemein anzunehmen, daß wer rechtlich ein Monopol hat und daß Anstalten, welche eine öffentliche Zweckbestimmung haben, einem Kontrahirungszwang unterliegen. Hierauf geht wenigstens die neuere Rechtsentwickelung. Vgl. aber Biermann in Iherings Jahrb. Bd. 32 S. 267.

10) Die Haftung wegen culpa in contrahendo hat zuerst Ihering in seinen Jahrbüchern Bd. 4 n. 1 wissenschaftlich zu begründen gesucht. Gegen ihn trat namentlich Mommsen auf, die Haftung der Kontrahenten bei Abschließung von Schuldverträgen — Erörterungen Heft 2. Man kann zugestehen, daß eine derartige Haftung dem römischen Rechte fremd ist und daß sich höchstens gewisse Anklänge beim Verkaufe einer nicht existirenden Erbschaft l. 18 und 19 D. de her. vel act. vend. 18, 4, sowie einer res extra commerciam finden, l. 62 § 1 D. de contrahenda empt. 18, 1. Aber die ältere gemeinrechtliche Theorie hat eine Haftung nach Analogie der lex Aquilia auch bei schuldhafter Schadenszufügung, die nicht Sachbeschädigung ist, angenommen. Hiervon ist freilich die neuere Lehre als nicht quellenmäßig und zu bald zurückgekommen. Dagegen hat sich erhalten, daß man bei Rechtshandlungen, durch die man einen Anderen kulpos beschädigt, allerdings für Schadenersatz einsteht. So ist es bei Arresten, die man unvorsichtig ausbringt und durch die man den Arrestirten beschädigt, nicht anders richtiger Ansicht nach im Falle von Vertragsunterhandlungen. Die Klage ist aber eine außerkontraktliche, wenn ein Vertrag nicht zu Stande gekommen, und keineswegs eine Kontraktsklage, wie Ihering annimmt. Deshalb geht sie auch gegen denjenigen, welcher in fremdem Namen kontrahirte oder als Bote und Gehülfe des Mitkontrahenten falsche Mittheilungen über dessen Erklärungen machte, was Ihering nicht zugeben will. Keine culpa in contrahendo liegt übrigens vor, wenn man Vertragsunterhandlungen anspinnt und nachher willkürlich abbricht; denn dies ist das Recht eines Jeden, und der andere Theil mußte wissen, daß er derartiges zu befahren habe. So grund-

gehabt hätte, wenn von dem Vertrage keine Rede gewesen wäre — das
s. g. negative Vertragsinteresse.[11]

Hierher gehört namentlich der Fall, daß sich Jemand als bevoll=
mächtigt zu einem Vertragsschlusse für einen Dritten ausgab, ohne von
diesem Vollmacht zu haben.[12]

### § 11. Vertragsschluß. Verträge unter Abwesenden.[1]

Verträge werden in der Regel[2] so geschlossen, daß ein Theil dem
anderen einen Antrag — die Offerte — macht und dieser sie
annimmt. Wer den Antrag stellt, heißt Antragsteller — Offerent —
und wer ihn erhält, Antragsempfänger — Oblat.[3]

sätzlich auch Thon, Haftpflicht des Offerenten bei Widerruf seiner Offerte im Arch. f.
civ. Prax. Bd. 80 S. 96 ff., dagegen Windscheid Bd. 2 § 307 Anm. 5, welcher die
Haftung wegen angeblicher culpa in contrahendo sehr übertreibt.

11) Gegen die Anwendung des Begriffes des negativen Interesses erklärt sich
Bähr, Irrungen im Kontrahiren, in Jherings Jahrb. Bd. 14, insbesondere S. 422,
vgl. aber Mommsen a. a. O. S. 52. Ennecccerus, Rechtsgesch. S. 501, Unger in
Grünhuts Zeitschr. Bd. 15 S. 678.

12) Weiter geht H.G.B. Art. 55.

1) Die Litteratur über Verträge unter Abwesenden ist eine außerordentlich reiche:
vgl. vorzüglich Scheurl, Beiträge Bd. 1 n. 12, sowie in Jherings Jahrb. Bd. 2 n. 5,
Bekker in seinen Jahrbüchern Bd. 2 n. 11 und Bd. 3 n. 4, Regelsberger Erört.
S. 1 ff., ferner Köppen, der obligatorische Vertrag unter Abwesenden in Jherings
Jahrb. Bd. 11 n. 2, Sohm in Goldschmidts Zeitschrift Bd. 17 n. 2: über Vertrags=
schluß u. A., Schott, der obligatorische Vertrag u. A. 1873, Kühn, Vertragsschluß
u. A. in Jherings Jahrbüch. Bd. 16 n. 1, Marsson, die Natur der Vertragsofferte
1879, Gareike, der Vertrag u. A. 1882, Oemler, der Vertrag u. A. 1885, Kohler
im Archiv f. bürg. Recht Bd. 1 S. 283, Maas, der Vertragsschluß auf elektrischem
Wege 1889. Krückmann, über den Vertragsschluß. Göttinger Inauguraldissertation.
1892. Siehe auch Siegel, das Versprechen als Verpflichtungsgrund, Hofmann, die
Entstehungsgründe der Obligation, sowie Schloßmann, der Vertrag 1876 und in
Grünhuts Zeitschr. Bd. 7 S. 565.

2) Der beiderseitige Wille kann simultan erklärt werden, ohne daß der eine Theil
die Rolle des Offerenten, der andere die des Acceptanten hat. So unter Gegen=
wärtigen, wenn ein Reisender und ein Träger behufs Abnahme des Koffers zu ein=
ander treten, ohne daß erkennbar ist, wer die Initiative für das Transportgeschäft
nahm. In entsprechender Weise kommt ein Vertrag unter Abwesenden zu Stande,
wenn sich zwei gleichlautende Offerten kreuzen, vgl. Bekker a. a. O. Bd. 3 n. 4
Ziff. I; anderer Ansicht ist Leonhard, Irrthum S. 71.

3) Mit Recht lehrt Regelsberger a. a. O. S. 4: „In Verträgen hat nur diejenige
Willenserklärung verpflichtende Kraft, welche dem anderen Vertragstheile oder
seinem Stellvertreter gegenüber abgegeben wird.“ Windscheid Bd. 2 § 309 Ziffer 3
dagegen behauptet, der Vertragswille könne gültig auch einem Dritten gegenüber er=
klärt werden, der weder der Mitkontrahent noch dessen Vertreter ist. Stehe es fest,
daß eine solche Erklärung der Ausdruck eines wirklichen Wollens sei, so habe sie die
gleiche juristische Bedeutung, wie wenn sie direkt an denjenigen, welcher dadurch zum
Gläubiger oder Schuldner gemacht werden soll, gerichtet worden wäre. Windscheid
giebt zu, daß sich aus den Quellen ein Beweis für diese Sätze nicht beibringen lasse.
Er hätte hinzufügen können, daß sie der gemeinen Meinung und der juristischen
Tradition widerstreiten. Er will sie auf die Natur der Sache gründen, indem er

Die Verhandlung wird entweder unter Gegenwärtigen und dann meiſt mündlich geführt, oder ſie geſchieht unter Abweſenden und zwar entweder ſchriftlich durch Brief oder Telegramm oder mündlich durch Boten oder Telephon.

Nicht Aufforderungen jeder Art zu einem Kontraktsſchluſſe bilden Offerten. Man kann auch zunächſt bloß die Anbahnung von Ver= handlungen bezwecken, wie dies häufig bei öffentlichen Einladungen an das Publikum zu Geſchäften oder auch bei Anzeigen an einzelne Perſonen der Fall iſt, die nicht unmittelbar Vertragsbeſtandtheil ſein ſollen.⁴ Offerte iſt die Aufforderung zu einem Geſchäfte nur dann, wenn ſie dergeſtalt gefaßt und in der Meinung erklärt iſt, daß daſſelbe unmittelbar durch die Annahme ſeitens des Adreſſaten zu Stande kommen ſoll.⁵ Jede Offerte iſt zeitlich begrenzt. Ihr Sinn iſt, auch wenn dies nicht beſonders ausgeſprochen iſt, daß der Antragſteller gegenwärtig, d. h. innerhalb angemeſſener Friſt zum Geſchäftsſchluſſe bereit iſt.

Die Offerte vollendet ſich, wenn ſie dem Adreſſaten zukommt. Sie verliert jede Bedeutung, wenn dem Adreſſaten vorher eine Zurücknahme ſeitens des Antragſtellers, z. B. durch ein ſie annullirendes Telegramm, mitgetheilt iſt.

Die Annahme geſchieht in der Regel wörtlich durch Mund oder Schrift. Man ſtreitet, ob es zur Vollendung der Annahme und damit zum Zuſtandekommen des Vertrages genügt, daß eine ſolche Annahme geäußert ſei — ſ. g. Aeußerungstheorie —, oder ob zum Vertrags= ſchluſſe nothwendig iſt, daß ſie dem Antragſteller kundgethan iſt — ſ. g. Vernehmungstheorie.

ausführt, „ein ausgeſprochener Willensentſchluß iſt deswegen nicht weniger ein aus= geſprochener Willensentſchluß, weil er nicht demjenigen gegenüber ausgeſprochen iſt, für welchen dadurch Rechte und Verbindlichkeiten erzeugt werden ſollen.“ Wer wollte die Wahrheit dieſes Ausſpruches verkennen! Damit wird aber nicht die Frage gelöſt, ob zum Vertrage ein irgendwie ausgeſprochener Willensentſchluß genügt oder ob er gegenſeitig ausgeſprochen ſein muß. Wenn zwei Perſonen einen über= einſtimmenden Willen haben und ihn ausſprechen, aber nicht einander gegenüber, ſo halten ſie Monologe, aber ſchließen keinen Vertrag. Vgl. auch Regelsberger, Pand. Bd. 1 S. 548 Anm. 5ᵃ.

4) Vgl. H.G.B. Art. 337. Daß auch Offerten an das Publikum vorkommen, führt aus Biermann in Jherings Jahrb. Bd. 32 S. 292. Solche liegen in der Aufſtellung von Automaten. Vgl. über ſie Auwers, der Rechtsſchutz der automatiſchen Wage, Gött. Jn.Diſſ. 1891.

5) Die Offerte muß derart ſein, daß durch die Annahme eine vollkommene Einigung herbeigeführt werden kann. Aber zu eng iſt es, wenn man behauptet, ſie müſſe die Beſchaffenheit haben, daß der Vertrag durch das einfache „Ja“ des Ob= laten zu Stande kommen könnte. Offerten bilden auch die Anträge, welche die nähere Feſtſetzung in das billige Ermeſſen des anderen Theiles ſtellen. Vgl. Regels= berger Erört. S. 50.

Das letztere entspricht den allgemeinen Grundsätzen. Der Mittheilung der Offerte muß die Mittheilung der Annahme korrespondiren.

Bei Geschäften unter Gegenwärtigen erkennen dies die Quellen an, indem sie die Wirksamkeit einer Stipulation verwerfen, bei welcher der Promittent auf die Frage eines Tauben bejahend antwortet.⁶ Dies offenbar, weil die Zusage nicht zu dessen Verständniß gelangte.

Das Entsprechende muß bei Geschäften unter Abwesenden gelten. Unmöglich kann die bloße Niederschrift einer zusagenden Antwort Vertragsschluß sein. Sie ist Vorbereitung des Abschlusses, Projekt. Der Schreiber kann daher zweifelsohne das Geschriebene zerreißen, ohne die Rechte des anderen Theiles zu kränken.

Soll sich dies ändern, wenn der Brief kouvertirt ist? zur Post gegeben wird, im Postbriefkasten liegt, oder weiter befördert wird?⁷ In der ganzen Skala der zur Uebermittelung dienenden Schritte findet sich kein fester Abschluß, solange der Brief nicht in die Hände des Adressaten gelangt ist. Bis dahin kann der Schreiber das Schriftstück zurücknehmen oder widerrufen. Es ist in jedem Sinne sein.⁸ Also ist auch der Antragsteller noch nicht gebunden. Ist freilich die Annahmeerklärung einmal an den Offerenten gelangt, so muß dies genügen. Darauf kann nichts ankommen, ob er wirklich Kenntniß von derselben genommen hat. Wer eine Offerte stellt, muß von einlaufenden Antworten Notiz nehmen. Das Recht, welches eine praktische Norm für die Praxis aufzustellen hat, nimmt an, daß dies geschah, auch wenn es unterblieb.⁹

---

6) l. 1 § 15 D. de obl. et act. 44, 7. Gajus libro 2 aureorum. Sed et de surdo idem dicitur, quia, etiamsi loqui possit, sive promittit, verba stipulantis exaudire debet, sive stipuletur debet exaudire verba promittentis.

7) Die Vertreter der Aeußerungstheorie differiren in ihren Ansichten. Thöl, Handelsrecht Bd. 1 6. Aufl. § 237 findet es genügend, daß das „Ja" geschrieben ist, Scheurl in Jherings Jahrb. Bd. 3 S. 258 sieht die Annahme als geschehen „durch den ersten Schritt der Uebermittelung an den Offerenten".

8) Windscheid Bd. 2 § 306 Anm. 5 und 6 versucht die Aeußerungs= und die Vernehmungstheorie auszugleichen. Der Antragsteller, führt er aus, sei gebunden, sowie der Empfänger des Antrages die Annahmeerklärung abgegeben habe, denn dieser habe sich des zur Uebermittelung seiner Annahmeerklärung an den Antragsteller gewählten Mittels „entäußert", diese sei an den Antragsteller gerichtet, um deswillen also fertig. Aber der Antragempfänger sei noch nicht gebunden, solange die Erklärung seiner Annahme noch nicht an den Offerenten kam. Denn „die Erklärung, die ich Jemandem hingebe, ist, ehe sie an ihn gelangt, noch mein. Die Erklärung ist vollendet; aber die Hingabe ist noch nicht vollendet, und eben weil die Hingabe noch nicht vollendet ist, kann ich die Erklärung noch immer zurücknehmen". Dies ist doch schwer zu vereinigen. Denn wenn ich mich des Mittels der Annahmeerklärung „entäußert" habe, so kann diese nicht mehr „mein" sein. Auch leuchtet nicht ein, daß eine Erklärung, die an den Offerenten gerichtet, aber noch nicht an ihn gelangt ist, „vollendet" sein soll. Das Resultat endlich, welches Windscheid gewinnt, daß nämlich die Annahmeerklärung früher berechtigt als verpflichtet, kann als ein sachgemäßes nicht angesehen werden. Vgl. Regelsberger a. a. O. S. 40.

Nicht selten wird die Offerte in dem Sinne gestellt, daß ihre so=
fortige Ausführung durch den Antragsempfänger Annahme sein soll.
Dann kommt gemäß dem Willen des Offerenten das Geschäft durch die
A u s f ü h r u n g  zur Perfektion, ohne daß es einer Mittheilung seitens
des Antragsempfängers oder der Kenntniß des Offerenten bedarf.[10]

So lange der Vertrag nicht durch die Perfektion der Annahme=
erklärung geschlossen ist, darf zwar jeder Theil zurücktreten, aber es kann
nicht genügen, daß der Rücktritt vorher beabsichtigt war, er muß auch
dem anderen Theile vorher erklärt sein.[11]

Verzicht des Offerenten auf Rücknahme der Offerte für den Fall
rechtzeitigen Einlaufens der Annahmeerklärung ist gemeinrechtlich als zu=
lässig anzusehen,[12] bei Handelsgeschäften ist die Offerte sogar regelrecht so
lange bindend.[13]

Tod eines der Kontrahenten vor dem Abschlusse vereitelt den Ver=
trag, weil die Möglichkeit einer Einigung der Paciscenten damit abge=
schnitten ist.[14] Für Handelsgeschäfte gilt dies aber nicht, der Vertrag
kommt vielmehr in der Person des Erben zu Stande.[15][16]

9) Man pflegt daher von einer „E m p f a n g s t h e o r i e" zu reden, die jedoch
nichts ist als die vernünftige praktische Ausbildung der Vernehmungstheorie.

10) Dies wird zwar von manchen Schriftstellern beanstandet, entspricht jedoch
dem Rechte des Lebens und der Praxis, R.O.H.G. Bd. 18 S. 246, R.G. Bd. 2 S. 43.
Ehrlich, stillschweigende Willenserklärung S. 112. Dahin gehört z. B., wenn ein
Reisender bei einem Wirthe telegraphisch Zimmer bestellt und dieser sie nachweisbar
daraufhin bereit gestellt hat. Vgl. aber auch Thon, die Haftung des Offerenten im
Arch. f. civ. Prax. Bd. 80 n. 2.

11) Die l. 4 pr. D. de manumissis vindicta 40, 2 wird nicht selten für die
Ansicht angeführt, daß auch ein abgesendeter, aber noch nicht angekommener Wider=
ruf Recht habe. Es handelt sich jedoch hier um eine einseitige Willenserklärung
und noch dazu um ein ganz singuläres Verhältniß. Vgl. dagegen l. 1 § 2 D. quod
jussu 15, 4.

12) Vgl. oben § 9 Anm. 14. Köppen a. a. O. Bd. 11 insbesondere S. 324 be=
trachtet den Vertragsantrag schon nach römischem Rechte als obligirend unter der
Bedingung der Annahme, daher als unwiderruflich. Vgl. hiergegen Windscheid Bd. 2
§ 307 Anm. 7a und bort Angeführte.

13) H.G.B. Art. 319.

14) Die Frage ist bestritten. Vgl. aber l. 2 § 6 D. de donat. 39, 5, Wind=
scheid § 307 Anm. 9. Anderer Ansicht ist namentlich Regelsberger, bei Endemann,
Handb. des Handelsr. Bd. 2 S. 442, Pandekten Bd. 1 S. 551.

15) H.G.B. Art. 297.

16) Bestritten ist die juristische Konstruktion der Versteigerung. Richtiger
Ansicht nach liegt in ihrer Veranstaltung nur eine allgemeine Aufforderung
zum Kontrahiren. Das Angebot des Ansteigerers ist als dessen
Offerte aufzufassen. Er ist an dieselbe je nach den Versteigerungsbedingungen
beziehungsweise den Usancen gebunden, entweder bis ein höheres Gebot eingelegt
wird, oder bis zum Schlusse des Versteigerungsgeschäftes. Die Annahme des Ge=
botes und der Kontraktsschluß geschieht durch den Zuschlag seitens des Versteigerers.
Vgl. über dies Geschäft Puchta, Pand. und Vorl. § 252, Kinbervater in Iherings
Jahrb. Bd. 7 n. 1 und n. 7; Ihering daselbst Bd. 7 n. 4 und 8; Unger daselbst
Bd. 8 n. 5; Reuling daselbst Bd. 10 n. 6; Siegel a. a. O. S. 82.

### § 12. Die Arra.[1]

Vertragsunterhandlungen, insbesondere über Verkäufe oder Vermie=
thungen, endigen nicht selten damit, daß der eine Theil dem anderen Geld
oder ein anderes Werthobjekt einhändigt — Angeld, Draufgeld, Ding=
pfennig, Arra.

1. Im Zweifel hat dies die Bedeutung eines Zeichens des
Abschlusses des Vertrages,[2] — die Arra ist, wie man zu sagen
pflegt, confirmatoria. Nach manchen Partikularrechten ist sie sogar noth=
wendige Form bestimmter Kontrakte, namentlich der Gesindeverträge;
dem gemeinen Rechte ist dies aber fremd.

2. Häufig verfolgt die Arra den Zweck einer Strafe — s. g. arra
poenalis. Und zwar war nach römischem Rechte die Straffunktion der
Arra zweiseitig. Wie der Geber die Arra verlor, wenn er an der Ver=
eitelung des Geschäftes schuld war, so hatte sie der Empfänger, den die
Schuld traf, in doppeltem Betrage zurückzuerstatten.[3] Dem heutigen
Rechte ist aber nur die Strafe des Verlustes durch den Geber bekannt,
nicht die doppelte Ersatzpflicht des Empfängers.

a. Die Strafarra kann bloß den Strafzweck haben. Dies dann,
wenn feststeht, daß die Parteien einen bindenden Vertrag noch nicht
wollten, namentlich wenn sie vereinbarten, daß ihre Abmachungen erst
bei schriftlicher Beurkundung fest sein sollten. — Hat sich der Geber
gegen Aufopferung der Arra beliebigen Rücktritt vom Vertrag vorbe=
halten, so ist sie zugleich Reugeld, arra poenitentialis.

b. Aber die Arra kann auch Straffunktion haben neben dem
Zweck, Zeichen des Abschlusses des Vertrages zu sein.[4] Ja diese Ver=
bindung ist — was häufig verkannt wird — die Regel geworden. Der
Empfänger ist in Folge dessen befugt, wenn sich der Geber seiner ver=
tragsmäßigen Verpflichtungen entzieht, statt auf Ausführung des Ge=

---

1) Vgl. Bechmann, Kauf Bd. 2 S. 415.
2) Pr. J. de empt. et vend. 3, 23, 1. 35 pr. D. de contr. empt. 18, 1: Gajus
libro 10 ad edictum provinciale. Quod saepe arrae nomine pro emptione
datur, non eo pertinet, quasi sine arra conventio nihil proficiat, sed ut evi-
dentius probari possit convenisse de pretio. Die Arra ist zu unterscheiden von
der Anzahlung eines Theiles des Kaufpreises, vgl. l. 2 C. quando liceat ab emptione 4, 45. Bechmann a. a. O. S. 416.
3) l. 17 C. de fide instrumentorum 4, 21.
4) Die Arra verfällt anerkanntermaßen dem Verkäufer auch ohne besondere
Verabredung, wenn er den Verkauf unter lex commissoria abgeschlossen hat und
gegenüber dem säumigen Käufer von dieser Klausel Gebrauch macht, l. 6 pr. l. 8
D. de lege commissoria 18, 3.

schäftes zu bestehen oder Entschädigung zu liquidiren, die Arra für sich zu behalten.[5]

3. Die Arra ist im Zweifel nicht Zugabe zur vereinbarten Leistung.

4. Der Empfänger der Arra wird zwar deren Eigenthümer, er ist keineswegs bloßer Verwahrer fremden Besitzes; konsumirt er die Arra, so begeht er daher keine Unterschlagung.[6] Er ist aber obligatorisch zur Rückerstattung verbunden, wenn das Geschäft vollständig von der Gegenseite erfüllt ist, ohne daß eine Aufrechnung stattfand. Er hat sie auch zurückzugeben, wenn das Geschäft durch beiderseitige Uebereinkunft oder seine Schuld rückgängig gemacht wird.

---

5) Daß die Arra im justinianischen Rechte im Zweifel neben ihrem Charakter als Zeichen des Vertragsschlusses Straffunktion hat, geht unseres Erachtens unzweideutig aus pr. I. de empt. et vend. 3, 23 hervor. Nachdem diese Stelle ausgeführt hat, daß man von einem Kaufvertrage zurücktreten dürfe, wenn die schriftliche Abfassung desselben verabredet sei und noch ausstehe — vgl. oben § 10 — fährt sie fort: Ita tamen impune recedere eis concedimus, nisi jam arrarum nomine aliquid fuerit datum: hoc etenim subsecuto sive in scriptis sive sine scriptis venditio celebrata est, is qui recusat adimplere contractum, si quidem emptor est, perdit quod dedit, si vero venditor, duplum restituere compellitur, licet nihil super arris expressum est. Hierin fand schon Savigny O.R. Bd. 2 S. 271, daß die arra confirmatoria zugleich den Charakter einer Strafe habe. Dies mißfällt freilich vielen Neueren, insbesondere Bechmann a. a. O. Und richtig ist, daß hiernach Justinian in den Institutionen verschiedene Fälle vermengt, während die zu Grunde liegende l. 17 C. de fide instrument. 4, 21 hiervon keine Spur enthält. Aber Derartiges ist bei Justinian nichts Unerhörtes. Es arbeitet sich hier eben ein neuer Gedanke in wenig geschickter Weise durch. Damit stimmt die Ausführung des römisch-syrischen Rechtsbuches überein — vgl. Bruns, Kommentar S. 216 —, laut dessen der Käufer, welcher eine arra giebt, zwar um deswillen nicht zurücktreten darf, wenn er aber gleichwohl zurücktritt, die arra verliert. Bruns erklärt diese Sätze sehr richtig dahin, daß der Verkäufer die Wahl haben soll, entweder auf Erfüllung des Vertrages zu bringen oder den Rücktritt zuzulassen und dann die arra zu lukriren. Dies war praktisch und bildete sich, wie es scheint, im Verkehre gewohnheitsmäßig aus. Von den Kompilatoren wurde dann der Satz, da er in den Rechtsquellen der klassischen Zeit noch nicht in dieser Allgemeinheit anerkannt war, gelegentlich eingeflickt. Vgl. Windscheid Bd. 2 § 325 Anm. 4.

6) Hierfür spricht, daß die arra mit einer „condictio" zurückzufordern ist, und daß nirgends von einer „Vindikation" bei der arra die Rede ist, wie sie doch namentlich, wenn es sich um einen Ring handelte, nahe gelegen hätte, wenn der Geber Eigenthümer geblieben wäre, l. 11 § 6 D. de act. empt. 19, 1. Bechmann a. a. O. S. 417 glaubt dennoch den Eigenthumsübergang bestreiten zu müssen. Und allerdings läßt sich die „Nothwendigkeit des Eigenthumsüberganges" nicht behaupten. Aber darum handelt es sich auch nicht. Es fragt sich, was ist im Zweifel die Meinung der Parteien bei Hingabe der arra, was entspricht den Zwecken des Verkehres? Die Antwort der Römer ist: Eigenthumsübergang.

Drittes Kapitel.

## Verhaftung aus fremden Geschäften.

### § 13. Allgemeines. Actio exercitoria und institoria.

Actiones adjecticiae qualitatis nennt man Klagen, durch welche ein Gewalthaber oder Geschäftsherr neben seinem Hauskinde, Sklaven, Geschäftsführer aus dessen Kontrakten verbunden wurde.[1][2]

Diese Klagen wurzelten theils in der eigenartigen Organisation der römischen Hausgewalt und dem Sklavenverhältnisse, theils dienten sie zum Ersatze der direkten Stellvertretung, welche die Römer für die Regel nicht anerkannten.

Einige gingen auf den vollen Schuldbetrag — in solidum —. Dies war der Fall bei der actio exercitoria, institoria und quod jussu. Andere verbanden nur bis zu einem Maße, welches sich durch besondere Thatbestände ergab. Solcher Art war die actio de peculio und die actio de in rem verso.

Da nach gemeinem Rechte die Sklaverei nicht besteht, die väterliche Gewalt eine von der römischen verschiedene Gestaltung hat und direkte Stellvertretung unbedingt anerkannt wird, so ist die unmittelbare Anwendbarkeit der römischen actiones adjecticiae qualitatis sehr vermindert.

1. Durch die actio exercitoria wird der Rheder — exercitor navis — welcher einen Schiffer — magister navis — zum gewerbemäßigen Betrieb der Schifffahrt einem Schiffe vorgesetzt hat, neben demselben aus dessen Geschäften verhaftet.[3]

---

1) Ueber die adjekticischen Klagen vgl. Buchka, Stellvertretung §§ 3 ff.; Savigny, O.R. Bd. 2 § 54; Baron, Abhandlungen aus dem römischen Civilprozeß II die adjekticischen Klagen 1882 und in Goldschmidts Zeitschrift Bd. 19 n. 2. Fr. Frese, L. v. d. beauftragten Vermögensverwaltung Heft 1 1889 S. 181. Der Name dieser Klagen ist von den Neueren auf Grund des Ausspruches von Paulus libro 29 ad edictum l. 5 § 1 D. de exercit. a. 14, 1 gebildet: hoc edicto non transfertur actio, sed adjicitur.

2) Die Klagformel der adjekticischen Klagen war derart koncipirt, daß die „intentio“ der Klage auf die Person des Geschäftsführers gestellt war, während die „condemnatio“ auf die Person des Geschäftsherrn ging. Hiernach entwirft Lenel folgende Formel der actio institoria: Quod Aˢ Aˢ de Lucio Titio, cum is a Nᵒ Nᵒ tabernae praepositus esset, X. pondo olei emit, cui rei Lucius Titius a Nᵒ Nᵒ praepositus erat, quidquid ob eam rem Lucium Titium Aᵒ Aᵒ dare facere oportet ex fide bona, ejus judex Nᵐ Nᵐ Aᵒ Aᵒ c. s. n. p. a. Diese Fassung hat zuerst Keller, Litiskontestation und Urtheil S. 432 vorgeschlagen. Zwar fehlt es nicht an Dissentienten. So namentlich neuerdings Mandry, Familiengüterrecht Bd. 2 S. 259, Brinz Bd. 2 S. 204, Baron a. a. O. Die Richtigkeit der Kellerschen Aufstellung ist aber überzeugend durch Lenel, edictum S. 206 nachgewiesen worden. Vgl. auch Krüger in der Zeitschrift d. Savignystiftung Bd. 4 n. 7.

3) Tit. Dig. de exercitoria actione 14, 1.

3*

Es muß sich um Geschäfte handeln, zu denen der Schiffer vom Rheder ermächtigt ist, oder als ermächtigt gilt, weil sie bei Schiffern der betreffenden Art üblich sind.⁴ Der Mitkontrahent ferner muß die Absicht gehabt haben, zu den Zwecken zu kreditiren, für welche der Schiffer angestellt ist.⁵ Geschah dies und lagen besondere Verdachtsgründe nicht vor, so steht ihm nicht entgegen, daß der Schiffer hinterher das Entnommene treuloserweise zu anderen Zwecken verwendete.⁶

2. Institor heißt der in dem Gewerbe eines Anderen für einen Geschäftszweig, zu welchem der Abschluß von Rechtsgeschäften gehört, Angestellte.⁷⁸ Institor ist sowohl wer das ganze Gewerbe verwaltet, wie wem ein einzelnes Ressort desselben anvertraut ist.

Aus den von ihm innerhalb seiner Zuständigkeit geschlossenen Geschäften gab der Prätor die actio institoria gegen den Geschäftsherrn. Sie trat zu der Klage gegen den Institor, welcher als Kontrahent persönlich verpflichtet war, hinzu.

Das innere Verhältniß des Institor zu dem Geschäftsherrn ist zu unterscheiden von seiner Stellung nach Außen — gutgläubigen Dritten gegenüber. Der Institor ist dem Geschäftsherrn gegenüber verbunden, dessen Anweisungen zu beobachten, und wird ihm im Falle ihrer Nichtbefolgung verantwortlich. Aber gutgläubigen Dritten haftet der Geschäftsherr auch aus Geschäften seines Institors, welche jenen Anweisungen zuwiderliefen, sofern zu Geschäften dieser Art derartige Angestellte üblicherweise befugt sind.⁹ Insbesondere gilt der in einem

---

4) Vgl. l. 1 § 5 D. h. t. 14, 1.

5) Dagegen nimmt Brinz Bd. 2 S. 225 an, daß es bezüglich der Vollmacht auf Wissen und Wollen des Mitkontrahenten nicht ankomme, wenn der Erfolg da sei, daß innerhalb ihres Umfanges gehandelt worden ist. Dies ist nicht als richtig anzuerkennen. Siehe unten Anm. 13.

6) Vgl. l. 1 § 9 D. h. t. 14, 1.

7) Tit. Dig. de institoria actione 14, 3, Tit. Cod. de exercitoria et institoria actione 4, 25. Thöl, Handelsrecht 6. Aufl. — Bd. 1 §§ 55 ff.: „Institor ist nicht nur wer einem kaufmännischen Gewerbe vorsteht, sondern auch wer für ein Gewerbe anderer Art angestellt ist." — Das H.G.B. Art. 41 hat für die Institoren der Kaufleute „die Handlungsbevollmächtigten" und „Prokuristen", besondere Bestimmungen getroffen. Prokurist ist hiernach der Handlungsbevollmächtigte eines Kaufmannes, welchem „Prokura" ertheilt ist, womit er zu allen durch den Betrieb eines Handelsgewerbes bedingten Rechtshandlungen in der Weise bevollmächtigt ist, daß eine Einschränkung Dritten gegenüber schlechthin wirkungslos ist.

8) Ueber die vielbestrittene l. 5 § 10 D. de inst. act. 14, 3 vgl. Jhering in seinen Jahrb. Bd. 2 S. 78, Thöl H.R. 6. Aufl. S. 301. Weitere Litteraturangaben siehe bei Windscheid Bd. 2 § 482 Anm. 15.

9) l. 11 §§ 2 ff. D. h. t. 14, 3. Ulpianus, libro 28 ad edictum. De quo palam proscriptum fuerit, ne cum eo contrahatur, is praepositi loco non habetur: non enim permittendum erit cum institore contrahere, sed, si quis nolit

Handelslokale Angestellte als ermächtigt zu allen dort regelmäßig betrie=
benen Geschäften.[10] Nur solche Einschränkungen stehen auch gutgläubigen
Dritten entgegen, die aus der Einrichtung des Geschäftsbetriebes oder
durch öffentliche Bekanntmachungen offenkundig waren, so daß sie bei
etwelcher Sorgfalt nicht zu übersehen waren.[11]

3. Eine actio quasi institoria wurde endlich in Fällen gegen den
Geschäftsherrn gegeben, in welchen ein Bevollmächtigter, ohne Institor
zu sein, im Namen eines Dritten kontrahirte.[12]

Dem heutigen Rechte sind alle diese Klagen, also die actio exer=
citoria, institoria und quasi institoria fremd. Denn entweder der
Schiffer oder Handlungsbevollmächtigte oder sonstige Vertreter handelt
in seiner Eigenschaft als Bevollmächtigter im Namen des Geschäftsherrn.
In diesem Falle gilt der Geschäftsherr nach den Grundsätzen der
unmittelbaren Stellvertretung als der wahre Kontrahent, als allein und
unmittelbar verpflichtet. Oder die Bevollmächtigten kontrahiren auf
fremde Rechnung in eigenem Namen. In diesem Falle erhalten die
Vertreter allein Rechte und Pflichten aus dem Kontrakte. Die Mit=
kontrahenten kreditiren dann nur ihnen und können den Geschäftsherrn
nicht belangen.[13]

---

contrahi, prohibeat: ceterum qui praeposuit tenebitur ipsa praepositione.
Proscribere palam sic accipimus claris litteris ante tabernam scilicet, vel
ante eum locum, in quo negotiatio exercetur, non in loco remoto, sed in
evidenti.

10) Vgl. Thöl, Handelsrecht Bd. 1 S. 205, sowie die oben Anm. 9 abgedruckte
Stelle. Vgl. H.G.B. Art. 50.

11) l. 7 § 1 D. de exercitoria a. 14, 1 ... et in summa aliquam diligentiam
in ea creditorem debere praestare. Hiernach bestimmt sich, inwieweit dem Mit=
kontrahenten eine „Erkundigungspflicht" obliegt. Vgl. hierüber Thöl, Handelsrecht
Bd. 1 S. 216, aber auch Baron in Goldschmidts Zeitschrift Bd. 27 S. 139.

12) Die actio quasi institoria verdankt ihre Anerkennung der Autorität
Papinians, vgl. l. 30 pr. D. de neg. gest. 3, 5, l. 19 pr. D. de inst. a. 14, 3,
l. 10 § 5 D. mandati 17, 1, l. 13 § 25 D. de a. e. v. 19, 1. l. 16 D. de inst.
a. 14, 3, l. 5 und l. 6 C. de exerc. et inst. a. 4, 25, Baron in Goldschmidts Zeitschrift Bd.
27 S. 131. Es gehört hierher auch l. 30 pr. D. de neg. gest. 3, 5, worüber Schloß=
mann in Jherings Jahrb. Bd. 28 S. 287; vgl. Windscheid Bd. 2 § 482 Anm. 8.

13) Der richtigen Ansicht nach setzten die actio exercitoria und institoria
voraus, daß der Angestellte mit offener Vollmacht handelte, daß der Mitkontrahent
daher wußte, ein Geschäftsherr stehe hinter demselben, und daß er mit Rücksicht auf
diesen Geschäftsherrn kontrahirte. Dies spricht namentlich Gajus IV. § 70 und
§§ 1 und 2 J. quod cum eo 4, 7 aus. Si igitur jussu domini cum servo negotium gestum erit, in solidum praetor adversus dominum actionem pollicetur,
scilicet quia qui ita contrahit fidem domini sequi videtur. Eadem ratione
praetor duas alias in solidum actiones pollicetur, quarum altera exercitoria,
altera institoria appellatur. Vgl. l. 1 pr. D. quod jussu 15, 4. Siehe auch
l. 5 § 17 D. de inst. a. 14, 3 und hierzu Mitteis, Stellvertretung S. 29. Diese
Ansicht entspricht dem Wesen der Sache. Wer den Angestellten für den Geschäfts=
herrn hält und mit ihm kontrahirt, hat ihm kreditirt. Wie kommt er dazu, hinter=
her einen Anderen in Anspruch zu nehmen, auf dessen Mithaftung er beim Kontrakt=

Dagegen sind die römischen Grundsätze über den Umfang der Vollmacht der Schiffer und Institoren auch im heutigen Rechte für die Frage maßgebend, inwieweit der Angestellte seinen Principal durch seine Gewerbsgeschäfte verbindet.

### § 14. Die drei Klagen aus den Kontrakten der Gewaltuntergebenen gegen den Gewalthaber.

Ein dreifaches Edikt stellte dreifache Klagen gegen den Gewalthaber aus den Kontrakten seiner Hausuntergebenen auf: nämlich die actio quod jussu, de peculio und de in rem verso. [1]

1. Wer mit Hausuntergebenen auf Geheiß — jussus — ihres Hausvaters in dessen Angelegenheit kontrahirte, hatte gegen denselben in solidum die actio quod jussu. [2][3] Nothwendig war, daß der Dritte im Hinblick auf die Ermächtigung des Hausvaters kontrahirt hatte. [4]

Zunächst war — civiliter oder naturaliter — der Hausuntergebene als Kontrahent dem Mitkontrahenten verpflichtet, der Hausvater haftete adjekticisch. Heutzutage dagegen ist in Folge der Anerkennung direkter Stellvertretung der Hausvater in allen bezüglichen Fällen als der wahre Kontrahent und alleinige Verpflichtete anzusehen.

schluß nicht reflektirte? Vgl. Mitteis a. a. O. S. 25, wo auch die neuere Litteratur angeführt ist. Hiernach kommt heute eine actio exercitoria und institoria nicht mehr vor, da der Dritte gegen den Geschäftsherrn, der durch den Angestellten vertreten ist, stets eine unmittelbare Kontraktsklage und nicht bloß eine adjekticische hat. Eine andere Ansicht nimmt an, die exercitoria und institoria seien auch für Fälle bestimmt gewesen, in welchen der Angestellte mit verdeckter Vollmacht handelte, und will beide Klagen in derartigen Fällen auch heute noch gewähren. So auch Schloß= mann, d. Kontrahiren mit offener Vollmacht 1892. Allein die Praxis tritt dem mit Recht nicht bei. R.G. Bd. 2 S. 167.

1) l. 1 § 1 D. de peculio 15, 1. Ulpianus libro 29 ad edictum. Est enim triplex hoc edictum: aut enim de peculio aut de in rem verso aut quod jussu hinc oritur actio.

2) Tit. Dig. quod jussu 15, 4; Drechsler, die actio quod jussu 1877; Mandry, Familiengüterrecht Bd. 2 S. 543 und dort Citirte.

3) Bestritten ist, in wessen Angelegenheiten abgeschlossen sein muß, ob in denen des Vaters oder denjenigen des Hauskindes, oder ob Geschäfte beider Art betroffen waren. Das Richtige ist, daß es sich um Geschäfte des Vaters handeln müsse. Vgl. l. 1 §§ 1 und 5 D. quod jussu 15, 4, l. 5 § 2 D. de in rem verso 15, 3.

4) Jussus ist in der actio quod jussu nicht „Befehl", wie am deutlichsten hervorgeht aus der Form des jussus in l. 1 § 1 D. h. t. 15, 4 „quod voles cum Sticho servo meo negotium gere periculo meo". Es bedeutet „Ermächtigung", zu Lasten des Jubenten zu kontrahiren. Der jussus wurde daher in der Regel direkt vom Hausvater dem dritten Kontrahenten kundgethan. In= dessen genügte auch eine dem Hausuntergebenen ertheilte Vollmacht, die dem Mitkontrahenten bekannt war. Vgl. über die verschiedenen An= sichten Bangerow Bd. 1 § 240 S. 446 und Mandry a. a. O. Genehmigung des Geschäftes nach seinem Abschlusse steht ursprünglicher Ermächtigung gleich, l. 1 § 6 D. h. t. 15, 4.

2. Die actio de peculio ging gegen den Hausvater aus den kontrakt=
lichen Verbindlichkeiten seines Hausuntergebenen, soweit dessen peculium
reichte. Peculium war ein dem Hausuntergebenen vom Hausvater
eingeräumtes Sondervermögen, welches thatsächlich dem Hausunter=
gebenen überlassen war, rechtlich aber in dem Eigenthume des
Hausvaters blieb.[5][6]

Die Pekulienklagen sind in Deutschland nicht praktisch geworden,
da Pekulien im römischen Sinne nicht vorkommen.

3. Die dritte der Klagen — actio de in rem verso — ist praktischen
Rechtens.[7] Sie gründet sich auf die Bereicherung des Hausvaters durch
das Geschäft des Hauskindes[8] und geht bis zum Belaufe dieser Be=
reicherung.

Vorausgesetzt ist:

a) ein Geschäft des Versionsklägers mit dem Hausuntergebenen.[9]

b) Bereicherung des Hausvaters. Dieselbe kann in positiver Ver=

---

5) Ueber das Pekulium, auf welches im Familienrechte — unten Bd. 3 § 32 —
zurückzukommen ist, vgl. vorzugsweise Mandry, über Begriff und Wesen des Pekulium
1869 und Mandry, Familiengüterrecht Bd. 2 S. 1 ff. Siehe dort die Litteratur.

6) Die actio de peculio verhaftete den Hausvater, soweit das Pekulium reichte,
jedoch nur nach Abzug dessen, was der Vater vom Hausuntergebenen naturaliter
zu fordern hatte — l. 9, l. 11 pr. und ff., l. 52 D. de peculio 15, 1. Der Haus=
vater hatte zu zahlen, bis das Pekulium erschöpft war. Kamen einzelne Pekuliar=
gläubiger zuerst zur Befriedigung und war hierdurch das Pekulium erschöpft, so
hatten die Uebrigen das Nachsehen. Dolose Verminderung des Pekuliums war dem
Hausvater zuzurechnen, wenn innerhalb eines annus utilis nach derselben geklagt
wurde, l. 30 § 6 D. h. t. 15, 1. Auch nach Aufhebung des Gewaltverhältnisses
konnte gegen den ehemaligen Gewalthaber und dessen Erben, wenn sie das Pekulium
besaßen, mit der actio de peculio „annalis" geklagt werden. Tit. Dig. 15, 2
Quando de peculio actio annalis est. War Pekuliarvermögen mit Wissen des
Vaters zu einem Handelsgewerbe verwendet, so hatten die Geschäftsgläubiger
die actio tributoria, vermöge deren sie verhältnißmäßige Befriedigung aus dem
pekuliaren Handelsvermögen fordern konnten, ohne daß bei dieser Klage der Haus=
vater wegen seiner Forderungen an den Hausuntergebenen im Voraus einen Abzug
machen konnte. Tit. Dig. 14, 4 de tributoria actione.

7) Vgl. Tit. Dig. de in rem verso 15, 3. Eine eingehende Behandlung giebt
Mandry, Familiengüterrecht Bd. 2 S. 454. Dort findet sich die ältere Litteratur.
Hinzuzufügen ist Brinz Bd. 2 S. 218.

8) Dies ist der Gesichtspunkt der Quellen l. 10 § 7 D. h. t. 15, 3, l. 17 § 4
D. de inst. act. 14, 3. Brinz a. a. O. führt hiergegen die Worte der l. 17 pr.
D. h. t. 15, 3 Africanus libro 8 quaestionum an: Servus in rem domini pecuniam mutuatus sine culpa eam perdidit: nihilominus posse cum domino de
in rem verso agi existimavit. nam etsi procurator meus in negotia mea impensurus pecuniam mutuatus sine culpa eam perdiderit, recte eum hoc nomine
mandati vel negotiorum gestorum acturum. In der That ist die Stelle bedenk=
lich, aber doch vorzugsweise, weil hier das versum non „durat".

9) Die actio de in rem verso ist actio adjecticiae qualitatis. Sie findet
daher nicht statt, wenn der Kläger etwas unmittelbar in das Vermögen des Be=
klagten verwendet hat, oder wenn diesem durch Zufall etwas aus des Klägers Ver=
mögen zufloß. Dies liegt in dem Gebiete der Kondiktionen.

mögensvermehrung oder darin bestehen, daß ihm Ausgaben erspart sind, die er für nothwendige oder nützliche oder von ihm genehmigte Zwecke gemacht hätte.[10]

Gelangte das Produkt des Geschäftes in das Pekulium des Haus= untergebenen, so war die actio de in rem verso nicht begründet.[11]

c) Die Bereicherung muß in Folge des Geschäftes des Haus= untergebenen eingetreten sein. Dies ist namentlich dann der Fall, wenn der Gewaltuntergebene von vornherein im Interesse des Hausvaters handelte, so daß dieser gegen ihn die actio mandati oder negotiorum gestorum hätte, wenn er ein Gewaltfreier wäre.[12] Aber unrichtig ist, hierin eine nothwendige Bedingung der Klage zu sehen. Es genügt, daß die Verwendung in das Vermögen des Hausvaters nachträglich erfolgte, sei es durch den Hausuntergebenen selbst, sei es auf andere Weise, voraus= gesetzt nur, daß ein Kausalnexus zwischen dem Geschäfte, aus dem ge= klagt wird, und der Bereicherung besteht.[13]

d) Die Bereicherung darf nicht seitens des Versionsbeklagten dem Hausuntergebenen bereits vergütet sein.

---

10) l. 3 §§ 4 und 6, l. 5 § 2 D. h. t. 15, 3.

11) l. 5 § 3, l. 6 D. h. t. 15, 3.

12) l. 3 § 2 D. h. t. 15, 3. Ulpianus libro 29 ad edictum: Et regulariter dicimus totiens de in rem verso esse actionem, quibus casibus procurator man- dati vel qui negotia gessit negotiorum gestorum haberet actionem quotiensque aliquid consumpsit servus, ut aut meliorem rem dominus habuerit aut non deteriorem. Viele sehen hier den eigentlichen Grund der actio de in rem verso angedeutet. Man erklärt geradezu die actio de in rem verso durch eine fiktive Ces- sion der naturalen actio negotiorum gestorum oder mandati des Hausuntergebenen gegen seinen Gewalthaber, welche sich bei dieser Gelegenheit in eine cibile umsetzen würde. So Witte, Bereicherungsklage S. 256 und bis zu einem gewissen Grade noch neuerlich Brinz a. a. O. Dies ist aber nicht haltbar und führt vom richtigen Wege ab. Es handelt sich nicht um den Grund der Klage, sondern um ein einzelnes wich= tiges Moment. Der Kausalzusammenhang zwischen Kontrakt und Bereicherung liegt vor allem dann vor, wenn die Zwischenperson die Absicht hatte, durch denselben die Geschäfte des Hausherrn zu führen. Dieser Kausalzusammenhang kann aber auch auf andere Weise hergestellt werden. Beispiele geben l. 7 § 4 und l. 19 D. h. t. 15, 3.

13) l. 5 § 3 D. h. t. 15, 3. Ulpianus libro 29 ad edictum: Placet non solum eam pecuniam in rem verti, quae statim a creditore ad dominum per- venerit, sed et quae prius fuerit in peculio. Schenkt freilich der Gewaltunter= gebene eine Sache, die er für sein Pekulium gekauft hat, seinem Vater, so hat deren Verkäufer keine actio de in rem verso gegen den letzteren. Denn dieser hat die Sache in Folge der Schenkung und nicht jenes Kaufes. Dagegen ist die actio de in rem verso begründet, wenn der Hausuntergebene ein Darlehen im Interesse des Vaters aufnimmt und die Summe dem Vater sofort donandi animo, ohne ihn zum Pekuliarschuldner machen zu wollen, auszahlt, also seinerseits auf Regreß verzichtet. So läßt sich wohl l. 7 pr. und § 1 D. h. t. erklären, keinenfalls wird man aber mit Windscheid Bd. 2 § 483 Anm. 4 statt „actio est“ emendiren dürfen „actio cessat“. Denn dies ist ohne handschriftliche Unterlage und stimmt auch nicht mit dem Gange der Erörterung Ulpians.

Sie muß fortdauern.[14] Lag sie aber in einer Ausgabeersparniß, so ist dies eine Thatsache, die durch spätere Ereignisse nicht mehr ungeschehen gemacht werden kann.

Eine actio de in rem verso utilis hat, wer einem Hauskinde zum Zwecke seines Lebensunterhaltes kreditirte, sei es durch Naturalalimente, sei es durch Geldvorschüsse, sofern der Hausvater zur Alimentation des Hauskindes verpflichtet war und soweit er hierdurch an den hierzu noth= wendigen Ausgaben erspart hat.[15]

Die Versionsklage wurde endlich utiliter ausgedehnt auf Fälle, in welchen man mit Gewaltfreien kontrahirte.[16]

Vorausgesetzt ist ein Geschäft des Versionsklägers mit einer gewaltunabhängigen Zwischenperson, ferner Be= reicherung des Versionsbeklagten, und endlich Kausalzu= sammenhang zwischen dem Geschäfte und der Bereicherung.

Dieser Kausalzusammenhang wird nur angenommen, wenn der Kon= trakt, aus welchem geklagt wird, von vornherein durch die Zwischenperson im Interesse des Versionsbeklagten geschlossen wurde. Daß auch der Versionskläger, wie viele Neuere fordern, beim Kontrakte das Verhältniß kannte und mit Rücksicht hierauf abschloß, wird nicht verlangt. Denn die Grundlage der Klage ist nicht etwa, daß Kläger dem Versionsbeklagten kreditirt habe, sondern daß er ihn bereicherte.

Es ist weiter nothwendig, daß der Versionsbeklagte das Produkt des Geschäftes erlangte, ohne daß er dasselbe von der Zwischen= person durch ein besonderes Geschäft erwarb oder es ihr vergütete. Nur unter dieser Voraussetzung ist er aus dem Geschäfte des Versionsklägers bereichert.[17]

---

14) l. 10 § 6 D. h. t. 15, 3. Ulpianus libro 29 ad edictum: Versum autem sic accipimus, ut duret versum: et ita demum de in rem verso competit actio, si non sit a domino servo solutum vel filio.

15) l. 3 § 3 D. h. t. 15, 3, vgl. l. 21 D. eod. in fine verb. „dandam de in rem verso utilem actionem".

16) Die actio de in rem verso utilis aus Kontrakten gewaltfreier Personen hat ihre feste Stütze in der l. 7 § 3 C. Quod cum eo qui in aliena est potestate 4, 26 Diocletianus et Maximianus. Alioquin si cum libero rem agente ejus, cujus precibus meministi, contractum habuisti et ejus personam elegisti, pervides contra dominum nullam te habuisse actionem, nisi vel in rem ejus pecunia processit vel hunc contractum ratum habuit. Eine andere Interpretation versucht neuerdings Schloßmann in Iherings Jahrb. Bd. 28 S. 331. Dagegen Lenel im Arch. f. civ. Prax. Bd. 78 n. 11.

17) Die Ansichten der Neueren über die actio de in rem verso utilis gehen außerordentlich auseinander. Die Einen vertreten weiteste Anwendung, die Anderen engste Beschränkung, ja Leugnung dieser Klage überhaupt. In früherer Zeit sahen Manche von der Voraussetzung, daß der Kontrakt seitens einer Zwischenperson im Interesse des Versionsbeklagten abgeschlossen sei, ganz ab und wollten unsere actio auch in Fällen geben, in welchen der Versionsbeklagte durch den Kontrakt eines

## Viertes Kapitel.

### Erforderniſſe obligatoriſcher Geſchäfte.

#### § 15. Beſtimmbarkeit der Leiſtung.

Keine Obligation entſpringt aus Verabredungen, ſo lange noch Exiſtenz und Umfang der beabſichtigten Verpflichtung in der Willkür deſſen ſteht, der ſie übernehmen ſoll.[1] Sie ſind noch unfertig. Die Obligationen müſſen aber nicht nothwendig beſtimmt — certae —, ſie können auch unbeſtimmt — incertae — ſein.

Beſtimmt ſind die Obligationen, wenn ihr Inhalt und Umfang im Vertragsakt ausdrücklich, genau und vollſtändig feſtgeſtellt iſt,[2] unbeſtimmt ſind diejenigen, welche der Vertragsakt zwar nicht vollſtändig darlegt, die aber ohne neue Uebereinkunft vollſtändig werden können. Sie ſind alſo unbeſtimmt, aber nicht unbeſtimmbar.[3]

---

Anderen in ganz unvorgeſehener und zufälliger Weiſe einen Vortheil erlangt hatte. So hielt man Handwerker und Lieferanten von Materialien, welche einem Bauunternehmer kreditirt hatten, für berechtigt, ſelbſt gegen ſpätere Erwerber des Hauſes mit der actio de in rem verſo zu klagen. Hiergegen trat namentlich Kämmerer in Lindes Zeitſchrift Bd. 8 n. 3, 4 und 8 auf. Dieſe vage und keineswegs immer billige Bereicherungsklage iſt derzeit nicht mehr in der Litteratur vertreten. Die entgegengeſetzte Anſicht erkennt eine actio de in rem verſo utilis aus Kontrakten überhaupt nicht an und behauptet, daß in der l. 7 C. cit. nur von einer actio negotiorum gestorum contraria des mit der Zwiſchenperſon Kontrahirenden die Rede ſei. Und zwar ſoll dies nach Einigen eine dem Kläger um deswillen perſönlich erwachſene negotiorum gestorum actio ſein, weil er beim Kontrakte mit der Zwiſchenperſon das Intereſſe des Beklagten im Auge gehabt habe; Andere — Savigny, O.R. Bd. 2 S. 32, Arndts § 248 Anm. 3 — betrachten die Klage als die vi legis an den Kläger cedirte a. negotiorum gestorum der Zwiſchenperſon gegen den Beklagten. Beides läßt ſich nur durch künſtliche Umdeutungen der l. 7 cit. vertheidigen, für die es an inneren wie äußeren Gründen fehlt. Viele, welche eine actio de in rem verſo utilis anerkennen, beſchränken ſie wenigſtens auf den Fall, daß der Abſchließende beim Geſchäftsſchluß als Geſchäftsführer hervortrat. So Jhering, Jahrb. Bd. 1 S. 339 ff. und Windſcheid Bd. 2 § 483 Anm. 5. Auch dies iſt ohne Stütze in den Quellen und ohne gute innere Gründe. Die Litteratur ſtellt Kämmerer a. a. O. zuſammen und neuerdings Ube im Archiv für civ. Praxis Bd. 50 n. 18. Vgl. weiter Mandry, Familiengüterrecht Bd. 2 S. 460 und Rocholl, Rechtsfälle des Reichsger. Bd. 1 S. 83. Mori dell' a. de in rem verso, Firenze 1891. Das R.G. Bd. 1 S. 143, 159, Bd. 21 S. 238 ſteht — wenigſtens in preußiſch-rechtlichen Sachen — im Weſentlichen auf dem hier vertretenen Standpunkte.

1) Vgl. oben Bd. 1 § 108, ſiehe ferner l. 115 D. de verb. obl. 45, 1, l. 85 § 1 D. de contrahenda empt. 18, 1.

2) l. 74 D. de verb. obl. 45, 1. Gajus libro 8 ad edictum provinciale. Stipulationum quaedam certae sunt, quaedam incertae, certum est, quod ex ipsa pronuntiatione apparet, quid quale quantumque sit, ut ecce aurei X., fundus Tusculanus.... Ueber incertum handelt vorzugsweiſe l. 75 D. eod., vgl. ferner l. 68 D. eod.

3) Der Gegenſatz von „certum" und „incertum" hat eine große prozeſſualiſche

Die Unbeſtimmtheit liegt bald darin, daß bloß die Faſſung des Vertrages eine unvollſtändige iſt, während die Betheiligten über deſſen Inhalt vollſtändig einig waren, bald aber auch darin, daß der Inhalt noch nicht vollſtändig feſtgeſtellt iſt.

a) Bloße Unvollſtändigkeiten der Faſſung ſind durch Auslegung zu heben. Vorausgeſetzt iſt natürlich, daß Erklärungen der Parteien oder Thatumſtände beſtehen, aus denen der Sinn des Vertrages genügend auf= gehellt werden kann.[4]

b) Die Ergänzung von Vereinbarungen ohne neuen Vertrag iſt nur ſtatthaft, wenn ſie die Mittel hierzu ſelbſt an die Hand geben.

Zu dieſem Zwecke kann der Vertrag auf Verhältniſſe der Zukunft Bezug nehmen. Man verſpricht z. B. einem Fabrikanten ſo viele Kohlen zu angemeſſenen Preiſen für mehrere Jahre, wie er zum Betriebe ſeiner Fabrik brauchen wird. In Streitfällen hat hiernach der Richter das Quantum der zu liefernden Waare zu bemeſſen.

Nicht ſelten verweiſen die Verträge auf die Entſcheidung von Dritten — Arbitratoren. Dieſe ſind nicht Schiedsrichter, welche über einen Rechtsſtreit urtheilen, ſondern Gehülfen der Betheiligten bei Ge= ſtaltung der Obligation.[5]

Es giebt zwei Klaſſen von Arbitratoren. Entweder handelt es ſich um perſönliche Entſcheidung; dann iſt der Vertrag hierdurch be= bingt und fällt zuſammen, wenn die Arbitratoren die Entſcheidung nicht geben wollen oder wegen Todes oder Krankheit oder Abweſenheit nicht oder nicht innerhalb entſprechender Friſt geben können. Oder der Ver= trag beruft die Arbitratoren als Sachverſtändige, dann iſt er nicht bedingt. Zwar iſt auch in dieſem Falle die Entſcheidung der beſtimmten Arbitratoren thunlichſt einzuholen, aber wenn ſie nicht zu erwirken iſt, hat das Gericht — etwa nach Anhörung von Sachverſtändigen — die Feſtſtellung vorzunehmen.[6]

Bedeutung. Denn obligationes certae eignen ſich zu ſchleunigerer prozeſſualiſcher Behandlung, als incertae. Vgl. für das römiſche Recht oben Bd. 1 § 131. Nach heutigem Prozeßrechte iſt eine „beſtimmte Quantität" als Gegenſtand der Schuld Vorausſetzung der Anwendbarkeit des Urkundenprozeſſes, C.P.O. § 555, ſowie des Mahnverfahrens, C.P.O. § 628.

4) l. 94 D. de verb. obl. 45, 1. Marcellus libro 3 digestorum: Triticum dare oportere stipulatus est aliquis: facti quaestio est, non juris. igitur si de aliquo tritico cogitaverit, id est certi generis certae quantitatis, id habebitur pro expresso: alioquin si, cum destinare genus et modum vellet, non fecit, nihil stipulatus videtur, igitur ne unum quidem modium. Vgl. l. 95 D. eod.

5) Weismann, das Schiedsgutachten im Archiv f. civ. Praxis Bd. 72 S. 269, Triani, nota sull' arbitrium boni viri in den studi giuridici per il XXXV. anno d'insegnamento di Filippo Serafini S. 163 ff. R.O.H.G. Bd. 16 S. 427.

6) Die Römer unterſcheiden beide Arten vorzugsweiſe beim Geſellſchaftsvertrage,

Im heutigen Verkehre iſt auch das nicht ungewöhnlich, daß E i n e r der K o n t r a h e n t e n vertragsmäßig ermächtigt wird, ſeinerſeits Inhalt und Umfang der Leiſtungen näher feſtzuſtellen.[7] Solche Verträge ſind bindend, wenn nachweisbare Umſtände, insbeſondere beſtimmte Geſchäfts= gebräuche oder die Geſchäftslage eines Theiles einen Maßſtab für die Beſtimmung an die Hand geben, ſo daß der eine Mitkontrahent einer ungemeſſenen Willkür des anderen nicht unterworfen iſt.[8]

Iſt die Feſtſetzung durch die Arbitratoren einem der Mitkontrahenten oder durch die eine Partei der anderen erklärt, ſo iſt das Beſtimmungs= recht erſchöpft.[9]

---

l. 76, l. 78 D. pro socio 17, 2. Proculus libro 5 epistularum ... arbitrorum enim genera sunt duo, unum ejusmodi, ut sive aequum sit, sive iniquum, parere debeamus — quod observatur, cum ex compromisso ad arbitrum itum est — alterum ejusmodi, ut ad boni viri arbitrium redigi debeat, etsi nomi- natim persona sit comprehensa, cujus arbitratu fiat. In proposita autem quae- stione arbitrium viri boni existimo sequendum esse, eo magis quod judicium pro socio bonae fidei est. — Hieraus ergiebt ſich, daß zwar beide Formen des arbitratus möglich ſind, daß man aber im Zweifel das arbitrium boni viri als beabſichtigt anzuſehen hat. Dies ſtimmt auch mit unſeren heutigen Verkehrs= anſchauungen vortrefflich zuſammen, vgl. RG. Bd. 1 S. 343. Bedenken erregt freilich die Behandlung von Miethe und Kauf im römiſchen Rechte. Denn es wird wiederholt ausgeſprochen, daß die Klauſel der Kauf= und Miethverträge, wo- nach der Kaufpreis oder der Miethzins nach dem Ermeſſen eines Dritten beſtimmt werden ſoll, auf eine perſönliche Entſcheidung deſſelben abziele und den Vertrag zum bedingten mache, daß aber die Verweiſung auf das arbitrium eines unbe= ſtimmten Dritten bezüglich der Beſtimmung des Kaufpreiſes oder Miethzinſes oder Lohns unzuläſſig ſei, l. 25 pr. D. locati 19, 2, § 1 J. de e. e. v. 3, 23, l. 15 C. de contr. empt. 4, 38. Dies iſt aber hiſtoriſch zu erklären und hängt damit zuſammen, daß die Römer für Kauf und Miethe „pretium certum" forderten. Daher zweifelte man urſprünglich, ob Kaufgeſchäfte überhaupt Geltung hätten, wenn die Preis= beſtimmung Dritten übertragen war. Gajus Inst. III. 140. Dann ließ man ſolche Geſchäfte als durch eine perſönliche Entſcheidung bedingte zu, wagte aber nicht weiter zu gehen und eine Preisbeſtimmung boni viri arbitrio anzuerkennen. — Im heutigen Rechte iſt das Erforderniß des pretium certum im römiſchen Sinne bei Kauf und Miethe weggefallen, was unten bei den bezüglichen Geſchäften darzuthun iſt. In Folge deſſen haben ſich auch die beſonderen Sätze über Unzuläſſigkeit einer ſachverſtändigen Beſtimmung des Preiſes durch Dritte erledigt. Vielmehr ſind der= zeit die Grundſätze, welche die Römer bei der Societät entwickelten, allgemein anzu= wenden — auch bei Kauf und Miethe. Andere Auffaſſungen ſiehe bei Bechmann, Kauf Bd. 2 S. 344.

7) Die Römer erkannten Käufe, bei denen die Preisbeſtimmung dem einen Theile überlaſſen war, nicht an, vgl. l. 35 § 1 D. de contr. empt. 18, 1. Das Gleiche galt für Miethkontrakte. Rümelin, Selbſtkontrahiren S. 49. Nur actiones praescriptis verbis — nach vorgängiger Erfüllung ſeitens des Klägers — wurden zugelaſſen. Die Beſtimmung der Societätsantheile konnte dagegen ſchon nach röm. Rechte dem billigen Ermeſſen eines Geſellſchafters anvertraut werden, l. 6 D. pro socio 17, 2. Im heutigen Rechte iſt die Geltung von Kauf= und Miethverträgen, bei welchen ein Kontrahent den Preis zu beſtimmen hat, nicht zu bezweifeln.

8) Vgl. Wiener in Goldſchmidts Zeitſchrift Bd. 24 S. 42, R.O.H.G. Bd. 16 S. 427. Unter dieſen Vorausſetzungen kommt es nicht ſelten vor, daß derartige Ver= träge ſtillſchweigend geſchloſſen werden, indem nur die Verpflichtung des einen Theils, z. B. eines Werkmeiſters, nicht aber die Vergütung für das Werk feſtgeſetzt wird.

9) R.O.H.G. Bd. 11 S. 247.

Im Falle von Betrug, Zwang und wesentlichem Irrthum ist jedoch Verbesserung zuläffig.

Wegen grober Unreellität der Entscheidung kann stets richterliche Hülfe angerufen werden. Denn der Fall des Dolus gilt immer als vorbehalten. Handelte es sich um sachverständiges Ermessen, so kann die Entscheidung auch angefochten werden, weil sie dem Sachverhältniß widerspricht.[10] Der Anfechtende hat zu beweisen.[11]

## § 16. Unmögliche, unfittliche Versprechen.

I. Unmögliches kann nicht geleistet, demnach auch nicht geschuldet werden.[1] Dies ist ein Satz zwingender Logik. Das Versprechen einer unmöglichen Leistung ist daher nothwendigerweise nichtig.[2]

Man unterscheidet die Fälle der Unmöglichkeit nach ihrem Grunde.

Die Unmöglichkeit ist absolut, wenn sie in der Art der zugesagten Leistung begründet ist, z. B. Geister zu citiren; sie ist relativ, wenn die Leistung ihrer Art nach möglich und nur im gegebenen Falle unmöglich ist, z. B. man verspricht ein Pferd, welches bereits todt ist.[3]

Sie beruht ferner entweder auf Naturgesetzen oder auf der Rechtsverfassung.[4] Letzterer Art ist z. B. das Versprechen einer res extra commercium, ferner der Uebereigunng einer Sache an den, welchem sie bereits zu eigen ist; dagegen ist natürlich die Uebertragung ihres Besitzes an den Eigenthümer möglich.[5]

Die Unmöglichkeit ist entweder eine objektive, für Jedermann vorhandene, oder eine subjektive, in der Person des Gläubigers oder des Schuldners liegende.

Von der Unmöglichkeit, auch der subjektiven, ist die Schwierigkeit der Erfüllung zu unterscheiden. Dahin gehört Geldmangel des Schuldners. Er hindert die Entstehung einer Geldschuld nicht, auch

---

10) Siehe die Anm. 6 abgedruckte l. 76 D. pro socio 17, 2.

11) Vgl. R.G. Bd. 1 S. 343.

1) Savigny, O.R. Bd. 1 S. 381, Bd. 2 S. 284, Ube im Archiv für civ. Praxis Bd. 48 n. 10, 14. Mommsen, Beiträge zum Obligationenrecht Bd. 1 S. 1 ff. Zimmermann in Jherings Jahrbüch. Bd. 13 n. 8. Hartmann, Obligation S. 166. Hesse im Archiv für civ. Praxis Bd. 61 S. 258. Brinz Bd. 2 §§ 245 und 246.

2) l. 185 D. de R. J. 50, 17. Celsus libro 8 Digestorum: Impossibilium nulla obligatio est.

3) § 1 I. de inutilibus stipulationibus 3, 19.

4) § 2 I. de inut. stip. 3, 19.

5) l. 82 pr. D. de verb. obl. 45, 1. Ulpianus libro 78 ad edictum: Nemo rem suam utiliter stipulatur, sed pretium rei suae non inutiliter: sane rem meam mihi restitui recte stipulari videor.

wenn der Stipulant die Lage des Schuldners kannte. Ein Bettler kann also gültig ein Haus für eine Million kaufen. Er kann Krebit finden ober erben.[6]

In der Regel macht es keinen Unterschied, ob die Unmöglichkeit eine nothwendig dauernde, oder eine möglicherweise künftig behebbare ist. Denn was zur Zeit des Vertragsschlusses ungültig versprochen ist, ist für immer ungültig.[7]

Ist jedoch die Erfüllung vertragsmäßig noch aufgeschoben, so genügt, daß sie zu der Zeit möglich ist, in welcher sie zuerst gefordert werden kann, auch wenn sie zur Zeit des Vertragsschlusses nicht möglich war.[8] Beim Versprechen einer res extra commercium litt dies in Rom eine Ausnahme.[9] Derartige Verträge waren schlechthin, auch wenn sie bedingt waren, verpönt, als von böser Vorbebeutung und um deswillen unsittlich. Dagegen heutzutage sind Geschäfte über öffentliche Sachen unter der ausdrücklichen oder stillschweigenden Bedingung ihres künftigen Eintrittes in den Verkehr gültig; derzeit wird hierin nichts Ungehöriges gesehen.[10] —

Von besonderer Bedeutung ist die Frage, ob das Versprechen von

---

6) l. 137 § 4 D. de verb. obl. 45, 1. Venulejus libro 1 stipulationum: Illud inspiciendum est, an qui centum dari promisit confestim teneatur an vero cesset obligatio, donec pecuniam conferre possit. quid ergo, si neque domi habeat, neque inveniat creditorem? sed haec recedunt ab impedimento naturali et respiciunt ad facultatem dandi .. et generaliter causa difficultatis ad incommodum promissoris, non ad impedimentum stipulatoris pertinet, ne incipiat dici eum quoque dare non posse, qui alienum servum, quem dominus non vendat, dare promiserit. Daß man derartige „Diffikultäten" von subjektiver Unmöglichkeit scharf unterscheiden muß, ergiebt sich daraus, daß die Obligation auch in dem Falle rechtsbeständig begründet wird, wenn der Stipulant das Vorhandensein besagter Diffikultäten beim Vertragsschlusse kannte, während er keinen Anspruch hat, wenn er die Unmöglichkeit, die in der Person des Schuldners liegt, beim Vertragsschlusse kannte, wenn er z. B. wissentlich jemanden, der kein französisches Wort versteht, als Lehrer dieser Sprache engagirt.

7) Vgl. oben Bb. 1 § 122 Anm. 1.

8) Vgl. l. 31 D. de verb. obl. 45, 1. Pomponius libro 24 ad Sabinum: Si rem meam sub condicione stipuler, utilis est stipulatio, si condicionis existentis tempore mea non sit. l. 98 pr. D. eod.

9) l. 83 § 5, l. 137 § 6 D. de verb. obl. 45, 1. l. 34 § 2 D. de o. e. 18, 1 .. nec enim fas est ejusmodi casus exspectare.

10) Wächter, Pandekten Bb. 2 S. 277 führt aus: „Wie könnte man es bei uns incivile und non fas nennen, wenn ich mit einer Stadt über den Ankauf des städtischen Theaters oder eines Stückes eines Kirchhofes, oder wenn ich mit einem Dritten über diese Objekte, weil wir hören, daß die Stadt sie zu veräußern beabsichtige, ein Rechtsgeschäft schließe." Dies gilt z. B. auch vom Kaufe eines Grundstückes zu Bauplätzen unter der Bedingung, daß die Stadt in die Kassirung eines dasselbe durchschneibenden öffentlichen Weges und Ueberlassung an den Käufer willigt. Der Vertrag wird perfekt, wenn die Abtretung vor der zur Uebereignung des Grundstückes festgesetzten Zeit oder einer sonstigen vertragsmäßigen Frist von der zuständigen Behörde beschlossen wird.

Unmöglichem den Promittenten aus dem Grunde zur Schadloshal=
tung verbindet, weil er versprochen hat, was zu leisten ihm nicht
möglich ist? In dieser Hinsicht ist zu unterscheiden:

A. Die Unmöglichkeit liegt in der Person des Gläubigers.
Dann hat der Schuldner — von Dolus abgesehen — nichts zu leisten.[11]

B. Anders, wenn die Unmöglichkeit in der Person des Schuld=
ners oder auf objektiven Gründen beruht.

Dann ist der Promittent gemäß der Entwickelung des späteren
römischen Rechtes regelmäßig zum Ersatze verpflichtet, es sei denn, daß
der Stipulant die Unmöglichkeit zur Zeit des Vertragsschlusses kannte
oder wenigstens achten und berücksichtigen mußte, daß eine Unmöglichkeit
ohne Kenntniß des anderen Theils eingetreten sein könne.[12]

Insbesondere ist dies bei Käufen und anderen Anschaffungsgeschäften
der Fall, auch wenn der Promittent gutgläubig und ohne Verschul=
dung war.[13]

---

11) l. 34 D. de verb. obl. 45, 1, l. 1 § 10 D. de obl. et act. 44, 7.

12) Ueber die Entschädigungspflicht des Promittenten, wenn in dessen Person
die Unmöglichkeit begründet ist, sind die Neueren einmüthig, vgl. Windscheid Bd. 2
§ 315 Anm. 3, Hartmann, Obligation S. 222, siehe jedoch auch Mommsen, Beiträge
Bd. 3 S. 407.

13) Sehr streitig ist, unter welchen Voraussetzungen der Promittent zur Ent=
schädigung verpflichtet ist, falls die versprochene Leistung zur Zeit des Vertrags=
schlusses aus objektiven Gründen unmöglich ist. Mommsen a. a. O. Bd. 1 S. 109
gesteht dies nur im Falle von dolus oder culpa lata des Promittenten zu.
Dagegen Savigny, O.R. Bd. 2 S. 290 giebt dem mit der Unmöglichkeit unbekannten
Käufer unbedingt einen Entschädigungsanspruch. Ihm wirft Windscheid Bd. 2 § 315
Anm. 5 zwar offenbaren Widerspruch mit den Quellen vor, indem er sich selbst durch
mancherlei Distinktionen hiervor zu behüten sucht. Doch wird man sich Savigny an=
schließen müssen, wenn man die historische Entwicklung beachtet. Ursprünglich war
die Obligation schlechthin wirkungslos, wenn Unmögliches ihren Inhalt bildete. So
war und blieb es auch später bei der Stipulation, abgesehen von dolus, im Falle
der Zufügung einer clausula doli. So war es ursprünglich auch beim Kaufe. Es
fehlte ein Kaufobjekt, also bestand kein Kauf. Deswegen wurde es nöthig, daß der
Prätor in Fällen, in welchen ein „fundus religiosus" als ein privater verkauft war,
um dem Käufer zu helfen, eine eigene actio in factum aufstellte. l. 8 § 1 D. de
religiosis 11, 7. Aber die freiere spätere Jurisprudenz ging weiter und gab bei dem
Verkaufe eines Freien als Sklaven oder einer res extra commercium als einer im
Verkehr befindlichen Sache die actio ex empto. Einige Juristen meinten, es sei in
solchen Fällen zwar keine emptio vorhanden, aber eine actio ex empto, so Modesti=
nus in der l. 62 § 1 D. de contr. empt. 18, 1; andere deducirten dagegen, es be=
stehe ein Kauf, weil die actio ex empto des Käufers auf Schadloshaltung zuge=
lassen werde. l. 4 D. de contr. empt. 18, 1. Widersprüche finden sich ferner in
den Quellen beim Verkaufe einer nicht existirenden Sache an den nichtwissenden
Käufer. Sie sind auf dieselben Gesichtspunkte zurückzuführen. Eine Verpflichtung
des Verkäufers zur Schadloshaltung des Käufers bei solchen Verkaufsgeschäften
spricht l. 21 pr. D. de a. e. v. 19, 1 und l. 8 und 9 D. de her. vel a. vend. 18,
4 aus. Der Fall, daß die Kaufsache zufälligerweise vor Abschluß des Kaufes zu
Grunde gegangen war, wird in l. 57 pr. D. de contr. empt. 18, 1 besprochen, vgl.
auch l. 15 pr. l. 34 § 1 D. eod. Es ist hierbei der Satz unseres Textes maßgebend.
Ist eine unmögliche Handlung zugesagt, so wird der Promittent in der Regel nur

Man ſtreitet darüber, ob in ſolchen Fällen dem Stipulanten das poſitive oder negative [14] Vertragsintereſſe zu erſetzen iſt. Das erſtere iſt das richtige. Denn es iſt recht, daß ihm in Gelde werde, was ihm zugeſagt iſt.

II. Nichtig ſind auch unſittliche Geſchäfte — contra bonos mores. [15]

Dieſer Art ſind Geſchäfte, die direkt Unſittliches verſprechen, z. B. die Beſchädigung von Sachen Dritter, wie auch ſolche, die indirekt eine Unſittlichkeit in ſich ſchließen, indem man Geld oder Geldeswerth zu dem Zwecke verſpricht, um Unſittliches hervorzurufen oder zu fördern.

Unſittlich ſind insbeſondere Geſchäfte, welche die Freiheit der Perſönlichkeit des Promittenten in übertriebener Weiſe beſchränken oder Ent- ſchlüſſe erzwingen ſollen, die nur der Ausdruck eigener freier Ueberzeugung ſein dürfen. [16] [17]

für c u l p a einzuſtehen haben, da bei ſolchen Kontrakten in der Regel kein unbe= dingtes Einſtehen für den Erfolg, ſondern nur pflichtmäßiges Bemühen zugeſagt wird. Ueber die hier beſprochenen Fragen vgl. Bechmann, Kauf Bd. 2 S. 429, wo auch die Litteratur angeführt iſt.

14) Nur das negative Vertragsintereſſe geſteht Windſcheid Bd. 2 § 315 Anm. 7 zu. Die Quellen, vgl. l. 7 ff. D. de her. v. act. vend. 18, 4, geben kein beſtimmtes Reſultat.

15) l. 4 C. de inutilibus stipulationibus 8, 38. Diocletianus et Maximianus .. cum omnia, quae contra bonos mores vel in pacto vel in stipulatione deducuntur, nullius momenti sint. l. 26 D. de verb. obl. 45. 1. Ulpianus libro 42 ad Sabinum: Generaliter novimus turpes stipulationes nullius esse momenti. Vgl. l. 27 pr., l. 35 § 1, l. 123 D. eod.

16) Ungültig iſt z. B. das Verſprechen, ſich niemals ſelbſtändig zu etabliren, nie= mals ein Konkurrenzgeſchäft zu betreiben, R.O.H.G. Bd. 21 S. 262, R.G. Bd. 31 S. 97, oder Jemandem den geſammten Ertrag ſeiner wirthſchaftlichen Thätigkeit für immer zu überlaſſen, R.O.H.G. Bd. 18 S. 107. Vgl. Kohler, Abh. S. 62. Lemberg, Beſchränkungen d. Handels= und Gewerbefreiheit 1888. Ungültig iſt ein Verſprechen für die Unterlaſſung einer Denunciation, R.O.H.G. Bd. 23 S. 226. Dies muß ſelbſt bezüglich der Antragsvergehen gelten. Nur dann wird der Vertrag nicht als ungültig anzuſehen ſein, wenn er eine Schadloshaltung für die Verletzung durch ein begangenes Vergehen enthält. Nicht jedes Rechtsgeſchäft iſt übrigens nichtig, wenn es unter Um= ſtänden und mit Intentionen abgeſchloſſen wird, die den ſo Handelnden ſtraffällig machen, R.G. Bd. 6 S. 170, vgl. auch R.G. Bd. 18 S. 242. Es kann den Inten= tionen des Strafgeſetzes entſprechen, daß das Geſchäft Geltung behält, trotzdem daß daſſelbe Schließende der Strafe verfällt.

17) Bei der Frage der Unſittlichkeit eines Geſchäftes ſind die beſtimmenden und offenſichtlichen Motive deſſelben nothwendig mit in Betracht zu ziehen. Gerade ſie entſcheiden vorzugsweiſe über die Lauterkeit oder die Unſittlichkeit des Geſchäftes. Doch darf dies nicht übertrieben werden. Sonſt wäre Vertragstreue und Rechtsſicherheit gefährdet. Entferntere, bloß mögliche, vorübergehende Zwecke ſind daher regelrecht nicht zu beachten. Eine feſte Regel, welche die Grenze zieht, läßt ſich ſchwerlich geben. Juriſtiſcher Takt muß uns davor ſchützen, in Extreme zu verfallen. Der Verkäufer wird z. B. den Verkauf von Mobilien nicht um deswillen anfechten können, weil ſie der Käufer zum Ausmöbliren der Wohnung ſeiner Maitreſſe beſtimmt hat. Vgl. Ravit, über unſittliche Bedingungen und Verträge im Archiv für civ. Praxis Bd. 68 insbeſondere S. 66. Kohler im Arch. f. bürgerl. R. Bd. 1 S. 359, Bd. 5 S. 161. Scheh, Obligationsverhältniſſe Bd. 1 S. 149.

### § 16 a. Wucherische Geschäfte.

1. Die Vertragsfreiheit ist die Grundlage des Obligationenrechtes. Indem sie Jedem gestattet, das eigene Interesse rücksichtslos zu wahren, spornt sie die Kräfte und fördert sie die Entwickelung des Verkehrs.

Aber nützlich ist sie doch nur, soweit die Lage der Vertragschließenden eine annähernd gleiche ist. Ausbeutung der Noth, der Unerfahrenheit und des Leichtsinns des Theils, welcher dem Ausbeutenden durch wirthschaftliche oder psychische Schwäche nicht gewachsen ist, bildet Wucher, welcher sittlich verwerflich und social und politisch verderblich ist.

2. Wie weit die Vertragsfreiheit um der Wuchergefahr willen einzugrenzen ist, bildet ein schwieriges Problem für den Gesetzgeber.

Die Römer beschränkten seit ihrer ältesten Zeit gesetzlich die Höhe des Zinsfußes.[1] Im späteren Rechte wurden ferner Verkäufe anfechtbar, bei welchen der Kaufpreis nicht einmal den halben Werth des Sachwerthes betrug.[2] Auch die lex Anastasiana,[3] wonach der Käufer einer Forderung vom Schuldner derselben nicht mehr als den Kaufpreis mit Zinsen beitreiben durfte, richtete sich gegen Wucher.

Radikaler war das kanonische Recht, welches Vertragszinsen überhaupt verbot.[4] Das konnte aber in Deutschland nicht Wurzel fassen. —

In der Mitte unseres Jahrhunderts suchte man die Vertragsfreiheit absolut durchzuführen, indem man von der freieren Konkurrenz Beseitigung aller ihrer Gefahren erwartete.

Daher gab das Bundesgesetz vom 14. November 1867 die Höhe des Zinsfußes frei;[5] das Handelsgesetzbuch ferner beseitigte für Handelsgeschäfte die Anfechtbarkeit der Verkäufe wegen Verletzung über die Hälfte sowie die lex Anastasiana.

Hierdurch wurde zwar die merkantile Entwickelung in Deutschland gefördert, aber da die Ausbeutung der schwächeren Gesellschaftsklassen, insbesondere auch der kleinen Bauern, freigegeben war, wuchsen die socialen Mißstände und der Gegensatz zwischen den Bevölkerungsklassen.

3. Die Reichsgesetze vom 24. Mai 1880 und 19. Juni 1893 traten

---

1) Siehe unten § 30 A.

2) Unten § 102 Ziff. 2.

3) Unten § 51 Ziff. 1.

4) Neumann, Geschichte des Wuchers in Deutschland 1865, Stobbe, D.P.R. Bd. 3 S. 296.

5) Aehnlich schon früher Art. 292 des H.G.B. bezüglich der Schulden der Kaufleute. Das Bundesgesetz trat mit dem 1. Januar 1871 auch in den süddeutschen Staaten in Kraft mit Ausnahme von Bayern, wo ein besonderes, jedoch sehr ähnliches Gesetz gilt.

daher dem Wucher mit öffentlichen Strafen entgegen und erklärten wucherische Geschäfte für ungültig.

a. Auf Zinsgeschäfte allein bezog sich das Gesetz vom 24. Mai 1880; es wurde durch das Gesetz vom 19. Juni 1893 auch in dieser Hinsicht verschärft.

Danach sind Darlehen und Geschäfte jeder Art, welche den Zweck haben, dem anderen Theil leihweise Geld zu verschaffen — z. B. auch Verkäufe mit Wiederkaufsbefugniß des Käufers, welche diesem Zweck dienen — straffällig und ungültig, wenn der Geldgeber unter Ausbeutung von Nothlage, Leichtsinn oder Unerfahrenheit sich oder einem Dritten Vermögensvortheile versprechen ließ, welche mit Ueberschreitung des üblichen Zinsfußes in auffälligem Mißverhältniß zu der Leistung stehen.⁶

b. Das Gesetz vom 19. Juni 1893 wendete sich auch gegen den Sachwucher.

Es fordert dabei nicht bloß Ausbeutung der Noth, des Leichtsinns und der Unerfahrenheit durch Vermögensvortheile, welche in auffälligem Mißverhältniß zur Leistung stehen, sondern auch, daß dieselbe gewerbs= oder gewohnheitsmäßig geschah.

Die nächste Veranlassung gaben s. g. Viehverleihverträge und Vieh= verkäufe, sowie Verkäufe landwirthschaftlicher Grundstücke. Aber das Gesetz geht viel weiter. Selbst Ausbeutung in Arbeitsverhältnissen kann hierher gehören.

### § 17. Interesse, Vermögenswerth der Leistung.

Unzählige Versprechen werden täglich gegeben, ohne daß sie doch klagbar sein sollen. Man verspricht z. B. einem Anderen einen Besuch, verspricht, mit ihm zu speisen, ihn zu wählen. Wo liegt das Kriterium der wahren Obligation?

1. Der Gläubiger muß bei der Leistung interessirt sein. Ursprünglich forderte die römische Jurisprudenz ein eigenes Vermögensinteresse des Gläubigers. Dies hielt sie auch später bei Stipulationen fest.¹ Aber bei den bonae fidei judicia ging sie hierüber

---

6) „Nothlage" liegt vorzugsweise vor, wenn der Kreditnehmer zur Erhaltung seiner Person oder seiner Familie oder seiner Ehre oder seines Gewerbes, Leichtsinn und Unerfahrenheit, wenn er zum Spiel und sonstigen unproduktiven Zwecken oder zu verwegenen Spekulationen Geld in Anspruch nimmt. Erforderlich ist stets, daß der Kreditgeber wußte, daß Noth, Leichtsinn oder Unerfahrenheit den anderen Theil zur Kreditentnahme unter den lästigen Bedingungen bestimmten.

1) l. 38 § 17 D. de verb. obl. 45, 1. Ulpianus libro 49 ad Sabinum: Alteri stipulari nemo potest, praeterquam si servus domino, vel filius patri stipuletur: inventae sunt enim hujusmodi obligationes ad hoc, ut unusquisque sibi adquirat quod sua interest: ceterum, ut alii detur, nihil interest mea.

hinaus. Auch das Wohl Anderer wird als berechtigtes Interesse des Gläubigers behandelt, mag er ihnen aus verwandtschaftlichen oder socialen Rücksichten oder aus Erwägungen der Humanität etwas ausbedingen.² Dies gilt heutzutage allgemein.³

2. Die Leistung muß der Vermögenssphäre angehören.⁴ Auch in dieser Hinsicht ist die Jurisprudenz nicht bei den alten, engen Schranken stehen geblieben. Sie fordert nicht, wie ursprünglich geschah, daß die Leistung das Vermögen dessen, an den sie erfolgt, direkt vermehrt. Es genügt, daß es sich um Dinge handelt, die im Verkehr für Geld zu haben sind. Das Vermögensinteresse liegt dann darin, daß der Gläubiger Auslagen erspart, die er für Beschaffung des Geschuldeten aufzuwenden hat, wenn es ihm nicht vertragsgemäß geleistet wird.⁵

Nicht Wenige gehen weiter und behaupten, ohne Rücksicht auf Vermögenswerth erzeuge heutzutage jedes Versprechen einer Leistung eine bindende und klagbare Obligation, sofern es sich nicht um bloße Launen handle.

Dies entspricht aber nicht dem positivem Rechte und verkennt, daß ein Kriterium dafür nöthig ist, was im Rahmen einer klagbaren Ver-

---

2) l. 54 pr. D. mandati 17, 1. Papinianus libro 27 quaestionum .. placuit enim prudentioribus affectus rationem in bonae fidei judiciis habendam, l. 6 pr., l. 7 D. de servis exportandis 18, 7. Insbesondere erkannten die Römer die Verbindungskraft eines mandatum aliena gratia an, d. h. eines bloß im Interesse eines Dritten gegebenen Auftrages, l. 2 § 2 D. mandati 17, 1, vgl. Jhering in seinen Jahrbüchern Bd. 18 S. 61.

3) Das Interesse wird sich meist aus dem Vertragsschlusse ohne weiteres ergeben. Einen besonderen Nachweis desselben hat der Gläubiger in der Regel nicht zu führen, es sei denn, daß konkrete Umstände auf sein Fehlen hinweisen.

4) l. 9 § 2 D.. de statuliberis 40, 7 .. ea enim in obligatione consistere, quae pecunia lui praestarique possunt. Es beziehen sich also die Grundsätze des Obligationenrechts nicht auf Versprechen, die bloß dem geselligen Verkehr angehören, z. B. zu einem Diner zu kommen, nicht auf solche, die das persönliche Familienrecht, nicht auf diejenigen, welche die Ausübung politischer Rechte betreffen.

5) Verspricht der Verkäufer oder wer sonst Verbindlichkeiten für Geld übernimmt bei Gelegenheit des Hauptvertrages Leistungen, welche eine pekuniäre Schätzung nicht zulassen, so kann der Käufer im Falle ihrer Nichterfüllung auf Kürzung des Geldpreises klagen, und umgekehrt hat der Käufer einen höheren Preis, als er zusagte, zu leisten, wenn er Verbindlichkeiten nicht pekuniärer Art neben dem Kaufpreis versprach und nicht erfüllt. Denn der Kaufpreis gilt als mit Rücksicht auf jene Verbindlichkeiten gemehrt oder gemindert. Hiervon geht Papinianus libro 27 quaestionum bei Beurtheilung einer Zusage des Käufers eines Sklaven aus, welche diesem zur Strafe gereicht. l. 6 § 1 D. de servis exportandis 18, 7: Nobis aliquando placebat non alias ex vendito propter poenam homini irrogatam agi posse, quam si pecuniae ratione venditoris interesset, veluti quod poenam promisisset: ceterum viro bono non convenire credere venditoris interesse, quod animo saevientis satisfactum non fuisset. sed in contrarium me vocat Sabini sententia, qui utiliter agi ideo arbitratus est, quoniam hoc minoris homo venisse videatur, vgl. l. 10 D. eod., l. 79 D. de contr. empt. 18, 1.

4*

binblichkeit liegt und was bloß ethische Pflicht oder gar nur Höflichkeit ist. Eine sichere Grenze ist im gemeinen Rechte, wo es an einer Form für die Eingehung von Obligationen fehlt, von ganz besonderer Be= deutung.[6]

### § 18. Verträge zu Gunsten Dritter.[1]

Verträge nennt man „zu Gunsten Dritter", wenn sich der Stipulant Leistungen an einen Dritten ausbedingt, so daß auch diesem deren prozessualische Geltendmachung offen stehen soll.[2]

Das ältere römische Recht verwarf derartige Verträge schlechthin.

---

6) Von dem Erfordernisse eines Vermögenswerthes der Obligation wollen nament=lich absehen Windscheid Bd. 2 § 250 Anm. 3, Jhering in seinen Jahrb. Bd. 18 S. 43, Regelsberger bei Endemann, Handb. des Handelsr. Bd. 2 S. 472, Pernice, Labeo Bd. 3 S. 172 ff. Daß das röm. Recht auch in seiner jüngsten Gestalt an dem Erforderniß eines Vermögenswerthes festhielt, dies beweist vorzugsweise die oben Anm. 5 abgedruckte, von Jhering für das Gegentheil benutzte l. 6 § 1 D. de serv. exp. 18, 7. Denn die Argumentation Papinians dreht sich einzig darum, ob nicht wenigstens mittelbar ein Vermögensinteresse bei dem bezüglichen Vertrage bestehe. Daraus, daß die röm. Juristen seit das Erforderniß des Vermögens=interesses in einer feinen Weise handhaben, ergiebt sich gerade, daß sie es nicht über Bord geworfen haben. — Die röm. Theorie der Obligation ist zweifelsohne recipirt und damit auch das Erforderniß des Vermögensinteresses. Weder ein Gesetz noch ein Gerichtsgebrauch, der dies beseitigte, ist nachzuweisen. Daß nach der heutigen Ordnung der Zwangsvollstreckung auch Versprechen nicht pekuniärer Art vollstreckt werden können, beweist nichts dafür, daß sich der Obligationsbegriff verändert hat. Unbegründet ist der Vorwurf, daß unsere Ansicht nur geldwerthe Güter, nicht andere, zum Theil höhere, des rechtlichen Schutzes würdig erachte. Unbezweifelt ist, daß es nichtobligatorische Ansprüche giebt, die einklagbar sind, obgleich sie kein Vermögens=interesse haben, z. B. Verlöbnisse oder der Anspruch auf Auslieferung unserer uns vorenthaltenen Ehefrau oder Kinder. Nur das Bestehen von Obligationen ohne Vermögensinteresse wird geleugnet. Es verspricht z. B. der Bräutigam seiner Braut ernstlich, den gewohnten Klub nicht mehr zu besuchen, oder der schwächliche Bruder dem Bruder feierlichst, keine Cigarren mehr zu rauchen. Sollten derartige Versprechen klagbar sein und durch richterliche Strafauflagen erzwungen werden? Vgl. Laband im Arch. f. civ. Pr. Bd. 73 S. 171. Pothier, traité des obligations p. 1 ch. 1 § 138 und die bei Hasenöhrl S. 22 Anm. 79 Angeführten. Siehe auch Kuntze, Obligationen 1886 S. 122. Wendt, Pand. § 186. Hartmann im Arch. f. civ. Pr. Bd. 73 S. 370.

1) Ausführliche Dogmengeschichte der Verträge zu Gunsten Dritter giebt Gareis: die Verträge z. G. D. 1873 S. 51 ff. Neuere Bearbeitungen sind von Stobbe, P.R. Bd. 3 S. 172; Regelsberger in Endemanns Handb. des Handelsr. Bd. 2 S. 473; Bähr, Urtheile des R.G. S. 70; Regelsberger im Archiv für civ. Praxis Bd. 67 n. 1 und Bähr ebendaselbst n. 5; Danz, Forderungsüberweisung S. 120, Luigi Tartu-fari, dei contratti a favore di terzi 1889, von der deutschen Theorie und Praxis handelt Thl. 4, Leonhard, die Anfechtbarkeit der Verträge für das Vermögen eines dritten. 1892. Nur römisches Recht behandelt Massa im archivio giuridico Bd. 50 S. 37, 199, 344.

2) Von den Verträgen zu Gunsten Dritter sind zu unterscheiden die durch Stellvertreter geschlossenen Verträge. Denn bei der direkten Stellvertretung wird nur der Vertretene berechtigt, nicht der Vertreter, bei der indirekten nur der Vertreter, nicht der Vertretene. Sie sind also, wie Zimmermann negotiorum gestio S. 84 sich ausdrückt, „einsichtige", nicht wie Verträge z. G. D. „zweischichtige" Geschäfte.

Man versagte dem Stipulanten die Klage aus solchen Kontrakten, weil ihm das eigene pekuniäre Interesse fehlte, welches für die Begründung einer Obligation als nothwendig galt, und verweigerte sie auch dem Dritten, weil dieser nicht der Mitkontrahent war.[3]

Dies erlitt aber im späteren römischen Rechte wesentliche Modifikationen. Und im heutigen Rechte ist die Regel eine andere geworden.

1. Schon in Rom erkannte man an, daß der Stipulant ein Klagerecht auf die Leistung an den Dritten dann erlange, wenn er an derselben mittelbar ein pekuniäres Interesse habe, wenn er z. B. die Zahlung seiner Schuld an seinen Gläubiger stipulirt hatte.[4] Noch weiter ging man bei den bonae fidei judicia. Im heutigen Rechte genügt aber allgemein auch ein nicht pekuniäres Interesse, um dem Stipulanten ein Klagerecht zu gewähren, z. B. wenn der Fabrikherr zu Gunsten der Armen geldwerthe Leistungen ausbedingt.

2. Man gab schon in Rom dem Dritten in mehreren Fällen eine actio utilis, um die Leistung für sich zu erzwingen. Dies namentlich, wenn der Schenker dem Beschenkten bei der Schenkung die Herausgabe des Geschenkten oder eine andere Leistung an einen Dritten auferlegt hatte.[5]

Auch Verträge über Leistungen an die Erben des Stipulanten oder einen seiner Erben, die noch im klassischen Rechte nicht klagbar waren, erhielten durch Justinian volle Wirksamkeit.[6]

---

3) l. 11 D. de obl. et act. 44, 7. Paulus libro 12 ad Sabinum: Quaecumque gerimus, cum ex nostro contractu originem trahunt, nisi ex nostra persona obligationis initium sumant inanem actum nostrum efficiunt; et ideo neque stipulari neque emere vendere contrahere ut alter suo nomine recte agat, possumus, l. 38 § 17 D. de verb. obl. 45, 1, vgl. oben § 17 Anm. 1. In diesem Sinne restribiren noch Diocletian und Maximian in der l. 26 C. de jure dotium 5, 12.

4) l. 38 §§ 20 ff. D. de verb. obl. 45, 1. Ulpianus libro 42 ad Sabinum: Si stipuler alii, cum mea intersset, videamus, an stipulatio committetur. et ait Marcellus stipulationem valere . . § 20 I. de inut. stipulat. 3, 19. Vgl. ferner oben § 17 Anm. 3.

5) l. 3 C. de donat. quae sub modo 8, 54. Eine actio utilis aus Kontrakten Dritter hatten ferner a) die Frau und deren Kinder, wenn ihnen ihr Ascendent bei Bestellung einer Dos deren Rückgabe stipulirt hatte, l. 45 D. sol. matr. 24, 3, l. 7 C. de pact. convent. 5, 14; b) der Eigenthümer einer Sache, welche ein Dritter deponirte oder verlieh unter der Abrede, daß sie dem Eigenthümer restituirt werden solle, l. 8 C. ad exhibendum 3, 42; c) der Verpfänder, welchem der Pfandgläubiger beim Pfandverkauf die Wiedereinlösung der Pfandsache vorbehielt, l. 13 pr. D. de pigneraticia actione 13, 7.

6) Ein altes, formales Dogma war gewesen „ab heredibus incipere obligationes non posse." Dasselbe stand im Widerspruch mit sehr berechtigten menschlichen Zielen und wurde daher längst unterminirt und umgangen, vgl. Gajus III. § 100, ehe es Justinian in der l. un. C. ut actiones et ab herede et contra heredem incipiant 4, 11 geradezu wegräumte. Vgl. Scheurl, Beiträge Bd. 1 n. 3.

Nach heutigem gemeinen Recht gilt der **Dritte** stets als befugt, aus Verträgen zu seinen Gunsten selbständig zu klagen, sofern dies **durch den Vertrag bezweckt war.**[7]

a) In Folge dessen entsteht aber die schwierige Frage, wann der Dritte bloßer **Destinatär** ist, welcher zum Empfang der Leistung, aber nicht zur Klage berechtigt ist, und wann er auch seinerseits **klagen kann?** Die Kontrahenten selbst werden sich fast niemals hierüber besonders aussprechen. Der Richter ist daher auf die Würdigung der Zwecke des Geschäftes und der hiernach zu ermittelnden Absicht der Vertragsschließenden angewiesen. Seine Aufgabe wird ihm erleichtert dadurch, daß sich gewohnheitsmäßig die Klageberechtigung des Dritten aus gewissen Arten von Verträgen festgestellt hat. Dies ist der Fall bei den **Gutsabtretungsverträgen**, bei welchen der Veräußerer des Gutes zu Gunsten seiner Kinder oder Frau oder anderer ihm nahestehender Personen Abfindungen stipulirt,[8] ferner bei **Lebensversicherungen** zu Gunsten Dritter.[9]

Auch der in einem Frachtbriefe bezeichnete **Adressat einer Fracht-**

---

7) Sehr bestritten ist, unter welchen Voraussetzungen der Dritte ein Klagerecht hat, nicht weniger, welchen Charakters dasselbe ist. Vielverbreitet war früher die Ansicht, daß der Dritte ein Klagerecht nur erhalte, wenn er auf Aufforderung des Stipulanten dem Vertrag **beitrete.** Diese Theorie ist in neuere Gesetzgebungen übergegangen. Es ist auch kein Zweifel, daß, wenn ein derartiger Beitritt erfolgt, dem Dritten ein Klagerecht zusteht. Aber eine Aufforderung zum Beitritt und der Beitritt des Dritten ist im Leben etwas Seltenes. Und doch steht für viele Fälle das Klagerecht des Dritten fest. Was sind also dessen Kriterien? Regelsberger im Archiv für civ. Praxis a. a. O. S. 4 nimmt an, es sei durch die **Absicht der Kontrahenten** bedingt, aus ihrem Geschäfte und durch ihr Geschäft dem Dritten eine Forderung auf Erfüllung gegen den Versprechenden zuzuwenden, vgl. R.G. Bd. 2 S. 54, Bd. 7 S. 131. Nicht nothwendig sei aber, daß diese Absicht bei der Verabredung einen besonderen Ausdruck gefunden habe, es genüge, daß sie aus den Umständen erhelle. Hiergegen wendet sich Bähr im Archiv für civ. Praxis a. a. L. S. 163. Es komme niemals vor, führt er aus, daß die Parteien sich über eine solche Absicht oder Nichtabsicht bei der Stipulation der an den Dritten zu machenden Leistung aussprächen, ebenso wenig beständen in der Regel besondere „Umstände", aus denen sich etwas über eine solche Absicht ergäbe. Man mag zugestehen, daß in der Formulirung von Regelsberger zu ausschließlich der besondere Wille der Kontrahenten betont ist, während für die Rechtsprechung vorzugsweise die typische Art des Geschäftes und seiner Zwecke in das Gewicht fällt. Aber die Unterscheidung von Geschäften, bei welchen der Dritte nur befugt ist, die Leistung zu **empfangen**, und solchen, bei welchen er auch berechtigt ist, sie **einzuklagen**, entspricht der bestehenden Verschiedenheit der Thatsachen. Sie mag schwierig sein, aber sie ist gegeben.

8) Dies steht in Theorie und Praxis fest. Vgl. Stobbe D. P.R. Bd. III S. 122, R.G. Bd. 2 S. 277, Bd. 29 S. 173.

9) Vgl. R.G. Bd. 1 S. 379 und dort Citirte, R.G. Bd. 11 S. 174, Bd. 16 S. 126; Windscheid Bd. 2 § 316 Anm. 15, Pfizner im Arch. für civ. Pr. Bd. 72 S. 49, Hed, die Lebensversicherung zu Gunsten Dritter 1890, M. Reuscher, die rechtliche Natur des Vertrages über die Versicherung des eigenen Lebens. Berliner Inaug.-Diss. 1890, § 12 ff.

ſendung hat ein Klagerecht auf Aushändigung des Gutes nach dem Geſetze, wenn der Frachtführer kam Orte der Ablieferung angekommen iſt und den Frachtbrief dem Adreſſaten übergeben hat.[10] Der Adreſſat einer Poſtſendung dagegen hat kein Klagerecht auf deren Aus= lieferung.

b) Zweifelhaft iſt ferner, ob und wie lange die Klauſel zu Gunſten des Dritten ohne ſein Zuthun aufgehoben werden kann? Auch in dieſer Beziehung iſt auf die Eigenart des fraglichen Geſchäftes zurückzu= gehen. Lebensverſicherungen zu Gunſten eines Dritten kann der Ver= ſicherungsnehmer, ſolange er lebt, aufheben und auch Anderen zuwenden; das Gleiche iſt für Abfindungen aus Gutsabtretungsverträgen anzunehmen. Das Recht des im Frachtbriefe bezeichneten Adreſſaten am Frachtgute iſt ein feſtes, ſowie ihm der Frachtführer den Frachtbrief nach Ankunft des Gutes am Orte der Ablieferung übergeben hat.

c) Das Klagerecht des Dritten wurzelt im Vertrage, iſt von deſſen Geltung abhängig und unterliegt auch den Modifikationen, welche die Kontrahenten bezüglich der Vertragsbedingungen trafen, ehe das Recht des Dritten ein unwiderrufliches wurde.

Aber es iſt doch ein ſelbſtändiges Recht, nicht bloß die cedirte For= derung des Stipulanten. Daher kann unter anderem der Adreſſat des Frachtbriefes im Falle der Nichtablieferung der Waare nicht bloß den Schaden des Abſenders, ſondern auch den eigenen liquidiren.[11]

---

Fünftes Kapitel.

## Die Arten obligatoriſcher Geſchäfte.

### 19. Einſeitig und gegenſeitig verpflichtende Geſchäfte.

1. Die einfachſten Kreditverhältniſſe, insbeſondere die Darlehen, be= gründen einſeitige Obligationen, ſo daß nur der eine Theil Gläu= biger, nur der andere Schuldner aus dem Geſchäfte wird.

---

10) H.G.B. Art. 402, 405. R.O.H.G. Bd. 4 S. 359 ff. Vgl. aber Goldſchmidt, H.R. Bd. 2 S. 749.

11) Manche nehmen an, der Dritte ſei nur befugt, das Forderungsrecht des Stipulanten geltend zu machen. Seine Klage ſei eine actio utilis, d. h. die des Stipulanten, vgl. Bähr a. a. O. Das Richtige iſt wohl: der Dritte macht ſein eigenes Recht aus dem Kontrakte geltend. Deshalb unterliegt er auch nicht Kom= penſationseinreden aus anderen Geſchäften, die dem Stipulanten entgegenſtünden. Aber er klagt aus dem Geſchäfte. Er kann ſich daher den Einreden aus demſelben, z. B. der exceptio non adimpleti contractus, nicht entziehen.

Diese Form suchten die Römer auch dann den Obligationen thunlichst aufzuprägen, wenn es sich in der That um einen Komplex gegenseitiger Ansprüche handelte. Hierzu dienten ihnen die Stipulationen.
Heutzutage benutzt man zu ähnlichen Zwecken den Wechsel, welcher gleichfalls nur eine streng einseitige Verpflichtung begründet.

2. Aber auch gegenseitige Obligationen erhielten Anerkennung,
bei denen jeder Theil zugleich Gläubiger und Schuldner ist.

Es giebt zwei Kategorien derartiger Geschäfte:

a) Die synallagmatischen Verträge begründen einen Austausch gegenseitiger Verbindlichkeiten, welche beide für das Geschäft
gleich wesentlich sind.[1] Kauf, Miethe und Gesellschaftsvertrag gehören
hierher.

b) Bei einer zweiten Kategorie gegenseitig verpflichtender Geschäfte
werden Hauptverpflichtungen und Gegenverpflichtungen
unterschieden. Die erstere dient der Verwirklichung des Hauptzweckes des
Geschäftes, die andere ist von mehr untergeordneter Bedeutung für diesen
Zweck. So ist es z. B. beim Mandat, beim Depositum. Für die Haupt-
verpflichtung besteht die actio directa, für die Nebenverpflichtung die
a. contraria.[2]

### § 20. Die synallagmatischen Geschäfte insbesondere.

Den synallagmatischen Geschäften ist wesentlich, daß Versprechen gegen Versprechen ausgetauscht wird.

Es besteht auch eine gewisse gegenseitige Abhängigkeit der
aus ihnen entspringenden gegenseitigen Obligationen.

Wie weit? Dies ist eine feine und wichtige Frage. Denn es kreuzen
sich die Erwägungen.

Je selbständiger die beiderseitigen Obligationen sind, desto größer ist
ihr besonderer Werth, desto leichter ihre Realisirung und prozessualische
Durchführung, desto näher liegt aber auch die Gefahr, daß der eine
Theil sich auf Kosten des anderen bereichere.

---

1) Vgl. l. 7 § 2 D. de pactis 2, 14, l. 19 D. de V. S. 50, 16.

2) Manche, z. B. Puchta, Pand. § 232 und Windscheid Bd. 2 § 320, betrachten
die Obligationen mit actiones contrariae als „einseitige" des Hauptverpflichteten,
indem sie die Obligirung des anderen Theiles als etwas bloß Mögliches und Nach-
trägliches betrachten. Dies ist unzutreffend. Der Kontrakt begründet eine Haftung
des Gegenverpflichteten wie des Hauptschuldners; nur das ist ungewiß, ob sich
aus ihr klagbare Schulden entwickeln. Vgl. Brinz Bd. 2 S. 57; dagegen wieder
Rümelin im Archiv für civ. Praxis Bd. 68 S. 163. Manche Schriftsteller sprechen
von contractus inaequales bilaterales, Neuere zuweilen von „unvollkommen" zweiseitigen Verträgen.

Das entwickelte römische Recht hielt sich von Extremen fern, indem es — abgesehen von den Miethverträgen, die einer eigenartigen Behandlung unterlagen — folgende Grundsätze durchführte:

a) Mit dem Abschlusse des synallagmatischen Vertrages — insbesondere des Kaufgeschäftes — erhält jeder der Kontrahenten einen selbständigen und klagbaren Anspruch auf die ihm versprochene Leistung.

b) Wer jedoch selbst vertragswidrig aus dem Geschäfte nicht erfüllt, wird durch exceptio zurückgewiesen, falls er vom Gegentheile Erfüllung einklagt.

Viele Neuere gehen weiter und behaupten als Regel, daß jeder der Kontrahenten nur auf Austausch der Leistungen klagen könne. Sein Klagerecht sei also bedingt durch die Leistung von seiner Seite.[1]

Eine so scharfe Accentuirung der gegenseitigen Abhängigkeit der Ansprüche steht jedoch im Widerspruche mit der Geschichte der römischen synallagmatischen Verträge und verdunkelt das Verständniß wichtiger Sätze des geltenden Rechtes.

Das römische Recht ging historisch und dogmatisch von der Selbständigkeit gegenseitiger Obligationen aus.

Wir besitzen ein sicheres Zeugniß dafür, daß noch in den letzten Zeiten der Republik der Verkäufer auf den Kaufpreis und der Käufer

[1) Einige Schriftsteller behaupten, daß aus den synallagmatischen Kontrakten nur eine Obligation entspringe, die aus einem Gemische von Ansprüchen und Gegenansprüchen bestehe, daß daher nicht die einzelne Leistung, auf welche das Desiderium des Klägers gerichtet sei, sondern der ganze Umfang des Geschäftes in den Prozeß übergehe. So namentlich Gans, Obligationenrecht: über bonae fidei und stricti juris actiones S. 108 und Liebe, Stipulation S. 248. Vgl. auch Scheurl, Beiträge Bd. 1 S. 151: „Forderungen und Gegenforderungen sind verwachsen wie Glieder eines Leibes, sind Theile eines Ganzen." Gemäßigter ist Keller in Bekkers Jahrbuch Bd. 4 n. 11. Nach ihm erwachsen aus dem synallagmatischen Kontrakte zwar einseitige und selbständige, jedoch wechselseitig bedingte Ansprüche, so daß jeder Theil die Gegenleistung gegen Angebot der ihm obliegenden Leistung fordern könnte. Gegen Keller erklärte sich bald W. A. Puchta in Bekkers Jahrbuch Bd. 5 n. 5 sowie Bekker ebendaselbst n. 6, vgl. auch Bekker, Aktionen Bd. 1 S. 368. Siehe ferner Dernburg, Kompensation S. 63 und Bechmann, Kauf Bd. 1 S. 540. Bechmann unterscheidet eine „genetische" Zweiseitigkeit des Kaufs, wonach er Austausch und Umsatz zweier gegenseitiger Versprechen ist, also auf Begründung von Gegenforderungen beruht, die bei ihrer Entstehung konnex sind, und die „funktionelle" Zweiseitigkeit, wonach die gegenseitigen Obligationen in ihrer Wirkung von einander abhängen. Er bemerkt mit Recht: „Nichts kann gewisser sein, als daß Kauf und Miethe in diesem Sinne ursprünglich keine zweiseitigen Geschäfte waren." Ebenso erklärt er mit Grund die mehrfach aufgestellte Behauptung, daß zu irgend einer Zeit der Kauf eine formula duplex erzeugt habe: „quidquid alteram alteri dare facere oportet" für völlig grundlos, ja unmöglich. Auch Lenel, edictum perpetuum erwähnt mit Recht eine solche actio empti venditi nicht. Daß sie der vorhadrianischen Zeit angehörte und später verschwand, ist vollends unglaublich. Denn die Entwickelung ging dahin, die alte spröde Einseitigkeit zu mildern, nicht aber eine angebliche frühere Zweiseitigkeit abzustoßen.]

auf die Waare klagen konnten, ohne die Einrede fürchten zu müssen, daß
sie selbst noch nicht geleistet hätten.² Dies entsprach dem Charakter des
alten Rechtes, welches mehr Gewicht auf rasche Erledigung der Ansprüche
als auf die möglichste Sicherung gegen die Gefahr einer etwaigen Ueber=
vortheilung legte.

Jedoch gewährte der Prätor die exceptio mercis non traditae,
wenn argentarii, welche Auktionen veranstaltet hatten, von den Steigerern
die Kaufpreise einforderten, ehe sie die verkauften Waaren lieferten.
Dieses war singuläres Recht gegenüber den Wechslern, gegen welche sich
die Römer überhaupt durch vielerlei besondere Rechtsmittel zu wappnen
suchten.³ Aber die Jurisprudenz der Kaiserzeit gewährte aus Billigkeit
jedem Käufer in entsprechenden Fällen die exceptio mercis non
traditae oder doli und gab ähnliche Befugnisse dem Verkäufer.

Nicht um Rüge fehlender Klagbedingungen handelte es sich hierbei.
Denn unzweideutig bezeichnen die Römer den Einwand als exceptio —
als Gegenrecht.⁴

2) Varro, de re rustica II, 2 § 6 fährt, nachdem er vom Kaufabschlusse mit
Gewährleistungsversprechen gehandelt hat, fort: Quum id factum est, tamen grex
dominum non mutavit, nisi si est adnumeratum. Nec non emptor pote ex
empto vendito illum damnare, si non tradet quamvis non solverit nummos,
ut ille emptorem simili judicio si non reddit pretium.

3) Gajus Inst. IV. § 126a: Item si argentarius pretium rei, quae in auctionem
venerit, persequatur, obicitur ei exceptio, ut ita demum emptor damnetur.
„si ei res, quae emitur, tradita est"; et est justa exceptio. Daß die exceptio
gegen die Klagen der argentarii aufgestellt war, hat Lenel, edictum S. 402 be=
sonders hervorgehoben.

4) Das Gewicht der Thatsache, daß es einer exceptio bedurfte, um den
Käufer zu schützen, welcher vom Verkäufer, der noch nicht geliefert hatte, auf den
Kaufpreis belangt wurde, empfinden die Gegner wohl. Sie suchen sie aber durch
die Behauptung zu beseitigen, daß der Kaufpreis in der Mehrzahl der bezüglichen
Stellen nicht aus dem Kaufvertrage, sondern aus einer Stipulation oder einem
Litteralkontrakte, der über denselben geschlossen worden sei, gefordert wurde, wogegen
dann eine exceptio unentbehrlich gewesen sei. Doch in den betreffenden Stellen ist
gerade hiervon nichts gesagt. Man mag das Dazwischenliegen einer Stipulation in
l. 25 D. de a. e. v. 19, 1 vermuthen, in l. 5 § 4 D. de doli mali exceptione
44, 4 behaupten, obgleich beides auf entschiedene Bedenken stößt. Jedenfalls ist diese
Ausrede ausgeschlossen gegenüber l. 5 C. de evictionibus 8, 44 Antoninus: Ex praediis, quae mercata es, si aliqua a venditore obligata et necdum tibi tradita sunt,
ex empto actione consequaris, ut ea a creditrice liberentur: idem fiet, si adversus venditorem ex vendito actione pretium petentem doli exceptionem
opposueris. Die Klage des Verkäufers aus dem Kaufgeschäfte geht also nicht auf
Austausch der Leistungen, sondern auf den versprochenen Preis schlechthin. Der
Käufer entnimmt nur aus der Nichtleistung des Klägers eine auf Billigkeit gestützte
Einrede. Allerdings stützen sich die Gegner auf Ulpianus libro 32 ad edictum l.
13 § 8 D. de act. e. v. 19, 1: Offerri pretium ab emptore debet, cum ex
empto agitur, et ideo etsi pretii partem offerat, nondum est ex empto actio:
venditor enim quasi pignus retinere potest eam rem, quam vendidit. Auch
diese Stelle weist aber darauf hin, daß es sich um ein Gegenrecht des Beklagten han=
delt. Siehe Heerwart im Archiv für civ. Praxis Bd. 7 S. 314. Vgl. überhaupt zur

Die Grundauffassung der römischen synallagmatischen Verträge tritt in folgenden Lehren hervor.

1. Es gilt der Rechtssatz „periculum est emptoris". Demgemäß muß der Käufer den Kaufpreis auch dann entrichten, wenn die Kaufsache nach der Perfektion des Kaufvertrages, noch ehe es zur Tradition der Sache kam, durch Zufall untergegangen ist, so daß sie nicht geleistet werden kann.[5]

Mit der Theorie, daß aus synallagmatischen Kontrakten jeder Theil nur verbunden sei, gegen Angebot der Gegenleistung zu leisten, daß also die Obligation auf einen Austausch der gegenseitig versprochenen Leistungen gerichtet sei, ist dies unvereinbar. Alle Versuche, von dieser Theorie aus den Uebergang der Gefahr auf den Käufer mit dem Kaufabschlusse zu erklären, mußten nothwendig scheitern. Denn der Widerspruch ist handgreiflich und kann nur mühsam und in gekünstelter Weise beseitigt werden.[6]

Von unserem Standpunkte aus erklärt sich der römische Satz von selbst. Der Käufer hat den Kaufpreis versprochen. Er muß ihn zahlen. Er könnte der Klage eine Einrede entgegenstellen, wenn ihm der Verkäufer vertragswidrig die Waare nicht leistete. Aber dies ist hier nicht in Frage. Die Waare ist untergegangen, und zwar durch Zufall. Der Verkäufer ist in Folge dessen von seiner Verpflichtung befreit. Seinem Anspruche auf den Kaufpreis steht nichts im Wege. Also trägt der Käufer die Gefahr.[7]

2. Da die synallagmatischen Verträge auf einem Austausche gegenseitiger Versprechen, nicht gegenseitiger Obligationen beruhen, so mußte sich die Möglichkeit von hinkenden Verträgen — negotia

---

Geschichte der exceptio Dernburg, Kompensation S. 68 und Bechmann, Kauf Bd. 1 S. 568, siehe ferner André, die Einrede des nicht erfüllten Vertrages 1890 § 5. W. Stintzing, nondum est ex emto actio, 1893.

5) Vgl. unten § 96. Ueber die Miethe vgl. unten § 110 und § 111.

6) Der Satz „periculum est emptoris" ist in der Lehre vom Kaufe des Näheren zu erörtern. Die Ansichten über den Grund des Satzes stellt am besten zusammen Puntschart, die fundamentalen Rechtsverhältnisse 1885 S. 5 ff.

7) Gegen die hier vertretenen Grundsätze spricht nicht die l. 50 D. de a. e. v. 19, 1. Labeo libro 4 posteriorum, sie enthält vielmehr deren Bestätigung. Bona fides non patitur, ut, cum emptor alicujus legis beneficio pecuniam rei venditae debere desiisset antequam res ei tradatur, venditor tradere compellatur et re sua careret. Labeo faßt Schuldengesetze — novae tabulae — in das Auge, welche einen Erlaß der Geldschulden aussprechen, wie solche in der republikanischen Zeit mehrfach vorkamen. Dann kann der Verkäufer zur Tradition der Kaufsache nicht gezwungen werden, wenn ihm nicht der volle Kaufpreis angeboten wird. Dies rechtfertigt sich dadurch, daß der Käufer gegen den Kaufvertrag handelt, wenn er von der Wohlthat des Schuldengesetzes Gebrauch macht. Vgl. Bechmann, Kauf Bd. 1 S. 598.

claudicantia — ergeben, bei welchen aus dem zweiseitigen Ge=
schäfte doch nur ein Theil berechtigt und nur einer ver=
pflichtet ist. Schließt insbesondere ein Unmündiger einen synallag=
matischen Vertrag ohne Genehmigung seines Vormundes ab, so wird er
aus demselben berechtigt, weil er selbständig Rechte aus Verträgen er=
wirbt, aber er ist nicht zur Gegenleistung verbunden, weil er sich nicht
selbständig durch Rechtsgeschäfte verpflichten kann.[8] Freilich kann er das
ihm Versprochene nur erzwingen, wenn er die Gegenleistung
seinerseits anbietet, denn es wäre dolos, ein Geschäft für sich
geltend zu machen, das man nicht zugleich gegen sich gelten läßt.[9] Aber
klagen kann doch nur er: der andere Theil hat daher jederzeit zur Leistung
bereit zu sein, ohne seinerseits klagen zu können. Freilich ist in Folge
dessen seine Lage eine sehr ungünstige. [10]

### § 21. Einrede des nichterfüllten Vertrages.[1]

I. Die Einrede des nicht erfüllten Vertrages — exceptio non adimpleti contractus — ist von großer praktischer Wichtigkeit. Sie kann
bei allen synallagmatischen Verträgen vorkommen.[2] Sie hat besondere
Eigenthümlichkeiten.[3]

---

8) l. 13 § 29 D. de act. empti vend. 19, 1. Ulpianus libro 32 ad edictum:
Si quis a pupillo sine tutoris auctoritate emerit, ex uno latere constat contractus: nam qui emit, obligatus est pupillo, pupillam sibi non obligat. Vgl.
pr. I. de auctoritate tutorum 1, 21. Ein weiterer Fall des negotium claudicans
ist, wenn eine gestohlene Sache verkauft wird und der Käufer, nicht der Ver=
käufer den Diebstahl kannte. Hier entsteht ein Klagerecht des Verkäufers auf Zah=
lung des Preises, aber kein Klagerecht des bolosen Käufers, l. 34 § 3 D. de contr.
empt. 18, 1. Ueber die negotia claudicantia vgl. Brandis in Lindes Zeitschrift Bd.
7 S. 149 ff., Dernburg, Kompensation S. 71 ff., ferner die bei Arndts § 234 Anm.
4 Citirten.

9) Die Ansicht, daß dem aus dem synallagmatischen Vertrage einseitig Verpflich=
teten ein Retentionsrecht bis zum Angebot der Gegenleistung seitens des an und für
sich nicht verpflichteten Mitkontrahenten zustehe, vertrat vorzugsweise Paulus, vgl. l.
7 § 1 D. de resc. vend. 18, 5 und die anderen bei Dernburg, Kompensation S. 74
Anm. 2 angeführten Stellen. Ulpian hatte diese Auffassung offenbar noch nicht, sonst
hätte er diese wichtigste Modifikation in der oben Anm. 8 abgedruckten Stelle nicht
übergehen können.

10) Zweckmäßiger bestimmt das für die preuß. Monarchie erlassene Gesetz über die
Geschäftsfähigkeit Minderjähriger v. 12. Juli 1875, daß, wer mit einem Minder=
jährigen kontrahirt hat, der ohne Zustimmung seines Vormundes handelte, den Vor=
mund auffordern darf, die Genehmigung zu ertheilen. Verweigert daraufhin der
Vormund die Genehmigung, oder erklärt er sich binnen 14 Tagen nicht, so wird der
Mitkontrahent auch seinerseits frei.

1) Ueber die Entwickelung der exceptio non adimpleti contractus vgl. oben
§ 20; über ihren Charakter als Einrede siehe namentlich Heerwart im Archiv für
civ. Praxis Bd. 7 n. 18, Bd. 14 n. 9, Bd. 18 n. 15; zudem die bei Windscheid
Bd. 2 § 321 Anm. 2 Angeführten, André a. a. O. § 5 und zu André R. Saleilles
in den annales de droit commercial Bd. 6 S. 287, Bd. 7 S. 24, 97, 175.

1. In der Regel liegt dem Kläger der Beweis ob, wenn er sie abwenden will, nicht, wie bei anderen Einreden, dem Beklagten, welcher sie vorschützt. Behauptet der Kläger nämlich, sie greife um deswillen nicht Platz, weil der Beklagte vor ihm zu leisten habe, so muß er dies aus dem Grunde beweisen, weil Leistung Zug um Zug bei synallagmatischen Kontrakten — von Miethkontrakten abgesehen — die Regel ist. Leugnet der Kläger aber die Einrede aus dem Grunde, weil er seiner Verbindlichkeit bereits Genüge geleistet habe, so muß er nicht minder seine Behauptung beweisen. Denn es ist allgemein Sache des Schuldners, in Streitfällen nachzuweisen, daß er erfüllt habe.[4]

2. Eine zweite Eigenthümlichkeit ist, daß diese Einrede nicht nothwendig zur Abweisung der Klage, auch nicht zur Abweisung angebrachtermaßen führt. Denn unzweckmäßig wäre es, den Kläger, nachdem die Entscheidung über Klage und Einrede spruchreif ist, mit der Klage abzuweisen, damit er dann unter Angebot der von ihm zu machenden Leistung aufs Neue klage. Daher hat im Falle der Begründetheit der Einrede auf den eventuellen Antrag des Klägers Verurtheilung des Beklagten unter der Bedingung gleichzeitiger Leistung des Klägers zu erfolgen.[5][6]

Festzuhalten ist bei dem allen, daß es sich um eine aufschiebende Einrede handelt. Wer daher in dem irrigen Glauben, daß der andere Theil bereits geleistet habe, seinerseits erfüllte, ist nicht zur Rückforderung mit der condictio indebiti befugt. Denn er leistete, was er schuldig war.[7] Daher bleibt ihm nur die Klage auf die kontraktmäßig geschuldete Gegenleistung. Und vollends ist klar, daß, wer in der Erwartung der nachfolgenden Leistung des anderen Theiles erfüllte, nicht zurückfordern kann, wenn diese Erwartung getäuscht wird.

---

2) Vgl. F. Zimmermann über die Statthaftigkeit der Einrede des nicht erfüllten Vertrages gegenüber der actio pro socio im Archiv für civ. Praxis Bd. 54 n. 12.

3) Bruck, Beweislast hinsichtlich der Beschaffenheit des Kaufgegenstandes 1874.

4) Vgl. oben Bd. 1 § 159.

5) Siehe oben Bd. 1 § 154 II, 1c.

6) Wendet der Beklagte gegen den eventuellen Antrag des Klägers ein, daß er die Nachlieferung als verspätet nicht mehr anzunehmen habe und verlangt er daraufhin definitive Abweisung der Klage, so hat der Richter zuvörderst über das Petitum unbedingter Verurtheilung zu entscheiden, dann aber, wenn dasselbe abzuweisen ist, was durch Theilurtheil geschehen kann, über die Frage der Zulässigkeit einer Nachlieferung zu erkennen und die eventuelle Verurtheilung für den Fall dieser Zulässigkeit auszusprechen. Vgl. die bemerkenswerthe Ausführung von André a. a. O. S. 129.

7) Römer in Goldschmidts Zeitschrift für Handelsrecht Bd. 19 n. 4, l. 51 D. de condictione indebiti 12, 6. Dagegen Windscheid Bd. 2 § 321 Anm. 10.

Denn indem er leistete, ohne auf gleichzeitiger Gegenleistung zu bestehen, hat er kreditirt. Nur wenn er verleitet durch falsche Vorspiegelungen erfüllte, steht ihm eine Rückforderung wegen des Dolus offen.[8]

II. Neben der exceptio non adimpleti contractus findet sich die exc. non rite adimpleti contractus. Hierunter wird jedoch in der Praxis sehr Verschiedenes zusammengefaßt.[9]

a) Nur eine Unterart der exceptio non adimpleti contractus liegt vor, wenn der Beklagte die geschuldete Gegenleistung unter der Behauptung zurückhält, daß das vom Kläger Geleistete oder Angebotene keine Erfüllung bildete, weil es unvollständig oder fehlerhaft war oder in etwas Anderem bestand, als in dem Schuldobjekt.

Immerhin gestaltet sich hier die Beweislast in besonderer Art. Zwar hat der Kläger seinerseits darzuthun, daß das, was er leistete oder anbot, seiner Verpflichtung vollständig entsprach. Hierfür genügt aber der Beweis, daß es äußerlich in Ordnung, also dem Anscheine nach vertragsmäßig war; denn das Normale ist zu unterstellen. Ordnungsmäßige Leistung ist zu vermuthen, wenn sie der andere Theil vorbehaltlos annahm, obgleich ihm bei gehöriger Sorgfalt die später gerügten Mängel auffallen mußten. Behauptet der Beklagte dagegen, daß das scheinbar in normaler Beschaffenheit Angebotene oder Geleistete gleichwohl inkorrekt war, so hat er dies zu beweisen.

Der Beklagte kann seine Leistung ganz zurückhalten, auch wenn die gerügten Mängel einen geringeren Betrag haben. Denn nur gegen volle Erfüllung hat er zu leisten. Hat er jedoch die Leistung einmal als eine gehörige angenommen und fehlen nur unbedeutende Theile oder Nebenleistungen, so darf er nur Nachlieferung oder Schadenersatz fordern und seine Gegenleistung, soweit sie theilbar ist, nur zum verhältnißmäßigen Theil zurückhalten. Dies folgt aus der hier maßgebenden Billigkeit und Zweckmäßigkeit.

b) Unter der Form unserer Einrede macht der Beklagte nicht selten ein selbständiges Gegenrecht z. B. auf Wandlung, Minderung

---

8) Das Gegentheil nimmt Windscheid a. a. O. an. Er gesteht Rückforderung zu, wenn die Leistung geschah „in der Erwartung, daß die Gegenleistung erfolgen werde, ohne daß es auf gerichtlichem Wege zu erzwingen". „Der Leistende," führt Windscheid aus, „hat in diesem Falle nicht geleistet um seiner Verpflichtung willen, von der er wußte, daß er sie nicht zu erfüllen brauche, sondern in der That um der Gegenleistung willen auf seine Einrede verzichtet." Dies sind Distinktionen, die im praktischen Leben keinen Boden finden. Wie soll sich die Erwartung äußern, daß die Gegenleistung ohne gerichtliche Hülfe geschehen werde? Siehe auch Hanausek, Haftung d. Verkäufers Bd. 2 S. 218.

9) Vgl. André a. a. O., dem unsere Ausführung in Abweichung von unseren ersten beiden Auflagen folgt.

des Kaufpreises, Schadenersatz geltend. Dasselbe führt je nach seiner Art bald zur endgültigen Abweisung der Klage, bald zur Minderung der Klagsumme. Der Beklagte hat gemäß allgemeiner Grundsätze die sein Gegenrecht begründenden Thatsachen zu beweisen.

## § 22. Abstrakte Obligationen.

Der Gegensatz von abstrakten und kausalen Geschäften[1] ist im Obligationenrechte von besonderer Wichtigkeit.

Verpflichtungen ruft man in das Leben aus bestimmten wirthschaftlichen Gründen. Ihre Existenz und ihr Umfang ist regelmäßig — bei den s. g. kausalen oder materiellen Geschäften — von ihrer causa abhängig. Wer 1000 um eines Darlehens willen verspricht, schuldet sie nur, wenn ihm diese ausbezahlt sind, und wer 100 als Kaufpreis zusagt, kann zur Zahlung nicht genöthigt werden, wenn ihm die verkaufte Waare nicht geliefert ist.

Dies belastet aber natürlich den Gläubiger, wenn er die ihm geschuldeten Summen einklagen will, oft mit schwierigen Beweisen. In Folge dessen kann der rechtzeitige Eingang seiner Außenstände stocken, damit vielleicht selbst der Weiterbetrieb seines Gewerbes.

Die Nothwendigkeit des präcisen Einganges geschuldeter Gelder für den Verkehr vor Allem rechtfertigt die abstrakten Obligationen.

I. Solche wurden in Rom begründet durch die Stipulation in ihrer einfachsten Gestalt: decem dare spondes? spondeo.[2] Sie enthielt ein Schuldversprechen, aber keinen Schuldgrund. Kam es über sie zum Prozesse, so hatte der Richter daher an und für sich nur über die rechtsbeständige Ertheilung des Versprechens zu urtheilen, aber nicht über dessen Grund. Aber dieser Rechtszustand erhielt sich nicht auf die Dauer.

a) Der Zusammenhang des Schuldversprechens mit seinem Grunde ist bis zu einem gewissen Grade unzerreißbar. So konnten Konflikte nicht ausbleiben.

Der Schuldner kann wegen eines in der Vergangenheit liegenden Grundes promittirt haben, z. B. wegen einer vorausgesetzten Verbindlich-

---

1) Vgl. oben Bd. 1 § 95 S. 224.

2) Den abstrakten Charakter der Stipulation hat Liebe, die Stipulation, zuerst gewürdigt und die gewonnenen Resultate später für die Theorie des Wechsels verwerthet. Mit Recht hat aber Salpius, Novation S. 212 hervorgehoben, daß die Stipulation als allgemeine Vertragsform auch materielle Geschäfte in sich aufnehmen konnte, l. 5 pr. D. de verb. obl. 45, 1, Paulus sent. II 22 § 2. Vgl. übrigens auch Wendt in Jherings Jahrb. Bd. 28 S. 31 und dagegen Pernice in der Zeitschr. der Savigny-Stiftg. rom. Abth. Bd. 13 S. 264. Siehe auch Mitteis, Reichsrecht S. 496.

keit aus Kauf, Miethe, Mandat oder Gesellschaft — stipulatio debiti —, aber hinterher zeigt es sich, daß ein entschuldbarer Irrthum untergelaufen ist und die vorausgesetzte Verpflichtung nicht bestand. Oder, was noch schlimmer war, er hatte wegen eines erwarteten künftigen Ereignisses, insbesondere der Auszahlung einer Valuta promittirt — stipulatio ob causam —, und dieselbe erfolgte nicht.[3]

Man sah sich genöthigt, in solchen Fällen dem Promittenten eine condictio auf Befreiung von der Stipulationsschuld,[4] die des Grundes entbehrte, ja eine exceptio doli gegen die Stipulationsklage zu gewähren. Damit verlor die Stipulation ihren ursprünglichen schneidigen, aber auch oft grausamen Charakter. Immerhin behielt sie wesentliche Vorzüge, so= lange der Promittent, wie dies zunächst der Fall war, den Mangel der causa im Falle der Anfechtung seinerseits beweisen mußte.[5]

b) Auch dies änderte sich in der späteren klassischen Zeit. Man forderte seitdem vom Stipulanten, der die Stipulationsklage an= stellte, den Nachweis der Verwirklichung der causa, wenn der Beklagte deren Mangel vorschützte.[6] Das setzte jedem Mißbrauche ein Ziel, aber es nahm auch der Stipulation den ihr eigenthümlichen Nutzen.

---

3) Ueber die stipulatio debiti und ob causam siehe Bähr, die Anerkennung als Verpflichtungsgrund 1855, 2. Aufl. 1867, insbesondere §§ 14 ff., vgl. auch die klare Uebersicht der Ansichten Bährs bei Rocholl, Rechtsfälle des R.G. Bd 1 S. 256.

4) Ueber diese „Liberationskondiktion" vgl. l. 1 und 3 D. de condictione sine causa 12, 7, Salpius a. a. O. S. 289.

5) Quintilian. Inst. orat. IV. 2, 6. Satis est dixisse: certam creditam pe-cuniam peto ex stipulatione: diversae partis expositio est, cur ea nondum debeantur.

6) Wenn der Beklagte gegen die Stipulation einwendete, es sei Valuta ver= sprochen worden, aber nicht gegeben, so mußte der Kläger zweifelsohne die Aus= zahlung beweisen, l. 3 C. de non numerata pecunia 4, 30. Antoninus: Si ex cau-tione tua, licet hypotheca data, conveniri coeperis, exceptione opposita seu doli seu non numeratae pecuniae, compelletur petitor probare pecuniam tibi esse numeratam: quo non impleto absolutio sequetur a. 215. Dies mußte zu weiteren Konsequenzen führen, die l. 25 § 4 D. de probat. 22, 3. entwickelt — Paulus libro 3 quaestionum —: Sed haec, ubi de solutione indebiti quaestio est. sin autem cautio indebite exposita esse dicatur et indiscrete loquitur, tunc eum, in quem cautio exposita est, compelli debitam esse ostendere, quod in cau-tionem deduxit, nisi ipse specialiter qui cautionem exposuit causas explanavit. pro quibus eandem conscripsit: tunc enim stare oportet suae confessioni, nisi evidentissimis probationibus in scriptis habitis ostendere paratus sit sese haec indebite promisisse, vgl. l. 13 C. de non numerata pecunia 4, 30. Wie viel oder wenig in der l. 25 § 4 von Paulus selbst herrührt, wird sich nicht ausmachen lassen. Jedenfalls stimmen die angeführten Entscheidungen zusammen. Muß der Kläger, welcher aus der cautio indiscreta klagt, gegenüber der Einrede des Be= klagten die Auszahlung der Valuta beweisen, wenn er deren Hingabe als den Grund der Stipulation bezeichnet, so liegt ihm folgerecht auch der Nachweis älterer Verbind= lichkeiten ob, wenn er beren Bestehen als den Grund der Eingehung der Stipulation behauptet. Sonst könnte er sich auf das Leichteste durch ein bloßes Vorgeben von einem schwierigen und vielleicht nicht zu erbringenden Beweise befreien. Uebrigens sind die Auffassungen der „berüchtigten" l. 25 § 4 D. de probat. sehr getheilt. Vgl.

Ihr abstrakter Charakter war damit im Grunde verloren. Dies mußte auch für die Stipulationsurkunden von größter Bedeutung werden. Bezeugten sie nur das Schuldversprechen, aber nicht den Schuldgrund — als s. g. cautio indiscreta —, so konnten sie die Verpflichtung nicht mehr ausreichend beweisen.

Hiernach kannte die ältere gemeinrechtliche Lehre nur noch materielle Geschäfte, und kein Schuldschein galt als beweiskräftig, wenn er nicht außer dem Schuldversprechen den Schuldgrund angab. Man wies ihn zurück als cautio indiscreta.

II. Im neueren gemeinen Rechte aber erfuhr die Institution abstrakter Obligationen Wiederbelebung.[7] Zunächst geschah dies durch die Uebung im Rechte der Kaufleute; aber hierbei blieb man nicht stehen.

1. Der Wechsel begründet nothwendig abstrakte Verbindlichkeiten; er darf den Schuldgrund nicht enthalten, wenn er ein Wechsel sein soll. Ursprünglich nur ein Instrument für Geschäfte der Kaufleute, steht er heutzutage Jedem offen.

2. Ferner ist die Verbindungskraft von Anweisungen und Verpflich= tungsscheinen der Kaufleute über Fungibilien gesetzlich anerkannt, auch wenn sie der Angabe des Schuldgrundes entbehren.[8] Das Gleiche gilt gewohnheitsrechtlich von Inhaberpapieren.

3. Auch abgesehen von diesen besonderen Fällen ist es zulässig, Obligationen auf bestimmte Leistungen ohne Abhängig= keit von ihrem Schuldgrunde zu begründen.[9] Nur muß der hierauf gerichtete Wille der Betheiligten feststehen. Dies ist namentlich der Fall, wenn man in Gemäßheit einer Abrechnung eine bestimmte Summe zu schulden erklärt. Denn hierin spricht sich klar der Wille aus,

---

Windscheid Bd. 2 § 318 Anm. 4 und die dort Citirten. Wir können nur finden, daß die gedachten Bestimmungen das Grabgeläute der abstrakten Stipulationen im römischen Rechte bildeten; Gneist, formelle Verträge S. 198. Vgl. auch Pernice a. a. O. S. 264.

7) Das ältere deutsche Recht forderte die Darlegung des Schuldgrundes zur Schuldklage nicht, vgl. Stobbe, P.R. Bd. 3 § 167 Anm. 2 ff.

8) H.G.B. Art. 301. R.O.H.G. Bd. 7 S. 204; Bd. 8 S. 431; Bd. 19 S. 277.

9) Seit Bähr a. a. O. diese Auffassung vertheidigte, hat sie stetig an Anhängern gewonnen. An das justinianische Recht läßt sich freilich die Anerkennung abstrakter Versprechen nicht anknüpfen, vgl. oben Anm. 6. Wenn aber das gemeine Recht die Klagbarkeit obligatorischer Verträge schlechthin anerkennt, warum sollte nicht der über= einstimmende Wille der Kontrahenten die Kraft haben, auch abstrakte Verbindlich= keiten in das Leben zu rufen? Vgl. Windscheid Bd. 2 § 318. Und wenn man dies nicht als entscheidend ansieht, so liegt jedenfalls eine aus dem Rechtsleben und dessen Bedürfnissen hervorgegangene Bildung vor, die in der Anschauung des Lebens wurzelnd sich auf Grund der Schrift von Bähr und durch deren Einfluß auf Theorie und Praxis frei entwickelt hat.

daß auf die Faktoren der Rechnung nicht zurückzugreifen ist und daß
nur das Rechnungsresultat maßgebend sein soll. Das Gleiche gilt von
der Anerkennung der Schuld einer gewissen Summe.[10]

Hiermit mußte sich die alte Lehre von der cautio indiscreta wesentlich modificiren. Der Schuldschein, welcher den Schuldgrund
nicht angiebt, ist vollständig und vollbeweisend, wenn die
Parteien ersichtlich Begründung einer abstrakten Obligation wollten. Tritt diese Absicht aber nicht in ihm hervor, so ist
er auch heute nur ein Bruchstück, dessen Tragweite sich nur bestimmen
läßt, wenn der Schuldgrund dargethan ist.[11]

Der Einwand ist zulässig, daß die Uebernahme der abstrakten Verpflichtung auf Irrthum, Betrug, Zwang beruhte; nicht minder, daß es
sich um ein gesetzlich verbotenes, nichtiges Geschäft handelte.[12] Der Beweis liegt aber dem Schuldner ob.[13]

- - - - -

### Dritter Abschnitt.
## Inhalt und Gegenstand der Obligation.

### Erstes Kapitel.
## Das Wesen der obligatorischen Leistung.

#### § 23. Inhalt und Gegenstand im Allgemeinen.

I. Die Neueren bezeichnen den Inhalt der Obligationen mit dem
generellsten Ausdrucke, der sich finden ließ, als „Leistung".

Die Römer specialifiren und sprechen von „dare", „facere" und

10) Hierfür R.G. Bd. 2 S. 337, ferner Bd. 3 S. 264. — Die hier geforderte
Schriftlichkeit gründet sich auf die Formvorschriften des preußischen Rechtes.

11) In jedem ohne causa ausgestellten Schuldschein im Zweifel die Uebernahme
einer abstrakten Verbindlichkeit zu sehen, ist bedenklich. Es beruht dies auf der Annahme, daß die Weglassung der causa im Schuldscheine an und für sich ein sicheres
Zeichen der Absicht der Uebernahme einer abstrakten Verbindlichkeit sei. Dies kann
nicht zugestanden werden. Auch die Praxis geht so weit nicht, vgl. R.O.H.G. Bd. 21
S. 179, Rocholl a. a. O. S. 332 ff. R.G. in Seuff. Arch. Bd. 48 n. 23.

12) R.G. Bd. 5 S. 124.

13) Nicht immer, namentlich nicht beim Wechsel, können diese Einreden dritten
gutgläubigen Erwerbern der Forderung entgegengestellt werden. Das Nähere kann
an diesem Orte nicht ausgeführt werden.

„praestare".[1] Unter „dare" verstehen sie die Uebereignung körper=
licher Sachen, wie auch die Bestellung dinglicher Rechte an den=
selben; „facere" begreift sonstige Handlungen, die sich auf körperliche
Sachen beziehen, z. B. die Besitzübergabe von Grundstücken, deren Be=
bauung, Bearbeitung; unter „praestare" endlich verstand man insbe=
sondere persönliche manuelle oder auch liberale Dienste.[2] Eine scharfe
Unterscheidung zwischen facere und praestare wurde jedoch nicht festge=
halten. Demzufolge bedeutet facere im weiteren Sinne jede Handlung,
abgesehen von dare.

Von eingreifender rechtlicher Bedeutung ist der Unterschied zwischen
Obligationen auf ein Thun — s. g. positive Obligationen — und
auf ein Nichtthun — negative Obligationen.[3]

II. Als Gegenstand der Obligation läßt sich je nach dem Stand=
punkte, den man einnimmt, ansehen die geschuldete Handlung oder die Person
des Schuldners oder dessen Wille oder dessen Vermögen, oder endlich das
zu Leistende.[4] Im praktischen Leben betrachtet man aber, alle Mittel=
glieder überspringend, einzig das zu Leistende als den Gegenstand
der Obligation. Hiermit stimmen die römischen Juristen überein. Ihnen
ist das versprochene Objekt in obligatione.[5] Neuere Schriftsteller wollen
meist die geschuldete Sache als den „mittelbaren" Gegenstand der Obli=
gation bezeichnet haben, die Leistung aber als den „unmittelbaren". Von
ihnen selbst wird dies jedoch im Flusse der Darstellung nicht festgehalten.
In der That ist diese Terminologie schwerfällig und nicht geboten.

III. Nicht selten übernimmt der Schuldner durch ein Geschäft die
Verpflichtung zur Leistung mehrerer Objekte. Hier fragt es sich, ob

---

1) „Dare, facere, praestare" fand sich in Klagformeln, Gaj. Inst. IV. § 2, es
wurde in die Definition der Obligation aufgenommen, l. 3 pr. D. de obl. et act.
44, 7, oben § 1 Anm. 3.

2) Die Bedeutung von praestare ist bestritten. Die Litteratur siehe bei Hasen=
öhrl, österr. O.R. Bd. 1 § 161 Anm. 2. Für unsere Auffassung führen wir an, daß
bezüglich der operae des Freigelassenen an den Patron der Ausdruck praestare sich
vorzugsweise findet und daß auch die lex Julia et Papia, welche von den Leistungen
der Freigelassenen handelte, von „dare, facere, praestare" sprach, l. 37 pr. D. de
operis libert. 38, 1. Ferner stimmt mit derselben überein, daß die Mandatsklage
auf dare, facere, praestare lautete, Gaj. Inst. III, 155, Lenel, edictum S. 236,
wahrscheinlich auch die actio pro socio, Lenel a. a. O. S. 237, sowie die a. com=
muni dividundo, Lenel a. a. O. S. 164.

3) Rümelin im Archiv für civ. Praxis Bd. 68 S. 166. Insbesondere kann von
einer Zahlung der Schuld bei negativen Obligationen nicht die Rede sein.

4) Vgl. Windscheid Bd. 2 § 252 Anm. 1, Hartmann, Obligation S. 162. Hart=
mann will den Ausdruck Gegenstand der Obligation ganz vermieden wissen. Er läßt
sich jedoch nicht entbehren.

5) Die Römer sprechen davon, daß species oder genera „in stipulationibus
deducuntur", l. 54 D. de verb. obl. 45, 1, sowie daß eine Sache „in obligatione"
ist oder bleibt, l. 9 § 1 D. de solut. 46, 3.

dieselben im Sinne des Kontraktes eine Einheit bilden? oder ob nur
eine zufällige Verbindung vorliegt? Im ersteren Falle entsteht e i n e
Obligation, im zweiten liegen m e h r e r e Obligationen vor. Ist eine
einzige Obligation begründet, so darf der Gläubiger die Leistung einzelner
Objekte zurückweisen, da er verlangen kann, daß das Angebot des Schuld=
ners die ganze Schuld umfaßt. Handelt es sich aber um verbundene
Obligationen, so muß er auch einzelne Objekte, die ihm angeboten werden,
annehmen, trotzdem daß der Schuldner mit den anderen, gleichzeitig ver=
sprochenen, im Rückstande ist. Entscheidend ist die Meinung der Ver=
tragschließenden beim Vertragschlusse. Sie ist nach der besonderen Sach=
lage und nach der Gesammtheit der Vertragbestimmungen zu bemessen.
Immerhin ist in der Regel eine durch e i n e Zahl bezeichnete Summe
gleichartiger gleichzeitig zu liefernder Objekte als einheitlicher Schuldgegen=
stand zu erachten, mag es sich nun um Fungibilien handeln oder um Nicht=
fungibilien.[6]

IV. Der Gegenstand der Obligation kann sich erweitern, Früchte und
andere Erzeugnisse abwerfen, sich verändern. Hat der G l ä u b i g e r An=
spruch a u f d e r a r t i g e V o r t h e i l e?

Zu unterscheiden sind Restitutionsansprüche und Leistungsansprüche.[7]

a) R e s t i t u t i o n s a n s p r ü c h e sind Forderungen auf Herausgabe
von solchen Gegenständen, welche dem Gläubiger z u e i g e n sind, z. B.
auf die in der Hand des Depositars, Mandatars, Vormunds, unbeauf=
tragten Geschäftsführers befindlichen Sachen des Geschäftsherrn; nicht
minder auf Herausgabe dessen, was dem Forderungsberechtigten h ä t t e
z u e i g e n b l e i b e n s o l l e n z. B. des durch Zwang, Betrug oder sonst
ohne gehörigen Rechtsgrund an den anderen Theil Gelangten.

Ansprüche solcher Art erstrecken sich auf Alles, was das Geschuldete
beim Schuldner abwarf, also namentlich auf Früchte und Zinsen, w e l c h e
e r g e w o n n e n h a t. Inwieweit er g e w i n n b a r e Früchte und Zinsen
ersetzen muß, hängt von der Sachlage, insbesondere von seiner Redlichkeit
oder Unredlichkeit ab. Jedenfalls aber wird er in der Regel für das=
jenige, was er durch Selbstgebrauch oder Selbstverbrauch aus dem Heraus=
zugebenden gewonnen hat, marktgängige Miethzinsen oder Kapitalzinsen, als
s. g. fingirtes Einkommen ersetzen müssen.[8]

b) L e i s t u n g s a n s p r ü c h e sollen dem Berechtigten v e r s c h a f f e n,

---

6) l. 29 pr. D. de verb. obl. 45, 1, l. 16 § 1, l. 75 § 9, l. 86, l. 140 pr. § 1
D. eod. Windscheid § 252 Anm. 9, mein Preuß. P.R. Bd. 2 § 24.

7) Näheres hierüber Petrażycki, Lehre vom Einkommen II. § 3, vgl. l. 38 D.
de usuris 22, 1.

8) Eingehende Ausführung bei Petrażycki, a. a. O. II § 6, § 13. Vgl. nament=
lich l. 19 D. de usuris 22, 1, l. 9 pr. D. de don. 39, 5, l. 64 D. de R. V. 6, 1.

was ihm bisher fremd war. Hier erlangt der Gläubiger in der Regel Ansprüche auf Früchte und Zinsen des Geschuldeten erst vom Verzug des Schuldners oder dem Verzug gleichgesetzten Ereignissen an. Der Käufer jedoch hat von Perfektion des Kaufvertrags an wie die Gefahr, so Ansprüche auf die Vortheile, insbesondere die Früchte der Kaufsache. Demgemäß stellten die Römer den allgemeinen Satz auf „cujus periculum, ejus est commodum".[9] Derselbe hat aber keine allgemeine Wahrheit.[10]

V. Bei allen Obligationen ist Geldersatz der eventuelle Gegenstand der Obligation.[11] Er ist dem Gläubiger stets zu gewähren, wenn ihm das Geschuldete nicht geleistet wird und wenn sich diese Leistung nicht oder nicht füglich erzwingen läßt.[12]

### § 24. Theilbare und untheilbare Obligationen.[1]

Die Obligationen sind theilbar, wenn ihre Theilung unbeschadet ihres Wesens und Werthes möglich ist. Ist dies nicht der Fall, so sind sie untheilbar.

Nicht das ist die Meinung bei dieser Eintheilung, daß dem Gläubiger einer theilbaren Forderung ohne weiteres Stückzahlung aufge=

---

9) § 3 J. de empt. et vend. 3, 23 . . . commodum ejus esse debet, cujus periculum est, l. 10 D. de R. J. 50, 17 Paulus libro 3 ad Sabinum: Secundum naturam est commoda cujusque rei eum sequi, quem sequentur incommoda. Eine große Zahl einzelner Entscheidungen, welche auf diese Regel Bezug nehmen, führt an F. Mommsen, Erörterungen Heft 1 S. 1. — Vgl. Jhering, Abhandlungen S. 1 ff. Windscheid Bd. 2 § 327 Anm. 9, Petražycki a. a. O. Bd. 2 § 3 a. E.

10) Richtig ist der Satz, welchen Mommsen a. a. O. ausführte. „Wenn durch dasselbe Ereigniß auf der einen Seite eine völlige oder theilweise Unmöglichkeit der geschuldeten Leistung herbeigeführt, auf der andern Seite ein commodum gewonnen ist, so steht der Anspruch auf das commodum demjenigen zu, welcher in Ansehung desselben die Gefahr trägt." Doch hat die Regel ein weiteres Anwendungsgebiet.

11) l. 68, 112 § 1 D. de verb. obl. 45, 1.

12) Oben Bd. 1 § 133.

1) Das Hauptwerk ist von Ubbelohde, die Lehre von den untheilbaren Obligationen 1862. Dort findet sich die ältere Litteratur p. XXIII; vgl. außerdem Steinlechner, juris communio Bd. 1 §§ 19 und 20, Rümelin, die Theilung der Rechte §§ 19 ff. und in Jherings Jahrb. Bd. 28 S. 434, Scheurl, Theilbarkeit S. 81 und die bei Windscheid Bd. 2 § 253 Citirten, ferner Alf. Terrana, studio sulle obligazioni divisibili ed indivisibili 1891. Ubbelohde bemerkt § 1: „Die Lehre von den untheilbaren Obligationen darf zu den dunkelsten Kapiteln des Pandektenrechtes gezählt werden." Dies ist ohne Zweifel richtig. Wenn er aber den Grund hiervon darin sucht, „daß die Feststellung der bezüglichen Begriffe ein nicht gewöhnliches Maß scharfer und fortdauernder Abstraktion erfordere und daß in noch höherem Grade eine solche Abstraktion nöthig sei, um jene Begriffe mit Sicherheit anzuwenden", so können wir dem nicht beistimmen. Der Grund jener Dunkelheit scheint uns vielmehr vorzugsweise darin zu liegen, daß diese Lehre oft rein abstract, schematisch und ohne das Leben und dessen Erfordernisse zu beachten, aufgefaßt wird. . .

drängt werden kann. Solche ist vielmehr nur zulässig, wenn dies be=
sonders ausbedungen ist. Die Theilbarkeit kommt in anderen Beziehungen
in Betracht. Vor allem im Erbrechte. Nach einem uralten Rechts=
satze nämlich sind Forderungen und Schulden des Erblassers, welcher
mit Hinterlassung mehrerer Erben verstirbt, unter die Miterben getheilt.
Aber dies gilt natürlich nur für theilbare Forderungen, nicht für un=
theilbare.

Bei der Frage der Theilbarkeit der Obligationen unterscheiden die
Römer, ob es sich um „dare", „facere" oder „non facere" handelt.

1. Obligationen auf „dare" sind in der Regel theilbar.[2] Dies
trifft vorzugsweise zu, wenn sie Quantitäten zum Gegenstande haben,
z. B. eine Geldsumme oder zehn Pferde gleicher Art. Hier tritt Thei=
lung nach der Zahl — numero — ein.

Auch Forderungen auf „dare" einer speciellen Sache gelten als theil=
bar, und zwar nach ideellen Theilen — partibus. Freilich ist dies nicht
ohne Bedenken. Denn die ideelle Hälfte z. B. eines Pferdes ist nicht
halb soviel werth und nicht halb so brauchbar als das ganze Pferd.
Und wenn ein Erbe des Schuldners die ideelle Hälfte des Schuldgegen=
standes zu überlassen bereit ist, der andere Erbe aber sich der Erfüllung
entzieht und zum Geldwerthe seiner Theilschuld verurtheilt wird, was
ist dann die Lage des Gläubigers? Man setzte sich jedoch über diese
Bedenken hinweg.

Dagegen erkannte man die Untheilbarkeit einer Obligation
auf eine generell bezeichnete Sache an. Denn wenn z. B. ein gutes
Ackerpferd geschuldet war, und der eine Miterbe des Schuldners hätte in
Folge der Zulässigkeit der Theilung der Obligation die ideelle Hälfte des
einen, sein Miterbe aber die ideelle Hälfte eines anderen Pferdes liefern
dürfen, so wäre dies Hohn gegen den Gläubiger! Er hätte trotz voller
Leistung beider Erben das nicht, worauf er Anspruch hatte, nämlich ein
Pferd.

Es sind ferner nothwendig untheilbar Verpflichtungen zur Be=

---

2) l. 2 pr. § 1 D. de verb. obl. 45, 1. Paulus libro 12 ad Sabinum: Stipulationum quaedam in dando, quaedam in faciendo consistunt. et harum omnium quaedam quaedam partium praestationem recipiunt, veluti cum decem dari stipulamur: quaedam non recipiunt, ut in his, quae natura divisionem non admittunt,
veluti cum viam iter actum stipulamur: quaedam partis quidem dationem
natura recipiunt, sed nisi tota dantur, stipulationi satis non fit, veluti cum
hominem generaliter stipulor aut lancem aut quodlibet vas: nam si Stichi
pars soluta sit, nondum in ulla parte stipulationis liberatio nata est, sed aut
statim repeti potest aut in pendenti est, donec alius detur. ejusdem condicionis
est haec stipulatio: Stichum aut Pamphilum dari? Vgl. weiter die Ausführung
von l. 2 §§ 2 ff., l. 3, l. 4, l. 54, 72 und 85 D. de verb. obl. 45, 1.

stellung von Prädialservituten. Denn deren theilweise Begründung ist unmöglich und giebt auch nicht einmal ein Theilrecht.

2. Obligationen auf „facere" oder „non facere" sind regelmäßig untheilbar. Doch ist auch dies nicht ausnahmslos. Es fragt sich immer, ist die Theilung unbeschadet des Wesens und Werthes der Obligation möglich?

Untheilbar sind namentlich Obligationen auf Herstellung einer Sache, z. B. Erbauung eines Hauses.

Aber auch die Obligation auf Uebergabe eines bestimmten Grundstückes wird für untheilbar erklärt,[3] folgeweise muß das Gleiche für Tradition einer jeden Species, insbesondere auch einer beweglichen Sache gelten. Der innere Widerspruch dieser Entscheidung mit der Anerkennung der Theilbarkeit der Obligation auf „dare" einer Species ist nicht in Abrede zu stellen. Aber sollte die Entscheidung nicht an sich eine gesunde sein? Wer dies zugiebt und hierin das jüngere, rationellere Princip sieht, wird freilich für das heutige Recht dazu gedrängt, Obligationen auf Leistung einer Species allgemein als untheilbar anzusehen.

Theilbare Obligationen auf „facere" sind z. B. die Verpflichtungen, 100 Apfelbäume zu pflanzen oder 100 Karren Dung zu fahren.

Bezüglich der rechtlichen Behandlung untheilbarer Obligationen gelten folgende Grundsätze:

a) Jeder von mehreren Gläubigern hat das Recht, die ganze Leistung zu fordern und einzuklagen. Es ist aber zu unterscheiden, ob die Leistung an den Kläger allen Gläubigern unmittelbar zu Gute kommt, wie es z. B. bei der geschuldeten Reparatur eines gemeinsamen Hauses der Fall ist, oder ob dies nicht geschieht. In letzterem Falle ist der Schuldner berechtigt und seinen anderen Gläubigern gegenüber verpflichtet, Sicherstellung vom Kläger dafür zu fordern, daß, was dem Kläger geleistet wird, allen Berechtigten zu Theil werde.[4]

---

3) l. 72 D. de verb. obl. 45, 1. Ulpianus libro 20 ad edictum: Stipulationes non dividuntur earum rerum, quae divisionem non recipiunt, veluti viae, itineris, actus aquaeductus ceterarumque servitutium; idem puto et si quis faciendum aliquid stipulatus sit, ut puta fundum tradi vel fossam fodiri vel insulam fabricari, vel operas vel quid his simile: horum enim divisio corrumpit stipulationem. Man hat sich von jeher verzweifelte Mühe gegeben, den Passus „fundum tradi" wegzuinterpretiren. Gewiß ist zuzugeben, daß er mit dem herrschenden, auch von Ulpian — z. B. l. 9 § 1 D. de solutionibus 46, 3 — anerkannten Dogma über die Theilbarkeit der Obligationen auf „dare" einer Species nicht harmonirt. War dies Dogma aber so rationell und einwandfrei, daß sich Ulpian an seine Analogie bei Obligationen auf facere nothwendig halten mußte? Ubbelohde a. a. O. S. 40 Anm. 7 hat den Gedankenblitz, fundum „radi" statt „tradi" zu lesen, doch er selbst verfolgt ihn nicht — mit vollem Rechte; vgl. freilich Brinz, Pand. Bd. 2 S. 66 Anm. 7.

Erfolgt die Naturalleistung des Schuldobjektes nicht und wird der Schuldner um deswillen in Geld verurtheilt, so erhält der Kläger nur den seiner Erbquote oder seinem sonstigen Antheilsverhältnisse entsprechen= den Theil der Litisästimation, da sein Interesse nicht weiter reicht.[5]

b) Der Gläubiger ist berechtigt, gegenüber jedem von mehreren Schuldnern einer untheilbaren Obligation das ganze Schuldobjekt zu fordern und einzuklagen. Es liegt also der Fall einer solidarischen Verbindlichkeit vor.

Sehr streitig ist aber, ob dann, wenn es wegen Nichterfüllung der Verbindlichkeit zu einer Verurtheilung in Geld — zur Litisästimation — kommt, Theilung unter die mehreren Erben des Schuldners ein= zutreten hat. Die Frage ist zu bejahen.[6]

4) Vgl. Ubbelohde a. a. O. S. 233. Die römischen Juristen sind bezüglich der Ordnung der Sache nicht ganz einig, vgl. l. 1 § 36, l. 14 pr. D. depositi 16, 3, l. 81 § 1 D. de solut. 46, 3.

5) l. 25 § 9 D. fam. erc. 10, 2. Paulus libro 23 ad edictum . . . . omni- bus in solidum competere actionem et, si non praestetur via, pro parte here- ditaria condemnationem fieri oportet, vgl. l. 4 § 3 D. si serv. vind. 8, 5 und l. 54 § 1 D. de verb. obl. 45, 1.

6) Die römischen Juristen gingen ursprünglich davon aus, daß jeder der Schuldner, der das Ganze schulde, auch zur vollen Geldästimation im Falle der Nichterfüllung der Obligation angehalten werden könne. Hieraus konnten sich jedoch große Härten ergeben. Man denke, ein Miterbe zu einem geringen Erbschaftsantheile wird, nachdem die Erbschaft längst getheilt ist, allein zur vollen Litisästimation eines großen vom Erblasser übernommenen Baues angehalten. Paulus suchte gegen die hiernach möglichen Gefahren durch Kautionen zu schützen, welche die Miterben im judicium familiae erciscundae bestellen sollten, l. 25 § 10 D. fam. erc. 10, 2, und gab auch hiervon abgesehen dem Miterben, welcher die volle Litisästimation einer untheilbaren Leistung entrichtet hatte, einen Regreß mit der actio familiae erciscundae gegen die Miterben, die durch seine Zahlung befreit waren, l. 2 § 2 D. de verb. obl. 45, 1. Derartige Regreßansprüche gegen Miterben, die vielleicht längst verzogen oder insolvent geworden sind, konnten aber nicht ausreichen. Es machte sich daher eine andere Ansicht geltend, welche sich für die Theilung der Litis- ästimation als einer theilbaren Schuld unter die Miterben entschied, l. 72 pr. D. de verb. obl. 45, 1. Ulpianus libro 20 ad edictam . . . Celsus libro 38 digestorum refert: Tuberonem existimasse, ubi quid fieri stipulemur, si non fuerit factum, pecuniam dari oportere ideoque etiam in hoc genere dividi stipulationem: secundum quem Celsus ait posse dici, justa aestimatione facti dandam esse petitionem. Diese Stelle verdient unseres Erachtens im justi- nianischen Rechte den Vorzug, einmal weil sie ein billigeres Resultat giebt, dann weil sie die Frage direkt entscheidet, während die übrigen Stellen wohl Totalver- urtheilung des beklagten Miterben in die Litisästimation voraussetzen, aber keineswegs direkt feststellen. Vom Standpunkte des justinianischen Rechtes lassen sich die Stellen sehr wohl auf Fälle beziehen, in welchen ein einzelner Miterbe, um die Klage gegen seine Miterben abzuschneiden, freiwillig die ganze Litisästimation übernimmt. Daß übrigens die Tendenz des römischen Rechtes auf Theilung der Litisästimation ging, thun auch l. 11 § 3, l. 6 § 1 D. de aqua 39, 3 dar. — Die Neueren suchen überwiegend die l. 72 aus dem Wege zu räumen. Savigny, O.R. Bd. 1 S. 358 ff. meint, daß Celsus die Ansicht des Tubero bloß als „litterarische Kuriosität", als „fast verschollene Merkwürdigkeit" angeführt habe. Ubbelohde S. 90 nimmt an, daß die Juristen in der l. 72 einen ganz besonderen Fall im Auge ge- habt hätten — nämlich daß die Obligation schon bei Lebzeiten des Erblassers durch

### Zweites Kapitel.

### Verschiedene Kategorien der Schuldobjekte.

#### § 25. Species= und Genusschuld.

Die Obligation stellt ihren Gegenstand entweder individuell fest — Speciesschuld — oder durch Gattung und Art — Genus= schuld.[1]

Gegenstand der Speciesschuld ist ein Individuum. Dieses nur muß und darf geleistet werden. Daher erlischt die Verpflichtung, wenn das= selbe durch Zufall zu Grunde geht; mit anderen Worten: den Gläu= biger trifft bei der Speciesschuld die Gefahr.[2]

Genusschulden bilden regelmäßig Schulden von Fungibilien; aber dies ist nichts Nothwendiges. Vielmehr können auch Nichtfungibilien generisch stipulirt werden, z. B. eine Stückzahl Pferde gewisser Art. Andererseits kann, was an sich Fungibilität hat, speciell zugesagt sein.[3]

Die generische Obligation steckt den Rahmen ab, innerhalb dessen ge= leistet werden muß. Aber der Gegenstand der Obligation und derjenige der Erfüllung ist nicht identisch. Als Gegenstand der Obligation gilt die Gattung, derjenige der Erfüllung ist ein bestimmtes Individuum. Deshalb darf der Genusschuldner dem Gläu= biger auch ein Stück anbieten, welches diesem beim Vertragschlusse ge= hörte und das seitdem aus dessen Eigenthume trat. Dem steht nicht ent= gegen, daß man die eigene Sache nicht gültig stipuliren kann. Wer z. B. generell ein Pferd von einem Pferdehändler gekauft hat und dar= auf das Pferd, welches er beim Vertragschlusse besaß, an einen Dritten veräußerte, kann dieses Pferd nicht zurückweisen, wenn es der Pferde= händler erwarb und zur Erfüllung anbietet, sofern es nur der stipulirten Art angehört. Denn nicht das nunmehr angebotene Pferd war verkauft, sondern „ein" Pferd.[4]

---

dessen Schuld unmöglich geworden sei — und doch enthält die Stelle hiervon nicht die geringste Andeutung. Gleichwohl hält Windscheid Bd. 2 § 299 Anm. 7 diese Erklärung für vollkommen annehmbar. Vangerow Bd. 3 § 567 Anm. 2 endlich unterscheidet zwischen Obligationen auf „dare" und „facere". Für die Theilung der Litisästimation ist überwiegend die Ansicht der älteren gemeinrechtlichen Schrift= steller; sie wird als die „herrschende" betrachtet. Wie hier Terrana a. a. O. S. 77. Vgl. auch die Litteraturangaben das.

1) l. 54 pr. D. de verb. obl. 45, 1.

2) Daher der Spruch „species perit ei cui debetur", dem sich dann anschließt „genus perire non censetur".

3) Vgl. oben Bd. 1 § 75.

4) So Marcellus in der l. 67 und l. 72 § 4 D. de sol. 46, 3. Anders freilich

Innerhalb der vereinbarten Gattung und Art darf auch die geringste
Sorte geleistet werden,[5] nicht aber Mangelhaftes.[6]

Der Zufall, welcher die Sache trifft, die man zu liefern dachte,
befreit den Schuldner einer Genusschuld nicht. Dies gilt
auch dann, wenn die Magazine oder Fabriken eines Kaufmannes oder
Fabrikanten zu Grunde gingen, denen er die versprochenen Waaren ent=
nehmen wollte, sofern er nicht bloß Lieferung aus den bei ihm vorhan=
denen Beständen oder den von ihm producirten Waaren zugesagt hat.
Denn trotz jenes Unfalles kann er sich anderwärts versehen und seine
Schuld erfüllen.

Erlischt freilich die stipulirte Art, so wird auch der Genusschuldner
wegen Unmöglichkeit der Leistung von seiner Schuld frei. Dies sind
seltene Fälle.[7]

Der Schuldner der Genusschuld entschlägt sich der Gefahr, wenn er
kontraktmäßig erfüllt, z. B. die verkaufte Waare vom Erfüllungsorte
an den Käufer absendet, oder wenn er Erfüllung vergeblich anbietet und
hierdurch den Gläubiger in Verzug versetzt.[8]

Keine Genusschuld, sondern eine besondere Art der Species=
schuld bildet das Versprechen eines Theiles aus einer Masse und
eines Stückes aus einer Menge, die durch Lagerort oder Zugehörig=

---

Papinianus libro 17 quaestionum l. 66 § 3 D. de leg. II. Non idem respondetur,
cum duobus testamentis generatim homo legatur: nam qui solvente altero
legatarii factus est, quamvis postea sit alienatus, ab altero herede idem solvi
non poterit: eademque ratio stipulationis est. hominis enim legatum orationis
compendio singulos homines continet utque ab initio non consistit in his qui
legatarii fuerunt, ita frustra solvitur cujus dominium postea legatarius adeptus
est, tametsi dominus esse desinit. Die Theorie des Marcellus ist vorzuziehen,
die Papinians ist wenig natürlich.

5) l. 72 § 5 D. de solut. 46, 3. Das H.G.B. Art. 335 will bei Handels=
geschäften im Zweifel Handelsgut mittlerer Art und Güte geliefert haben, was
jedoch in Fällen abweichender Vereinbarung — sie wird u. a. in der Vertrags=
klausel telle quelle gesehen, R.G. Bd. 19 S. 30 — oder abweichender Usance
nicht gilt. Daß der Schuldner das zu liefernde Individuum zu bestimmen hat,
versteht sich fast von selbst. Es wird der Fall nur selten vorkommen, daß dem
Gläubiger bei einer Genusobligation die Wahl des zu leistenden Stückes einge=
räumt wird.

6) Ueber die ädilicischen Rechtsmittel beim Gattungskauf siehe unten § 101
Ziff. 3.

7) Die ganze Kategorie geht z. B. zu Grunde, wenn es sich um Aktien handelt
und die Aktiengesellschaft erlischt, oder um Staatsschuldscheine eines Anlehens, welches
zurückbezahlt wurde.

8) Vgl. unten § 43. — Einigen sich Gläubiger und Schuldner darüber, daß ein
bestimmtes Individuum geleistet werden soll, so geht die Genusschuld in eine Species=
schuld über. Erklärt der Schuldner einseitig, ein gewisses Individuum liefern zu
wollen, so ändert die Schuld ihren Charakter nicht, so lange der Gläubiger diese Er=
klärung nicht annimmt.

keit zu einer Erbschaft oder durch ähnliche Merkmale bezeichnet ist.[9] Denn der Begriff der Gattung beruht auf der inneren Beschaffenheit der Waaren und nicht auf derartigen zufälligen und vorübergehenden gemein- schaftlichen Beziehungen der Objekte. Es gelten auch bei Schulden solcher Art andere Grundsätze, wie bei Genusobligationen. Der Schuldner steht hier für Verschuldung z. B. bei der Bewachung ein, was bei Genus- obligationen nicht der Fall ist. Mit dem zufälligen Untergange der ganzen Masse wird der Schuldner frei.

### § 26. Geld und Geldschulden.[1]

1. **Geld sind Objekte, welche die Allgemeinheit zur Werthung der Vermögensobjekte und als deren Aequi- valente verwendet. Der Zweck des Geldes ist, Umsatzmittel zu sein.**

Diese Macht erhält es in letzter Linie durch die Schätzung des Ver- kehres.

Aber auch der Staat greift helfend und gebietend ein.[2] Er schreibt vor, daß gewisse Objekte als Geld zu behandeln und als solches in Zahlung zu nehmen seien.[3] Er schafft hiermit das Geld im

---

9) Viele betrachten derartige Verhältnisse als Genusobligationen. So namentlich Windscheid Bd. 2 § 255 Ziff. 2, welcher überhaupt die Verpflichtung zum Geben einer nur „nach Merkmalen" bestimmten Sache als Genusschuld betrachtet. Nach dieser Definition wäre auch der Verkauf derjenigen meiner Kühe, welche einen weißen Flecken am Halse hat, Genusverkauf. Dagegen vgl. namentlich Brinz Bd. 2 § 100, welcher Anm. 6 die Litteratur anführt. In der 7. Aufl. setzt Windscheid hinzu „die keine Individualisirungsmerkmale sind."

1) Ueber Geldschulden vgl. vorzugsweise Pfeiffer, praktische Ausführungen Bd. 1 n. 7, Savigny, O.R. Bd. 1 S. 403 ff., Hartmann, über den rechtlichen Begriff des Geldes 1868, derselbe im Archiv f. civ. Praxis Bd. 65 n. 6 „internationale Geld- schulden", Goldschmidt, Handelsrecht 1. Auflage Bd. 1 Abth. 2 S. 1061. Dort finden sich die Litteraturangaben. Interessante dogmengeschichtliche Nachweise giebt ferner Hartmann a. a. O. S. 117 ff. Aus neuester Zeit ist zu erwähnen Hasner, z. L. vom Gelde in Grünhuts Zeitschrift Bd. 7 n. 1 und Bekker über die Couponsprozesse 1881; Bekker, Pand. 1 § 75; Schey. Obl. Verh. Bd. 1 S. 108; Regelsberger, Pand. Bd. 1 §§ 104—106.

2) Des Staatsgeldes gedenkt allein die vielbewunderte Erörterung von Paulus libro 33 ad edictum — l. 1 pr. D. de contr. empt. 18, 1: Origo emendi ven- dendique a permutationibus coepit. olim enim non ita erat nummus neque aliud merx aliud pretium vocabatur, sed unusquisque secundum necessitatem temporum ac rerum utilia inutilia permutabat, quando plerumque evenit ut quod alteri superest alteri desit. sed quia non semper nec facile concurrebat, ut, cum tu haberes, quod ego desiderarem, invicem haberem, quod tu accipere velles, electa materia est, cujus publica ac perpetua aestimatio difficultatibus permutationum aequalitate quantitatis subveniret. eaque materia forma publica percussa usum dominiumque non tam ex substantia praebet quam ex quanti- tate, nec ultra merx utrumque, sed alterum pretium vocatur. Zur Geschichte des römischen Münzwesens vgl. Gajus Inst. I. § 122 und namentlich Mommsen, Geschichte des römischen Münzwesens 1860.

3) Hartmann a. a. O. bestimmt den Begriff des Geldes geradezu dahin, daß es

engeren Sinne — das Staatsgeld oder die Währung. Voll
und ganz erreicht er seine Zwecke freilich nur, wenn sich seine Werthung
wenigstens im Allgemeinen in Uebereinstimmung mit der öffentlichen
Meinung hält. Dann fügt sich der Verkehr der Regelung im Einzelnen
willig und erblickt in der festen staatlichen Ordnung des Münzwesens
eine Wohlthat. Tritt aber die Bestimmung des Staates in schroffen
Gegensatz gegen die Werthung des Lebens, so entstehen ungesunde Zu-
stände. Denn das staatliche Gebot vermag die Werthgeltung nur bis zu
einem gewissen Grade zu erzwingen; der vom Staate mißachtete Verkehr
sucht sich daher, soweit thunlich, seine eigenen ungeregelten Wege.

2. Als Geld dienen vorzugsweise Stücke edlen Metalles. Sie eignen
sich hierzu durch die Höhe und verhältnißmäßige Stetigkeit ihres Werthes,
durch ihre Dauerhaftigkeit, leichte Transportabilität und Theilbarkeit.

Früher bestand in Deutschland Silberwährung. Aus der köl-
nischen Mark, später dem Zollpfund Silber prägte man nach einem gewissen Verhältnisse — dem Münzfuße — Thaler wie Gulden. Derzeit
hat das deutsche Reich Goldwährung.[4] Aus einem Pfunde Gold wird
eine bestimmte Zahl von Kronen oder 10-Markstücken, sowie Doppel-
kronen und halben Kronen geprägt. Doch die Goldwährung ist nicht
durchgeführt. Denn die noch vorhandenen Thalerstücke gelten gleich
3 Mark und sind in diesem Werthe bei Schulden jeden Betrages als
Geld zu nehmen. Ausgeprägt werden aber Thalerstücke nicht mehr.

Für bestimmte kleinere Beträge müssen in Zahlung genommen werden
die Reichssilber-, Kupfer- und Nickelmünzen.[5] Derartige Münzen nennt
man Scheidemünzen. Sie sind Geld des kleinen Verkehres.

3. In der Regel ist eine im Inland zu erfüllende Geldschuld in
inländischer Währung zu zahlen. Es gilt das selbst für im Auslande in der ausländischen Währung eingegangene Geldschulden, welche
im Inlande gezahlt werden müssen, so daß sie nach dem Kurse des Ortes
und der Zeit der Zahlung in inländisches Geld umzurechnen sind.

Regelmäßig wird bei Zahlungen zwischen den verschiedenen Sorten

---

durch die fungibelen Stücke gebildet werde, welche rechtlich als eventuell letztes zwangs-
weises Mittel der solutio von Obligationen anerkannt sind. — In der That ist nicht
zu bezweifeln, daß hierin die wichtigste specifisch juristische Eigenschaft des Staatsgeldes liegt.

4) Vgl. die Reichsgesetze vom 4. December 1871, betreffend die Ausprägung von
Reichsgoldmünzen, und das Münzgesetz vom 9. Juli 1873. Das letztere trat mit dem
1. Januar 1876 in Kraft. Siehe mein preuß. P.R. Bd. 2 § 31.

5) Private sind nicht verpflichtet, Reichssilbermünzen im Betrage von mehr als
20 Mark, Nickel- und Kupfermünzen im Betrage von mehr als 1 Mark in Zahlung
zu nehmen; die Reichs- und Landeskassen sind hierzu verpflichtet. Münzgesetz vom
9. Juli 1873 Art. 9. Die Thaler sind keine „Reichssilbermünzen".

des inländischen Geldes nicht unterschieden. Wer 100 Kronen versprochen hat, kann sie also auch in Thalern zahlen und umgekehrt.

Der Staat schafft Staatsgeld, aber er verbietet nicht den Umlauf anderen „freien" oder „usuellen" Geldes. Solches Geld bilden in Deutschland unter anderem die Reichskassenscheine, welche nach den Gesetzen Privaten nicht zur Zahlung aufgedrungen werden können,[6] ferner die Banknoten, in den Grenzdistrikten auch fremde Münzen.

Das freie Geld läuft thatsächlich im Verkehre um und wird hier als Geld geachtet und genommen; es kann aber nur dann als Zahlungsmittel aufgedrungen werden, wenn dies besonders bedungen ist.[7]

4. Die schwierigsten Fragen ergeben sich, wenn zwischen der Werthung von Geldstücken durch den Staat und durch den Verkehr Differenzen entstehen.

Man unterscheidet dreierlei Arten des Werthes des Geldes:

a) den Nennwerth oder den äußeren Werth, welchen der Staat einem Geldstücke durch sein Gepräge zuschreibt,

b) den Metallwerth oder den inneren Werth, d. h. den Werth des in dem Geldstücke enthaltenen edlen Metalles,

c) den Kurswerth, d. h. den Marktpreis des bezüglichen Geldstückes im Verkehre. Eine Differenz zwischen dem Nennwerthe und dem Kurswerthe bezeichnet man als Aufgeld oder Agio. Wenn sie zu Ungunsten des Nennwerthes ist, spricht man auch von Disagio.

Besteht bloß eine Differenz zwischen Nennwerth und Metallwerth, ohne daß sie sich im Kurse ausdrückt, so ist dies rechtlich bedeutungslos. Denn das Geld erfüllt dann trotz seines geringeren Metallwerthes seine Funktion unverkürzt in Recht und Verkehr nach seinem Nennwerth.

Von um so größerer Tragweite ist ein etwaiges Disagio zwischen Nennwerth und Kurswerth. In Folge desselben ist die Tauschkraft der betreffenden Geldstücke eine geringere geworden, als sie nach der Absicht des Staates sein soll. Als z. B. das Papiergeld der ersten

---

6) Staatspapiergeld im eigentlichen Sinne, welches Private in Zahlung nehmen müssen, giebt es im deutschen Reiche nicht. Die Reichskassenscheine sind aber von den Reichs- und Landeskassen zum Nennwerthe in Zahlung zu nehmen; Gesetz, betreffend die Ausgabe von Reichskassenscheinen, vom 30. April 1874. Auch die Banknoten der Reichsbank sind kein Staatspapiergeld, Reichsbankgesetz vom 14. März 1875.

7) Windscheid Bd. 2 § 256 unter b β) behauptete: „In Ermangelung entgegenstehender gesetzlicher oder gewohnheitsrechtlicher Bestimmungen muß jede Münzsorte angenommen werden, welche am Orte der Zahlung Kurs hat, ohne Unterschied zwischen aus- und inländischen Münzen". Aber kein Gesetz schreibt Derartiges vor und es kann auch nicht im Zweifel als die Absicht bei Kontrahirung der Geldschuld angesehen werden. Der Gläubiger bedingt sich in der Regel ein stetiges, nicht ein nach Tagen oder Stunden im Werthe schwankendes Geld aus. Seit der 6. Auflage hat Windscheid seine These wesentlich geändert.

französischen Republik — die Assignaten — rapide im Kurse sank, da
konnte man für Hundertfrankscheine kaum so viel kaufen, als für wenige
Silberfranken zu haben war. Wird aber durch das Sinken des Kurs=
werthes auch die Kraft des Geldes als Zahlungsmittel vermindert?
Dies behaupten viele. Auch erscheint es auf den ersten Blick als höchst
unbillig, daß eine Schuld, die in vollwerthiger Münze begründet wurde,
in Gelde, dessen Kurswerth gesunken und dessen Kaufkraft vermindert ist,
getilgt werden darf. Und dennoch muß man sich hierfür entscheiden.
Denn der Zweck des Staatsgeldes ist gerade, im Interesse des Verkehres
ein von den Schwankungen des Tages unabhängiges Zahlungsmittel zu
schaffen. In diesem Sinne ist ihm Zwangskurs eigenthümlich. Hieraus
entspringen wesentliche Vortheile für den Verkehr. Daß unter außer=
ordentlichen Verhältnissen auch Nachtheile entstehen, ist unabwendbar,
wenn das Staatsgeld seinen vollen Dienst leisten soll.[8]

Ist jedoch dem Schuldner freigestellt, in usuellem Gelde zu zahlen,
so ist bezüglich seiner der Kurswerth zu Grunde zu legen. Denn
in Betreff des usuellen Geldes ist der Verkehr schlechthin Meister.

5. Es steht den Betheiligten frei, die Zahlung in bestimmter Sorte
auszubedingen — Geldsortenschuld. Diese Absicht muß besonders
hervorgehoben sein, z. B. durch die Bezeichnung „effektiv".

Solche Geldsortenschulden haben einen zwiefachen Charakter, sie bilden
entweder modificirte Geldschulden oder reine Geldsortenschulden.[9]

a) Die erste Art bezweckt eine Geldschuld, die in der bedungenen
Sorte zu entrichten ist. Hieraus folgt, daß dann, wenn die bedungene
Sorte nicht mehr im Verkehre ist, die Schuld nicht erlischt, vielmehr in
anderen Sorten zu zahlen ist.[10]

b) Bei der ausschließlichen Geldsortenschuld dagegen

---

8) Savigny a. a. O. geht davon aus, daß von der allgemeinen Anerkennung
abhänge, ob etwas Geld sei, wie auch, in welchem Grade es Geld sei, also wie hoch
der ihm beizulegende Werth sich belaufe. Hiernach sei der Kurswerth als wahrer
Maßstab für den Inhalt einer Geldschuld eine unmittelbare Folge der allgemeinen
Natur des Geldes. Die Auffassung von Savigny war eine einseitige. Dem prak=
tischen Bedürfnisse, welches eine „publica ac perpetua aestimatio" forbert, l. 1 pr.
D. de contr. empt. — oben Anm. 2 — wäre mit einem bloßen Kursgelde nicht ge=
dient; der Staat stellt sich vielmehr mit dem Münzen die höhere Aufgabe einer
festen Währung. Dies haben Hartmann und Goldschmidt a. a. O. näher nachge=
wiesen. Ein ganz anderes Verhältniß ist es, wenn eine Münze in ihrem Ueber=
gange zu einem anderen Münzfuße heruntergesetzt wird, ohne ihren Namen zu ändern.
Dann ist die unter der Herrschaft des alten Münzfußes begründete Schuld nach Ein=
führung des neuen im Verhältnisse zu berichtigen. Denn trotz Gleichheit des Namens
ist die neue Münze eine andere als die alte.

9) Deutsche W.O. Art. 37, H.G.B. Art. 336. Auf eine Geldsortenschuld ist wohl
zu beziehen l. 99 D. de solut. 46, 3. Paulus libro 4 responsorum: Respondit debitorem non esse cogendum in aliam formam nummos accipere, si ex ea re
damnum aliquid passurus sit.

kommt es dem Gläubiger nur auf die bedungene Sorte an, z. B. wegen seines Verkehres mit dem Auslande. Wäre die bedungene Sorte im Verkehre nicht mehr zu haben, so müßte daher die Schuld wegen Unmöglichkeit der Leistung erlöschen.

Es können endlich auch bestimmte einzelne Münzen ge-schuldet sein. Dies ist Schuld einer Species, keine wahre Geldschuld.

### § 27. Alternative Obligationen.[1]

Die Obligationen sind entweder einfache oder alternative.

Alternativobligationen verbinden zur Leistung des einen „oder" des anderen Objektes, z. B. eines Schimmels oder eines Rappens.[2] Die alternativen Schuldobjekte können speciell oder generell sein.

Der Schuldner der Alternativobligationen ist bereits fest gebunden, doch bezüglich des Gegenstandes der Leistung besteht noch ein gewisser Spielraum.[3] Beide Objekte sind — alternativ — Gegenstand der Schuld. Hieraus erklärt sich, daß der Schuldner wegen der schuldhaften Behand-lung eines jeden der Objekte dem Gläubiger haftbar werden kann. Aber zu leisten ist nur eines derselben.[4]

Die Alternativobligation muß nichts über die Wahl bestimmen; sie kann aber die Wahl näher regeln.

---

10) Der Werth ist zu leisten, welchen die Münzsorte zu der Zeit hatte, wo sie gesetzlich zu existiren aufhörte, vgl. Windscheid Bd. 2 § 256 Anm. 31.

1) Vgl. Bernstein, z. L. von dem alternativen Willen Abth. I. 1878, sowie die alternative Obligation im röm. und im modernen Rechte in der Zeitschrift für vergl. Rechtsw. Bd. 2 Nr. 10; Pescatore, die s. g. alternative Obligation 1880. Dort S. 1 die frühere Litteratur, dazu Karlowa in Grünhuts Ztschrft. Bd. 16 S. 431, Ryck, Schuldverh. S. 206.

2) Ueber die Bezeichnung der bezüglichen Obligationen als „alternative" oder, wie Einige vorschlagen, „disjunktive" vgl. Pescatore a. a. O. S. 1.

3) l. 2 § 3 D. de eo quod certo loco 13, 4. Ulpianus libro 27 ad edictum: . . . quid debeat esse in ejus arbitrio, an debeat non esse. et ideo cum quis Stichum aut Pamphilum promittit, eligere posse, quod solvat, quamdiu ambo vivunt: ceterum ubi alter decessit, extingui ejus electionem, ne sit in arbitrio ejus, an debeat, dum non vult vivum praestare, quem solum debet.

4) Vgl. unten Anm. 12. Bernstein, alternativer Wille, stellt die Frage so: ob bei der alternativen Obligation suspensive oder resolutive Pendenz statt-finde, ob es also ungewiß sei, welcher Gegenstand Objekt der Obligation werde oder welcher Objekt derselben bleibe. Aber keine dieser Alternativen ist unseres Erachtens zutreffend. Die Obligation ist mit dem Kontrakte fertig und umfaßt — alternativ beide Schuldobjekte. Im normalen Verlauf behält sie diesen Charakter bis zu ihrer Tilgung; diese geschieht durch Leistung eines der Schuldobjekte. So faßt die Sache auch Paulus libro 10 quaestionum l. 128 D. de verb. obl. 45, 1 . . . utraque res ad obligationem ponitur, non ad solutionem. Vgl. oben § 2, wo nachgewiesen ist, daß der Inhalt der Obligation und derjenige der Erfüllung keines-wegs immer derselbe ist.

1. Hat sie über die Wahl nichts bestimmt, so liegt es in der Hand des Schuldners, welches der Schuldobjekte er leistet.[5][6]

Alternativobligationen solcher Art können zu einfachen werden:

a) durch Vertrag.[7] Die einseitige Erklärung des Schuldners, an den Gläubiger eines der Objekte liefern zu wollen, bindet ihn zwar nicht; hat dieselbe aber den Charakter einer Vertragsofferte, so wird sie natürlich durch die Annahme des Gläubigers zum bindenden Vertrage. Und solche beiderseitige Absicht ist in der Regel dann zu unterstellen, wenn der Schuldner einen Theil des einen Schuldobjektes leistet und der Gläubiger ihn als theilweise Schuldtilgung annimmt.[8]

b) Durch Verzug allein verliert der Schuldner noch nicht das Recht, sich zwischen den Schuldobjekten zu entscheiden. Der Gläubiger muß daher alternativ klagen, der Richter alternativ verurtheilen. Bleibt aber auch das verurtheilende Erkenntniß erfolglos, so darf der Gläubiger seinerseits eines der Schuldobjekte wählen und so die Obligation auf dasselbe koncentriren.[9] Dies ist eine Konsequenz der alternativen Obligation, muß also indirekt als gewollt gelten. Dem Schuldner soll nicht freistehen, durch seine Passivität die Zwangsvollstreckung zu vereiteln, und doch ist diese nicht möglich, so lange es ungewiß ist, was der Gläubiger beitreiben darf.

c) Die alternative Obligation wird endlich zur einfachen durch Untergang des einen der Schuldobjekte oder durch sonstige Unmöglichkeit seiner Leistung. Der Schuldner muß daher das übrig bleibende Objekt liefern.

Geht auch dieses zufälligerweise unter, so wird er frei. Demnach steht das eine Schuldobjekt auf Gefahr des Schuldners, das andere auf Gefahr des Gläubigers.[10]

---

5) l. 138 § 1 D. de verb. obl. 45, 1.

6) Dies gilt auch für Kaufgeschäfte. l. 34 § 6 D. de contr. empt. 18, 1. Paulus libro 33 ad edictum: Si emptio ita facta fuerit: „est mihi emptus Stichus aut Pamphilus", in potestate est venditoris, quem velit dare, sicut in stipulationibus, sed uno mortuo qui superest dandus est; et ideo prioris periculum ad venditorem, posterioris ad emptorem respicit. Vgl. l. 25 pr. D. eod.

7) Im römischen Rechte war dies nur mittelst exceptio pacti de non petendo bezüglich des einen Objektes zu realisiren. l. 27 § 6 D. de pactis 2, 14.

8) Insoweit muß man der Entscheidung der l. 26 § 13 D. de cond. indeb. 12, 6. l. 2 § 1 D. de verb. obl. 45, 1 die Anerkennung versagen. Die Ansichten sind freilich sehr getheilt, siehe einerseits Jhering in seinen Jahrbüchern Bd. 1 S. 31, andererseits Windscheid Bd. 2 § 255 Anm. 9. Ueber die Litteratur der Streitfrage vgl. auch die bei Arndts § 204 Anm. 3 Angeführten.

9) Vgl. l. 11 § 1 D. de leg. II, ferner R.G. Bd. 12 S. 184; dort ist auch die Litteratur über die Frage angeführt.

10) Vgl. die oben Anm. 6 abgedruckte l. 34 § 6 D. de contr. empt. 18, 1. Ist

Jedoch kann sich der Schuldner von der Leistung des übrig ge=
bliebenen Objektes durch Erſatz des Werthes des untergegangenen
befreien, ſofern er nicht deſſen Untergang verſchuldet hat. Sonſt würde
der Zufall, welcher das minder werthvolle Objekt vernichtete, dem Gläu=
biger ſogar Vortheile bringen, was höchſt unbillig und dem Sinne des
Geſchäftes zuwiderlaufend wäre.[11]

Wenn der Untergang des einen Schuldobjektes durch Verſchuldung
des Schuldners geſchah, ſo iſt die Folge zunächſt nur die, daß ſich die
Obligation auf das andere Objekt koncentrirt. Geht dieſes aber durch
Zufall hinterher gleichfalls zu Grunde, ſo hat der Schuldner den Geld=
werth des ſchuldhafterweiſe vernichteten Objektes zu leiſten, denn er hat
durch ſeine Verſchuldung die Lage des Gläubigers kontraktwidrig ver=
ſchlechtert, indem er auf ihn die Gefahr überwälzte.[12]

2. Trifft die Alternativobligation Beſtimmungen über die
Wahl, ſo ſind dieſe natürlich maßgebend. Durch dieſelben kann dem
Schuldner oder dem Gläubiger oder einem Dritten die Wahl anheim=
geſtellt werden.

---

die Leiſtung des einen Schuldobjektes von vornherein unmöglich, ſo iſt die Obligation
von Anfang an eine einfache. l. 128 D. de verb. obl. 45, 1.

11) l. 47 § 3 D. de leg. I. Vgl. l. 95 § 1 D. de ſol. 46, 3. Anders Pesca=
tore S. 201 ff. Ryck, Schuldverh. S. 239.

12) l. 95 § 1 D. de ſol. 46, 3. Papinianus libro 28 quaestionum: Quod si
promissoris fuerit electio, defuncto altero qui superest aeque peti poterit.
enimvero si facto debitoris alter sit mortuus, cum debitoris esset electio,
quamvis interim non alius peti possit, quam qui solvi etiam potest, neque de-
functi offerri aestimatio potest, si forte longe fuit vilior, quoniam id pro peti-
tore in poenam promissoris constitutum est, tamen, si et alter servus postea
sine culpa debitoris moriatur, nullo modo ex stipulatu agi poterit, cum illo
in tempore, quo moriebatur, non commiserit stipulationem. sane quoniam im-
punita non debent esse admissa, doli actio non immerito desiderabitur. Die
Stelle hat ein Janusgeſicht. So konnte man ſie für die entgegengeſetzten Theorien
der Alternativobligationen verwerthen. Bernſtein z. B. v. alternativen Willen, leitet
aus der Verweigerung der Stipulationsklage ab „das kulpos vernichtete Objekt war
nicht in obligatione, das Objekt, das in obligatione war, iſt casu untergegangen“.
Er findet hier das beredteſte Argument dafür, daß nicht etwa beide Objekte in obligatione ſind, vielmehr nur das eine, und zwar derart, daß es noch ungewiß ſei,
welches. Wie aber erklärt er die actio doli? „Papinian ſuche der Gerechtigkeit auf
Koſten der Konſequenz Genüge zu verſchaffen, indem er ſeine Zuflucht zur actio doli
nehme, gewiß ein verzweifeltes Mittel, das noch dazu in den meiſten Fällen verſagen
werde“. Dieſe Auffaſſung wird Papinian nicht gerecht. Die actio doli läßt ſich
nur daraus erklären, daß er annimmt, der Schuldner habe ſeiner Kontraktspflicht zu=
widergehandelt, trotzdem daß eine ſolche nach ſtriktem Recht nicht mehr anerkannt wird.
Wäre der Schuldner nicht nach dem Sinne des Kontrakts auch bezüglich
des von ihm vernichteten Objekts gebunden, ſo würde jeder Grund
fehlen, ihn dem Gläubiger gegenüber wegen ſchlechter Behandlung deſſelben haftbar
zu machen. Man muß daher Windſcheid § 255 Anm. 14 und Pescatore S. 231 bei=
treten, wenn ſie die Entſchädigungspflicht im heutigen Rechte als kontraktliche auffaſſen.
Dies läßt ſich nur aus der Grundidee rechtfertigen, daß beide Objekte in obligatione
ſeien, eines aber in solutione.

Ist dem Gläubiger die Wahl überlassen, so gilt sie in der Regel als Bestandtheil des Gläubigerrechtes, welches mit der Obligation auf jeden Rechtsnachfolger desselben, also auch auf dessen Cessionar übergeht.[13] Ist sie einem Dritten anvertraut, so ist in der Regel die persönliche Entscheidung desselben nothwendig, und für den Vertrag bedingend.[14]

In der Regel ist die vertragsmäßig zugestandene Wahl durch einmalige einseitige, den Betheiligten mitgetheilte Erklärung erledigt.[15] Aber auch das Recht, die Wahl bis zur Erfüllung zu ändern, kann vertragsmäßig zugestanden sein.[16]

Steht dem Gläubiger das Recht der Wahl zu und geräth er damit in Verzug, so kann der Schuldner richtiger Meinung nach eines der Objekte anbieten und sich durch dessen Deposition befreien. Denn es wäre unzulässig und unerträglich, wenn ihm der Gläubiger das Recht, von seiner Schuld loszukommen, verkümmern könnte.[17]

Von den Alternativobligationen verschieden sind Geschäfte, wonach sich der Schuldner von seiner Verpflichtung, das Schuldobjekt zu liefern, durch Angebot eines anderen Objektes befreien, und solche, wonach der Gläubiger statt des Schuldobjektes etwas Anderes fordern darf — s. g. alternative Ermächtigung, facultas alternativa des Schuldners oder des Gläubigers.[18]

---

13) Vgl. hierüber Pescatore a. a. O. S. 239, dem lediglich beizutreten ist.

14) l. 141 § 1 D. de verb. obl. 45, 1. Vgl. Pescatore a. a. O. S. 69.

15) Anders Pescatore a. a. O. S. 251. Aber wem eine Befugniß vertragsmäßig eingeräumt ist, hat sie eben in der Regel nur einmal. Windscheid Bd. 2 § 255 Anm. 9 in seiner Bemerkung gegen mich übersieht, daß ich den Fall, in dem über die Wahl nichts bestimmt ist, von dem unterscheide, in dem der Vertrag die Wahl regelt.

16) Die Römer hatten verschiedene Formeln, je nachdem der Gläubiger ein jus variandi haben sollte oder nicht, l. 112 pr. D. de verb. obl. 45, 1. Pomponius libro 15 ad Quintum Mucium . . . respiciendus erit sermo stipulationis, utrumne talis sit „quem voluero" an „quem volam": nam si talis fuerit quem voluero cum semel elegerit, mutare voluntatem non poterit: si vero tractam habeat sermo illius et sit talis „quem volam", donec judicium dictet, mutandi potestatem habebit. Hiervon ist im heutigen Rechte kein Gebrauch zu machen.

17) Die entgegengesetzte Ansicht vertheidigen Windscheid Bd. 2 § 346 Anm. 10 und Pescatore S. 256, wo auch die Litteratur der Frage angeführt ist. Anders auch R.G. Bd. 30 S. 99.

18) Vgl. Regelsberger in Jherings Jahrbüchern Bd. 16 n. 3.

## Drittes Kapitel.

## Befondere Leiftungen.

### I. Die Zinfen.

#### § 28. Die Zinfenpflicht im Allgemeinen.[1]

1. Zins[2] ift die Seitens des Schuldners eines in Geld oder in fonftigen Umlaufsmitteln beftehenden Kapitals[3] zu entrichtende Abgabe in Geld oder anderen Fungibilien,[4] welche neben der Kapitalfchuld gefchuldet und, während ihres Beftehens fortlaufend, deren Einkommen bildet.

Zinfen werden nach Procenten — Hundertheilen — des Kapitals berechnet und zwar für gewiffe Zeitabfchnitte. Die Römer legten den Monat zu Grunde, die Neueren berechnen den Zins nach Jahren.[5]

---

1) Tit. Dig. de usuris 22, 1. Cod. 4, 32. — Glück Bd. 21 S. 1 ff; Bangerow Bd. 1 S. 111 ff. Randa, die L. v. d. Zinfen 1869, Schey, Obligationsverhältniffe Bd. 1 S. 129. Petražycki Einkommen Bd. 2.

2) Gegen die herrfchende, auch in unferen früheren Auflagen aufgenommene Definition, wonach Zinfen „Vergütung" für die Benutung eines Kapitals von Geld oder Fungibilien bilden, vgl. Petražycki Bd. 2 § 25.

3) Die herrfchende Anficht erkennt Zinfen nur im Fall einer Kapitalfchuld von „Geld" oder „Fungibilien" an. Aber Petražycki a. a. O. § 20 macht mit Recht auf l. 3 § 4 D. de usuris 22, 1 l'apinianus libro 20 quaestionum aufmerkfam: Si auro vel argento facto per fideicommissum relicto mora intervenerit, an usurarum aestimatio facienda sit, tractari solet. plane si materiam istam ideo relinquit, ut ea distracta pecuniaque refecta fideicommissa solverentur aut alimenta praestarentur, non oportere frustrationem impunitam esse responderi oportet: quod si forte ideo relinquit, ut his vasis uteretur, non sine rubore desiderabuntur usurae, ideoque non exigentur. Zinfen des Geldwerthes vermachter goldener Gefäße können alfo gefchuldet werden! da ift denn auch l. 25 C. h. t. 4, 32 Constantinus ad populum nicht befremdlich: Pro auro et argento et veste facto chirographo licitas solvi vel promitti usuras jussimus. Es ift nicht nöthig mit Jhering Jahrb. Bd. 12 S. 334 ftatt „et veste" zu lefen „recte". Der Wucherer hat dem Kapitalbedürftigen nicht „Geld", fondern „Kleider" gegeben, fo daß er nach einem Jahr „gleichartige Kleider" und 100 in Geld zurückzugeben hat. Ueberfteigt diefe Summe den gefetlichen Zinsfuß des Werthes jener Kleider, fo ift das Verfprechen infoweit ungültig. Ausdrücklich muß nicht ausgemacht fein, daß die Kleider zur Veräußerung behufs Gewinnung der Darlehensvaluta gegeben werden. Es ift aber auch namentlich nicht erforderlich, daß die Kleider, wie die Gloffe unterftellt, äftimirt waren.

4) Getreidezinfen erwähnt l. 11 und l. 16 C. h. t. 4, 32.

5) Die Rechnungseinheit war in Rom ein Procent für den Monat — usurae centesimae = 12 Procent für das Jahr. Geringere Zinfen wurden als Bruchtheile der usurae centesimae bezeichnet, wobei nach der in Rom üblichen Rechnungsweife der „as" die Einheit und 12 „unciae" die Brüche darftellten. Was alfo die

6*

Renten unterscheiden sich von Zinsen dadurch, daß sie nicht, wie Zinsen neben einem Kapital geschuldet sind, Dividenden z. B. von Aktien dadurch, daß sie Antheile vom Reingewinn bilden, welche nur beansprucht werden können, wenn ein solcher vorhanden ist, während Zinsen eine Abgabe des Schuldners bilden, welche davon unabhängig ist, ob das geschuldete Kapital Gewinn abwirft.⁶

S. g. Amortisationsquoten sind keine Zinsen, da sie die allmählige Rückzahlung des Kapitals bezwecken.

Natürlich kann sich der Gläubiger für die Ueberlassung eines Kapitales anstatt oder neben den Zinsen Vortheile anderer Art ausbedingen. Dahin gehören z. B. Zuschläge zum Kapital bei seiner Rückzahlung. Auch Vergütung durch Ueberlassung von Sachen des Schuldners zum Gebrauche oder durch Dienste kommt vor. Solche Leistungen sind keine Zinsen. Aber sie theilen in mancher Beziehung die Natur der Zinsen. Insbesondere sind sie bei der Frage wucherischer Ausbeutung des Schuldners in Betracht zu ziehen.

2. Die Zinsen bilden mit der Kapitalschuld einen Schuldkomplex. Demgemäß braucht der Gläubiger die Zahlung des Kapitales nicht anzunehmen, wenn ihm nicht zugleich die rückständigen Zinsen angeboten werden.⁷ Es ist ferner das Verfallen der Zinsen von dem Stehenbleiben des Kapitales abhängig, so daß sie zu laufen aufhören, wenn dasselbe nicht mehr geschuldet wird.⁸ Deshalb bezeichnet man die Zinsenpflicht als eine accessorische. Die einmal verfallenen Zinsen aber sind selbständige Verpflichtungen. Sie überdauern daher den Untergang der Hauptschuld,⁹ sie sind auch besonders durch Klage verfolgbar.¹⁰

---

Römer usurae semisses nannten, entspricht unseren 6% per Jahr, was quincunces unseren 5%, was trientes 4% und besses 8% u. s. w. — Da die Zinsen in Rom regelmäßig an den Kalenden des Monats fällig wurden, hießen die Bücher über zinstragende Ausstände calendaria. Vgl. Hecht, röm. Kalendarienbücher 1868.

6) S. g. Bauzinsen bei Aktiengesellschaften sind Rückzahlungen aus dem Kapitale, welche während der Zeit der Vorbereitung des Unternehmens den Aktionären an Stelle von Zinsen vergütet werden.

7) l. 41 § 1 D. h. t. 22, 1 R.O.H.G. Bd. 25 S. 256.

8) l. 7 D. h. t. 22, 1, l. 16, l. 19 C. h. t. 4, 32.

9) Ist die Hauptforderung verjährt, so können auch Nebenforderungen, insbesondere auf Zinsen und Früchte, nicht mehr eingeklagt werden, auch wenn sie an sich, weil ihr Fälligkeitstermin ein jüngerer ist, noch nicht verjährt wären. Dies beruht auf Zweckmäßigkeitsgründen, die schwer in das Gewicht fallen. Sonst müßte nämlich um der Zinsen oder anderer Nebeneinkünfte willen noch die Frage der Kapitalschuld trotz ihrer Verjährung zur Erörterung kommen, l. 26 pr. C. h. t. 4, 32.

10) Siehe § 29.

### § 29. Vertragsmäßige und gesetzliche Zinsen.

I. Das Bestehen einer Kapitalschuld zieht an sich eine Zinsenpflicht nicht nach sich. Diese bedarf vielmehr eines besonderen Grundes.

In Rom wurden Zinsen zugesprochen theils auf Grund von Zinsstipulationen, theils in Folge des richterlichen Amtes — officio judicis — als Zubehör der Kapitalschuld.

Die Neueren unterscheiden anstatt dessen vertragsmäßige und gesetzliche Zinsen, eine Eintheilung, welche sich an die römische Unterscheidung anlehnt, aber keineswegs mit ihr zusammenfällt.

1. Zinsverträge — in Rom nur im Falle der Stipulation selbständig klagbar [1] — werden gemeinrechtlich formlos geschlossen. [2]

Es bedarf der Einigung, wie über alle sonstigen wesentlichen Punkte so auch über den Zinsfuß. Es genügt aber gemäß der allgemeinen Grundsätze, daß die Elemente für dessen Bestimmung vertragsmäßig festgestellt sind, z. B. durch Beziehung auf den marktgängigen Zinsfuß. [3]

Nicht unumgänglich ist die Feststellung des Fälligkeitstermins. In Ermangelung besonderer Vereinbarung hierüber werden die Zinsen selbstverständlich mit dem wiederkehrenden Jahrestag der Schuldbegründung fällig. [4]

Zinsen sind erst mit Ablauf des Zinstermins zahlbar, sofern nichts Anderes vereinbart ist.

2. Bezüglich der gesetzlichen Zinsen sind zu unterscheiden Restitutionsansprüche und Leistungsansprüche. [5] [6]

---

1) l. 24 D. de praescriptis verbis 19, 5, l. 40 D. de rebus creditis 12, 1 — „l. lecta est" — l. 5 § 2 D. de solut. 46, 3.

2) Soweit einseitige Versprechen rechtsbeständig sind, können durch sie auch Zinsen versprochen werden, l. 10 D. de pollic. 50, 12, ebenso können Vermächtnisse die Verpflichtungen zu Zinsen auflegen, l. 3 § 6 D. de annuis legatis 33, 1. Wenn man also von vertragsmäßigen oder Konventionalzinsen zu sprechen pflegt, so geschieht dies nur a fortiori.

3) l. 41 § 2 D. de usuris 22, 1. Ist über die Höhe der Zinsen nichts bestimmt, so fragt es sich, ob die Betheiligten stillschweigend auf landesübliche Zinsen Bezug nehmen oder ob der Zinsvertrag noch unvollständig ist. In letzterem Falle sind keine Zinsen geschuldet. Anders Windscheid Bd. 2 § 260 Anm. 5. Vgl. aber Petražycki a. a. O. Bd. 2 § 24.

4) Vgl. auch oben § 28 Anm. 5 a. Ende. — Zahlung von Zinsen längere Zeit hindurch kann den Schluß auf ein Einverständniß der Betheiligten über Verzinsung der Schuld begründen, l. 6 pr. D. h. t. 22, 1. Eine Ersitzung des Zinsenrechtes liegt hierin nicht, wie Aeltere vermeinten. Ist doch dem römischen Rechte der Besitz eines Rechtes auf Zinsen, welcher die Vorbedingung der Ersitzung wäre, völlig fremd.

5) Vgl. oben § 23 Ziff. IV.

6) Die herrschende, auch in unseren früheren Auflagen vertretene Meinung geht dahin, daß s. g. gesetzliche Zinsen nur von Geldschulden geschuldet werden, dies ist unrichtig, wie Petražycki a. a. O. dargethan hat. Vgl. die oben § 28 Anm. 3 abgedruckte l. 3 § 4 D. de usuris 22, 1.

a. Die Erstattung von Zinsen gehört primär zum Inhalt der Verpflichtung bei den Restitutionsansprüchen z. B. in Folge einer Geschäftsführung oder unrechtmäßigen Habens.

Der Schuldner hat also hier behufs vollständiger Restitution vor Allem zu erstatten Zinsen, welche er aus dem fremden Kapital gewonnen hat,[7] ferner aber Zinsen, welche er aus demselben pflichtmäßig für den Gläubiger hätte ziehen sollen,[8] endlich schuldet er für den Eigengebrauch des fremden Kapitals Zinsen — s. g. fingirte.[9]

Nicht minder hat, wer Verwendungen aus seinem Vermögen für fremde Zwecke machte, welche ihm zu erstatten sind, Zinsen der von ihm ausgelegten Gelder, sowie des Geldwerths zu fremdem Vortheil verwendeter Materialien — „Verwendungszinsen" — zu beanspruchen, weil ihm sonst vollständiger Ersatz nicht zu Theil würde.[10]

b. Bei Leistungsansprüchen dagegen entsteht eine Zinsverpflichtung, sofern solche nicht vereinbart war, nur sekundär, wenn besondere Thatsachen eintreten, welche die ursprüngliche Verpflichtung steigern.

Eine solche Thatsache ist vor allem Verzug des Schuldners. Da der Gläubiger in Folge desselben Anspruch auf Vergütung seines Interesses, insbesondere auch des nach dem Verzug entgangenen Gewinnes hat, so darf er als Betrag desselben landesübliche Zinsen liquidiren.[11]

Nach der Praxis kann der Gläubiger auch Prozeßzinsen vom Schuldner seit der Klageerhebung beanspruchen, wie wenn derselbe in Verzug wäre.[12]

Ein besonderes Vorrecht der Minderjährigen ist ferner, daß von der

---

7) l. 27 § 1 D. de min. 4, 4, l. 18 § 4 D. de neg. gest. 3, 5, l. 6 § 1 D. de pign. a. 13, 7, l. 10 § 3 D. mandati 17, 1 Petražycki a. a. O. § 12.

8) l. 24 C. de usuris 4, 32, l. 58 § 1 D. de adm. tut. 26, 7, l. 27 § 1 D. de min. 4, 4, Petražycki a. a. O. § 14.

9) l. 10 § 3 D. mandati 17, 1, l. 28 D. depositi 16, 3, Petražycki a. a. O. § 18.

10) l. 12 § 9 D. mand. 17, 1, l. 67 § 2 D. pro socio 17, 2; l. 18 § 4 D. de neg. gest. 3, 5, l. 3 § 1 D. de contr. tut. act. 27, 4, Petražycki a. a. O. § 16.

11) Petražycki a. a. O. § 15. Die Verzugszinsen bildeten sich bei den bonae fidei judicia l. 2 C. depositi 4, 34. Sie wurden weiter bei Vermächtnissen anerkannt l. 34 D. h t. 22, 1; Gaj. Inst. II § 280. Nach heutigem Recht sind Verzugszinsen auch bei Darlehnsschulden und sonstigen Geschäften, welche in Rom nur Klagen stricti juris erzeugten, geschuldet, nicht aber bei Schenkungsversprechen l. 22 D. de don. 39, 5, Strafforderungen l. 9 D. de mag. conv. 27, 8, l. 1 C. de fisc. usuris 10, 8, sowie Zinsforderungen, da Zins aus Zins nicht gewährt wird. Vergl. § 30 a. E.

12) Ueber die Verbindlichkeit zur Leistung von Prozeßzinsen siehe oben Bd. 1 § 154 Anm. 18. In den Fällen, in welchen Verzugszinsen ausgeschlossen sind, fallen auch Prozeßzinsen weg. — Nach justinianischem Rechte hörte mit dem rechtskräftigen Urtheile der Zinsenlauf zunächst auf, es liefen aber nach einem 4monatlichen Zeitraum 12% l. 1 ff. C. de usuris rei judicatae 7, 54. Dies ist nicht gemeinrechtlich. Savigny Bd. 6 S. 412 und dort Citirte. Einführungsgesetz zur C.P.O. § 14 Ziff. 4.

Fälligkeit ihrer Forderungen an Zinsen geschuldet werden, auch wenn der Vormund die Mahnung unterläßt.[13] Gleiches gilt vom Fiskus.[14] [15]

c. Auf eigenartigem Grunde beruht es, daß der Käufer den rückständigen fälligen Kaufpreis von der Zeit an verzinsen muß, in welchem ihm die Kaufsache übergeben ist. Er soll nicht ohne Entgelt die volle Nutzung der Kaufsache haben und den Kaufpreis für sich nutzen.[16]

II. Im römischen Rechte war der Unterschied zwischen Stipulationszinsen und Zinsen anderer Art von wesentlichem Einflusse auf deren gerichtliche Geltendmachung.

1. Für die auf Zinsstipulationen beruhenden Zinsen bestanden besondere Klagen. Dieselben konnten vor, mit oder nach der Klage aus der Hauptschuld angestellt werden. Das Klagerecht auf rückständige Vertragszinsen wurde daher durch die Annahme der Zahlung des Kapitales wie auch durch sonstige Tilgung der Hauptschuld nicht berührt.

2. Für Zinsen anderer Art fehlte die besondere Klage; sie wurden nur bei Gelegenheit der Hauptklage vom Richter zuerkannt. Sie waren daher dann nicht mehr beitreibbar, wenn die Hauptschuld vollständig getilgt war, insbesondere durch Annahme der Zahlung.[17]

Ist dies noch praktischen Rechtens? Dies nimmt die herrschende Theorie an. Sie sieht in der Verweigerung einer besonderen Klage auf gesetzliche Zinsen eine Folge ihrer Natur; denn sie bilden, meint man, eine bloße Eigenschaft der Hauptschuld, so daß sie deren Untergang nicht überdauern können. In Wahrheit handelt es sich aber um An-

---

13) l. 87 § 1 D. de leg. II. l. 3 C. in quibus causis in integrum 2, 40. Es ist bestritten, ob eine wahre mora des Schuldners des Minderjährigen von der Fälligkeit der Schuld an „ex re" anzunehmen ist. Vgl. unten § 41 Anm. 7.

14) Vgl. oben Bd. 1 § 60 Anm. 5.

15) Nach H.G.B. Art. 289 dürfen Kaufleute unter einander in beiderseitigen Handelsgeschäften ohne Verabredung oder Mahnung Zinsen von der Fälligkeit an berechnen.

16) l. 13 §§ 20 und 21 D. de a. e. v. 19, 1. l. 18 § 1 D. h. t. 22, 1. l. 2 C. h. t. 4, 32.

17) l. 24 D. depositi 16, 3. Papinianus libro 9 quaestionum ... est quidem constitutum in bonae fidei judiciis, quod ad usuras attinet ut tantundem possit officium arbitri quantum stipulatio. l. 6 D. de neg. gest. 3, 5. In gleichem Sinne sagt Paulus libro 5 responsorum l. 54 pr. D. locati 19, 2 ... usurae in bonae fidei judiciis etsi non tam ex obligatione proficiscantur. quam ex officio judicis applicentur. Eine besondere Klage auf solche Zinsen bestand nicht, l. 4 C. depositi 4, 34, Imp. Gordianus .. non enim duae sunt actiones, alia sortis, alia usurarum: sed una, ex qua condemnatione facta iterata actio rei judicatae exceptione repellitur vgl. l. 3 C. de usuris 4, 32. Eine große Milderung zeigt sich in l. 23 D. de exc. rei jud. 44, 2. Aber wiederum die strengste Konsequenz zieht die l. 49 § 1 D. de a. e. v. 19, 1. Hermogenianus libro 2 juris epitomarum: Pretii, sorte licet post moram soluta, usurae peti non possunt, cum hae non sint in obligatione, sed officio judicis praestentur.

sprüche, die wenigstens zum größeren Theile in der Gerechtigkeit und allgemeinen Grundsätzen des Rechtes eine selbständige Wurzel haben, denn sie bezwecken Schadensersatz wegen Verschuldung oder Ausgleichung ungerechtfertigter Bereicherung. Daher gestehen selbst die Anhänger der herrschenden Theorie zu, daß sich der Gläubiger im Falle der Zahlung der Kapitalschuld durch einseitigen Vorbehalt die ihm geschuldeten gesetzlichen Zinsen erhalten könne.[18] Damit widersprechen sie sich aber selbst. Denn was begrifflich mit dem Untergang der Kapitalschuld erlöschen muß, kann ein einseitiger Vorbehalt nicht konserviren.

Nach unserer Ansicht beruht es nicht auf inneren Gründen, sondern auf einer historischen Zufälligkeit, daß in Rom gesetzliche Zinsen nur durch das richterliche officium bei Gelegenheit der Hauptklage zugesprochen wurden. Diesem Entwickelungsstadium sind die gesetzlichen Zinsen späterhin entwachsen. Denn allgemeiner Grundsatz ist geworden, daß jedes Recht den Schutz der Klage hat; nur aus besonderen Gründen erleidet dies Ausnahmen. Solche Gründe sind für gesetzliche Zinsen nicht nachweisbar.[19]

Auf die Einlegung eines besonderen Vorbehaltes des Gläubigers bei Tilgung der Kapitalschuld ist hiernach kein Gewicht zu legen. Dies zur Bedingung zu machen, hieße nur, dem mit rechtlichen Kautelen vertrauten Gläubiger einen ungerechtfertigten Vorzug vor dem minder gewitzigten geben.

### § 30.  Die Höhe der Zinsen.

I. Gesetzliche Zinsen werden in der Regel nach dem landesüblichen Zinsfuß bemessen, unvorgreiflich des Beweises, daß im gegebenen Falle geringere oder höhere Zinsen nach der besonderen Lage zu entrichten sind.[1]

Der landesübliche Zinsfuß ist gemeinrechtlich auf 5% festgestellt.[2][3]

18) Die Wirksamkeit eines solchen Vorbehaltes erkennt u. A. Windscheid Bd. 2 § 259 an.

19) Uebereinstimmend ist u. A. Carus, die Klagbarkeit gesetzlicher Zinsen 1876. sowie Ruhstrat im Archiv für civ. Praxis Bd. 65 n. 9. Dort findet sich die Litteratur. Carus und Ruhstrat suchen jedoch die römischen Entscheidungen umzudeuten, um so denjenigen Sätzen freie Bahn zu machen, die dem jetzigen Rechtsbewußtsein und der Zweckmäßigkeit entsprechen. Dies halte ich nicht für richtig. Die hier vertretene Ansicht theilen im Resultate auch die Reichsgerichte: R.O.H.G. Bd. 9 S. 231 und R.G. Bd. 1 S. 351. In Betracht kann auch für dieselbe kommen: Einführungsgesetz zur C.P.O. § 14 Nr. 5.

1) Vgl. die oben § 29 Anm. 7—11 angeführten Stellen, Petražycki a. a. O. §§ 12—16.

2) Reichsdeputationsabschied von 1600 § 139. Anders Windscheid Bd. 2 § 260 Anm. 5. Vgl. aber Behrend in Savignyzeitschrift germ. Abth. Bd. 1 S. 85.

3) In Handelssachen ist die Höhe der gesetzlichen Zinsen 6%, H.G.B. Art. 287. Das Gleiche ist bei Verzugszinsen aus Wechselschulden anzunehmen, R.O.H.G. Bd. 1

II. Das Maß der Vertragszinsen bestimmt der Vertrag; doch ist die Vertragsfreiheit bezüglich der Zinsen keine unbeschränkte.

A. Die Römer kannten seit Alters ein Zinsmaximum. Dasselbe betrug in der klassischen Kaiserzeit 12%, im justinianischen Rechte für die Regel 6%, bei Kaufleuten 8%.[4]

Das kanonische Recht verbot das Zinsennehmen schlecht=hin.[5] Ihm mußte man sich im Mittelalter fügen, doch wurde hierdurch nur erreicht, daß die Kreditgeschäfte in andere Formen gedrängt wurden, insbesondere in die des Rentenkaufes. Nach der Reception des römischen Rechtes gestattete man in Deutschland das Nehmen von Zinsen bis zum Höchstbetrage von 5%.[6]

Zinsverträge, welche diesen Maximalsatz überschritten, waren bis zu dessen Belaufe gültig, darüber hinaus aber nichtig.

Das Bundesgesetz vom 14. November 1867 hob aber das Zins=maximum auf. Es verstattete dagegen dem Schuldner, welcher mehr als 6 "₀ versprochen hat, halbjährige Kündigung der Schuld nach Ablauf eines halben Jahres vom Geschäftsschlusse an.

B. Wollte man von einem allgemeinen Zinsmaximum absehen, so mußte man dem Wucher im einzelnen Falle zu begegnen suchen. Das ist jetzt durch die Reichsgesetze vom 24. Mai 1880 und 19. Juni 1893 geschehen.[7]

C. Eine besondere Gefahr für die Wirthschaft der Einzelnen und des Volkes liegt darin, daß verfallene Zinsen stehen bleiben und schließlich so anschwellen, daß der Schuldner ihrer nicht mehr Herr werden kann. Hiergegen sollten folgende Bestimmungen des römischen Rechtes schützen, die ihre Geltung behalten haben:

1. Konventionalzinsen laufen nicht weiter, wenn ihre Rückstände auf den Betrag der Hauptschuld angewachsen sind.[8]

---

S. 251. Der Fiskus berechnete sich in Rom 6%, l. 17 § 6 D. h. t. 22, 1. Dies ist nicht praktisch. Nach l. 37 D. de neg. gest. 3, 5 gilt der Satz „ubi quis ejus pecuniam cujus tutelam negotiave administrat, aut magistratus municipii publicam in usus suos convertit, maximas usuras praestat, also ursprünglich 12"₀, im justinianischen Rechte 6%. Vgl. Dernburg, Pfandrecht Bd. 2 S. 221. In einigen Fällen betragen die gesetzlichen Zinsen nur 4%, siehe Arndts § 208 Anm. 2.

4) l. 26 § 1 ff. C. h. t. 4, 32 a. 528.

5) Tit. X de usuris 5, 19; in 6 to 5, 5; Clem. 5, 5. Funk, Geschichte des kirchlichen Zinsverbotes 1876.

6) Neumann, Geschichte des Wuchers in Deutschland 1865. Stobbe, P.R. Bd. 3 S. 296. Jüngster Reichsabschied von 1654 § 174.

7) Vgl. oben § 16 a.

8) l. 26 § 1 D. de cond. indebiti 12, 6, l. 10, l. 27 § 1 C. h. t. 4, 32. Die nov. 121 cap. 2 und nov. 139, desgleichen nov. 160 verordneten, daß auch die

2. Verzinsung rückständiger Zinsen — anatocismus — findet nicht statt.[9] Dies gilt auch für gesetzliche Zinsen. Verträge, durch welche Zinsen von Zinsen bedungen werden, sind daher nichtig.[10]

Das auf die gesetzlich verbotenen Zinsen Gezahlte mindert die Schuld des Zinspflichtigen. Wenn das Gezahlte den Betrag seiner Schuld übersteigt, ist es zurückzuerstatten.[11] [12]

## II. Die Alimentationspflicht.[1]

### § 31. Unmittelbare und mittelbare Alimente.

I. Der Anspruch auf Alimentation — Unterhalt — geht auf Gewährung des zum Leben des Alimentenberechtigten Erforderlichen. Der-

---

bereits gezahlten Zinsen in das duplum einzurechnen seien, eine Vorschrift, deren Verkehrtheit offensichtlich ist. Diese Novellen sind nicht glossirt. Die meist neben ihnen noch angeführten l. 29 und l. 30 C. h. t. 4, 32 existiren nicht. Es handelt sich bei ihnen um Inhaltsangaben der Novellen, welche die Herausgeber in den Codex einfügten, vgl. Krüger in seinem und Mommsens corpus juris vol. II. p. V. Uebrigens siehe über das Verbot W. Sell in seinen Jahrbüchern Bd. 1 n. 2 und Pfeiffer, praktische Ausführungen Bd. 7 S. 42. — Nach H.G.B. Art. 293 gilt die Beschränkung bei Handelsgeschäften nicht. Das Gesetz vom 14. November 1867 erhält sie nicht ausdrücklich, hebt sie aber auch nicht auf.

9) l. 26 § 1 D. de cond. indebiti 12, 6, l. 27 D. de re jud. 42, 1. Selbst wenn die Zinsen durch Vertrag in eine Kapitalschuld verwandelt werden, soll nach Justinians Gebot deren Verzinsung unzulässig sein, l. 28 C. h. t. 4, 32. Dies ist praktisch kaum durchzusetzen, weil Zahlung des Zinses und Rückgabe als Darlehen möglich ist. Daher beanstandete man die Bestimmung Justinians, vgl. Glück Bd. 21 S. 123, Windscheid § 261 Anm. 2 und dort Citirte. H.G.B. Art. 291 gestattet für Zinsen, die in Kontokurrentabschlüssen enthalten sind, die Verzinslichkeit, vgl. hierzu R.O.H.G. Bd. 11 S. 140 über Kontokurrent zwischen Kaufmann und Nichtkaufmann. Wer freilich als Geschäftsführer Zinsen, welche dem Geschäftsherrn gebühren, einkassirte, hat dieselben zu verzinsen, wenn er sie zu eigenem Nutzen verbrauchte l. 10 § 3 D. mandati 17, 1 . . . denique Papinianus ait etiam si usuras exegerit procurator et in usus suos convertit, usuras eum praestare debere. Sie bilden im Verhältniß des Geschäftsführers zum Geschäftsherrn Kapital l. 58 §§ 1 und 4 D. de adm. tut. 26, 7.

10) l. 29 D. h. t. 22, 1. Marcianus libro 14 institutionum: Placuit, sive supra statutum modum quis usuras stipulatus fuerit sive usurarum usuras: quod illicite adjectum est, pro non adjecto haberi et licitas peti posse.

11) l. 26 pr. D. de conditione indebiti 12, 6, l. 18 C. h. t. 4, 32. Vgl. Pauli sent. II. 14, 2: Usurae supra centesimam solutae sortem minuunt: consumpta sorte repeti possunt, außerdem den problematischen § 4 eod.

12) Zinscoupons, welche als Inhaberpapiere mit Inhaberpapieren ausgegeben werden, behalten ihre Natur als Zinsscheine. Allerdings bringt es ihre Eigenschaft als Inhaberpapiere mit sich, daß sie dem gutgläubigen Inhaber auch dann zu berichtigen sind, wenn die Kapitalschuld nicht existirte oder bereits getilgt ist. Dagegen können, da sie sich als Zinsen ankündigen, ihretwegen Verzugszinsen nicht beansprucht werden. R.O.H.G. Bd. 10 S. 213, Bd. 24 S. 389.

1) Büngner, zur Theorie und Praxis der Alimentationspflicht 1876, Schanze, zur Lehre vom Alimentationsanspruch im Archiv für civ. Praxis Bd. 69 n. 5.

selbe kann sich auf das nackte Leben, also auf das zum Unterhalte
schlechthin Nothwendige beschränken — nothdürftige Alimente,
f. g. alimenta naturalia. Wo aber eine solche Beschränkung nicht
vorgesehen ist, steht dem Berechtigten alles zu, was zum standes=
gemäßen Leben nothwendig ist, f. g. alimenta civilia. Was hierzu
gehört, ist nach den jeweiligen Umständen zu bemessen. Hiernach ist
vor allem zu leisten, was die körperliche Existenz fordert, Nahrung,
Kleidung, Wohnung und Feuerung, sowie im Bedürfnißfalle Arznei=
mittel, nicht minder aber, was zur Erziehung und zur Pflege des Geistes
nöthig ist.[2]

Das Recht auf Alimente kann durch Vertrag, Vermächtniß, Gesetz
oder richterliches Urtheil entstehen.

II. Es sind unmittelbare und mittelbare Alimentationsansprüche zu
unterscheiden.[3]

1. Der unmittelbare Alimentationsanspruch verpflichtet
direkt zur Erhaltung des Berechtigten. Solcher Art ist
unter anderem die gesetzliche Alimentationspflicht von Ascendenten und
Descendenten gegeneinander. Die Erfüllung der direkten Alimentations=
pflicht kann zwar durch das Mittel einer Geldleistung geschehen, aber
nur unter der Voraussetzung, daß der Zweck der Alimentation hier=
durch erreicht wird. Geht also z. B. das vom Vater seinem Sohne
behufs Beschaffung des Unterhaltes gesendete Geld bei demselben ohne
dessen dolus oder culpa lata zu Grunde, so hat der Sohn Anrecht
auf neue Alimentation. Andererseits kann die Nachzahlung der Ali=
mente für die Vergangenheit nicht beansprucht werden; denn für diese
ist nicht mehr zu sorgen — in praeteritum non vivitur, sagt ein
alter Spruch. Es kann aber der Alimentenpflichtige wegen der Nicht=
gewährung der schuldigen Alimente Schadenersatz zu leisten haben,
ferner Dritten, welche die Alimente oder die Mittel zu denselben vor=

2) In l. 6 D. de alimentis legatis 34, 1 führt Javolenus libro 2 ex Cassio
aus: Legatis alimentis cibaria et vestitus et habitatio debebitur, quia sine his
ali corpus non potest: cetera quae ad disciplinam pertinent legato non con-
tinentur. Daß der Römer der Feuerung nicht erwähnt, ist nicht zu verwundern,
wohl aber daß man in Deutschland durchgängig, ihm blind nachschreibend, bei Auf=
zählung der einzelnen Bedürfnisse der Feuerung gar nicht zu gedenken pflegt! Wenn
ferner in Rom Erziehungskosten nicht zu den Alimenten gerechnet werden — so auch
l. 6 § 5 D. de Carb. edicto 37, 10, l. 4 D. ubi pupillus 27, 2 —, so beweist
dies sicher nicht, daß das Gleiche auch unter den ganz verschiedenen deutschen Ver=
hältnissen der Fall ist. Uns gilt vielmehr: der Mensch lebt nicht vom Brode allein.
Vgl. Mandry, Familiengüterrecht Bd. 1 S. 258. Richtig auch Entwurf des bürger=
lichen Gesetzbuchs v. 1888 § 1488.

3) Diese Unterscheidung hat namentlich Schanze a. a. O. in gelungener Weise
entwickelt. Er spricht übrigens von „eigentlicher“ und „uneigentlicher“ Alimentation.
Die erstere gehe auf ein „facere“, die zweite auf ein „dare“.

schossen, mit der actio negotiorum gestorum zur Erstattung ver=
pflichtet sein.

2. Die mittelbare Alimentation besteht in fest be=
stimmten Gewährungen, meist von Geld, zum Zwecke des Unter=
haltes des Berechtigten. Der Verpflichtete ist hier nie verbunden,
Anderes oder mehr als das behufs der Alimentation Ausgeworfene zu
leisten. Von solchen Verbindlichkeiten sind die Rückstände nachzuzahlen.

III. Die Alimentenansprüche beider Kategorien sind besonders be=
günstigt:

a) Vergleiche über noch nicht fällige Alimente bedürfen gerichtlicher
Bestätigung.[4]

b) Gesetzliche Alimentenforderungen können von Dritten nicht be=
hufs Zwangsvollstreckung gepfändet werden.[5]

---

## Viertes Kapitel.

### Ort und Zeit der Erfüllung.

#### § 32. Der Erfüllungsort.[1]

Der Erfüllungsort ist da, wo die geschuldete Leistung
vorzunehmen und vom Gläubiger entgegenzu=
nehmen ist.

Er kann fixirt oder offen gelassen sein.

1. Unter Umständen ergiebt der Gegenstand des Geschäftes zwingend
einen bestimmten Erfüllungsort; z. B. wenn die Uebergabe oder die Be=
arbeitung eines gewissen Grundstückes versprochen ist. In anderen Fällen
bestimmt er ihn wenigstens vermuthungsweise. Die Verpflichtung zur

---

4) Mark Aurel schrieb durch eine Oratio die Nothwendigkeit prätorischer Ge=
nehmigung zu Verträgen über noch nicht fällige vermachte Alimente vor. Auf andere,
insbesondere auf unter Lebenden aus Liberalität zugewendete Alimente bezog sich dies
nicht, l. 8 pr. § 2 D. de transactionibus 2, 15. In der l. 8 C. de transact. 2.
4 erklärt aber Gordian Vereinbarungen über künftige Alimente ohne prätorische Ge=
nehmigung schlechthin für ungültig. Und hiernach bezieht die gemeinrechtliche Praxis
die Bestimmung auf alle, mindestens aber auch auf gesetzliche Alimente. Vgl. R.G.
Bd. 4 S. 209.

5) C.P.O. § 749 Ziff. 2. Ueber andere Eigenthümlichkeiten der Alimenten=
schulden vgl. Schanze a. a. O. S. 241.

1) Reatz, die Lehre vom Erfüllungsorte 1862, Schulin, zur L. vom Erfüllungs=
orte und vom Gerichtsstande der Obligation 1879, Johannes Leopold Burchard, z. L.
vom Erfüllungsorte 1880. G. Melchior, über den Erfüllungsort bei Obligations=
verhältnissen, insbes. bei Distanceverkäufen. Gött. Inaug.=Diss. 1892.

Lieferung oder Herausgabe einer bestimmten beweglichen Sache insbesondere ist in der Regel da zu erfüllen, wo sich die Sache ohne Verschuldung des Schuldners gerade befindet.[2] [3]

Zuweilen entscheiden die Usancen, denen sich die Betheiligten beim Vertragsschlusse stillschweigend unterwerfen.

Der Ort kann endlich ausdrücklich durch Vereinbarung festgestellt sein, z. B. „1000 zahlbar in Berlin".[4] [5]

2. Ist der Erfüllungsort nicht fixirt, so kann der Schuldner an jedem nicht unpassenden Orte leisten, also namentlich an seinem Wohnorte. Findet sich der Gläubiger auf Auffordern des Schuldners an dem von diesem erwählten tauglichen Leistungsorte nicht ein, so kommt er in Verzug.

Der Gläubiger seinerseits kann den Erfüllungsort, wenn der Schuldner nicht leistet, in Gestalt des Klageortes dadurch fixiren, daß er in einem Gerichtsstande des Schuldners Klage erhebt.[6]

---

2) l. 12 § 1 D. depositi 16, 3. Pomponius libro 22 ad Sabinum: Depositum eo loco restitui debet, in quo sine dolo malo ejus est, apud quem depositum est: ubi vero depositum est, nihil interest. eadem dicenda sunt communiter et in omnibus bonae fidei judiciis. sed dicendum est, si velit actor suis impensis suoque periculo perferri rem Romam, ut audiendus sit. Vgl. l. 11 § 1 D. ad exhibendum 10, 4, l. 26 § 1, l. 47 pr. § 1, l. 108 D. de leg. 1.

3) Die wirthschaftliche Natur eines Kohlenlieferungsgeschäftes im Großen bringt es mit sich, daß die Kohlenlieferungen direkt von der Grube aus geschehen, R.G. Bd. 10 S. 93.

4) H.G.B. Art. 324 Abs. 1. Bei zweiseitigen Geschäften kann der Erfüllungsort für beide Theile verschieden sein, vgl. R.G. Bd. 9 S. 353. Ueber den Fall eines alternativen Erfüllungsortes vgl. l. 2 § 3 D. de eo quod certo loco 13, 4. Ueber den Erfüllungsort für den Bürgen vgl. R.G. Bd. 10 S. 284.

5) Darüber, daß an dem bestimmten Orte Zahlung zu leisten ist und daß das Angebot der Schuld an anderem Orte vom Gläubiger zurückgewiesen werden darf, vgl. l. 9 D. de eo quod 13, 4, l. 122 pr. D. de V. O. 45, 1, l. 9 C. de solutionibus 8, 42.

6) Die beiden in unserem Texte formulirten Grundsätze werden bezeugt in der l. 2 § 3 D. de eo quod certo loco 13, 4 .. et generaliter definit Scaevola: petitorem electionem habere ubi petat, reum ubi solvat, scilicet ante petitionem. Die Sentenz von Scävola führt Ulpian zwar bei Gelegenheit eines ganz besonderen Verhältnisses an, aber sie wird ausdrücklich als eine „generalis" bezeichnet; darunter verstehen die Römer allgemeine durchgreifende Regeln. Mit ihr harmoniren denn auch sämmtliche andere Quellenzeugnisse. Der Schuldner setzt den Gläubiger durch jedes Angebot in Verzug, welches nicht „inopportuno loco" geschieht. l. 39 D. de solutionibus 46, 3; hieraus ergiebt sich, daß er an jedem nicht unpassenden Orte zu leisten befugt ist. Dazu wird mehrfach entschieden, daß der Schuldner am Orte der Klage leisten müsse, wenn der Zahlungsort nicht durch die Obligation fixirt sei. So namentlich in der l. 1 D. de annuis legatis 33, 1. Pomponius libro 5 ad Sabinum: Cum in annos singulos quid legatum sit, neque adscriptum quo loco detur: quocunque loco petetur dari debet, sicuti ex stipulatu aut nomine facto petatur. Siehe auch l. 22 D. de rebus creditis 12, 1, l. 4 D. de condictione triticaria 13, 3. Uebereinstimmend ist Cohn, die actio de eo quod certo loco S. 103. Im übrigen sind die Ansichten der Neueren sehr getheilt. Viele verstehen unter „petere" nicht „klagen" sondern „fordern". Sie thun

3. Vom Erfüllungsorte ist im heutigen Rechte zu unterscheiden der **Bestimmungsort**.

Die Regel des Handelsverkehres ist, daß der Ort, wo der Schuldner zur Zeit des Kontraktschlusses seine Handelsniederlassung oder in deren Ermangelung seinen Wohnsitz hat, für seine Handelsgeschäfte Erfüllungs= ort ist.[7]

Demungeachtet gilt bei Verkaufsgeschäften von Kaufleuten mit Aus= wärtigen als selbstverständlich, daß dem Verkäufer obliegt, die verkaufte Waare an den Käufer zu senden, und zwar auf dessen Gefahr und Kosten.[8]

Hierdurch wird am Erfüllungsorte nichts geändert, aber es kommt bei derartigen Geschäften **neben dem Erfüllungsorte der Ab= lieferungs= oder Bestimmungsort** in Betracht.

### § 33. Klageort und Erfüllungsort.

I. Nach altrömischem Rechte konnte man eine Forderung, die an einem bestimmten Orte zu erfüllen war, nur an diesem Orte einklagen, und nirgend anders.[1]

Dies ist weniger befremdlich, als auf den ersten Blick erscheint.

Denn wenn z. B. eine Forderung auf Wein oder Oel oder auch Geld, die in Ephesus zahlbar war, zu Rom eingeklagt wurde und es zur Geldkondemnation kommen sollte, auf welche die römischen Klagen

hiermit den Stellen Gewalt an; dies gilt namentlich von der oben benannten l. 2 § 3 D. de eo quod certo loco 13, 4. Das Resultat, zu dem sie durch diese Inter= pretation gelangen, ist wenig zweckmäßig. Windscheid, insbesondere Bd. 2 § 282 Anm. 5, behauptet, daß der Gläubiger die Leistung an jedem Orte auch außergericht= lich verlangen könne, an welchem ein Gerichtstand des Schuldners begründet sei. So hätte der Gläubiger ein Wahlrecht zwischen den Gerichtständen des Schuldners, vgl. C.P.O. § 18 ff., welches er sogar vor der Fälligkeit der Forderung ausüben dürfte. Dies könnte zu großer Beschwerde des Schuldners gereichen. Anders wiederum Puchta, Pand. § 246 Anm. i. Savigny, O.R. Bd. 1 S. 513 und Brinz Bd. 2 S. 453.

7) H.G.B. Art. 324 Abs. 2 und Art. 325 stellt für Handelsgeschäfte in Er= mangelung anderer Vertragsbestimmungen folgende Sätze auf: a) Es ist zu leisten, wo der Schuldner zur Zeit des Kontraktschlusses seine Handelsniederlassung, eventuell seinen Wohnort hat. b) Geldzahlungen sind auf Kosten und Gefahr des Schuldners nach der Handelsniederlassung, eventuell dem Wohnorte des Gläubigers zur Zeit des Kontraktschlusses zu übermachen. Sie sind also s. g. Bringschulden; nicht Holschulden. c) Zahlungen auf indossable oder Inhaberpapiere haben in der Handels= niederlassung, eventuell dem Wohnorte des Schuldners zur Zeit der Zahlung zu geschehen. Sie sind also Holschulden. d) Die Uebergabe einer bestimmten Sache, welche sich zur Zeit des Kontraktschlusses mit Wissen der Kontrahenten an einem be= stimmten Orte befand, hat dort zu erfolgen.

8) H.G.B. Art. 344. Vgl. Stahl, Erfüllungsort, Goldschmidts Zeitschrift Bd. 18 n. 6.

1) l. 1 D. de eo quod certo loco 13, 4.

ausliefen, konnte ihr unmöglich der Werth, den die eingeklagten Objekte
hätten, wenn sie in Rom lieferbar wären, zu Grunde gelegt werden.
Damit hätte man etwas Anderes zugesprochen, als geschuldet war. Es
war vielmehr zu ermitteln, was eine Forderung auf Leistung zu Ephesus
am Klageorte, in Rom, werth war. Dies konnte aber mit Sicherheit
erst geschehen, als so zahlreiche Geschäfte gleicher Art geschlossen wurden,
daß sich hierfür ein Marktpreis — ein Kurs auf Ephesus — feststellte.
In der älteren Zeit Roms war das noch nicht der Fall. Daher wurde
damals die Klage an einem anderen Orte als dem bestimmten Erfüllungsorte als nicht möglich angesehen.

Dies hatte erhebliche Inkonvenienzen im Gefolge. Denn die Einleitung des römischen Prozesses forderte die persönliche Gegenwart des
Schuldners am Klageorte. Der Schuldner brauchte sich also nur am
bestimmten Erfüllungsorte nicht treffen zu lassen, um die Möglichkeit
einer Klage überhaupt zu vereiteln.

Seit häufig Geschäfte auf Objekte lieferbar an dritten Handelsplätzen
vorkamen und ein Kurs derselben in Rom bestand, schuf daher der
Prätor die „actio de eo quod certo loco dari oportet", die in jedem
Gerichtstande des Beklagten anstellbar war, und bei welcher die Verurtheilung in Geld unter Zugrundelegung jenes Kurses oder eines sonst
erweisbaren besonderen Interesses geschah.[2]

II. Der heutige Prozeß kennt einen besonderen Gerichtsstand des
Erfüllungsortes;[3] Klage kann aber auch in anderen Gerichtsständen des
Schuldners erhoben werden.

Wo man aber auch klagt, immer ist nach den allgemeinen Grundsätzen des heutigen Rechtes zunächst Erfüllung an dem bestimmten
Erfüllungsorte zu fordern und auf sie zu verurtheilen.[4] Eine Verurtheilung in Geld geschieht in der Regel nur, wenn der Gläubiger
wegen Nichteinhaltung der Lieferungszeit Gelderſatz zu verlangen befugt
ist, ferner wenn sich der Erzwingung der Leistung am Erfüllungsorte
Hindernisse entgegenstellen. Sie hat mit Berücksichtigung des Orts-

---

2) Vgl. Tit. D. de eo quod certo loco 13, 4, l. un. C. h. t. 3, 18. Die verschiedenen Ansichten über die Gründe des älteren Zustandes und der Nothwendigkeit besonderer Klage stellt zusammen Max Cohn, die actio de eo S. 5 ff. Daß
die Klage zur Zeit Labeos bestand, geht aus l. 2 § 8 D. h. t. 13, 4 hervor. Wann
ihre Einführung geschah, ist im übrigen ungewiß. Ueber die Formel siehe Lenel,
Beiträge zur Kunde des prätorischen Edictes 1878 S. 55 ff. und Edictum S. 191.
Die Klage wird als arbitraria bezeichnet, vgl. oben Bd. 1 § 133 Anm. 2. Bei
bonae fidei judicia bedurfte es einer besonderen Klagformel nicht.

3) C.P.O. § 29.

4) Wächter, Erörterungen Heft 2 S. 123, Cohn a. a. O. S. 205.

interesses zu geschehen. Und zwar ist sowohl die dem Gläubiger vortheilhafte wie nachtheilige Kursdifferenz zu beachten.[5]

## § 34. Zeit der Leistung.

1. **Fällig ist die Forderung von der Zeit an, mit welcher die Leistung beansprucht werden kann.**[1]

Die Fälligkeit tritt in der Regel unmittelbar mit der Entstehung der Forderung ein.[2] Ein Aufschub kann sich aber aus der Natur der schuldigen Leistung ergeben, oder sich nach den Geschäftsgebräuchen stillschweigend verstehen oder durch besondere Geschäftsklauseln fest= gestellt sein.[3]

2. Häufig ist die Klausel der Kündigung, mit oder ohne Kün= digungsfrist.[4]

Die Kündigung ist eine einseitige Erklärung; sie kann außergericht= lich oder durch Vermittelung des Gerichtes geschehen. Sie geschieht auch durch Erhebung der Klage. In der Regel muß sie unbedingt sein.[5] Sie geht bald von dem Gläubiger oder dessen Bevollmächtigtem, bald von dem Schuldner oder dessen Bevollmächtigtem aus und vollendet sich mit der Zustellung an den Gekündigten oder einen zur Annahme der Kündigung Bevollmächtigten.[6][7] Es liegt im Sinne des Institutes und

---

5) l. 2 § 8 D. h. t. 13, 4, l. un. C. h. t. 3, 18.

1) Ist die Forderung fällig, so sagen die Römer: dies venit. Vgl. über diesen Ausdruck oben Bd. 1 § 114 Anm. 7.

2) l. 213 D. de V. S. 50, 16 .. ubi pure quis stipulatus fuerit, et cessit et venit dies, l. 41 § 1 D. de V. O. 45, 1, l. 14 D. de R. J. 50, 17. Vgl. H.G.B. Art. 326.

3) l. 73 D. de verb. obl. 45, 1. Paulus libro 24 ad edictum: Interdum pura stipulatio ex re ipsa dilationem capit, veluti si id quod in utero sit aut fructus futuros aut domum aedificari stipulatus sit, vgl. l. 14, 60, 73, 98 § 1, l. 137 § 2 D. eod.

4) Vgl. mein Preuß. Pr.Recht Bd. 2 § 60.

5) R.O.H.G. Bd. 4 S. 341.

6) Nur eine solche Kündigung ist für den Gekündigten rechtsverbindlich, auf welche er sich verlassen kann. Geschieht sie daher durch einen Bevollmächtigten, so muß diese Eigenschaft bei der Kündigung zweifelfrei festgestellt sein, nöthigenfalls durch Vorlegen der Vollmacht. Hat aber der Gekündigte die Kündigung durch den Bevoll= mächtigten angenommen, ohne dessen Vollmacht zu bemängeln, so kann er die Kündigung nicht nachträglich um deswillen in Frage stellen, weil ihm bei derselben die Vollmacht des Kündigenden nicht vorgelegt sei. Dies wäre Chikane.

7) Wird die Kündigung von einem unbeauftragten Geschäftsführer erklärt, so ist ein Doppeltes möglich. Es kann sein, daß der Kündigende als auftragsloser Ge= schäftsführer unter der Voraussetzung der Genehmigung des Geschäftsherrn auftritt und daß der Gekündigte die Kündigung unter dieser Voraussetzung annimmt, dann wird sie rückwärts hin mit der Genehmigung des Geschäftsherrn wirksam. Es kann aber auch sein, daß dem Gekündigten das Fehlen der Vollmacht nicht mitgetheilt war,

entspricht dem loyalen Verkehre, denjenigen, welcher sich der Kündigung entzieht, so zu behandeln, wie wenn sie ihm zugestellt wäre.[8] Die Kündigung hat übrigens bald den Zweck der Beendigung eines dauernden Verhältnisses, z. B. einer Miethe oder einer Societät, bald die Aufgabe, von der hier gehandelt wird, die Fälligkeit einer Forderung herbeizuführen.

3. Die Befristung gilt im Zweifel ausschließlich als im Interesse des Schuldners.[9] Er kann daher den Gläubiger auch vorzeitig zur Annahme der Zahlung nöthigen;[10] Recht auf Abzug des Zwischenzinses — Rabatt oder Diskont — hat er aber nur, wenn er bedungen oder usancemäßig ist. Die Befristung kann auch im Interesse beider Theile geschehen; dann darf der Gläubiger die verfrühte Leistung zurückweisen, wie er sie nicht fordern kann. Bei verzinslichen, besonders hypothekarisch angelegten Forderungen ist dies derzeit in der Regel als Parteiabsicht anzusehen. Selbst Befristung bloß im Interesse des Gläubigers kommt vor. So ist z. B. eine Deponirung bis zu einem bestimmten Zeitpunkte aufzufassen. Denn hierdurch wird der Depositar kontraktlich verpflichtet, die Sache bis zu der vereinbarten Zeit für den Deponenten zu verwahren, aber der Deponent bleibt jederzeit zur Rückforderung befugt.[11]

4. Nur zu passender Zeit — bei Handelsgeschäften nur zur Geschäftszeit — kann Erfüllung verlangt und angeboten werden, es sei denn, daß sich der andere Theil mit der ungewöhnlichen Zeit zufrieden giebt.[12]

### § 35. Rechtliche Bedeutung der Zeitbestimmungen.

Die Absicht bei Setzung von Zeitbestimmungen kann entweder sein, daß der Gläubiger das Geschuldete von der Fälligkeit an fordern darf oder daß der Schuldner dasselbe am Fälligkeitstermine anbieten muß. Das erstere gilt im Allgemeinen als die Regel.[1]

---

dann ist die Kündigung durch den Unbeauftragten wirkungslos und erhält erst Kraft mit der dem Gekündigten zugestellten Mittheilung der Genehmigung.

8) Die Regel der l. 161 D. de R. J. 50, 17 — oben Bd. 1 § 109 Anm. 8 — ist auch hier anzuwenden.

9) l. 41 § 1 D. de verb. obl. 45, 1 .. apparet diei adjectionem pro reo esse, non pro stipulatore, l. 38 § 16 D. eod., l. 70 D. de solutionibus 46, 3 l. 17 D. de R. J. 50, 17.

10) l. 15 D. de annuis legatis 33, 1, l. 43 § 2 D. de leg. II. Vgl. H.G.B. Art. 334.

11) l. 1 §§ 45 und 46 D. depositi 16, 3.

12) l. 39 D. de solut. 46, 3 verb. „opportuno tempore", H.G.B. Art. 332.

1) Nach heutigem Rechte gilt diese Regel jedoch nicht im Falle der Zufügung eines dies certus. Vgl. unten § 40.

Die Einhaltung der kontraktmäßigen Zeit hat verschiedene Bedeutung.

1. Sie ist in der Regel **einfache Pflicht**. Der Schuldner soll rechtzeitig leisten. Gleichwohl muß der Gläubiger auch ein verspätetes Angebot des Gegenstandes der Schuld annehmen, wenn ihm nur für den Schaden der Verzögerung zugleich Ersatz angeboten wird.

2. Die richtige Zeit kann aber auch eine **Bedingung der Leistung** bilden. Der Gläubiger ist dann berechtigt, im Falle der Nichteinhaltung der Zeit statt Erfüllung des Kontraktes Schadensersatz zu fordern.

Soll die Zeit Bedingung der Leistung sein, so wird sie meist **fest bestimmt**. Das geschieht bald mit einer gewissen Freiheit, z. B. es wird etwas „bei Eröffnung der Schifffahrt" oder „mit der Herbstsaison" versprochen,² bald so, daß präcis Tag oder auch Stunde der Erfüllung vereinbart wird. Geschäfte der letzteren Art sind die Fixgeschäfte des Handelsverkehrs, d. h. Zeitkäufe, die Handelsgeschäfte bilden, bei welchen die Zeit der Lieferung präcis bestimmt ist.³

Daß die Einhaltung der Zeit Bedingung der Leistung sein soll, wird zuweilen ausdrücklich ausgesprochen, z. B. durch Zufügung einer s. g. **kassatorischen Klausel**, wonach der Verkäufer oder Käufer nur gebunden ist, wenn der andere Theil zu der bestimmten Zeit seinerseits erfüllt. Jene Absicht kann auch sonst aus Art und Umständen des Vertrages bestimmt erhellen.

Nicht selten ist der **gegenwärtige Werth** einer erst künftig fälligen unverzinslichen Forderung zu ermitteln. Unter Anderem wird dies für Konkursforderungen im Konkurse des Schuldners nöthig. Jener Werth ist gleich der Summe, welche bei zinsbarer Anlegung mit den auflaufenden Zinsen am Verfalltage den Nominalbetrag der Forderung ergeben würde. Die Differenz dieser Summe und des Nominalbetrages der Forderung nennt man das **Interusurium** oder den **Zwischenzins**.⁴

---

2) Bei der Miethe muß eine Verzögerung weniger Tage in Einräumung der Wohnung ertragen werden. Längere Verzögerung berechtigt zum Rücktritte, L. 24 § 4 D. locati 19, 2. Vgl. noch R.O.H.G. Bd. 7 S. 386, Bd. 9 S. 407, R.G. Bd. 1 S. 62.

3) H.G.B. Art. 357, siehe auch R.O.H.G. Bd. 24 S. 194.

4) Man hat verschiedene Methoden für die Berechnung des Interusuriums aufgestellt. a) Die s. g. **Karpzov**sche, welcher auch die römischen Juristen huldigten — l. 88 § 3 D. ad legem Falcidiam 35, 2 — verfährt einfach, aber ungenau. Sie berechnet den Zins der geschuldeten Summe von der Gegenwart bis zum Verfalltage und zieht dies Interusurium vom Nominalbetrage der Forderung ab. Nach ihr hätte eine in 20 Jahren zahlbare Forderung heute bei Zugrundelegung des landesüblichen Zinsfußes von 5% den Werth von Null. Hieraus erhellt handgreiflich die Unrichtigkeit dieser Methode. b) Es ist unzweifelhaft, wird auch heutzutage nicht mehr bezweifelt, daß vielmehr die Summe zu ermitteln ist, welche, ver-

## Fünftes Kapitel.

### Verschuldung, Verzug, Schadensersatz, Konventionalstrafe.

#### I. Verschuldung.[1]

##### § 36. Die Verschuldung in Kontraktobligationen.

Strenge Haftung der Schuldner für ihre kontraktlichen Leistungen giebt einen Sporn zur genauen Vertragserfüllung und kommt damit der Gesundheit und Zuverlässigkeit des Verkehrs zu gute.

Schon in der älteren Zeit Roms bestand hierfür eine lebhafte Empfindung. In nicht wenigen Fällen reagirten gesetzliche, später auch magistratische Strafklagen gegen Untreue und Unsolidität. Hiervon abgesehen mußten sich die Gläubiger gegen die Gefahren der Nichtleistung oder unzulänglicher Leistung durch besondere Strafstipulationen beim Kontraktschlusse sichern. Solche wurden durchweg üblich.[2]

---

zinsbar angelegt, bis zum Verfalltage den Nominalbetrag der fraglichen Forderung erreicht. Auf dieser Basis ruhen zwei Methoden. Die eine hat Leibniz in seiner meditatio juridico-mathematica: de interusurio simplici, zum Urheber. Sie ermittelt die Summe, welche, wenn Zinsen und Zinseszinsen bis zur Fälligkeit zugeschlagen werden, der Schuldsumme nach ihrem Nominalbetrage gleichkommt. Die mathematische Richtigkeit dieser Methode sucht zu erhärten Oettinger im Archiv für civ. Praxis Bd. 29 n. 2. Vgl. auch Keil, das Interusurium 1854. Doch wer wollte sie bezweifeln? Dennoch rechnet die Leibnizische Methode zu scharf mit dem Gläubiger. Denn dieser ist keineswegs immer im Stande, wenn ihm die bezügliche Summe derzeit ausgezahlt wird und er sie zinsbar anlegt, die Zinsen an ihrem Verfalltage stets pünktlich einzunehmen und sie sofort wieder verzinslich anzulegen. c) Mehr entspricht daher der Billigkeit die s. g. Hoffmannsche Methode, welche G. A. Hoffmann in seiner Klugheit Haus zu halten 1731 aufstellte. Dieselbe legt die Summe zu Grunde, welche mit Hinzurechnung ihrer Zinsen am Verfalltage den Nominalbetrag ausmacht. Diese Berechnungsweise hat die K.O. § 58 für den Konkurs adoptirt. Sie ist nach deren Analogie allgemein zur Anwendung zu bringen. Viele Neuere wollen freilich vermitteln. Sie verlangen, daß der Richter je nach Umständen bald nur die Zinsen, bald auch die Zinseszinsen in Anschlag bringt. So Vangerow Bd. 3 § 587, Windscheid Bd. 2 § 274. Begreiflich liegen die Verhältnisse oft sehr verschieden. Dennoch wird man sich der eklektischen Methode nicht anschließen dürfen. Denn in derartigen Dingen bedarf es eines gleichförmigen Maßes.

1) Ueber Verschuldung im Allgemeinen vgl. oben Bd. 1 § 86. Die hauptsächliche Litteratur ist dort Anm. 3 citirt. Hinzuzufügen ist Jhering, das Schuldmoment im römischen Privatrecht 1867, in dessen verm. Schriften 1879 S. 155 ff.

2) Strafstipulationen waren namentlich üblich, wenn es sich um „dare" eines Objektes handelte, vgl. l. 69 D. de verb. oblig. 45, 1. Ganz gewöhnlich war es namentlich, sich gegen den Fall der Eviktion einer verkauften Sache durch Stipulation des Doppelten des Kaufpreises zu sichern. Und es kam kaum vor, daß man eine Handlung, z. B. den Bau eines Schiffes, ausbedang, ohne eine Strafe für den Fall der Nichtleistung hinzuzufügen. § 7 J. de verb. obl. 3, 15, l. 44 § 6 D. de obl. et act. 44, 7.

Im Uebrigen war die Haftung wegen Verschuldung im früheren Rechte eine unvollkommene und wenig ausreichende.

Nach und nach kam es inmitten des Widerstreits der Interessen unter Kampf der Gesellschaftsklassen, dessen Spuren noch bei den klassischen Juristen nicht ganz verwischt sind,[3] zur Bildung von Rechtssätzen, welche die Haftung der Kontraktschuldner wegen jeder Verschuldung zur Regel machten.

Diese Normen sind im Allgemeinen nicht zwingend. Die Betheiligten können daher ihre Haftung durch Vereinbarungen mindern oder mehren. Zwei Sätze aber wurden unabänderliche Grundsäulen des Verkehrsrechtes.

1. Der Vertragsschuldner steht mindestens für Dolus ein. Vereinbarungen, wonach man für Dolus nicht haftet, sind nichtig; dies stellte die Autorität des Celsus fest.[4] Hiernach kann man sich keinen Freibrief für künftigen Dolus erschleichen; seine Ansprüche wegen begangenen Dolus aber darf der Gläubiger erlassen.

2. Grobe Nachlässigkeit steht dem Dolus gleich. Dieser Satz gilt richtiger Ansicht nach in der Regel für außerkontraktliches Verhalten wie für Kontrakte.[5][6] Bei reinen Strafklagen, z. B. bei der actio furti, war er nicht anwendbar.

---

3) Das klingt z. B. noch aus der l. 13 § 1 D. de pign. a. 13, 7. Ulpianus libro 38 ad edictum heraus. Venit autem in hac actione et dolus et culpa, ut in commodato, venit et custodia, vis major non venit. Das nachdrückliche Betonen, daß der Gläubiger wie beim Kommodat für culpa einzustehen habe, weist auf die Prätention der Kapitalisten hin, nur für dolus zu haften, wenn die ihnen gegebenen Pfänder Schaden litten; die präcise Ablehnung andrerseits jeder Verantwortlichkeit des Gläubigers für bloßen Zufall deutet darauf, daß die Schuldner, welche die Pfänder nach Tilgung ihrer Schuld zurückforderten, von einer Berufung auf zufälligen Untergang nichts wissen wollten. Man legte dem Gläubiger schließlich nicht bloß Haftung für culpa, sondern auch für custodia auf, so daß sich als Recht ergab, ea igitur quae diligens paterfamilias in suis rebus praestare solet a creditore exiguntur: Paulus libro 29 ad edictum l. 14 D. h. t. 13, 7.

4) l. 23 D. de R. J. 50, 17 . . haec ita, nisi si quid nominatim convenit — vel plus vel minus — in singulis contractibus: nam hoc servabitur, quod initio convenit — legem enim contractus dedit — excepto eo, quod Celsus putat, non valere, si convenerit, ne dolus praestetur: hoc enim bonae fidei judicio contrarium est. l. 27 § 3 D. de pactis 2, 14, l. 17 pr. D. commodati 13, 6, l. 1 § 7 D. depositi 16, 3, l. 6 § 9 D. de a. e. v. 19, 1.

5) Die regelmäßige Gleichstellung der lata culpa und des dolus wurde von der älteren Doktrin seit der Glosse anerkannt. In neuerer Zeit hat sie eine gründliche Vertheidigung durch F. Mommsen, Erörterungen Heft 2 S. 175 ff. gefunden. Ihm neigt sich Windscheid Bd. 1 § 101 Anm. 10 zu. Viele Neuere sind aber dafür, daß der Satz nur beschränkte Geltung habe. So Jhering in seinen Jahrbüchern Bd. 4 S. 12, Pernice, Labeo Bd. 2 S. 425, neuerdings besonders Burckhardt, Gleichstellung von dolus und lata culpa 1885. Dort finden sich S. 31 Litteraturangaben.

6) Für die regelmäßige Gleichstellung der lata culpa mit dem dolus im Gebiete des Privatrechtes spricht, daß sie in zahlreichen Anwendungsfällen anerkannt

Demnach kann man sich auch nicht im voraus Indemnität für grobe Nachlässigkeit durch Vertrag sichern.[7]

Diese Grundsätze haben eine hohe wirthschaftliche Bedeutung. Sie fördern die Erhaltung der Güter der Nation, denn die erhöhte Verantwortlichkeit spornt zur Aufmerksamkeit auf dieselben.

### § 37. Das Maß der Verschuldung bei den einzelnen Kontraktverhältnissen.

1. Regel des entwickelten Rechtes ist, daß der Kontraktschuldner für jede, also auch für leichte Verschuldung einsteht. Und zwar gilt dies nach jeder Seite hin.[1]

Das alte Recht verstand unter culpa nur positives den Gläubiger schädigendes Thun, nicht aber bloße Vernachlässigung. So blieb es selbst im späteren Rechte bei Stipulationen auf Geben einer bestimmten Sache.[2]

Aber bei den bonae fidei judicia stellte sich fest, daß wer für schuldhafte Handlungen — culpa — hafte, auch für die Sorgsamkeit eines guten Hausvaters — diligentia —, also auch wegen Unterlassungen einzustehen habe.[3][4] Dies ist ausnahmslose gemeinrechtliche Regel geworden.[5]

---

wird, und zwar nicht aus Gründen, die der besonderen Natur der bezüglichen Verhältnisse entnommen sind, sondern aus dem allgemeinen Grunde, weil „dissoluta neglegentia prope dolum est“, l. 29 pr. D. mandati 17, 1, weil „lata culpa plane dolo comparabitur“, l. 1 § 1 D. si mensor 11, 6. Schon Nerva, welcher, soweit wir wissen, zuerst unseren Satz vertheidigte, sprach geradezu aus „latiorem culpam dolum esse“, l. 32 D. depositi 16, 3, und Paulus sagt libro 1 manualium l. 226 D. de V. S. 50, 16 „magna culpa dolus est“. Die römischen Juristen wenden den Satz daher auch auf Fälle außerkontraktlicher grober Verschuldung an. So insbesondere l. 1 § 2 D. si is, qui testamento 47, 4. Vgl. auch l. 1 § 1 D. si mensor 11, 6, l. 3 § 3 D. de precario 43, 26. Zweifelhaft ist freilich l. 3 pr. D. de servo corrupto 11, 3. Für die regelmäßige Gleichstellung spricht auch die Manier der römischen Juristen, die, wenn sie einmal ein Schlagwort hatten wie „lata culpa dolus est“, dasselbe auch durchweg zu verwerthen pflegten. Diese Methode entspricht den Bedürfnissen der Praxis, die bei allzuvielen und feinen Distinktionen unsicher wird. Und schließlich war, wie im Texte ausgeführt ist, die Gleichstellung auch im allgemeinen Interesse. Vgl. freilich R.G. Bd. 21 S. 165.

7) Für diese Ansicht R.O.H.G. Bd. 2 S. 293. Die Gegenansicht vertheidigt u. A. Burckhardt a. a. O. S. 104. Siehe dort die Litteratur über die Frage.

1) Er haftet also, wenn er schuldhafterweise nicht erfüllt oder nicht gehörig erfüllt, oder wenn er sonst bei der Ausführung des Vertrags schuldhafterweise Schaden anrichtet.

2) l. 91 pr. D. de verb. obl. 45, 1.

3) Geht man davon aus, daß „culpa“ die technische Bezeichnung der Quellen für „Nachlässigkeit“ sei — wie dies unter Anderen Windscheid Bd. 1 § 101 und Bd. 2 § 265 Anm. 2 thut —, so wird es zum Räthsel, daß die römischen Juristen untersuchen, ob, wer für „culpa“ haftet, auch für „diligentia“ einsteht, und warum beides, „culpa“ und „diligentia“, so oft von ihnen nebeneinander aufgeführt wird.

Die Verpflichtung zur Sorgfalt kann auch die zur Bewachung — custodia — in sich schließen, so daß der Schuldner angemessenen Verschluß anzubringen oder Wächter anzustellen oder andere Sicherungsmaßregeln zu treffen hat. Insbesondere muß er die geschuldete Sache gegen Feuer und gegen Diebe wahren.[6][7]

Aber Bewachung ist aus diesem Grunde nur Pflicht, wenn sie die Verhältnisse des Falles dem guten Hausvater gebieten. Wer also z. B. die Früchte auf dem Felde verkauft hat, braucht sie in der Regel nicht besonders bewachen zu lassen.

---

Offenbar aber geschah die Gleichstellung der bloßen Vernachläßigung und der positiven Beschädigung erst sehr allmählich. Die Jurisprudenz hatte lange Zeit zu arbeiten, um sie in der Praxis einzubürgern. Zuerst scheint die Gleichstellung beim Kommodate durch Quintus Mucius Scaevola Anerkennung gefunden zu haben, l. 5 § 3 D. commodati 13, 6: Commodatum autem plerumque solam utilitatem continet ejus cui commodatur, et ideo verior est Quinti Mucii sententia existimantis et culpam esse praestandam et diligentiam. Nach Alfenus Barus l. 11 D. de periculo et commodo 18, 6 forderte Servius Sulpicius diligentia auch vom Verkäufer. Sie liegt ferner dem Pfandgläubiger wie einem Kommodatar ob, vgl. die oben § 36 Anm. 3 abgedruckten l. 13, l. 14 D. de pigneraticia actione 13, 7. Schließlich nahm man an, daß die Haftung für Diligenz bei allen bonae fidei Geschäften einzutreten habe, in denen man für culpa levis einstand. So erklärt sich die l. 23 D. de R. J. 50, 17 Ulpianus libro 29 ad Sabinum: Contractus quidam dolum malum dumtaxat recipiunt, quidam et dolum et culpam. dolum tantum depositum et precarium. dolum et culpam mandatum et commodatum, venditum, pignori acceptum, locatum, item dotis datio, tutelae, negotis gesta: in his quidem et diligentiam. Vgl. Pernice, Labeo Bd. 2 S. 281, Brinz Bd. 2 S. 251.

4) Die diligentia wird zuweilen als „exacta" oder „exactissima" bezeichnet. Aus l. 1 § 4 D. de obl. et act. 44, 7 und l. 72 D. pro socio 17, 2 geht hervor, daß hiermit der Gegensatz zur diligentia, quam in suis rebus, also zu der s. g. culpa in concreto betont werden soll. Anders Baron: diligentia exactissima oder Haftung für custodia im Archiv für civ. Praxis Bd. 52 n. 2, die Haftung bis zur höheren Gewalt, das. Bd. 78 n. 7.

5) Von einer anderen Erweiterung, nämlich der Haftung für Kunstfehler bei Dingen, welche besondere Sachkenntniß fordern, ist oben Bd. 1 § 86 Anm. 10 die Rede gewesen.

6) Brinz Bd. 2 S. 361 hebt hervor, daß custodire eine gewisse Species von Handlungen bilde, z. B. Postenstehen, Umzäunen, Absperren, Verschließen, cautio damni fordern, Kuriren, Repariren. Von diesem Standpunkte aus muß die Lehre ihre Aufhellung finden, welche durch die Abstraktionen und bloß schematische Behandlung vieler früherer Schriftsteller in hohem Maße verdunkelt ist. Die Haftung für custodia kann begründet sein a) in einem selbständigen Vertrage, durch welchen man Bewachung verspricht, l. 1 § 12 D. depositi 16, 3; b) als Nebenvertrag bei einem andern Geschäfte, z. B. einem Verkaufe: c) endlich kann sie Folge der kontraktlichen Diligenz sein. Vgl. Engelmann custodiae praestatio 1887; Brückner, c. nebst ihrer Beziehung zur vis major 1889. Biermann, custodia und vis major, Zeitschr. der Savigny-Stiftung rom. Abtheilung Bd. 12 n. 3, Baron a. a. O., Stammler im sächs. Arch. f. bürg. R. Bd. 3 S. 65, eine Uebersicht über die verschiedenen Ansichten giebt Simoncelli in der rivista ital. per le scienze giuridiche Bd. 14 S. 6.

7) Wer, wie der Depositar, bloß für dolus und culpa lata einzustehen hat, dem liegen besondere Bewachungsmaßregeln nicht ob. Daher heißt es geradezu, der Depositar stehe nicht für custodia ein, § 17 J. de obl. quae ex delicto 4, 1. Daß dies cum grano salis zu verstehen ist, liegt auf der Hand.

Die durch die Diligenz bedingte Bewachungspflicht hat hier=
nach eine andere Tragweite als eine durch besonderen Kontrakt
begründete.

Die erstere hat ihr Maß in dem, was üblich ist, die andere in den
Bestimmungen des Kontraktes. Kommt der Schuldner den Vertrags=
bestimmungen über die Obhut nicht nach, so kann er sich dem Beschädigten
gegenüber nicht darauf berufen, daß dieselben durch die gewöhnliche
Sorgfalt nicht geboten waren. Er ist in Schuld, weil er sein Wort
nicht hielt.

Auf Mißverständniß dieser Verschiedenheit beruht die Ansicht, daß
wer „custodia" versprach, für „Zufall" einstehe.[8]

2. Wer bloß im Interesse des Gläubigers eine Schuld
übernimmt, dessen Haftung beschränkt sich auf dolus und culpa
lata.[9] Diesen Rechtssatz hat die römische Jurisprudenz von dem De=
positum abstrahirt, bei welchem der Depositar, der ohne Lohn verwahrt,
nur für dolus und schwere Verschuldung einsteht.[10]

Sie hat dies aber keineswegs schlechthin festgehalten.

Für jede Verschuldung ist verantwortlich, wer sich seinerseits zur
Uebernahme des Depositums anbietet.[11]

Ferner steht der Mandatar, obgleich er das Mandat unentgelt=

---

8) § 3a J. de empt. et vend. 3, 23. Quod si fugerit homo qui veniit aut
subreptus fuerit, ita ut neque dolus neque culpa venditoris interveniat, ani-
madvertendum erit, an custodiam ejus usque ad traditionem venditor susceperit, sane enim, si susceperit ad ipsius periculum is casus pertinet: si non
susceperit, securus erit. Sklaven wurden in der Regel in Rom nicht besonders be=
wacht; sie hätten auch sonst nicht ihrem Erwerbe selbständig nachgehen können. Der
Verkäufer hat also nicht für Bewachung verkaufter Sklaven zu sorgen, die bei sorg=
fältigen Hausvätern nicht gewöhnlich ist. Entflieht der Sklave gleichwohl, so ist dies
ein Unfall, der den Käufer trifft. Ganz anders, wenn der Verkäufer Bewachung ver=
sprach. Dann haftet er, wenn er sie unterließ, für solchen casus. Damit ist nicht
gesagt, daß ihn das Versprechen der custodia für jeden casus verbinde. Daß der
Unternehmer, welchem der Arbeitsherr Sachen zur Behandlung übergiebt, regelmäßig
für deren custodia einsteht, ergiebt sich von selbst l. 5 pr. D. nautae 4, 9, l. 14
§ 17 D. de furtis 47, 2. Dennoch kommt es auch hier zweifelsohne auf die besondere
Sachlage an — vgl. freilich Lehmann in der Zeitschrift der Savignystiftung rom.
Abth. Bd. 9 S. 110. — Nicht anders ist es beim Kommodatar l. 5 §§ 5 und 6 D.
commodati 13, 6, l. 19 D. eod.

9) l. 5 § 2 D. commodati 13, 6, l. 108 § 12 D. de leg. I — Africanus.

10) l. 17 § 2 D. de praescr. verb. 19, 5. Daß der Depositar nur für dolus
einstand, erklärt sich historisch dadurch, daß wegen des Depositums ursprünglich keine
Kontraktklage, vielmehr nur eine Deliktklage bestand, vgl. Dernburg, Kompensation
S. 53, Pernice, Labeo Bd. 1 S. 435. Ebenso haftete, weil er nicht als Kontrakt=
schuldner angesehen wurde, der Prekarist nur für dolus und culpa lata, l. 8 § 2,
§ 3 und § 6 D. de precario 43, 26. Nicht anders stand es beim Feldmesser —
mensor, l. 1 D. si mensor falsum modum dixerit 11, 6. Denn auch gegen die
Feldmesser war nur eine Deliktsklage aufgestellt. Und hierbei bewendete es auch in
der späteren Zeit, indem man daran festhielt „civiliter obligatus non est".

11) l. 1 § 35 D. depositi 16, 3.

lich übernimmt, für jede Verschuldung ein. Mit Rücksicht auf den Nutzen des Verkehrs wurde also der Rechtssatz gerade in dem wichtigsten Falle bei Seite gesetzt.

3. Nur für relative Sorgfalt — „diligentia quam suis", „culpa in concreto" —, hat man aufzukommen, wenn man Fremdes mit Eigenem zusammen zu verwalten hat, insbesondere beim Miteigenthume und bei der Societät, bei Verwaltung des Vermögens seiner Ehefrau und des Vermögens seiner Mündel.[12] Hier wird für die fremden Angelegenheiten nur die Sorgfalt verlangt, welche man in den eigenen anzuwenden pflegt.

4. Von nicht minderer Bedeutung, wie die Abgrenzung des Maßes der Verschuldung, ist die Beweisfrage.

Handelt es sich um die Frage, ob der Schuldner seiner vertragsmäßigen Verpflichtung zur Sorgfalt nachkam, so lastet auf ihm der Beweis. Denn der Gläubiger fordert aus dem Vertrag, der Schuldner hat daher zu seiner Befreiung darzuthun, daß er an Sorgfalt leistete, was ihm oblag. Demgemäß befreit er sich von seiner vertragsmäßigen Verpflichtung zur Rückgabe anvertrauter z. B. gemietheter Sachen nicht schon durch den Nachweis ihres Untergangs oder Verlustes, sondern nur durch den Beweis, daß dies ohne seine Schuld geschah.[13]

Wer nur für culpa in concreto einsteht und sich auf sein unpräcises Benehmen in eigenen Angelegenheiten beruft, muß dies gleichfalls darlegen.[14]

Gründet der Kläger aber Ansprüche auf eine Verletzung aus Veranlassung oder bei Gelegenheit der Ausführung des Kontraktes, so liegt ihm der Nachweis der Schuld des Beklagten ob.

---

12) l. 25 § 16 D. fam. erc. 10, 2, l. 72 D. pro socio 17, 2, l. 17 pr. D. de jure dotium 23, 3.

13) l. 9 § 4 D. locati 19, 2, l. 5 C. de a. pigneraticia 4, 24. Vgl. H.G.B. Art. 367 Abf. 1. Zweifelhaft ist die Beweislast freilich, wenn der Gläubiger wegen Nichterfüllung des Kontraktes Entschädigung fordert. Der Gläubiger hat dann die Kontraktpflicht nachzuweisen und sein Petitum auf Entschädigung dadurch zu motiviren, daß er die Unmöglichkeit der Erfüllung durch Schuld des Beklagten behauptet. Es ist Sache des Beklagten, trotzdem nachzuweisen, daß er entweder erfüllt habe, oder daß er zur Erfüllung bereit und im Stande sei, oder daß er ohne Verschuldung zur Erfüllung außer Stande sei. Der Beweis des Dolus des Beklagten ist Sache des Gläubigers, wenn er hierauf Rechte stützt. Doch ist auch dies bestritten, vgl. Windscheid Bd. 2 § 265 Anm. 17.

14) Die Distinktionen von Windscheid Bd. 2 § 265 Anm. 19 erledigen sich, wenn man das oben Bd. 1 § 86 Anm. 12 Bemerkte für richtig hält.

### § 38. Verhaftung für fremde Verschuldung.[1]

I. In der Regel ist man nur **für die eigene Schuld ver-antwortlich.** Grundsätzlich haben daher Hausherren und Geschäfts-herren für Beschädigungen durch ihre Hausuntergebenen, Angestellten und Gehülfen nur soweit aufzukommen, als sie selbst, wenn auch nur indirekt, hierbei eine Schuld haben. Diese kann unter Anderem liegen in mangelnder Sorgfalt bei der Auswahl — culpa in eligendo — oder in Nachlässigkeit bei der Ueberwachung — culpa in custodiendo — oder in unzureichender Ausrüstung und sonstigen mangelhaften Vor-kehrungen.[2]

II. Das Princip der Nichthaftung des Herrn für seine Leute ließ sich nicht unbedingt durchführen. Die öffentliche Sicherheit und der Nutzen des Verkehres forderten Modifikationen — praktische Vermitte-lungen.

1. Vor Allem gilt dies für **außerkontraktliche Beschädi-gungen.**

Nach Civilrecht haftete der Hausvater für Delikte seiner Haus-untergebenen nur mit der actio noxalis, vermöge deren er entweder die Folgen ihres Deliktes gut zu machen oder den delinquirenden Haus-untergebenen dem Beschädigten zur Sühne — noxa — zu überlassen hatte.[3] Die Magistrate verschärften dies in nicht wenigen Fällen, in-dem sie den Hausherren für gewisse Delikte der „familia" direkt und persönlich haften ließen.[4] Schiffer und Wirthe nahm man auch darüber hinaus für Diebstähle und Sachbeschädigungen ihrer Leute persönlich in Anspruch.[5]

---

1) Ubbelohde in Goldschmidts Zeitschrift für H.R. Bd. 7 S. 199; Goldschmidt ebendaselbst Bd. 16 S. 284; R. J. Burckardt, über die Verantwortlichkeit des Schuldners für seine Gehülfen 1861; Wyß, die Haftung für fremde culpa 1867; vgl. noch Oetter, kriminelle und civile Haftung Dritter n. hess. Rechtsquellen 1892 § 7.

2) l. 27 § 9 D. ad legem Aquiliam 9, 2. Ulpianus libro 18 ad edictum: Si fornicarius servus coloni ac fornacem obdormisset et villa fuerit exusta, Neratius scribit ex locato conventum praestare debere, si neglegens in eli-gendis ministeriis fuit, l. 11 pr. D. locati 19, 2, l. 10 § 1, l. 11 D. commodati 13, 6, l. 20 D. eod., l. 20 § 3 D. de neg. gest. 3, 5.

3) Ueber die Noxalklagen vgl. tit. Inst. de noxalibus actionibus 4, 8, Dig. 9, 4, Cod. 3, 41, ferner Wyß a. a. O. S. 8 und dort Citirte.

4) Unter Anderem gab der Prätor das interdictum de vi, wenn die familia des Hausvaters einen Besitzer gewaltsam aus seinem Grundstücke dejicirt hatte, l. 1 § 11 D. de vi 43, 16. Die publicani ferner hafteten für Gewaltthaten, Diebstähle, Sachbeschädigungen ihrer familia, l. 1 pr. § 5 D. de publicanis 39, 4. Auch der Haftung der Käufer für Beschädigungen der Kaufsache durch ihre familia und ihre procuratores nach dem ädilicischen Edikte, falls die Sache wegen Mängel redhibirt werden soll, mag hier gedacht werden, l. 25 § 1 D. de aedilicio edicto 21, 1.

5) l. 6 und 7 D. nautae caupones 4, 9, l. un. D. furti adversus nautas 47, 5.

2. Aehnliche Anschauungen gewannen bezüglich wichtiger **Kontrakte** Einfluß.

a. Der Geschäftsherr stand für die Verschuldung seiner **Institoren** in der Eingehung sowie der Ausführung von Gewerbegeschäften mit der actio institoria ein.[6] Dies war eine Folge der römischen Klageweise, nach welcher der Geschäftsherr ähnlich wie ein Bürge **für die Verpflichtungen des Institors** aus dessen Gewerbegeschäften einstand. Aber man muß dies auch für gerecht gehalten haben, sonst hätte man diese weitgehende Haftung für fremde Verschuldung nicht zugelassen. Um deswillen ist sie trotz der Veränderung der Klageweise auch im neueren Rechte festzuhalten.[7]

b. Der Unternehmer ferner ist im Falle einer **locatio conductio operis** — der Werkverdingung — für die Verschuldung seiner Angestellten und Gehülfen bei Ausführung des Unternehmens haftbar, auch wenn er persönlich ohne Schuld ist.[8]

---

6) l. 1 § 2 D. de exercitoria actione 14, 1, l. 5 § 8 D. de institoria actione 14, 3, l. 5 § 3 D. de doli mali exc. 44, 4. Dunkel ist die hierher gehörige l. 5 § 10 D. de institoria a. Hierüber vgl. neuerdings Schloßmann im Archiv für civ. Praxis Bd. 63 n. 9, siehe auch Arndts § 250 Anm. 7 und dort citirte.

7) Die neueren Romanisten sind meist anderer Ansicht. Siehe Mitteis, Stellvertretung S. 288 und die dort angeführten Schriftsteller.

8) l. 25 § 7 D. locati conducti 19, 2. Gajus libro 10 ad edictum provinciale: Qui columnam transportandam conduxit, si ea, dum tollitur aut portatur aut reponitur, fracta sit, ita id periculum praestat, si qua ipsius eorumque, quorum opera uteretur, culpa acciderit: culpa autem abest, si omnia facta sunt, quae diligentissimus quisque observaturus fuisset. idem scilicet intellegemus et si dolia vel tignum transportandum aliquis conduxerit: idemque etiam ad ceteras res transferri potest. Der Unternehmer steht hiernach nicht bloß für die eigene Schuld, sondern auch für die seiner Gehülfen ein. Wenn Goldschmidt a. a. O. S. 355 auszuführen sucht, daß eine Haftung in dieser Stelle nur angenommen werde, wenn der Schaden durch die Schuld des Unternehmers und seiner Leute entstanden sei, so ist diese Auslegung nicht annehmbar. Denn danach würde der Unternehmer selbst für die eigene Schuld nicht haften, wenn nicht auch eine Schuld seiner Gehülfen konkurrirte. Dies ist aber nicht denkbar. Offenbar hat also die Kopula die Bedeutung sowohl in dem „einen" wie „in dem anderen" Falle. Daß übrigens der Jurist einen besonderen Satz aussprechen wollte, und nicht das Selbstverständliche, daß der Unternehmer für seine culpa hafte, geht auch daraus hervor, daß er die Anwendung der Entscheidung bezüglich der Säule auf andere Fälle so nachdrücklich betont. — Die Auffassung von Goldschmidt theilt Windscheid Bd. 2 § 401 Anm. 5. Wolle man ihr aber auch nicht beistimmen, führt er aus, so sei es vollkommen erlaubt, anzunehmen, daß Gajus die culpa ipsius als culpa in eligendo gedacht habe. Es sei dies nicht gewagter, als in anderen Stellen, wo man eine derartige Annahme machen müsse. Es ist aber ein Unterschied, ob es sich um gelegentliche ungenaue Wendungen handelt oder um einen Satz, dem der Verfasser ausdrücklich eine allgemeine Tragweite zuschreibt. Und ist nicht der Ausspruch von Gajus über die Haftung des Principals für die Fehler der Gehülfen der praktisch vernünftige, entspricht er nicht der Tendenz, die überall bei den klassischen Juristen hervortritt, die Haftung für culpa zu verstärken! Wozu ihn also wegdeuten bloß zu Ehren eines Principes, welches vollständig durchzuführen doch nicht thunlich ist und das die Römer in vielen Fällen durch Ausnahmen durchbrachen. Vgl. Lehmann in d. Zeitschr. d.

Dagegen sind unter Anderem Miether und Kommodatare bezüglich der gemietheten und anvertrauten Sachen, Verkäufer hinsichtlich der Kaufobjekte, sowie gewöhnliche Mandatare und Geschäftsführer wegen Verschuldung ihrer Untergebenen nur ersatzpflichtig, wenn ihnen zugleich eigene Schuld zur Last fällt.⁹ Hier bewendet es also bei den allgemeinen Grundsätzen.

### § 39. Haftung bis zur höheren Gewalt.¹

Gewisse Gewerbetreibende haften beim Betriebe ihres Gewerbes für Unfälle „bis zur höheren Gewalt".

1. Das prätorische Edikt über das receptum nautarum cauponum legte Schiffern und Wirthen die unbedingte Haftung für unversehrte Rückgabe der von ihnen im Betriebe ihres Gewerbes aufgenommenen Objekte auf.² Dies war ein Nothgesetz, hervorgerufen durch die Unsicherheit der Straßen und Transporte in den letzten Zeiten der Republik,³ welches ursprünglich keine Ausnahme kannte.

---

Savignystiftung rom. A. Bd. 9 S. 118; R.O.H.G. Bd. 13 S. 76; R.G. Bd. 10 S. 165, Bd. 23 S. 91; Karlowa, röm. Rechtsgesch. Bd. 2 S. 649, Wilh. Abicht, Haftg. des Unternehmers bei einer Werkverdingung f. b. Handlungen seiner Gewerbegehilfen Gött. Inaug.-Diss. 1891.

9) Vgl. die oben Anm. 2 angeführten Stellen, siehe auch R.G. Bd. 21 S. 170.

1) Goldschmidt in seiner Zeitschrift für Handelsrecht Bd. 3 S. 79 ff., S. 331 ff. und ebendaselbst Bd. 16 S. 328; Exner, Begriff der höheren Gewalt in Grünhuts Zeitschrift Bd. 10 S. 495; Dernburg ebendaselbst Bd. 11 S. 334; Huber, höhere Gewalt — Inauguraldissertation ohne Jahresangabe — Bern 1885; Hafner, Begriff d. h. Gewalt, Zürich, 1887; Stucki, Begriff d. h. Gewalt, Berner Inauguraldiss. 1888; Gerth, Begriff d. vis major 1890, Ude, Zeitschr. der Sav.-Stiftung, rom. Abthlg. Bd. 12 n. 4, v. Hollander, vis major als Schranke der Haftung 1892, und die oben § 37 Anm. 6 Angeführten.

2) l. 1 pr. D. nautae caupones 4, 9. Ulpianus libro 14 ad edictum: Ait praetor: „nautae caupones stabularii quod cujusque salvum fore receperint nisi restituent, in eos judicium dabo".

3) Vgl. l. 1 § 1 D. h. t. in fine. Goldschmidt, Handbuch des Handelsrechtes 3. Aufl. Bd. 1 S. 93 nimmt an: In altrömischer Zeit hätten Wirth und Reisender vor dessen Aufnahme regelmäßig einen ausdrücklichen mündlichen Vertrag über die Garantie der Unversehrtheit des Reisegepäcks des Gastes geschlossen, das sei Verkehrsusance geworden, welche das Edikt endlich sanktionirte. Dies ist wenig wahrscheinlich. Der Quirite kommt hungrig, durstig, müde nach langem Ritt Abends vielleicht bei Sturm und Regen an ein Wirthshaus. Aber er führt sein triefendes Pferd nicht in den Stall, er trocknet seine Kleider nicht drinnen im Haus, er ißt nicht und er trinkt auch nicht, ehe der gefällige Wirth das Reisegepäck ausdrücklich mit den Worten „salvum fore recipio" oder ähnlichen unter seine Garantie nimmt. Und wie, wenn sich der bäuerische Wirth auf die Vertragsworte nicht einläßt? Uebernachtete dann der römische Reisende draußen im Freien? Gegen die Annahme eines Vertrages auch Baron, Arch. f. civ. Praxis Bd. 78 S. 239. — Lenel in der Savigny-Zeitschrift rom. Abth. Bd. 13 S. 403 unterstellt, daß die römischen Wirthe durch Aufschrift auf der Straßenseite des Gasthofs z. B. „sarcinae salvae erunt" die Garantie zu übernehmen pflegten. Das ist eine sehr ansprechende Hypothese.

Nach dem Rechte der Kaiserzeit aber werden Schiffer und Wirthe von der Haftung befreit durch den Nachweis h ö h e r e r  G e w a l t, — vis major, damnum fatale — welche die aufgenommenen Objekte traf, sowie der eigenen Schuld der Reisenden.

Der Nachweis, daß ihnen selbst keine Schuld zu Last fällt, befreit die Schiffer und Wirthe nicht.[4]

2. Das H.G.B.[5] verbindet in ähnlicher Weise die F r a c h t f ü h r e r, welche den Transport von Waaren im Binnenlande gewerbemäßig betreiben, sowie die V e r f r a c h t e r  v o n  S e e s c h i f f e n für Schaden, den nicht höhere Gewalt oder das eigene Verschulden der Beschädigten veranlaßte.

3. Tödtung und Verletzung von P e r s o n e n in Folge des Be= t r i e b e s  e i n e r  E i s e n b a h n machen deren Unternehmer schadensersatz= pflichtig; nur im Falle höherer Gewalt oder eigenen Verschuldens des Betroffenen haften sie nicht.[6]

Was aber ist höhere Gewalt? Richtiger Ansicht nach Unfälle so außerordentlicher Art, daß im Verkehr mit ihnen nicht im Voraus ge= rechnet werden kann, daß sie im regelmäßigen Geschäftsgang also nicht in Berücksichtigung gezogen werden.

Wer das Gewerbe eines Wirthes, Frachtführers oder ein Eisenbahn= unternehmen betreibt, hat nicht bloß für die Sorgfalt des sorgsamen Hausvaters im gegebenen Falle einzustehen. Er soll vielmehr die zweck= mäßigsten Einrichtungen zum Schutze des Publikums treffen. Und um dies herbeizuführen, hat er auch für zufällige Gefahren, welche das mit ihnen verkehrende Publikum treffen, aufzukommen. In diesem Sinne bildet das Unternehmen gleichsam eine Versicherungsanstalt für die mit ihm in Verkehr Tretenden.

Aber diese Versicherung geht doch nicht gegen Ereignisse so außer= ordentlicher Art, daß auf deren Möglichkeit im Verkehr nicht gerechnet wird, also nicht auf höhere Gewalt.[7]

4) l. 3 § 1 D. h. t. 4, 9. Ulpianus libro 14 ad edictum . . . hoc edicto omni modo qui recepit tenetur, etiamsi sine culpa ejus res periit vel damnum datum est, nisi si quid damno fatali contingit. inde Labeo scribit, si quid naufragio aut per vim piratarum perierit, non esse iniquum exceptionem ei dari. idem erit dicendum et si in stabulo aut in caupona vis major contigerit. § 2. Eodem modo tenentur caupones et stabularii, quo exercentes negotium suum recipiunt: ceterum si extra negotium receperunt, non tenebuntur.

5) H.G.B. Art. 395 ff., Art. 607 ff.

6) Reichshaftpflichtgesetz v. 7. Juni 1871 § 1.

7) Seit der Glosse stehen sich zwei Grundansichten über den Begriff der höheren Gewalt gegenüber. Nach der einen bilden gewisse ein f ü r  a l l e m a l  b e s t i m m t e Z u f ä l l e — z. B. Erdbeben, Wasserfluthen, Feindeseinbruch, s. g. äußere Ereignisse

## II. Verzug.[1]

### § 40. Verzug des Schuldners. Voraussetzungen.

Der Schuldner ist in Verzug, wenn er schuldhafterweise nicht zur rechten Zeit erfüllt.[2]

Der Verzug des Schuldners verlangt:

1. Fälligkeit der Forderung.

Es muß also der etwaige Zahlungstermin herangekommen, die etwa vorbedungene Kündigung erfolgt, die dem Kontrakte zugefügte Bedingung eingetreten sein. Bei zweiseitigen Geschäften, welche Zug um Zug zu erfüllen sind, hat, wer den Gegentheil in Verzug setzen will, den Austausch der Leistungen seinerseits anzubieten.

Wer durch Exception geschützt ist, kommt nicht in Verzug;[3] ebensowenig, wer bloß naturaliter schuldet.[4]

2. Um den Schuldner in Verzug zu setzen, bedarf es ferner regelrecht der Zahlungsaufforderung des Gläubigers — interpellatio.[5]

---

— höhere Gewalt. Dieser Ansicht hat neuerdings Exner in scharfsinniger Weise eine eigenartige Gestalt gegeben. Nach ihm ist höhere Gewalt ein Ereigniß, welches außerhalb des Betriebskreises des betreffenden Verkehrsunternehmens, entstanden durch Hereinwirken in diesen Betriebskreis, einen Schaden an Leib oder Gut veranlaßt hat und welches, vermöge der Art und Wucht seines Auftretens, die im ordentlichen Laufe des Lebens zu gewärtigenden Zufälle augenscheinlich übersteigt. So auch Unger in Jherings Jahrb. Bd. 30 S. 417 und ähnlich Baron, civ. Arch. Bd. 78 S. 284. Nach der anderen Ansicht giebt es keine objektiven, ein für allemal feststehenden Kriterien der höheren Gewalt. Vielmehr handelt es sich um Dinge, welche die menschliche Vorsicht in der gegebenen Lage der Verhältnisse übersteigen — damnum quod imprudentibus accidit. Vgl. Dernburg a. a. O. und namentlich B. Stintzing im Archiv für civ. Praxis Bd. 81 S. 427; siehe auch R.G. Bd. 21 S. 13.

1) Tit. Dig. de usuris et fructibus et causis et omnibus accessionibus et mora 22, 1; Litteratur: Madai, d. L. von der Mora 1837; Wolff, z. L. von der Mora 1841; Fr. Mommsen, d. L. von der Mora in seinen Beiträgen zum Obligationenrecht Abth. 3 1855; Kniep, die Mora des Schuldners, 2. Bde. 1871 ff.

2) Das Wort mora hat die doppelte Bedeutung, einmal Verzögerung der schuldigen Leistung objektiv genommen, dann schuldhafte Versäumniß. Beide Bedeutungen stellt Paulus libro 37 ad edictum l. 24 pr. D. h. t. 22, 1 in der Weise eines Wortspiels gegenüber: Si quis solutioni quidem moram fecit, judicium autem accipere paratus fuit, non videtur fecisse moram: utique si juste ad judicium provocavit.

3) l. 54 D. de pactis 2, 14, l. 40 D. de rebus cred. 12, 1.

4) l. 88 D. de R. J. 50, 17.

5) l. 32 D. h. t. 22, 1. Marcianus libro 4 regularum: Mora fieri intelligitur non ex re, sed ex persona, id est, si interpellatus opportuno loco non solverit. Zuvielforderung des Gläubigers hindert den Eintritt des Verzuges bezüglich des wirklich Geschuldeten nicht unbedingt, vielmehr nur dann, wenn der Gläubiger den Betrag der wirklichen Schuld nicht annehmen wollte, vgl. R.G. Bd. 9 S. 141. Daß in der Klage auf die Leistung, sowie in Zustellung eines Zahlungs-

Die Interpellation muß an passendem Orte und zu passender Zeit geschehen.[6] Der Gläubiger hat das Recht der Interpellation nur, wenn er zur Annahme der Zahlung befugt ist.[7] An seiner Stelle können sie Bevollmächtigte und gesetzliche Vertreter vornehmen, keineswegs aber unbeauftragte Geschäftsführer.[8] Die Aufforderung muß an den Schuldner[9] oder den zur Entgegennahme derartiger Erklärungen legitimirten Vertreter desselben geschehen.[10]

Auch ohne Interpellation kommt der Schuldner in Verzug:

a) wenn seine Schuld dadurch entstanden ist, daß er sich fremden Gutes diebisch oder sonst bolos bemächtigte,[11]

---

befehls im Mahnverfahren eine Mahnung liegt, ist selbstverständlich. Daß sie in einer Feststellungsklage nicht liegt, versteht sich nicht minder von selbst. Nach H.G.B. Art. 288 Abs. 2 gilt Uebersendung einer Rechnung für sich allein nicht als Mahnung.

6) l. 32 D. h. t., l. 49 § 3 D. de V. O. 45, 1. Eine vor der Fälligkeit der Schuld eingehende Mahnung, laut deren der Schuldner nach der Fälligkeit zahlen soll, muß aber genügen. Windscheid Bd. 2 § 279 Anm. 4. In einer Kündigung liegt eine Mahnung zur Zahlung nach Ablauf der Kündigungsfrist.

7) Kniep a. a. O. Bd. 1 S. 166 nimmt an, daß Unmündige und andere Verpflichtungsunfähige, sofern sie Rechte erwerben können, zur Mahnung befugt seien, trotzdem daß sie nicht zur Zahlungsannahme berechtigt seien. Ein unmündiger Junge könne z. B. mahnen, daß ihm seine Jacke geliefert, sein Lesebuch zurückgegeben werde. Gewiß — aber er gilt auch zur Annahme dieser Dinge als von seinem Vorstande legitimirt. Dagegen müßte es zu verkehrten Resultaten führen, wenn er rechtsgültig mahnen dürfte, daß das vom Vormund gekaufte, für die Oekonomie nöthige Pferd abgeliefert würde, was vielleicht zunächst noch gar nicht erwünscht ist. Die Mahnung ist Verwaltungsakt, welcher in der Regel nur dem Verwalter zusteht.

8) Paulus libro 37 ad edictum l. 24 § 2 D. h. t. 22, 1 scheint das Gegentheil auszusprechen: Mora videtur creditori fieri, sive ipsi sive ei, cui mandaverat, sive ei, qui negotia ejus gerebat, mora facta sit. Doch man wird hier nur an den Gegensatz eines Specialmandats zu genereller Bevollmächtigung denken dürfen. Denn es besteht bei der Mahnung durch Jemanden, der sich ohne Auftrag in die Verwaltung gedrängt hat, keine Sicherheit dafür, daß der Gläubiger die Lösung des Schuldverhältnisses will. Man denke, es habe Jemand bei seiner Abreise Geldsummen deponirt; ein Dritter drängt sich in die Verwaltung seiner Geschäfte ein. Wie soll der Depositar, den ein solcher negotiorum gestor während Abwesenheit des Deponenten zur Rückzahlung mahnt, in Verzug kommen, obgleich er dem Mahnenden nicht mit liberatorischem Effekte zahlen kann. Vgl. übrigens Mommsen a. a. O. S. 53, Kniep a. a. O. Bd. 1 § 20, Brinz Bd. 2 S. 293. Das oben § 34 Anm. 6 und 7 Bemerkte ist entsprechend auf die Mahnung anzuwenden.

9) Der Schuldner muß handlungsfähig sein, l. 24 D. de verb. oblig. 45, 1.

10) Unzweifelhaft und unbezweifelt ist, daß gesetzliche Vertreter, insbesondere Vormünder, statt des Vertretenen gemahnt werden können, l. 24 D. de verb. obl. 45, 1. Das Gleiche gilt heutzutage bezüglich der Vertreter der juristischen Personen. Bestritten ist die Frage bezüglich der freiwilligen Vertretung. Vgl. Brinz Bd. 2 S. 294 Anm. 18. Die mora des Hauptschuldners versetzt den Bürgen zwar nicht in mora, schadet ihm aber in der Regel, da er für die Verbindlichkeiten des Hauptschuldners, wie sie sich gestalten, haftet, l. 91 § 4 D. de verb. obl. 45, 1, Brinz Bd. 2 S. 295 Anm. 22. Die mora des Bürgen schadet dem Hauptschuldner nicht. Vgl. übrigens Brinz S. 295 Anm. 24.

11) l. 8 § 1 D. de condictione furtiva 13, 1: semper enim moram fur facere videtur, siehe ferner l. 1 § 35 D. de vi 43, 16.

b) wenn er sich der Interpellation entzieht;[12] dies ist
der Fall, wenn er weder in seinem Wohnsitze beziehungsweise seiner
Handelsniederlassung, noch am kontraktlich bestimmten Erfüllungsorte zu
treffen ist, auch keinen Vertreter dort zurückgelassen hat, so daß der
Gläubiger die Interpellation vergeblich versucht,[13]

c) wenn ein bestimmter Zahlungstermin vereinbart
war und an diesem Tage nicht gezahlt wird. Dies hat die gemeinrecht=
liche Praxis angenommen. Sie hält sich an den Spruch: „dies interpellat pro homine".[14]

---

12) l. 23 D. h. t. 22, 1. Ulpianus libro 34 ad edictum: Aliquando etiam
in re moram esse decerni solet, si forte non exstat, qui conveniatur.

13) Eine vor Gericht abgegebene Erklärung des Gläubigers, wie sie Mommsen
a. a. O. S. 74 fordert, ist nicht nöthig. Nur muß der Gläubiger den Willen, daß
Zahlung geleistet werde, in bestimmter Weise zu erkennen geben. Es genügt daher
unter Anderem, daß man sich selbst oder daß ein Notar sich in die bisherige Wohnung
des Schuldners begiebt und daß dort eine Urkunde aufgenommen wird, welche den
vergeblichen Versuch, Zahlung zu erlangen, konstatirt, vgl. Brinz Bd. 2 S. 297
Anm. 38. Vgl. jetzt auch Windscheid Bd. 2 § 278 Anm. 12.

14) Dies ist eine der berühmtesten Streitfragen des gemeinen Rechtes. Schon
die Glosse „committitur" zu l. 9 D. h. t. 22, 1 lehrte, daß interpellari videtur
ab ipsa die constituta", und dies wurde gemeine Meinung, die auch in Deutschland
allgemeine Anerkennung und Anwendung fand, bis sie Savigny in seinen Vor=
lesungen und später Neustetel im Archiv für civ. Praxis Bd. n. 8 bestritt. Seit=
dem sind die Ansichten getheilt; vgl. die bei Windscheid § 278 Anm. 4 citirten Schrift=
steller. Daß den Römern der Satz „dies interpellat" unbekannt war, ergiebt
Folgendes: a) Die Regel, daß die mora in Folge einer Interpellation — non ex
re, sed ex persona — entstehe, wird als eine ganz allgemeine ausgesprochen l. 32
pr. D. h. t. 22, 1. Dies hätte einer Einschränkung bedurft, wenn sie für alle
Schulden mit bestimmten Zahlungsterminen — also einen sehr häufigen Fall —
nicht gegolten hätte. b) Die Juristen erwähnen das Vorkommen besonderer Aus=
nahmen an verschiedenen Stellen. Die mora solle „aliquando" ex re entstehen,
namentlich wenn der Schuldner nicht zu finden sei. Mußte der Fall der Hinzu=
fügung eines Zahlungstermins nicht näher liegen? Wie sollte sich erklären, daß ein
so einflußreicher, so praktisch wichtiger Satz nirgends mit ausdrücklichen Worten her=
vorgehoben wurde, wenn er bestand. In diesem Falle liefert das Schweigen, wie
uns däucht, vollen Beweis. c) In l. 17 § 4 D. h. t. 22, 1 entscheidet Paulus
libro singulari de usuris: Ex locato qui convenitur, nisi convenerit ut tardius
pecuniae illatae usuras deberet, non nisi ex mora usuras praestare debet.
Für den Miethzins wird doch gewiß die Zahlungszeit oft vereinbart, dennoch wird
hier allgemein entschieden, daß Zinsen in Fällen verspäteter Zahlung der Miethe
nicht ohne Weiteres, sondern erst vom Verzuge an laufen, daß es also noch be=
sonderer Veranstaltung zur Herbeiführung des Verzuges bedarf. — Die Stellen,
auf die sich die Gegner berufen, können das Resultat nicht erschüttern. Man führt
hauptsächlich zwei an: a) In der l. 10 C. de act. empti venditi 4, 49 rescribiren
Diokletian und Maximian: Cum venditorem carnis fide conventionis rupta
tempore placito hanc non exhibuisse proponas, empti actione eum quanti interest
tua tunc tibi praestitam fuisse apud praesidem provinciae convenire potes. —
Bei Lieferungsgeschäften über Fleisch mit bestimmter Lieferungszeit ist die rechtzeitige
Leistung in der Regel Kontraktbedingung, verspätetes Angebot daher kein kontrakt=
gemäßes. Um deswillen ist der Preis der Lieferungszeit zu ersetzen, ohne daß es
auf die Frage des Verzugs im technischen Sinne ankommt. Das heißt nicht, wie
Windscheid a. a. O. meint, etwas in die Stelle hineintragen, sondern nur das, was
in ihr liegt, entwickeln. b) In l. 114 D. de verb. obl. 45, 1 äußert Ulpianus libro 17

3. Die Verzögerung muß in einer Verschuldung des Schuld=
ners ihren Grund haben.[15]

Es besteht also ein Unterschied zwischen dem bösen Schuldner und
dem redlichen, ähnlich wie auf dem Gebiete des Sachenrechtes zwischen
dem unredlichen und redlichen Besitzer. Doch soll dies nicht ein Deck=
mantel heuchlerischer Chikane und eine Schädigung des Kredites werden.
Wer nicht rechtzeitig zahlt, was er schuldet, erscheint
schon um deswillen in Verschuldung.[16]

Der Schuldner muß also seinerseits Entschuldigungsgründe
vorbringen, um die Annahme einer Verschuldung abzuwehren.

Dieselben können in äußeren Hindernissen liegen, welche sich
der Zahlung entgegenstellen, z. B. Wassersnoth oder Krieg und Revo=
lution, welche die Kommunikation unterbrechen.[17]

Auch Unkenntniß der Forderung kann entschuldigen. Doch ist
dies nicht leicht zu nehmen. Der Schuldner hat sich über Existenz und
Betrag einer ihm gegenüber geltend gemachten Schuld möglichst zu ver=

---

ad Sabinum: Si fundum certo die praestari stipuler et per promissorem
steterit, quo minus ea die praestetur, consecuturam me, quanti mea intersit
moram facti non esse. Die Frage, welche hier zur Erörterung stand, war die=
jenige nach den Wirkungen der mora, ob nämlich bei der condictio eines fundus
das Zögerungsinteresse in Betracht komme, oder etwa nur der Werth des Grund=
stücks im Augenblicke der Litiskontestation; vgl. l. 3 und l. 4 D. de condictione
triticaria 13, 3. Welches die Bedingungen des Verzuges waren, ist aus dieser
Stelle nicht zu entnehmen, da die Worte „si per promissorem steterit" die ver=
schiedensten Lösungen offen halten. — Indessen ist in dieser Lehre nicht das reine
römische Recht recipirt, vielmehr hat die Praxis den Grundsatz „dies interpellat"
übernommen und festgehalten. Vgl. namentlich Mommsen a. a. O. S. 84 ff. Eine
andere Frage ist, ob der römische Satz nicht humaner und zweckmäßiger war, als
der gewohnheitsrechtlich gebildete, ob er nicht insbesondere für das heutige Recht vor=
zuziehen wäre. Ein eingeschriebener Brief würde dem Gläubiger den Beweis der Mah=
nung sichern. Wäre seine Absendung eine so lästige Sache! Der Entwurf des bürger=
lichen Gesetzbuchs hat sich die Frage nicht vorgelegt.

15) Ob die mora debitoris eine culpa fordere, ist Streitfrage. Zu den
Gegnern gehört Kniep a. a. O. Bd. 1 S. 326, siehe dort S. 406 die Litteratur der
Frage. Daß die Römer die mora auf culpa zurückführten, ergiebt l. 91 § 3 D.
de verb. obl. 45, 1. Von „inculpata mora" spricht daher l. 9 § 1 D. de usu=
ris 22, 1. Es erklärt sich ferner das Vorkommen von Exkulpationsgründen der mora
wissenschaftlich am besten daraus, daß die mora grundsätzlich Verschuldung erforderte.
Mit Recht hebt aber Kniep a. a. O. hervor, daß die Schriftsteller, welche die Ver=
schuldung auf ihre Fahne schreiben, keineswegs um deswillen einer und derselben
Auffassung huldigen und ebensowenig ihre Gegner. So steht z. B. Windscheid Bd. 2
§ 277, der wie wir die Verschuldung fordert, doch im praktischen Resultate auf einem
ganz anderen Standpunkte, als er hier vertreten wird.

16) Kläger hat daher zum Beweise der mora nur die Fälligkeit der Forderung
und die Mahnung darzuthun. Paulus sent. III 8 § 4 . . . mora autem fieri vi=
detur, cum postulanti non datur, vgl. Mommsen a. a. O. S. 23, Brinz S. 289.
Namentlich ist aus l. 5 D. de rebus creditis 12, 1 keineswegs abzuleiten, daß
Kläger behufs des Nachweises der mora darzuthun habe, daß Beklagter seine Ver=
pflichtung gekannt habe.

17) l. 23 pr. D. h. t. 22, 1, vgl. l. 21 D. eod.

gewiſſern.[18] Nur wenn trotzdem die Ueberzeugung von der Nichtſchuld begründet erſcheint, iſt er entſchuldigt.

Mangel an Zahlungsmitteln gilt nie als Entſchuldigung der Nichterfüllung.[19]

### § 41. Folgen des Verzuges des Schuldners.

Der ſäumige Schuldner ſchuldet dem Gläubiger das Intereſſe an rechtzeitiger Leiſtung.[1]

Doch das Recht begnügt ſich nicht mit einer ſo allgemeinen Regel. Bei der Schwierigkeit der Darlegung und des Nachweiſes des Intereſſes hätte ſie dem Gläubiger keine ausreichende Gewähr für den vollen Erſatz deſſen geboten, was ihm in Wahrheit entging. Man entwickelte vielmehr konkretere Sätze, welche dem Gläubiger den Beweis ſeines Intereſſes im Einzelnen bis zu einem gewiſſen Grade erſparen.

1. Vom Verzuge an trägt der Schuldner die Gefahr des Unterganges ſowie der Verſchlechterung der geſchuldeten Sache.

Die altrömiſche Jurisprudenz hatte dies in der Form feſtgeſtellt, daß der Verzug die Obligation perpetuire. In Folge deſſen konnte der Gläubiger, welchem der Sklave Stichus geſchuldet war, falls derſelbe nach dem Verzuge des Schuldners verſtarb, immer noch klagen „Stichum dare oportere". Auf Grund ſolcher Klage war ihm der Werth der todten Seele vom Richter zuzuſprechen, wie wenn ſie noch lebte.

Die Jurisprudenz der Kaiſerzeit rechtfertigte dieſe Verurtheilung dadurch, daß der Gläubiger das Schuldobjekt durch Verkauf bei rechtzeitiger Leiſtung verwerthen und ſo den Schaden abwenden konnte.

Hiervon ausgehend verſtattet man den Schuldner zum Gegenbeweiſe, daß der Zufall die Sache auch beim Gläubiger im Falle rechtzeitiger Leiſtung getroffen hätte. Zu dieſem Beweiſe gehört aber auch, daß der

---

18) Die Vermuthung ſpricht dafür, daß der Schuldner, welcher prozeſſirt ſtatt zu zahlen, in Verzug iſt. Vgl. oben Bd. 1 § 154 Anm. 11.

19) Windſcheid dagegen behauptet, „auch Zahlungsunfähigkeit, wenn ſie durch unverſchuldete Unglücksfälle herbeigeführt iſt, muß als Entſchuldigungsgrund gelten." Dies ſteht im Widerſpruch mit l. 137 § 4 D. de verb. obl. 45, 1: et generaliter causa difficultatis ad incommodum promissoris, non ad impedimentum stipulatoris pertinet. Es iſt jene Auffaſſung auch unvereinbar mit einem geſunden Kreditweſen. Auf eine Erörterung darüber, weshalb der Schuldner in den Zuſtand der Zahlungsunfähigkeit kam, braucht ſich der Gläubiger nicht einzulaſſen. Vgl. Brinz Bd. 2 S. 291.

1) l. 36 § 2 D. de usu fructu 7, 1, l. 114 D. de verb. obl. 45. 1.

Gläubiger das Geleistete behalten und nicht verkauft hätte.
Und dieser Nachweis kann nur in seltenen Fällen gelingen. [2]

2. Der Schuldner haftet weiter für die Preisminderung,
welche die geschuldete Sache nach dem Verzug erfuhr. [3]

Auch dies war eine Folge der Idee, daß dem Gläubiger zu Theil
werden müsse, was er durch Verkauf des Schuldobjektes hätte erlangen
können, wenn es rechtzeitig geliefert worden wäre.

Der etwaige höhere Werth der Zwischenzeit zwischen dem Eintritt des Verzugs und der wirklichen Leistung oder der Verurtheilung
gebührt dem Gläubiger nur, wenn er darthut, daß er bei rechtzeitiger
Lieferung gerade jenen günstigen Moment benutzt hätte.

Nur der Dieb hat den höchsten Werth der Zwischenzeit

---

2) Seit den Glossatoren ist streitig, ob der Schuldner in Folge der Perpetuation
der Obligation unbedingt vom Augenblicke der mora die Gefahr trage, oder ob
er frei werde, wenn der Untergang den Gläubiger auch dann getroffen hätte, falls
die Leistung des Schuldgegenstandes rechtzeitig an den Gläubiger geschehen wäre.
Vgl. über die Geschichte dieser Kontroverse Mabai a. a. O. S. 289. Mabai selbst
vertritt die strengere Ansicht, während die heutigen Juristen überwiegend der milderen Auffassung huldigen. Ihr ist auch beizutreten. Nur ist, was meist nicht geschieht, die historische Entwickelung zu beachten. Aufgestellt wurde der Satz der
Perpetuation von den republikanischen Juristen als ein selbständiger und unbedingter. Er ist eine constitutio juris. l. 91 § 3 D. de verb. obl. 45, 1. Paulus
libro 17 ad Plautium: Sequitur videre de eo, quod veteres constituerunt,
quotiens culpa intervenit debitoris, perpetuari obligationem, quemadmodum
intellegendum sit, vgl. l. 82 § 1 D. eod., l. 24 D. de usuris 22, 1. Seit der
Kaiserzeit erregte jedoch diese Feststellung der alten Jurisprudenz Bedenken. Ulpianus
libro 22 ad Sabinum — l. 47 § 6 D. de leg. I — berichtet über eine Aeußerung
von Labeo zu ihrer Rechtfertigung: Item si fundus chasmate perierit, Labeo ait
utique aestimationem non deberi: quod ita verum est, si non post moram
factam id evenerit: potuit enim eum acceptum legatarius vendere.
Der Ausspruch von Labeo zündete. Was er zur Rechtfertigung des alten Satzes vorgebracht hatte, wurde nun als der leitende juristische Gedanke behandelt. Ulpianus
libro 16 ad edictum l. 15 § 3 D. de rei vind. 6, 1 zieht hieraus Konsequenzen:
Si servus petitus vel animal aliud demortuum sit sine dolo malo et culpa
possessoris, pretium non esse praestandum plerique ajunt: sed est verius, si
forte distracturus erat petitor si accepisset, moram passo debere praestari:
nam si ei restituisset, distraxisset et pretium esset lucratus. Vgl. l. 14 § 1 D.
depositi 16, 3. Die Modifikation der alten Regel durch Ulpian ist als das geltende
Recht anzusehen. Sie entspricht der Billigkeit. Doch nicht der Gläubiger hat, wie
Einige meinen, zu beweisen, daß er bei rechtzeitiger Leistung veräußert hätte; dem
Beklagten liegt der Beweis ob, daß der Gläubiger nicht veräußert hätte. Für die
Beweispflicht des Gläubigers in Betreff des Verkaufes ist u. a. Kniep a. a. O.
Bd. 2 S. 45. Vgl. über die Frage Windscheid Bd. 2 § 280 Anm. 14 und dort
Angef. Uebrigens genügt der Schuldner seiner Beweispflicht, wenn er Umstände
darthut, aus denen sich mit hoher Wahrscheinlichkeit ergiebt, daß der Gläubiger nicht
verkauft hätte. Gewißheit läßt sich bei derartigen hypothetischen Dingen nicht er-
bringen.

3) l. 3 § 3 D. de a. e. v. 19, 1. Pomponius libro 9 ad Sabinum: Si per
venditorem vini mora fuerit, quominus traderet, condemnari eum oportet, utro
tempore pluris vinum fuit, vel quo venit vel quo lis in condemnationem deducitur . . . Freilich muß bei dieser Stelle unterstellt werden, daß der Verkäufer sofort nach dem Verkaufe in Verzug gerieth, indem ihn der Handel reute.

schlechthin zu ersetzen. Er muß sich gefallen lassen, daß der Gläubiger ihm gegenüber auch entfernte Gewinnchancen geltend macht.[4]

3. Der Gläubiger hat vom Verzuge an Anspruch auf die Früchte und andere Erträgnisse der geschuldeten Sache, welche der Schuldner nach dem Verzug zog oder hätte ziehen sollen, wie auch auf etwaige Mehreinnahmen, welche der Gläubiger bei rechtzeitiger Lieferung aus dem geschuldeten Gegenstande erzielen konnte. Insbesondere gebühren ihm Verzugszinsen — also in der Regel landesübliche Zinsen.[5] [6]

Ist der Gläubiger minderjährig, so sind ihm landesübliche Zinsen schon von der Fälligkeit seiner Forderung an zu zahlen.[7]

4. Ist die Geltendmachung einer Forderung durch Endtermin beschränkt, so fällt diese Beschränkung weg, wenn der Schuldner vor dessen Eintritt in Verzug kommt.[8]

Unbenommen ist dem Gläubiger der Nachweis und die Geltend=

---

4) l. 8 § 1 D. de condictione furtiva 13, 1. Ulpianus libro 27 ad edictum: Si ex causa furtiva res condicatur, cujus temporis aestimatio fiat, quaeritur. placet tamen id tempus spectandum, quo res unquam plurimi fuit, maxime cum deteriorem rem factam fur dando non liberatur: semper enim moram fur facere videtur. Mit Unrecht leiten Manche aus dieser Stelle eine allgemeine Regel des Verzuges her, siehe Windscheid Bd. 2 § 280 Anm. 19.

5) l. 39 § 1 D. de leg. I, Paulus sent. II, 12 § 7, l. 17 § 1 D. de r. v. 6, 1 Petražycki, Einkommen II § 7. Während die Perpetuation und die sich hieraus ergebenden Rechtssätze den stricti juris judicia und einer constitutio der Juristen die Entstehung danken, haben sich die Ansprüche wegen der Verzugszinsen und der Früchte bei den bonae fidei judicia entwickelt: l. 32 § 3 D. h. t. 22, 1, l. 24 D. depositi 16, 3. Wie dies dann auf Vermächtnisse ausgedehnt wurde, ergiebt Gajus Inst. II § 280, Paulus sent. III 8 § 4, l. 24 D. de usufructu legato 33, 2, l. 34 D. h. t. 22, 1. Der Reichsdeputations=Abschied von 1600 § 139 erkannte Ver= zugszinsen den Kreditoren ohne zu unterscheiden allgemein zu.

6) Die Ausnahmen siehe oben § 29 Anm. 11.

7) Vgl. oben § 29. Es ist bestritten, ob die Schuldner Minderjähriger nur verpflichtet sind, von dem Zeitpunkt der Fälligkeit ihrer Schuld Zinsen zu zahlen, oder ob Verzug mit allen seinen Folgen während der Dauer der Minderjährigkeit besteht. Die Verordnung Severs, auf die der Rechtssatz zurückgeht, sprach nur von einer Verpflichtung zur Zahlung von Zinsen, l. 87 § 1 D. de leg. II. Paulus libro 14 responsorum ... quamvis enim constitutum sit, ut minoribus XXV annis usurae omnimodo praestentur, tamen non pro mora hoc habendum est, quam sufficit semel intervenisse, ut perpetuo debeantur. Ebenso l. 5 C. de a. e. v. 4, 49. Allerdings bezeichnete man dies als Folge einer mora im objektiven Sinne, l. 26 D. de fideicommissariis lib. 40, 5, l. 3 C. in quibus causis i. i. r. 2, 40. Man mochte auch wohl hie und da versuchen, den Ausspruch zu Analogieen zu verwerthen. Hierauf ist aber gegenüber der Zurückweisung einer wahren mora in den oben angeführten Stellen Gewicht nicht zu legen. Erhielte doch sonst die an sich wohl zu rechtfertigende Verordnung Severs einen unbilligen und exorbitanten Charakter. Hieran kann uns auch die l. 3 § 2 D. de adimend. leg. 34, 4, die Windscheid zur Gegenansicht bestimmt, nicht irre machen. Es handelt sich hier um die Rektifikation einer zweideutigen Disposition des Erblassers nach dessen vermuth= lichem Willen. Vgl. Brinz Bd. 2 S. 298 Anm. 39, Seuff. Arch. Bd. 47 n. 13 (O.L.G. Oldenburg).

8) l. 3 § 1 und 2 D. de adim. leg. 34, 4; Windscheid Bd. 2 § 280 Anm. 21.

8*

machung eines höheren Interesses an rechtzeitiger Erfüllung, als ihm nach den entwickelten Rechtssätzen gesichert ist. Insbesondere kann er zu diesem Zwecke nachweisen, daß ihm die rechtzeitige Berichtigung einer Geldschuld höheren Zinsengewinn gebracht, größeren Verlust abgewendet hätte, als die landesüblichen Zinsen gutmachen.[9]

Der Verzug des Mitkontrahenten giebt dem anderen Theile kein Rücktrittsrecht, sofern dasselbe nicht bedungen ist oder aus der Natur des Geschäftes folgt oder nach der besonderen Sachlage durch Billigkeit gerechtfertigt ist.[10][11] Nach dem H.G.B. findet sich ein derartiges Rücktrittsrecht in ausgedehntem Maße bei Handelskäufen.[12][13]

### § 42. Beendigung des Verzuges.

Der Verzug des Schuldners hört auf — mora purgatur:[1]

1. Durch ein vollständiges Zahlungsangebot zu passender Zeit und an passendem Orte.

Es macht keinen Unterschied, ob der Schuldner selbst oder ob ein Dritter Zahlung anbietet.[2]

---

9) So ausdrücklich Reichs-Dep.-Absch. von 1600 § 189. Vgl. freilich l. 20 D. de per. et commodo 18, 6, abgedruckt unten § 45 Anm. 3.

10) Vgl. Gustav Lehmann, die Ausweitung der debitorischen Verzugsfolge 1891, Seuff. Arch. Bd. 47 n. 101 (O.L.G. Kassel).

11) Vgl. auch bezüglich der arra oben § 12.

12) H.G.B. Art. 354 und 355.

13) Der Entwurf des bürgerl. Gesetzbuchs II. giebt dem Gläubiger im § 277 das Recht zum Rücktritt vom Geschäft im Falle des Verzuges seines Schuldners. Nach § 574 findet dies Rücktrittsrecht bei der Werkverdingung sogar ohne weiteres statt, wenn „das Werk ganz oder zum Theil nicht rechtzeitig hergestellt" wird. Hierin liegen verhängnißvolle Sätze für das deutsche Handwerk, die deutsche Kunst und Arbeit. Ohne Rücksicht darauf, ob für den Besteller das hergestellte und verspätet angebotene Arbeitsprodukt kein Interesse mehr hat, darf er sich vom Geschäfte losmachen. Dem Werkmeister bleibt überlassen das von ihm verfertigte Arbeitsprodukt anderweit zu verwerthen. Das wird ihm oft, weil es nach den besonderen Bedürfnissen des Bestellers verfertigt wurde, nicht möglich sein. Sein Schaden ist dann unverhältnißmäßig groß. Welche Gelegenheit zur Ausbeutung des Werkmeisters, der das Arbeitsprodukt nach dem Rücktritt des Bestellers oft um jeden Preis hergeben muß. Was für Handelskäufe, bei denen es sich um fungibele Gegenstände handelt, erträglich sein mag, paßt keineswegs für das allgemeine Recht. Das Nähere Petražycki, Einkommen Bd. 2.

1) Die älteren römischen Juristen nahmen an, daß die einmal durch mora eingetretene Perpetuation der Schuld nicht durch späteres Angebot der Leistung endige, sondern nur durch wirkliche Erfüllung oder Kondemnation des Schuldners. Dagegen erklärte sich Celsus l. 91 § 3 D. de verb. obl. 45, 1 ... Celsus adulescens scribit eum, qui moram fecit in solvendo Sticho quem promiserat, posse emendare eam moram postea offerendo: esse enim hanc quaestionem de bono et aequo: in quo genere plerumque sub auctoritate juris scientiae perniciose, inquit, erratur. Dem stimmte Julian und die spätere Jurisprudenz bei.

2) l. 72 § 2 D. de solutionibus 46, 3.

Nur das Angebot reicht aus, welches die volle Schuld umfaßt, wie sie sich in Folge des Verzuges gestaltet hat. In der Regel bedarf es eines realen Angebotes. Keinenfalls genügen bloße Worte des bisher säumigen Schuldners. Seine Erfüllungsbereitschaft muß sich vielmehr in Thatsachen aussprechen, aus denen sich die ernste Absicht ergiebt, unmittelbar seiner Schuld zu genügen.

2. Einwilligung des Gläubigers in das Stehenbleiben der Schuld beendet ferner regelmäßig den Verzug. Sie geschieht z. B. durch einen Vertrag über Stundung der Schuld, nicht minder durch eine bedingte Novation,[3] auch durch Annahme eines künftig fälligen Wechsels oder auch einer Sicherstellung.[4][5]

---

3) l. 54 D. de pactis 2, 14. — In einer bedingten Novation liegt Beendigung der mora auch für den Fall, daß die neue Obligation nicht zu Stande kommt. So entscheidet Marcellus libro 20 digestorum l. 72 § 1 D. de solutionibus 46, 3 „debitorem, cum stipulanti creditori sub conditione promisit, non videri in solutione hominis cessasse;" vgl. l. 14 pr. D. de novationibus 46, 2. Anderer Ansicht war freilich Venuleius — l. 31 pr. D. de novationibus 46, 2. Er ging noch von dem älteren Principe — siehe Anm. 1 — aus, daß die einmal eingetretene Perpetuation nur durch Erfüllung beseitigt werde. Hierin liegt also nur eine historische Reminiscenz. Die Ansichten sind jedoch sehr getheilt. Vgl. namentlich Kniep, Einfluß der bedingten Novation auf die ursprüngliche obligatio 1860 S. 49 und Römer, die bedingte Novation 1863 S. 142.

4) Nicht zu billigen ist die Behauptung, daß der Verzug, welcher gegen den Abwesenden ohne Mahnung eintrat, mit dessen Rückkehr erlösche. Dies behauptet unter Anderen Windscheid Bd. 2 § 281 Anm. 4, indem er sich darauf stützt, daß auch der Verzug, welcher zu Gunsten des minderjährigen Gläubigers eingetreten sei, durch dessen Großjährigkeit von selbst erlösche. Aber selbst wenn man in dem Falle der Minderjährigkeit des Gläubigers wahren Verzug annehmen wollte, was nicht richtig ist — vgl. oben § 41 Anm. 7 —, so liegen doch die Verhältnisse nicht gleich. Denn das Recht des minderjährigen Gläubigers ist ein besonderes Privileg; der Verzug, im Falle der Schuldner nicht zu finden ist, ergiebt sich aus dem Wesen der Sache. Wie sollte dem Gläubiger obliegen, sich stets auf dem Laufenden über Anwesenheit oder Abwesenheit des Schuldners zu halten!

5) Bedenklich ist der häufig — z. B. von Windscheid Bd. 2 § 281 Anm. 8 — gelehrte Satz: „durch das Aufhören des Forderungsrechtes wird nicht bloß bewirkt, daß der Schuldner nicht mehr in Verzug ist, sondern er wird dadurch auch von derjenigen Steigerung seiner Verbindlichkeit befreit, welche der Verzug bereits erzeugt hat." Dies kann unmöglich den Sinn haben: ist die Forderung, wie sie sich zur Zeit der Tilgung gestaltet hat, getilgt, so sind auch die Verzugsfolgen erledigt; denn dies wäre eine Tautologie. Die Meinung ist vielmehr die: wenn das ursprüngliche Schuldobjekt, z. B. das zu liefernde Quantum Getreide, nachdem der Schuldner in Verzug gerieth, nachträglich geliefert und angenommen ist, so kann der Gläubiger die Ansprüche wegen Verzuges, z. B. auf die Preisdifferenz, die er in Folge des Sinkens des Getreidepreises vom säumigen Schuldner zu beanspruchen hatte, nicht mehr geltend machen. Dies ist aber unbegründet. Unrichtig ist es, einen Vorbehalt des Gläubigers zu fordern, damit sich der Anspruch wegen der Verzugsfolgen erhalte; noch unrichtiger freilich ist die Behauptung Mommsens a. a. O., daß der Vorbehalt nur eine naturalis obligatio übrig lasse. Die Schuld, wie sie im Augenblicke der Zahlung bestand, ist vielmehr in solchem Falle nur theilweise getilgt, nichts hindert daher, sie geltend zu machen, soweit sie noch nicht abgetragen ist. Anders stünde es nur, wenn der Gläubiger jenen Anspruch bei der Annahme der Zahlung ausdrücklich oder stillschweigend aufgab.

Der Verzug hört in solchen Fällen zwar auf, die Erweiterungen, welche die Forderung durch ihn erfuhr, bleiben aber fortwährend geschuldet. Natürlich kann übrigens der Gläubiger auch auf alle Ansprüche, die ihm durch den Verzug erwuchsen, verzichten.[6]

### § 43. Verzug des Gläubigers.[1]

**Nichtannahme der gehörig angebotenen Leistung ohne Grund** setzt den Gläubiger in Verzug. Diese mora creditoris oder accipiendi ist ein Gegenstück des Verzuges des Schuldners.

Allerdings ist die Annahme der angebotenen Leistung an sich ein Recht und keine Pflicht des Gläubigers.[2] Nur dann kann er daher auf die Abnahme derselben verklagt und verurtheilt werden, wenn er sie nach Wort und Sinn des betreffenden Geschäftes als Schuld übernommen hat.[3] Gleichwohl darf er in keinem Falle den Schuldner hinhalten und hierdurch dessen Verbindlichkeit steigern. Entzieht er sich also der Mitwirkung zur Lösung des Schuldverhältnisses, so ist die Folge entsprechende Erleichterung in der Haftung des Schuldners.[4]

Vorausgesetzt wird zum Verzuge des Gläubigers:[5]

1. **Vollständiges Angebot von der Schuldnerseite**[6] an passendem Orte und zu passender Zeit.

---

6) Brinz Bd. 2 § 274 unterscheidet „Endigung der mora" und „Aufhebung", durch welche sie mit aller ihrer Wirksamkeit von Anfang an erlösche. Diese Aufhebung liege in der Verzeihung der mora, welche nicht bloß den Effekt der Verschuldung, sondern die Verschuldung selbst tilge. Solche „Tilgung" halten wir für unmöglich. Der Verzug ist eine Thatsache, die geschah: sie kann nicht ungeschehen gemacht werden.

1) Kohler, Annahme und Annahmeverzug in Jherings Jahrbüchern Bd. 17 n. 8; Schey, Begriff und Wesen der mora creditoris 1884; Schmidt-Scharff, mora acc. b. Käufers, Frankfurt 1891.

2) Dies betont Kohler a. a. O. insbesondere S. 267 ff., und wahrlich mit Grund. Hat doch selbst das R.O.H.G. Bd. 11 S. 155 in Uebereinstimmung mit den Vorinstanzen einen Fabrikherrn, welcher mit einem Unternehmer einen Vertrag über Umänderung seiner Kalköfen abgeschlossen hatte, verurtheilt, dem letzteren „die nach dessen System noch nicht umgeänderten Oefen zum Umbau nach seinem System zu übergeben". Aber hierzu war der Geschäftsherr nicht verbunden, sondern nur zur Zahlung der bedungenen Vergütung für die ihm geschuldete Leistung, deren Annahme oder Nichtannahme in seinem Belieben stand, weil sie nur zu seinen Gunsten stipulirt war. So auch Seuff. Arch. Bd. 46 n. 256 (O.L.G. Braunschweig).

3) Vgl. über die Verpflichtung des Käufers zur Abnahme unten § 97 Anm. 8.

4) Vgl. Ulrich, Deposition und Derelittion S. 2, dagegen freilich Kohler a. a. O. S. 270. Siehe auch Schey a. a. O. S. 93.

5) Vgl. l. 72 pr. D. de solut. 46, 3. Marcellus libro 20 digestorum: Qui decem debet, si ea optulerit creditori et ille sine justa causa ea accipere recusavit, deinde debitor ea sine sua culpa perdiderit, doli mali exceptione potest se tueri quamquam aliquando interpellatus non solverit: etenim non est aequum teneri pecunia amissa, quia non teneretur, si creditor accipere voluisset. quare pro soluto id, in quo creditor accipiendo moram fecit, oportet esse.

Selbst das Angebot der Zahlung vor der Fälligkeit darf nicht zurückgewiesen werden, wenn die Erfüllungszeit, was im Zweifel anzunehmen ist, nur im Interesse des Schuldners aufgeschoben ist.

In der Regel bedarf es eines thatsächlichen Angebotes — Realoblation —, wenn der Gläubiger in Verzug kommen soll. Indessen muß die bloße Erklärung des Schuldners, erfüllen zu wollen, genügen, wenn ihm der Gläubiger kontraktgemäß noch nähere Bestimmungen über die Ausführung der Leistung zu geben hat und dies unterläßt; nicht minder wenn sich der Gläubiger am Erfüllungsorte nicht einfindet und auch eine Zusendung des Schuldobjektes an ihn auf seine Gefahr und Kosten nicht ausführbar oder bei Geschäften der entsprechenden Art nicht üblich ist, endlich auch dann, wenn der Gläubiger im voraus bestimmt erklärt hat, daß er die Leistung nicht annehmen oder daß er eine ihm gleichzeitig obliegende Gegenleistung nicht machen werde.[7]

2. Der Verzug des Gläubigers besteht vorzugsweise in der Zurückweisung der angebotenen Leistung; nicht minder aber in dem Unterlassen der ihm nach dem Kontrakte obliegenden Schritte, welche der Ausführung des Geschäftes vorhergehen müssen, falls vom Schuldner eine entsprechende Aufforderung ergangen ist.[8]

3. Die Verzögerung muß grundlos, d. h. verschuldet sein.[9] Die

---

6) Geräth der Gläubiger in Verzug, wenn ein Dritter, ohne vom Schuldner bevollmächtigt zu sein, die Zahlung anbietet? Dies ist nur dann der Fall, wenn die Zahlung ersichtlich im Interesse des Schuldners lag, sonst liegt in der Zurückweisung keinesfalls eine Verschuldung des Gläubigers.

7) R.O.H.G. Bd. 10 S. 238, Bd. 13 S. 59; R.G. Bd. 1 S. 311; Windscheid Bd. 2 § 345 Anm. 5. Anderer Ansicht ist Römer, Abhandlungen S. 141. Auch in solchem Falle Realoblation zu fordern, wäre für den Schuldner lästig, für den Gläubiger kostspielig, eine Vergeudung von Zeit und Kraft, schädlich den Betreffenden, nachtheilig dem Ganzen.

8) Vgl. l. 4 C. de usuris pupillaribus 5, 56. Neuerdings wurde die Frage besonders bezüglich des im Eisenhandel häufigen Geschäftes verhandelt, bei welchem eine Quantität Eisen nach einem s. g. Grundpreise mit der Bestimmung verkauft wird, daß der Käufer die Formen und Dimensionen der zu liefernden Waare nach einer vorliegenden Ueberpreisskala zu specificiren habe. Der Käufer, welcher trotz der Aufforderung des Verkäufers die Specifilation nicht vornimmt, kommt in Verzug; R.G. Bd. 10 S. 95, siehe dort die Entscheidungen des R.O.H.G. und die Litteratur.

9) Verschuldung fordert unter Anderen Windscheid Bd. 2 § 345 Anm. 8; gegen sie erklären sich Kohler a. a. O. S. 409 und Brinz Bd. 2 S. 308. Wer aber den Verzug des Schuldners von dessen Verschuldung abhängig macht, wird diese auch zum Verzuge des Gläubigers verlangen müssen. Denn beide Institute laufen parallel. Siehe Scheh a. a. O. S. 80, vgl. S. 105, l. 37 D. mandati 17, 1. Africanus libro 8 quaestionum . . . nisi forte aut per promissorem steterit, quo minus sua die solveret aut per creditorem quo minus acciperet: etenim neutri eorum frustratio sua prodesse debet. — Bedeutet „frustratio" bei der mora debitoris schuldhafte Verzögerung, so kann dies Wort bezüglich der mora creditoris nicht wohl einen anderen Sinn haben. Auch die oben Anm. 5 abgedruckte l. 72 pr. D. de solut. 46, 3 fällt ins Gewicht, wenn sie die Folgen des Verzuges an die Verweigerung der Zahlungsannahme „sine justa causa" knüpft. Eine Verweigerung

Verschuldung ist aber nicht besonders nachzuweisen. Sie ist im Falle der Zurückweisung der angebotenen Leistung anzunehmen. Der Gläubiger muß daher, um den Vorwurf des Verzuges zu beseitigen, seinerseits Gründe darthun, welche ihn entschuldigen.

Trotz des Verzuges des Gläubigers besteht die Verpflichtung des Schuldners fort, selbst die Zinsen laufen weiter, [10] aber seine Verbindlichkeit ist gelockert:

a) Der Schuldner haftet noch für dolus und culpa lata. Die Gefahr der angebotenen Sache geht auf den Gläubiger über. Das gilt auch für den Fall einer generischen Schuld, sofern das Angebotene gesondert gehalten wird. [11]

b) Der Schuldner kann sich des Schuldobjektes nach vorhergegangener Androhung entledigen. Nach altem Rechte durfte er dasselbe ohne Weiteres wegschütten oder sonst preisgeben und sich also durch Dereliktion befreien. Im ausgebildeten Rechte darf er dies nur, wenn ihm keine milderen Mittel, sich der Sache zu entschlagen, zur Hand waren. Denn frivole Zerstörung von Gütern oder gar Chikane kann das Recht nicht dulden. [12]

Zu diesen Mitteln gehört die Deposition der geschuldeten Sache auf Gefahr und Kosten des Gläubigers bei einer Behörde [13] oder bei Privaten.

Nicht minder steht ihm frei, das Schuldobjekt auf Gefahr und

---

der Zahlungsannahme, bei der dem Gläubiger kein Vorwurf zu machen ist, ist offenbar eine gehörig begründete. Das Resultat entspricht auch dem Wesen der Sache. Ist der Gläubiger durch Zufall gehindert, dem Schuldner die Leistung abzunehmen, so wäre es hart, wenn dieser sich des Schuldobjektes ohne Weiteres entledigen dürfte. Darf ihm nicht zugemuthet werden, sich von dem Gläubiger an der „Nase herumführen zu lassen", so muß er doch von vornherein wissen, daß Zufälle den Gläubiger an der rechtzeitigen Abnahme hindern können, und sich dies gefallen lassen.

10) Dies um deswillen, weil der Schuldner noch über das Kapital verfügt und es nutzen kann. Erst im Falle einer Deposition hört der Zinsenlauf auf, l. 28 § 1 D. de administ. tut. 26, 7, l. 9, l. 19 C. de usuris 4, 32, Seuff. Arch. Bd. 46 n. 175 (O.L.G. Stuttg.). Verzugszinsen laufen freilich nicht weiter, da der Schuldner nicht mehr im Verzuge ist, wenn der Gläubiger in Verzug gesetzt ist.

11) l. 5 D. de periculo et commodo 18, 6, l. 72 pr. D. de solut. 46, 3 oben Anm. 5, l. 84 § 3 D. de leg. I.

12) l. 1 § 3 D. de periculo et commodo 18, 6. Ulpianus libro 28 ad Sabinum: Licet autem venditori vel effundere vinum, si diem ad metiendum praestituit, nec intra diem admensum est: effundere autem non statim poterit, priusquam testando denuntiet emptori, ut aut tollat vinum aut sciat futurum, ut vinum effunderetur: si tamen, cum posset effundere, non effudit, laudandus est potius: ea propter mercedem quoque doliorum potest exigere ... commodius est autem conduci vasa nec reddi vinum nisi quanti conduxerit ab emptore reddatur aut vendere vinum bona fide. Noch bestimmter ergiebt sich aus l. 8 D. de tritico 33, 6, daß das Wegschütten ein äußerstes, nur in Nothfällen zulässiges Mittel ist.

13) Vgl. unten § 61.

Kosten des Gläubigers zu verkaufen, s. g. Selbsthülfeverkauf.[14] Dann schuldet er statt desselben nur den für sie eingenommenen Kaufpreis. —

Der Schuldner hat das Recht auf Ersatz der Auslagen und Schäden, die ihm durch den Verzug des Gläubigers erwuchsen. Er kann dies durch Zurückhaltung des Geschuldeten wie auch durch Klage geltend machen.[15]

Der Verzug des Gläubigers endigt dadurch, daß er sich bereit erklärt, das Schuldobjekt anzunehmen. Diese Erklärung hat aber nur für den Fall Bedeutung, daß er sich gleichzeitig zu der ihm obliegenden Gegenleistung und zum Ersatz des dem andern Theil durch den Verzug erwachsenen Schadens erbietet.[16] Der Verzug endet nicht minder durch Vereinbarung über das weitere Stehenbleiben der Schuld.

### III. Schadensersatz.

### § 44. Der Schaden und sein Ersatz im Allgemeinen.[1]

Nachtheile, welche uns treffen, bezeichnet man als Schaden — damnum —, wenn sie nach dem gewöhnlichen Laufe der Dinge entweder überhaupt nicht oder wenigstens noch nicht zu erwarten waren. Sie können sich auf unser Vermögen,[2] aber auch auf andere Güter beziehen.

Damit der Beschädigte den Schaden von sich abwälzen und dessen Ausgleichung von Dritten verlangen kann, bedarf es besonderer Gründe. Fehlen solche, so gilt der Satz „casus a nullo praestantur".[3]

Diese Gründe sind zahlreich und verschiedener Art. Man kann den Schadensersatz durch Vertrag übernommen haben, wie dies bei dem Abschlusse von Versicherungsverträgen geschieht. Die Schadensersatzpflicht kann ferner unmittelbar durch Gesetz an andere Thatbestände geknüpft sein; dahin gehört die Pflicht zur Entschädigung wegen Expropriation von Privateigenthum im öffentlichen Nutzen.

---

14) Vgl. H.G.B. Art. 343 über die Verkaufsselbsthülfe bei Handelskäufen.

15) l. 8 D. de tritico 33, 6, l. 38 § 1 D. de a. e. v. 19, 1.

16) l. 18 D. de periculo et commodo 18, 6.

1) Fr. Mommsen, Beiträge zum Obligationenrecht: Bd. 2 zur Lehre vom Interesse 1855; Nußbaumer, über das Maß des Schadensersatzes 1855; Cohnfeldt — später Ryck —, die L. v. Interesse 1865.

2) Auf Vermögensschaden beschränkt den Ausdruck l. 3 D. de damno infecto 39, 2. Paulus libro 47 ad edictum: Damnum et damnatio ab ademptione et quasi deminutione patrimonii dicta sunt.

3) l. 23 in fine D. de R. J. 50, 17. Wächter im Archiv für civ. Praxis Bd. 15 S. 117. Ueber die Regel, welche Aeltere häufig aufstellten: „casum sentit dominus", vgl. Wächter a. a. O. Ihre Unhaltbarkeit wird derzeit nicht leicht bestritten.

Insbesondere aber ist zum Schadensersatze verpflichtet, wer uns durch Handlungen oder Unterlassungen beschädigt hat und zwar schuldhafterweise.[4]

Solche Beschädigung kann in der Nichterfüllung oder der mangelhaften oder verzögerten Erfüllung von Kontrakten liegen. Sie kann auch außerkontraktlich sein.

Es ergiebt sich hieraus, daß die Schadensersatzpflicht bald eine primäre ist, z. B. bei außerkontraktlichen Schadenszufügungen oder bei Versicherungsverträgen, bald eine bloß eventuelle, wenn sie nämlich wegen Verletzung einer Kontraktspflicht eintritt und für die kontraktlich bedungene Leistung Ersatz gewährt.

Im letzten Fall tritt sie entweder an die Stelle der kontraktlichen Leistung schlechthin, repräsentirt also das Hauptinteresse des Beschädigten, oder sie ist neben der Hauptleistung zu machen, weil diese wegen Unvollkommenheit oder Verzögerung dem Vertrage nicht genau entspricht — accessorisches Interesse.

Die Vergütung eines Vermögensschadens geschieht in verschiedener Weise; bald mehr bald weniger vollständig.

Am durchgreifendsten erfolgt sie durch Herstellung des Zustandes, wie er ohne die Schadenszufügung wäre.[5]

Dieselbe ist aber nicht immer möglich und kann nicht immer gefordert werden. Dann muß es zum Gelderſatze kommen.[6]

Hierbei ist entweder ein bloßer objektiver oder ein subjektiver Maßstab zur Anwendung zu bringen.

1. Der Ersatz beschränkt sich in einigen Fällen auf die Vergütung des objektiven Werthes eines entzogenen Gutes. Dies ist der Sachwerth — vera rei aestimatio —, d. h. der Werth, welchen jene Sache auf dem Markte hat.[7][8]

---

4) Das entwickelte römische Recht knüpfte die Schadensersatzpflicht vorzugsweise an die Verschuldung; vgl. Jhering, das Schuldmoment im röm. P.R. 1867. Der deutschrechtlichen, keineswegs aus dem Volksbewußtsein verdrängten Auffassung entspricht es aber, daß auch, wer einen Schaden, wenn auch schuldlos veranlaßt hat, zu einer Schadensausgleichung verpflichtet ist. So namentlich, wenn sich der Schaden an ein über das Durchschnittliche hinausgehendes Unternehmen knüpft. Selbst die Vermögenslage des Schädigers wird billig in Betracht gezogen. Ueber diese allerdings dem römischen Recht fremden Gesichtspunkte vgl. Steinbach, Ersatz von Vermögensschäden, Wien 1888.

5) Windscheid Bd. 2 § 257 Anm. 6, siehe auch l. 9 pr. D. locati 19, 2. R.G. Bd. 17 S. 112.

6) Der Schuldner, welcher wegen Nichtherausgabe einer dem Gläubiger gehörenden Sache z. B. einer verliehenen oder vermietheten, die er verlor, Geldentschädigung leisten mußte, kann, wenn die Sache später zum Vorschein kommt, Abtretung der Sache beziehungsweise der Klage auf sie oder Rückgabe der Entschädigung fordern, l. 17 § 5 D. commodati 13, 6, 1. 2 D. de cond. sine causa 12, 7.

2. Meiſt hat der Beſchädigte das Recht, hierüber hinauszugehen. Er nimmt in Anſpruch nicht bloß was die Sache für Jedermann werth war, ſondern den Werth, welchen ſie für ihn hatte.

Dies iſt das Intereſſe, d. h. der Werth eines Gutes für eine beſtimmte Perſon; der Unterſchied zwiſchen dem Haben und dem Nichthaben für ſein Vermögen.

Hierbei kommen aber bloß ſubjektive Empfindungen und Meinungen nicht in Betracht.[9] Dieſe ſ. g. Affektionsintereſſen beruhen auf unkontrolirbaren Empfindungen des Verletzten und ſind rechtlich durch= aus gleichgültig.

Auch für Schaden, welcher das Vermögen nicht betrifft, kann Erſatz zu leiſten ſein. Es handelt ſich hierbei freilich nicht um eine ökonomiſche Wiederherſtellung, ſondern um eine moraliſche Ausgleichung — eine Satisfaktion.[10]

### § 45. Umfang der Intereſſevergütung.

Der Grund, welcher zur Leiſtung des Intereſſes verpflichtet, beſtimmt auch das Maß deſſelben.

Am umfaſſendſten iſt die Verhaftung für Verſchuldung. Es iſt jeder Schade zu erſetzen, welcher in der Verſchuldung des Schädigers ſeine Urſache hat.

1. Der Begriff des Schadens iſt hierbei in weitem Sinne zu nehmen.[1][2]

---

7) Das „verum rei pretium" ſtellt in Gegenſatz zu dem „quod interest" unter anderem l. 2 § 13 D. vi bonorum raptorum 47, 8. Die Worte der Formel „quanti ea res est" bedeuteten urſprünglich nur die vera rei aestimatio, vgl. l. 179 D. de V. S. 50, 16, l. 193 D. eod. Sie wurden indeſſen im Laufe der Zeit vielfach ausdehnend interpretirt, ſo daß ſie nicht ſelten auch das Intereſſe in ſich be= griffen, l. 68 D. de rei vind. 6, 1, l. 3 § 11 D. uti possidetis 43, 17, l. 4 § 7 D. de damno infecto 39, 2, l. 8 § 2 D. ratam rem 46, 8. Vgl. Brinz Bd. 2 § 281.

8) Bloß der Sachwerth iſt unter anderem dem Legatar zu vergüten, wenn der Erblaſſer wiſſentlich eine ihm fremde Sache vermachte, und der Erbe ſie nicht zu mäßigem Preiſe erwerben konnte, l. 14 § 2 D. de leg. III. Vgl. auch Bd. 3 § 99 Anm. 13.

9) l. 33 pr. D. ad legem Aquiliam 9, 2, l. 6 D. de operis servorum, 7, 7, l. 63 pr. D. ad leg. Falc. 35, 2.

10) Vgl. Jhering in ſeinen Jahrbüchern Bd. 18 S. 59, Unger, z. L. vom Schadenserſatz nach öſtr. Rechte in Grünhuts Zeitſchrift Bd. 8 n. 4, Pfaff, ebenda= ſelbſt Bd. 8 n. 12 und dort citirte Schriften.

1) l. 13 pr. D. ratam rem 46, 8 . . . competit in quantum mea interfuit, id est quantum mihi abest, quantumque lucrari potui, l. 33 D. locati 19, 2.

2) Nach l. 40 pr. D. de damno infecto 39, 2 hat, wer cautio damni infecti ſtellte, im Falle des Einſturzes ſeines Hauſes doch nur mäßige Entſchädigung zu leiſten, auch wenn durch denſelben koſtbare „tectoria" und „picturae" des Nachbars zerſtört wurden, „quia honestus modus servandus est, non immoderata cujusque

Er kann in Vermögenseinbuße d. h. in der Zerstörung oder Entziehung von Werthen bestehen, welche bereits zum Vermögen des Verletzten gehörten — s. g. damnum emergens.

Nicht minder kann er aus der Vereitelung von Gewinn folgen, welcher zu erzielen war s. g. lucrum cessans. Dies ist freilich eine mehr oder weniger problematische Größe. Gewißheit kann nicht gefordert werden, sie ist in der Regel nicht zu erreichen, aber auch bloße Gewinnträume sind nicht in Anschlag zu bringen. Denn das Recht rechnet nicht mit Phantasien.

Der Gläubiger kann vor allem Gewinn beanspruchen, zu dessen Er= langung er besondere Veranstaltungen gemacht hatte, welche ge= gründete Aussicht aus Verwirklichung hatten, aber durch die Beschädigung vereitelt würde. Er hat z. B. die geschuldeten Waaren bereits mit hohem Vortheil weiter verkauft.[8] Hiervon abgesehen, kann er fordern, was Jeder nach dem gewöhnlichen Laufe der Dinge mit dem Geschuldeten gewinnen können, insbesondere landesübliche Zinsen einer Geldsumme oder sonstiger Umlaufsmittel, sowie orts= übliche Miethzinsen anderer Gegenstände; dies ohne Rücksicht

---

luxuria subsequenda". Häufig — vgl. z. B. Windscheid Bd. 2 § 258 Anm. 2 — sieht man in dieser Entscheidung ein allgemeines Princip und spricht dem Beschädigten den Ersatz für Nachtheile allgemein ab, die ihren Grund „in übermäßigem Luxus" haben. Wir können nur eine Besonderheit der cautio damni infecti finden, die bei ihrem außerordentlichen Charakter begreiflich ist. Oder soll etwa, wer das kostbare Gemälde eines Anderen schuldbar oder gar dolos zerstört, nur zu ersetzen haben, was Dutzendwaare kostet, weil übertriebener Luxus nicht zu schützen sei?

3) Der Gläubiger kann nicht weiteres den Gewinn fordern, welchen er nach der regelmäßigen Weise seines Geschäftsbetriebs mit dem Geschuldeten hätte erzielen können; eine Aktiengesellschaft z. B., welche 20% Dividende erzielt, kann von ihren Schuldnern im Verzug nicht 20% beanspruchen. Dies schon um deswillen, nicht weil sie sich das bezügliche Geld gegen üblichen Zins anderweit beschaffen konnte. Paulus libro 33 ad edictum l. 21 § 3 D. de a. e. v. 19, 1: Cum per venditorem steterit, quo minus rem tradat, omnis utilitas emptoris in aestimationem venit, quae modo circa ipsam rem consistit: neque enim si potuit ex vino puta negotiari et lucrum facere, id aestimandum est, non magis quam si triticum emerit et ob eam rem, quod non sit traditum, familia ejus fame laboraverit: nam pretium tritici, non servorum fame necatorum consequitur. In gleichem Sinne führt Hermogenianus libro 2 juris epitomarum l. 20 D. de periculo et commodo 18, 6 aus: Venditori si emptor in pretio solvendo moram fecerit usuras dumtaxat praestabit, non omne omnino, quod venditor mora non facta consequi potuit, veluti si negotiator fuit et pretio soluto ex mercibus plus quam ex usuris quaerere potuit. Allerdings entscheidet Ulpianus libro 27 ad edictum, l. 2 § 8 in fine D. de eo quod certo loco 13, 4, bezüglich der Abschätzung des Betrags einer an bestimmtem dritten Orte zahlbaren Geldschuld: quid si merces solebat comparare: an et lucri ratio habeatur, non solius damni? puto et lucri habendam rationem. Es liegt hier eine be= sondere Veranstaltung vor, indem das Geld am dritten Ort zahlbar gemacht wurde. Anders unsere früheren Auflagen. Die Ansichten der neueren Schriftsteller gehen sehr auseinander. Vgl. die Zusammenstellung bei Arndts § 206 Anm. 4.

darauf, ob er selbst verliehen oder vermiethet hätte — s. g. fingirtes Einkommen.⁴

2. Die Ersatzpflicht ist ferner bedingt durch Kausalität zwischen der Verschuldung und dem Schaden.

Dieselbe muß nicht nothwendig eine unmittelbare sein — s. g. un= mittelbarer Schaden. Es genügt, daß die schuldhafte Handlung oder Unterlassung erst durch das Dazwischentreten anderer Ereignisse den frag= lichen Schaden verursachte — s. g. mittelbarer Schaden.⁵ ⁶

Dies kann jedoch nicht in das Grenzenlose gehen.⁷ Erscheint nach der Anschauung des Lebens die Verschuldung nicht mehr als die Ur= sache, sondern nur als entfernte Veranlassung der Beschädigung, so besteht eine Verhaftung für die letztere nicht mehr. Es liegt aber nahe und ist gerechtfertigt, bei dolosem Handeln und grober Schuld die Verantwortlichkeit weiter auszudehnen, als bei geringer Fahrlässigkeit.⁸ ⁹

---

4) l. 19 pr. D. de usuris 22, 1: praeterea Gallus Aquilius putat, si vesti= menta aut scyphus petita sint, in fructu haec numeranda esse, quod locata ea re mercedis nomine capi potuerit. Petražycki, Einkommen Bd. 2 § 13.

5) Beispiele des Ersatzes indirekten Schadens finden sich in l. 6 § 4, l. 13 pr. § 2 D. de a. e. v. 19, 1, l. 19 § 1 D. locati 19, 2.

6) Es ist nicht erforderlich, daß es sich um Begebenheiten handelt, die noth= wendig in Folge der schädigenden Thatsache eintreten mußten. Auch voraus= sehbar müssen sie nicht gewesen sein. R.G. Bd. 13 S. 65. Haftet doch zweifels= ohne, wer in Verzug ist, für zufälligen Untergang des Schuldobjektes, auch wenn er durch Ereignisse, die außerhalb menschlicher Voraussicht liegen, entstand, z. B. durch Erdbeben bewirkt wurde. Anders Jhering, Schuldmoment S. 55. Die von ihm angeführte l. 43 D. de a. e. v. 19, 1 spricht aber nicht von einem Ereignisse, welches nicht vorauszusehen war, sondern von einer außerordentlich hohen Summe, an die beim Kaufkontrakte nicht gedacht war, deren Einfordern also den Vertrags= intentionen nicht entsprechen würde.

7) Ueber Kausalzusammenhang vgl. Bar, die Lehre vom Kausalzusammenhang 1871 und in Grünhuts Zeitschrift Bd. 4 S. 35, ferner die bei Windscheid Bd. 2 § 258 Anm. 15 Angeführten. Der Ersatz wegen Rechtswidrigkeit erstreckt sich keines= wegs, wie Manche annehmen, auf jeden Schaden, der ohne sie nicht ein= getreten wäre. Wer wollte auch den Beschädiger eines Hauses für den Schaden verantwortlich machen, welchen die bei der Reparatur beschäftigten Arbeiter durch Diebstahl verursachten, oder denjenigen, welcher einen Menschen verwundete, wegen Krankheiten in Anspruch nehmen, welche der behandelnde Arzt etwa in dessen Familie einschleppte. Bangerow Bd. 3 § 571 Anm. 3 S. 39, l. 52 pr. D. ad legem Aqui= liam 9, 2. Die Schwierigkeit ist nur, die Grenze zu finden. Schwerlich kann dies durch ein abstraktes Princip geschehen. Es handelt sich um eine vernünftige Wür= digung der Thatsachen im einzelnen Falle. Die Unterscheidung von „Ursache" und „Veranlassung" gewährt einen entsprechenden Ausdruck, eröffnet aber auch leicht Mißverständnissen Thür und Thor. So meinte ein Gutachter in der R.G. Bd. 6 S. 1 entschiedenen Sache, daß der nach dem Fallen eines Arbeiters ent= standene Leistenbruch desselben nicht durch den Fall „verursacht", sondern höchstens „veranlaßt" sei, wenn man annehme, daß die Disposition zu dem Bruche, d. h. eine Lücke in der Muskulatur der Bauchwand schon vorher da gewesen sei. Hätte sich der Gutachter die Frage richtig gestellt, nämlich, was ist die Ursache, daß der Schaden jetzt eingetreten ist? so hätte er sie wohl in dem Fallen des Arbeiters finden müssen. Vgl. auch R.G. Bd. 29 S. 120.

3. Wenn der Beschädigte die in seiner Hand liegenden, durch die Umstände offensichtlich gebotenen Vorkehrungen zur Abwendung des Schadens versäumt oder ihn gar absichtlich vergrößert, so war dies die Haupturfache seines bezüglichen Schadens. Er kann daher Dritte deswegen nicht zur Verantwortung ziehen.[10]

4. Ereignisse, für die man einsteht, bringen nicht selten zugleich Schaden und Vortheile. Dann entsteht die Frage, ob der Betroffene sich den Vortheil auf den Schaden aufrechnen lassen muß, ob also eine s. g. compensatio lucri cum damno einzutreten hat?

In der Regel ist dies nicht zulässig. Doch unter Umständen ergiebt erst das Gesammtergebniß, ob in der That ein Schaden vorhanden ist, dann müssen beide Faktoren verglichen werden, so daß man von einer Aufrechnung des Vortheiles auf den Schaden reden kann.[11]

8) Vgl. namentlich Hartmann im Archiv für civ. Praxis Bd. 73 S. 359. Ein Beispiel giebt l. 13 § 14 D. de a. e. v. 19, 1.

9) Nie kann Schadenersatz wegen einer Unbill gefordert werden, wenn sie nicht wirklich Schaden im Gefolge hatte. Selbst für den Fall gilt dies, daß sich ein Schaden nach dem gewöhnlichen Laufe der Dinge entwickeln mußte, daß es aber hierzu nicht kam, weil ein anderes Ereigniß störend eingriff. Daher ist z. B. kein Anspruch gegen den Ehemann begründet, welcher die unentbehrliche Reparaturen des ihm zur Dos gegebenen Hauses versäumt hat, falls das Haus, welches in Folge dessen nothwendig hätte zusammenstürzen müssen, vorher zufälligerweise niederbrennt, l. 4 in fine D. de impensis 25, 1, siehe ferner l. 11 § 3, l. 15 § 1 D. ad legem Aquiliam 9, 2. Auch in der l. 10 § 1 D. de lege Rhodia 14, 2 setzt Paulus voraus, daß durch die Umladung in Wahrheit ein Schaden nicht eintrat. Ganz anders steht es, wenn durch ein Unrecht ein Schaden bereits herbeigeführt ist und nunmehr unversehens Ereignisse eintreten, welche den Schaden auch herbeigeführt hätten, wenn jenes Unrecht nicht begangen worden wäre. Der einmal erworbene Anspruch auf Schadenersatz wird hierdurch nicht berührt. Es wird z. B. ein Pferd zu Schanden geritten, aber vor dem Verenden durch den Blitz erschlagen, l. 27 § 2 D. de rei vind. 6, 1, l. 11 § 3 D. ad legem Aquiliam 9, 2. Nicht immer werden diese Sätze zutreffend formulirt. So lehrt Mommsen, „daß das Interesse nicht zu prästiren sei, wenn der Schaden sicher auch sonst eingetreten wäre", vgl. auch Windscheid Bd. 2 § 258. Siehe hiergegen Bangerow Bd. 3 § 571 Anm. 2 S. 40; Brinz Bd. 2 S. 351.

10) Häufig behauptet man, daß der Schädiger nichts zu leisten habe, „wenn der Nachtheil von dem Benachtheiligten durch gehörige Sorgfalt hätte vermieden werden können, nur bei Beschädigung durch Arglist leide dies eine Ausnahme". So Mommsen a. a. D. S. 157 und S. 257; Windscheid Bd. 2 § 258 Anm. 17 und 18. Dies geht viel zu weit und ist nicht durch l. 9 § 4, l. 52 pr. D. ad legem Aquiliam 9, 2 zu rechtfertigen. Mit Recht sagt Ryck, Schuldverh. S. 408 „wie sollte Muthwille oder Unvorsichtigkeit des Schädigers den Beschädigten zu Kraftanstrengung oder vielleicht kostspieligen Vorkehrungen behufs Abwehr nöthigen". Man hat vielmehr nach den thatsächlichen Verhältnissen zu entscheiden, wo die Haupturfache des Schadens liegt. Vgl. neuerdings Wendt in Jherings Jahrb. Bd. 31 S. 153; Heinr. Levison, üb. Kompensation der culpa. Bonner In.diff. 1891; Jakubezky, Bemerkungen zum Entwurfe S. 54 u. von Entscheidungen Seuff. A. Bd. 47 n. 184, Bd. 48 n. 30 (R.G.). Ueber die Frage, ob der körperlich Verletzte verpflichtet ist, sich einer Operation zu unterziehen, siehe Seuff. A. Bd. 46 n. 189 (R.G.), Fr. Endemann, die Rechtswirkungen der Ablehnung einer Operation, 1893, und hierüber Eck, jur. Litteraturbl. Bd. 6 S. 8.

11) Meist wird gelehrt, daß dann, wenn Schaden und Gewinn aus einer

5. Grundsätzlich ist für die Bemessung des Schadens die Minderung des Vermögens des Beschädigten zur Zeit der Ausfällung des Urtheiles maßgebend.

Gleichwohl ist häufig auf vergangene Zeiten zurückzugreifen, in denen die Vermögensminderung eintrat, deren Wirkung fortdauert. Insbesondere kann der Gläubiger, wenn sein Schuldner in Verzug kam, den höheren Werth, welchen die geschuldete Sache zur Zeit des Setzens in Verzug hatte, beanspruchen, weil er denselben damals bei rechtzeitiger Leistung realisiren und sich hierdurch dauernd erhalten konnte.[12] Besitzt die Sache zur Zeit des Urtheiles einen höheren Werth als zu der des Setzens in Verzug, so kann der Gläubiger auch diesen fordern, weil die Sache eben noch geschuldet wird.

6. Nach dem gemeinen Prozesse mußte der Beschädigte den Kausalnexus zwischen dem Ereignisse, für welches der Schädiger einstand, und dem behaupteten Schaden in das Einzelne hinein darthun und erweisen. Fehlte ein Glied der Kette, so war der Nachweis mißlungen. So kam es troß begründeter Ansprüche in Folge der Schwierigkeit des Beweises oft nicht zu ausreichender Schadloshaltung des Beschädigten und grobe Rechtsverletzung blieb zum Nachtheile des Rechtsbewußtseins häufig ungesühnt.[13]

Derzeit hat der Richter über die Frage, ob ein Schaden entstanden ist und wie hoch sich der Schaden beläuft, unter Würdigung aller Umstände nach freier Ueberzeugung zu erkennen.[14]

7. In Rom durfte der Kläger, dem ein doloser Beklagter gegenüber-

---

und derselben Handlung hervorgingen, der Schaden nur zu ersetzen sei, soweit er den Gewinn übersteige. So Bangerow Bd. 3 § 571 Anm. 1, Windscheid Bd. 2 § 258 Anm. 4; vgl. die dort Citirten. Diese Regel ist keine durchgreifende. Beispielsweise kann auf die Ansprüche einer Wittwe wegen Tödtung ihres Ehemannes aus dem Haftpflichtgesetze eine Wittwenpension nicht angerechnet werden, die seitens einer Versicherungsanstalt geschuldet wird, obgleich die Tödtung den Erwerb der Pension zur Folge hatte. R.G. Bd. 10 S. 50 führt dies darauf zurück, daß es an einem rechtlichen Zusammenhange zwischen Schaden und Vortheil fehle, beide vielmehr in verschiedenen Ursachen begründet seien. — Für den Fall, daß Vortheil und Nachtheil aus verschiedenen Handlungen hervorgeht, verwirft die compensatio lucri cum damno geradezu l. 23 § 1 D. pro socio 17, 2; wenn in der l. 10 D. de neg. gest. 3, 5 das Gegentheil bestimmt scheint, so beruht dies auf besonderen Gründen, die bei der negotiorum gestio zu erörtern sind.

12) Vgl. oben § 41. Bei außerkontraktlichen Verletzungen ist in erster Linie die Zeit der Verletzung zu beachten. Im Allgemeinen siehe Büff im Archiv für civ. Praxis Bd. 83 n. 5 und 10.

13) G. Lehmann, der Nothstand des Schadensprozesses 1865, ferner die Schutzlosigkeit der materiellen Lebensgüter 1884.

14) C.P.O. § 260 Abs. 1. Freilich läßt sich durch das Gesetz allein nichts bessern. Wenn die Richter, wie häufig geschieht, von der ihnen gegebenen freien Befugniß keinen rechten Gebrauch machen, so bleibt die alte Noth. Vgl. auch Seuff. A. Bd. 47 n. 233 (R.G.).

ftand, verlangen, den Umfang feines Schadens einseitig durch Eid feftzustellen — juramentum in litem.[15] Nach der C.P.O.[16] besteht dieses Recht des Klägers nicht mehr. Doch kann der Richter nach feinem Ermessen dem Beweisführer die eibliche Schätzung feines Schadens nachlassen, felbst wenn der Beklagte nicht in Schuld ist. Der Richter hat einen Maximalbetrag zu bestimmen, an welchen der Schwörende gebunden ist.

8. Justinian verordnete, daß der Richter das Interesse nicht über das Doppelte des Werthes der Sache, um die es sich handle, anfetzen dürfe, sofern dieser Werth ein bestimmter sei.

Diese Vorschrift steht mit den Grundgedanken der C.P.O. in Widerspruch und hat daher keine Geltung.[17]

---

15) Ueber das juramentum in litem vgl. Schröter in Lindes Zeitschrift Bd. 7 n. 11, Bd. 8 S. 159, l. 5 D. de in litem jurando 12, 3. Marcianus libro 4 regularum: In actionibus in rem et in ad exhibendum et in bonae fidei judiciis in litem juratur. Sed judex potest praefinire certam summam, usque ad quam juretur: licuit enim ei a primo nec deferre. Sed in his omnibus ob dolum solam in litem juratur, non etiam ob culpam: haec enim judex aestimat. Plane interdum et in actione stricti judicii in litem jurandum est.

16) C.P.O. § 260 Abf. 1 am Ende, Abf. 2.

17) l. un. C. de sententiis, quae pro eo quod interest proferuntur 7, 47. Justinianus ... Sancimus itaque in omnibus casibus qui certam habent quantitatem vel naturam veluti in venditionibus et locationibus et omnibus contractibus, hoc quod interest dupli quantitatem minime excedere: in aliis autem casibus, qui incerti esse videntur, judices, qui causas dirimendas suscipiunt per suam subtilitatem requirere, ut quod re vera inducitur damnum, hoc reddatur. Justinian bezweckte durch diese Verordnung die freie richterliche Schätzung des Interesses bei den von ihm f. g. casus certi einzuschränken. Er traf also eine Maßnahme wesentlich prozessualischen Charakters, worauf auch die Stellung des Gesetzes unter den Normen bezüglich des Urtheils hinweist. Seine Verordnung steht hiernach in entschiedenem Gegensatze gegen die Grundgedanken der C.P.O. § 260, wonach der Richter frei über Schaden und seine Höhe befinden soll. Wir halten sie daher für aufgehoben, aber freilich ist das R.G. anderer Ansicht — so namentlich Bd. 10 S. 195 — indem es die Norm als eine civilrechtliche ansieht, die als solche durch die C.P.O. nicht berührt sei. So ist die Praxis verurtheilt, sich mit dem nach Form und Inhalt gleich verfehlten Gesetze Justinians weiter abzumühen. Im Einzelnen fucht freilich auch das R.G. die Anwendung des Gesetzes möglichst abzuwehren und es fo thunlichst unschädlich zu machen. Die zahlreichen Kontroversen, die sich seit Alters einnisteten, bieten hierzu eine Handhabe. Justinian giebt seine Vorschrift für „casus qui certam habent naturam" und führt als Beispiel Käufe und die anderen Kontrakte an. Sie sollte daher nicht auf Kontrakte beschränkt sein, ist vielmehr, wie die Glosse und viele spätere Schriftsteller annehmen, auch auf außerkontraktliche Schadensansprüche wegen bestimmter Sachen gemünzt. Oder sollte der Schätzungswerth einer schuldhafterweise vernichteten Sache weniger bestimmt sein, wie der einer geschuldeten Sache, die nicht geliefert wird? Viele, z. B. Vangerow Bd. 3 § 571 Anm. 4, beschränken die Anwendung jedoch auf das f. g. Erfüllungsinteresse aus Kontrakten. Dem tritt das R.G. Bd. 6 S. 208, Bd. 7 S. 163 bei. Aber auch ein Versprechen der Löschung einer Hypothek von 2079 Mark gilt dem R.G. Bd. 10 S. 195 als nicht bestimmter Höhe: hierin wird es nicht leicht Zustimmung finden. Im Sinne Justinians ist ferner bei Verkäufen und Vermiethungen zunächst der versprochene Geldpreis als der Betrag anzusehen, welcher verdoppelt werden darf;

## IV. Konventionalstrafe.

### § 46. Begriff. Grundsätze.[1]

Konventionalstrafe ist eine zur Strafe der Nicht= erfüllung oder der unvollständigen oder der unpünkt= lichen Erfüllung eines Versprechens bedungene Leistung.

1. Die Konventionalstrafe gehört zu der Gruppe von Vertrags= klauseln, welche die prompte Erfüllung des Kontraktes durch Nachtheile zu sichern suchen, die sie dem säumigen Schuldner androhen. Sie ist verwandt dem Vorbehalte einer lex commissoria bei Nichtzahlung des Kaufpreises, der Exmission des Miethers bei Nichterfüllung seiner Ver= binblichkeiten aus der Miethe, sowie des Rechtes der Kündigung des Darlehens bei nicht pünktlicher Zinszahlung. Doch besteht ein wesent= licher Unterschied. Jene Vorbehalte bezwecken die Aufhebung des Rechtsverhältnisses zum Nachtheile des Schuldners. Die Konventional= strafe aber begründet eine neue Verpflichtung für den Fall der Nichteinhaltung des Hauptversprechens.[2]

Dieses Hauptversprechen muß nicht nothwendig klagbar sein.[3] Aber gegen die Rechtsordnung und die guten Sitten darf es nicht verstoßen.[4]

2. Die Konventionalstrafe hat die Form einer bedingten Obligation. Man verspricht z. B. 100 Mark für jeden Tag der Verspätung, wenn man die versprochenen Maschinen am Liefertage nicht abliefert. Nach ihrem Wortlaute müßte sie also bei Nichterfüllung des Hauptversprechens ohne Weiteres verfallen. Doch ihr Zweck ist nur, einen Druck auf den Schuldner zur Erfüllung zu üben. Hiermit wäre eine so rigorose Aus= legung unvereinbar. Daher verfällt die Strafe nicht, wenn die ver= pönte Nichtleistung in Gründen, die außerhalb des Schuld=

---

nur wo es an einem in Geld firirten Aequivalent fehlt, kommt es zu einer Schätzung der Kauf= oder Miethsache. Hierauf deuten die Worte „certa quantitas vel natura". Jedoch besteht hierüber kein Einverständniß. Daher bemißt das R.G. Bd. 4 S. 181 die Interessenforderungen des Käufers und Miethers nicht nach dem Doppelten des geschuldeten Geldpreises, sondern nach einer Schätzung des Kauf= oder Miethsobjektes. Damit bekommt denn freilich der Richter freiere Hand. — Die strikte Anwendung der justinianischen Verordnung würde in allen bezüglichen vom R.G. ent= schiebenen Fällen zu großen Härten geführt haben.

1) Neuenfeldt, ist die K.St. Strafe oder Ersatzleistung? 1885; Nettelbladt, b. Strafvertrag, Ludwigslust 1886; Seeler, z. L. v. d. Konventionalstrafe 1891.

2) l. 13 § 26 D. de act. empti vend. 19, 1.

3) Es gehört hierher namentlich der Fall, daß die Hauptverbindlichkeit wegen Mangels eines pekuniären Interesses nicht klagbar ist.

4) l. 61 D. de verb. obl. 45, 1, l. 134 pr. D. eod.

ners und seiner Person liegen, ihre Ursache hat.[5] So weit ging man dagegen nicht, daß man die Strafe von der Verschuldung des Schuldners abhängig machte. Verstirbt daher der Schuldner vor dem Zahlungstermine, ohne Erben zu finden, so wird die Strafe verwirkt, obgleich von schuldhafter Nichterfüllung hier nicht gesprochen werden kann.[6] Im Uebrigen ist zu unterscheiden:

a) Besteht die Verpflichtung, an die sich die Strafe knüpft, in Handlungen, die zu einem bestimmten Termine geleistet werden sollen, so verfällt die Strafe mit dem fruchtlosen Ablaufe des Termines.[7]

b) War eine Frist für die Leistung vereinbart, so wird die Strafe mit Ablauf der Frist verwirkt.[8]

c) Fehlt es an derartiger Zeitbestimmung, so verfällt in der Regel die Strafe erst, wenn eine Aufforderung des Gläubigers unbeachtet blieb.[9]

---

5) l. 69 D. de verb. obl. 45, 1. Ulpianus libro 6 ad edictum: Si homo mortuus sit, sisti non potest, nec poena rei impossibilis committetur, quemadmodum si quis Stichum mortuum dare stipulatus, si datus non esset, poenam stipuletur. Die Befreiung durch derartige Gründe hat der Beklagte darzuthun. R.G. Bd. 20 S. 33.

6) l. 77 D. de verb. obl. 45, 1. Paulus libro 58 ad edictum: Ad diem sub poena pecunia promissa et ante diem mortuo promissore committetur poena, licet non sit hereditas ejus adita. Vgl. l. 9 D. de nautico faenore 22, 2. Die Konv.Str. verfällt auch, wenn in Folge Eröffnung eines Konkurses über den Schuldner nicht erfüllt ist. R.G. Bd. 21 S. 51. Windscheid behauptet — Bd. 2 § 285 Anm. 10 —, unverschuldete Unmöglichkeit der Erfüllung mache von der Strafe frei, unverschuldete Unmöglichkeit rechtzeitiger Erfüllung aber nicht. Es müsse nämlich im Zweifel angenommen werden, daß die Strafe den Gläubiger auf alle Fälle gegen die Nachtheile verspäteter Erfüllung sichern sollte. Dies ist nicht begründet. Hat die Verspätung der Erfüllung ihren Grund in höherer Gewalt, sind z. B. durch Krieg oder Aufruhr alle Kommunikationswege abgeschnitten, auf welchen der Fabrikant die zu einer bestimmten Zeit versprochenen Maschinen liefern konnte, so entspricht es nicht dem Wesen der Strafe, noch auch der vermuthlichen Vertragsintention, den Fabrikanten mit der Konventionalstrafe zu belasten.

7) l. 23 D. de obl. et act. 44, 7, l. 12 C. de contr. et comm. stip. 8, 37.

8) Streitig war unter den römischen Juristen, ob die Konventionalstrafe schon zu der Zeit verfallen ist, in welcher mit Sicherheit vorauszusehen ist, daß die versprochene Leistung, z. B. ein Hausbau, nicht mehr bis zu dem für sie festgesetzten Termine ausgeführt werden kann. Dies bejaht l. 113 pr. D. de verb. obl. 45, 1; es verneint l. 124 D. eod., l. 10 § 1 D. si quis caut. 2, 11. Die letztere Ansicht ist die der späteren Juristen und die dem Vertrage mehr entsprechende.

9) Es kann auch die Meinung gewesen sein, daß die Konventionalstrafe verwirkt sein soll, wenn der Schuldner nicht in angemessener — mäßiger — Zeit geleistet habe. Die Aussprüche der römischen Juristen hinsichtlich der Auslegung bezüglicher Kontraktsbestimmungen gehen auseinander, vgl. l. 24 D. quando dies leg. 36, 2. aber auch l. 19 pr. D. eod., l. 1 D. de penu leg. 33, 9, l. 115 § 2 D. de verb. obl. 45, 1. Für die Regel wird man eine Aufforderung zur Leistung fordern müssen, da man sich im Zweifel für den Schuldner entscheiden muß, vgl. übrigens die bei Windscheid Bd. 2 § 285 Anm. 4 Angeführten.

d) Wurden Unterlassungen durch die Konventionalstrafe ver=
sichert, so tritt die Verwirkung mit jeder Zuwiderhandlung ein.[10]

In der Regel verfällt die Konventionalstrafe ganz, wenn das
Hauptversprechen auch nur theilweise nicht erfüllt ist. Natürlich
kann Anderes vereinbart sein.[11]

3. Der Gläubiger soll durch die Konventionalstrafe nicht Doppeltes
erhalten. Es ist in dieser Hinsicht zu unterscheiden:

a) Die Konventionalstrafe soll gegen die Verzögerung der Haupt=
leistung oder gegen etwaige Mängel derselben sichern. Dann kann sie
neben der Hauptleistung eingefordert werden,[12] aber sein Interesse wegen
Verzögerung und wegen Mängel kann der Gläubiger in diesen Fällen
nicht noch außer der Konventionalstrafe beitreiben.

b) Die Konventionalstrafe ist hinsichtlich der Nichterfüllung
des Hauptversprechens vereinbart. Dann kann nicht beides, die Konven=
tionalstrafe und die Hauptleistung, beigetrieben werden.[13]

Es kann jedoch, nachdem der eine der Ansprüche eingeklagt oder be=
friedigt ist, das etwaige Mehr des anderen Anspruches nachgefordert werden.[14]

4. Steht die Konventionalstrafe außer Verhältniß zu dem Interesse
des Gläubigers an der Hauptleistung und führt sie in Folge dessen zu
einer Ausbeutung wegen eines verhältnißmäßig geringen Verstoßes, so ist
sie insoweit gegen die guten Sitten, der Richter hat sie daher richtiger
Ansicht nach zu ermäßigen. Da es aber hierfür an positiven gesetzlichen
Aussprüchen fehlt, so wagt die neuere Praxis nicht leicht eine derartige
Minderung, woraus große Mißstände entspringen.[15]

---

10) l. 122 § 6 D. de verb. obl. 45, 1.

11) l. 47 D. de act. empti vend. 19, 1, vgl. aber auch l. 9 § 1 D. si quis caut. 2, 11,
l. 85 § 6 D. de verb. obl. 45, 1. Paulus libro 75 ad edictum: Item si ita stipulatio
facta sit „si fundus Titianus datus non erit, centum dari?" nisi totus detur,
poena committitur centum nec prodest partes fundi tradere cessante uno . . .

12) Manche Schriftsteller haben behauptet, daß der Anspruch auf die Konven=
tionalstrafe durch die vorbehaltlose Annahme der Hauptleistung auch dann verloren
gehe, wenn die Konventionalstrafe für den Fall der Verspätung der Hauptleistung
stipulirt sei und vertragsmäßig neben der Hauptleistung gefordert werden könne.
Dies ist grundlos. In der Annahme der geschuldeten Hauptleistung liegt kein Ver=
zicht auf die Konventionalstrafe, und das Schweigen über die künftige Geltendmachung
weiterer Ansprüche verstößt nicht gegen Treu und Glauben. Hiergegen sprechen auch
nicht l. 23 pr. D. de receptis 4, 8, l. 10 D. de eo, quod certo loco 13, 4 und
l. 6 § 2 D. de lege commissoria 18. 3. So das Oberappellationsgericht zu
Rostock bei Seuff. Bd. 21 n. 226, R.O.H.G. Bd. 24 S. 56, R.G. Bd. 9 S. 199.

13) l. 28 D. de act. empti vend. 19, 1, l. 4 § 7 D. de exc. doli 44, 4. Zu=
lässig ist, auf die Hauptleistung zu klagen und zugleich für den Fall der Nichterfüllung
auf die Strafe, ebenso auch, nach Klage auf die Hauptleistung, solange diese nicht
geschehen ist, auf die Strafe zu klagen.

14) l. 41, l. 42, l. 71 pr. D. pro socio 17, 2.

15) Bei Abzahlungsgeschäften — unten § 95 Ziff. 1 — giebt das Reichsgesetz
vom 16. Mai 1894 im § 4 Abs. 1 dem Richter solches Ermäßigungsrecht ausdrücklich.

9*

## Vierter Abschnitt.

## Die Uebertragung der Obligationen.[1]

### § 47. Einleitung. Veränderungen der Obligationen.

Bezüglich ihrer Entwickelungsfähigkeit steht die römische Obligation zur heutigen im Gegensatze. Die römische Obligation war ein unveränderlicher Typus; der Begründungsakt gab ihr dauernd allein die Norm; daher mußte ihm die Klage genau entsprechen. Die heutige Obligation dagegen ist beweglich, beständiger Fortbildung fähig; trotz aller Veränderungen gilt sie als dasselbe Rechtsverhältniß, da sie sich letztlich aus dem ursprünglichen Begründungsakte herleitet.

Dies bezieht sich auf den Inhalt, wie auf die Subjekte der Obligation.

1. Die Römer erkannten dem Geschäftsschlusse nachfolgende Zusatzverträge — pacta adjecta —, abgesehen von mindernden, nicht an.[2] Jede Umgestaltung des Gläubigerrechtes forderte daher Umprägung und Neubegründung der Obligation durch Novation. Die moderne Obligation dagegen läßt sich durch Zusatzverträge verändern, ohne ihre Identität zu verlieren, mögen sie nun Ort oder Zeit der Zahlung oder auch das Schuldobjekt selbst betreffen.[3]

Sogar Verschuldung und Verzug führten im alten römischen Rechte nur zur Perpetuation der Obligation, also der Form nach nicht zu einer Veränderung ihres Inhaltes, sondern nur zur Ausschließung von Tilgungsgründen. Später freilich bewirkten sie allerdings auch in Rom tiefgreifende Veränderungen der Obligationen.[4]

---

1) Das Hauptwerk ist von Mühlenbruch, b. L. v. der Cession der Forderungsrechte 1817, 3. Aufl. 1836; siehe ferner Puchta, kleine Schriften n. 27; Windscheid die actio 1856; Kuntze, die Obligation 1856 S. 267, S. 119 ff., Albert Schmidt, die Grundlehre der Cession 2 Bde. 1863 ff.; Bähr zur Cessionslehre in Jherings Jahrbüchern — 1857 — Bd. 1 n. 8; R. Saleilles, de la cession des dettes, Paris 1890.

2) Dies galt selbst bei den bonae fidei judiciis, wie Ulpianus libro 4 ad edictum, l. 7 § 5 D. de pactis 2, 14 ausführt: . . . solemus enim dicere pacta conventa inesse bonae fidei judiciis. sed hoc sic accipiendum est, ut si quidem ex continenti pacta subsecuta sunt, etiam ex parte actoris insint: si ex intervallo, non inerunt, nec valebunt si agat, ne ex pacto actio nascatur. Vgl. l. 13 C. de pactis 2, 3; Bechmann, Kauf Bd. 2 S. 480; Pernice in der Savigny-Zeitschrift, rom. Abth. Bd. 9 S. 212.

3) So auch Bechmann, Kauf a. a. O. Ganz unter dem Banne römischer Anschauungen steht Römer, Abhandlungen S. 5.

4) Vgl. oben § 41.

2. Noch starrer hielt das altrömische Recht an der Unveränder=
lichkeit der Subjekte der Obligation fest. Nur der Kontra=
hent hatte die Kontraktsklage gegen den Mitkontrahenten, und nur der
Beschädigte die Deliktsklage gegen den Schädiger.

Doch gingen seit uralter Zeit die Forderungen und Schulden regel=
mäßig auf die Erben über, in denen die ursprünglichen Betheiligten
gleichsam fortleben.

Sonst bedurfte es einer Neubegründung der Obligation durch No=
vation, wenn auf Grund einer Disposition des bisherigen Gläubigers
ein anderer an dessen Stelle treten sollte. Sie vollzog sich durch die Pro=
mission des Schuldners an den neuen Gläubiger. Ebenso war der Eintritt
eines neuen Schuldners an Stelle des alten nur durch Novation möglich.[5]

Im entwickelten Rechte wurde die Veräußerung der Obligationen,
die einen immer wichtigeren Bestandtheil des Vermögens bildeten, auch
ohne Mitwirkung des Schuldners bringendes Bedürfniß. Da aber ein
gerader Weg zu seiner Befriedigung nicht offen stand, wurde man auf
Seitenwege gedrängt. Den, welchem man die Forderung übertragen
wollte, machte man zum Prozeßbevollmächtigten mit der Er=
mächtigung, das Einkassirte für sich zu behalten — procurator in rem suam. Derselbe erhielt die Gläubigerrechte, wenn er
die Klage gegen den Schuldner erhob und es zur Litiskontestation
brachte; denn die hierin liegende Novation verschaffte ihm das
dominium litis.[6]

Sollte aber die Uebertragung der Forderung sofortigen Werth für
den Verkehr und die Konsistenz gewinnen, so mußte man den Erwerber
schon vorher sichern. Diese Aufgabe löste man in folgender Art:

a) Man gewährte dem Erwerber das Recht einer Mittheilung der
Abtretung der Forderung — der Denuntiation — an den Schuldner.
Dieser durfte fortan dem ursprünglichen Gläubiger nicht mehr zahlen.[7]

---

5) Gajus Inst. II § 38 . . . quod mihi ab aliquo debetur, id si velim tibi
deberi, nullo eorum modo quibus res corporales ad alium transferuntur, id
efficere possum, sed opus est, ut jubente me tu ab eo stipuleris; quae res
efficit, ut a me liberetur et incipiat tibi teneri: quae dicitur novatio obligationis. sine hac vero novatione non poteris tuo nomine agere, sed debes ex
persona mea quasi cognitor aut procurator meus experiri. Vgl. l. 25 § 2 D.
de usufructu 7, 1.

6) Die Klageweise ergiebt Gajus Inst. IV. § 86. Qui autem alieno nomine
agit, intentionem quidem ex persona domini sumit, condemnationem autem in
suam personam convertit. nam si verbi gratia L. Titius pro P. Maevio agat,
ita formula concipitur: Si paret Nm Negidium P. Maevio sestertium X milia
dare oportere, judex Nm Negidium L. Titio sestertium X milia condemna. si
non paret absolve.

7) Vgl. über die Denuntiation unten § 48 Anm. 4.

b) Der Erwerber erhielt actiones utiles, vermöge deren er nicht mehr als Bevollmächtigter, sondern in eigenem Namen klagte.    Damit war die Abtretung von dem Untergange der Vollmacht, welche dem procurator in rem suam noch drohte, schlechthin emancipirt.[8]

Nach römischer Auffassung war dies alles „Utilität", eine singuläre, durch die Verkehrsbedürfnisse geforderte Abweichung vom Principe. Das heutige Recht entnimmt hieraus einen neuen Grundsatz — das Recht zur Abtretung der Forderungen.    Andrerseits ist es heute möglich, daß unbeschadet der Rechte des Gläubigers ein neuer Schuldner in die Obligation eintritt, ohne daß dieselbe ihre Identität verliert.

### I. Die Cession.

#### § 48.   Die Cession und die Denuntiation.

1. Gemeinrechtlich sind Forderungen übertragbar.[1]   Folge der Cession ist also Uebergang des Rechts.   Der Abtretende — Cedent — hört auf Gläubiger zu sein, der Erwerber — Cessionar wird der Gläubiger.

---

8) Die actio utilis gab zuerst Antoninus Pius dem Käufer einer Erbschaft. l. 16 pr. D. de pactis 2, 14. Sie wurde in der späteren heidnischen Kaiserzeit jedem Käufer gewährt, wie auch dem Pfandnehmer einer Forderung und Anderen, die auf einen onerosen Titel hin erwarben. l. 1, l. 2 C. de obligationibus 4. 10. l. 7 C. de hered. vel act. 4, 39, abgedruckt oben Bd. 1 § 293 Anm. 10. — Justinian erst verlieh auch dem Schenknehmer einer Forderung die actio utilis  l. 4 C. de donat. 8, 53. Er knüpft an die Neuerung die Folge, daß die geschenkte Forderung auf die Erben des Schenknehmers übergehen solle, auch wenn noch nicht lis über sie kontestirt war, was, wie er hervorhebt, bis dahin nicht der Fall war  Es ergiebt sich hieraus, daß das mandatum in rem suam bis zur Litiskontestation wenigstens grundsätzlich nach denselben Regeln erlosch, wie gewöhnliche Mandate, daß also der Erwerb der Forderung durch den procurator in rem suam vor der Litiskontestation noch nicht vollzogen war, daß vielmehr nur eine Möglichkeit zu erwerben bestand. Ueber die Form der actio utilis wissen wir nichts Bestimmtes, obwohl es nicht an Versuchen gefehlt hat, sie zu rekonstruiren. Nur negative Anhaltspunkte giebt l. 5 C. quando fiscus 4, 15. Diocletianus et Maximianus: In solutum nomine dato non aliter nisi mandatis actionibus ex persona sui debitoris adversus ejus debitores creditor experiri potest. suo autem nomine utili actione recte utetur. Vgl. l. 55 D. de proc. 3, 3. Eisele, die a. utilis des Cessionars, Festschrift 1887.   Das Verhältniß der actio mandata und utilis — mehr oder minder dunkel — bildete seit Alters den Ausgangspunkt verworrener Theorien, worüber zu vergleichen ist Mühlenbruch a. a. O. S. 201.

1) Mühlenbruch lehrte: der Cessionar mache ein fremdes Forderungsrecht geltend, die Cession übertrage nicht das Forderungsrecht selbst, sondern nur dessen Ausübung. Er betrachtete die Cession also im Wesentlichen noch als das, was sie in ihren Anfängen in Rom war, als mandatum in rem suam. Dies wurde zeitweise gemeine Meinung. An ihr hielt unter Anderen Bangerow Bd. 3 § 574 Anm. 1 S. 105 fest. Die meisten neueren Schriftsteller hingegen anerkennen die Cession als Singularsuccession in die Forderung. Hierfür beruft man sich darauf, daß das spätere römische Recht dem Cessionar actiones utiles zugestand, mit denen er nicht

2. Wie verhalten ſich aber Ceſſion und Denuntiation zu ein=
ander? Das richtige iſt: die Ceſſion bewirkt den Uebergang
der Forderung; die Denuntiation hat die Aufgabe, dieſen
Uebergang zu ſichern.[2]

Trotzdem kann der Schuldner — der Ceſſus — unmöglich un=
mittelbar mit der Ceſſion das Recht verlieren, ſeinem urſprüng=
lichen Gläubiger zu zahlen oder anderweite Befreiung ihm gegenüber
zu erlangen; denn der Akt der Ceſſion vollzieht ſich in der Regel ohne
Mitwirkung und ſelbſt ohne Wiſſen des Ceſſus. Deswegen tritt ein
Zwiſchenſtadium ein, in welchem der Cedent, obgleich er nicht
mehr Gläubiger iſt, doch dem Schuldner gegenüber wie
ein Gläubiger legitimirt iſt.

Es fragt ſich, wann dieſes Stadium endet? Nach der einen Anſicht
iſt dies der Fall, wenn der Schuldner ſichere Kenntniß von der
Ceſſion erhält.[3] Sie ſcheint folgerecht, hat aber erhebliche praktiſche Be=
denken.  Denn „ſichere Kenntniß" iſt Ueberzeugtheit von der Rich=

---

„alieno nomine", ſondern „ſuo nomine" klagte, ferner darauf, daß bereits Juſtinian
von einem „transferre debitum" ſprach, l. 23 C. mandati 4, 35. Ihre beſte Stütze
hat dieſe Anſicht aber darin, daß die Ceſſion im gemeinen Rechte ſachlich die Geſtalt
einer Succeſſion in die Forderung angenommen hat und daß alle ihre einzelnen
Rechtsſätze auf dieſe Idee zurückleiten. Vgl. Gürgens, die Singularſucceſſion in die
Schuld in Iherings Jahrbüchern Bd. 8 n. 8. — Ueber die Verpfändung von Forde=
rungen und die in ihr liegende beſchränkte Ceſſion vgl. oben Bd. 1 § 293.

2) Die Anſichten über das Verhältniß der Denuntiation zur Ceſſion ſind bei
den Neueren ſehr getheilt.  Windſcheid: die actio, vertheidigte die Meinung: mit
der Ceſſion gehe die actio nicht auf den Ceſſionar über, hierzu bedürfe es einer
Beſitzergreifung — der Denuntiation.  Wie man in Rom zum Erwerbe von
Servituten eine Beſitzergreifung forderte, habe man die Beſitznahme auch bei der
Abtretung von Obligationen verlangt, um dieſelbe mit „Körperhaftigkeit" zu bekleiden.
Iſt es aber nicht gerade charakteriſtiſch für die Obligation, daß der Gläubiger an
ihr keinen Beſitz hat? Wie kann man nun Beſitz ergreifen an einem Dinge, an
welchem ein Beſitz nicht möglich iſt? In den Pandekten Bd. 2 § 331 Anm. 8 hat
Windſcheid zwar der Idee nicht entſagt, daß die Denuntiation „die Forderung er=
greife", im Uebrigen iſt ſeine Auffaſſung geändert.  Nunmehr giebt Windſcheid zu,
daß der Ceſſionar auch vor der Denuntiation ein Forderungsrecht habe, indeſſen auch
der Cedent ſei noch Forderungsgläubiger. Es liege alſo eine „Korrealobligation"
vor.  Dagegen führt namentlich Bähr a. a. O. S. 369 aus, daß nach der Ceſſion
der Ceſſionar der einzige Gläubiger ſei.  Und dies iſt zweifellos das Richtige.  Die
Anſicht, daß der Ceſſionar erſt mit der Denuntiation Gläubiger werde, oder daß
Cedent und Ceſſionar Korrealgläubiger ſeien, führt, wenn ſie folgerecht durchgebildet
wird, zu Reſultaten, welche mit der Idee der Ceſſion und den praktiſchen Zwecken, die
durch ſie verfolgt werden, in Widerſpruch ſtehen.  Wie hier Seuff. A. Bd. 47 n. 266.

3) Daß jede „ſichere" Kenntniß des Schuldners von der Ceſſion genüge, hat
neuerdings namentlich Bähr a. a. O. S. 369 vertheidigt; ihm ſtimmt Regels=
berger in Endemanns Handbuch des H.R. Bd. 2 S. 528 zu, aber keineswegs theilen
dieſe Auffaſſung R.O.H.G. Bd. 23 S. 314 und R.G. Bd. 4 S. 114, welche viel=
mehr dieſe Frage dahingeſtellt ſein laſſen. Vgl. überhaupt Mühlenbruch a. a. O.
S. 492 und die bei Windſcheid Bd. 2 § 331 Anm. 8 Citirten.  Die in der folgenden
Anmerkung angeführten Stellen ergeben die Nothwendigkeit der Denuntiation in be=
ſtimmteſter Weiſe.

tigkeit der Thatsache.  Damit wird die Frage, ob der Schuldner seinem ursprünglichen Gläubiger noch zahlen darf und muß, von einem inneren, psychologischen Vorgange abhängig gemacht, der sich äußerlich nicht markirt und oft zweifelhaft bleibt.

Es war zweckmäßiger, den kritischen Moment durch eine äußere Thatsache zu fixiren.  Dies hat das römische Recht, wie die herrschende Ansicht anerkennt, gethan.  Denn erst durch Denuntiation des Cessionars an den Cessus endigt die Legitimation des Cedenten zur Zahlungsannahme.[4]  Ihr steht die Denuntiation seitens des Cedenten natürlich gleich.[5][6]  Auch eine Anerkennung der Cession gegenüber dem Cessionar durch den Cessus genügt.

Anders wurde der Verkauf einer Erbschaft behandelt.  Derselbe ist eine Thatsache von selbständiger Bedeutung, die einen größeren Kreis von Rechten und Pflichten bestimmt, die Erbschaftsschuldner ferner sind zuweilen dem Erbschaftskäufer nicht sämmtlich bekannt, oft nicht leicht zu erreichen.  Um deswillen forderte man eine specielle Benachrichtigung der Erbschaftsschuldner nicht.  Es genügt, daß sie den Verkauf der Erbschaft kennen.[7]

Da der Cedent bis zur Denuntiation noch die Legitimation eines Gläubigers hat, so ist er noch befugt, während dieser Zeit gegen den Schuldner Klage zu erheben.  Wohin würde es auch führen, wenn jedem Gläubiger seitens seines Schuldners entgegengestellt werden könnte, er habe vernommen, daß die Forderung cedirt sei.  Dies würde für chikanöse Einreden und Prozeßverzögerung herrliche Gelegenheit geben.[8]

---

4) l. 4 C. quae res pignori 8, 16, abgedruckt oben Bd. 1 § 293 Anm. 8, l. 3 pr. C. de novationibus 8, 41.  Gordianus: Si delegatio non est interposita debitoris tui ao propterea actiones apud te remanserunt, quamvis creditori tuo adversus eum solutionis causa mandaveris actiones, tamen antequam lis contestetur vel aliquid ex debito accipiat vel debitori tuo denuntiaverit, exigere a debitore tuo debitam quantitatem non vetaris et eo modo tui creditoris exactionem contra eum inhibere.

5) R.O.H.G. Bd. 23 S. 314.  Windscheid freilich geht von der Ansicht aus, daß die Anzeige des Cedenten nicht genüge.  Es fehlt ihm hierbei „die ergreifende Thätigkeit des Erwerbers".  So Pand. Bd. 2 § 331 Anm. 9.  Dort die Litteratur über die Streitfrage.

6) Mit Recht sagt Wendt Pand. § 216: Der Schuldner wird, was dritte Personen ihm an Nachrichten zutragen, ablehnen und übersehen dürfen in der wohlbegründeten Unterstellung, daß ihm über eine etwaige Cession schon von den Betheiligten unmittelbar eine Nachricht zugehen werde.

7) l. 17 D. de transactionibus 2, 15.  Papinianus libro 2 quaestionum: Venditor hereditatis emptori mandatis actionibus cum debitore hereditario, qui ignorabat venditam esse hereditatem, transegit: si emptor hereditatis hoc debitum ab eo exigere velit, exceptio transacti negotii debitori propter ignorantiam suam accommodanda est. item respondendum est et in eo, qui fideicommissam recepit hereditatem, si heres cum ignorante debitore transegit.

8) Anders das O.L.G. Hambg. in Seuff. A. Bd. 48 n. 177.

Gleichwohl ist der Cedent nicht mehr Gläubiger der von ihm ab=
getretenen Forderung. Die Gläubiger des Cedenten können die=
selbe daher von der Zeit der Cession an, auch wenn die Denuntiation
noch nicht geschah, nicht mehr mit Erfolg pfänden. Vielmehr kann der
Cessionar interveniren und jene Forderung als ihm gehörig in Anspruch
nehmen.[9] Ferner fällt die cedirte Forderung nicht mehr in die Konkurs=
masse des Cedenten, wenn auch die Denuntiation an den Cessus zur Zeit
der Eröffnung des Konkurses noch nicht geschehen war, vielmehr kann
der Cessionar die Forderung für sich geltend machen.

Hat endlich der Gläubiger eine Forderung zuerst an den Primus
cedirt und später dem Sekundus abgetreten, welcher seinerseits vor
dem Primus zur Denuntiation schreitet, so geht dennoch der
Primus als der ältere Cessionar dem Sekundus vor.[10] Ja es kann
Primus, wenn Sekundus die Forderung bereits eingezogen hat, gegen
ihn auf Herausgabe des Eingezogenen klagen, denn er hat sein, des
Primus, Aktivum ohne Rechtsgrund erlangt.[11] [12]

### § 49. Cessionsakt und Cessionsgrund.[1]

Cession im eigentlichen Sinne geschieht durch den Gläubiger.
Aber auch durch richterliche Verfügung und selbst von Rechts=
wegen erwirbt man Forderungen, wie durch Cession.

1. Cession im eigentlichen Sinne pflegt man freiwillige —
voluntaria — zu nennen, weil sie sich durch einen Willensakt des
Cedenten — Vertrag oder Vermächtniß — vollzieht. Von diesem
Standpunkte aus ist sie auch freiwillig, wenn sie in Folge einer gesetz=
lichen Verpflichtung geschieht.

Der Cessionsakt, d. h. die Uebertragung der Forderung, und
der Cessionsgrund, z. B. der Verkauf derselben, sind, ähnlich, wie

---

9) So R.G. Bd. 4 S. 111.

10) Die Frage ist sehr bestritten. Für das bessere Recht dessen, welcher zuerst
denuncirte, sind u. A. Müsset in Lindes Zeitschrift n. F. Bd. 12 n. 12 und Knorr
im Archiv für civ. Praxis Bd. 42 n. 15. Wendt Pand. § 216. Früher hatte diese
Ansicht auch Windscheid, actio S. 190, anders Pand. Bd. 2 § 331 Anm. 10. —
Einreden, die der Schuldner gegen den zuerst Denuncirenden gutgläubig vor der
Denuntiation des älteren Cessionars erwarb, muß sich dieser freilich gefallen lassen.

11) Bähr a. a. O. Bd. 1 S. 439.

12) Kann der Schuldner dem klagenden Cessionar gegenüber einwenden, daß
der Cedent die Forderung bereits früher einem Anderen cedirte, obgleich dieser noch
nicht denuncirte? Dies bejaht R.G. bei Gruchot Bd. 35 S. 976, ebenso das O.L.G.
Rostock in Seuff. Arch. Bd. 48 n. 20.

1) Regelsberger, Beiträge z. L. von der Cession im Archiv für civ. Praxis
Bd. 63 n. 8.

bei der Tradition körperlicher Sachen, scharf zu unterscheiden. Allerdings fällt beides meist zeitlich und äußerlich zusammen; mit ihrem Verlaufe insbesondere gilt die Forderung regelmäßig unmittelbar als abgetreten. Aber die Cession ist demungeachtet ein abstraktes Geschäft, ihr
Rechtsbestand daher unabhängig von ihrem Grunde.[2] Dies ist für den
Cessus von großer Wichtigkeit. Denn in Folge dessen hat er, ehe er
dem Cessionar zahlt, nur die Gültigkeit der Cession, nicht diejenige des
Cessionsgrundes zu prüfen.

Ist der Cessionsakt nichtig, z. B. wegen Minderjährigkeit des
Cedenten, so bleibt der Cessus dem Cedenten verpflichtet, kann also dem
angeblichen Cessionar nicht zahlen. Die etwaige Anfechtbarkeit des Cessions-
aktes berührt ihn aber nicht.[3]

Bestritten ist die Behandlung der Einrede der Simulation der
Cession. Gemäß der Praxis ist sie nur dann zu verstatten, wenn der
Cessus ein besonderes und eigenes Interesse an der Nichtcession darthun
kann. Denn, wie auch das Verhältniß n a c h   i n n e n   l i e g t, jedenfalls
hat der Gläubiger den Pseudocessionar nach a u ß e n hin zur Beitreibung
der Forderung e r m ä c h t i g t. Dies genügt zu dessen Legitimation.[4]

2. Auch durch r i c h t e r l i c h e  V e r f ü g u n g e n werden Forderungen
übertragen. Insbesondere überweist das Vollstreckungsgericht dem be-
treibenden Gläubiger auf dessen Antrag die Geldforderung seines Schuldners behufs der Zwangsvollstreckung an Zahlungsstatt.[5]

3. Endlich gehen auch in einigen Fällen Forderungen v o n  R e c h t s-
w e g e n auf einen neuen Gläubiger über.[6]

2) Die Frage ist bestritten. A. Ansicht Strohal in Jherings Jahrb. Bd. 27
S. 392. Vgl. die bei Regelsberger a. a. O. S. 164 Anm. 5 Citirten.

3) Regelsberger a. a. O. S. 163.

4) Daß sich der Cessus nicht auf die Simulation der Cession berufen könne, daß
hierin eine unzulässige exceptio de jure tertii liege, ist ein in der Praxis herrschen-
der Satz. Vgl. aber die feinen Untersuchungen von Regelsberger a. a. O. S. 167,
siehe auch R.O.H.G. Bd. 24 S. 322, Windscheid Bd. 2 § 334 Anm. 1, R.G. bei
Gruchot Bd. 36 S. 990.

5) Der Gläubiger hat nach der C.P.O. § 736 ein zwiefaches Recht an der
von ihm behufs Zwangsvollstreckung gepfändeten Forderung seines Schuldners.
a) Er kann sich die Forderung an Zahlungsstatt zum Nennwerthe übereignen lassen.
Dann ist seine Forderung auf den Betrag der überwiesenen getilgt, vorausgesetzt,
daß dieselbe „besteht", also gültig ist, dies auch, wenn der Drittschuldner zahlungsunfähig sein sollte. b) Der Gläubiger kann sich mit seinem P f a n d r e c h t an der
gepfändeten Forderung begnügen. Er muß sich aber die Befugniß zur Einziehung
derselben vom Gericht überweisen lassen, um sein Pfandrecht zu verwirklichen, i. g.
Ueberweisung zur Einziehung. Seine Forderung wird in diesem Falle so weit getilgt,
als er von dem Drittschuldner etwas beitreibt, oder er wegen culpa in exigendo
dem Gepfändeten verantwortlich wird. Vgl. Hellwig, die Verpfändung von Forderungen S. 115.

6) Häufig lehrte man, daß der Uebergang der Forderung stets dann v o n  R e c h t s-
w e g e n eintrete, wenn die Cession rechtlich e r z w i n g b a r sei. So Puchta, Pand.

Hierin liegt nicht wahre Cession, sondern gesetzliche Succession. Dennoch spricht man von nothwendiger oder fingirter Cession — cessio necessaria —, weil die Rechtssätze der Cession wenigstens im Wesentlichen analoge Anwendung finden.[7]

§ 50. Gegenstand der Cession.

Die Cession erstreckt sich auf das ganze Gebiet der Vermögens=rechte. Auch dingliche Klagerechte sind daher cedirbar.[1] Aber vorzugs=weise wichtig ist die Cession von Forderungen. Sie ist wie bei fälligen, so auch bei nichtfälligen, bedingten[2] und zukünftigen, und selbst bei klaglosen Forderungen möglich. Auch die Cession von Ansprüchen aus zweiseitigen Verträgen ist gültig; an den Rechten des Cessus, nur gegen die vorgängige oder gleichzeitige Gegenleistung zu erfüllen, wird aber hierdurch nichts geändert.[3]

Nicht cedirbar sind Forderungen entweder wegen ihrer besonderen Natur, oder wegen positiver Verbote.

1. Nicht möglich ist Cession von Obligationen, die eine besondere Beziehung auf die Person des Gläubigers haben, so daß sie bei einer Uebertragung ihren Zweck verfehlen würden. Dahin ge=hören unmittelbare Alimentenforderungen.[4]

---

§ 281 und Savigny, O.R. Bd. 1 S. 243. Ein solcher Uebergang ist zwar in einzelnen Fällen anzunehmen, in welchen eine ausdrückliche Cession zwecklose Formalität wäre, vgl. unten § 81 Anm. 15, keineswegs aber für die Regel. Er wäre in seiner All=gemeinheit nicht gerechtfertigt, denn er würde alle Sicherheit über die Person des Gläubigers über den Haufen werfen. Vgl. Mühlenbruch S. 470, Bähr a. a. O. Bd. 1 S. 400, Windscheid Bd. 2 S. 330 Anm. 12, endlich R.G. Bd. 1 S. 314. Ist aber der Gläubiger zur Abtretung der Forderung verurtheilt, so gilt die Cession als erklärt, sobald das Urtheil die Rechtskraft erlangt hat. Vgl. C.P.O. § 779.

7) Regelsberger a. a. O. S. 158 will den Begriff der „gesetzlichen" oder „fingirten" Cession beseitigen und nur von einem gesetzlichen Forderungsübergang ge=sprochen haben. In jenen Ausdrücken liegt aber eine eingebürgerte und bequeme Formel, um anzuzeigen, daß die Grundsätze der eigentlichen Cession auf die Fälle des gesetzlichen Ueberganges der Forderungen analoge Anwendung finden. Sie wird sich daher nicht verdrängen lassen.

1) Vgl. oben Bd. 1 § 225 Anm. 1 und 2.

2) Auch bedingt hinterlassene Vermächtnisse sind cedirbar trotz l. 41 D. de cond. et dem. 35, 1. R.G. Bd. 8 S. 189, Wolff, Rechtswirkungen d. Cession bedingter Vermächtnisse, Bonner Inaug.=Diss. 1887, Enneccerus Rechtsgesch. S. 248, Windscheid Bd. 1 § 89 Anm. 10.

3) R.O.H.G. Bd. 12 S. 74, R.G. Bd. 13 S. 12. Handelt es sich um Gegen=leistungen des Cedenten, die nicht nothwendig gemäß des Vertrages in eigener Person vorzunehmen sind, so steht es dem Cessionar frei, als in eigenem Interesse handeln=der Vertreter des Cedenten zu erfüllen und hierdurch der exceptio non adimpleti contractus zu begegnen.

4) Vgl. über die Cession von Alimentenforderungen, insbesondere von Wittwen=

2. Pfandrechte, Retentionsrechte, Rechte gegen Bürgen, überhaupt Rechte, die nur um eines anderen Anspruches willen bestehen, können zwar mit dem Hauptrechte, nie aber ohne dasselbe abgetreten werden.

3. Vereinbarungen über Nichtcedirbarkeit einer Forderung — pacta de non cedendo — sind gültig und stehen einer gleichwohl vorgenommenen Cession entgegen.[5]

4. Die römischen positiven Cessionsverbote haben derzeit keine erhebliche praktische Bedeutung mehr.[6] Die Cession rechtshängiger Ansprüche insbesondere, welche nach römischem Rechte nichtig war,[7] ist nach der C.P.O. zulässig. Der Prozeß ist aber unter den ursprünglichen Parteien fortzuführen und die bereits erwachsenen prozessualischen Rechte bleiben unberührt.[8]

Verboten ist bei Strafe der Verwirkung der Forderung die Cession einer Forderung an potentiores, d. h. Personen, die ein derartiges sociales Uebergewicht haben, daß der Schuldner ihnen gegenüber die Fortsetzung des Prozesses nicht füglich wagen kann.[9]

Das Gleiche gilt von der Uebertragung einer Forderung an den Bevormundeten auf dessen Vormund.[10][11]

---

pensionen R.G. Bd. 4 S. 143. Als nicht cedirbar betrachtet man auch die actiones vindictam spirantes, die eine persönliche Genugthuung bezwecken, z. B. die Injurienklage, vgl. Mühlenbruch § 26, ferner Forderungen aus pacta de contrahendo, vgl. Degenkolb im Archiv für civ. Praxis Bd. 71 S. 77.

5) Stegemann, das pactum de non cedendo im Archiv für civ. Praxis Bd. 67 S. 315. Anders Ernst Schlesinger, die Wirksamkeit des pactum de non cedendo Erlang. Jng.diss. 1892, für die Gültigkeit des p. d. n. c. aber R.G. Bd. 31 S. 164. Quellenzeugnisse fehlen. Auch testamentarische Verbote der Cession etwa bis zu einem gewissen Alter des Cedenten sind gültig. — Die Zwangsvollstreckung in die Forderung ist durch dasselbe nicht ausgeschlossen; aber die gepfändete Forderung kann dem Gläubiger nur „zur Einziehung" überwiesen werden. C.P.O. § 736.

6) Die Reichsgesetzgebung hat mehrere social wichtige Cessionsverbote in Verbindung mit dem Verbote der Beschlagnahme der bezüglichen Forderungen geschaffen. Insbesondere gestattet das Reichsgesetz vom 21. Juni 1869 die Beschlagnahme und die Cession von Lohnansprüchen nur, wenn die Arbeiten und Dienste, welche zu vergüten sind, bereits geleistet wurden und der Tag, an welchem die Vergütung zu entrichten war, abgelaufen ist, ohne daß dieselbe vom Vergütungsberechtigten eingefordert wurde. Auch in mehreren anderen Reichsgesetzen ist an das Verbot der Beschlagnahme von Intraden das der freiwilligen Cession geknüpft. Ist hieraus das allgemeine Princip zu entnehmen, daß Forderungen, die der Pfändung nicht unterliegen, unübertragbar sind? Dies verneint R.G. Bd. 4 S. 142, vgl. aber mein preuß. Privatrecht Bd. 2 § 109.

7) l. 5 C. de litigiosis 8, 36.

8) C.P.O. § 236 Abf. 1.

9) l. 2 C. ne liceat potentioribus 2, 13. Solche sociale Verhältnisse sind derzeit nicht häufig. Das Verbot wird daher selten Platz greifen, ist aber nicht als antiquirt zu erachten. Ueber die zahlreichen Streitfragen vgl. Vangerow Bd. 3 § 574 Anm. 1 S. 109.

10) nov. 72 cap. 5.

11) Nach dem R.A. von 1551 § 79 und der R.P.O. von 1577 Tit. 20 § 4

### § 51. Rechte des Ceſſionars gegen den Ceſſus.

Die Forderung geht auf den Ceſſionar ſo über, wie ſie zur Zeit der Ceſſion beſchaffen war.

Da jedoch der Cedent von der Ceſſion bis zur Denuntiation noch die Legitimation eines Gläubigers hat, ſo unterliegt der Ceſſionar auch den Einreden, welche der Ceſſus noch in dieſer Zwiſchenzeit gegen den Cedenten erwirbt.

Im Einzelnen haben die Rechte des Ceſſionars folgende Geſtalt:

1. Der Umfang, in welchem die Forderung übertragen wird, ergiebt ſich aus dem Ceſſionsakte.[1]

Was der Ceſſionar dem Cedenten für die Forderung gewährte, iſt grundſätzlich ohne Bedeutung für ſein Recht gegen den Ceſſus. Um jedoch ſchmutzigen Spekulationen durch Aufkaufen ſchlechter Forderungen für geringen Preis entgegenzutreten, beſtimmte die ſ. g. lex Anastasiana, daß der Käufer einer Forderung nicht mehr vom Ceſſus beanſpruchen dürfe, als der Kaufpreis derſelben betrug. Hinſichtlich des Mehrbetrages wird der Ceſſus frei. Ueberlaſſung an einen Gläubiger ſtatt Zahlung, ferner an den beklagten dritten Pfandbeſitzer behufs Befreiung des Pfandes, endlich an einen Gemeinſchafter behufs einer Auseinanderſetzung wurden nicht betroffen.[2]

---

war verboten, daß ein Jude ſeine Forderung an einen Chriſten anderen Chriſten cedire. Dies um zu verhüten, daß Chriſten ſich auf einem Umwege die den Juden geſtatteten Zinsverträge zu gute brächten. Die Beſtimmung iſt antiquirt.

1) Vgl. l. 34 pr. D. de leg. III. Es handelt ſich, ſoweit der Ceſſionsakt keine ausdrücklichen Beſtimmungen enthält, um eine Interpretationsfrage. Gewöhnlich werden Verzugszinſen, Intereſſenforderungen, Anſprüche auf künftig verfallende Vertragszinſen, ſowie auch noch nicht verfallene Konventionalſtrafen in der Ceſſion begriffen ſein. Rückſtändige Vertragszinſen und verfallene Konventionalſtrafen gelten dagegen in der Regel nicht als mit der Hauptforderung cedirt.

2) l. 22 C. mandati 4, 35. Anaſtaſius aus dem Jahre 506: Per hanc itaque legem jubemus in posterum hujusmodi conamen inhiberi . . . ita tamen, ut si quis datis pecuniis hujusmodi subierit cessionem, usque ad ipsam tantummodo solutarum pecuniarum quantitatem et usurarum ejus actiones exercere permittatur, licet instrumento cessionis venditionis nomen insertum sit: exceptis scilicet cessionibus, quas illic cohaeredes pro actionibus hereditariis fieri contingit, et his, quascumque vel creditor vel is, qui res aliquas possidet pro debito seu rerum apud se constitutarum munimine ac tuitione acceperit, nec non his, quas in legatarios seu fideicommissarios, quibus debita vel actiones seu res aliae relictae sunt, pro his fieri necesse sit. Ueber die zahlreichen Streitfragen, welche ſich an die lex Anastasiana knüpfen, vgl. Vangerow Bd. 3 § 576. Selbſtverſtändlich kann der Ceſſionar nicht bloß vom Ceſſus einfordern, was er für die Forderung „gab", ſondern auch was er als Kaufpreis für ſie „verſprach", R.G. Bd. 14 S. 240. Beſonders beſtritten war von jeher die Beweislaſt. Nach der herrſchenden Anſicht hat der Beklagte im Streitfalle darzuthun, daß die Ceſſion auf einem Verkaufe beruhe, und muß der Ceſſionar, ſofern dies einmal feſtſteht, die Höhe des von ihm gewährten Kaufpreiſes nachweiſen. Sie entſpricht dem Worte und dem

Die lex **Anastasiana** ist durch das H.G.B. bezüglich der aus Handelsgeschäften hervorgegangenen Forderungen beseitigt[3] und in vielen Partikularrechten ganz aufgehoben.[4] Indem sie Auswüchsen entgegentrat, beschränkte sie doch auch die Entwickelung des loyalen Verkehres.

2. Auf den Cessionar gehen mit der Forderung auch deren Accessionen, insbesondere die Rechte gegen die Bürgen und die Pfandrechte über.[5] Bestritten ist, inwieweit ihm Vorrechte des Cedenten zukommen? Der Cessionar hat keinen Anspruch auf Vorrechte, welche der Person des Cedenten bei Geltendmachung der Forderung zugestanden hätten. Das gilt z. B. für die Sportelfreiheit des Fiskus, welcher einem Privaten seine Forderung cedirte. Vorrechte dagegen, welche sich an die Forderung knüpfen, gehen auf den Cessionar über, auch wenn sie um der Person des Cedenten willen gewährt waren. Hierher gehören namentlich die Konkursprivilegien.[6][7]

---

Sinne der lex **Anastasiana**. Viele jedoch nehmen an, der Schuldner habe zur Begründung der Einrede darzuthun, wieviel weniger als der Betrag der Forderung, vom Cessionar gewährt worden sei. So u. A. Windscheid Bd. 2 § 333 Anm. 7. — Umgehungen des Gesetzes kamen sofort nach seinem Erlasse vor. Eine sehr naheliegende war, dem Cessionar die Forderung nur bis zum Belaufe des Verkaufspreises zu verkaufen und ihm den Rest zu schenken. Solche Schenkungen erklärte Justinian in der l. 23 C. mandati 4, 35 für nichtig und die Forderung auf den geschenkten Betrag für erloschen.

3) H.G.B. Art. 299. Ob das Abtretungsgeschäft ein Handelsgeschäft ist, ist ohne Bedeutung. R.G. Bd. 14 S. 240.

4) Die bezüglichen Verordnungen zählt Stobbe Bd. 3 S. 187 Anm. 57 auf.

5) l. 6, l. 23 pr. D. de her. vel act. 18, 4, l. 14 pr. D. eod., l. 6. l. 7 C. de obl. et act. 4, 10, l. 14 C. de fidejussoribus 8, 40.

6) Bestritten ist, inwieweit dem Cessionar die Vorrechte des Cedenten bezüglich der Forderung zukommen, vgl. Mühlenbruch a. a. O. § 56, Vangerow Bd. 3 § 575 Anm. 2, Windscheid Bd. 2 § 332 Anm. 10. Hinsichtlich der Vererblichkeit unterscheiden die Römer privilegia „causae" und „personae". Die ersteren, welche um der Eigenschaften der Forderung willen gewährt sind, gehen auf die Erben des Gläubigers über, die anderen, welche um der Person des Gläubigers willen zugebilligt wurden, vererben sich nicht. Manche behaupteten nun, daß dementsprechend zwar die privilegia causae auf die Cessionare übergingen, nicht aber die privilegia personae. Hierfür spricht scheinbar die l. 42 D. de administratione tut. 26, 7. **Papinianus** libro 1 definitionum: Ex pluribus tutoribus in solidum unum tutorem judex condemnavit, in rem suam judicatus procurator datus privilegium pupilli non habebit, quod nec heredi datur; non enim causae sed personae succurritur, quae meruit praecipuum favorem. Aber die Entscheidung Papinians bezieht sich auf den Fall einer erzwungenen Cession, die nur einen Ersatz für das unter den Mitvormündern fehlende Klagerecht auf verhältnißmäßige Austheilung des Schadensersatzes bezweckt. Ein Konkursprivileg für diesen Anspruch hätte in der That keine innere Berechtigung. Wenn Papinian fortfährt, daß dies Privilegium auch auf die Erben nicht übergehe, weil es kein privilegium causae sei, so rechtfertigt dies den Schluß nicht, daß es auch im Falle einer gewöhnlichen Cession erlösche. Damit würde die Cession die Forderung so erheblich verschlechtern, daß dem Gläubiger die Abtretung derselben häufig thatsächlich unmöglich gemacht wäre. Dies ist um so weniger anzunehmen, als in anderen Fällen der Uebergang von persönlichen Privilegien auf den Cessionar un-

3. Welche Einreden muß sich der Cessionar aus der Person des Cedenten gefallen lassen? In der Regel alle, also nicht bloß diejenigen, welche in rem, sondern auch diejenigen, die in anderer Beziehung nur in personam wären. Es genügt, daß die thatsächliche Grundlage der Einrede vor der Denuntiation bestand.[8] Hat aber der

---

bedenklich zugestanden wird, vgl. l. 7 C. de privil. fisci 7, 73, l. 2 C. qui pot. 8, 18. Viele Neuere versagen jedoch Rechtswohlthaten, die in einer Eigenschaft des Gläubigers ihren Grund haben, dem Cessionar wenigstens dann, wenn sie einen Vorzug nicht sowohl „verleihen" als „in Aussicht stellen". Zu Rechtswohlthaten der letzteren Art rechnen sie die Konkursprivilegien. Vgl. Windscheid a. a. O. Will man sich mit der l. 42 cit. so abfinden, so geschieht dies doch nur sehr äußerlich, denn von einer solchen Unterscheidung enthält der Ausspruch Papinians nichts. Es kann auch nicht zugegeben werden, daß Konkursprivilegien nur eine „Aussicht" auf Vortheile gewähren, sie sind vielmehr sehr wichtige Eigenschaften gewisser Forderungen, die allerdings nur im Falle des Konkurses des Schuldners wirksam werden. Vgl. R.G. Bd. 3 S. 34 über den Uebergang der in der K.O. § 54 bestimmten Vorrechte.

7) Sehr zweifelhaft ist, ob der Cessionar Vorrechte, die ihm bezüglich „seiner" Forderungen in Folge seiner persönlichen Stellung zukommen, auch bezüglich „cedirter" Forderungen geltend machen? ob z. B. der Mündel oder das Hauskind das Vorrecht im Konkurse des Vormunds oder Vaters auch für cedirte Forderungen gegen denselben beanspruchen kann? Die Bejahung scheint geboten, da dem Cessionar die ihm cedirte Forderung übereignet wird. Allein dieser bloß formale Grund kann nicht durchschlagen. Die Lage des Schuldners soll durch die Cession nicht wesentlich verschlechtert werden, die Forderung durch sie nicht verbessert werden. Dies spricht für die Verneinung der Frage. Vgl. Windscheid Bd. 2 § 332 Anm. 12.

8) Windscheid Bd. 2 § 332 Anm. 2 stellt als Princip auf: Einreden, welche sich nicht sowohl „auf die Forderung selbst" als vielmehr „auf diese bestimmte Gläubigerperson beziehen", gehen mit dem Wechsel des Gläubigers unter. Hiergegen ist zu erinnern: Nicht darauf kann es hier ankommen, ob es sich um Einreden handelt, die den Erben des Gläubigers gegenüber versagen, sondern nur darauf, ob sie derart persönlich sind, daß sie gegen einen Cessionar nicht eingreifen können. Daß es aber Einreden solcher Art giebt, ist nicht nachgewiesen. Daß die exceptio doli, obgleich in personam, dem Cessionar aus der Person des Cedenten entgegensteht, wird heutzutage nicht bezweifelt. Man führt aber in erster Linie die Einrede der Kompetenz an. Dieselbe war allerdings „personae cohaerens" und stand daher nur dem Schuldner selbst, nicht dem Bürgen des Schuldners zu, l. 7 D. de exceptionibus 44. 1; nirgends aber ist bezeugt, daß sie auch in dem Sinne „in personam" ist, daß sie gegenüber dem Cessionar nicht durchgreift, wenn sie dem Cedenten gegenüber begründet war. Dies ist auch aus inneren Gründen nicht anzunehmen. Ob man direkt von seinem Schuldner die volle Schuldsumme beitreibt, oder indirekt auf dem Umwege der Cession kann keinen Unterschied machen. Weiter führt man Stundungsverträge an. Jedoch ein Stundungsvertrag, durch welchen der Gläubiger für seine Person auf die Geltendmachung einer Forderung verzichtet, während er dieselbe seinen Erben vorbehält, — l. 57 § 1 D. de pactis 2, 14 — kann zweifellos dem Cessionar des Gläubigers, so lange dieser lebt, entgegengestellt werden: dies entspricht seiner vermuthlichen Absicht. Ein Vertrag aber, wonach der Gläubiger auf die Geltendmachung der Forderung für seine Person verzichtet und sie gleichwohl einem etwaigen Cessionar vorbehält, wird nicht vorkommen; er wäre für den Schuldner nahezu werthlos. Dieses höchst entlegenen Falles wegen bedarf es der Distinktion von Windscheid nicht. Mit Recht lehren daher die meisten neueren Schriftsteller, daß sämmtliche Einreden, welche bis zur Denuntiation in der Person des Cedenten begründet waren, auch dem Cessionar entgegenstehen, vgl. Francke im Archiv für civ. Praxis Bd. 16 n. 15, Vangerow Bd. 3 § 575 Anm. 1.

Cessus dem Cessionar gegenüber die Schuld als rechtsbeständig anerkannt, so kann er sich der Einreden, die ihm aus der Person des Ce-
benten zustanden, richtiger Ansicht nach nicht bedienen.⁹

Der Cessus kann ferner Einreden jeder Art aus der Person des
Cessionars erwerben.¹⁰

4. Der Cessus ist gegen die Gefahr zu sichern, doppelt zahlen zu
müssen. Diese Gefahr kann namentlich dadurch entstehen, daß der ursprüngliche Gläubiger die angebliche Cession nicht anerkennt und noch
einmal Zahlung beitreibt, nachdem der Schuldner dem als Cessionar
Auftretenden — sei es freiwillig, sei es durch rechtskräftiges Urtheil gezwungen — bereits gezahlt hat. Um dies zu verhüten, kann der Schuldner
vor der Zahlung von dem als Cessionar Auftretenden die Aushändigung der Cessionsurkunde oder sonstiger Beweismittel der Cession
fordern, die ihm ermöglichen, dem ursprünglichen Gläubiger gegenüber
seinerseits den Beweis der geschehenen Cession zu führen, wenn derselbe
später klagen sollte. Ist der Cessionar hierzu nicht im Stande, so kann
er nur Deposition der Schuldsumme fordern, es sei denn, daß er
dem Cessus Realsicherheit gegen die Gefahr etwaiger Ansprüche des
Cedenten stellt.¹¹

Treten verschiedene Prätendenten wegen derselben Forderung auf,
so kann der Schuldner die Schuldsumme deponiren und jene den Streit
um dieselbe unter einander ausmachen lassen.¹²

### § 52. Rechtsverhältnisse zwischen dem Cessionar und dem Cedenten.

Meist finden sich gegenseitige Ansprüche zwischen dem Cessionar
und dem Cedenten. Sie entspringen nicht sowohl aus der Cession
selbst, als aus ihrem Rechtsgrunde. Dieser bestimmt daher ihren
Inhalt und Umfang.

---

9) Die Anerkennung der Forderung durch den Cessus — also nicht bloße Anerkennung der Cession — giebt derselben ein neues Fundament. Vgl. Glück Bd. 16
S. 426. Anderer Ansicht Mühlenbruch § 50. Erfolgte die Anerkennung irrthüm-
licherweise und geschah die Cession auf Grund eines onerosen Titels, so hat der Cessus
arg. l. 12 D. de novat. 46, 2 eine condictio gegen den Cedenten, der sine causa
bereichert ist, aber keine Rechte gegen den Cessionar.

10) Dem Cessus erwachsen keine Einreden aus Vereinbarungen zwischen Cedenten und Cessionar über die Weise, wie dieser die ihm unbedingt abge-
tretene Forderung geltend machen soll, insbesondere bei s. g. cessio in securitatem,
R.G. Bd. 24 S. 162.

11) Vgl. namentlich Bähr a. a. O. S. 445, l. 11 § 21 D. de leg. III.

12) C.P.O. § 72.

Doch giebt es Verbindlichkeiten, welche die Begleiter jeder Ceſſion ſind, weil ſie ſich aus der Natur des Ceſſionsgeſchäftes ergeben.

1. Durchweg iſt der Cedent dem Ceſſionar erſatzpflichtig, wenn er **nach der Ceſſion** noch Zahlungen annimmt, oder ſonſt von ſeiner formellen Legitimation zu Verfügungen über die Forderung zum Nach=theile des Ceſſionars noch Gebrauch macht.[1]

2. Er hat weiter allgemein dem Ceſſionar zur Realiſirung der For=derung **verkehrsüblichen Beiſtand** zu leiſten, hiernach namentlich auf Anfordern eine **ſchriftliche Urkunde über die Ceſſion aus=zuſtellen**[2] und dem Ceſſionar die Beweismittel über die Forderung zugänglich zu machen.

3. Die Sicherungsmittel der cedirten Forderung hat er dem Ceſſionar zu übermachen, alſo namentlich die Fauſtpfänder auszuhändigen, ſoweit ſich dies mit ſeiner Verantwortlichkeit gegenüber dem Verpfänder verträgt.

4. **Verkäufer von Forderungen haften für deren Rechtsbe=ſtändigkeit** — nomen verum esse —, alſo dafür, daß ſie an und für ſich begründet und nicht in Folge peremptoriſcher oder bilatoriſcher Exceptionen, die dem Käufer beim Erwerbe unbekannt waren, für immer oder zur Zeit uneinbringlich ſind.

Dagegen ſtehen ſie dem Käufer für die **faktiſche Beitreibbar=keit** der Forderung — nomen bonum esse — an und für ſich nicht ein. Iſt auch ſie bedungen, ſo haftet der Verkäufer doch nur unter der Vorausſetzung, daß der Käufer die Forderung ungeſäumt nach der Ceſſion beziehungsweiſe Fälligkeit beitreibt und ununterbrochen verfolgt.[3][4]

---

1) l. 23 § 1 D. de her. vel act. vend. 18, 4.  Hermogenianus libro 2 juris epitomarum: Nominis venditor quidquid vel compensatione vel exactione fuerit consecutus, integram emptori restituere compellatur.  Es liegt auf der Hand, daß das vom Cedenten noch Eingenommene ohne Unterſcheidung des Grundes der Ceſſion — eventuell wegen ungerechtfertigter Bereicherung aus dem fremden Aktivum — dem Ceſſionar zu erſtatten iſt.

2) Bähr a. a. O. S. 481: „Von ſelbſt verſteht es ſich, daß die Koſten des Ceſſionsinſtrumentes der Ceſſionar tragen muß, wenn nicht beſondere Gründe für das Gegentheil vorliegen".

3) l. 4 D. de her. vel act. vend. 18, 4.  Ulpianus libro 32 ad edictum: Si nomen sit distractum, Celsus libro nono digestorum scribit locupletem esse debitorem non debere praestare, debitorem autem esse praestare, nisi aliud convenit; l. 5 D. eod. Paulus libro 33 ad edictum: et quidem sine exceptione quoque, nisi in contrarium actum sit.  Sed si certae summae debitor dictus sit, in eam summam tenetur venditor: si incertae et nihil debeat, quanti intersit emptoris, l. 74 § 3 D. de evictionibus 21, 2.  Die früheren Schriftſteller lehrten meiſt als Regel, daß der Cedent für die rechtliche Exiſtenz der Forderung, nicht aber für die Solvenz des Schuldners einſtehe.  Mit Recht hat dem gegenüber Schliemann, die Haftung des Cedenten 1848, 2. Ausgabe 1850, hervorgehoben, daß die Haftung des Cedenten für die Beitreibbarkeit der cedirten Forderung aus dem der Ceſſion zu Grunde liegenden Geſchäfte entſpringt und durch daſſelbe be=ſtimmt wird.

Was vom Verkaufe, gilt von jeder entgeltlichen Veräußerung.

Der Schenker der Forderung steht nur für etwaigen Dolus ein. Ebenso ist es im Falle einer Cession in Folge einer Zwangsvollstreckung und bei gesetzlichen Cessionen.

## II. Schuldübernahme.[1]

### § 53. Begriff und Wirkungen der Schuldübernahme.

Schuldübernahme pflegt man den Eintritt eines neuen Schuldners in eine Obligation zu nennen, die im Uebrigen fortbesteht. Sie ist privativ, wenn der neue Schuldner an die Stelle des bisherigen tritt, und kumulativ, wenn er neben demselben verpflichtet wird. Die Schuldübernahme gilt in der Regel als privative. Sie bildet eine Succession; das Forderungsrecht bleibt bestehen, der Schuldner wechselt. Es wird aus dem ursprünglichen Geschäft geklagt, die Schuldübernahme bestimmt nur die Passivlegitimation.

Die Schuldübernahme kann geschehen:

a) durch Vertrag des Uebernehmers mit dem Gläubiger.

b) Schwieriger ist das Verhältniß, falls die Uebernahme nur zwischen dem ursprünglichen Schuldner und dem Uebernehmer vereinbart wird.

Ein derartiger Vertrag verpflichtet den Uebernehmer gegenüber seinem Mitkontrahenten, dessen Befreiung herbeizuführen. Erwirbt aber auch dessen Gläubiger, trotzdem daß er nicht beim Abschlusse betheiligt war, noch auch zum Beitritte aufgefordert ist, ein Forderungsrecht gegen den Schuldübernehmer?[2]

---

4) Was hat der Verkäufer zu prästiren, wenn die verkaufte Forderung nicht oder nicht in dem angegebenen Maße besteht? Er ist, wie auch R.G. Bd. 8 S. 109 ausführt, dem gutgläubigen Käufer zum Ersatze seines gesammten Interesses verbunden, ohne Unterschied, ob die Forderung niemals bestand oder ob sie ipso jure, z. B. durch Zahlung, aufgehoben oder ob sie durch Exception entkräftbar ist. Denn wer eine Forderung verkauft, versichert deren Existenz und muß die Wahrheit dieser Versicherung vertreten, beziehungsweise für den Nachtheil aufkommen, welcher dem dieser Versicherung glaubenden Käufer dadurch entsteht, daß sie den Thatsachen nicht entspricht. Das Interesse fällt, wenn auch ein bestimmter Nominalbetrag der Forderung angegeben war, keineswegs immer mit diesem zusammen und ist ebenso wenig immer identisch mit dem gezahlten Kaufpreise. Das Interesse ist vielmehr nach den Umständen ein verschiedenes. Die Litteratur über die Frage stellt zusammen R.G. Bd. 8 S. 110.

1) Delbrück, die Uebernahme fremder Schulden 1853, hierüber Hinrichs in der Kieler allgemeinen Monatsschrift, Jahrgang 1853 S. 685, Gürgens in Iherings Jahrbüchern Bd. 8 n. 8, Regelsberger in Endemanns Handbuch des Handelsrechts Bd. 2 S. 532 und im Archiv f. c. Pr. Bd. 67 S. 24, Bähr daselbst S. 176, Unger, Schuldübernahme 1889, Adler im Archiv für bürgerliches Recht Bd. 3 S. 1.

2) Nach römischem Rechte entsprangen aus dem Vertrage zwischen dem Schuldner

Dies ist dann Rechtens, wenn die Schuldübernahme Bestandtheil eines Geschäftes ist, welches dem Schuldübernehmer die Werthe verschafft, aus; benen nach der Verkehrsauf= faffung die übernommene Schuld vorzugsweise zu tilgen ist, insbesondere wenn ihm ein Vermögen übertragen wird, zu welchem die übernommenen Verbindlichkeiten gehören,[3] oder wenn er eine Sache, auf der eine hypothekarische Schuld ruht, erwirbt und zugleich die Schuld auch persönlich übernimmt.[4][5] Dem Gläubiger bleibt freilich auch in diesen Fällen sein Forderungsrecht gegen seinen ursprünglichen Schuldner. Aber er giebt dasselbe auf, wenn er aus dem Uebernahmevertrag Rechte gegenüber dem Uebernehmer geltend macht, insbesondere gegen ihn klagt, vorausgesetzt daß die Schuldübernahme im privativen Sinne geschah. Indem er die Vortheile annimmt, welche die Schuldübernahme für ihn hat, willigt er in das Geschäft, er kann es nicht theilen.[6]

Dies Alles ist aber davon abhängig, daß das Uebernahmegeschäft gegenüber dem Uebernehmer, mit dem es geschlossen wurde, rechtliche Geltung hat.[7]

---

und dem Uebernehmer wegen Uebernahme der Schuld nur Ansprüche des Schuldners auf Befreiung und keine Rechte des Gläubigers der zu übernehmenden Forderung. l. 2 C. de her. vel act. vend. 4, 39. Antoninus: Ratio juris postulat ut creditoribus hereditariis et legatariis te convenire volentibus tu respondeas et cum eo, cui hereditatem venumdedisti, tu experiaris suo ordine... quamvis enim ea lege emerit, ut creditoribus hereditariis satisfaciat, excipere actiones hereditarias invitus cogi non potest. Hatte jedoch der Gläubiger gegen den Schuldübernehmer geklagt und mit ihm die Litiskontestation, die derselbe freiwillig mit ihm vollzog, vorgenommen, so war der ursprüngliche Schuldner befreit, l. 2 C. de pactis 2, 3. Severus et Antoninus: Post venditionem hereditatis a te factam, si creditores contra emptores actiones suas movisse probare potueris eosque eas spontanea suscepisse voluntate, exceptione taciti pacti non inutiliter defenderis.

3) Ein Hauptfall ist der Erwerb eines Handelsgeschäftes mit dessen Firma, H.G.B. Art. 22. Vgl. R.G. Bd. 2 S. 55 und in Gruchots Beiträgen Bd. 37 S. 1148, aber auch Simon, Haftung des Uebernehmers für Handelsschulden in Goldschmidts Zeitschrift Bd. 24 S. 91.

4) R.G. Bd. 7 S. 131.

5) Dem Gläubiger allgemein Ansprüche auch aus solchen Verträgen wegen Schuldübernahme zu geben, die nicht Bestandtheil eines Erwerbsgeschäftes des Uebernehmers sind, trotzdem der Gläubiger an dem Vertrage keinen Theil hatte, ist nicht gerechtfertigt. Es besteht hierfür kein praktisches Bedürfniß und es ist hier ungewiß, ob die Kontrahenten dem Gläubiger aus ihrem Kontrakte unmittelbar ein Recht geben wollten.

6) Anders unsere ersten beiden Auflagen; vgl. R.G. Bd. 19 S. 253.

7) Ob das Recht des Gläubigers von der Rechtsbeständigkeit des Vertrages zwischen Schuldner und Uebernehmer abhängig ist, ist bestritten. Regelsberger a. a. O. nimmt an, die Nichtigkeit des Vertrages entziehe dem Rechte des Gläubigers den Boden, nicht aber bloße Anfechtbarkeit, also schade ihm z. B. die exceptio doli oder die e. non adimpleti contractus nicht. Dies möchte doch kaum der Intention, in welcher die Schuldübernahme geschieht, entsprechen. Ich kaufe ein neues Haus

10*

Der Uebernehmer übernimmt die Schuld in der Beschaffenheit, in
der sie sich zur Zeit des Uebernahmevertrages befand. Daher kann er
in der Regel dem Gläubiger alle Einreden entgegenstellen, die dem ursprünglichen Schuldner zur Zeit des Uebernahmevertrages zustanden.[8]
Die Uebernahme kann indessen auch in dem Sinne geschehen, daß der
Uebernehmer auf Einreden verzichtet.[9]

<hr />

### Fünfter Abschnitt.
## Die Tilgung der Obligationen.

#### § 54. Beendigungsgründe im Allgemeinen. Acceptilation.[1]

Die Obligationen sind dazu bestimmt, in näherer oder entfernterer
Zeit durch Leistung des Geschuldeten — Zahlung — ihr Ende zu finden.
Auch durch Erfüllungssurrogate können sie endigen, und zwar mit Willen
des Gläubigers durch Leistung an Zahlungsstatt oder Novation, und
ohne seinen Willen durch Kompensation. Auch hiervon abgesehen giebt
es zahlreiche Gründe, welche sie aufheben, z. B. Verzicht des Gläubigers,
Konfusion, Unmöglichkeit der Leistung.[2]

Viele Tilgungsgründe vernichten die Obligation unmittelbar;
für solche wird der im Uebrigen vieldeutige Ausdruck der Aufhebung
„ipso jure" vorzugsweise verwendet. Andere erzeugen nur perempto-

---

und übernehme die darauf ruhenden Hypotheken, das Haus wird mir aufgelassen,
stürzt aber, weil liederlich gebaut, zusammen. Bin ich persönlich zur Zahlung der
Hypothekenschulden verbunden, obgleich ich es dem Verkäufer wieder zurückgebe? Noch
weiter als Regelsberger geht Gürgens a. a. O. S. 283.

8) Eine Ausnahme nimmt man bei den exceptiones personae cohaerentes
an. Hinsichtlich der Einrede der Kompetenz muß man dies gelten lassen, weil sie
eine höchstpersönliche Beziehung auf den Schuldner hat, dem gelassen werden soll,
was er zu seinem Unterhalte bedarf.

9) Vorrechte, sowie vom Schuldner bestellte Pfandrechte erhalten sich. Auch Ansprüche gegen selbstschuldnerische Bürgen, welche die Rechtswohlthat der Vorausklage
nicht haben, gehen nicht unter. Natürlich behalten solche Bürgen, wenn sie zur
Zahlung genöthigt werden, ihre Regreßansprüche gegen den ursprünglichen Schuldner,
für den sie intercedirten.

1) Im weiteren Sinne heißt jede Aufhebung der Obligation „solutio", d. h.
Lösung, gleich Befreiung — Liberation — des Schuldners, l. 54 D. de solutionibus
46, 3; im engeren Sinne versteht man darunter nur die „Erfüllung" der Obligation,
l. 176 D. de V. S. 50, 16.

2) Vgl. Hartmann, Obligation S. 62.

rische Exceptionen, so daß erst in Folge ihres Vorschützens das obligatorische Band vollständig zerrissen wird.[3]

Neben den speciellen Gründen der Tilgung der Obligationen kannte das römische Recht eine abstrakte Tilgungserklärung des Gläubigers, welche die Obligation beendigte, ohne daß auf den Grund der Erklärung zurückgegangen wurde.

Dies war die Acceptilation,[4] ein Formalgeschäft, bei welchem der Schuldner dem Gläubiger die Frage stellte „quod ego tibi promisi, habesne acceptum?" und der Gläubiger die zustimmende Antwort gab „habeo".[5][6] Die Acceptilation war dazu bestimmt, reinen Tisch zu machen. Daher ließ sie keine Bedingungen oder andere Beschränkungen zu.[7] Auch war man bemüht, sie möglichst gegen Anfechtung sicher zu stellen.[8]

Die Acceptilation als Tilgung „verbis" hatte nur Kraft gegen Verbalobligationen.[9] Denn es war ein alter Satz der römischen Jurisprudenz, daß die Form der Aufhebung der Geschäfte der Form ihrer Begründung entsprechen müsse.[10] Es ließen sich indessen Obligationen

---

3) l. 112 D. de R. J. 50, 17, Paulus libro 8 ad edictum: Nihil interest ipso jure quis actionem non habeat an per exceptionem infirmetur, l. 66 D. eod., l. 20 § 3 D. de liberali causa 40, 12, l. 55 D. de V. S. 50, 16.

4) Vgl. über die Acceptilation: Baron, Gesammtrechtsverhältnisse S. 309, Fitting, Korrealobligationen § 8, Erman, zur Geschichte der römischen Quittungen und Solutionsakte 1883.

5) § 1 J. quibus modis obligatio tollitur 3, 29. Andere Formeln und Stellen siehe bei Erman a. a. O. S. 32.

6) Den abstrakten Charakter der Acceptilation behauptet mit Recht Baron a. a. O. Die Acceptilation kann sich an eine Vollzahlung anschließen und ebenso gut auf der Absicht eines Erlasses der Obligation ohne Befriedigung oder in Fällen nur theilweiser Befriedigung beruhen, l. 19 § 1 D. de acceptilatione 46, 4. Die Acceptilation ist daher nicht, wie dies u. A. Arndts § 267 Anm. 1 thut, mit einem Erlaßvertrag zu identificiren, vgl. unten § 65.

7) l. 4, l. 5 D. de acceptilatione 46, 4.

8) In l. 2 und l. 3 C. de acceptilationibus 8, 43 heben Diokletian und Maximian hervor, daß nach der Acceptilation „ei, qui ex nulla causa restitui potest, omnis agendi via praecluditur". Wenn jedoch um der ausgesprochenen Erwartung eines künftigen Ereignisses willen „acceptoferirt" wurde, und wenn sich dieses nicht verwirklichte, wurde eine condictio zugelassen, l. 4, l. 10 D. de condictione causa data causa non secuta 12, 4, l. 9 D. de praescriptis verbis 19, 5.

9) l. 19 pr. D. de acceptilatione 46, 4.

10) l. 80 D. de solutionibus 46, 3. Pomponius libro 4 ad Quintum Mucium: Prout quidque contractum est, ita et solvi debet, vgl. die bei Erman a. a. O. S. 50 citirten Stellen. Siehe auch Leist, über die Wechselbeziehungen zwischen dem Rechtsbegründungs= und dem Rechtsaufhebungsakte 1876. Im alten Recht wurde demgemäß die durch nexum begründete Schuld durch einen Solutionsakt „per aes et libram" getilgt, ebenso gleichstehende, unmittelbar vollstreckbare, s. g. Exekutivschulden; Litteralobligationen tilgten buchmäßige, Verbalkontrakte mündliche Acceptilationen. Konsensualkontrakte konnten, solange noch von keiner Seite erfüllt war, durch contrarius consensus aufgehoben werden. Gajus Inst. III § 169, § 4 J. q. m. o. t.

jeder Art durch Novation in Verbalobligationen verwandeln und dann durch Acceptilation tilgen. In dieser Weise konnte man alle Ansprüche beseitigen, die Jemand aus irgend einem Grunde prätendirte, indem man sie sämmtlich nach einer durch Aquilius Gallus aufgestellten Formel — stipulatio Aquiliana — novirte und dann durch Acceptilation aufhob.[11]

Die Acceptilation galt als „eingebildete Zahlung".[12] Der Schuldner wurde daher seinem Gläubiger gegenüber behandelt, wie wenn er gezahlt hätte. Aber eine vollkommene Gleichstellung von Zahlung und Acceptilation war doch nicht möglich.[13]

Im gemeinen Rechte wurde die Form der Acceptilation nicht praktisch, aber sie wurde zum Theil durch die Quittungen ersetzt.

Denn Quittungen sind im modernen Verkehre keineswegs bloß Beweismittel über empfangene Zahlungen.[14] Sie werden nicht minder regelmäßig in Fällen anderer Abfindung des Gläubigers, insbesondere auch eines Schulderlasses ausgestellt. Quittungen bilden also Anerkenntnisse des Gläubigers über die Befreiung des Schuldners.[15] Zur Entkräftung einer Quittung genügt folgerecht nicht der Beweis, daß die Schuld nicht gezahlt ist, etwa durch Zuschiebung eines Eides über diese Frage. Der Gläubiger kann sie vielmehr durch diesen Beweis nur entkräften, wenn feststeht, daß er die Quittung um einer Zahlung willen ausstellte.[16][17]

---

3, 29. In Folge des prätorischen Rechtes erzeugte übrigens bei Obligationen jeder Art ein formloses „pactum de non petendo" des Schuldners mit dem Gläubiger eine exceptio.

11) Die Formel findet sich in l. 18 § 1 D. de acceptil. 46, 4, § 2 J. q. m. o. t. 3, 29.

12) Eine „imaginaria solutio" nennt Gajus Inst. III § 169 die Acceptilation, vgl. § 1 J. q. m. o. t. 3, 29.

13) Vgl. über die Zahlungsähnlichkeit der Acceptilation Erman a. a. O. S. 67.

14) In Rom galten Quittungen — apochae, securitates — nur als Empfangsbekenntnisse für Zahlungen, l. 19 § 1 D. de acceptilatione 46, 4. Nach einer Verordnung Justinians, der l. 14 C. de non numerata pecunia 4, 30 erhielten die Quittungen erst Beweiskraft, wenn sie innerhalb 30 Tagen von der Ausstellung an nicht angefochten waren. Das Einführungsgesetz zur C.P.O. § 17 hat dies aufgehoben.

15) Bähr, Anerkennung S. 255; Urtheile des R.G. S. 27; Brinz Bd. 2 S. 291 Anm. 9. Vgl. übrigens Arndts § 267 Anm. 1 a. E. und dort Citirte.

16) In ähnlicher Weise begründet die Zurückgabe des Schuldscheins an den Schuldner, sowie die absichtliche Vernichtung oder Kassation der Schuldurkunde wohl eine Vermuthung für die „Liberation", keineswegs aber für die Zahlung oder irgend eine specielle Art der Schuldtilgung. Vgl. l. 24 D. de probationibus 22, 3; l. 14, l. 15 C. de solutionibus 8, 42. Siehe aber auch R.G. Bd. 14 S. 242.

17) Die Quittung beweist die Schuldtilgung in der Regel nur, falls sie dem Schuldner ausgehändigt ist. Aber der Schuldner, welcher sie in Händen hat, muß diese Aushändigung nicht erst beweisen, es ist vielmehr Sache des Gläubigers, darzuthun, daß die Quittung ohne seinen Willen an den Schuldner kam, wenn er dies behauptet. Denn dies ist nach dem regelmäßigen Laufe der Dinge nicht zu unterstellen.

### I. Zahlung, Konkurs, Kompetenz.

### § 55. Die Zahlung.[1]

Ziel und normale Weise der Beendigung der Obligationen ist deren Erfüllung, d. h. die Leistung des Geschuldeten.

Die wissenschaftlich korrekte, aber abstrakte Bezeichnung „Erfüllung" ist dem Verkehre wenig geläufig. Man pflegt insbesondere bei Geld= schulden von „Zahlungen" zu reden.[2] Es ist nicht zu umgehen, diesen volksthümlicheren Ausdruck statt des kunstmäßigen „Erfüllung" bei der Darstellung mitzugebrauchen.

Die Erfüllung ist Sache des Schuldners. Nicht selten kann er sie einseitig vollziehen, z. B. durch Vornahme eines aufgetragenen Ge= schäftes. Meist aber bedarf es zu ihrer Ausführung der Annahme, also der Mitwirkung des Gläubigers.

Zur richtigen Erfüllung gehört:

1. Die Leistung des Gegenstandes der Schuld behufs ihrer Tilgung.[3]

Anderes als das Geschuldete muß der Gläubiger nicht nehmen.[4] Daher kann man eine Nichtgeldschuld durch Angebot ihres Geld= werthes nicht tilgen, wenn sich der Gläubiger nicht freiwillig für die Annahme erklärt.

Ist eine Sache geschuldet, so genügt deren Ueberlieferung nicht; der Gläubiger kann vielmehr regelmäßig außerdem deren freies und unwider= rufliches Eigenthum in Anspruch nehmen, und hat in Ermangelung dessen Schadensansprüche gegen den Schuldner.[5]

---

1) Tit. Dig. de solutionibus et liberationibus 46, 3, Cod. 8, 42. Vgl. Gruchot, d. L. v. d. Zahlung der Geldschuld 1871; Römer, Beiträge z. L. v. d. Erfüllung der Obligationen, Festschrift zur 4. Säkularfeier der Universität Tübingen von Römer und Meibom 1877; Cohn in Endemanns Handbuch Bd. 3 S. 998, S. 1003; Unger in Grünhuts Zeitschrift Bd. 15 S. 529.

2) Zahlung (Zuzählung) kann zu sehr verschiedenen Zwecken geschehen, hier handelt es sich um schuldtilgende Zahlung, Unger a. a. O. S. 532.

3) Der Schuldner, welcher sich zu seiner Befreiung auf eine Geldzahlung beruft, hat daher nicht nur die Zahlung nachzuweisen, sondern nicht minder, daß sie zum Zwecke der Schuldtilgung geschah. R.O.H.G. Bd. 18 S. 260.

4) l. 2 § 1 D. de rebus creditis 12, 1 „aliud pro alio invito creditori solvi non potest".

5) l. 45 § 1 D. de leg. I., l. 27 D. h. t. 46, 3; l. 20, l. 38 § 3, l. 98 D. eod. Meist lehrt man, daß der Gläubiger bei generischen Obligationen, wenn ihm nicht Eigenthum oder nicht freies Eigenthum verschafft worden sei, Leistung einer anderen Sache fordern könne, doch fügt Windscheid Bd. 2 § 342 Anm. 6a hinzu, daß er auch Leistung des Interesses beanspruchen könne, das er an der Verschaffung des Eigenthums am Hingegebenen hatte. Wir müssen, wie wir meinen, noch weiter

Es ist aber nicht nöthig, daß der Gläubiger unmittelbar durch die Zahlung das Eigenthum erhält. Vielmehr reicht aus, daß es ihm in Folge derselben verschafft wird. Daher wird der Schuldner, welcher mit dem Gelde eines Dritten zahlte, befreit, falls der hiermit unbekannte Gläubiger dasselbe mit eigenen Geldstücken vermischte. Denn dieser hat es nunmehr unwiderruflich in Folge der Zahlung.[6]

Zu Theilleistungen ist der Schuldner nur berechtigt, wenn dies vereinbart ist, sonst darf sie der Gläubiger zurückweisen.[7] In einigen besonderen Fällen sind sie aber gestattet.[8]

2. In der Regel ist nicht bloß der Schuldner, sondern Jeder im Stande, die Erfüllung vorzunehmen und die Schuld zu tilgen.[9][10] Oft

gehen. Ist einmal die Lieferung erfolgt und angenommen, so kann nicht auf neue Lieferung geklagt werden. Sie ist ein für allemal geschehen. Liberirt ist der Schuldner freilich nicht: formell war die Klage in Rom noch immer auf „dare oportere" anzustellen. Aber sie geht nunmehr materiell auf Geldersatz wegen der ungenügenden Leistung. l. 38 § 3, l. 72 § 5 D. h. t. 46, 3, l. 29 § 3 D. de leg. III. vertragen sich hiermit durchaus.

6) l. 19 § 1 D. de rebus creditis 12, 1, l. 14 § 8, l. 17 D. h. t. 46, 3, l. 60 D. eod.

7) l. 41 § 1 D. de usuris 22, 1. Modestinus libro 3 responsorum: Lucius Titius cum centum et usuras aliquanti temporis deberet, minorem pecuniam quam debebat, obsignavit: quaero, an Titius pecuniae, quam obsignavit usuras praestare non debeat. Modestinus respondit, si non hac lege mutua pecunia data est, uti liceret et particulatim quod acceptum est exsolvere non retardari totius debiti usurarum praestationem, si, cum creditor paratus esset totum suscipere, debitor, qui in exsolutione totius cessabat, solam partem deposuit. Das Gleiche gilt von Nichtgeldschulden, z. B. Lieferung gekaufter Waaren. Vgl. über den Grundsatz übrigens Brinz Bd. 2 S. 290 Anm. 31. Eine Ausnahme macht l. 21 D. de rebus creditis 12, 1. Julianus libro 48 Digestorum: Quidam existimaverunt neque eum, qui decem peteret, cogendum quinque accipere et reliqua persequi, neque eum, qui fundum suum diceret, partem dumtaxat judicio persequi: sed in utraque causa humanius facturus videtur praetor. si actorem compulerit ad accipiendum id, quod offeratur, cum ad officium ejus pertineat lites deminuere. Es sollte also der Prätor aus Billigkeit die Klage auf das Ganze denegiren und nur eine Klage auf den strittigen Theil der Forderung zulassen. Da heutzutage eine besondere Gewährung oder Verweigerung der Klage durch das Gericht nicht stattfindet, so ist die Bestimmung unanwendbar. Viele betrachten allerdings jetzt den Gläubiger als von Rechtswegen zur Annahme der Theilzahlung verpflichtet, wenn der Schuldner, auf das Ganze belangt, die Schuld theilweise zugesteht, theilweise bestreitet. Mommsen, Beiträge Bd. 3 S. 148; Seuff. A. Bd. 46 n. 176. Doch dies ist ein von dem römischen sehr verschiedener Satz ohne innere Berechtigung.

8) Mehrere Bürgen sind — in Folge des beneficium divisionis — berechtigt, je einen Theil der Schuld zu bezahlen. Im Konkurse des Schuldners ferner müssen dessen Konkursgläubiger Zahlung annehmen. Der Acceptant eines Wechsels endlich ist nach Art. 38 der W.O. zu Theilzahlungen befugt. Solche Theilzahlungen haben jedoch erst von der Restitution an die volle Wirkung der Zahlung. Vgl. hierüber Goldschmidt in Iherings Jahrb. Bd. 26 S. 379.

9) Oertmann die Zahlung fremder Schulden im Archiv f. c. P. Bd. 82 S. 367.

10) Natürlich tritt die Tilgung der Schuld nicht ein, wenn der Dritte ein Recht auf Rückforderung des Gezahlten hat, insbesondere also dann nicht, wenn er zahlte, weil er sich irrthümlich für den Schuldner hielt, l. 38 § 2 D. h. t. 46, 3; vgl. l. 31 § 1

zahlen Dritte im Auftrage des Schuldners.[11] Aber auch ohne dessen Wissen, ja gegen dessen Willen können sie dessen Schuld tilgen.[12]

Der Gläubiger darf auf persönlicher Erfüllung durch den Schuldner bestehen, wenn Handlungen den Gegenstand der Obligation bilden, bei welchen die Persönlichkeit des Leistenden nach den besonderen Bestimmungen des Kontraktes oder den allgemeinen Anschauungen des Verkehres in das Gewicht fällt, z. B. Herstellung eines Porträts, Ertheilung von Unterricht, Gesindedienste.

3. Die Erfüllung hat an den Gläubiger zu geschehen.[13] Doch ist er persönlich zur Annahme nur befugt, wenn er veräußerungsfähig ist.[14] Auch darf die Forderung nicht ihm gegenüber mit Beschlag belegt sein.

Anstatt des Gläubigers sind zur Zahlungsannahme legitimirt:[15]

D. de her. pet. 5, 3, Francke, Kommentar zum Titel de hereditatis petitione S. 322, Windscheid Bd. 2 § 342 Anm. 22. Ruhstrat im Archiv f. civ. Pr. Bd. 67 S. 417. Oertmann a. a. O. S. 457.

11) Häufig nimmt der Gläubiger Anweisungen oder Wechsel von seinem Schuldner zahlungshalber an, d. h. behufs Einziehung des Schuldbetrags von einem Dritten. Hierdurch verpflichtet er sich stillschweigend zur sorgfältigen unverzüglichen Einziehung des Schuldbetrages und verzichtet darauf, vom Schuldner selbst Zahlung beizutreiben, ehe er den Versuch gemacht hat, dieselbe von dem Dritten zu erlangen. Der Schuldner dagegen leistet Gewähr dafür, daß der Gläubiger auf diesem Wege zu seiner Befriedigung kommt, und haftet für den Schaden, der ihm in Folge des vergeblichen Versuchs erwächst. Besondere Wichtigkeit hat im modernen Verkehr der Check erhalten, eine Anweisung auf ein Guthaben des Anweisenden bei einem Banquier in der besonderen Form des Checks. Der Check dient vorzugsweise zur Schuldtilgung, kann aber auch die Erhebung von Geldsummen zu jedem anderen Zwecke bewirken. Vgl. auch unten § 119 Anm. 12.

12) l. 38 D. de neg. gest. 3, 5. Gajus libro 3 de verb. obl.: Solvendo quisque pro alio licet invito et ignorante liberat eum, l. 23, l. 40, l. 53 D. h. t. 46, 3. Vgl. übrigens oben § 43 Anm. 6.

13) Wer aus entschuldbarem Irrthum einen Nichtgläubiger für seinen Gläubiger ansieht, und ihm in Folge dessen zahlt, wird von seiner Schuld nicht befreit. Dem wahren Gläubiger kann dies nicht entgegengesetzt werden. Bei s. g. Legitimationspapieren aber wird ausgemacht, daß der Schuldner an deren Präsentanten zahlen darf, ohne zur Prüfung seiner Legitimation verbunden zu sein.

14) Soweit der Gläubiger durch eine Zahlung, die ihm während seiner Veräußerungsunfähigkeit geleistet wurde, noch zur Zeit der Klageerhebung bereichert ist, wird der Zahlende durch exceptio doli geschützt. l. 4 § 4 D. de doli mali exc. 44, 4, l. 66 D. h. t. 46, 3.

15) Wenn der Gegenstand der Zahlung, die einem zur Zahlungsannahme an sich nicht Legitimirten geleistet wurde, nachträglich an den Gläubiger kommt, so wird der Schuldner befreit, l. 61 D. h. t. 46, 3. Paulus libro 5 ad Plautium: In perpetuum quotiens id, quod tibi debeam, ad te pervenit et tibi nihil absit nec quod solutum est repeti possit, competit liberatio, vgl. l. 28 D. h. t. 46, 3. Die Schuld gilt daher namentlich als getilgt, wenn der Empfänger der Zahlung hinterher Gläubiger wird, l. 96 § 4 D. h. t., wie auch, wenn der Gläubiger ihn beerbt, l. 11 § 5 D. de pignoraticia a. 13, 7. — Streitfrage ist, ob der Schuldner durch die dem Gläubiger seines Gläubigers geleistete Zahlung befreit wird, vgl. l. 6 D. de doli mali exceptione 44, 4; Müller im Archiv für civ. Praxis Bd. 15 n. 12; Vangerow Bd. 3 § 582 Anm. 1 und dort Citirte. Unmittelbare Befreiung tritt,

a) Bevollmächtigte — s. g. Inkassomandatare — und gesetz=
liche Vertreter des Gläubigers,[16]

b) ein vertragsmäßiger Zahlungsempfänger — solu-
tionis causa adjectus —, welchem zu zahlen der Schuldner ein kontrakt=
liches Recht hat.[17]  Der Gläubiger kann ihm die Ermächtigung zur
Zahlungsannahme in der Regel nicht entziehen.[18]  Er darf dies aber im
Falle solcher Veränderungen, welche ihn offenbar als kreditunwürdig er=
scheinen lassen.[19]

Die Ermächtigung des Zahlungsempfängers geht auf seine Erben
nicht über.[20]

4. Wird seitens eines Schuldners mehrerer Schulden gleicher
Art, insbesondere mehrerer Geldschulden, Zahlung geleistet, die nicht

--------

richtiger Ansicht nach, nicht ein, sondern nur mittelbare durch Kompensation in dem
Falle, daß dem Schuldner gegen seinen Gläubiger wegen der Zahlung an dessen
Gläubiger eine actio negotiorum gestorum oder eine andere Klage erwächst.
Ueber die l. 11 § 5 D. de pigneraticia act. 13, 7 vgl. Dernburg, Pfandrecht Bd. 1
S. 306.

16) l. 12 pr. D. h. t. 46, 3.  Die Frage, wer zur Zahlungsannahme bevoll=
mächtigt ist, hat große Wichtigkeit für den Verkehr.  Das H.G.B. hat sie zum Theil
durch Vermuthungen besonders geregelt.  Dieselben sind theilweise auch für den nicht=
handelsrechtlichen Verkehr maßgebend, weil sie auf allgemeinen Gedanken beruhen.
Wer in einem Laden, offenen Magazine oder Waarenlager angestellt ist, gilt zu
Empfangnahmen als ermächtigt, die daselbst gewöhnlich geschehen.  H.G.B. Art. 50.
Geschäftsreisende im Dienste eines Kaufmannes dürfen die Kaufpreise aus den von
ihnen abgeschlossenen Verkäufen einkassiren, H.G.B. Art. 49.  Der Ueberbringer
einer Quittung gilt als zur Annahme des quittirten Betrages ermächtigt, H.G.B.
Art. 296, der Ueberbringer einer unquittirten Rechnung oder der Waare hat an sich
diese Ermächtigung nicht, H.G.B. Art. 51.  Alle gedachten Vermuthungen kommen
dem nicht zu Gute, welcher weiß, daß in der That ein Inkassomandat nicht besteht,
oder dies bei angemessener Sorgfalt wissen mußte.  Der Vollmacht steht Geneh=
migung gleich, falls ein Nichtbevollmächtigter Zahlung annahm.  Der Inkassomandatar erwirbt das Eigenthum des Eingenommenen dürfen die Gläubiger, begeht
also durch dessen Verwendung im eigenen Interesse eine Unterschlagung.  Jedoch
kann er nach Vertrag oder Usance auch bloßer Summenschuldner sein. Unger a. a. O.
S. 534. — Wer einem früheren Bevollmächtigten zahlt, ohne zu wissen, daß dessen
Vollmacht erloschen ist, wird befreit, l. 12 § 2, l. 18, l. 32, l. 34 § 3, l. 35, l. 38
§ 1, l. 51 D. h. t. 46, 3.

17) Die römische Formel war „mihi aut Sejo dare spondes“, § 4 I. de
inutilibus stip. 3, 19.  Da nämlich einem Dritten nicht stipulirt werden
konnte, war Sejus nicht Gläubiger, wohl aber galt er als solutionis causa adjectus.  Vgl. Brandis im Rheinischen Museum für Jurisprudenz Bd. 5 n. 11.

18) l. 106 D. h. t. 46, 3.  Ein Ueberrest der alten Auffassung, wonach in der
Litiskontestation eine Novation des Anspruches lag, war, daß, wenn der Gläubiger
mit dem Schuldner die Litiskontestation vollzogen hatte, die Zahlung an den adjectus nicht mehr zulässig war, l. 57 § 1 D. h. t. 46, 3, l. 16 pr. D. de fidejussoribus 46, 1.  Dies kann nicht mehr als praktischen Rechtens gelten: anders
Windscheid Bd. 2 § 342 Anm. 37.

19) l. 38 pr. D. h. t. 46, 3.

20) l. 81 pr. D. h. t. 46, 3, l. 55 D. de verb. obl. 45, 1.

für alle ausreicht, so fragt es sich, welche Schuld getilgt ist?[21]
Folgende Grundsätze gelten:[22]

a) In erster Linie entscheidet die Bestimmung des Schuldners bei der Zahlung. Sie muß nicht ausdrücklich sein, kann sich
vielmehr auch aus den Umständen ergeben, z. B. aus der Kongruenz der
gezahlten Summe mit einer der Forderungen.

Die Bestimmung des Schuldners ist maßgebend, wenn der Gläubiger das Gezahlte annimmt, auch wenn dieser erklären sollte, auf anderes
anrechnen zu wollen.[23]

b) In Ermangelung einer Bestimmung des Schuldners kann der
Gläubiger dem Schuldner beim Zahlungsgeschäfte eine Anrechnung vorschlagen. Widerspricht der Schuldner nicht, so gilt dieselbe
als genehmigt.[24][25]

---

21) Henrici in Jherings Jahrbüchern Bd. 14 n. 10 und Bd. 32 n. 2, Struckmann daselbst Bd. 15 n. 5, Cohn a. a. O. S. 1013. Otto Berner, Verrechnung von
Zahlungen. Gött. Jnaug.Diff. 1892, wo sich auch eine Uebersicht über die aus-
ländische Gesetzgebung findet, R.G. Bd. 29 S. 110.

22) l. 1 C. de solutionibus 8, 42, Antoninus. In potestate ejus est, qui
ex pluribus contractibus pecuniam debet, tempore solutionis exprimere, in
quam causam reddat. quod si debitor id non fecit, convertitur electio ad eum
qui accepit. si neuter voluntatem suam expressit, prius in usuras id quod
solvitur, deinde in sortem accepto feretur. Vgl. weiter l. 97 D. h. t. 46, 3,
l. 1, l. 2 und l. 3 D. eod.

23) Windscheid behauptet Bd. 2 § 343 Anm. 2 b: „Erklärt der Gläubiger bei
der Annahme, das Geleistete auf ein anderes, als das vom Schuldner bezeichnete
Forderungsrecht annehmen zu wollen, so wird keines von beiden Forderungsrechten
getilgt, weder das vom Schuldner, noch das vom Gläubiger bezeichnete, und der
Gläubiger ist zur Rückgabe des Empfangenen verpflichtet.“ Dies halte ich mit
Henrici a. a. O. S. 464 und Struckmann a. a. O. für unrichtig. Denn das Zah-
lungsgeschäft geht vom Schuldner aus. Er bedarf der Mitwirkung des Gläubigers
zwar behufs des Eigenthumsüberganges: vollzieht sich derselbe aber, so ist das Geschäft in der Richtung durchgeführt, die der Schuldner ihm gegeben hat. So auch
l. 2 D. h. t. 46, 3.

24) Giebt der Schuldner bei der Zahlung keine Bestimmung über die Anrechnung, und holt dies der Gläubiger sofort nach, so ist er an bestimmte gesetzliche
Regeln nicht gebunden. Dies ergiebt die Natur der Sache, denn der Schuldner
kann noch widersprechen und hierdurch der Anrechnung des Gläubigers entgegen-
treten. Thut er dies aber nicht, so ist Einverständniß über dieselbe vorhanden. Dies
ist auch die Auffassung der l. 1 C. cit. und der l. 97 D. h. t. 46, 3, denn hiernach sollen die gesetzlichen Vorschriften über die Imputation nur eintreten, „utriusque demonstratione cessante“. Dennoch lehrt man meist anderes nach l. 1 D.
h. t. 46, 3. Aber diese Stelle ist verdorben. Es sind die in den Schlußsatz eingefügten Worte: dummodo sic constituamus, ut in re sua constitueret, wie mir
Ubbelohde mit Recht bemerkt, ein eingeschobenes Glossem oder eine ungeschickte, un-
überlegte Interpolation. Nur unter dieser Annahme gewinnt die l. 1 und l. 3 Zusammenhang und Sinn. Jedenfalls sind die klaren Aussprüche der anderen Stellen
entscheidend.

25) Ein hierher gehöriger Fall ist, wenn der Gläubiger in der Quittung eine
bestimmte Schuld als getilgt bezeichnet, und der Schuldner diese Quittung vorbehaltlos annimmt. Anders wenn Ueberrumpelung des Schuldners vorliegt.

c) Kam es beim Zahlungsgeschäfte zu keiner Bestimmung, so darf sie der Gläubiger nachholen, aber nur so, wie sie ein ordentlicher und seine Interessen im Auge behaltender Schuldner getroffen hätte.

Hiernach sind Zinsen vor dem Kapital zu berichtigen.[26]

Ferner ist auf die fällige vor der nichtfälligen,[27] dann auf die dem Schuldner beschwerlichere Schuld vor der ihm leichteren anzurechnen.[28]

Hiervon abgesehen ist die ältere vor der jüngeren Schuld zu tilgen.

Wenn dies Alles nicht in Frage kommt, sind die mehreren Schulden im Verhältnisse der Summen antheilig zu berichtigen.[29]

Treibt der Gläubiger selbst die Zahlung bei, so hat er freie Hand bei der Anrechnung und darf seine Interessen ohne Rücksicht auf den Schuldner wahren.[30]

5. Mit der Zahlung erlischt das Schuldverhältniß. Hat sie der Gläubiger vorbehaltlos angenommen, so liegt ihm der Beweis nachträglich behaupteter Unvollständigkeit oder Mangelhaftigkeit der Zahlung ob.[31]

Dem Zahlenden ist auf sein Verlangen Zug um Zug mit der Zahlung Quittung zu leisten, natürlich auf seine Kosten.[32] Andernfalls darf er die Zahlung zurückhalten. Wurde ohne Quittung gezahlt, so kann der Schuldner auf deren Ertheilung klagen.[33] Auch die Schuldverschreibung ist ihm zurückzugewähren.[34]

## § 56. Konkurs.[1]

In besonderer Art erfolgt die Befriedigung der Forderungen im Falle des Konkurses des Gemeinschuldners.

Konkurs ist ein der Gesammtheit der Gläubiger er-

---

26) l. 1 C. cit., l. 5 § 2, l. 48 D. h. t. 46, 3.

27) l. 3 § 1, l. 103 D. h. t. 46, 3.

28) l. 97, l. 4, l. 5 pr., l. 94 § 3 D. h. t. 46, 3.

29) l. 8 D. h. t. 46, 3.

30) l. 101 § 1 D. h. t. 46, 3; vgl. jedoch l. 35 pr. D. de pign. a. 13, 7, l. 5 § 2, l. 96 § 3 D. h. t. 46, 3. Dernburg, Pfandrecht Bd. 2 S. 211.

31) Dies gilt z. B. von einem Manko in Geldrollen.

32) Vgl. Unger a. a. O. S. 539.

33) Ein Recht auf Quittung läßt sich aus den Quellen des römischen Rechtes nicht darthun; anders Windscheid Bd. 2 § 344 Anm. 8 und dort Citirte. Es steht jedenfalls gewohnheitsrechtlich fest.

34) l. 2 C. de cond. ex lege 4, 9.

1) Nur die allgemeinsten Grundzüge des Konkursrechtes können hier Raum finden. Für das Einzelne verweise ich auf mein preußisches Privatrecht Bd. 2 §§ 111 ff. Hauptquelle ist nunmehr die deutsche Konkursordnung, welche am 1. Oktober 1879 mit den übrigen Reichsjustizgesetzen in Kraft trat. Vgl. Kohler, Lehrbuch des Konkursrechts 1891 und dort Citirte.

öffnetes gerichtliches Verfahren, in welchem sie aus dem Vermögen des Gemeinschuldners verhältnißmäßig be= friedigt werden.

Nach römischem Rechte waren die Konkursgründe vorzugsweise Flucht des Schuldners, um sich der Klage zu entziehen — fraudationis causa latitatio —, sowie Abtretung seines Vermögens — cessio bonorum — durch den Schuldner an seine Gläubiger behufs konkursmäßiger Behandlung desselben, ferner erbloses Versterben des Schuldners, endlich auch Nichtbefriedigung eines Jubilates.

Das altrömische ordentliche Verfahren war derart, daß zuvörderst die Gläubiger in das Vermögen des Schuldners eingewiesen wurden — missio in bona — und daß nach der Besitznahme die Gesammtmasse an einen bonorum emtor verkauft wurde, welcher als Kaufpreis den Konkursgläubigern die Zahlung gewisser Procente ihrer Forderungen versprach. Die Feststellung dieser Forderungen geschah außerhalb des Konkurses dem bonorum emtor gegenüber, ebenso war die Veräußerung der von ihm erstandenen Masse seine Sache.[2] Statt der b. emtio konnte dem Schuldner durch die Mehrheit der Gläubiger Liquidation seines Vermögens durch Kuratoren bewilligt werden, welche dasselbe im Einzelnen versilberten und aus dem Erlöse die Gläubiger ver= hältnißmäßig befriedigten. Schließlich wurde die b. e. durch dies Ver= fahren völlig verdrängt.[3]

Nach gemeinem Rechte war Konkursgrund die Ueberschul= dung des Gemeinschuldners, nach der K.O. ist es in der Regel Zah= lungsunfähigkeit desselben, die sich vorzugsweise in der Zahlungs= einstellung ausspricht.[4]

a) Ueberschuldung ist vorhanden, wenn die Passiven die Aktiven des Vermögens übersteigen.

b) Zahlungsunfähigkeit ist eingetreten, wenn der Schuldner nicht im Stande ist, seine fälligen Schulden, deren Einforderung geschah oder unmittelbar zu erwarten ist, zur Zeit zu zahlen.

Auch Ueberschuldete können noch zahlungsfähig sein, wenn sie z. B. durch weitere Inanspruchnahme von Kredit im Stande sind, ihren prä= senten Verbindlichkeiten gerecht zu werden.

Zahlungseinstellung ist die öffentliche Erklärung der Zah= lungsunfähigkeit. Sie liegt unter Anderem in Schließung des Handels=

---

2) Gajus Inst. III §§ 77 ff., IV §§ 145, 146. Dernburg, bonorum emtio 1850; Keller, Civilprozeß §§ 84 und 85; Bethmann=Hollweg, Civilprozeß Bd. 2 S. 667.

3) Tit. Dig. de curatore bonis dando 42, 7.

4) K.O. §§ 94 ff.

geschäfts wegen Mittellosigkeit, in Nichthonorirung liquider, laufender Forderungen, insbesondere aus Wechseln.

Nach der K.O. sind die wichtigsten Sätze des Konkursrechtes folgende. Der Konkurs wird auf Antrag eines Gläubigers oder des Schuldners durch gerichtlichen Beschluß eröffnet, damit tritt Beschlagnahme des Vermögens, welches dem Schuldner im Momente der Konkurseröffnung gehört, zu Gunsten der Gläubiger desselben ein; Verfügungen des Gemeinschuldners über dieses Vermögen sind in Folge derselben zu Gunsten der Konkursgläubiger nichtig. Kein Konkursgläubiger kann noch weitere Einzelexekution in das Vermögen betreiben oder Vorrechte an demselben erwerben.[5]

Die Verwaltung des Vermögens geht mit der Konkurseröffnung auf den Konkursverwalter über.[6] Er hat die Masse zu Gelde zu machen.

Folgende Kategorien von Berechtigten kommen in Betracht.

a) Die Aussonderungsberechtigten — Vindikanten — fordern aus der Masse mit dinglichen oder auch persönlichen Klagen heraus, was ihnen zu eigen ist, sowie was der Gemeinschuldner in ihrem Namen besaß.

b) Die Absonderungsberechtigten — Separatisten — verfolgen besondere Befriedigung aus den Objekten, die ihnen verpfändet sind oder an denen sie pfandartige Befugnisse haben.[7]

c) Die Massegläubiger erhalten aus der Masse vorweg Befriedigung. Masseforderungen sind theils die Kosten des Konkursverfahrens und der Verwaltung — Massekosten —, theils durch die Verwaltung sonst entstandene Ansprüche — Masseschulden im engeren Sinne.[8]

d) Konkursforderungen endlich sind alle Ansprüche an den Gemeinschuldner, welche im gemeinsamen Konkursverfahren geltend gemacht werden können.

---

5) K.O. §§ 5 ff.

6) Ob der Konkursverwalter als gesetzlicher Vertreter des „Gemeinschuldners" anzusehen ist oder „der Konkursgläubiger" oder ob er eine „gesetzliche Dispositionsgewalt für die Zwecke des Konkurses hat", welche nicht als Vertretung der einzelnen Betheiligten aufzufassen ist, darüber wird gestritten; die Frage kann hier nicht erledigt werden. Für die letztere Auffassung R.G. Bd. 29 S. 29.

7) Nach dem bis zum 1. Oktober 1879 bestehenden gemeinrechtlichen Konkursprozesse waren auch die Pfandgläubiger genöthigt, ihre Befriedigung im Konkurse zu suchen. Man unterschied in Folge dessen 5 Klassen von Konkursgläubigern: 1. die absolut privilegirten Gläubiger, welche selbst den Pfandrechten vorgingen, 2. die privilegirten Pfandgläubiger, 3. die einfachen Pfandgläubiger, 4. chirographarische Gläubiger, welche ein Vorzugsrecht — privilegium exigendi — vor den einfachen chirographarischen Gläubigern hatten, und endlich 5. die gewöhnlichen chirographarischen Gläubiger, welche aus der Masse verhältnißmäßig befriedigt wurden.

8) Ueber die Massegläubiger vgl. K.O. §§ 50 ff.

Liberalitäten des Gemeinschuldners, ferner Geldstrafen, endlich nach der Konkurseröffnung verfallene Zinsen der Konkursforderungen sind von der Befriedigung aus der Konkursmasse ausgeschlossen, bilden also keine Konkursforderungen.

Die Konkursforderungen sind behufs ihrer Tilgung aus der Masse als p r ä s e n t e Geldforderungen anzusetzen, auch wenn sie noch nicht fällig sind oder auf andere Leistungen als Geld gehen.[9]

Sie werden aus der Masse nach Verhältnissen befriedigt durch die f. g. Konkursdividende.

Ein Vorrecht — privilegium exigendi — haben folgende Konkurs= forderungen in nachstehender Reihenfolge.[10]

1. Bezüge aus Gesinde= und Dienstverträgen, welche aus dem letzten Jahre vor der Konkurseröffnung rückständig sind.

2. Staatliche und kommunale Abgaben aus dem letzten Jahre.

3. In gleicher Weise Abgaben an Kirchen und gewisse öffentliche Verbände.

4. Medicinalkosten des letzten Jahres.

5. Die Ansprüche der K i n d e r des Gemeinschuldners und seiner M ü n d e l wegen ihres g e s e t z l i c h seiner Verwaltung unterstellten Ver= mögens.

Die Beendigung des Konkurses geschieht durch Schlußvertheilung der Masse, oder durch Akkord mit dem Gemeinschuldner.

## § 57. Die Rechtswohlthat der Kompetenz.

In gewissen Fällen hat der Schuldner die Rechtswohlthat der K o m p e t e n z , d. h. es s i n d i h m b e i B e i t r e i b u n g d e r F o r = b e r u n g d i e M i t t e l z u e i n e r e i n g e s c h r ä n k t e n , s t a n d e s = m ä ß i g e n E x i s t e n z z u b e l a s s e n.[1]

Diese Rechtswohlthat bezweckte ursprünglich nur Schutz gegen Personalexekution. Dies ergiebt ihre römische Bezeichnung als

---

9) K.O. § 58. Ueber die Berechnung des Interusuriums bei zinslosen betagten Forderungen siehe oben § 35 Anm. 4.

10) Siehe K.O. § 54. Die römischen privilegia exigendi behandelt eingehend Vangerow Bd. 3 § 594. Ueber Vorzugsrechte überhaupt vgl. Ferd. Knorr, die Natur u. Funktion der Vorzugsrechte. Erlang. Jnaug.Diss. 1891.

1) Altmann, das b. competentiae. Berliner Jnauguraldissertation 1888. Die moderne Bezeichnung der Rechtswohlthat „beneficium competentiae", also „in id, quod competit", d. h. was der Schuldner hat, ist nichts weniger als elegant. Andere Benennungen haben jedoch keine allgemeine Anerkennung gefunden, Unter= holzner, Schuldverhältnisse, spricht Bd. 1 S. 380 von „Verurtheilung auf das Er= schwingliche", Windscheid Bd. 2 § 267 von der „Rechtswohlthat des Nothbedarfes".

condemnatio „in quantum facere potest debitor", d. h. Beschränkung der Verurtheilung auf den Betrag des Vermögens des Schuldners. Ebenso geht aus den Erörterungen der römischen Juristen hervor, daß man erst in der Kaiserzeit nach und nach auch Rückhaltung von Ver= mögensmitteln verstattete.[2]

Zunächst geschah, dies zu Gunsten des Schenkers, welcher von dem Geschenknehmer verklagt wurde. Seit Justinian ließ man eine solche Rückhaltung in allen Fällen der Rechtswohlthat zu.[3] Nachdem derzeit die Personalexekution vollständig beseitigt ist, kommt nur noch diese zweite, dem Institute ursprünglich fremde Seite in Betracht.

Die Kompetenz ist Exekutionsprivileg,[4] sie mindert die Schuld nicht, hemmt vielmehr nur deren Beitreibung, um den Schuldner vor Noth zu schützen.[5] Im Falle einer etwaigen Vollzahlung kann daher nichts zurückgefordert werden.

---

2) Daß es sich um zwei Beneficien handelt, haben Schömann, Handbuch II S. 63 und Vangerow Bd. 1 § 174 bemerkt. Aber nicht richtig ist es, wenn dieselben zwischen einem Kondemnationsbeneficium und einem Exekutionsbeneficium unter= scheiden. Das erste und ursprüngliche soll darin bestanden haben, daß der Schuldner nur bis zum Belaufe seines Vermögens zur Zeit der Kondemnation verurtheilt wurde und daß für den Rest völlige Befreiung eintrat, das zweite darin, daß auf den begünstigten Schuldner auch bei der Exekution die billige Rücksicht zu nehmen war, daß ihm die nothwendigen Subsistenzmittel gelassen werden mußten. — Es hat vielmehr eine doppelte, in keinem inneren Zusammenhange stehende Erweiterung der Rechtswohlthat stattgefunden. Die eine liegt darin, daß ursprünglich das bene= ficium im Urtheil vorbehalten werden mußte, während man es später noch in der Exekutionsinstanz vorschützen durfte, l. 41 § 2 D. de re judicata 42, 1, l. 17 § 2 D. soluto matrimonio 24, 3, l. 5 pr. D. quod cum eo 14, 5. Die andere ist, daß ursprünglich dem Schuldner nur die persönliche Freiheit blieb, während er sein gesammtes Vermögen an den Gläubiger herausgeben mußte, und daß er später auch Subsistenzmittel zurückbehalten durfte. Vgl. unten Anm. 3.

3) Zuerst findet sich, daß Pomponius — l. 30 D. de re judicata 42, 1 — dem Schenker „aliquid sufficiens" beläßt. Denselben Gedanken vertheidigt Paulus libro 6 ad Plautium l. 19 § 1 D. eod.: Is quoque, qui ex causa donationis convenitur, in quantum facere potest condemnatur et quidem is solus deducto aere alieno: et inter eos, quibus ex simili causa pecunia debetur, occupantis potior erit causa: immo nec totum, quod habet, extorquendum ei puto: sed et ipsius ratio habenda est, ne egeat. Offenbar handelt es sich in den letzten beiden Sätzen — et puto — um einen Rechtssatz, der eine allgemeine Anerkennung noch nicht hatte und an sich dem Institute fremd war. Vgl. weiter l. 6 D. de cessione bonorum 42, 3. Daß zur Zeit der klassischen Juristen die Rechtswohlthat noch nicht allgemein zur Rückhaltung von Vermögen berechtigte, geht auf das Deutlichste daraus hervor, daß Justinian den bezüglichen Satz in seine Sammlung durch Interpolation einfügte, indem er in der l. 173 pr. D. de R. J. 50, 17, was Paulus bloß für die Schenkung ausgesprochen hatte, auf alle Fälle der Kom= petenz erweiterte.

4) l. 8 D. de condictione indebiti 12, 6. Paulus libro 6 ad Sabinum: Quod nomine mariti, qui solvendo non sit, alius mulieri solvisset, repetere non po- test: adeo debitum esset (est) mulieri. Demgemäß ist für die Kompetenz das örtliche Recht des Proceßgerichts maßgebend, nicht das Recht, welchem die Schuld als solche unterliegt. Anders aber Kohler in Grünhuts Ztschrift. Bd. 14 S. 24.

5) Meist nimmt man an, daß der Schuldner nur das „Nothdürftige" zurück=

Kommt der Schuldner in beſſere Verhältniſſe, ſo hat er nachzuzahlen.[6]

Die Kompetenz kann gegenüber der Klage vorgeſchützt werden und iſt dann im Urtheil vorzubehalten.[7] Sie kann aber auch noch in der Exekutionsinſtanz geltend gemacht werden.[8] Verzicht für die Zukunft iſt unzuläſſig.[9] [10]

Die Kompetenz haben:[11]

1. Aſcendenten gegen ihre Deſcendenten,

2. Ehegatten gegeneinander,

3. Soldaten,

4. frühere Hauskinder wegen Schulden aus der Zeit der väter=lichen Gewalt nach richterlichem Ermeſſen und nicht allzu lange nach der Beendigung der Gewalt,[12]

5. Geſellſchafter gegenüber der actio pro socio nach richterlichem Ermeſſen,[13]

6. wegen der Dos Beklagte in zahlreichen Fällen,

7. der aus einem Schenkungsverſprechen Belangte.[14]

— — —

halten dürfe. Aber die Anm. 3 citirten Stellen geben ihm ein weitergehendes Recht „aliquid sufficiens“, „ne egeat“.

6) l. 63 D. pro socio 17, 2, l. 8 C. soluto matrimonio 5, 18, l. un. C. de rei uxoriae act. 5, 13. In Folge der Klagenkonſumtion bedurfte es jedoch in Rom einer cautio — nuda repromissio —, vermöge deren der Schuldner, welcher mit dem Vorbehalt der Kompetenz verurtheilt wurde, Nachzahlung für den Fall künftiger Verbeſſerung ſeines Vermögens verſprach. Dies iſt nicht praktiſchen Rechtens.

7) Für die Bemeſſung der Kompetenz iſt die Zeit des Urtheils maßgebend, l. 15 pr. D. soluto matrimonio 24, 3; l. 53 D. eod. Dies hat die Bedeutung, daß den Schuldner die Gefahr trifft, wenn er nicht ſofort Alles, was er ſchuldig iſt, berichtigt, und ſich ſein Vermögen hinterher zufällig mindert.

8) Siehe oben Anm. 3. C.P.O. § 686 bezieht ſich nicht auf Exekutionsprivilegien. Anders Windſcheid Bd. 2 § 268 Anm. 6a.

9) Viele ſind anderer Meinung. Aber Verzicht auf Exekutionsprivilegien, die im allgemeinen Intereſſe aufgeſtellt werden, iſt überhaupt unſtatthaft. Für einen beſonderen Fall ſpricht die Unzuläſſigkeit des Verzichtes auf die Kompetenz aus l. 14 § 1 D. soluto matrimonio 24, 3.

10) Gegenüber Anſprüchen aus Dolus greift die Rechtswohlthat nicht ein, l. 4 § 2 D. quod cum eo 14, 5, l. 52 D. de re jud. 42, 1; l. 21 § 6 D. de a. r. a. 25, 2.

11) Die Hauptfälle führt auf: l. 16 — l. 25 D. de re judicata 42, 1; vgl. auch § 38 I. de act. 4, 6.

12) l. 2 D. quod cum eo 14, 5.

13) l. 22 § 1 D. de re judicata 42, 1. Das Edikt war nur für die socii omnium bonorum erlaſſen, l. 16 D. eod. Die societas omnium bonorum war überhaupt die Geſellſchaftsform, für die zunächſt der Prätor ſein Edikt beſtimmte, vgl. Lenel, edictum S. 237. Analog wurde das beneficium auch bei anderen Ge=ſellſchaftern je nach Umſtänden gewährt. Nichts Anderes will wohl l. 63 pr. D. pro socio 17, 2 beſagen. Vgl. Altmann S. 31.

14) Das beneficium competentiae ſtand in Rom auch dem Gemeinſchuldner zu, welcher eine cessio bonorum vorgenommen hatte. Das iſt jedenfalls in Folge

Während den übrigen Berechtigten die Kompetenz nur aus ihrem Bruttovermögen zukommt, steht sie dem Schenker aus seinem Nettovermögen, d. h. derart zu, daß er von dem Aktivvermögen, welches nach Abrechnung seiner übrigen Schulden bleibt, das zu seinem Unterhalt Nöthige zurückhalten darf.[15]

## II. Erfüllungssurrogate.

### § 58. Leistung an Zahlungsstatt.[1]

Unter Einwilligung des Gläubigers kann die Schuld statt durch das Schuldobjekt durch andere Werthe erfüllt werden. Dies ist Leistung an Zahlungsstatt, s. g. datio in solutum.[2]

Sie tilgt die Obligation wie Zahlung ipso jure. Denn der Gläubiger ist befriedigt und damit der Zweck der Obligation erreicht.[3][4]

Wie aber, wenn dem Gläubiger das in Zahlung Gegebene in Folge des besseren Rechtes eines Dritten evincirt wird? Hierüber finden sich zwei Antworten in den Quellen.

---

der Konkursordnung antiquirt. Ueber l. ult. C. de revoc. h. q. p. f. **s. s.** 7, 75 ist die Erklärung von Lenel, edictam S. 348 zu vergleichen.

15) Ein Fall der Kompetenz, den die C.P.O. § 749 unter 3 feststellt, stammt aus dem preußischen Rechte. Es ist bestritten, ob die römischen Bestimmungen über Kompetenz durch die C.P.O. als proceßrechtliche Normen beseitigt sind. So mein Preuß. Privatrecht Bd. 2 § 110 Anm. 5. Die meisten Schriftsteller haben sich jedoch mit den Motiven zur C.P.O. S. 410 für deren Fortbestand erklärt, vgl. Altmann a. a. O. S. 84, Kohler in Grünhuts Zeitschrift Bd. 14 S. 23. Auch die Praxis wendet sie als geltend an.

1) Römer, die Leistung an Zahlungsstatt 1866. Cohn in Endemanns Handb. Bd. 3 S. 1075. Unger in Grünhuts Zeitschr. Bd. 15 S. 540. R. Ernst, mangelhafte Beschaffenheit der Leistung an Erfüllungsstatt. Zürich 1890. Maur. de Combes, de la dation en paiement, thèse, Toul. 1892.

2) „An Zahlungsstatt" ist die Leistung nur, wenn sie aus der Absicht der Schuldtilgung hervorging. Anders wenn der Schuldner seinem Gläubiger verkauft, um den Kaufgegenstand zu verwerthen, und zugleich mit ihm Aufrechnung des Kaufpreises auf seine Schuld vereinbart. In diesem Fall kann, wenn sich hinterher die Nichtexistenz der Schuld ergiebt, der vermeinte Schuldner nicht die Waare kondiciren, wie das bei einer Hingabe an Zahlungsstatt der Fall wäre, vielmehr nur den Kaufpreis fordern. Vgl. Ernst a. a. O.

3) Es bestand ein Schulstreit zwischen den Sabinianern, welche in Folge der datio in solutam Tilgung ipso jure annahmen, und den Proculianern, die nur Befreiung durch exceptio doli anerkannten; Gajus Inst. III. § 168. Die Ansicht der Sabinianer erhielt bereits in der heidnischen Kaiserzeit das Uebergewicht — vgl. Römer a. a. O. S. 64 — und wurde von Justinian aufgenommen pr. I. q. m. o. t. 3, 29.

4) Das zur Befriedigung für eine vermeinte Schuld an Zahlungsstatt Gegebene ist auf Grund der condictio indebiti zurückzuerstatten. Entsprechend verhält es sich, wenn zur Tilgung einer vermeintlich größeren Schuld, als wirklich bestand, eine Species an Zahlungsstatt gegeben wird. Sie kann ganz zurückgefordert werden, jedoch nur gegen Angebot des Geschuldeten, l. 26 § 4 D. de condictione indebiti 12, 6.

Nach der einen ist dem Empfänger dann wie einem Käufer sein Interesse am Behalten des Hingegebenen zu vergüten.[5]

Nach der anderen gilt die ursprüngliche Forderung für den Fall der Eviktion als fortbestehend und kann gegen den Schuldner, wie gegen dessen Bürgen und Pfänder wieder geltend gemacht werden.[6]

Diese Entscheidungen sind grundsätzlich unvereinbar. Denn die letztere ruht auf der Anschauung, daß die Tilgung der alten Obligation bedingt sei dadurch, daß der Gläubiger die in solutum gegebene Sache behalten kann, die erstere geht davon aus, daß die alte Obligation unbedingt getilgt ist und eventuell ihr Aequivalent in dem Anspruche auf die Leistung des Interesses wegen Eviktion hat.

Da sich aber beide Entscheidungen neben einander in den justinianischen Sammlungen finden, vereinigt man sie meist dadurch, daß man dem Gläubiger die Wahl giebt, den einen oder den anderen Anspruch geltend zu machen.[7]

Der Empfänger hat auch Ansprüche wegen versprochener Eigenschaften und verborgener Mängel des Angegebenen wie ein Käufer.[8]

---

5) l. 4 C. de evictionibus 8, 44. Antoninus: Si praedium tibi pro soluto datum aliis creditoribus fuerat obligatum causa pignoris mutata non est. igitur si hoc jure fuerit evictum, utilis tibi actio contra debitorem competit. nam ejusmodi contractus vicem venditionis obtinet. a. 212. Davon, daß der Evincirte die ursprüngliche Forderung wieder geltend machen könne, ist hier nichts zu lesen. Es stünde auch nicht im Einklange mit der Gleichstellung von datio in solutam und Kauf. Vgl. l. 24 pr. D. de pigneraticia act. 18, 7.

6) l. 46 pr. D. de solut. 46, 3. Marcianus libro 3 regularum: Si quis aliam rem pro alia volenti solverit et evicta fuerit res, manet pristina obligatio, etsi pro parte fuerit evicta, tamen pro solido obligatio durat: nam non accepisset re integra creditor, nisi pro solido ejus fieret, vgl. l. 60 D. eod. Leicht möglich, daß in l. 8 C. de sententiis et interlocutionibus 7, 45 — wie Brinz Bd. 2 S. 336 annimmt — sogar noch ein dritter Weg in's Auge gefaßt ist.

7) Ueber die Versuche, die Antinomie auszugleichen, vgl. Römer a. a. O. S. 387 ff. Die herrschende Ansicht ist eine äußerliche, wenig befriedigende Vermittelung. Das Richtige ist, dem früheren Gläubiger nur einen Anspruch wegen Eviktion zu verstatten. Denn er hat die Forderung gegen die an Zahlungsstatt gemachte Leistung definitiv, keineswegs bedingt aufgegeben. Die Wiederherstellung von Schuldverhältnissen, welche die Betheiligten ohne Vorbehalt aufhoben, ist weder aus ihrem Willen zu begründen, noch zweckmäßig. Sie bedingt auch das Recht, Bürgen und Pfänder wieder in Anspruch zu nehmen, was den Verkehrsbedürfnissen nicht entspricht. Vgl. Dernburg, Pfandrecht Bd. 2 S. 247; Unger a. a. O. S. 543.

8) Ernst a. a. O. — In der nov. 4 cap. 3 führte Justinian das s. g. beneficium dationis in solutum ein. Gemäß desselben konnte der zahlungsunfähige Schuldner einer Geldsumme, welcher für seine Grundstücke keine annehmbaren Käufer fand, seine Gläubiger nöthigen, seine Grundstücke nach ihrem Taxwerthe in Zahlung zu nehmen, wobei jedoch dem Gläubiger die Auswahl unter den verschiedenen Grundstücken des Schuldners verblieb. Vgl. noch nov. 120 cap. 6 § 2. Die Bestimmung hat jede praktische Bedeutung verloren, seit der Gläubiger die Eröffnung des Konkurses über seinen Schuldner im Falle der Zahlungsunfähigkeit desselben nach der K.O. fordern kann, da in dem Konkurse auch die Immobilien des Schuldners zur Tilgung seiner Schulden veräußert werden. Damit ent-

## § 59. Novation und Delegation.[1]

Novation ist Aufhebung einer Forderung durch Begründung einer neuen auf dasselbe Ziel gerichteten.

Man streitet darüber, ob die Novation als eine Umwandlung
oder als eine Neuschöpfung aufzufassen sei. Vom wirthschaftlichen
Standpunkte aus handelt es sich um Umwandlung. Das einmal
begründete Kreditverhältniß wird in veränderter Form fortgesetzt; die
Schuldpost bleibt dieselbe. Aber juristisch liegt Tilgung der bisherigen
Obligation durch eine neue vor, die an deren Stelle tritt.[2][3]

Die Veränderung kann darin liegen, daß die neue Obligation von
anderer Art ist, als die alte, insbesondere von strengerer Verbindungskraft; z. B. im Falle des Ersatzes einer Kaufgelderschuld durch eine Stipulationsschuld, heutzutage durch eine Wechselverpflichtung. Es ist ferner
möglich, daß das Objekt der Schuld, während der Werth als identisch gilt,
umgewandelt wird, z. B. durch das Versprechen von Geld statt Waare;[4]

geht der Gläubiger der zwangsweisen datio in solutum. Vgl. übrigens Einführungsgesetz zur K.O. § 4.

1) Tit. Dig. de novationibus et delegationibus 46, 2. Cod. 8, 41. Haupt-
werke sind: Fein, Beiträge z. L. v. d. Novation und Delegation 1850; Salpius,
Novation und Delegation 1864; Salkowski z. L. v. d. Novation 1866; Gide, études
sur la novation et le transport des créances en droit romain 1879. Siehe auch
Hruza, d. L. v. d. Novation 1881; dort finden sich ausgiebige Litteraturnachweise:
vgl. ferner Kuntze, die Obligation 1886 S. 125, Unger a. a. O. S. 564. Rud.
Merkel, d. röm.-rechtliche Begriff der novatio. Straßb. Inaug.-diff. 1892.

2) Die Römer legen bei Definition der Novation das Hauptgewicht auf die Um-
wandelung. So l. 1 pr. D. h. t. 46, 2. Ulpianus libro 46 ad Sabinum: Novatio est prioris debiti in aliam obligationem vel civilem vel naturalem trans-
fusio atque translatio. Vgl. auch die bei Hruza S. 8 citirten Stellen, in welchen
von „transferre" und „transire" die Rede ist. In der That ist es ein wesentliches
Moment der Novation, daß es sich um eine Fortsetzung des einmal begründeten Kreditverhältnisses handelt. Ungenügend ist daher die Definition
der Novation „als Aufhebung eines Forderungsrechtes durch Begründung eines
neuen", und unzutreffend ist es, wenn Windscheid Bd. 2 § 353 Anm. 3a lehrt, daß
das durch die Novation geschaffene Forderungsrecht nicht bloß der Erscheinungsform,
sondern auch der Substanz nach ein anderes sei. Von diesem Standpunkt aus
müßte es auch Novation sein, wenn an Stelle eines Pachtvertrages ein Kaufgeschäft
über das Pachtgut gesetzt, oder ein Depositum in ein Kommodat umgewandelt würde.
Und doch ist dies nicht der Fall, weil es sich in derartigen Fällen um ein Kreditverhältniß von anderer Substanz als das alte handelt.

3) Die Novation ist der datio in solutum dadurch verwandt, daß es sich bei
beiden Instituten um Tilgung einer Obligation durch Aequivalente unter Zustimmung
des Gläubigers handelt. Aber die datio in solutum hat die Bestimmung, das Kreditverhältniß endgültig aufzulösen, die Novation, dasselbe in anderer Form fortzusetzen.
Dies hat praktische Konsequenzen. Wird z. B. eine Spielschuld durch Angabe an
Zahlungsstatt getilgt, so besteht die Anfechtbarkeit nicht mehr, so wenig wie im Fall
der Zahlung. Wird sie dagegen, wenn auch durch einen Wechsel, novirt, so bleibt
die neue Forderung als aus einem Spiel erwachsen anfechtbar. Vgl. auch Merkel
a. a. O. S. 90 ff.

4) Das ältere römische Recht forderte zur Novation vollständige Identität der

es kann sich endlich um eine Veränderung der Subjekte der Obligation, sei es des Gläubigers oder des Schuldners handeln.[5]

Die Novation unter Veränderung der Subjekte der Obligation gründet sich überwiegend auf eine Delegation — Ueberweisung.[6]

Sie ist Ueberweisung der Forderung oder der Schuld.[7]

a) Eine Novation zu Gunsten eines neuen Gläubigers ist nicht möglich ohne Delegation des bisherigen Gläubigers — s. g. Forderungsüberweisung, aktive Delegation, delegatio nominis. Sie geschieht derart, daß der bisherige Gläubiger — der Delegant — Jemandem — dem Delegatar — seinen Schuldner — den Delegaten — überweist, und daß dieser auf Grund der Ueberweisung dem Delegatar verspricht, was er bisher dem Deleganten schuldete.

Häufig ist der Grund der Ueberweisung, daß der Delegant der Schuldner des Delegatars ist und die Delegation zum Zwecke der Tilgung dieser seiner Schuld vornimmt.

Die Rechte des Delegatars gegen den Delegaten sind aber unabhängig davon, ob der Grund, welcher den Deleganten zur Delegation bestimmte, ein stichhaltiger war oder nicht, ob er z. B. auf der irrthümlichen Annahme beruhte, daß er dem Delegatar schulde.[8]

Dagegen kann sich der Delegat gegenüber dem Delegatar darauf berufen, daß er dem Deleganten nichts schuldete, wenn er im

---

Schuldgegenstände in beiden Obligationen, Gide a. a. O. S. 117, Gruza S. 9. Die spätere Jurisprudenz nahm es hiermit nicht mehr so genau, l. 28 D. h. t. 46, 2, l. 10 C. si certum pet. 4, 2.

5) Windscheid § 353 Anm. 6a nimmt Novation auch an, wenn sich die neue Obligation durch „nichts" von der früheren unterscheidet. Vgl. hiergegen Gaj. Inst. III. § 177, § 3 I. q. m. o. t. 3, 29, Salpius a. a. O. S. 176, Gide S. 81.

6) Vgl. Erich Danz, die delegatio nominis und debiti in Jherings Jahrbüchern Bd. 20 n. 3 und Forderungsüberweisung, Schuldüberweisung 1886; siehe ferner Eisele in der Festschrift für Planck 1887, Unger in Jherings Jahrb. Bd. 26 n. 8 und Danz im Archiv f. civ. Praxis Bd. 74 n. 7. Gegen Danz: Windscheid, die indirekte Vermögensleistung (1892) S. 24.

7) Vom letzteren Fall spricht l. 11 pr. D. h. t. Ulpianus libro 27 ad edictum: Delegare est vice sua alium reum dare creditori vel cui jusserit. Goldschmidt in d. „Savignyzeitschrift" rom. Abth. Bd. 10 S. 387 erklärt dies: „Delegation ist es, wenn man seinem Gläubiger oder einem von diesem aufgegebenen Dritten statt seiner einen Schuldner überweist"; denn zu „jusserit" sei „creditor" hinzuzudenken. Anders Danz a. a. O. S. 256. Jedenfalls ist es allzu kühn, wenn Goldschmidt hierauf gestützt „Schuldverschreibungen an Order oder Inhaber mit alternativer Inhaberklausel" bereits im römischen Rechte finden will. Derartige Bildungen des deutschen und modernen Rechtes gezwungenerweise aus den römischen Quellen herauszulesen, heißt die Eigenthümlichkeiten des römischen Geistes und den Fortschritt in der Geschichte der Menschheit verkennen. Vgl. auch Lenel, Savigny-Zeitschr., rom. Abthlg. Bd. 13 S. 403.

8) l. 21 § 1 D. de donationibus 39, 5.

Irrthum hierüber dem Delegatar, was er dem Deleganten schuldete, versprach.[9]

b) Die **Novation durch Eintritt eines neuen Schuldners** pflegt man **Expromission** zu nennen.[10]

Sie kann ohne Wissen, ja gegen den Willen des bisherigen Schuldners geschehen.[11] Meist aber gründet sie sich auf eine Ueberweisung des bisherigen Schuldners — Schuldüberweisung, passive Delegation, delegatio debiti.

Hier ist also der bisherige Schuldner der Delegant, der Gläubiger ist der Delegatar, der neue Schuldner der Delegat. Meist ist der **Delegat der Schuldner des Deleganten** und soll als solcher durch die Uebernahme der Schuld des Deleganten liberirt werden.

Der **Delegat** kann im Falle der Schuldüberweisung aus seinem Verhältnisse gegen den **Deleganten** dem Delegatar **keine** Einreden entgegenstellen.[12]

Diejenigen Einreden, die der **Delegant** gegen den **Delegatar** hatte, kann auch der Delegat geltend machen, sofern er nur an Stelle des Deleganten in dessen Schuld eintreten sollte und nicht abstrakt ein unbedingtes Schuldversprechen leistete.

---

9) Mit Salpius a. a. O. ist eine titulirte und eine reine Delegation zu unterscheiden. a) Bei der **titulirten Delegation** verspricht der Delegat dem Delegatar, was er dem Deleganten schuldete. Ihre Form ergiebt sich unter Anderem aus l. 27 D. h. t. 46, 2: Emptor cum delegante venditore pecuniam ita promittit: „quidquid ex vendito dare facere oportet.“ Es liegt auf der Hand, daß im Falle der titulirten Delegation der Delegat dem Delegatar alle Einreden aus dem ursprünglichen Schuldverhältnisse entgegenstellen kann. Denn nur die Person des Gläubigers ist geändert, der Inhalt der Schuld dagegen in keiner Weise berührt. b) Eine **reine Delegation** ist vorhanden, wenn der Delegat dem Delegatar gegenüber eine reine **Summenschuld** übernimmt und keineswegs bloß verspricht, was er dem Deleganten schuldete. Erfolgt eine solche Delegation, wie dies heutzutage dadurch geschehen kann, daß sich der Delegat, welcher dem Deleganten Kaufgelder schuldete, dem Delegatar wechselmäßig verpflichtet, so kann der Delegat dem Delegatar keine Einreden aus dem Schuldverhältnisse gegen den Deleganten entgegenstellen. Salpius ging — mit vielen Anderen — davon aus, daß sich auch im römischen Rechte reine Delegationen gefunden hätten. Auf solche bezieht er die l. 19 D. h. t. 46, 2. Danz a. a. O. hat aber aus guten Gründen behauptet, daß in Rom reine Delegationen nicht bekannt gewesen seien. Er bezieht die l. 19 auf eine „delegatio debiti“; wohl mit Recht. Hiervon ist die Frage unabhängig, ob im heutigen Rechte „reine Delegationen“ bestehen, was bejaht werden muß.

10) Die Römer verwerthen den Ausdruck Expromission in noch weiterem Umfange, vgl. Windscheid § 353 Anm. 8 und dort citirte Stellen.

11) l. 8 § 5 D. h. t. 46, 2.

12) l. 19 D. h. t. 46, 2, vgl. oben Anm. 9 a. E., l. 4 § 20 D. de doli mali exceptione 44, 4; l. 12 D. h. t. 46, 2.

## § 60.  Erforderniſſe und Wirkung der Novation.

Die Novation ſetzt voraus:

1. Eine ältere Obligation, welche aufgehoben werden ſoll; dieſelbe muß nicht nothwendig klagbar ſein, eine naturale genügt;[1] auch durch Exception entkräftbare oder ſonſt anfechtbare Obligationen ſind novirbar.

2. Eine neue Obligation.[2] Dem Zwecke der Novation können nur einſeitige Verträge dienen, z. B. nicht Kaufgeſchäfte.

In Rom geſchah die Novation durch Stipulationen, welche dem Novationszwecke wie jedem anderen offen ſtanden.[3]

---

1) l. 1 § 1 D. h. t. 46, 2. Ulpianus libro 46 ad Sabinum: Illud non interest, qualis processit obligatio, utrum naturalis an civilis an honoraria, et utrum verbis an re an consensu: qualiscumque igitur obligatio sit, quae praecessit, novari verbis potest, dummodo sequens obligatio aut civiliter teneat aut naturaliter: ut puta si pupillus sine tutoris auctoritate promiserit. l. 2 D. eod.

2) Die Tilgung der älteren Obligation iſt davon abhängig, daß aus der Novationsſtipulation eine neue Obligation entſpringt, daß alſo die beabſichtigte Obligation nicht ſchlechthin nichtig iſt. Aber eine naturale Obligation genügt; ferner eine durch peremptoriſche Exception entkräftbare. Vgl. l. 91 D. de solutionibus 46, 3. Ludw. Redlich, zur Lehre v. d. Schuldaufhebung durch Novation. Bresl. Jnaug.diſſ. 1893. Von den Umſtänden des Falles hängt es ab, ob und wie weit der Gläubiger, welcher durch eine derartige Novation ſeine Anſprüche verliert, Recht auf Erſatz oder Wiederherſtellung hat. Eine betagte Obligation novirt die alte ſofort, eine bedingte nur für den Fall des Eintrittes ihrer Bedingung, l. 8 § 1 D. h. t. 46, 2. Immerhin kann die alte Obligation während des Obſchwebens der Bedingung der neuen nicht geltend gemacht werden. Denn ihr ſteht die Einrede entgegen, daß vereinbart ſei, die Einziehung der Forderung bis zur Entſcheidung der Bedingung der neuen Obligation in der Schwebe zu laſſen. So l. 36 D. de rebus creditis 12, 1; l. 80 und l. 83 D. de jure dotium 23, 3. In Folge deſſen ſteht der Sache nach die alte Obligation nunmehr einer bedingten gleich, ſie iſt ſo zu beurtheilen, wie wenn ſie von dem Gegentheil der Bedingung der neuen Obligation abhängig wäre. Sie wäre z. B. im Konkurſe des Schuldners wie eine bedingte Forderung zu behandeln. Hiervon geht die Anfrage an den Juriſten Javolenus in der citirten l. 36 D. de rebus creditis 12, 1 aus: „cum pendente condicione in eo statu sit obligatio tua adversus me, tamquam sub contrariam condicionem eam mihi spopondisti, si pendente condicione petam, an nihil acturus sum? Manche drücken dies zu ſcharf aus und lehren, die alte Obligation „werde“ zur bedingten, ſtatt daß ſie ſagen ſollten, ſie „ſtehe einer bedingten gleich“. Man hat auch dies zur Streitfrage gemacht; ein praktiſcher Unterſchied iſt nicht zu finden. — Die ältere Obligation bleibt in dem Falle beſtehen, daß die Bedingung der neuen ausfällt, weil es dann an einer novirenden Obligation fehlt. Indeſſen kann auch die Abſicht geweſen ſein, daß die alte Obligation für alle Fälle abgethan ſein ſoll. Darin liegt ein bedingter Erlaß der Forderung — pactum de non petendo — welcher natürlich zu reſpektiren iſt, l. 8 § 1, l. 14 pr., l. 24 D. h. t. 46, 2. Gajus Inst. III. § 179. Vgl. Kniep, Einfluß der bedingten Novation auf die urſprüngliche Obligation 1860, und Römer, die bedingte Novation 1863, Nah, Einfluß bedingter Novation, München 1891.

3) Auch der Litteralkontrakt konnte in der vorjuſtinianiſchen Zeit zur Novation dienen, Gajus Inst. III. § 128 und § 130. Anderer Anſicht iſt Gide a. a. O. S. 216.

Verträge des heutigen Rechtes, welche der Novation dienen, sind vorzugsweise die abstrakten, also namentlich Abrechnungsgeschäfte, sowie andere Anerkennungsverträge. Nicht selten kleidet sich die Novation auch in die Form, daß der Schuldner das Schuldobjekt als Darlehen behalten solle, z. B. geschuldete Kaufgelder. Auch Wechsel können der Novation dienen.

Hat die novirende Obligation rechtlichen Bestand, wenn die vorausgesetzte frühere Obligation in Wahrheit nicht existirte?

In Rom galt die Novationsstipulation in der Regel als bedingt durch die Existenz der früheren Obligation, die ihre Grundlage war.[4]

Für die abstrakten novatorischen Verträge des heutigen Rechtes gilt dies nicht. Vielmehr unterliegen sie nur einer Anfechtung, wenn die Existenz einer älteren Forderung bei ihrer Eingehung irrthümlich vorausgesetzt war.[5]

3. Es wird endlich erfordert, die Absicht zu noviren — animus novandi — d. h. die alte Obligation durch die Begründung der neuen aufzuheben.

Diese Absicht wird nicht, wie bis Justinian geschah, vermuthet, wenn eine zweite Obligation bezüglich desselben Schuldgegenstandes in das Leben gerufen wird.[6] Sie muß aus dem Novationsvertrage besonders

---

4) Daß die Existenz der früheren Obligation in der Regel bedingend für das Zustandekommen der novirenden Obligation in Rom war, darauf weisen schon die allgemeinen Aussprüche der römischen Juristen, vgl. l. 1 und l. 2 D. h. t. 46, 2. Insbesondere ergiebt es sich aber aus der Behandlung der Novation bedingter Obligationen. Denn das Zustandekommen der neuen Obligation wird verneint, wenn die Bedingung der alten ausfällt. Dies offenbar, weil die alte Obligation, welche novirt werden sollte, in diesem Falle nicht besteht. Die Versuche mancher Schriftsteller, z. B. Bähr, Anerkennung S. 49, und Römer, bedingte Novation S. 34, dies als eine ganz isolirte Erscheinung aufzufassen, sind sicher nicht gelungen. Bedenkt man, daß jede, auch geringfügige Veränderung der Obligation in Rom eine Novation forderte, so wird es begreiflich, daß man die Veränderung nicht zur Kraft kommen ließ, wo nichts bestand, was zu verändern war. Immerhin war auch in Rom wohl möglich, die neue Obligation in dem Sinne zu begründen, daß sie von der Existenz der alten unabhängig sein solle. Nur mußte eine derartige Absicht besonders erhellen, l. 21 und l. 25 D. de verb. obl. 45, 1.

➡ 5) Die Novation des heutigen Rechtes bezweckt stets, das Schuldverhältniß auf eine neue Basis zu stellen. Die neue Obligation ist daher nicht abhängig von der Existenz der alten; sie kann höchstens bei Ermangelung derselben wegen Irrthums oder Betruges oder ähnlicher Gründe angefochten werden. Dies ist insbesondere klar, wenn die Novation auf Grund einer Abrechnung geschieht, und ist vollends zweifellos, wenn sie durch Uebernahme einer Wechselverbindlichkeit bewirkt wird.

6) Ursprünglich trat die Novation in Rom ein, ohne daß es auf einen besonderen „animus novandi" der Betheiligten ankam. Es genügte, daß es sich um dieselbe Vermögenspost handelte. Mit Recht führen Salpius a. a. O. S. 131, Gide S. 163 aus, daß die Novation eine außerprozessualische Konsumtion bildete. Dies, um Doppeleintreibungen derselben Vermögenspost unmöglich zu machen. Vgl. l. 18 D. de verb. obl. 45, 1. Pomponius libro 10 ad Sabinum: Qui bis idem promittit, ipso jure amplius quam semel non tenetur. Daher weiß noch Gajus in seinen

erhellen.[7] Sonst bestehen zwei Obligationen nebeneinander, die auf dasselbe Ziel gerichtet sind. Aber ausdrücklich muß die Novations= absicht nicht erklärt sein.[8] [9]

Die Novation hebt die zu Grunde liegende Obligation ipso jure auf.

### § 61. Oeffentliche Deposition.[1]

Durch öffentliche Deposition des Schuldgegenstandes kann sich der Schuldner befreien, falls der Zahlung, zu der er an sich

---

Institutionen III. § 176, die hier wie so oft die ältere Rechtstheorie wiedergeben, nichts von dem animus novandi. Erst in der Kaiserzeit bildete sich der Satz heraus, daß zur Novation die auf die Aufhebung der alten Obligation gerichtete Absicht der Betheiligten gehöre — der animus novandi. Man unterstellte denselben jedoch, wenn es sich in den beiden Obligationen um dasselbe Schuldverhältniß handelte. Der ältere Gegensatz war nur „duplari" oder „fieri novationem"; nunmehr war als dritte Möglichkeit hinzugetreten „uterque tenetur, sed altero solvente alter liberatur". Vgl. l. 8 § 5 D. h. t. 46, 2. Ueber den animus novandi in der klassischen Zeit spricht sich u. A. aus l. 31 D. h. t. 46, 2 — Venulejus — l. 2, l. 8 §§ 1 und 5, l. 28, l. 30 D. eod. 46, 2, l. 58 D. de verb. obl. 45, 1. Siehe auch Salkowski a. a. O. S. 224, Merkel a. a. O. S. 10 ff. Entgegengesetzte Auf= fassungen vertheidigt Windscheid Bd. 2 § 354 Anm. 12.

7) Justinian verordnete in der l. 8 C. h. t. 8, 41 pr. Novationum nocentia corrigentes volumina et veteris juris ambiguitates resecantes sancimus, si quis .. aliquid fecerit, ex quo veteris juris conditores introducebant novationes, nihil penitus priori cautelae innovari, sed anteriora stare et posteriora incrementum illis accedere, nisi ipsi specialiter remiserint quidem priorem obligationem et hoc expresserint, quod sequente magis pro anterioribus elegerint. § 1. Et generaliter definimus voluntate solum esse, non lege novandum, etsi non verbis exprimatur, ut sine novatione, quod solito vocabulo ἀναβατεύτως dicunt, causa procedat: hoc enim naturalibus inesse rebus volumus et non verbis extrin- secus supervenire. — Der Sinn dieser Verordnung ist in hohem Grade bestritten. Viele verlangen, daß die Absicht der Novation mit besonderen Worten erklärt werde, was im praktischen Leben gewiß nur selten geschieht. Richtiger Ansicht nach wollte Justinian nur die Vermuthungen für die Novation, welche das alte Recht festgehalten hatte, aufheben: die Novationsabsicht muß zu Tage getreten sein. Dies ist der Grundgedanke der Verordnung. Wenn Justinian ihm in einigen Wen= dungen einen zu scharfen Ausdruck giebt, so darf hierauf kein übertriebenes Gewicht gelegt werden. Zahlreiche Meinungsäußerungen über die Kontroverse stellt zusammen Bangerow Bd. 3 § 619 S. 367, siehe auch R.G. Bd. 14 S. 210.

8) Ueber die Novation durch Wechsel vgl. Hellmann, die novatorischen Funk= tionen der Wechselbegebung 1874, Römer, Abhandlungen S. 78. In der Regel übermacht der Schuldner seinem Gläubiger Wechsel zahlungshalber, vgl. oben § 55 Anm. 10. Dann geht die ursprüngliche Forderung nicht durch die Ueber= machung der Wechsel, sondern erst durch die Einziehung der Wechselsumme unter. Daher kann der Gläubiger auf die ursprüngliche Forderung eventuell zurück= greifen, nämlich dann, wenn er aus dem Wechsel keine Befriedigung erlangt, und zwar ohne daß ihm hierbei eine Schuld zur Last fällt. — Eine Novation durch die Uebernahme der Wechselverpflichtung tritt ein, wenn der Wechsel in der Absicht einer sofortigen und endgültigen Begleichung der alten Schuld angenommen wurde.

9) In l. 10 D. h. t. 46, 2 spricht Paulus libro 11 ad Sabinum die Regel aus: „cui recte solvitur, is etiam novare potest". Dies ist aber, wie er selbst bemerkt, nicht richtig für den solutionis causa adjectus; es ist ebensowenig zu= treffend für Andere, welche vom Gläubiger bloß zur Annahme der Zahlung er= mächtigt wurden.

berechtigt ist, von der Gläubigerseite Hindernisse entgegen=
treten. Diese Hindernisse sind vorzugsweise folgende:

a) Der Gläubiger will die Zahlung nicht nehmen, sei es schuld=
hafterweise,[2] sei es aus vermeinten Gründen, oder er kann sie nicht
nehmen, weil er abwesend[3] oder veräußerungsunfähig und unvertreten
ist, oder weil die Schuld mit Beschlag belegt wurde.

b) Der Gläubiger ist ungewiß,[4] sei es daß in der Schwebe
ist, wem die Forderung zugehört, sei es daß beim Schuldner begründete
Zweifel über die Person des Berechtigten bestehen.[5]

Geld, andere Mobilien und auch Immobilien können in solchen
Fällen deponirt oder sequestrirt werden.[6] [7]

Die Deposition muß an der Hinterlegungsstelle des Bezirks ge=
schehen, in welchem der Erfüllungsort liegt.

Der Gläubiger ist befugt, das zu seinen Gunsten Deponirte von der
Hinterlegungsstelle abzuheben, wenn seine Legitimation von dem, welchen
es angeht, anerkannt[8] oder wenn sie ihm gegenüber rechtskräftig fest=
gestellt ist.[9]

---

1) Ulrich, die Deposition und Dereliktion behufs Befreiung des Schuldners 1877,
Czyhlarz, gerichtliche Deposition in Grünhuts Zeitschrift Bd. 6 S. 657.

2) Von dem Falle des Verzuges geht die l. 19 C. de usuris 4, 32 — die s. g.
lex depositionis — aus.

3) Vgl. l. 47 § 2 D. de fideicommissariis libertatibus 40, 5, l. 4 pr. D. de
statuliberis 40, 7; Ulrich a. a. O. S. 14.

4) l. 18 § 1 D. de usuris 22, 1; l. 1 § 36 D. depositi 16, 3; vgl. l. 11 § 3
D. locati 19, 2.

5) Berücksichtigung übertriebener Aengstlichkeit des Schuldners, wie sie in der
Entscheidung des R.O.H.G. Bd. 10 S. 431 lag, ist eine Härte gegen den Gläubiger,
welche Kühne in Jherings Jahrbüchern Bd. 17 S. 1 ff. — vgl. auch Jeß eben=
daselbst Bd. 17 S. 158 — mit Recht mißbilligt. Aber Kühne geht seinerseits zu
weit, wenn er eine bloß subjektive Ungewißheit des Schuldners wegen der juristischen
Zweifelhaftigkeit des Falles nicht beachtet wissen will.

6) Häufig behauptet man, daß die Deposition nur bei Forderungen auf beweg=
liche Sachen, nicht aber auf Immobilien zulässig sei. So Windscheid Bd. 2 § 347,
Kohler in Jherings Jahrbüchern Bd. 17 S. 344. Hiergegen spricht sich mit Recht
Ulrich a. a. O. S. 27 aus. Warum sollte dem Schuldner eines Immobile die
Möglichkeit fehlen, sich durch Ueberlassung des Schuldobjektes an einen Sequester zu
liberiren! —

7) Die Deposition erfolgte in Rom „in publico", und zwar in Tempeln oder
öffentlichen Verwahrungsstellen — horrea — oder auch bei Wechslern. Ulrich a. a. O.
S. 33. In Deutschland geschah sie früher ausschließlich bei den Gerichten; heut=
zutage erfolgt die Deposition von Geld meist bei administrativen Hinter=
legungsstellen des Staates. Das Eigenthum geht hierbei auf den Staat
über; es entsteht ein depositum irregulare; es werden aber s. g. Depositalzinsen
vergütet, die freilich meist nur von geringer Höhe sind.

8) In der Regel genügt die Anerkennung des Gläubigers durch den Schuldner.
Deponirt der Schuldner wegen des Annahmeverzugs eines von ihm bei der Hinter=
legung bezeichneten Gläubigers, so erkennt er diesen schon damit als zur Erhebung
des Hinterlegten legitimirt an. Ganz anders, wenn der Schuldner gegenüber mehreren

So lange der Gläubiger den Willen nicht erklärt hat, sich aus dem Depositum zu befriedigen, ist der Schuldner noch zu dessen Rücknahme berechtigt.[10] Erfolgt diese, so wird die Forderung gegen ihn wieder wirksam. Sie war also nur durch Exception gehemmt, so lange die Deposition dauerte.[11]

### § 62. Kompensation.[1] Geschichtliche Entwickelung.

Kompensation ist Tilgung von Gegenforderungen durch Aufrechnung.[2]

Die Kompensation vollzieht sich entweder mittels Vertrages, so daß sich beide Theile durch Abrechnung für befriedigt erklären,[3] oder durch einseitige Erklärung eines der Betheiligten.

Forderungsprätendenten gemäß C.P.O. § 72 deponirt hat; dann bedarf es der Anerkennung der konkurrirenden Prätendenten.

9) Die l. 19 C. de usuris 4, 32 von Diocletianus und Maximianus bestimmt im § 4: Creditori scilicet actione utili ad exactionem earum non adversus debitorem, nisi forte eas receperit, sed vel contra depositarium vel ipsas competente pecunias. Ueber die verschiedenen Auffassungen dieser actio utilis vgl. Ulrich a. a. O. S. 41. Die Klage ist dadurch begründet, daß der Schuldner die Deposition zu Gunsten des Gläubigers vornahm — vgl. oben § 18 — was nicht unvereinbar damit ist, daß er zugleich sein Interesse wahrte.

10) Das Recht des Schuldners, die deponirte Summe zurückzunehmen, wenn er einem Gläubiger gegenüber deponirt, der sie nicht annehmen will, ist in der Sache begründet und wird namentlich in der oben Anm. 9 abgedruckten l. 19 bezeugt. Diese Rücknahme steht folgerecht auch der Konkursmasse des Deponenten zu. Dagegen dürfte sie ausgeschlossen sein, wenn der Schuldner gegenüber mehreren Gläubigern, welche sich um die Forderung streiten, deponirte, wie namentlich im Falle des § 72 der C.P.O. Denn hier haben sich die Forderungsprätendenten indirekt bereit erklärt, das Deponirte anzunehmen.

11) Die l. 9 C. de solutionibus 8, 42 spricht von einer „liberatio" im Falle der „obsignatio" der geschuldeten Geldsummen. Hiernach wollen die meisten Schriftsteller der Deposition schlechthin tilgende Kraft beimessen. Vgl. aber Dernburg, Pfandrecht Bd. 2 S. 581, Ulrich a. a. O. S. 64. Tilgung ipso jure ist mit dem Rechte der Zurücknahme des Depositums unvereinbar, und unter Liberation kann auch Befreiung durch Exception verstanden sein.

1) Tit. Dig. de compensationibus 16, 2, Cod. 4, 31. Brinz, die L. von der Kompensation 1849 und in Bekkers Jahrbuch Bd. 1 n. 2 — 1857. Dernburg, Geschichte und Theorie der Kompensation 1. Aufl. 1854, 2. Aufl. 1868, dort siehe S. 5 die Litteratur bis 1868. Seitdem erschien Schwanert, die Kompensation nach römischem Rechte 1870 und Eisele, die Kompensation 1876, ferner Stampe, das Kompensationsverfahren im vorjustinianischen stricti juris judicium 1886, Lippmann, zur Lehre von der Kompensation in Jherings Jahrb. Bd. 32 n. 4.

2) Modestinus libro 6 pandectarum. l. 1 D. h. t. 16, 2: Compensatio est debiti et crediti inter se contributio.

3) Ueber den Kompensationsvertrag vgl. Dernburg a. a. O. § 71, Eisele S. 229, Römer, Abhandlungen S. 92. Hauptstellen sind l. 4 D. qui pot. 20, 4, l. 47 § 1 D. de pactis 2, 14. Die Aufhebung der Forderungen durch Kompensationsvertrag ist eine gegenseitig bedingte. Existirt daher die eine der Forderungen nicht, oder wird sie durch den Kompensationsvertrag nicht aufgehoben, weil ihrem Gläubiger die Legitimation zur Verfügung über sie fehlt, so besteht die ihr gegenüber zur Kompensation gestellte Forderung fort.

Die Kompensation ist nicht, wie man häufig behauptet, eine Unter=
art der Zahlung;[4] denn der Gläubiger erhält durch sie das Schuldobjekt
nicht. Aber sie ersetzt den Effekt gegenseitiger Zahlung. Um
deswillen entspricht sie der Zweckmäßigkeit und der Billigkeit.[5]

Dem älteren Rechte freilich war die einseitige Kompensation im
Allgemeinen fremd.[6] Nur in einigen besonderen, wichtigen Fällen wurde
auf einseitigen Antrag Kompensation im Prozeß vollzogen.

a) Die Bankiers — argentarii — erhielten gegen ihre Geschäfts=
freunde nur Klagen cum compensatione, d. h. auf den Ueberschuß ihrer
Forderungen über deren Schulden aus den Geschäften mit ihnen. Der
Wechsler, welcher den Abzug der Gegenforderungen nicht voll vornahm,
verlor Prozeß und Anspruch.

b) Der emtor bonorum mußte sich bei Einklagung der Ausstände,
welche zu der von ihm erstandenen Konkursmasse gehörten, Aufrechnung
— deductio — der Gegenforderungen der Konkursgläubiger an den
Gemeinschuldner gefallen lassen. Dies ohne Unterschied, ob es sich um
gleichartige und um fällige Gegenforderungen handelte oder nicht. Die
Konkursgläubiger sollten also nicht genöthigt sein, was sie ihrerseits
dem Gemeinschuldner schuldeten, voll zu zahlen und sich andrerseits für
ihre Gegenforderungen an denselben mit den vom bonorum emtor
versprochenen Prozenten zu begnügen.

Seit Ende der Republik nahm man an, daß es auch in anderen
Fällen dem Richter freistehe, Kompensation vorzunehmen. Zunächst
war dies der Fall bei den bonae fidei judicia, wenn Gegenforderungen
aus demselben Geschäfte geltend gemacht wurden, dann auch bei den
stricti juris judicia im Falle der Vorschützung einer exceptio doli.

Es war dies eine Freiheit des Richters, von der er nach
Befinden Gebrauch machen konnte oder auch nicht.[7]

Aber Mark Aurel schrieb vor, daß dem Richter in strictis judiciis

---

4) Nicht selten definirt man die Kompensation geradezu nach dem Vorgange von
Noodt ad Dig. h. t. — opera Tom. II — als „mutua solutio juris inter-
pretatione quasi per brevem manum facta". Vgl. hierüber Dernburg a. a. O. § 42.

5) l. 8 pr. D. de doli mali exceptione 44, 4, Paulus libro 6 ad Plautium:
Dolo facit, qui petit quod redditurus est.

6) Ueber die Geschichte der Kompensation bis Mark Aurel vgl. Gaj. Inst. IV
§§ 61 ff. Hierzu Dernburg a. a. O. § 5. Paul Chenevière, histoire de la com-
pensation jusques et y compris le rescrit de Marc-Aurèle, thèse, Lyon 1892.
Ueber Eisele S. 3 ff. siehe unten Anm. 7.

7) Meiner Darstellung der Geschichte der Kompensation — S. 67 ff. — liegt
der Gedanke zu Grunde, daß die Kompensation, von den Specialfällen des argentarius und bonorum emtor abgesehen, ursprünglich auf dem freien Ermessen
der Privatrichter beruhte, so daß sie sich erst im Laufe der klassischen Kaiserzeit
zum festen Rechte gestaltete. Dieser Grundgedanke hat seitdem eine bedeutungs=

obliege, im Falle der Einfügung einer exceptio doli mit den vom Beklagten vorgeschützten Gegenforderungen zu kompensiren.[8]

Fortan beruhte die Kompensation nicht mehr auf der „Libertät"
des Richters, sondern auf einer „Rechtsregel". Dies drückt die
sprüchwörtliche Redensart aus, die sich bildete „ipso jure compensari".[9]

In der Vorschützung der Kompensation liegt eine Exception.
Denn es handelt sich um ein Gegenrecht, welches dem Beklagten
zusteht und dessen Verwirklichung dadurch bedingt ist, daß er seinerseits
es geltend macht.[10]

Kaum irgendwo tritt also der Charakter eines Einwandes als einer
exceptio so bestimmt hervor, als bei der Kompensationseinrede.

Es ist eine eigenthümliche Verkettung, daß dies seit der Glossatoren-
zeit beharrlich verkannt wurde. Denn Viele nahmen an, daß sich die
Gegenforderungen mit ihrem Gegenübertreten ohne Weiteres, also sine
facto hominis, und in diesem Sinne ipso jure aufzehrten.[11] Andere

---

volle Bestätigung erhalten durch Studemunds Entzifferung des früher nur unvollständig lesbaren § 63 von Gaj. Inst. IV: Liberum est tamen judici
nullam omnino invicem compensationis rationem habere: nec
enim aperte formulae verbis praecipitur, sed quia id bonae fidei judiciis con-
veniens videtur, ideo officio ejus contineri creditur. Eisele a. a. O. S. 144
freilich verkündet: „Daß abgesehen von den singulären Kompensationen gegenüber
dem argentarius und dem bonorum emptor die Kompensation erst unter Mark
Aurel ein Rechtsinstitut geworden sei und vorher Alles im Belieben des Richters
gestanden habe, ist schon von Haus aus höchst unwahrscheinlich und durch die Ergebnisse der im ersten Kapitel geführten Untersuchungen hinlänglich widerlegt." Es
wird jedoch gerathen sein, dem Berichte von Gajus über das Recht seiner Zeit mehr
Gewicht beizulegen, als den Untersuchungen Eiseles.

8) § 30 I. de action. 4, 6 fährt, nachdem der Kompensation in den bonae
fidei judicia gedacht ist, fort: sed et in strictis judiciis ex rescripto divi Marci
opposita doli mali exceptione compensatio inducebatur. Die Kompensation
wurde seitdem auch in strictis judiciis der Art durchgeführt, daß der Richter die
Gegenforderungen auf die Klagsumme aufrechnete und dem Kläger um so viel
weniger zusprach, vgl. unter anderen l. 22 pr. D. de exceptionibus 44, 1 und des
weiteren meine Kompensation §§ 23 ff. Durch Eisele a. a. O. ist meine Ausführung
nach meiner Ansicht in keiner Weise widerlegt. Doch will ich nicht noch einmal
darauf eingehen. Ich verweise vielmehr insbesondere bezüglich der sententiae von
Paulus II. 5 § 3, welche Stelle bei Eisele eine Hauptrolle spielt, auf Stampe a. a. O.
S. 74 und insbesondere S. 94.

9) Die Stellen, welche das „ipso jure compensari" enthalten, sind: § 30 I.
de actionibus 4, 6; l. 4, l. 10 pr., l. 21 D. de compensationibus 16, 2, l. 4, l.
14 C. eod. 4, 31.

10) l. 2 D. h. t. 16, 2. Julianus libro 90 Digestorum: Unusquisque creditorem suum eundemque debitorem petentem summovet, si paratus est compensare.

11) Der Glossator Martinus verneinte, daß menschliche Thätigkeit zur Aufhebung der Gegenforderungen nothwendig sei. Wie die Konfusion ohne Weiteres
eintrete, wenn Debitor und Kreditor zu einer Person würden, so erfolge Aufhebung
der Gegenforderung, wenn der Schuldner Gläubiger seines Gläubigers werde. Vgl.

erklärten wenigstens, daß die Gegenforderungen sich für den Fall ihres
Vorschützens bereits mit ihrem Gegenübertreten aufhöben,
also „von selbst", aber doch nur in Folge „einer Anrufung".[12]

Erst die Erkenntniß der historischen Entwickelung machte es möglich,
solche scholastische Vorstellungen zu überwinden. Sie ergiebt, daß „ipso
jure compensari" nur bedeutet: der Richter kompensirt in Folge Rechts-
satzes und nicht nach freiem Befinden.[13] [14]

### § 63. Voraussetzungen der Kompensation.

Aufrechenbar — kompensabel — werden Forderungen unter folgenden Voraussetzungen:

---

Dernburg, Kompensation S. 284. Siehe dort auch, wie die Lehre des Martinus bis
in die neuere Zeit hinein Anhänger gefunden hat.

12) Die Ansicht des Glossators Azo war, daß die Kompensation von einer der
Parteien vorgeschützt werden müsse, worauf sie als von selbst mit der Koexistenz der
Gegenforderungen eingetreten zu betrachten sei. Vgl. Dernburg a. a. O. S. 284.
Die neuere deutsche Wissenschaft steht im Grunde noch immer überwiegend auf dem
Standpunkte des Azo. Siehe Dernburg a. a. O. S. 288 Anm. 1. Doch in den
Quellen ist von einem fingirten „ipso jure compensari" nicht die Rede. Unbedingt
und unbeschränkt wird das Rechtsaxiom ausgesprochen. Es ist willkürlich, dasselbe
in ein fingirtes ipso jure zu verwandeln. Dernburg a. a. O. S. 299, Vangerow
Bd. 3 § 618 Anm. 1 S. 361.

13) Dernburg, Kompensation S. 310. Diesen Ansichten schließt sich an Vangerow
a. a. O. Anm. 1 S. 362; vgl. auch Lenel, Ursprung und Wirkung der Exceptionen
1876 S. 139.

14) Brinz in Bekkers Jahrbuch Bd. 1 n. 2 erklärt „ipso jure compensari"
dahin, daß die Forderungen von selbst, d. h. sine facto hominis „gegenseitig aufge-
wogen werden", mit nichten aber, daß damit auch die Forderungen von selbst
„getilgt" seien. So gewinnt er den Lehrsatz: „wenn zwei Forderungen sich gegenüber stehen, tritt das Kompensationsrecht von selbst ein". Windscheid Bd. 2 § 349
ist nicht minder der Ansicht, der Satz bedeute, die Kompensationseinrede trete
von Rechtswegen ein, sie werde nicht erst durch Thätigkeit des Schuldners geschaffen, wenn er sich auf sie beruft. Dies ist aber bei jeder Exception der Fall,
warum es also für die Kompensationseinrede besonders hervorheben? Hierauf
erwidert freilich Windscheid, „die Veranlassung liege darin, daß bei der Kompensation der Entschluß des Schuldners, sie geltend zu machen, eine viel größere Rolle
spiele als bei anderen Einreden, weil die Geltendmachung der Einrede dem Schuldner
etwas koste, also der Schein entstehen könnte, als wenn durch das vom Schuldner
gebrachte Opfer die Einrede erst erzeugt würde." Dies ist aber schwerlich ausreichend. Auch bei vielen anderen Einreden wird etwas aufgegeben, z. B. der Anspruch des Käufers anf die Waare, wenn er sich der Klage auf den Kaufpreis gegenüber auf deren Mangelhaftigkeit beruft und deren Rückgabe anbietet. Doch Niemand
hielt es für nöthig, auszusprechen, daß dieses Einrederecht von Rechtswegen bestehe,
ehe man sich auf dasselbe beruft. Daß man sich beim Vorschützen von Einreden
auf ihr Vorhandensein stützt und sie nicht erst durch die Geltendmachung erschafft,
liegt doch auf der Hand. — Praktische Verschiedenheiten bestehen übrigens zwischen
der Ansicht von Brinz und Windscheid und der von mir und Vangerow vertretenen
nicht. Die verschiedenen Ansichten über das ipso jure compensari stellt zusammen
Windscheid a. a. O. Anm. 10.

1. Sie müssen gegenseitig sein, so daß der Gläubiger der einen Schuldner der anderen Obligation ist.[1]

2. Nur rechtsbeständige und durch peremptorische Exception nicht entkräftbare Forderungen sind aufrechenbar.[2] Natürliche Forderungen können genügen.[3]

3. Auch Gleichartigkeit der Gegenforderungen wird vorausgesetzt. Daher sind vorzugsweise aufrechenbar Forderungen auf Geld oder andere Fungibilien.[4]

Werden ursprünglich ungleichartige Forderungen nachträglich gleichartig, so tritt ihre Kompensabilität ein.[5]

4. Die Gegenforderungen müssen endlich fällig sein.[6]

Vom Momente der Kompensabilität an erhalten beide Theile das Recht auf Aufrechnung, also die Einrede der Kompensation.

Es giebt Fälle, in denen Dritte die einem Anderen erworbene Einrede der Kompensation geltend machen können, und solche, in denen die Kompensationseinrede anderen Personen als dem Gläubiger, gegen welchen sie erworben ist, entgegengesetzt werden kann.

a) Der Bürge kann mit den Gegenforderungen des Hauptschuldners

---

1) l. 9 C. h. t. Gordianus: Ejus quod non ei debetur, qui convenitur, sed alii compensatio fieri non potest. In der l. 18 § 1 D. h. t. 16, 2 erklärt Papinianus libro 3 responsorum: Creditor compensare non cogitur quod alii quam debitori suo debet, quamvis creditor ejus pro eo, qui convenitur ob debitum proprium, velit compensare. Doch dies hing mit der unvollkommenen Entwickelung der Cession zur Zeit Papinians zusammen. Im heutigen Rechte genügt zur Abtretung von Forderungen der auf die Uebereignung gerichtete Wille, und ein solcher ist in der Ueberlassung derselben zur Kompensation zu finden. Siehe Dernburg a. a. O. S. 388 und dort Citirte. Eisele verwirft umgekehrt auf Grund des Ausspruches Papinians auch eine ausdrückliche Cession, wenn sie den Zweck hat, daß der Cessionar mit ihr gegenüber einer Forderung des Cessus kompensire, und behauptet, daß ihr der Einwand der „Simulation" entgegenstehe. Von einer Simulation ist aber in diesem Falle keine Rede; eine Beschränkung der Cession in solchem Umfange ist dem Rechte ganz unbekannt. Nur verbietet die Konkursordnung § 48 Ziff. 3 die Kompensation mit Gegenforderungen, welche ein Schuldner eines Gemeinschuldners in Kenntniß der Zahlungseinstellung desselben oder des Antrages auf Konkurseröffnung erwarb, vorausgesetzt, daß die Konkurseröffnung in der Zeit von 6 Monaten vom Erwerbe der Forderung an geschah.

2) l. 14 D. h. t. 16, 2.

3) Vgl. oben § 4 Anm. 12. Eine Anwendung macht l. 20 § 2 D. de statu lib. 40, 7, eine Obligation zwischen einem Sklaven und dem Erben seines Herrn betreffend. Ueber neueres Recht vgl. Dernburg a. a. O. S. 472.

4) Dernburg S. 483, Eisele S. 315.

5) Auch dingliche Ansprüche werden unter dieser Voraussetzung kompensabel, l. 14 pr. C. h. t., § 30 J. de actionibus 4, 6, Dernburg a. a. O. S. 352.

6) l. 7 pr. D. h. t. 16, 2. Ulpianus libro 28 ad edictum: Quod in diem debetur, non compensabitur, antequam dies venit, quamquam dari oporteat. Dasselbe gilt für Stundungsverträge, wenn es sich nicht bloß um eine Gnadenfrist zur Beschaffung von Zahlungsmitteln handelt, vgl. l. 16 § 1 D. h. t.

kompensiren, da er befugt ift, die diesem zuftehenden Einreden geltend zu machen.[7]

b) Auch der Korrealschuldner darf mit Gegenforderungen seines Mitschuldners kompensiren, soweit dieser sein Gesellschafter ift und in Folge dessen zur Tilgung der Korrealschuld beizutragen hat.[8]

c) Der Cessus endlich kann auf die Forderung des Cessionars Gegenforderungen aufrechnen, welche ihm gegen den Cedenten zur Zeit der Denuntiation der Cession zuftanden.

Eine ftrengere Ansicht will Kompensation nur mit Gegenforderungen zulassen, die zur Zeit der Denuntiation bereits kompensabel waren. Aber die Erwägung, daß die einseitige Handlung des Gläubigers die Lage eines Schuldners nicht verschlechtern darf, führt weiter.

Dieser darf hiernach dem Cessionar auch diejenigen Gegenforderungen gegen den Cedenten entgegenstellen, welche ihm zur Zeit der Denuntiation der Cession zuftanden, die aber erst später fällig wurden. Dagegen ift er zur Aufrechnung von Gegenforderungen gegen den Cedenten nicht befugt, wenn sie erst später fällig wurden, als die cedirte Forderung. Denn es hieße den Vertragsbruch belohnen, wenn der Cessus die dem Cessionar übertragene Forderung dadurch unwirksam machen könnte, daß er deren Erfüllung so lange verzögerte, bis seine Gegenforderung an den Cedenten fällig würde, und dann kompensirte.[9][10]

Die Kompensation ift ausgeschlossen:

---

7) l. 5 D. h. t. 16, 2.

8) l. 10 D. de duobus reis 45, 2. Papinianus libro 37 quaestionum: Si duo rei promittendi socii non sint, non proderit alteri, quod stipulator alteri reo pecuniam debet. Vgl. unten § 73 Anm. 10. Analog ift anzunehmen, daß der Schuldner gegen einen Korrealgläubiger mit der Gegenforderung kompensiren kann, die ihm gegen den anderen Korrealgläubiger zusteht, wenn die beiden Gesell= schafter sind, Dernburg a. a. O. § 463. Doch sind die Meinungen getheilt, vgl. die bei Windscheid § 350 Anm. 20 Citirten.

9) Ueber die Kompensation im Falle der Cession siehe Dernburg a. a. O. S. 402, und außer den dort Citirten Eisele S. 305. Das R.G. Bd. 4 S. 255 und Bd. 11 S. 301 steht auf dem hier vertretenen Standpunkte, jedenfalls für das preußische Recht; es scheint auch für das gemeine Recht von demselben auszugehen, vgl. Bolze Praxis des R.G. Bd. 1 S. 97. Siehe übrigens auch Ohnsorge in Jherings Jahrb. Bd. 20 S. 295.

10) Es giebt Fälle, in denen aus einem synallagmatischen Kontrakte eine andere Person berechtigt, als verpflichtet ift. Dies benimmt dem Beklagten nicht die Be= fugniß der exceptio non adimpleti contractus, wie wenn der Kläger selbst der zur Gegenleistung Verpflichtete wäre. Die exceptio non adimpleti contractus aber muß auf eine Kompensation hinauslaufen, wenn die Forderungen beide in Geld be= stehen, z. B. weil der Anspruch des Käufers sich in einen solchen auf das Interesse umsetzt. In solchen Fällen tritt folgerecht auch eine Aufrechnung ein, trotzdem daß der Gläubiger der einen Forderung nicht der Schuldner der anderen ift. l. 19 D. h. t. 16, 2. Dernburg a. a. O. S. 372. Aehnliches kann auch in anderen Fällen des Retentionsrechtes vorkommen.

1. Im Falle des Verzichtes des Schuldners,[11]

2. gegenüber der Forderung auf Herausgabe deſſen, was der Schuldner durch ungerechtfertigte Eigenmacht an ſich nahm,[12]

3. gegenüber Forderungen auf Rückgabe eines Depoſitums; dies gilt auch bezüglich des depositum irregulare, bei welchem die Reſtitution nur in Sachen gleicher Art zu erfolgen hat,[13]

4. gegenüber Alimentenanſprüchen.[14]

5. In Folge fiskaliſchen Privilegiums iſt die Aufrechnung gegenüber Forderungen eines fiskaliſchen Departements mit Gegenforderungen an ein anderes Departement unzuläſſig.[15]

Auch ſollen gewiſſe Forderungen des Fiskus und der Städte der Kompenſation nicht unterliegen.[16]

Im Konkurſe tritt die Gerechtigkeit des Inſtitutes der Kompenſation beſonders hervor. Der Gläubiger des Gemeinſchuldners, welcher zugleich ſein Schuldner war, hat eine natürliche Deckung für ſeine Forderung in ſeiner Schuld. Es entſpricht daher der Billigkeit, daß er das Geſchuldete nicht zum Nutzen Aller in die Konkursmaſſe zahlen muß, ſondern auf ſeine Forderung aufrechnen, alſo gleichſam von der Maſſe ausſondern darf.

Deshalb wurde die Kompenſation im Konkurſe gegenüber den allgemeinen Grundſätzen erheblich erweitert und ähnlich geſtaltet, wie dies im vorjuſtinianiſchen Konkursrechte der Fall war.[17] Es wird nur erfordert, daß zwiſchen dem Konkursgläubiger und dem Gemeinſchuldner bereits vor der Konkurseröffnung gegenſeitige Forde-

---

11) Ob in dem Verſprechen „baar" zu zahlen — z. B. einem Schriftſteller ſofort nach Ablieferung des Manuſcriptes — ein Verzicht auf die Kompenſationseinrede liegt, iſt nach den Umſtänden des Falles zu beurtheilen.

12) l. 14 § 2 C. h. t. 4, 31. Wiſſentlich unredliches Handeln wird nicht vorausgeſetzt, jede objektiv widerrechtliche Selbſthülfe genügt. Dernburg a. a. O. S. 511. Vgl. R.G. Bd. 19 S. 237, Seuff. Arch. Bd. 48 n. 19.

13) l. 11 C. depositi 4, 34, l. 14 § 1 in fine C. h. t. 4, 31, § 30 I. de actionibus 4, 6. Siehe unten § 93. Dernburg a. a. O. S. 514, Eiſele S. 351 ſpricht dieſer Ausnahme aus unzureichenden Gründen die praktiſche Bedeutung ab. Vgl. hiergegen R.G. Bd. 12 S. 89. Das R.G. erkennt auch die Ausſchließung der Kompenſationseinrede bei depositum irregulare an.

14) Vgl. Dernburg a. a. O. S. 519. Die Kompenſation iſt auch gegenüber mittelbaren Alimentationsanſprüchen ausgeſchloſſen, bezüglich rückſtändiger Alimente freilich nur, wenn der Ertrag noch dem Zwecke der Alimentation dienſtbar ſein kann. Ueber Penſionsanſprüche vgl. R.G. Bd. 21 S. 186.

15) l. 1 C. h. t. 4, 31.

16) l. 20 D. h. t. 16, 2, l. 3, l. 7 C. h. t. 4, 31, l. 46 § 5 D. de jure fisci 49, 14. Dernburg a. a. O. S. 524, Eiſele S. 349.

17) K.O. §§ 45 ff., Scrutta-Rechtenſtamm, die Kompenſation im Konkurſe 1881, Kohler, Konkursrecht S. 123.

rungen bestanden. Es kommt nichts darauf an, ob sie zur Zeit
der Konkurseröffnung fällig und ob sie gleichartig waren. Auch bedingte
Gegenforderungen berechtigen zur Kompensation; zwar muß die fällige
Schuld zur Masse bezahlt werden, aber nur gegen Sicherstellung der
Rückzahlung für den Fall des Eintrittes der Bedingung.

### § 64. Geltendmachung, Wirkungen der Kompensation.

1. Die Kompensation vollzieht sich mit der Erklärung des einen
Theils an den anderen.[1] Meist wird sie im Prozeß vom Beklagten ein=
redeweise vorgeschützt.

2. Erwächst dem Schuldner eine kompensable Gegenforderung, so
kann er die Kompensation auf Grund derselben auch noch vorschützen,
wenn der Gläubiger zu einer Zeit klagt, wo sie verjährt ist. Denn
die einmal begründete Kompensationseinrede wird durch die Verjährung
der Klage nicht berührt.[2]

3. Der Beklagte, der mehrere Gegenforderungen hat, kann in der
Regel diejenige, welche er will, beliebig zur Kompensation bringen.
Stehen dem Gläubiger mehrere Forderungen zu, so kann er dem
Schuldner gegenüber erklären, welche er zur Kompensation mit dessen
Forderung bestimmt.[3] Dies ist maßgebend. Klagt der Gläubiger aber
eine seiner Forderungen ein, ohne daß er eine derartige Bestimmung,
sei es vor der Klage oder in der Klage, getroffen hat, so ist der Schuldner
befugt, auf die Klageforderung zu kompensiren. Kläger giebt, indem er
die eine der Forderungen einklagt, zu erkennen, daß er auf sie hin zu=
nächst befriedigt sein will, und er muß sich gefallen lassen, daß sich die
Befriedigung durch Kompensation vollzieht. Eine Replik der Kompen=
sation, wodurch der Gläubiger die vom Schuldner zur Kompensation
gestellte Gegenforderung auf eine andere seiner Forderungen zur Auf=
rechnung bringt, ist also nur zulässig, wenn er diese Aufrechnung im
voraus als seinen Willen erklärt hat. Immerhin kann jeder Theil
fordern, daß konnexe Forderungen, insbesondere solche aus demselben
Geschäfte, vor nichtkonnexen mit einander aufgerechnet werden.[4]

---

1) Vollzieht erst der Richter die Kompensation auf Grund des Antrags einer
Prozeßpartei, wovon das römische Recht ausging, oder vollzieht sie sich schon durch
einseitige Erklärung einer der Parteien an den Gegner? Das Letztere
entspricht dem Gang der modernen Rechtsentwickelung. So R.G. Bd. 11 S. 119,
Ohnsorge in Jherings Jahrb. Bd. 20 S. 285. Vgl. jedoch auch Lippmann in Jherings
Jahrb. Bd. 32 S. 157.

2) Vgl. Dernburg a. a. O. S. 472. Es ist dies herrschende Ansicht, die auch
das R.G. angenommen hat Bolze, Praxis des R.G. Bd. 1 S. 88.

3) Vgl. l. 5 D. h. t. 16, 2.

4. So billig die Kompensation ist, so hat sie doch schwere prozessualische Schattenseiten. Sie ermöglicht dem Schuldner, seine Verurtheilung aus klaren Klagegründen durch Vorbringen zweifelhafter, angeblicher Gegenforderungen hinauszuziehen.

Deshalb gab Justinian den Richtern die Befugniß, illiquide Kompensationseinreden, wenn die Klage zur Endentscheidung reif war, zu besonderer Verhandlung zu verweisen und den Beklagten nach dem Klageantrage vorläufig zu verurtheilen. Liquid sind Ansprüche, deren Existenz durch rechtskräftiges Urtheil, gerichtliches Geständniß oder öffentliche Urkunden festgestellt ist. Ihnen stehen die unmittelbar liquidablen gleich, die voraussichtlich innerhalb kurzer Frist, oder mindestens ehe die Klage zur Endentscheidung reif ist, liquid gemacht werden können.[5]

Diese Bestimmungen Justinians sind durch andere der C.P.O. ersetzt.[6] Diese verstattet:

a) die Verweisung der Kompensationseinreden aus nichtkonnexen Forderungen zu besonderer Verhandlung in einem getrennten Prozesse, und

b) ein Theilurtheil über die Klageforderung unter Trennung der Verhandlung über die Kompensationseinrede, wenn es sich um nichtkonnexe Gegenforderungen handelt.

---

4) Diese Frage gehört zu den bestrittensten. Vgl. Dernburg a. a. O. S. 549, Eisele S. 365, Windscheid Bd. 2 § 349 Anm. 21 ff. Zu ihrer Beantwortung fehlt es an jedem Anhalt in den Quellen. Die principiellen Erwägungen, die man für die eine oder die andere der verschiedenen Ansichten geltend macht, haben eine zwingende Ueberzeugungskraft nicht. Es erscheint daher entsprechend, sich der Praxis der Reichsgerichte anzuschließen, welche zu den in unserem Texte formulirten Sätzen gelangte. Vgl. R.O.H.G. Bd. 7 S. 367, Bd. 12 S. 389, Bd. 19 S. 76 und dort citirte Entscheidungen; Bolze, Praxis des R.G. Bd. 1 S. 89 n. 413. Vgl. auch R.G. in Seuff. A. Bd. 48 n. 253, Zeitschr. f. Verw. u. Rspfl. in Oldenbg. Bd. 19 S. 208.

5) l. 14 § 1 C. h. t. 4, 31: Ita tamen compensationes. obici jubemus, si causa ex qua compensatur liquida sit et non multis ambagibus innodata, sed possit judici facilem exitum sui praestare. satis enim miserabile est post multa variaque certamina, cum res jam fuerit approbata, tunc ex altera parte, quae jam paene convicta est, opponi compensationem jam certo et indubitato debito et moratoriis ambagibus spem condemnationis excludi. hoc itaque judices observent et non procliviores in admittendas compensationes existant nec molli animo eas suscipiant, sed stricto jure utentes, si invenerint eas majorem et ampliorem exposcere indaginem, eas quidem alii judicio reservent, litem autem pristinam jam paene expeditam sententia terminali componant. Ueber die verschiedenen Auslegungen dieses Gesetzes und die gemeinrechtliche Entwickelung vgl. Dernburg a. a. O. S. 554, Hasse im Archiv für civilistische Praxis Bd. 7 n. 9. Hasse führte aus, daß Liquidität nicht bei Ansprüchen ex eadem causa verlangt werde. Dies hatte zwar keine Begründung im Rechte Justinians, gewann aber Einfluß auf die Gesetzgebung.

6) C.P.O. § 136 und § 274. Die Litteratur siehe bei Seuffert, C.P.O. § 136. Vgl. ferner Petersen, Ztschrift für Civilprozeß Bd. 19 S. 114 ff.

Das Gesetz stellt diese Anordnungen dem Ermessen des Richters
anheim. Es ist aber selbstverständlich, daß der Richter zu denselben nur
schreitet, wenn entweder die Verbindung der Verhandlung über Forderung
und Gegenforderung zur Verwirrung führen oder eine ungebührliche
Prozeßverzögerung bewirken würde.

Die C.P.O. giebt nur prozessualische Vorschriften. Das materielle
Kompensationsrecht bleibt unberührt. Wird die Kompen=
sationseinrede daher später als begründet erklärt, so ist der Kläger
zur Erstattung alles dessen zu verurtheilen, was er in Folge der Nicht=
berücksichtigung der Kompensation in dem vorher ergangenen Theilurtheil
über Gebühr zugesprochen erhielt.[7]

Die Kompensationseinrede wirkt, wie jede Exception, im Falle ihres
Vorschützens befreiend von dem Augenblicke an, in welchem ihre ob=
jektiven Voraussetzungen vorhanden waren. Wird also die
Kompensation beantragt und kommt sie zur richterlichen Anerkennung,

---

7) Die Ansichten der Prozessualisten über die Tragweite der Bestimmungen der
C.P.O. sind sehr getheilt. Viele nehmen an, daß sie in das Kompensationsrecht
materiell eingreifen. Am weitesten geht hierin Seuffert, Kommentar a. a. O. Nach
ihm bewirkt das „Theilurtheil“, daß die Kompensationseinrede völlig erledigt ist.
„Dem verurtheilten Beklagten bleibt,“ sagt er, „überlassen, bezüglich der Gegenforderung
eine besondere, nach den allgemeinen Regeln zu erhebende Klage anhängig zu machen.
Für diese Klage gelten die allgemeinen Zuständigkeitsregeln. Im neuen Prozeß sind
die Parteirollen umgewechselt. Die Klage bewirkt, wenn sie begründet ist, Ver=
urtheilung des Beklagten zur Zahlung, nicht einen nachträglichen Ausspruch über
Kompensation“. Wir können dies nicht einmal mit den Worten der C.P.O. ver=
einigen. Denn das Urtheil über die Klage wäre dann kein Theilurtheil, sondern
eine Entscheidung, welche die Kompensationseinrede definitiv zurückwiese. Daß der
frühere Beklagte, ohne den Einwand der Rechtskraft fürchten zu müssen, den Anspruch,
welchen er vergeblich zur Kompensation zu bringen suchte, zur Begründung einer
neuen Klage verwenden könnte, macht das „Endurtheil“ nicht zum „Theilurtheil“.
Aber auch hiervon abgesehen kann das materielle Recht nicht als durch die verfäng=
lichen glatten Formulirungen der C.P.O. geschädigt gelten. Vielmehr sind die
Proceßurformen so auszubilden, daß sie dem materiellen Rechte dienen. Es wird
daher dabei bleiben müssen, daß den Gegenstand des getrennten Prozesses die Kom=
pensationseinrede bildet, eine Art Nachprozeß mit unveränderter Parteistellung
über die vorbehaltene Vertheidigung, ähnlich dem Urkundenprozesse. Das Gegentheil
wäre ein ungeheurer Rückschritt. Seuffert selbst wird es bei seiner Auffassung schwül.
Er bemerkt: „Wird die Kompensationseinrede auf eine Gegenforderung nicht gegen
den Kläger, sondern gegen einen Dritten gestützt, z. B. der vom Cessionar verklagte
debitor cessus stützt seine Kompensationseinrede auf eine vor der Cession entstandene
Forderung gegen den Cedenten, oder wird die Forderung eines Dritten compensando
geltend gemacht, z. B. der Bürge macht die Gegenforderung des Hauptschuldners
geltend, so würde die Trennung der Verhandlung dahin führen, daß die Gegen=
forderung gegen den Kläger überhaupt nicht geltend gemacht werden könnte. Darin
läge ein so starker Eingriff in das materielle Recht, daß man die Trennung als un=
zulässig oder doch als nicht angezeigt halten muß.“ Damit würde man aber den
Intentionen der C.P.O., welche der Prozeßverschleppung begegnen will, nicht gerecht.
Die vereinigten Civilsenate des R.G. — Bd. 31 S. 1 — haben nunmehr entschieden:
durch ein nach § 274 C.P.O. ergehendes Theilurtheil werde der Prozeß nicht end=
gültig erledigt, dasselbe sei als Urtheil unter Vorbehalt der Aufrechnung anzusehen,
§§ 502 Abs. 3, 503, §§ 562 Abs. 8, 563 C.P.O. seien entsprechend anzuwenden.

so ist nicht der Zeitpunkt des richterlichen Urtheils zu Grunde zu legen, sondern der Augenblick, in welchem sich die Gegenforde=rungen kompensabel gegenübertraten.

Hieraus folgt:

1. Im Falle der Aufrechnung werden Zinsen von den sich gegen=überstehenden Forderungen seit dieser Zeit nicht mehr berechnet.[8]

2. Zahlt der Schuldner, ohne zu wissen, daß ihm eine Gegen=forderung und ein Kompensationsrecht zustehe, so ist er nicht darauf beschränkt, seine Gegenforderung einzuklagen. Er ist vielmehr auch be=rechtigt, das Gezahlte mit einer condictio indebiti zurückzufordern;[9] denn er hat gezahlt, was er zu zahlen nicht verpflichtet war, weil ihm eine Einrede gegen die Forderung zur Seite stand.

3. Nach denselben Grundsätzen hört mit der Existenz der Gegen=forderung der Verzug mit seinen Nachtheilen auf.[10]

### III. Erlaßverträge.

### § 65. Freiwilliger Erlaßvertrag.[1]

1. Forderungen gehen unter durch Erlaß, wenn der Gläubiger den Willen erklärt, auf sie zu verzichten, und der Schuldner den Verzicht annimmt.[2]

2. In Rom geschah der Schulderlaß in der Regel in der Form der Acceptilation.[3] Doch konnte dieselbe durch das formlose pactum de non petendo ersetzt werden, da aus demselben dem Schuldner gegenüber der Klage die exceptio pacti de non petendo erwuchs.

3. Nach gemeinem Rechte genügt die formlose Erklärung zur Auf=hebung der Obligation, wie sie zu deren Begründung ausreicht.[4]

---

8) l. 11 D. h. t. 16, 2, l. 4 C. h. t. 4, 31, l. 7 C. de solutionibus 8, 42.

9) l. 10 § 1 D. h. t. 16, 2.

10) Vgl. Dernburg a. a. O. S. 589, Windscheid Bd. 2 § 349 Anm. 7. Dort sind die Differentien citirt.

1) Völberndorff, zur Lehre vom Erlaß 1850; Scheurl, Beiträge Bd. 2 n. 14; Unger a. a. O. S. 560. Altmann, der Erlaßvertrag 1891, Meißels, zur Lehre vom Verzichte in Grünhuts Zeitschr. Bd. 18 n. 9.

2) l. 91 D. de solutionibus 46, 3.

3) Oben § 54.

4) Der Erlaß ist keine Acceptilation, sowenig wie der obligatorische Vertrag, welcher derzeit formlos Forderungen begründet, Stipulation ist, vgl. oben § 54 Anm. 6. Der Erlaß ist vielmehr eine dem formlosen obligatorischen Vertrage ent=sprechende Rechtsbildung des gemeinen Rechtes. Keinesfalls ist er mit dem römischen pactum de non petendo zu identificiren, welches nur eine exceptio erzeugte, übrigens nicht minder Stundung wie Erlaß herbeiführen konnte. Vgl. jedoch Bangerow Bd. 3 § 621 Anm. 1, aber auch Windscheid Bd. 2 § 357 Anm. 9.

Der Erlaß tilgt in der Regel die Obligation vollständig.

Natürlich kann er aber auch bloß auf gewisse Personen beschränkt bleiben oder von Bedingungen abhängig gemacht sein.

Wird nur zeitweise auf die Geltendmachung der Forderung verzichtet, so ist dies kein Erlaß, sondern Stundung.

Der Erlaß kann behufs einer Schenkung geschehen. Dies ist aber keineswegs nothwendig. Man erläßt z. B. einen Theil einer Forderung, um sich die Zahlung des anderen Theiles zu sichern, oder aus „geschäftlicher Coulanz“. Dann fehlt der zur Schenkung erforderte animus donandi, d. h. die Absicht der Freigebigkeit.

### § 66. Zwangserlaß. Akkord.

1. Unter Zwangserlaß versteht man einen Forderungserlaß, welcher durch die Mehrheit der Gläubiger eines Schuldners unter gerichtlicher Autorität geschlossen wird und der auch die Minderheit bindet.

2. In Rom kam ein Zwangserlaß nur vor, um dem Erben den Antritt einer verschuldeten Erbschaft zu ermöglichen.[1][2] Gemeinrechtlich ließ man aber derartigen Zwang in allen Fällen der Vermögensunzulänglichkeit des Schuldners behufs Abwendung des Konkurses zu.[3]

3. Die K.O.[4] kennt keinen Zwangserlaß vor der Eröffnung des Konkurses zu seiner Abwendung, wohl aber Zwangsvergleich — Akkord — nach Eröffnung des Konkurses und nach Abhaltung des allgemeinen Prüfungstermines über die Konkursforderungen behufs Beendigung des Konkurses. Der Akkord besteht meist in einem theilweisen Schulderlasse, doch kann er auch bloße Stundung bezwecken. Im Fall betrüglichen Bankerotts ist er unzulässig.

Der Akkord wird zwischen dem Gemeinschuldner und seinen nicht bevorrechteten Konkursgläubigern verhandelt und geschlossen. Er fordert:

a) die Mehrheit der im Vergleichstermine anwesenden Gläubiger,

b) daß die Forderungen der Mehrheit mindestens ¾ der Gesammtsumme der zum Stimmen berechtigenden Forderungen ausmachen.

Er bedarf gerichtlicher Bestätigung, welche auf Antrag eines be-

---

1) l. 7 § 17, l. 10 D. de pactis 2, 14, vgl. l. 54 § 1 D. de manumiss. testament. 40, 4, l. 58 § 1 D. mandati 17, 1.

2) Außerdem kannte das justinianische Recht einen Zwang der Mehrheit der Gläubiger gegen die Minderheit zur Ertheilung einer Stundung — eines s. g. Moratoriums — zu Gunsten des Schuldners, l. 8 C. qui bonis cedere possunt 7, 71.

3) Ueber die Geschichte dieses Gewohnheitsrechtes vgl. Fuchs, das Konkursverfahren 1863 S. 83 ff.

4) K.O. §§ 160 ff.

theiligten Konkursgläubigers zu versagen ist, falls der Akkord in un=
lauterer Weise zu Stande gebracht ist oder dem gemeinsamen Interesse
der Konkursgläubiger widerspricht.

Der Akkord bindet auch die überstimmten und die abwesenden
Gläubiger, muß aber Allen gleiche Rechte gewähren.

### IV. Andere Tilgungsgründe.

### § 67. Wegfall des Subjektes.

1. Die Obligationen gehen in der Regel auf die Erben des Gläubigers
wie auf die Erben des Schuldners über.[1]

Auch wenn der Gläubiger oder der Schuldner verstirbt, ohne Erben
zu finden, verschwinden sie nicht ohne Weiteres. Sie bleiben vielmehr
Aktiven und Passiven des Nachlasses, beziehungsweise der Konkursmasse,
wenn der Konkurs über den Nachlaß eröffnet wird.

2. Gewisse Forderungen sind jedoch nach gesetzlicher Regel oder be=
sonderen Verträgen höchstpersönlich, so daß sie mit dem Tode des
Gläubigers oder mit dem des Schuldners untergehen. Dies sind be=
sondere Fälle.[2]

3. Die Obligationen erlöschen ferner durch Konfusion, d. h. da=
durch, daß sich Forderungen und Schulden in derselben
Person vereinigen.[3] Denn Niemand kann sein eigener Schuldner
sein.[4] Der Hauptfall der Konfusion ist die Beerbung des Gläubigers

---

1) l. 37 D. de adquir. vel omittenda her. 29, 2 ... et ea quae in nominibus
sint, ad heredem transeant.

2) Die einzelnen Fälle der Unvererblichkeit der Obligationen werden zweckmäßiger
im Erbrechte angeführt, als an diesem Orte, vgl. unten Bd. 3 § 169.

3) Etwas schwülstig führt Modestinus libro 8 regularum l. 75 D. de solutionibus 46, 3 aus: Sicut acceptilatio in eum diem praecedentes peremit
actiones, ita et confusio: nam si debitor heres creditori exstiterit confusio
hereditatis peremit petitionis actionem. Vgl. Girtanner, Bürgschaft S. 504;
Kuntze, die Obligation S. 217; Fitting, die Korrealobligation S. 103; Baron, Ge=
sammtrechtsverhältnisse S. 335; Friedmann, die Wirkungen der confusio, Greifs=
walder Dissert. 1884. Ueber l. 21 § 5 D. de fidejuss. et mand. 46, 1 siehe
Brunetti im archiv. giurid. Bd. 48 S. 135.

4) Es liegt nicht fern, — wie Baron a. a. O. thut — den Hergang der Kon=
fusion so zu denken, daß dem Schuldner die Succession in die Gläubigerstellung und
dem Gläubiger die in die Schuldnerstellung unmöglich sei, und daß die Obligation
um deswillen erlösche. Doch ist dies nicht die römische Auffassung. Vielmehr suc-
cedirt hiernach der Gläubiger in die eigene Schuld und der Schuldner erwirbt die
Forderung gegen sich selbst; doch geschieht dies nur momentan, denn mit dem Zu=
sammentreffen der Gläubiger= und Schuldnerstellung in einer Person erlischt die
Obligation. Schon der Ausdruck „confusio" beweist, daß sich die Römer die Sache
so vorstellten, hiefür spricht auch l. 7 § 1 D. de stipulatione servorum 45, 3 vgl.
Windscheid Bd. 2 § 352. Damit allein gewinnen wir praktische Ergebnisse. Nach

durch den Schuldner oder des Schuldners durch den Gläubiger.⁵ Es ist dies aber nicht der einzige Fall. Insbesondere tritt auch Konfusion der Forderung ein in Folge der Cession derselben an den Schuldner.⁶

Der Gläubiger hat im Falle der Konfusion den Werth der Forderung in sich selbst. Um deswillen wird die Konfusion in den Quellen vielfach der Zahlung gleichgestellt. Diese Gleichstellung hat auch praktische Folgen, aber sie ist keineswegs eine durchgreifende.⁷

## § 68. Unmöglichwerden der Leistung.¹

1. Die Obligation erlischt, wenn die Leistung des Geschuldeten ob=
jektiv, sei es thatsächlich oder rechtlich, unmöglich wird.²

___

der Gegenansicht wäre die Cession einer Forderung an einen Schuldner unmög=
lich, die Forderung bliebe also beim Cedenten, was wenig zweckmäßig wäre. Nach
der richtigen Ansicht ist solche Cession gültig, verwirklicht sich in der Person des
Cessionars und führt zur Tilgung der Obligation durch Konfusion.

5) Wird der Gläubiger durch seinen Schuldner zu einem Theile oder der
Schuldner durch seinen Gläubiger zum Theile beerbt, so tritt die Konfusion nur
zum entsprechenden Theile ein, l. 1 C. de actionibus hereditariis 4, 16. Gordianus:
Pecuniam, quam tibi a matre debitam fuisse dicis, ab heredibus ejus coheredibus
tuis pro parte tibi competenti petere debes.

6) Wird der Erwerb wieder aufgehoben, so ergiebt sich hinterher, daß die Kon=
fusion nur eine scheinbare war, und es bleibt die Forderung bestehen. So ist es
beispielsweise im Falle der Rescission des Testaments und des Erbschaftserwerbes
durch die querella inofficiosi testamenti, l. 21 § 2 D. de inofficioso testamento
5, 2. Ganz anders, wenn der Erbe die Erbschaft nach der Konfusion verkauft. Die
konfundirte Forderung lebt dann keineswegs wieder von selbst auf. Aber freilich
kann der Erbe vom Käufer mit der actio venditi Zahlung des Betrages seiner
untergegangenen Forderung an den Erblasser beanspruchen, und es kann ihm umge=
kehrt vom Käufer der Betrag einer durch Konfusion untergegangenen Forderung des
Erblassers an ihn in Rechnung gestellt werden. Denn im Falle des Verkaufes einer
Erbschaft soll der Verkäufer kontraktmäßig in die Lage gebracht werden, wie wenn
nicht er, sondern der Käufer der Erbe geworden wäre. Vgl. l. 2 § 18 D. de her.
vel act. vend. 18, 4, l. 20 D. eod.

7) Einen besonders scharfen Ausdruck wählt Papinianus libro 37 quaestionum,
l. 50 D. de fidejussoribus 46, 1: Debitori creditor pro parte heres extitit
accepto coherede fidejussore: quod ad ipsius quidem portionem attinet, obligatio
ratione confusionis intercidit aut — quod est verius — solutionis potestate:
sed pro parte coheredis obligatio salva est, non fidejussoria sed hereditaria,
quoniam major tollit minorem. In anderen Stellen jedoch wird die confusio nur
der solutio gleichgestellt, l. 21 § 1 D. de liberat. leg. 34, 3 . . . confusione perinde
exstinguitur obligatio ac solutione, ferner l. 71 pr. D. de fidejussoribus 46, 1.
Gerade die letztere Stelle, auf die noch zurückzukommen ist, ergiebt, daß die Gleich=
stellung der solutio und der confusio keine durchgreifende ist. Daher ist es nicht
richtig, wenn Girtanner, Bürgschaft S. 504, die Konfusion als eine vom Rechte
fingirte Selbstbefriedigung auffaßt. Dies kann auch aus der l. 41 § 2 D. de
evictionibus 21, 2 nicht gefolgert werden. Vgl. Windscheid Bd. 2 § 352 Anm. 4.

1) Mommsen, Beiträge Bd. 1 S. 228; Hartmann, Obligation S. 222; Brinz,
Bd. 2 S. 312.

2) Vgl. oben § 16. Bloß zeitweise Unmöglichkeit hat an sich nur aufschiebende
Wirkung. Sie steht aber dauernder Unmöglichkeit gleich, wenn der Zweck der Obli=

Doch erhält sie sich auch in diesem Falle in Gestalt eines Anspruches auf Gelderfatz, wenn der Schuldner durch Handlungen, die er zu vertreten hat, die Unmöglichkeit verursachte,[3] oder wenn er in Verzug war. Auch hat er eine etwaige Bereicherung zu erstatten, welche ihm das die Unmöglichkeit bewirkende Ereigniß zuführte.[4]

Der Untergang der Obligation tritt nicht minder ein, wenn Hindernisse in der Person des Gläubigers die Leistung unmöglich machten.

Ob und wieweit der Schuldner durch unverschuldete, in seiner Person oder seinen Verhältnissen liegende Unmöglichkeit befreit wird, läßt sich nicht für alle Obligationen gleichmäßig beantworten. Es hängt dies davon ab, ob er in der bezüglichen Richtung nur für Verschuldung einsteht, oder in höherem Maße verpflichtet ist. Wer z. B. die Sache eines Dritten verkauft hat, wird nicht dadurch befreit, daß es ihm unmöglich wird, die Sache, welche er zu erstehen hoffte, zu erwerben.[5]

2. Hauptfälle befreiender Unmöglichkeit der Leistung sind:

a) Untergang der geschuldeten speciellen Sache;[6] dem Untergange steht gleich, wenn sie aus dem Verkehre tritt; ist die Sache nicht für immer zerstört, vielmehr wiederherstellbar, so erlischt die Obligation nicht.[7]

b) Unmöglich wird auch die Uebereignung einer speciellen Sache, wenn sie dem Gläubiger auf anderem Wege zu eigen wurde.[8]

---

gation durch sie völlig vereitelt wird. Auch theilweise Unmöglichkeit kann, wenn durch sie der Vertragszweck völlig verfehlt wird, wie Erlaß wirken.

3) Vgl. Bolze im Archiv f. civ. Praxis Bd. 74 S. 102.

4) l. 35 § 4 D. de contr. empt. 18, 1, l. 14 D. de periculo et commodo 18, 6. Vgl. Mommsen a. a. O. S. 297. Auf Versicherungsgelder bezieht sich dies an und für sich nicht.

5) Vgl. l. 9 pr. D. locati 19, 2. Ulpianus libro 32 ad edictum: Si quis domum bona fide emptam vel fundum locaverit mihi, isque sit evictus sine dolo malo culpaque ejus, Pomponis ait, nihilo minus eum teneri ex conducto ei, qui conduxit ut ei praestatur frui, quod conduxit, licere.

6) Die Römer nennen einen durch Zufall eintretenden, die Sache treffenden „Unfall" vorzugsweise casus, vgl. l. 23 D. de R. I. 50, 17. Siehe insbesondere Brinz a. a. O. S. 312. Der casus kann nicht bloß in dem Untergange, sondern auch in Beschädigung der geschuldeten Sache liegen. Auf „casus" beschränkt sich aber die Befreiung wegen Unmöglichkeit der Leistung nicht, wie dies Manche, z. B. Brinz a. a. O., annehmen. Siehe unten Anm. 8.

7) l. 98 § 8 D. de solutionibus 46, 3. Vgl. Mommsen a. a. O. S. 294 und dort Citirte; siehe aber auch Hartmann a. a. O. S. 225 Anm. 2.

8) Daß hierin ein Fall des Unterganges der Obligation wegen Unmöglichkeit der Leistung liege, verneint Hartmann a. a. O. S. 7 ff. Doch wird dies unseres Ermessens bewiesen durch l. 16 pr. D. de verb. obl. 45, 1. Pomponius libro 6 ad Sabinum: Si Stichum aut Pamphilum mihi debeas et alter ex eis meus factus sit ex aliqua causa, reliquum debetur mihi a te. Offenbar nimmt der

Hat der Gläubiger indessen für den Erwerb der Sache Auslagen gemacht, so kann er vom Schuldner Ersatz derselben wenigstens insoweit fordern, als derselbe durch sie bereichert ist.[9]

Absoluter Befreiungsgrund ist dagegen der s. g. „concursus duarum causarum lucrativarum", wenn nämlich der Gläubiger, dem eine Sache auf Grund eines liberalen Titels geschuldet wird, dieselbe auf einen anderen liberalen Titel hin erwirbt.[10][11] Die Sache selbst kann ihm dann nicht mehr übereignet werden, weil er sie bereits zu eigen hat, und Ersatz ist ihm nicht zu leisten, weil er nichts für sie ausgelegt hat.

3. Was die gegenseitigen Verträge angeht, so erlischt mit der Unmöglichkeit der Erfüllung seitens des Vermiethers auch die Verpflichtung des Miethers. Dagegen erhält sich in anderen Fällen der Anspruch des Theiles, dessen Gegenverpflichtung zufälligerweise untergeht. Dies ist wenigstens die Regel beim Verkaufe.[12]

---

Jurist an, daß die Obligation auf dasjenige der Objekte untergehe, welches dem Gläubiger zu eigen wird. Und weswegen anders, als wegen der Unmöglichkeit der Leistung?

9) l. 61 D. de solutionibus 46, 3. Ulpianus libro 5 ad Plautium: In perpetuum quotiens id, quod tibi debeam ad te pervenit et tibi nihil absit, nec quod solutum est, repeti possit, competit liberatio. Vgl. Paulli sent. II 17. § 8. Fundum alienum mihi vendidisti: postea idem ex causa lucrativa meus factus est; competet mihi adversus te ad pretium recuperandum actio ex empto l. 84 § 5 D. de leg. I, Mommsen a. a. O. Bd. 1 S. 260.

10) Ueber den Untergang durch s. g. „concursus duarum causarum lucrativarum" vgl. Mommsen a. a. O. S. 252; Hartmann a. a. O. S. 3; Karl Schmidt, Erklärung der Rechtsregel über das Zusammentreffen zweier causae lucrativae in Jherings Jahrbüchern Bd. 20 n. 9. Dort findet sich S. 411 Anm. 2 die ältere Litteratur zusammengestellt. Vgl. auch Salkowski, Fortf. v. Glück, Bd. 49 S. 122.

11) Die Regel formulirt allgemein l. 17 D. de obl. et act. 44, 7. Julianus libro 33 Digestorum: Omnes debitores, qui speciem ex causa lucrativa debent, liberantur, cum ea species ex causa lucrativa ad creditores pervenisset. Vgl. l. 108 § 4 D. de leg. I. Africanus libro 5 quaestionum: Stichum, quem de te stipulatus eram, Titius a te herede mihi legavit: si quidem non ex lucrativa causa stipulatio intercessit, utile legatum esse placebat, sin e duabus tunc magis placet inutile esse legatum, quia nec absit quicquam nec bis eadem res praestari possit. Windscheid führt Bd. 2 § 343a Anm. 6 aus, daß die Auffassung, wonach der Untergang der Obligation im Falle des concursus der lucrativae causae auf der Unmöglichkeit der Leistung beruhe, den Quellen widerspreche; denn diese sähen den Grund vielmehr darin, daß der Gläubiger hat, was er haben soll, daß ihm „nihil abest". Ich kann dies nicht finden. Der Grund der Quellen ist eben ein zusammengesetzter. Er beruht darin, daß „bis eadem res praestari non potest" und außerdem, daß dem Gläubiger „nihil abest", daß also nicht, wie in anderen Fällen, an die Stelle der nicht mehr lieferbaren Sache Ersatz des für sie Ausgelegten tritt, weil eben nichts ausgelegt ist. — Windscheid seinerseits will den Satz dadurch erklären, „daß der für die Forderung setzende Wille dasselbe nur zu dem Zwecke gesetzt hat, damit der Gläubiger erhalte, was er nun hat, daß er also das Forderungsrecht nicht für den Fall, der nun vorliegt, gewollt hat". Bewiesen ist dies in keiner Weise. Auf dem Standpunkte von Windscheid steht im Wesentlichen Schmidt a. a. O. S. 440. So wie hier Karlowa, röm. Rechtsgesch. Bd. 2 S. 837.

12) Es ist dies bei den einzelnen Geschäften näher auszuführen.

4. Die Obligationen erlöschen auch, wenn jedes Interesse des Gläubigers an ihrer Erfüllung wegfällt.[13]

Sechster Abschnitt.

## Mehrere Obligationen auf dasselbe Ziel.

### Solidarobligationen, Bürgschaften, Intercessionen.

### § 69. Allgemeines.[1] Konstitutum.

I. Mit dem Wesen der Obligation, einen Erfolg zu Gunsten des Gläubigers herbeizuführen, verträgt sich das Bestehen mehrerer Obligationen, welche denselben Erfolg erzielen sollen, so daß es sich um konkurrirende Ansprüche, aber um eine Leistung handelt. Sie kommen unter denselben Subjekten wie auch unter verschiedenen vor.

Ursprünglich war man freilich in Rom nicht geneigt, konkurrirenden Obligationen freie Entfaltung zu gönnen. Dies hatte seinen Grund in der Besorgniß, daß Beitreibung aus jeder der Obligationen erzwungen werden könne, also doppelte Zahlung, trotzdem daß nur eine einmalige bezweckt war. Um deswillen unterstellte die ältere Jurisprudenz bei einem zweiten Versprechen desselben Objektes, wenn es etwas Neues enthielt, Novation[2] und nahm, wenn es nichts Neues hatte, seine Unverbindlichkeit an.[3] In anderen Fällen galt wenigstens durch Litiskontestation über die eine der konkurrirenden Obligationen auch die andere als konsumirt.

Diese Hindernisse und Erschwerungen wurden aber im späteren Rechte nicht mehr festgehalten. War es doch auch zweckwidrig, dem Gläubiger die Mittel zur Erlangung des ihm Geschuldeten zu verschränken.

---

13) l. 32 D. locati 19, 2, Julianus libro 4 ex Minicio: Qui fundum colendum in plures annos locaverat, decessit et eum fundam legavit: Cassius negavit posse cogi colonum, ut eum fundam coleret, quia nihil heredis interesset. Vgl. l. 97 § 1 D. de verb. obl. 45, 1. Andere Auffassungen entwickelt Windscheid Bd. 2 § 361 Anm. 2.

1) Die Schrift von Mitteis, die Individualisirung der Obligation 1886 hat mehrfache Berührungspunkte mit meiner Darstellung.

2) Oben § 60 Anm. 6.

3) l. 18 D. de verb. obl. 45, 1, l. 58 D. eod., l. 9 § 2 D. de novationibus 46, 2. Vgl. Mitteis a. a. O. S. 6.

Was vor Allem mehrere Verpflichtungen desselben Schuldners auf dasselbe Objekt angeht, so erkannte das entwickelte römische Recht accessorische Stipulationen neben der ursprünglichen Verpflichtung als zulässig an. Heutzutage ist Aehnliches sehr häufig, z. B. Wechselschulden über die Kaufgelder ohne Novationsabsicht.

II. Ein hierhergehöriges Institut, welches im Verkehre der Römer eine große Rolle spielte, derzeit aber in der römischen Gestalt nicht mehr vorkommt, war das Konstitutum,[4] d. h. das Versprechen, eine Schuld wie sie zur Zeit besteht, an einem künftigen Termine zu zahlen. Hieraus entsprang die actio de pecunia constituta.[5]

Meist ging der Schuldner ein Konstitutum ein, um sich Stundung für eine bereits fällige Schuld zu verschaffen.[6] Daher galt die Nichterfüllung des Konstitutum als besonderer Treubruch, und so erklärt sich die sponsio dimidiae partis des vorjustinianischen Rechtes, vermöge deren der Konstituent neben der Schuldsumme auf die Hälfte ihres Betrages zur Strafe verurtheilt wurde.[7]

Voraussetzung des Konstitutums war das Bestehen einer Schuld zur Zeit seiner Eingehung.[8] Dasselbe verpflichtete den Konstituenten zur Zahlung auch in dem Falle, daß die konstituirte Schuld nachher unterging, z. B. zur Zeit der Einklagung des Konstitutums verjährt war. Natürlich tilgte aber eine Zahlung die Hauptschuld und die Schuld aus dem Konstitutum.[9]

Ursprünglich galt ein bestimmter Zahlungstermin als wesentlich. Doch erkannte die spätere Jurisprudenz auch Konstitute ohne Zahlungs-

---

4) Ueber das Konstitutum vgl. Tit. Dig. de pecunia constituta 13, 5, Cod. 4, 18, Lenel, edictum perpetuum S. 196, Bruns, das constitutam debiti in seinen kleinen Schriften Bd. 1 S. 221 und in der Zeitschrift für Rechtsgeschichte Bd. 1 S. 28. Ueber das Historische auch Kappeyne van de Coppello, Abhandlungen Heft 2 S. 230, Karlowa in Grünhuts Zeitschrift Bd. 16 S. 448.

5) Die actio de pecunia constituta war ursprünglich nur im Falle der Konstituirung von Geldschulden möglich, wie der Name darthut, später erkannte man sie bei Schulden von Fungibilien jeder Art an, Justinian in der l. 2 C. h. t. 4, 18 erklärt Konstitute aller Schulden für klagbar.

6) So Theophilus zu § 8 J. de actionibus 4, 6; vgl. freilich l. 3 § 2 D. h. t. 13, 5, Bruns, kleine Schriften Bd. 1 S. 245.

7) Gajus Inst. IV. § 171.

8) l. 18 § 1 D. h. t. 13, 5. Ulpianus libro 27 ad edictum . . si quid tunc debitum fuit, cum constitueretur, nunc non sit, nihilo minus teneat constitutum, quia retrorsum se actio refert. proinde temporali actione obligatum constituendo Celsus et Julianus scribunt teneri debere licet post constitutam diei temporalis actionis exierit. Vgl. l. 1 § 8, l. 2, l. 3 pr. D. h. t. 13, 5.

9) Nach älterer Ansicht konsumirte die Litiskontestation über die Klage aus dem Konstitutum auch die Hauptklage; anders später l. 18 § 3 D. h. t. 13, 5.

termine an, verstattete aber dann dem Konstituenten eine mäßige Frist.[10]

Der Inhalt des Konstitutums mußte im Wesentlichen mit dem der Hauptschuld übereinstimmen. Dennoch wurden Konstitute zulässig, welche die Zahlung anderer Gegenstände oder andere Zahlungsmodalitäten feststellten.[11] War mehr konstituirt als die Hauptschuld, so war das Konstitut bis zum Betrage der Hauptschuld gültig.[12]

Konstituiren konnte wie der Schuldner, so auch ein Dritter.[13]

Konstitute im römischen Sinne sind dem heutigen Verkehre fremd. Wohl kommen Zahlungsversprechen vor und romanistisch gebildete Juristen nennen sie gern Konstitute. Aber die charakteristischen Eigenheiten der römischen Konstitute haben sie nicht. Denn wer eine Schuld zu zahlen verspricht, beabsichtigt gewöhnlich nur zu leisten, was zur Zeit der künftigen Zahlung, nicht was zur Zeit des Versprechens geschuldet wird.[14] Ebensowenig gilt, daß man sich durch ein Zahlungsversprechen ohne Weiteres Termin verschafft.

Das heutige Zahlungsversprechen ist kein einheitliches Institut. Vielmehr enthält es bald eine Anerkennung, bald eine Bürgschaft oder auch andere Geschäfte je nach der Absicht der Betheiligten.[15]

---

## Erstes Kapitel.
### Die solidarischen Obligationen.

§ 70. Die Betheiligung Mehrerer an Obligationsverhältnissen im Allgemeinen.

Mehrere können bei einem obligatorischen Verhältnisse in verschiedener Weise betheiligt sein. Es kann nämlich eintreten:

10) l. 21 § 1 D. h. t. 13, 5. Paulus libro 29 ad edictum: Si sine die constituas, potest quidem dici te non teneri licet verba edicti late pateant: alioquin confestim agi tecum poterit, si statim ut constituisti non solvas: sed modicum tempus statuendum est, non minus X dierum, ut exactio celebretur.

11) l. 1 § 5 D. h. t. 13, 5, l. 5 pr. D. eod.

12) l. 11 § 1 D. h. t. 13, 5.

13) l. 5 §§ 2 und 3 D. h. t. 13, 5, l. 2, l. 26—28 D. eod. Vgl. unten § 77.

14) Der römische Satz beruht auf einer Wortinterpretation der römischen Formel „pecuniam debitam constituere". Er giebt dem bestärkenden Versprechen einen andern Inhalt als der bestärkten Schuld. Dies ist unnatürlich und liegt der deutschen Verkehrsanschauung um deswillen fern. Anders Windscheid Bd. 2 § 284.

15) Daß das Konstitut keine Anwendung im heutigen Rechte habe, dies war die

1. Theilung der Obligation unter die mehreren Gläubiger oder die mehreren Schuldner.

Sie geschieht meist nach Kopftheilen, also zu gleichen Theilen. Aus besonderen Gründen kann aber auch die Theilung nach anderen Proportionen, z. B. nach Gesellschaftsantheilen, geschehen.

2. Multiplikation der Obligationen, so daß namentlich jeder der Schuldner das Ganze leisten muß, z. B. den vollen Betrag des Schadens, der durch ihre Schuld entstand, ohne daß die Leistung des einen den anderen befreit,

3. endlich solidarische Berechtigung oder solidarische Verpflichtung. Jeder der Gläubiger hat das Ganze zu fordern oder jeder der Schuldner das Ganze zu leisten. Aber einmalige Leistung tilgt alle Ansprüche.

Die Solidarität nennt man:

a) aktive, wenn es sich um die solidarische Berechtigung mehrerer Gläubiger handelt, und

b) passive, wenn Mehrere solidarisch verpflichtet sind.

Die solidarischen Verpflichtungen sind weiter theils

a) selbständige und gleich kräftige, so daß es sich um mehrere Hauptobligationen handelt, theils

b) accessorische, so daß die eine Schuld die Hauptschuld, die andere aber eine bloße Nebenschuld ist, welche der Sicherheit der Hauptobligation dient und mit deren Untergang erlischt.

Die selbständigen Solidarobligationen zerfallen dann weiter in die Korrealobligationen und in die bloßen Solidarobligationen oder Solidarobligationen im engeren Sinne.

### § 71. Korrealobligationen und Solidarobligationen.[1]

Zu unterscheiden sind Korrealobligationen und bloße Solidarobligationen. Hierüber ist kein Zweifel. Ueber das Eintheilungsprincip aber gehen die Ansichten weit auseinander.

---

Ansicht zahlreicher Praktiker alter und neuer Zeit. Dagegen stellt sich nach der Ansicht von Bruns a. a. O. „jene Verwerfung als völlig grundlos heraus". Auch Windscheid a. a. O. Bd. 2 § 284 betrachtet das Konstitut, welches er „Erfüllungsversprechen" nennt, als praktisch, nicht minder Arndts § 240. Vgl. unten § 77 Anm. 5.

1) Die Litteratur über Korrealobligationen ist eine außerordentlich reiche. Vorzugsweise hervorzuheben ist Keller, Litiskontestation S. 413; Ribbentrop z. L. v. d. Korrealobligationen 1831; Fitting, die Natur der Korrealobligationen 1859; Samhaber z. L. v. d. Korrealobligation 1861; Czyhlarz in Grünhuts Zeitschrift Bd. 3 n. 2; Brinz z. L. v. d. Korrealobligationen 1873; Unger, passive Korrealität und Solidarität in Jherings Jahrbüchern Bd. 22 n. 2 und Bd. 23 n. 3; Hölder in der Fest-

Das Richtige ist folgendes. Korrealobligationen sind durch den Parteiwillen geschaffene solidarische Berechtigungen oder Verpflichtungen; bei den bloßen Solidarobligationen dagegen entwickelt sich die Solidarität unmittelbar aus der Konstruktion des Verhältnisses und ist nicht Folge eines besonderen, auf sie gerichteten Willens.[3]

Die Korrealobligationen streben also von einem und demselben Ausgangspunkte nach demselben Ziele, die Solidarobligationen thun dies von selbständigen Ausgangspunkten.

1. Die Korrealobligationen lassen sich hiernach definiren als mehrere durch dasselbe Rechtsgeschäft geschaffene, auf dasselbe Objekt gehende Obligationen. Dieselben sind zu einem Rechtsverhältnisse vereinigt, weshalb die Römer auch von „una" und „tota" obligatio sprechen.[4]

Die Korrealität wird begründet:

a) durch Vertrag. Ursprünglich war in Rom Stipulation nöthig.[5][6] Man sprach daher von „correi stipulandi" und „correi

schrift von Brinz und Hölder 1884 und im Archiv f. civ. Praxis Bd. 69 S. 203; Mitteis, passive Gesammtschuld in Grünhuts Zeitschrift Bd. 14 S. 419. Weitere Litteratur siehe bei Hasenöhrl, österreichisches Obligationenrecht S. 84; Eisele im Archiv für civ. Praxis Bd. 77 S. 374 und hierzu Ascoli, sulle obligazioni solidali im bull. dell' istituto di dir. rom. Bd. 4 S. 287. Vgl. auch Hartmann, Solidar- und Korrealobligationen nach schweizerischem Obligationenrecht 1886, Zeitschrift f. schweiz. Recht n. F. Bd. 6 S. 113.

2) Tit. Inst. de duobus reis stipulandi et promittendi 3, 16, Dig. de duobus reis constituendis 45, 2, Cod de duobus reis 8, 39.

3) Aehnlich Maur. Genin, du fondement de la distinction des obligations corréales et des obligations in solidum, thèse, Lyon 1893, der auf Untersuchungen von Gérardin fußt, vgl. bes. S. 76 ff.

4) Unger a. a. O. spricht von einer „kollektiven Einheit der Obligation". Dies stimmt bis zu einem gewissen Grade mit unserer Auffassung überein. Aber Unger geht so weit, von einer Einheit der Person der Korrealschuldner zu reden, a. a. O. Bd. 22 S. 225. Er behauptet, es sei im römischen Rechte anerkannt, daß die mehreren Subjekte in der Korrealobligation zu einem Ganzen verbunden seien und daß sie mit einander eine Person ausmachen, die aber natürlich nicht etwa als ein neues von den einzelnen verschiedenes und über ihnen schwebendes Rechtssubjekt angesehen werden dürfe. Hierunter können wir uns nichts Bestimmtes denken. Vgl. Mitteis, die Individualisirung der Obligation S. 49.

5) pr. I. h. t. 3, 16. Et stipulandi et promittendi duo pluresve rei fieri possunt. stipulandi ita, si post omnium interrogationem promissor respondeat „spondeo". ut puta cum duobus separatim stipulantibus ita promissor respondeat „utrique vestrum dare spondeo". nam si prius Titio spoponderit, deinde alio interrogante spondeat, alia atque alia erit obligatio nec creduntur duo rei stipulandi esse. dao pluresve rei promittendi ita fiunt: „Maevi quinque aureos dare spondes? Seji eosdem quinque aureos dare spondes?" Erforderlich war, daß die Verpflichtung „uno eodemque contractu" geschah, l. 4 C. h. t. 8 39. In l. 9 § 2 D. h. t. 45, 2 sind Personen, die an verschiedenen Orten wohnen, vorausgesetzt, die aber an demselben Orte die Promission leisten, Czyhlarz S 67 Anm. 29. Daß die Korrealität sich bei der Stipulation entwickelte, ergiebt sich daraus, daß dieselbe von den römischen Juristen bei der Stipulation behandelt wird, worüber

promittendi". Hiernach wurde von den Neueren der Ausdruck Korreal= obligationen gebildet.

Schon in Rom aber wurde es möglich, durch formlosen Neben= vertrag, namentlich bei Realgeschäften und bei Konsensualkontrakten Korrealität auszubedingen. Heutzutage genügt begreiflich jede Ver= abredung. Gewöhnliche Formeln sind „sammt und sonders", „ungetheilt", „solidarisch", oder auch „korreal".[7]

b) Ferner kann durch Anordnung des Erblassers die Korrealität bei Vermächtnissen festgestellt werden.[8]

Wenn Mehrere ein obligatorisches Geschäft zusammen eingehen, so genügt dies zur Herstellung einer korrealen Berechtigung oder Ver= pflichtung nicht. Vielmehr tritt im Zweifel im Fall theilbarer Leistung Theilung unter die Mehreren nach Köpfen ein.[9] Wenn z. B. Mehrere zusammen dieselbe Sache verkaufen oder kaufen oder miethen oder ein Darlehen aufnehmen, so ist jeder der Schuldner nur zu seinem Theil verbunden. Wird einer zahlungsunfähig, so fällt dies dem anderen nicht zur Last, ist vielmehr Schaden des Gläubigers.

Die Korrealität muß also besonders bedungen sein. Sie

---

die bei Mitteis, die Individualisirung d. Oblig. S. 59 zusammengestellten Stellen zu vergleichen sind. Mit Recht hebt auch Mitteis hervor, daß nach l. 47 D. locati 19, 2 die Korrealität bei bonae fidei negotia zur Zeit des Marcellus noch keines= wegs allgemein anerkannt war. Selbst Papinian hält es für nöthig, in der l. 9 pr. D. h. t. 45, 2 auszuführen, daß Korrealobligationen nicht bloß „verbis", sondern auch „ceteris contractibus" begründet werden könnten.

6) Im praktischen Leben bediente man sich in der römischen Kaiserzeit für die Eingehung von Korrealschulden nicht der einfachen im pr. J. h. t. 3, 16 — oben Anm. 5 — referirten Form, vielmehr bürgerte sich die Formel ein „spondemus invicem nos obligantes atque fide dicentes". Dies ergeben die bei Mitteis Reichs= recht und Volksrecht 1891 S. 184 citirten Urkunden. Wie weit verbreitet das For= mular war, beweist namentlich auch, daß Papinian in der l. 11 pr. D. h. t. 45, 2 von einer gemeinen Meinung der Juristen — convenit — über die Tragweite einer solchen Klausel sprechen kann. Nicht minder weist die nov. 99 hierauf hin. Ueber die l. 11 vgl. unten § 73 Anm. 18.

7) Die Römer forderten ursprünglich für die Korrealobligationen eine vollstän= dige Identität des Obligationsgegenstandes. Später hielt man hieran nicht absolut fest. Vgl. l. 5, l. 9 § 1, l. 15 D. h. t. 45, 2. Für das heutige Recht vollends ist Identität des Schuldgegenstandes nicht absolut zu fordern.

8) l. 9 pr. D. h. t. 45, 2. Die solidarische Verhaftung muß nicht ausdrück= lich übernommen werden; es genügt, daß die Absicht einer solchen aus dem Ver= trage erhellt, R.G. Bd. 15 S. 175. Sie gilt bei Handelsgeschäften als Regel, H.G.B. Art. 280.

9) l. 11 § 1 D. h. t. 45, 2. Cum tabulis esset comprehensum ‚illum et illum centum aureos stipulatos', neque adjectum ‚ita ut duo rei stipulandi essent', virilem partem singuli stipulati videbantur. § 2 Et e contrario cum ita cautum inveniretur: ‚tot aureos recte dari stipulatus est Julius Carpas, spopondimus ego Antoninus Achilleas et Cornelius Dius', partes viriles deberi, quia non fuerat adjectum singulos in solidum spopondisse, ita ut duo rei pro= mittendi fierent.

hat vornehmlich folgende Zwecke. Die aktive Korrealobligation erleichtert den Gläubigern die Rechtsverfolgung, da Jeder das Ganze fordern kann; sie macht auch dem Schuldner die Zahlung bequemer, da er Jedem das Ganze zahlen darf. Die passive Korrealität aber sichert den Gläubiger gegen die Gefahr eines Ausfalles, so lange auch nur einer der Schuldner zahlungsfähig ist, und sie erleichtert ihm die Rechtsverfolgung, da er Jeden auf das Ganze belangen kann.[10]

2. Bloße Solidarobligationen können wie die Korrealobligationen aktive sein, so daß die mehreren Gläubiger gleichberechtigt auf das Ganze sind,[11] und passive, so daß jeder der mehreren Schuldner auf das Ganze verpflichtet ist. Die passiven Solidarobligationen sind bei Weitem die häufigeren.

a) Ein Hauptfall ist, wenn Mehrere in Folge Deliktes zum Ersatze desselben Schadens verpflichtet sind.[12]

b) Nicht minder liegen solidarische Verbindlichkeiten vor, wenn mehrere Vormünder[13] oder mehrere Mandatare[14] wegen Verschuldung, die jedem derselben zur Last fällt, für denselben Schaden einzustehen haben.

c) Eine solidarische Verhaftung tritt endlich auch ein, wenn Mehrere durch Versprechen, aber getrennt dieselbe Leistung übernehmen. Es sind z. B. Wechselschuldner, welche die Wechselsumme unabhängig von einander als Trassanten, Indossanten oder Acceptanten des Wechsels versprechen, bloße Solidarschuldner. Nicht minder sind dies mehrere Versicherer, welche denselben Schaden getrennt und selbständig versicherten.[15]

### § 72. Die Theorie der Einheit der Korrealobligationen.

1. Eine Erscheinung des vorjustinianischen Rechtes gab Keller und Ribbentrop den Anstoß zur Entdeckung der Verschiedenheit von korrealen und von bloß solidarischen Obligationen.

Wenn nämlich einer der mehreren Korrealschuldner beklagt und die Litiskontestation mit ihm vollzogen war, so waren bis Justinian alle Korrealschuldner durch die Klagenkonsumtion

---

10) Savigny, O.R. Bd. 1 S. 215.
11) Mehrere Fälle aktiver Solidarobligation weist nach Jhering in seinen Jahrbüchern Bd. 24 n. 3.
12) l. 14 § 15, l. 15 D. quod metus causa 4, 2, l. 17 pr. D. de dolo 4, 3, l. 1 § 10, l. 2 ff. D. de his, qui effuderint vel dejecerint 9, 3.
13) l. 38 pr. D. de administratione tut. 26, 7.
14) l. 60 § 2 D. mandati 17, 1.
15) R.G. Bd. 6 S. 177.

befreit.[1] Die Litiskontestation hatte gesammtzerstörliche Wirkung. Blieb also die Klage gegen den Schuldner ohne Ergebniß, z. B. wegen Zahlungsunfähigkeit des Beklagten, so konnte der Gläubiger von den übrigen Korrealschuldnern gleichwohl nichts mehr erlangen. Bloße Solidarobligationen dagegen erloschen erst durch Befriedigung und keineswegs bereits durch die Litiskontestation mit einem der Mit=schuldner.

Dies führte Keller zur Annahme, daß bei Korrealschulden nur eine einzige Obligation bestehe, wogegen die Solidarobli=gationen eine Mehrheit von Obligationen bildeten. Indessen mußte sich ihm sofort ergeben, daß die Einheit der Korrealobligationen nicht allseitig durchführbar sei. Daher glaubte er im Sinne der römischen Juristen eine Unterscheidung machen zu müssen, sie sei einheitlich in ihrem „objektiven Bestande", habe jedoch „verschiedene subjektive Be=ziehungen".

Doch dieses Dogma erklärt nicht, was es erklären soll. Denn der Regel nach wirkt die Litiskontestation nur zwischen denselben Prozeßparteien. Daß nun bei der Korrealobligation eine Wirkung über die Prozeßparteien hinaus eintrat, ist dadurch nicht verständ=lich gemacht, daß die Obligation eine einige ist.[2] Die mehreren Korreal=schuldner sind ja um nichts weniger verschiedene Subjekte.

Die römischen Juristen leiten daher die Konsumtion weder direkt noch indirekt aus der angeblichen Einheit der Obligation ab.[3] Die ge=sammtzerstörliche Wirkung der Litiskontestation war nicht Folge der=artiger scholastischen Erwägungen, sie war ein Produkt der Noth, der Starrheit des alten Prozesses. Eine Gefahr bei der Korrealschuld ist nämlich, daß es zu einer Doppeleintreibung des Schuldobjektes kommen kann, statt zu bloß einmaliger Zahlung durch einen oder den anderen Schuldner.

Sie lag im altrömischen Prozesse besonders nahe. Hätte man

---

1) l. 2 D. h. t. 45, 2, l. 31 § 1 D. de novationibus 46, 2, l. 5 in fine D. de fidejussoribus 46, 1. Siehe diese Stelle in Anm. 3.

2) Vgl. namentlich Fitting a. a. O. S. 62.

3) l. 5 D. de fidejussoribus 46, 1. Ulpianus libro 46 ad Sabinum ... si reus stipulandi exstiterit heres rei stipulandi duas species obligationis sustinebit. plane si ex altera earum egerit utramque consumet, videlicet quia natura obligationum duarum, quas haberet, ea esset, ut cum altera earum in judicium deduceretur, altera consumeretur. Mit Recht bemerkt Unger a. a. O. S. 257: „Hiermit ist klar ausgesprochen, daß zwei Obligationen vorhanden sind und daß die eine in judicium deducirte Obligation auch die andere aufzehrt. Die all=seitige Wirkung der Litiskontestation wird von den Römern somit nicht auf die Ein=heit der Korrealobligation zurückgeführt."

Klagen auf das Ganze gegen jeden der Korrealschuldner zugelassen, so wäre die nothwendige Konsequenz eine doppelte Verurtheilung gewesen.⁴ Doppelverurtheilung hätte aber im altrömischen Prozesse zu Doppelbei= treibung ermächtigt. Denn im alten Rechte erzeugte jedes Judikat eine einwandfreie selbständige Verpflichtung. Auf das zu Grunde liegende Verhältniß konnte man sich ihm gegenüber nicht berufen. Dem Verurtheilten konnte es daher nicht mehr zu Gute kommen, wenn der andere Korrealschuldner auf Grund seiner Verurtheilung zahlte.

Die Alternative, vor welche sich das altrömische Recht ge= stellt sah, war Konsumtion des ganzen Rechtsverhältnisses durch die eine Litiskontestation oder Multiplikation der Ansprüche.

Die Antwort konnte nicht zweifelhaft sein.

Die gesammtzerstörende Wirkung der Litiskontestation war das ge= ringere Uebel, die Multiplikation der Judikate ein weit größeres, eine Verleugnung der Grundidee dieser Kreditform.

2. In der klassischen Kaiserzeit bestanden die Verhältnisse freilich nicht mehr, welche die gesammtzerstörliche Wirkung der Litiskontestation früher zur Nothwendigkeit gemacht hatten. In dieser Zeit war es mög= lich, trotz mehrerer Judikate die Verurtheilten gegen Doppelbeitreibung zu schützen. Aber nunmehr war die gesammtzerstörliche Wirkung der

---

4) Hätte man zur Zeit des jus strictum successive Klage mit jedem der Schuldner zugelassen, so hätte der Gläubiger, da der Richter nur zu fragen hatte, ob der Schuldner litis contestatae tempore schuldete und die judicia damals nicht absolutoria waren — vgl. oben Bd. 1 § 154 —, unausweichlich mehrere Judikate erlangt, mehrere Judikate hätten aber, da das Urtheil schlechthin exequirbar war, dem Gläubiger das Recht der Doppelbeitreibung gegeben. Vgl. mein Preußisches Privat= recht Bd. 2 § 47 Anm. 7. Die Tendenz des älteren römischen Rechtes, immer wegen derselben „Vermögenspost" nur eine Klage zuzulassen, geht auch aus der älteren Gestaltung der Novation hervor, vgl. auch oben § 69 Anm. 9 Bemerkte. — Die von mir gegebenen Erklärung stimmen zu Hartmann a. a. O. S. 7, Kohler in der krit. Vierteljahrschrift n. F. Bd. 11 S. 212, gegen sie spricht sich Unger a. a. O. Bd. 22 S. 258 aus: Diese „äußerliche", aus dem Mechanismus des älteren Prozesses her= geleitete Erklärung stehe mit den Aussprüchen der römischen Juristen im Wider= spruch, welche jene Wirkung vielmehr aus der inneren Natur der Korrealobligationen ableiten. Von der „inneren" Natur ist aber in den Quellen nicht die Rede. Auch Eigenthümlichkeiten, die einem Institute durch äußere Umstände aufgeprägt werden, gehören zu seiner Natur. Unger a. a. O. setzt den Grund der gesammtzerstörlichen Wirkung der Litiskontestation darin, „daß die sämmtlichen Mitschuldner eine kollektive Personeneinheit ausmachen", „der belangte Verbalschuldner zieht seine Schuldgenossen nach sich", „in seiner Person sind alle übrigen — mittelbar — mitbelangt und werden daher durch die mit ihm vollzogene Litiskontestation liberirt." Man kann sich, meine ich, kaum schroffer in Widerspruch mit dem realen Thatbestand setzen. Eisele a. a. O. S. 403 seinerseits will die gesammtzerstörliche Wirkung der Litis= kontestation aus dem alten Rechtsspruch erklären: ne bis de eadem re sit actio, in welchem die Identität der betheiligten Personen nicht hervorgehoben war, so wenig wie in der Formulirung der exceptio rei judicatae. Das mag allerdings der alten Jurisprudenz einen Anhalt für die gesammtzerstörliche Wirkung der Litis= kontestation gegeben haben. Doch der Grund der Erscheinung liegt hierin nicht.

13*

Litiskontestation gleichsam zur anderen Natur des Institutes geworden. In ihrer Erwartung hatten sich die Korrealschuldner verbunden. Wollten sie dieselbe nicht, so mußte sie durch besonderen Vertrag ausgeschlossen werden. Es war nicht Aufgabe der Jurisprudenz, hieran etwas zu ändern.

3. Eine andere Stellung hatte die Jurisprudenz der Kaiserzeit zu den Solidarobligationen. Ihr Hauptfall war Beschädigung durch Delikt oder sonstige Verschuldung Mehrerer.

Wenn Mehrere an demselben Delikt betheiligt waren, war Jeder straffällig, so daß Jeder die volle Sühne des Schadens als Strafe neben den Andern schuldete, daher war Multiplikation der Schadensklagen folgerecht.[5] Wo sie ausnahmsweise allzu exorbitant und einmaliger Ersatz das Richtige schien, blieb ursprünglich nur das Mittel der Konsumtion aller Klagen durch einmalige Litiskontestation. Auf diesem Standpunkt stand noch Labeo.[6]

Sabinus aber stellte ein neues Princip auf. Hatten Mehrere durch ein Delikt Schaden angerichtet und erschien einmaliger Schadens= ersatz als genügende Sühne, so sollte zwar nicht die Litiskontestation mit dem Einen, wohl aber die Befriedigung durch den Einen die anderen Schädiger befreien.[7]

---

5) Insbesondere galt im Falle schuldhafter Sachbeschädigung durch Mehrere noch im spätesten römischen Rechte, daß die Leistung des Einen seinen Theilnehmer nicht befreite l. 11 §§ 2 und 4, l. 51 § 1 D. ad legem Aquiliam 9, 2. Hierin lag nicht eine besondere Eigenthümlichkeit der lex Aquilia, sondern ein Rest der Auf= fassung, welche ursprünglich bei allen Schadensklagen wegen Delikts herrschte.

6) l. 15 § 2 D. quod vi aut clam 43, 24, Ulpianus libro 71 ad edictum: Si in sepulchro alieno terra congesta fuerit jussu meo, agendum esse quod vi aut clam mecum Labeo scribit. et si communi consilio plurium id factum est, licere vel cum uno vel cum singulis experiri: opus enim, quod a pluribus pro indi= viso factum est, singulos in solidum obligare. (si tamen proprio quis eorum consilio hoc fecerit, cum omnibus esse agendum, scilicet in solidum): itaque alter conventus alterum non liberabit, quin immo perceptio ab altero: superiore etenim casu alterius conventio alterum liberat. Die oben eingeklammerten Worte halte ich, einer Anregung von Gradenwitz folgend, nicht für echt. Allerdings bilden sie keine Interpolation, so zu interpoliren hatten die Kompilatoren keinen Grund; sie sind Interpretation eines stümperhaften vorjustinianischen Rechts= lehrers und kamen als Glossen in den Text Ulpians. Vgl. auch Lenel Palingenesia vol. II p. 840. Geht man hiervon aus, und die Annahme ist durch die miserable Fassung des Satzes und seinen sonderbaren Gedanken genügend begründet, so er= ledigen sich die Ausführungen von Eisele a. a. O. S. 427. Labeo unterscheidet, wenn wir den Text gereinigt lesen, den Fall, in welchem die Mehreren communi consilio handelten, dann befreit selbst die Leistung des einen Thäters den anderen nicht, und den „superior casus", in welchem der Thäter „jussu meo" handelte, hier befreit schon die „conventio" des Einen den Andern. Also „Multiplikation" oder „Kon= sumtion" bildete für Labeo die Alternative. Ulpian hat den Labeo gedankenlos aus= geschrieben. Gerade hierin liegt das historische Interesse der Stelle. Wer sie aus dem Rechte der späteren Kaiserzeit erklären will, muß ihr Gewalt anthun, wie das von Ribbentrop a. a. O. S. 105 und Mommsen in seiner Note zu der Stelle ge= schieht, indem er die Lesart vorschlägt „conventio immo perceptio"; das ist schlimme Pandektenharmonistik.

Der geschmeidige Prozeßmechanismus der Kaiserzeit ermöglichte die Durchführung des Principes des Sabinus.

4. Justinian[8] hat schließlich verordnet, daß Bürgschaften und passive Korrealschulden wie die bloßen Solidarschulden nicht durch Litiskontestation mit dem einen Schuldner, sondern erst durch Befriedigung erlöschen sollten.

5. Man hat die Theorie der Einheit der Korrealobligation noch auf andere Weise zu begründen gesucht.[9] Aber eine genaue Prüfung halten alle diese Gründe nicht aus.

Allerdings reden die Römer selbst zuweilen von „einer" Obligation, aber ebenso oft, vielleicht noch häufiger, von mehreren Obligationen, manchmal in derselben Stelle mit dem Ausdruck wechselnd. Unmöglich kann daher die „Einheit der Obligation" ein römisches Dogma und der

---

7) Daß es vorzugsweise Sabinus war, welcher die Befreiung der solidarisch haftenden Deliktsschuldner an die Perception knüpfte, ergiebt l. 8 D. quod falso tutore 27, 6 Paulus libro 12 ad edictum bezüglich mehrerer doloser Pseudo= tutoren: et ideo si nihil aut non totum servatum sit, in reliquos non dene= gandam in id quod deest, Sabinus scribit. Damit stimmt l. 1 §§ 13 und 14 D. de vi 43, 16. Quotiens verus procurator dejecerit, cum utrolibet eorum, id est sive domino sive procuratore agi posse Sabinus ait et alterius nomine alteri — Ribbentrop, Korrealobligation S. 94 liest conventione alterum — eximi, sic tamen si ab altero eorum litis aestimatio fuerit praestita. Nicht richtig ist die Behauptung Eiseles a. a. O. S. 433, daß derartige Einschränkungen des vorher Vorgetragenen in den Fragmenten der römischen Juristen zweifelsohne die Hand der Kompilatoren bewiesen. Nein, die römischen Juristen haben häufig die Ansichten ihrer Vorgänger, also das überlieferte Juristenrecht zunächst einfach referirt und dann erst die ihnen entsprechend dünkenden Modifikationen zugefügt. Uebrigens drang die Meinung des Sabinus keinesfalls sofort durch und manche Aeußerung klassischer Juristen, welche die Befreiung deliktischer Solidarschuldner noch an die conventio des einen knüpfte, mag allerdings erst von den Kompilatoren durch Interpolation mit ihr in Uebereinstimmung gebracht sein.

8) l. 28 §§ 2 und 3 C. de fidejussoribus 8, 40 Justinianus: Idemque in duobus reis promittendi constituimus ex unius electione creditori adversus alium fieri non concedentes, sed remanere et ipsi creditori actiones integras et personales et hypothecarias, donec per omnia ei satisfiat. Si enim pactis conventis hoc fieri conceditur et in usu quotidiano semper hoc versari adspicimus, quare non ipsa legis auctoritate hoc permittatur?

9) Die Einheit der Korrealobligation wird noch immer von den Lehrbüchern festgehalten. Insbesondere ist für Windscheid Bd. 2 § 293 die Korrealobligation „eine einige Obligation mit einer Mehrheit der subjektiven Beziehungen", ebenso Arndts § 214, Wendt, Pand. § 209. Brinz Bd. 2 S. 235 nimmt Einheit der Obli= gation bei solidarischen wie bei korrealen Obligationen an. Gegen die Einheits= theorie haben sich in der neueren Zeit besonders Czyhlarz a. a. O., bis zu einem gewissen Grade auch Unger a. a. O. und neuestens Mitteis a. a. O. S. 48, 49, sowie Kuntze, Obligationen 1886 S. 141 ausgesprochen. Auch Fitting a. a. O. ist Gegner. Er sieht das Wesen der Korrealobligation darin, daß die Person des Schuldners beziehungsweise des Gläubigers noch ungewiß sei, was erst später durch Wahl gehoben werde. Vgl. hiergegen die bei Windscheid Bd. 2 § 293 Citirten. Brinz unterstellt eine gegenseitige Vertretung der Korrealgläubiger und Korrealschuldner, eine Auffassung, die Waldner a. a. O. weiter durchzuführen sucht. Das dieselbe eine ganz „abwegige" ist, führt mit Recht Mitteis a. a. O. S. 53 aus. Hölder ver= theidigt a. a. O. eine fingirte Identität der Einzelansprüche. Dagegen Unger a. a. O. in Jherings Jahrbüchern Bd. 23 S. 106.

Grundstein der römischen Korrealobligation gewesen sein. Nichts Anderes kann una obligatio hier bedeuten als „ein Obligationsverhältniß", „eine Vermögenspost".[10] Es handelt sich um „ein Schuldobjekt", aber „mehrere Obligationen".[11]

Kann doch auch eine dieser Obligationen bedingt oder betagt, die andere unbedingt und unbetagt sein.[12] Mit der Theorie der Einheit der Obligation ist dies nicht zu vereinigen.

Und wenn man von der Einheit der Obligation in ihrem objektiven Bestande und einer Mehrheit in den subjektiven Beziehungen spricht, wie soll es erklärt werden, daß in dem Falle der Beerbung des einen Korrealschuldners durch den anderen der Schuldner nunmehr durch beide Obligationen verhaftet ist?[13] Hier ist doch nur ein Schuldner, nur eine subjektive Beziehung vorhanden. Daher muß diese Mehrheit nothwendig in dem objektiven Bestande der Obligationen gesucht werden.

Korreale Forderungen und Schulden bilden hiernach mehrere Obligationen wie die solidarischen. Nur sind bei den ersteren die Betheiligten durch ein engeres Band verbunden, als bei bloßen Solidarobligationen.

## § 73. Die passiven Korrealobligationen.

Die passiven und die aktiven Korrealobligationen haben zwar in ihrer juristischen Konstruktion vieles Gemeinsame, sind aber doch von sehr verschiedener Bestimmung. Es ist daher zweckmäßig, sie getrennt und nicht, wie dies meist geschieht, verbunden zu betrachten. Was zunächst die passive Korrealschuld anlangt, so kann

1. der Gläubiger jeden der Korrealschuldner beliebig auf das Ganze oder auf Theile der Schuld belangen.[1]

Er ist auch befugt, alle Schuldner auf das Ganze zu verklagen, und zwar entweder in getrennten Prozessen oder in einem Verfahren.[2]

10) Vgl. oben § 1 Anm. 4.

11) § 1 I. h. t. 3, 16: Ex hujusmodi obligationibus et stipulantibus solidum singulis debetur et promittentes singuli in solidum tenentur. in utraque tamen obligatione una res vertitur: et vel alter debitum accipiendo vel alter solvendo omnium peremit obligationem et omnes liberat. Die justinianischen Institutionen haben den Titel de duobus reis den Institutionen von Florentinus entnommen, wie sich aus der Vergleichung des § 2 I. h. t. mit l. 7 D. h. t. 45, 2 Florentinus libro 8 institutionum ergiebt.

12) § 2 I. h. t. 3, 16, l. 7 D. h. t. 45, 2, vgl. l. 9 § 2 D. h. t.

13) l. 5 D. de fidejussoribus 46, 1, abgedruckt oben Anm. 3.

1) l. 3 § 1 D. h. t. 45, 2.

2) In der klassischen Zeit war eine gemeinsame Klage gegen alle Korrealschuldner auf das Ganze unzulässig. Auch dies beruhte auf Tradition des älteren Rechtes.

Die Novelle 99 gewährte den Korrealſchuldnern nach dem Vor=
bilde des Rechtes mehrerer Bürgen das beneficium divisionis.
Und zwar ſollte der Richter von Amtswegen die nicht mitbeklagten
ortsanweſenden Schuldner vor Gericht ziehen, die Sache gemeinſam mit
allen erörtern und alle zuſammen antheilmäßig verurtheilen. Solches
Officialverfahren iſt mit dem heutigen Prozeßrechte nicht mehr vereinbar.
Daher haben Manche dem beklagten Korrealſchuldner ſtatt deſſen geradezu
die Einrede der Theilung gegeben oder auch angenommen, daß die ſämmt=
lichen Korrealſchuldner nur gemeinſchaftlich verklagt werden dürften, ſo
daß der bloß gegen Einen angeſtellten Klage die ſog. exceptio plurium
litisconsortium entgegenſtünde. Das R.G. aber erachtet es für unzuläſſig,
ſtatt der Rechtsbehelfe Juſtinians, die derzeit nicht mehr anwendbar ſind,
andere einzuführen, welche den Rechten des Gläubigers nachtheiliger ſind.
Es hält hiernach die Novelle 99 für unpraktiſch.[3]

2. Jeder der Korrealſchuldner verpflichtet ſich ſelbſtändig. Eine
gegenſeitige Verhaftung für Verſchuldung des Mitſchuldners folgt
daher logiſch aus dem Begriff der Korrealſchuld nicht. Aber ſie ent=
ſpricht doch den Intereſſen des Verkehrs und daher auch der regelmäßigen
Abſicht der Kontrahenten. Vor Allem gebietet ſie Zweckmäßigkeit, wenn

---

Korreale Verurtheilung hätte den Anforderungen, welche man in der alten
Zeit an ein Judikat machte, nicht entſprochen. Das Urtheil mußte damals beſtimmt
ſein und eine feſte Baſis für die Exekution bilden. Daher ſagt für Bürgen l. 1
C. de fidejussoribus tutorum 5, 57: in solidum et cum reo et cum fidejussoribus
agi jure non potest. Daß das Gleiche bei Korrealſchuldnern gilt, ergiebt l. 3 § 1
D. h. t. 45, 2. Anderer Anſicht iſt zwar Unger a. a. O. Bd. 22 S. 230 Anm. 55.
Aber die von ihm angeführten Stellen beweiſen dieſelbe nicht.

3) In hohem Grade war von jeher der Sinn der Nov. 99 beſtritten. Eine
gründliche Dogmengeſchichte und Interpretation giebt Wiebing: Novella XCIX. 1857.
a) Die gemeine, ſchon von der Gloſſe vertheidigte Anſicht ging dahin, daß die Novelle
das beneficium ſämmtlichen Solidarſchuldnern gewähre. b) Dagegen wurde
ſeit der Renaiſſance vielfach behauptet, die Novelle beziehe ſich nur auf den Fall,
daß die mehreren Korrealſchuldner ſich gegenſeitig verbürgt hätten.
Dies war namentlich die Auffaſſung von Haloander. Sie wurde in unſerem Jahr=
hundert vorzugsweiſe durch Savigny O.R. Bd. 1 S. 279 vertheidigt. Aber das war,
wie oben § 71 Anm. 6 gezeigt wurde, nur die Formel, in welcher die Notare die
Korrealſchuld zu ſtiliſiren pflegten. Juſtinian will damit daher die Korrealſchuld als
ſolche treffen. Unbegreiflich wäre, daß der Gläubiger weniger Rechte gegen ſeine
Schuldner haben ſollte, wenn ſie ſich ihm zwiefach, nämlich als Korrealſchuldner und
als Bürgen, als wenn ſie ſich einfach als Korrealſchuldner verpflichtet hatten. c) Noch
Andere beziehen das beneficium auf den Fall, daß in der Korrealſchuld materiell
eine gegenſeitige Interceſſion liege. So Vangerow Bd. 3 § 573 Anm. 4, ſowie
Windſcheid Bd. 2 § 293 Anm. 10. Aber dieſe oft zweifelhafte Frage in den Prozeß
des Gläubigers mit einem Korrealſchuldner hereinzuziehen, wäre eine Verkehrtheit von
Juſtinian geweſen, die man ihm nicht ohne Weiteres imputiren kann. Das R.G.
Bd. 12 S. 219 hat nunmehr dieſen Streitfragen die praktiſche Bedeutung entzogen,
indem es die Beſtimmung der Novelle als in Folge der Veränderung der Prozeßein=
richtungen antiquirt anſieht. Gegen das R.G. Hellmann im Arch. f. civ. Prax.
Bd. 78 S. 386 ff.

Mehrere gemeinsam eine Arbeit, z. B. einen Hausbau, übernehmen.[4] Auch bei anderen Leistungen, insbesondere zur Lieferung von Sachen, schien sie zweckmäßig. Um deswillen wurde die gegenseitige Haftung für Verschuldung des Mitschuldners herrschende Lehre.[5]

Folgerecht wird man jeden Korrealschulder auch für den Verzug des Mitschuldners als haftbar erachten müssen.[6]

3. Justinian verordnete, daß die Unterbrechung der Verjährung durch einen der Korrealgläubiger oder gegenüber einem Korrealschuldner für und gegen Alle wirke.[7] Dies hat seinen Grund im Verjährungsrechte. Der Gläubiger gilt hier nicht als nachlässig.

4. Welche Ereignisse haben gesammtzerstörliche Wirkung, welche betreffen nur die Obligation des einen der Korrealschuldner?

a) Die Zahlung befreit alle Korrealschuldner.[8]

b) Das Gleiche gilt ohne Zweifel für Zahlungssurrogate, also für Angabe an Zahlungsstatt und gehörige Deposition. Ferner hat die Novation mit einem der Korrealschuldner gesammtzerstörliche Wirkung, sofern der animus novandi so weit geht.[9] Und zweifellos ist dies auch der Fall, wenn einer der Korrealschuldner mit einer ihm zustehenden Gegenforderung durch Erklärung oder im Prozeßweg kompensirt und dadurch die Korrealschuld getilgt hat. Kann aber der Korrealschuldner mit einer Gegenforderung des anderen kom=

---

4) l. 5 D. h. t. 45, 2.

5) l. 18 D. h. t. 45, 2. Pomponius libro 5 ex Plautio: Ex duobus reis ejusdem Stichi promittendi factis alterius factum alteri quoque nocet. Vgl. l. 5 § 15 D. commodati 13, 6. Pomponius kann nicht, wie Unger a. a. O. S. 250 annimmt, an Fälle gedacht haben, in welchen dem Beklagten persönlich eine Schuld um deswillen zur Last liegt, weil er die geschuldete Sache nicht vor Beschädigung durch den Mitkontrahenten gehütet hatte. Denn Stipulationsschuldner hafteten nicht für schuldhafte Unterlassungen. l. 91 pr. D. de verb. obl. 45, 1. Ueber die verschiedenen Versuche, die Entscheidung von Pomponius zu erklären, vgl. Hölber, Festschrift S. 58 und Mitteis in Grünhuts Zeitschrift Bd. 14 S. 465, sowie Longo in den studi giuridici per il XXXV anno d'insegnamento di Fil. Serafini 1892 S. 341. Sehr richtig Hartmann im Archiv für civ. Praxis Bd. 73 S. 395.

6) Marcianus libro 4 regularum l. 32 § 4 D. de usuris 22, 1 erklärt allerdings: Sed si duo rei promittendi sint, alterius mora alteri non nocet. Mit dem Gedanken des Einstehens für einander, von dem Pomponius ausgeht, ist dies unseres Erachtens nicht zu vereinen. Aber Pomponius ist der Vorzug zu geben, weil seine Auffassung der Absicht der Kontrahenten mehr entspricht. Unger a. a. O. S. 248 Anm. 88 nennt es ein „leidiges Auskunftsmittel“, daß Pomponius und Marcian widersprechender Ansicht gewesen seien. Warum sollen aber die römischen Juristen in derartigen Fragen weniger oft widersprechender Ansicht gewesen sein, als die neueren dies sind?

7) l. 4 C. h. t. 8, 39.

8) l. 3 § 1 D. h. t. 45, 2, § 1 I. h. t. 3, 16.

9) Vgl. l. 31 § 1 D. de novationibus 46, 2.

penfiren? Das hieße, vulgär ausgedrückt, aus fremdem Beutel zahlen. Nur dann ist dies zuläſſig, wenn er in Folge einer Societät mit dem Korrealſchuldner oder eines ſonſtigen Vertrags zu einer ſolchen Ver= werthung der Gegenforderung ſeines Geſellſchafters ermächtigt iſt.[10]

c) Was den Schulderlaß anlangt, ſo war nach römiſchem Rechte der in die Form der acceptilatio und der in ein pactum de non pe= tendo gekleidete verſchieden.

Die Acceptilation mit einem der Schuldner wirkte geſammtzerſtörend wie die Zahlung.[11]

Bei dem pactum de non petendo war zu unterſcheiden, ob es bloß der Perſon des Vertragsſchließenden zu Gute kommen ſollte — in personam war, ſo daß es ſich auf ihn beſchränkte, oder ob es ohne eine beſondere Beziehung auf die Perſon des Vertragsſchließenden eingegangen — in rem war. Im letzteren Falle kam es dem anderen Korrealſchuldner zu Gute, wenn der Vertragsſchließende an ſeiner Be= freiung ein Intereſſe hatte, weil er ihm regreßpflichtig war.[12]

Für den heutigen Erlaßvertrag muß man folgende Sätze aufſtellen. In der Regel wirkt der Erlaßvertrag zu Gunſten deſſen, an deſſen Be= freiung der Vertragsſchließende ein Intereſſe hat. Aber es kann auch die Meinung ſein, daß nur der Paciscirende für ſeine Perſon befreit ſein ſoll. Und es iſt endlich möglich, daß der Gläubiger ſich wie durch Zahlung befriedigt erklärt, ſo daß das ganze Schuldverhältniß erledigt iſt. Dies iſt namentlich anzunehmen, falls ohne Vorbehalt quittirt iſt.[13]

d) Wenn der Gläubiger den einen ſeiner Korrealſchuldner beerbt, befreit die Konfuſion an und für ſich deſſen Mitſchuldner nicht. Standen jedoch die beiden in einem Geſellſchaftsverhältniß, ſo kann der Gläubiger den Theil der Schuld nicht beanſpruchen, den er erſtatten müßte, wenn ſein Mitſchuldner voll zahlte.[14]

---

10) l. 10 D. h. t. 45, 2, abgedruckt oben § 63 Anm. 8.

11) l. 2 D. h. t. 45, 2, l. 16 D. de acceptilatione 46, 4.

12) l. 21 § 5 D. de pactis 2, 14. Ueber mehrere Streitfragen ſiehe Bangerow Bd. 2 § 573 S. 94.

13) So auch Mitteis in Grünhuts Zeitſchrift Bd. 14 S. 445. Der einem der Korrealſchuldner zugeſchobene Eid kam, wenn derſelbe die Schuld abſchwor, auch den anderen Korrealſchuldnern zu Gute. l. 28 § 3 D. de jurejurando 12, 2. Es war dies eine Folge des römiſchen Axioms — l. 27 D. de jurejurando 12, 2, Gajus libro 5 ad edictum provinciale — „jusjurandum loco solutionis cedit“, welches man im Anſchluſſe an das prätoriſche Edikt — l. 34 § 6 D. eod. — „solvere aut jurare cogam“ aufgeſtellt hatte. Mit Recht bemerkt aber Mitteis, die Individuali= ſirung S. 90, daß das Beſtreben, die Möglichkeit widerſtreitender Eide auszuſchließen, hierbei mitbeſtimmend war. Deshalb hat der Eid auch — l. 2 D. eod. — „majorem auctoritatem quam res judicata“.

14) l. 71 pr. D. de fidejussoribus 46, 1. In Fällen der Befreiung eines der

e) Es iſt herrſchende Meinung, daß das freiſprechende Urtheil, welches ein Korrealſchuldner erlangt hat, auch deſſen Mitſchuldnern zu Gute kommt, vorausgeſetzt, daß daſſelbe die Exiſtenz der Korreal=ſchuld als ſolcher verneint und nicht bloß die Verpflichtung des beklagten Schuldners. Allein dieſe Anſicht iſt unrichtig. Denn nach allgemeinen Principien macht das Urtheil Rechtskraft nur unter den Prozeßparteien. Und nirgends wird in den Quellen hiervon eine Ausnahme für Korreal=ſchuldner gemacht. Eine Ausnahme findet ſich bei Bürgſchaftsverhält=niſſen.[15] Aber Korrealſchulden und Bürgſchaften ſind nicht zu identificiren.

Unſere Auffaſſung entſpricht der C.P.O. Denn hiernach ſind Ur=theile der Rechtskraft nur ſoweit fähig, als über den durch die Klage erhobenen Anſpruch entſchieden wird. Der Anſpruch gegen den einen Korrealſchuldner iſt aber von dem gegen den anderen verſchieden.[16]

5. Hat der Korrealſchuldner, welcher die Schuld voll oder doch über ſeinen Kopftheil hinaus gezahlt hat, einen Rückgriff gegen die übrigen, welche er hierdurch befreite?[17]

An ſich begründet die Zahlung der ganzen Schuld den Rückgriff des Zahlenden gegen ſeine Mitſchuldner nicht. Er hat die eigene Schuld getilgt, nicht das Geſchäft eines Anderen geführt. Logiſcherweiſe kann ſich daher der Rückgriff nur auf das Verhältniß ſtützen, welches die Betheiligten zur Uebernahme der Korrealſchuld beſtimmte.

Doch ein ſtarres Feſthalten an dieſem Standpunkt führt zu un=erfreulichen Ergebniſſen. Das zu Grunde liegende Verhältniß klar zu legen und hiernach den Regreß zu begründen, wird oft nur durch weit=läufige Beweiſe, oft gar nicht gelingen. Und doch iſt der Mitſchuldner durch die Aufwendung des Zahlenden befreit und der Rückgriff in den

---

Schuldner durch capitis deminutio blieb der andere gleichwohl verhaftet. l. 19 D. h. t. 45, 2. Ebenſo wirkt eine etwaige Reſtitution des einen der Korrealſchuldner gegen die Uebernahme der Obligation nicht zu Gunſten des Mitſchuldners.

15) l. 42 § 3 D. de jurejurando 12, 2. Pomponius libro 18 regularum: Item ſi reus juravit, fidejussor tutus ſit, quia et res judicata secundum alter-utrum eorum utrique proficeret. Die letzten Worte ſind wahrſcheinlich interpolirt, da zur Zeit des Pomponius die Litiskonteſtation mit dem einen Schuldner den anderen befreite. Wie dem auch ſei, nichts rechtfertigt es, über den Fall der Bürgſchaft hinauszugehen.

16) C.P.O. § 293. So auch Mitteis in Grünhuts Zeitſchrift Bd. 14 S. 456, dagegen Hartmann im Archiv für civ. Praxis Bd. 50 S. 133 und Archiv f. ſchweiz. Recht n. F. Bd. 6 S. 124.

17) Es iſt dies alte Streitfrage, vgl. ſchon Gloſſe „juvare" zu l. 2 C. h. t. Dafür, daß die Zahlung Seitens eines Korrealgläubigers den Regreß begründe, W. Sell in Lindes Zeitſchrift Bd. 3 n. 21, Bd. 4 n. 2, Savigny Obl.R. Bd. 1 S. 240, vgl. auch Kohler in Jherings Jahrb. Bd. 25 S. 118. Dagegen erklärte ſich Schröter in Lindes Ztſchrft. Bd. 6 S. 415, Vangerow Bd. 3 § 573 S. 75, Windſcheid Bd. 2 § 294 Anm. 2.

meisten Fällen billig. Daher gilt der Rückgriff als der Vermuthung
nach begründet, wenn einer der Korrealschuldner über seinen Kopftheil
hinaus zahlte; der beklagte Mitschuldner hat seinerseits zu deren Ent=
kräftung darzuthun, welches das zu Grunde liegende Verhältniß ist, und
daß dieses einen Rückgriff gegen ihn ausschließt.[18]

## § 74. Die aktiven Korrealobligationen.

1. Charakteristisch für die aktiven Korrealobligationen ist die Selb=
ständigkeit und Unbedingtheit der Rechte eines jeden der Gläubiger.

Jeder Gläubiger kann das Schuldobjekt ganz einklagen. Er bedarf
der Zustimmung der anderen Gläubiger nicht. Jeder kann die Zahlung
des ganzen Schuldobjekts fordern. Jedem kann es ganz vom Schuldner
angeboten werden. Jeder kann selbständig auf das Ganze klagen und
begründet damit Rechtshängigkeit des ganzen Anspruchs. Siegt er, so
sind die übrigen Gläubiger ausgeschlossen.[1]

---

18) Aus l. 62 pr. D. ad legem Falcidiam 35, 2 von Ulpian beziehungsweise
Julian geht unzweifelhaft hervor, daß grundsätzlich der Rückgriff nicht Folge des
Korrealverhältnisses an sich, sondern der zu Grunde liegenden Societät u. s. w. ist.
Immerhin suchte man schon in Rom den Rückgriff möglichst zu erleichtern. Hieraus
erklärt sich die l. 11 pr. D. h. t. 45, 2 von Papinian libro 11 responsorum, deren
Verständniß bis jetzt — auch Mitteis Individualisirung der Obligation S. 69 —
nicht gelungen ist. Papinian legt seiner Erörterung das in der Praxis gewöhnliche
Formular zu Grunde, wonach die Korrealschuldner promittirten „invicem nos obli-
gantes atque fide dicentes", vgl. oben § 71 Anm. 6; er berichtet, es sei gemeine
Meinung der Juristen, daß der Gläubiger hiernach seine Klage auf das Ganze
gegen denselben Schuldner der Art theilen dürfe, daß er ihn zur einen Hälfte als
Hauptschuldner, zur anderen als Bürgen belange. Was war Nutzen und
Zweck solcher Theilung? Zweifelsohne, dem Schuldner, welcher dann zur einen Hälfte
als Bürge verurtheilt wurde, damit seinen Regreß gegen den Mitschuldner zu sichern.
Allerdings erklärt Papinian, der Gläubiger dürfe zu dieser Weise der Klage nicht
gezwungen werden. Daraus geht aber gerade hervor, daß man es wenigstens für
anständig hielt, so zu klagen, und daß es wohl auch an einer „douce violence"
des Magistrats nicht ganz fehlte. Verfing dieser nicht, so wird man sich doch, um
modern zu reden, gegen „Provision" zu solcher Klageweise verstanden haben. — Wie
dem aber sei „Diocletianus et Maximianus" — l. 1 C. h. t. 8, 39 — haben, was
die Alten nur auf Umwegen zu erreichen wußten, direkt als praktisch und billig be=
stimmt: Creditor prohiberi non potest exigere debitum, cum sint duo rei
promittendi ejusdem pecuniae, a quo velit. Et ideo si probaveris te conventum in solidum exsolvisse, rector provinciae juvare te adversus eum, cum
quo communiter mutuam pecuniam accepisti non cunctabitur. Der zahlende
correus hat also seinerseits zur Begründung seines Rückgriffs nur Beweis über die
Zahlung der ganzen Schuldsumme zu führen.

1) Welche Wirkung die Klageerhebung Seitens eines von mehreren Korreal=
gläubigern hat, kann zweifelhaft sein. Nach klassischem Rechte konsumirte die Litis=
kontestation eines Korrealgläubigers den ganzen Anspruch, l. 2 D. h. t. 45, 2. Justi=
nian hat dies durch die l. 28 C. de fidejussoribus 8, 40 nicht beseitigt; denn diese
bezieht sich nur auf passive Korrealobligationen. Aber das heutige Recht kennt keine
Klagenkonsumtion mehr! Nichtsdestoweniger wird man die Prävention durch Klage
nach wie vor entscheiden lassen. Sonst könnte der Schuldner beide Gläubiger in

Jeder der Gläubiger kann ferner die Schuld mit dem Effekt erlassen, daß auch die Ansprüche der übrigen Korrealgläubiger getilgt sind, was namentlich anzunehmen ist, wenn er unbedingt über die Schuld quittirt hat.[2] Ja, er kann durch Novation die Forderung in sein ausschließliches Recht bringen, womit die Rechte der übrigen Gläubiger erlöschen.[3][4]

2. Korrealforderungen werden in den allermeisten Fällen in Folge eines Gesellschaftsvertrages begründet. Es kann ferner vorkommen, daß der eine der Gläubiger Mandatar des anderen ist, so daß ihm nur die volle Legitimation über die Forderung nach außen hin eingeräumt wird. Endlich ist denkbar, daß gar kein Verhältniß zwischen den Gläubigern besteht, indem z. B. „der Kirche zu X. oder zu Y." eine gewisse Summe vermacht ist, so daß dieselbe dem zukommt, welcher zuerst die Zahlung beitreibt oder zuerst klagt.

3. Von diesem s. g. inneren Verhältnisse hängt es ab, ob und wie weit derjenige Gläubiger, welcher die Schuld beitreibt oder Erfüllungssurrogate für sie annimmt, oder über sie in der Absicht des gänzlichen Erlasses quittirt, den anderen Korrealgläubigern erstattungspflichtig ist.[5]

4. Wird der eine der Korrealgläubiger rechtskräftig abgewiesen, so steht unserer Ansicht nach das Erkenntniß den anderen Gläubigern nicht entgegen, da das Urtheil nur zwischen den Parteien Rechtskraft macht.[6]

---

Schach halten, indem er erklärte, demjenigen, der nicht klage, zu zahlen. Wird aber der eine angebliche Korrealgläubiger abgewiesen, so kann der andere sein Forderungsrecht geltend machen. Alle diese Fragen sind jedoch höchst zweifelhaft.

2) Nach römischem Rechte ging die Forderung aller Korrealgläubiger unter, wenn der eine der Gläubiger dem Schuldner acceptoferirte, l. 13 § 12 D. de acceptilatione 46, 4. Dagegen schadete ein pactum de non petendo des einen Korrealgläubigers dem anderen nichts, Paulus libro 3 ad edictum, l. 27 pr. D. de pactis 2, 14, l. 93 D. de solutionibus 46, 3. Doch ist dies sehr bestritten: vgl. Vangerow Bd. 3 § 373 S. 95.

3) l. 31 § 1 D. de novationibus 46, 2. Sehr bestritten ist freilich, wie sich die l. 27 pr. D. de pactis 2, 14 hierzu verhält. Am meisten hat es für sich, anzunehmen, daß Paulus in den kritischen Schlußworten „idemque in duobus reis stipulandi dicendum est" nur sagen will, daß auch der Nachlaßvertrag des einen Korrealgläubigers dem anderen nicht schade, daß sich also diese Worte nur auf die Hauptfrage und nicht auf den beiläufig verhandelten Punkt, ob der argentarius noviren könne, beziehen. Vgl. Vangerow Bd. 3 § 573.

4) Konstitutum zu Gunsten eines Korrealgläubigers tilgte nach römischem Rechte den Anspruch des anderen Gläubigers, „quia loco ejus cui jam solutum est haberi debet is cui constituitur." l. 10 D. de pec. const. 13, 5. Für das heutige Versprechen, zahlen zu wollen, kann dies nicht allgemein gelten, sondern nur bei Absicht der Novation.

5) l. 62 pr. D. ad legem Falcidiam 35, 2.

6) Vgl. oben § 73 no. 4 lit. e.

### § 75. Behandlung der Solidarobligationen im engeren Sinne.

Die Solidarobligationen im engeren Sinne sind so verschieden, daß eine allgemeine Theorie derselben nur in einzelnen Punkten aufzustellen ist.

Was insbesondere die passiven Solidarobligationen anlangt, so hebt die Zahlung, die Annahme an Zahlungsstatt, die gehörige öffentliche Deposition und durchgeführte Kompensation sämmtliche Solidarobligationen auf.[1] Anders, wenn der Gläubiger mit einem der Solidarschuldner novirt.[2] Denn hierin liegt eine Fortsetzung des Rechtsverhältnisses in neuer Form, aber keine eigentliche Befriedigung. Auch Erlaß gegenüber dem einen der Solidarschuldner befreit in der Regel die anderen nicht.[3]

Unterbrechung der Verjährung gegenüber einem der Solidarschuldner hat gegenüber den übrigen keine Bedeutung.[4] [5]

Ob und wie weit zwischen den verschiedenen Solidarschuldnern ein Rückgriff besteht, wenn einer das Ganze zahlen mußte, läßt sich in allgemeiner Weise nicht bestimmen. Ist z. B. Jemand bei verschiedenen Versicherern selbständig für denselben Schaden versichert, und hat einer der Versicherer den ganzen Schadensersatz geleistet, so kann derselbe von dem anderen Versicherer nichts fordern.

Nach römischem Rechte hat auch, wer in Folge eines Deliktes mit Anderen haftbar ist, wenn er das Ganze zahlt, keinen Regreß gegen die übrigen Schädiger. Ob dies noch im heutigen Rechte anzunehmen ist wird später erörtert werden.[6]

---

1) Das Recht, welches die l. 10 D. h. t. 45, 2 dem Korrealschuldner zugesteht, mit Gegenforderungen seines correus zu kompensiren — oben § 73 Anm. 10 —, ist bloßen Solidarschuldnern nicht zuzugestehen. So jetzt auch Mitteis in Grünhuts Zeitschrift Bd. 14 S. 468.

2) Entscheidende Quellenzeugnisse existiren bezüglich dieser Frage nicht. Vgl. übrigens Mitteis in Grünhuts Zeitschrift Bd. 14 S. 455.

3) Daß man bei solidarischen Obligationen in der Regel auf eine beschränkte Wirkung des Erlasses schließt, hat seinen Grund darin, daß in der Regel der Berechtigte bei solchen Schuldverhältnissen nur den, mit dem er verhandelt, aber keineswegs Alle befreien will.

4) Anders bei passiven Korrealobligationen, vgl. oben § 73 Anm. 7.

5) Eine weitere Verschiedenheit der korrealen Obligationen und der bloß solidarischen liegt darin, daß bei den ersteren richtiger Ansicht nach eine gegenseitige Haftung für die Verschuldung des Mitschuldners besteht — oben § 73 Anm. 5 —, nicht aber bei den solidarischen Obligationen. Wenn Andere den hauptsächlichen Unterschied darin suchen, daß die res judicata bei den Solidarobligationen jus facit inter partes, bei den Korrealschulden inter omnes, so ist dieser Unterschied nicht begründet. Vgl. oben § 73 Anm. 16.

6) Hierüber das Nähere unten § 129.

## Zweites Kapitel.

### Die Bürgschaft.

#### I. Geschichtliche Einleitung.

##### § 76. Die Stipulationsbürgschaft.

1. Der Vertrag mit einem Gläubiger, wonach man sich zu dessen Sicherheit neben dessen Schuldner verbindet, ist Bürgschaft.[1] Ihm diente in Rom die Stipulation. Vor Justinian bestanden nebeneinander drei Formen für die Stipulationsbürgschaft.[2]

a) Die älteste war die „sponsio" mit den Worten „idem spondes?" Sie war nur römischen Bürgern zugänglich.

b) Eine spätere, auch den Peregrinen offengestellte Art war die „fidepromissio" mit der Formel „idem fidepromittis?"

Diese beiden Arten der Verbürgung konnten nur Verbalobligationen dienen. Sie waren ferner in dem Sinne höchstpersönlich, daß sie auf die Erben des Bürgen nicht übergingen.

c) Die jüngste Art der Verbürgung war die „fidejussio" mit der Formel „idem fide tua jubes?" Sie stand Peregrinen offen. Sie verband auch die Erben des Bürgen. Sie konnte Obligationen jeder Art, selbst künftigen, für den Fall ihrer Entstehung hinzutreten.

2. Die Bürgschaft war in Rom ein Institut von großer socialer Bedeutung und selbst von politischer Wichtigkeit. Es galt als Ehrenpflicht der vornehmeren Klassen, für ihre Klienten als Bürgen einzutreten. In solcher Weise verschafften sie ihnen Kredit und fesselten sie zugleich an sich.[3] Dies befestigte den Einfluß der Aristokratie, war aber auch eine drückende, unter Umständen ruinöse Belastung für dieselbe. Um deswillen erließ man zur Zeit der Republik zahlreiche Volksgesetze, welche die Last mindern sollten.

Unter diesen Gesetzen ist besonders zu beachten die lex Furia bezüglich der sponsores und fidepromissores.[4] Sie verordnete Doppeltes.

---

1) Tit. Inst. de fidejussoribus 3, 20. Dig. de fidejussoribus et mandatoribus 46, 1. Cod. 8, 40. Litteratur: Girtanner, die Bürgschaft 1851; Hasenbalg, die Bürgschaft 1870. Der zweite Theil des Buches von Girtanner S. 147 ff. enthält eine Dogmengeschichte der Bürgschaft im Mittelalter und in der neueren Zeit und damit reiche Litteraturangaben. O. Geib, zur Dogmatik des röm. Bürgschsrs. 1894. Vgl. auch Raff. Corsi, la fidejussione, 3 ed. Bologna 1898.

2) Das Nähere siehe bei Gajus Inst. III. § 115.

3) Vgl. oben Bd. 1 § 261; Dernburg, Pfandrecht Bd. 1 S. 1 ff.

4) Vgl. über diese Gesetze Gaj. Inst. III. §§ 121 ff., siehe auch Lenel, edictum

Einmal wurden solche Bürgen durch Ablauf von zwei Jahren befreit; dann theilte sich die Verpflichtung von Rechtswegen unter die mehreren Bürgen derselben Schuld. Die fidejussores unterstanden der lex Furia nicht, offenbar weil die fidejussio erst nach der lex Furia aufkam und daher durch ihren Wortlaut nicht getroffen wurde.

3. Im justinianischen Rechte waren die älteren Formen der Bürgschaft außer Gebrauch gekommen; es bestand nur noch die fidejussio.

Auch dieses Institut hatte einen strikten Charakter. Insbesondere war die fidejussio nichtig, wenn sie auf mehr oder Anderes ging als die Hauptschuld.

4. Wie verhielt sich die fidejussio zur Korrealschuld?

Die Neueren bezeichnen sie meist als eine Species der letzteren.[5] Hauptschuld und Bürgschaftsschuld sollen „eine einige" Obligation bilden,[6]

---

S. 168. Nur mit einem Worte sei noch hier der lex Cornelia gedacht, die wir billig Sulla zuschreiben, „qua lege idem pro eodem apud eundem eodem anno vetatur in ampliorem summam obligari creditae pecuniae quam in XX milia" Gajus Inst. III. § 124.

5) Siehe die bei Samhaber, Korrealschuld S. 170 Citirten. Dagegen ist u. A. Arndts § 350 Anm. 4, Czyhlarz in Grünhuts Zeitschrift Bd. 3 S. 102.

6) Häufig wird heutzutage gelehrt, der Bürgschaftsvertrag könne einen verschiedenen Inhalt haben. Es sei nämlich 1. möglich, daß der Bürge die Verbindlichkeit des Hauptschuldners auf sich nehme, damit begründe er nicht eine neue Verbindlichkeit für sich, sondern erstrecke die Verbindlichkeit des Hauptschuldners auf sich, indem er neben demselben Korrealschuldner werde. Solcher Art sei die römische fidejussio gewesen. 2. Der Bürge könne aber auch für sich eine besondere Verbindlichkeit übernehmen, und zwar auf eine Leistung, welche zum Inhalt die Verbindlichkeit des Hauptschuldners habe; er mache sich dann neben demselben zum bloßen Solidarschuldner. Dieser Willensrichtung entspreche das römische constitutum. S. u. A. Windscheid Bd. 2 § 476. Doch fügt Windscheid selbst hinzu, daß heutzutage das Bewußtsein der Parteien für diesen Gegensatz unempfindlich sei. „Die Parteien würden wohl regelmäßig sehr in Verlegenheit kommen, wenn sie Antwort auf die Frage geben sollten, ob sie wollen, daß diese Verbindlichkeit als solche auf den Bürgen übergehen solle oder daß für denselben eine besondere Verbindlichkeit zur Erfüllung der Verbindlichkeit des Hauptschuldners entstehen solle." Das meinen wir auch! Wir behaupten aber weiter gehend, der Gegensatz sei überhaupt aus der Luft gegriffen, er beruhe auf einem Scholasticismus, welcher den Römern ebenso fremd war als dem heutigen Rechtsverkehr. Was den Inhalt der Stipulationsbürgschaft ausmacht, das sagen uns die Formeln der Stipulationsbürgschaften „idem dare spondes?" Der Stipulationsbürge verspricht dasselbe wie der Hauptschuldner als Nebenschuldner. Daß er die Verbindlichkeit des Hauptschuldners auf sich erstrecke, daß er eine eigene Schuld übernimmt, von solchen Dingen ist nirgends die Rede. Seine Obligation ist anderer Natur wie die Hauptschuld, sie ist accessorisch. Wie kann sie also die Verbindlichkeit des Hauptschuldners sein. Daß es sich um eine besondere Verbindlichkeit, eine eigene Schuld des Bürgen handelt, sagt Gajus III. § 126 zu allem Ueberflusse „horum obligatio accessio est principalis obligationis". Die einzige Stütze des herrschenden Dogmas ist, so viel wir sehen, l. 1 § 8 D. de obligationibus et actionibus 44, 7.  Gajus libro 2 aureorum: Sed aut proprio nomine quisque obligatur aut alieno: qui autem alieno nomine obligatur fidejussor vocatur, et plerumque ab eo, quem proprio nomine obligamus, alios

hierfür wird vor Allem die gesammtzerstörende Wirkung der Litis=
kontestation mit einem der Schuldner in das Feld geführt. Daß dieser
Grund nicht durchschlagend ist, ergiebt sich aus den früheren Aus=
führungen. Nirgends bezeichnen die Römer die fidejussio als eine
Korrealschuld. Es handelt sich vielmehr trotz mancher Aehnlichkeit um
verschiedene Dinge. Die Korrealschuldner sind Hauptschuldner,
die Bürgen bloße Accessionen.

### § 77. Geschäfte mit Bürgschaftseffekt.

Mehrere Geschäftsformen, die an sich nicht zur Verbürgung be=
stimmt sind, lassen sich doch zu einer solchen benutzen. So geschieht
heutzutage die Uebernahme von Wechselschulden auch behufs Ver=
bürgung.[1] Bei den Römern konnte man das constitutum zu Bürg=
schaften verwenden; auch das Mandat dient heutzutage wie in Rom der
Bürgschaft.

1. Beim Konstitut dachten die Römer zunächst an das Versprechen
der Zahlung einer eigenen Schuld. In der Kaiserzeit gab man indessen
die actio de pecunia constituta auch wenn die Zahlung fremder
Schulden versprochen war — s. g. constitutum debiti alieni.[2]

Ein solches Versprechen geschah keineswegs immer zur Sicherstellung,
es konnte auch Anderes, insbesondere Schuldübernahme bezwecken. Gewiß
verbürgte man sich in der klassischen Zeit durch constitutum nur selten.[3]
Denn man legte sich damit für den Fall der Nichtzahlung die Strafe
der Hälfte des Streitobjektes auf den Nacken und verband sich zur Zah=

---

accipimus, qui eadem obligatione teneantur. Durch die Hauptobligation wird
auch der Bürge verhaftet! Natürlich; denn sie ist die Grundlage und Bedingung
der von ihm übernommenen accessorischen Verbindlichkeit. Etwas Weiteres ist aus
der Aeußerung von Gajus, welche keinesfalls ein Dogma formuliren wollte, nicht
herauszulesen.

1) Erfolgt eine in Wechselform — Indossament oder Accept — verkleidete Bürg=
schaft, so ist im Falle der Unwirksamkeit der Wechselverbindlichkeit die Bürgschaft er=
ledigt, wenn sie nur durch den Wechsel geleistet werden sollte. Es können aber die
Parteien eine zwiefache Verbürgung beabsichtigt haben, nämlich einmal eine wechsel=
rechtliche und eventuell eine gewöhnliche. Daß solches vereinbart war, muß der
Gläubiger beweisen. R.O.H.G. Bd. 2 S. 366, R.G. Bd. 4 S. 11.

2) Ueber constitutum und receptum siehe namentlich Lenel in der Zeitschrift
für Rechtsgeschichte Bd. 15 S. 62, Better das. Bd. 16 S. 1, Rossello im arch.
giurid. Bd. 45 S. 1, E. Serafini das. S. 553, siehe auch Lenel, ediotum, S. 104
und 197, und über das constitutum überhaupt oben § 69.

3) Von dem constitutum debiti alieni handelte 1. 5 §§ 2 und 3, sowie 1. 2
D. de pecunia constituta 13, 5. Die bei Weitem meisten Stellen aber, welche in
den Pandekten von einem constitutum debiti alieni sprechen, bezogen sich, wie Lenel
aus den Inskriptionen nachgewiesen hat, ursprünglich auf das receptum. So nament=
lich 1. 27, 1. 28 und 1. 12 D. de pecunia constituta 13, 5.

lung, auch wenn die Hauptschuld zur Zeit der Klage nicht mehr existirte, sofern sie nur zur Zeit des Konstitutes bestanden hatte.

Häufig war dagegen damals Verbürgung durch receptum.

Receptum war das Versprechen eines Wechslers zur Zahlung für einen Geschäftsfreund an einen Dritten — den Recepten, natürlich in der Regel auf Anweisung des Geschäftsfreundes. Meist war die Veranlassung des receptum, daß der Anweisende dem Recepten schuldete, dann hatte es den Charakter einer Verbürgung; aber wesentlich war die Existenz einer Schuld des Anweisenden für die Verpflichtung aus dem receptum nicht. Es konnte daher auch anderen Zwecken als denen der Verbürgung dienen.

Justinian ließ das receptum in dem constitutum aufgehen.[4]

Im modernen Rechte kommt aber Verbürgung durch constitutum nicht vor. Zwar spielt in den Schriften und theoretischen Ausführungen der Neueren das constitutum als Verbürgungsform eine große Rolle. Aber es handelt sich nur um eine Scheinexistenz und bloße Floskeln. Wer die Schuld eines Anderen neben demselben zu zahlen verspricht, um den Gläubiger zu sichern, verbürgt sich, aber er konstituirt nicht im römischen Sinne. Er kann also namentlich nicht in Anspruch genommen werden, wenn die Schuld zur Zeit des Zahlungsversprechens bestand und nachher untergegangen ist.[5]

2. Häufig vorkommend ist der Kreditauftrag[6] — mandatum qualificatum — d. h. der einem Geldverleiher ertheilte Auftrag, einem Dritten zu krediтiren, sei es, daß zu diesem Zwecke eine neue Obligation begründet[7] oder eine bereits bestehende verlängert werden soll.[8]

4) Diese Verschmelzung geschah in der l. 2 C. de constituta pecunia 4, 18. Vgl. über diesen „gar nicht herb genug zu verurtheilenden Fehlgriff Justinians" Lenel, Zeitschrift der Savignystiftung rom. Abth. Bd. 2 S. 62.

5) Was bei der Unterstellung des Versprechens der Bezahlung einer fremden Schuld unter das römische constitutum herauskommt, ergiebt sehr deutlich der Fall RG. Bd. 10 S. 186. Der Unterrichter behandelte dasselbe als „Bürgschaftsversprechen in Form eines constitutum", hielt aber gleichwohl die Einrede für relevant, daß die Hauptschuld nach Ertheilung des Konstituts verjährt sei. Die Revision rügte dagegen, daß die l. 18 § 1 D. de pecunia constituta 13, 5 nicht beachtet sei, wonach der Konstituent verhaftet bleibt, „licet post constitutam dies temporalis actionis exierit". Dies war ohne Zweifel zutreffend, wenn das Versprechen ein Konstitut war. Dennoch wies das R.G. die Revision zurück, indem es die Ausführung des Berufungsrichters, daß die Bürgschaft in Konstitutsform übernommen war, als unwesentliche Bemerkung behandelte. Der Rechtsfall zeigt die Gefährlichkeit der Subsumtion unter juristische Begriffe, mit denen man Ernst nicht machen will noch kann. Vgl. auch Geib a. a. O. S. 183.

6) Rothenberg, Kreditauftrag im Archiv für civ. Pr. Bd. 77 n. 12; Sokolowski, die Mandatsbürgschaft Halle 1891; Geib a. a. O. S. 149 ff. Unger, Handeln auf fremde Gefahr in Iherings Jahrb. Bd. 33 S. 6.

7) l. 6 § 4 D. mandati 17, 1. Ulpianus libro 31 ad edictum: Si tibi mandavero quod mea non intererat, veluti ut pro Sejo intervenias vel ut Titio

Ein solcher Auftrag unterliegt den Grundsätzen des Mandates.

Er erlischt daher wie jedes andere Mandat, wenn der Auftraggeber den Auftrag vor seiner Ausführung zurücknimmt, oder wenn der Beauftragte ihn vorher kündigt (wobei ihn unzeitige Kündigung verantwortlich macht), oder wenn der Mandant oder der Mandatar vorher stirbt.

Alle diese Rechtssätze sind der wahren Bürgschaft fremd. Es ist daher ein Mißgriff, wenn manche Neuere das Kreditmandat einfach in der Bürgschaft aufgehen lassen wollen.[9]

Erst nach Ausführung des Kreditauftrages wird das Verhältniß einer Verbürgung ähnlich. Nunmehr läßt sich von einer Mandatsbürgschaft sprechen, denn jetzt hat der Geldverleiher außer dem Hauptschuldner in dem Auftraggeber einen Nebenschuldner. Dieser hat ihm in Folge der actio mandati contraria für alle Nachtheile einzustehen, welche ihm aus der Ausführung des Kreditauftrages erwuchsen, also namentlich für die Berichtigung des auf Grund desselben gegebenen oder verlängerten Darlehens.[10]

Dies bewirkte denn auch, daß wichtige positive Rechtssätze des Bürgschaftsrechtes auf das Kreditmandat ausgedehnt wurden.[11]

## II. Das praktische Recht der Bürgschaft.

### § 78. Das Wesen der Bürgschaft.

An die Stelle der römischen fidejussio ist im gemeinen Rechte der formlose Bürgschaftsvertrag getreten.[1] Er hat den strikten

---

credas, erit mihi tecum mandati actio, ut Celsus libro 7 digestorum scribit, et ego tibi sum obligatus. § 6 I. de mandato 3, 26 ... adeo haec ita sunt, ut quaesitum sit, an mandati teneatur, qui mandavit tibi, ut Titio pecuniam fenerares: sed optinuit Sabini sententia obligatorium esse in hoc casu mandatum, quia non aliter Titio credidisses, quam si tibi mandatum esset.

8) l. 12 § 14 D. mandati 17, 1: Si post creditam pecuniam mandavero creditori credendam, nullum esse mandatum rectissime Papinianus ait. plane si, ut exspectares, nec urgeres debitorem ad solutionem, mandavero tibi, ut ei des intervallum, periculoque meo pecuniam fore dicam, verum puto omne nominis periculum debere ad mandatorem pertinere.

9) Daß der Kreditauftrag derzeit in der Bürgschaft aufgegangen sei, behauptet neuerdings vorzugsweise Arndts § 353 Anm. 3. Anderer Ansicht ist u. A. Girtanner S. 540. Die älteren Ansichten siehe dort S. 197, vgl. ferner die bei Arndts Citirten.

10) Wäre übrigens der Auftrag dahin gegangen, etwas einem Subjekte zu leisten, das sich auch nicht einmal naturaliter verbinden kann, so wäre die actio mandati contraria gleichwohl begründet, während ein Bürgschaftsgeschäft nichtig wäre.

11) Die Verwandtschaft von Kreditauftrag und Bürgschaft betont bereits Julianus libro 3 ad Ursejum Ferocem l. 32 D. mandati 17, 1 ... neque enim multo referre, praesens quis interrogatus fidejubeat an absens vel praesens mandet. Vgl. Sokolowski a. a. O. S. 77.

1) Sehr häufig behauptet man, daß der heutige Bürgschaftsvertrag auf einer

Charakter des römischen vorbildlichen Institutes nicht bloß in der Form, sondern auch in seinem Wesen abgestreift und untersteht durchweg den Grundsätzen der Billigkeit.

Da der Vertrag formlos ist, so genügt jede Vereinbarung über Verbürgung, mag nun die Rede von „verbürgen" sein oder „fremde Schuld zahlen" oder „als Bürge eintreten", oder mögen andere Wendungen gebraucht sein.

1. Die Bürgschaft ist als bloße Sicherheit Accession der Hauptschuld. Auch wer sich als „Selbstschuldner" verbürgt, ist bloß accessorisch verbunden. Denn dies heißt nur, daß der Bürge auf die Einrede der Vorausklage und der Theilung verzichtet.

Die Bürgschaftsschuld kommt als bloße Accession nicht zu Stande, wenn die verbürgte Schuld zur Zeit der Verbürgung nichtig oder durch peremptorische Exception unwirksam war;² sie erlischt, wenn die Hauptschuld durch Tilgung ipso jure oder mittels Exception ihr Ende findet. Eine natürliche Verbindlichkeit kann aber verbürgt werden.³ Gültig ist ferner die Bürgschaft für künftige Verbindlichkeiten, selbst wenn sie nur generell bezeichnet sind, s. g. Kreditbürgschaften, z. B. für die

---

„Verschmelzung" von constitutum und fidejussio beruhe, wobei man sich jedoch mehr an die fidejussio anzulehnen habe. Vgl. Girtanner S. 372 und Windscheid Bd. 2 § 476 Anm. 6. Bangerow dagegen Bd. 3 § 579 Ziff. 4 will beide Institute auch im heutigen Verkehrsrechte unterschieden wissen. „Wird," sagt er, „durch die Verbürgung ausschließlich die Sicherstellung des Gläubigers bezweckt, so müssen die Grundsätze der fidejussio zur Geltung kommen; sollen aber durch die Intercession noch andere Vortheile für den Gläubiger erreicht werden, so muß ein constitutum mit seinen Eigenheiten angenommen werden." Wir dagegen vertheidigen, daß nur die Stipulationsbürgschaft eigentliche Bürgschaft in Rom war, daß das römische constitutum unserem Verkehr fremd ist. Uns ist daher die Bürgschaft einzig die freier entwickelte fidejussio der Römer.

2) l. 29, l. 47 pr., l. 56 pr., l. 70 § 4 D. h. t. 46, 1, siehe weiter bezüglich irrthümlicher Verbürgung für eine verjährte Forderung l. 37 D. h. t. Höchst bestritten ist die Erklärung von l. 25 D. h. t. 46, 1 Ulpianus libro 11 ad edictum: Marcellus scribit, si quis pro pupillo sine tutoris auctoritate obligato prodigove vel furioso fidejusserit, magis esse, ut ei non subveniatur, quoniam his mandati actio non competit. Derselbe Ulpian entscheidet libro 1 ad Sabinum l. 6 D. de verb. obl. 45, 1: Is, cui bonis interdictum est, non potest promittendo obligari: et ideo nec fidejussor pro eo intervenire poterit, sicut nec pro furioso. Die verschiedenen, zum Theile abenteuerlichen Vereinigungsversuche siehe bei Girtanner S. 21, Hasenbalg S. 93, Brinz Bd. 2 § 255 Anm. 24. Nach unserer Ansicht bezog sich die l. 25 ursprünglich auf das „receptum", vgl. oben § 77 Anm. 3, zu dessen Verbindungskraft keine Hauptschuld nöthig war; durch eine gedankenlose Interpolation, welche fidejusserit an die Stelle von receperit setzte, ist dann der Widerspruch entstanden. Vgl. neuerdings Audibert, études sur l'histoire du droit romain Bd. 1 S. 263 ff., der die l. 25 ebenfalls — aber in anderer Weise — für interpolirt hält, die Lösung des Widerspruches jedoch in der Annahme findet, es handele sich in der l. 6 cit. um eine andere Art der Verschwenderentmündigung als in l. 25.

3) l. 6 § 2, l. 7, l. 16 § 3, l. 60 D. h. t. 46, 1.

14*

aus einem bestimmten Geschäftsverkehr inskünftige sich entwickelnden Verbindlichkeiten.[4]

Die Römer erachteten es als unvereinbar mit dem accessorischen Charakter der Stipulationsbürgschaft, wenn der Inhalt der Bürgschaftsschuld und der Hauptschuld nicht völlig übereinstimmten. Auf weniger konnte zwar eine Bürgschaft gehen. Dagegen war die fidejussio auf Anderes[5] oder mehr oder unter lästigeren Bedingungen als die Hauptschuld total nichtig.[6]

Das heutige Bürgschaftsrecht ist freier.[7] Es genügt, daß es sich um dieselbe Vermögenspost handelt. Daher kann das specifische Objekt der Bürgschaftsschuld und der Hauptschuld ein verschiedenes sein, z. B. auf Geld statt auf Waare lauten. Dem Bürgen können auch härtere Bedingungen als dem Hauptschuldner auferlegt werden. Es kann endlich der Bürge selbst mehr als der Hauptschuldner schulden, sofern das Ueberschießende als Entschädigung aufgefaßt werden kann.[8] Mindestens aber schuldet der Bürge, welcher mehr als der Hauptschuldner versprach, den Betrag der Hauptschuld.

2. Mit der accessorischen Natur der Bürgschaft ist nicht zu identificiren ihre Subsidiarität, wonach der Bürge erst angegriffen werden kann, wenn der Gläubiger vom Hauptschuldner nichts mehr erlangen kann. Sie war dem älteren römischen Rechte völlig unbekannt und wurde erst durch die Rechtswohlthat der Vorausklage, welche Justinian schuf, Regel des Bürgschaftsrechtes.

3. Eigenthümlich sind dem Bürgschaftsrechte wichtige Rechtswohlthaten, welche die Stellung des Bürgen erleichtern. Der Bürge hat im justinianischen Rechte

a) das beneficium excussionis, s. g. Recht der Vorausklage,

b) das beneficium cedendarum actionum, d. h. Anspruch auf Abtretung der Klage des Gläubigers gegen den Hauptschuldner und andere Bürgen im Falle der Abzahlung der Schuld,

---

4) l. 6 § 2 D. h. t. 46, 1. Der Schuldner einer auf unbestimmte Zeit geschlossenen Kreditbürgschaft darf nach Verlauf eines den Umständen nach abzumessenden Zeitraums die Kreditbürgschaft kündigen. R.O.H.G. Bd. 19 S. 110.

5) l. 42 D. h. t. Eine Modifikation siehe jedoch in l. 70 § 2 D. eod.

6) l. 8 § 7 D. h. t. Illud commune est in universis, qui pro aliis obligantur, quod, si fuerint in duriorem causam adhibiti, placuit eos omnino non obligari: in leviorem plane causam accipi possunt. Siehe weiter § 8 D. eod. und die folgenden §§.

7) Ueber die historische Entwickelung dieses Satzes seit dem Mittelalter siehe Girtanner S. 171.

8) Vgl. Windscheid Bd. 2 § 477 Anm. 23.

c) das beneficium divisionis, das Recht des Bürgen auf Thei=
lung der Klage unter die Mitbürgen.[9]

## § 79. Rechte des Gläubigers gegen den Bürgen.

1. In welchem Umfange der Bürge haftet, ergiebt sich in erster Linie
aus dem Bürgschaftsvertrage. Im Zweifel aber übernimmt er volle
Verbürgung — in omnem causam[1] — d. h. die Haftung für Alles,
was der Hauptschuldner in dem Augenblicke, in welchem die Bürgschaft
geltend gemacht wird, aus dem verbürgten Geschäfte zu leisten hat.[2] Er
steht daher für die Folgen des Verzuges und der Verschuldung des
Hauptschuldners und für gesetzliche Zinsen ein.[3] Dagegen sind Vertrags=
zinsen, Konventionalstrafen und andere auf besonderen Verein=

---

9) Das römische Recht untersagt den Soldaten Bürgschaften für Pachtungen l. 31
C. de locato 4, 65, desgleichen Geistlichen für Leistungen an den Fiskus, Pachtungen,
Prozeßführung nov. 123 cap. 6; vgl. Girtanner S. 148, 283, 368; Hasenbalg S. 224.
Diese Bestimmungen sind nicht mehr praktisch. Ueber Intercessionen der Frauen
f. unten § 83.

1) Ueber die fidejussio in omnem causam vgl. namentlich l. 54 pr. D. locati
19, 2. Paulus libro 5 responsorum, wo bezüglich der Verzugszinsen ausgeführt
wird ... cum fidejussor in omnem causam se applicuit, aequum videtur ipsum
quoque agnoscere onus usurarum, ac si ita fidejussisset: „in quantum illum
condemnari ex bona fide oportebit, tantum fide tua esse jubes?" vel ita
„indemnem me praestabis?"

2) Daß die Bürgschaft im Zweifel in omnem causam sei, entspricht den Zwecken,
weswegen Bürgschaften eingegangen werden. Denn wer Kredit auf Bürgschaft giebt,
will in der Regel, daß ihm gesichert sei, was er künftig zu fordern hat. Diese Auf=
fassung hat sich namentlich bei Paulus, welcher sich vorzugsweise mit der Frage be=
schäftigte, herausgebildet. Insbesondere führt dieser Jurist libro 17 ad Plautium
l. 91 § 4 D. de verb. obl. 45, 1 die Verhaftung des Bürgen für die Verschuldung
und den Verzug des Hauptschuldners darauf zurück, „quia in totam causam spo=
ponderunt". In derselben Weise spricht er sich in der l. 56 § 2 D. de fidejusso=
ribus 46, 1, die unten Anm. 3 abgedruckt ist, aus: siehe übrigens auch l. 68 § 1
D. de fidejussor. 46, 1. — Die Meinungen der Neueren über die Frage sind sehr
getheilt. Viele nehmen an, daß der Bürge in der Regel nicht für Zinsen hafte, die
aus dem Verzuge des Hauptschuldners erwuchsen. So Hasenbalg a. a. O. S. 267.
Mit der hier vertheidigten Ansicht übereinstimmend ist dagegen Windscheid Bd. 2
§ 477 Anm. 26, Seuff. Arch. Bd. 48 n. 180 (oberst. L.G. f. Baiern). Auch für die
Kosten der Ausklagung des Hauptschuldners hat der Bürge in der Regel aufzukommen,
sofern ihm die Einrede der Vorausklage zukam, und der Gläubiger vom Bürgen nach
Fälligkeit der Forderung vergeblich Zahlung forderte. Vgl. noch Seuff. Arch. Bd. 46
n. 188.

3) Haftet der Bürge, wenn sich aus dem Geschäfte, für welches er eintrat, Ver=
bindlichkeiten anderer Art, als beabsichtigt war, entwickelten? Dies bejaht Paulus
libro 15 quaestionum l. 56 § 2 D. de fidejussoribus 46, 1: Si nummos alienos
quasi tuos mutuos dederis sine stipulatione, nec fidejussorem teneri Pomponius
ait: quid ergo, si consumptis nummis nascatur condictio? puto fidejussorem
obligatum fore: in omnem enim causam acceptus videtur, quae ex ea nume=
ratione nasci potest. Vgl. l. 54, l. 60 D. de fidejussoribus 46, 1; Dernburg,
Pfandrecht Bd. 1 S. 550.

barungen beruhende Verbindlichkeiten nur dann mitversichert, wenn di Verbürgung besonders auf sie erstreckt wurde.[4]

Der Bürge haftet für den Hauptschuldner. Er hat daher dessen Einreden geltend zu machen, mögen sie nun vor oder nach der Verbürgung entstanden sein. Nicht einmal ein Verbot des Hauptschuldners kann ihm dies Recht nehmen. Immerhin ist die Befugniß nichts Ausnahmsloses:

a) Einige Exceptionen kommen nur solchen Bürgen zu Gute, welche einen Rückgriff gegen den Hauptschuldner hätten, wenn sie zahlen müßten. Dahin gehört die exceptio S. C. Macedoniani.[5]

b) Es giebt höchst persönliche Einreden, welche nur dem Hauptschuldner, nicht aber seinem Bürgen zustehen. Dahin gehört die Einrede der Kompetenz.[6] Auch können sich die Bürgen eines Gemeinschuldners nicht auf den zu jenes Gunsten geschlossenen Zwangsvergleich berufen.[7]

2. Nach klassischem römischen Rechte hatte der nichtbefriedigte Gläubiger die Wahl, ob er den Bürgen oder den Hauptschuldner belangen wollte. Hatte er aber einmal mit Einem die Litiskontestation vorgenommen, so war seine Klage gegen alle Schuldner konsumirt, auch wenn er vom Beklagten nichts beitreiben konnte.

---

4) Dies ergiebt mehr die Natur der Sache, als daß die hierfür angeführten Stellen vollbeweisend wären. Es sind dies l. 10 pr. C. h. t. 8, 40, l. 9 C. quod cum eo 4, 26, l. 68 pr. D. h. t. 46, 1.

5) In der neueren Litteratur ist die Ansicht überwiegend, daß in der Regel jeder Bürge, nicht bloß der regreßberechtigte, die Exceptionen des Hauptschuldners geltend machen könne, daß sich dies Recht also aus der accessorischen Natur der Bürgschaft ergebe. Vgl. Vangerow Bd. 3 § 578 Anm. 2, Windscheid Bd. 2 § 477 Anm. 6, Brinz Bd. 2 S. 187. Jedoch giebt es auch abweichende Meinungen, siehe Vangerow a. a. O. Was die Quellen anlangt, so scheint die ältere Doktrin der Römer die Exceptionen des Hauptschuldners nur den regreßberechtigten Bürgen zugestanden zu haben. Ihr entsprach es, daß Cassius dem Bürgen die exceptio S. C. Vellejani nur dann gewährte, „si a muliere rogatus esset“, wenn ihm also die Mandatsklage gegen die Hauptschuldnerin zustand. — Julian aber gestand die Exception jedem Bürgen zu, auch wenn er keinen Regreß gegen die Hauptschuldnerin hatte, „quia totam obligationem improbat senatus“, l. 16 § 1 D. ad S. C. Vellejanum 16, 1. Den Regreß macht noch zum Fundament des Anspruches auf die Exceptionen des Hauptschuldners § 4 I. de replicationibus 4, 14. Aber an anderen Orten werden die Einreden doch jedem Bürgen ohne weiteres zugestanden. So insbesondere die Kompensationseinrede in l. 4 und l. 5 D. de compensationibus 16, 2. Und ganz allgemein spricht Paulus in der l. 7 § 1 D. de exceptionibus 44, 1 aus, daß rei cohaerentes exceptiones etiam fidejussoribus competant, ut rei judicatae, doli mali, jurisjurandi, quod metus causa factum est. Dies ist als jüngstes Recht anzusehen. Immerhin hielt man für einzelne Exceptionen den Regreß als Bedingung fest. So Ulpian für die exceptio S. C. Macedoniani in l. 9 § 3 D. de S. C. Macedoniano 14, 6 und die exceptio pacti in l. 32 D. de pactis 2, 14, l. 5 pr. D. de liberatione legata 34, 3.

6) l. 7 pr. D. de exceptionibus 44, 1.

7) R.O. § 178 am Ende, vgl. l. 58 § 1 D. mandati 17, 1, § 4 I. de replicationibus 4, 14.

Dies war für die Gläubiger sehr verfänglich. Man half sich daher auf Umwegen. Man griff zur Mandatsbürgschaft, bei welcher solche Konsumtion nicht eintrat, oder zur Schadlosbürgschaft — fidejussio indemnitatis —, welche dadurch bedingt ist, daß der Gläubiger bei Beitreibung des Hauptschuldners einen Ausfall erlitten hat, also sogar vorgängige Rechtsverfolgung gegen diesen voraussetzt.[8]

Justinian aber hob die gesammtzerstörende Wirkung der Litiskontestation bei der Bürgschaft wie bei der Korrealschuld auf.[9]

Schließlich gab er dem Bürgen — in der Nov. 4. cap. 1 — das Recht der Vorausklage — beneficium excussionis —, wonach der Hauptschuldner durchexequirt sein muß, ehe der Bürge in Anspruch genommen werden kann.[10]

Es ist dies Rechtswohlthat des Bürgen, keine Bedingung der Bürgschaftsschuld an sich; es begründet also eine Einrede, keine Klagbedingung. Immerhin hat der Gläubiger ihr gegenüber die vorgängige gehörige Betreibung des Hauptschuldners zu erweisen, denn die Beweismittel hierfür müssen in seiner Hand sein.

So billig die Rechtswohlthat erscheint, so kann sie doch leicht zu Prozeßverschleppung und Chikane mißbraucht werden. Dem suchen Ausnahmen zu begegnen. Solche begründen:

a) Abwesenheit des Hauptschuldners, welche seiner Belangung vor dem Bürgen erhebliche Schwierigkeiten entgegenstellt,[11]

b) Ableugnung der Bürgschaftschuld durch den Bürgen,[12]

c) Eröffnung des Konkurses über den Hauptschuldner,[13]

---

8) l. 116 D. de verb. obl. 45, 1, l. 41 D. h. t. 46, 1. Vgl. Geib a. a. O. S. 18 ff.

9) l. 28 C. de fidejussoribus 8, 40.

10) Vgl. Unger in Jherings Jahrb. Bd. 29 n. 1.

11) Was die Novelle unter Abwesenheit versteht, darüber gehen die Ansichten auseinander. Häufig behauptet man, daß der Hauptschuldner als abwesend anzusehen sei, wenn er sich in einem anderen Untergerichtsbezirke befinde wie der Gläubiger, während der Bürge dort zu belangen sei, vgl. Girtanner S. 441, Windscheid Bd. 2 § 478 Anm. 2. Soll dies aber auch gelten, wenn der Hauptschuldner sich am vertragsmäßigen Erfüllungsorte befindet? Und wie, wenn Bürge und Hauptschuldner beide an drittem Orte wohnen? Das R.G. Bd. 6 S. 156, im Wesentlichen von dem hier vertretenen Gedanken ausgehend, nimmt an, daß der Hauptschuldner als anwesend zu betrachten ist, wenn er innerhalb des deutschen Reiches wohnt.

12) Es beruht dies auf usueller ausdehnender Interpretation der l. 10 § 1 D. h. t. 46, 1.

13) Dies ist Streitfrage. Vgl. u. a. Dernburg, Pfandrecht Bd. 2 S. 385, Windscheid Bd. 2 § 478 Anm. 4 und dort Angeführte. Hierfür ist auch R.G. Bd. 4 S. 123.

d) **Notorische Mittellosigkeit** desselben,

e) **Verzicht des Bürgen auf die Einrede;** solcher Verzicht wird namentlich in der Verbürgung als **Selbstschuldner** gesehen.[14]

f) Die Einrede fällt weg bei **Verbürgung für Handelsgeschäfte** und wenn sie selbst ein **Handelsgeschäft bildet,**[15] sowie

g) bei der **Bürgschaft zur Sicherung eines Zwangsvergleiches.**[16]

Eine strengere Subsidiarität tritt durch Verbürgung für den **Ausfall** ein. Hier ist die subsidiäre Haftung Vertragsbedingung, nicht bloße Rechtswohlthat. Der Schadlosbürge kann namentlich noch nicht in Anspruch genommen werden, wenn der Konkurs über den Hauptschuldner ausbricht, es ist vielmehr dessen Beendigung abzuwarten.

3. Die **Bürgschaftsschuld** kann durch **Nachbürgen** oder **Afterbürgen,** wie durch Pfand versichert werden. Solche Nachbürgschaft ist zunächst **Accession der Vorbürgschaft** und nur mittelbar der Hauptschuld.[17] Sie ist daher kraftlos, wenn die Vorbürgschaft ungültig ist, auch wenn die Hauptschuld rechtsbeständig und noch nicht getilgt ist. Der Nachbürge kann aber fordern, daß vor ihm nicht bloß der **Vorbürge,** sondern an erster Stelle der **Hauptschuldner** belangt wird, da er die Einreden des Vorbürgen geltend zu machen hat. Auch hat er in der Regel nicht bloß Rückgriff gegen den Vorbürgen, für den er direkt intercedirte, sondern auch gegen den Hauptschuldner, wenn er für ihn zahlte.

### § 80. Rechte des Bürgen gegen den Hauptschuldner.

I. Nach altem Recht stand dem sponsor, welcher die Bürgschaftsschuld zahlte, eine eigene, besonders bevorzugte Klage — die **actio depensi** — gegen den Hauptschuldner zu, wenn dieser ihm die ausgelegte Summe nicht rechtzeitig ersetzte.[1]

---

14) Ueber die Verschiedenheit der selbstschuldnerischen Bürgschaft und einer Korrealschuld vgl. R.O.H.G. Bd. 20 S. 47.

15) H.G.B. Art. 281 Abs. 1.

16) K.O. § 179.

17) l. 8 § 12 D. h. t. 46, 1, l. 27 § 4 D. eod. Ulpianus libro 22 ad edictum: Si fidejussor fuerit principalis et fidejussor fidejussoris, non poterit desiderare fidejussor, ut inter se et eum fidejussorem, pro quo fidejussit, dividatur obligatio: ille enim loco rei est. Nec potest reus desiderare, ut inter se et fidejussorem dividatur obligatio. Goldschmidt, Haupt= und Nachbürge in Jherings Jahrb. Bd. 26 S. 345.

1) Die actio depensi war durch die lex Publilia dem sponsor gegeben, wenn er nicht innerhalb 6 Monaten von dem Hauptschuldner Deckung erhielt, Gajus Inst. III. § 127, IV. § 22.

II. Eine derartige Regreßklage des Bürgen gegen den Hauptschuldner auf Grund der Zahlung ist dem jüngsten Recht nicht bekannt.

1. Es erhalten die Bürgen vielmehr nur Klagen auf Grund des Rechtsverhältnisses, welches die Bürgschaft hervorrief.

In der Regel wird man Bürge auf Ansuchen oder doch in Gemäßheit des Willens des Schuldners, also in dessen Auftrag als Mandatar;[2] als solcher nimmt man seinen Regreß mit der a. mandati contraria.

Indessen kann der Bürge auch unaufgefordert für den Schuldner eintreten. Dann steht ihm die actio negotiorum gestorum offen, sofern deren allgemeine Voraussetzungen vorhanden sind. Dies ist nicht der Fall, wenn sich der Bürge gegen das Verbot des Hauptschuldners eingemischt hat.[3]

Keine Regreßansprüche endlich hat, wer sich donandi animo verbürgte, d. h. in der Absicht, im Falle einer Zahlung von dem Hauptschuldner nichts zu fordern. Natürlich auch nicht, wer nur formell und nach außen als Bürge auftrat, aber in Wahrheit beim Geschäfte der Hauptbetheiligte ist.

Die actio mandati und die negotiorum gestorum contraria des Bürgen haben folgenden Inhalt:

a) Hat der Bürge den Gläubiger aus seinen Mitteln befriedigt, sei es durch Zahlung, Angabe an Zahlungsstatt, Kompensation oder Novation, so kann er Erstattung der Auslage fordern. Hat ferner der Gläubiger die Schuldsumme erlassen, um dem Bürgen zu schenken, so kann dieser Erstattung des erlassenen Betrages vom Hauptschuldner fordern, obgleich er nichts ausgelegt hat.[4]

b) Dem Bürgen steht, ehe er zahlt, Klage auf Befreiung gegen den Hauptschuldner zu, wenn er bereits verurtheilt ist, ferner, wenn

---

2) l. 6 § 2 D. mandati 17, 1. Ulpianus libro 31 ad edictum: Si passus sim, aliquem pro me fidejubere vel alias intervenire, mandati teneor et, nisi pro invito quis intercesserit aut donandi animo aut negotium gerens, erit mandati actio. R.O.H.G. Bd. 11 S. 3.

3) l. 20 § 1 D. mandati 17, 1, l. 40 D. eod. Paulus libro 9 ad edictum: Si pro te praesente et vetante fidejusserim, nec mandati actio nec negotiorum gestorum est: sed quidam utilem putant dari oportere: quibus non consentio, secundum quod et Pomponio videtur.

4) l. 10 § 13 D. mandati 17, 1. Ulpianus libro 31 ad edictum: Si fidejussori donationis causa acceptum factum sit a creditore, puto, si fidejussorem remunerari voluit creditor, habere eum mandati actionem; vgl. ferner l. 11, 12 pr. §§ 1 und 2 D. eod. — Steht dem Schuldner ein Befreiungsgrund zur Seite und zahlte der Bürge unwissentlich, so kann er gleichwohl Regreß nehmen, wenn ihm keine Schuld zur Last fällt, l. 10 § 12, l. 29 pr. ff. D. eod. Ueber den Fall der Verurtheilung des Bürgen injuria judicis siehe l. 67 D. h. t. 46, 1 und l. 10 C. mandati 4, 35.

der Schuldner die Tilgung seiner Schuld ungebührlich lange hinaus=
schiebt oder anfängt, sein Vermögen zu verthun.[5]

Die Regreßansprüche des Bürgen können ihm durch Bürgen
versichert sein, s. g. Rückbürgen.

2. Der Bürge hat das s. g. beneficium cedendarum actionum,[6]
d. h. er kann das Geschuldete zurückhalten, bis ihm der Gläubiger seine
Ansprüche gegen den Hauptschuldner mit deren Accessionen cedirt. Ja
er kann dies Recht noch geltend machen, nachdem er bereits ge=
zahlt hat.[7][8]

5) l. 38 § 1 D. mandati 17, 1, l. 10 C. eod. 4, 35.

6) Friedrich Keil, z. L. v. b. beneficium cedendarum actionum. Halle 1880,
gute Inauguraldissertation.

7) Im Falle des Kreditauftrages versteht sich die Verpflichtung des Geld=
verleihers, dem Kreditmandanten die Klage gegen den Schuldner zu cediren, nach
den Grundsätzen des Mandates von selbst, l. 27 § 5 D. mandati 17, 1, l. 28 D. eod.
Denn der Mandatar muß dem Mandanten erstatten, was er in Folge des Mandates
erlangte. Aber auch bei der Bürgschaft hat das Bedürfniß einer angemessenen
Regulirung der Verhältnisse zum beneficium cedendarum actionum geführt, trotz=
dem daß man hiermit der juristischen Gestaltung Gewalt anthat. Am weitesten ging
Paulus libro 14 ad Plautium l. 36 D. de fidejussoribus 46, 1: Cum is qui et
reum et fidejussores habens ab uno ex fidejussoribus accepta pecunia praestat
actiones, poterit quidem dici nullas jam esse, cum suum perceperit et percep-
tione omnes liberati sunt. sed non ita est: non enim in solutum accipit, sed
quodammodo nomen debitoris vendidit, et ideo habet actiones, quia tenetur
ad id ipsum, ut praestet actiones. Paulus giebt also dem Bürgen das Recht auf
Cession, auch wenn er bereits ohne Vorbehalt gezahlt hat, dagegen fordert Modestinus
in der l. 76 D. de solutionibus 46, 3 noch einen Vorbehalt vor der Zahlung.
Man wird sich der Ansicht von Paulus als der zweckmäßigeren anzuschließen haben.
Dies entspricht auch der überwiegenden Praxis; doch sind die Meinungen getheilt.
Die ältere Litteratur giebt Girtanner S. 217 an, vgl. ferner Hasenbalg S. 414 sowie
R.G. Bd. 18 S. 235.

8) Windscheid Bd. 2 § 481 Anm. 7 behauptet, der Bürge habe das beneficium
cedendarum actionum nur „soweit er einen Rückgriff gegen den Hauptschuldner
habe". Er giebt zu, daß diese Beschränkung in den Quellen nicht hervorgehoben werde,
hält sie aber aus inneren Gründen für unzweifelhaft. Dies ist nicht richtig, vor
allem nicht in dem Falle, in welchem der Bürge gegen Verbot des Hauptschuldners
intervenirte. Denn wenn er dann keine actio negotiorum gestorum contraria
hat, so kann dies seinem Rechte auf Klagencession nicht entgegenstehen. Es ist aber
überhaupt zu sagen, daß der Gläubiger die Klagen zu cediren hat, ohne daß er
daraus einen Einwand erheben kann, daß der Bürge — weil er etwa donandi
animo intercedirte oder selbst materiell der Betheiligte ist — von der actio cessa
dem Hauptschuldner gegenüber keinen Gebrauch machen kann. Diese Dinge sind
vielmehr zwischen dem Bürgen und dem Hauptschuldner zu verhandeln, welcher der
actio cessa unter solchen Voraussetzungen eine exceptio entgegenstellen kann. Eine
weitere Frage ist, ob der Bürge, welcher der Gläubiger in Folge Erlasses oder Ver=
gleiches mit einer geringeren Summe abgefunden hat und dennoch die Forderung
gegen den Hauptschuldner voll cedirt erhielt, auf deren vollen Betrag klagen kann.
Hiermit vorzugsweise beschäftigt sich die Abhandlung von Keil — oben Anm. 6.
Das Richtige ist, daß der Hauptschuldner der actio cessa gegenüber einen Einwand
erheben kann, weil sich der Bürge nicht auf seine Kosten bereichern soll, und nur
dann greift derselbe nicht ein, wenn der Gläubiger dem Bürgen schenken wollte. —
Vermöge der Klagencession gehen auf den Bürgen auch die Vorrechte und Sicher=
heiten der Forderung gegen den Hauptschuldner über, vgl. freilich oben § 51 Anm. 6.

War also die Zahlung der Bürgschaftsschuld verlangt und war solche geleistet, so wird sie wie Kaufgeld für den Erwerb der Forderung behandelt.

## § 81. Verhältniß mehrerer Bürgen.

I. Haben Mehrere dieselbe Schuld verbürgt, so haftet jeder der Bürgen solidarisch, also auf das Ganze.[1]

Auch hatte der Bürge, welcher zahlte, gegen die Mitbürgen, die er befreite, ursprünglich keinen Regreß und hieran hielt man grundsätzlich auch später fest.[2]

II. Zwei Rechtswohlthaten bewirken gleichwohl Vertheilung der Last.

1. Vermöge des Rechtes auf Theilung — beneficium divisionis —, welches Hadrian Fidejussoren und Mandatoren gewährte, kann der beklagte Bürge Theilung der Klage des Gläubigers unter die sämmtlichen, zur Zeit ihrer Erhebung zahlungsfähigen Mitbürgen fordern.[3][4]

Diese Rechtswohlthat steht den Bürgen zu, ohne Unterschied, ob sie sich gemeinsam verbürgten oder getrennt und unabhängig von einander.[5]

Ist die Verpflichtung dessen, der sich mit uns verbürgte, nichtig oder anfechtbar, so kann die Theilung der Klage nicht gefordert werden, trotzdem daß die Verbürgung gemeinsam geschah. Die Meinung und das Vertrauen des Bürgen, daß er Mitbürgen und in Folge dessen die Rechtswohlthat habe, kann deren objektives Fundament nicht ersetzen.[6]

---

Dies jedoch nur so weit, als der Gläubiger keinen Schaden leidet. Wenn daher ein Gläubiger für mehrere Forderungen ein Pfandrecht hat und für eine derselben einen Bürgen, so ist er dem zahlenden Bürgen zur Abtretung seines Pfandrechtes nur dann verpflichtet, wenn seine gesammten pfandrechtlich versicherten Forderungen getilgt werden. l. 2 § 1 C. h. t. 8, 40, siehe auch R.G. Bd. 3 S. 183.

1) l. 3 § 2 C. h. t. 8, 40, § 4 J. de fidejussoribus 3, 20 unten Anm. 3.

2) § 4 J. h. t. 3, 20, l. 39 D. eod. 46, 1, l. 11 pr. C. h. t.

3) § 4 I. de fidejussoribus 3, 20: Si plures sint fidejussores, quotquot erunt numero, singuli in solidum tenentur. itaque liberum est creditori a quo velit solidum petere: sed ex epistula divi Hadriani compellitur creditor a singulis, qui modo solvendo sint litis contestatae tempore, partes petere.

4) Ueber das beneficium divisionis vgl. Hasenbalg a. a. O. S. 466, dort siehe die ältere Litteratur, dazu Brinz 2 S. 256 n. 1. Bezüglich der lex Furia, welche einen ähnlichen Gedanken hatte, siehe oben § 76.

5) Die nicht selten vertheidigte Ansicht, daß das beneficium divisionis nur solchen Bürgen zustehe, welche sich gemeinsam verbürgten, entspricht den Quellen nicht, siehe z. B. den oben Anm. 3 abgedruckten § 4 I. h. t. 3, 20. Vgl. gegen diese Einschränkung Girtanner im Archiv für civ. Praxis Bd. 43 n. 12, Hasenbalg a. a. O. S. 477, Goldschmidt in Jherings Jahrbüchern S. 351.

6) Windscheid freilich behauptet, das Recht auf Theilung bestehe trotz der Un-

Die Rechtswohlthat trat in Rom auch dann nicht ein, wenn der Gläubiger dem Mitbürgen dessen Bürgschaftsschuld bereits vor der Fälligkeit erlassen hatte.[7] Der Entwickelung des heutigen Rechts entspricht aber nicht, daß der Gläubiger die Lage des Bürgen willkürlich verschlechtern kann.[8]

Bestreitet der Gläubiger, welcher einen der Bürgen auf das Ganze verklagt, die Solvenz der Mitbürgen, so muß der Beklagte, wenn er die Theilung durchsetzen will, die Gefahr derselben auf sich nehmen und dem Gläubiger für die aus ihr entstehenden Nachtheile Sicherheit leisten.[9][10]

---

gültigkeit der Verbürgung des Mitbürgen, wenn der Bürge guten Grund hatte, sich darauf zu verlassen, daß er nur zu seinem Theile haften werde, Bd. 2 § 479 Anm. 7, ebenso Brinz Bd. 2 S. 190 Anm. 7 und Goldschmidt a. a. O. S. 354. Dies scheint mir die Basis zu verrücken, auf welcher das römische beneficium divisionis stand. Da sogar Abwesenheit und Insolvenz des Mitbürgen die Einrede ausschließt, so muß sie gewiß wegfallen, wenn der vermeinte Mitbürge nicht haftet. Die l. 48 D. h. t. 46, 1 spricht keineswegs für die Gegenansicht. Vgl. über diese Stelle Girtanner S. 462 und im Archiv für civ. Praxis Bd. 43 S. 286, sowie Hasenbalg S. 507.

7) In l. 15 D. h. t. 46, 1 führt Julianus libro 51 Digestorum aus: Si ex duobus, qui apud te fidejusserant in viginti, alter, ne ab eo peteres quinque tibi dederit vel promiserit nec alter liberabitur, et si ab altero quindecim petere institueris, nulla exceptione summoveris: reliqua autem quinque si a priore fidejussore petere institueris, doli mali exceptione summoveris. Durchaus unzulässig ist es, mit Girtanner im Archiv für civ. Praxis Bd. 43 S. 281, Goldschmidt a. a. O. S. 367 das „nulla“ exceptione bloß auf eine exceptio, nämlich pacti zu beziehen, oder gar mit Dedekind S. 123 statt quindecim zu lesen „decem“. Das heißt nicht erklären, sondern weginterpretiren; vgl. freilich Windscheid Bd. 2 § 479 Anm. 7. Dagegen mit Recht Hasenbalg S. 488. Nur das eine läßt sich zugeben, daß der Ausspruch auf den Fall des Erlasses der Forderung vor der Fälligkeit gemünzt ist.

8) Vgl. unten § 82 Anm. 7.

9) Was die prozessualische Geltendmachung des beneficium divisionis anbetrifft, so ist begreiflich eine Beweisaufnahme darüber, ob die Mitbürgen des Verklagten solvent sind, vom Uebel. Sie verweitläufigt den Prozeß, indem sie die Untersuchung einer Frage hereinwirft, die oft sehr zweifelhaft ist und sich bei der Zwangsvollstreckung von selbst löst. Die Römer haben sich daher auf eine eingehende Erörterung derselben in der Regel nicht eingelassen. Vielmehr war das Verfahren folgendes: a. Der Prätor hatte eine actio divisa aufgestellt, auf welche der Gläubiger beschränkt war, wenn er die Solvenz der Mitbürgen in iure zugestand oder diese notorisch war. Paulus sent. I. 20, l. 10 § 1 C. h. t. 8, 40 — wo offenbar „condemnationem“ für „litiscontestationem“ interpolirt ist, — Lenel, ediotam S. 171. War die actio divisa einmal angestellt, so schadete es den auf ihren Theil belangten Mitbürgen nichts mehr, wenn ihr Mitbürge später insolvent wurde. l. 51 § 4, l. 52 § 1 D. h. t. 46, 1, l. 16 C. h. t. 8, 40. b. Bestritt der Gläubiger — in iure — die Solvenz der Mitbürgen, so konnte der auf das Ganze in Anspruch genommene Bürge die Theilung der Klage nur fordern, wenn er sie auf seine Gefahr gehen ließ und für Schadloshaltung des Gläubigers Kaution stellte, l. 10 pr. D. h. t. 46, 1. Ulpianus libro 7 disputationum: Si dubitet creditor, an fidejussores solvendo sint, et unus ab eo electus paratus sit, offerre cautionem, ut suo periculo confidejussores conveniantur, in parte dico audiendum eum esse, ita tamen, et si satisdationes offerat et omnes confidejussores, qui idonei esse dicuntur, praesto sint, vgl. l. 16 C. h. t. 8, 40. c. Außerdem besagt l. 28 D. h. t.

Die Rechtswohlthat fällt weg:

a) wenn der Beklagte seine Bürgschaft leugnet,[11]

b) wenn der Mitbürge abwesend ist oder wenn sich seiner Be= langung sonst besondere Schwierigkeiten entgegenstellen,[12]

c) im Falle des Verzichtes, insbesondere auch bei Uebernahme selbst= schuldnerischer Bürgschaft,

d) bei Handelsgeschäften.[13]

2. Zahlt einer von mehreren Bürgen die Schuld ganz oder über seinen Kopftheil hinaus aus seinen Mitteln, so ist ihm billigerweise der Rückgriff gegen seine Mitbürgen nicht zu versagen. Das ältere römische Recht kannte freilich hierzu keinen Weg, da unter den Mitbürgen kein Kontrakt, also auch keine Klage bestand. Die ausgebildete Jurisprudenz half auf dem Umwege der Klagencession, indem man den Gläubiger nöthigte, seinen Anspruch gegen die Mitbürgen dem zahlen= den Bürgen bei oder auch nach der Zahlung abzutreten.[14] Das bildete

Paulus libro 25 ad edictum: Si contendat fidejussor ceteros solvendo esse, etiam exceptionem ei dandam „si non et illi solvendo sint“. Aus dieser Stelle selbst erhellt, daß es sich bei dieser exceptio um einen ungewöhnlichen Weg handelte. Er war wohl für Fälle bestimmt, in denen der Gläubiger schlechthin auf die Klage in solidum gegen den ausgewählten Bürgen bestand und bereit war, die Frage nach der Solvenz der Mitbürgen in judicio verhandeln zu lassen, weil er ihrer Insolvenz gewiß zu sein glaubte. — Im heutigen Rechte wird man den Weg der l. 10 pr. D. h. t., welchen die Römer als den regelmäßigen bezeichnen, einzuhalten haben. Bringt also der in solidum beklagte Mitbürge die Einrede der Theilung vor, und leugnet der Gläubiger die Solvenz der übrigen Mitbürgen, so kann der Beklagte jene Einrede nur dadurch aufrechthalten, daß er sich zur Sicherstellung für den Aus= fall erbietet, welchen der Gläubiger bei den Mitbürgen im Falle der Theilung er= leiden kann. Meist verstattet man dem beklagten Bürgen die Führung des Beweises, daß seine Mitbürgen solvent seien, oder man legt gar dem Gläubiger den Beweis der Insolvenz der Mitbürgen auf. Dies hat das beneficium divisionis nicht ohne Grund in Verruf gebracht; denn das Opfer an Zeit und Geld bei einem solchen Beweise ist größer als der Vortheil, der möglicherweise erzielt werden kann. Vgl. Sokolowski in der Zeitschrift d. Savignystiftung rom. Abth. Bd. 11 S. 278.

10) Die gemeinrechtliche Praxis gab dem Bürgen die s. g. provocatio ex lege „si contendat“, indem sie die oben Anm. 9 unter c abgedruckte l. 28 D. h. t. hierfür ausbeutete. Durch diese Provokation forderte der Bürge den Gläubiger zur Klage heraus, um sich das beneficium divisionis zu sichern, und zwar geschah die Verurtheilung des Provokaten dahin, daß, wenn er später klage, ihm die Einrede der Theilung ebenso entgegengesetzt werden dürfe, wie wenn er jetzt klage, wonach es dem Provokanten nicht schadete, wenn die jetzt noch zahlungsfähigen Mitbürgen in der Zwischenzeit zahlungsunfähig würden. Auch zur Erhaltung der anderen Rechtswohlthaten des Bürgen gab man entsprechende Provokationen, vgl. Hasenbalg S. 627. Die C.P.O. kennt die Provokationen nicht mehr. Man ging davon aus, daß sie durch die „Feststellungsklagen“ (§§ 231, 253 C.P.O., vgl. Bd. 1 § 134) über= flüssig geworden seien. Für die provocatio ex lege si contendat trifft dies freilich nicht zu.

11) l. 10 § 1 D. h. t. 46, 1.

12) l. 10 pr. D. h. t. 46, 1.

13) H.G.B. Art. 281 Abs. 1.

14) l. 17, l. 36, l. 41 D. h. t. 46, 1, l. 11 § 1 C. h. t. 8, 40, l. 12 D. rem

den historischen Durchgangspunkt. Heutzutage ist anzunehmen, daß die Forderung des Gläubigers gegen die Mitbürgen behufs des Regresses von Rechtswegen auf den zahlenden Bürgen übergeht. Ausdrückliche Cession ist überflüssig, weil ohne Interesse für die Betheiligten.[15]

### § 82. Beendigung der Bürgschaft.

Die Bürgschaft endet durch die Aufhebungsgründe, welche den Obligationen gemeinsam sind, unterliegt aber auch besonderen Endigungsgründen in Folge ihres Zweckes, Sicherungsmittel zu sein.

1. Mit dem Erlöschen der Hauptschuld endigt auch die Bürgschaft.[1]

Dies gilt jedoch unbedingt nur für vollständiges Erlöschen, z. B. durch Zahlung oder andere Befriedigung oder Konfusion. Bleibt eine natürliche Verbindlichkeit[2] zurück oder geschieht die Aufhebung nur durch Exception,[3] so kann sich die Bürgschaft mit voller Kraft erhalten.

Hat der Bürge das specielle Schuldobjekt schuldhafterweise vernichtet, so wird der Hauptschuldner befreit; denn für ihn ist dies ein Zufall, für den er nicht aufzukommen hat. Aber der Bürge kann sich hierauf nicht berufen; er bleibt aus der Bürgschaft verhaftet, wenn auch natürlich nur auf Geldersatz.[4]

---

pupilli salvam fore 46, 6. Hasenbalg S. 428. R.G. Bd. 18 S. 275. Anderer Ansicht Savigny O.R. Bd. 1 S. 273.

15) Der historischen Entwickelung, der Gerechtigkeit und den wirthschaftlichen Bedürfnissen entspricht code civil art. 2033: Lorsque plusieurs personnes ont cautionné un même débiteur pour une même dette, la caution qui a acquitté la dette, a recours contre les autres cautions, chacune pour sa part et portion.

1) l. 43 D. de solutionibus 46, 3, abgedruckt oben Bd. 1 § 261 Anm. 7. Es steht nicht im Widerspruche, daß die Bürgschaft fortdauert, wenn der Hauptschuldner nach seinem Tode keinen Erben findet, l. 95 § 1 D. de solutionibus 46, 3, l. 1 § 14 D. depositi 16, 3; denn die Erbschaft repräsentirt den Verstorbenen. Daß die Bürgschaft im Gegensatze zur Korrealobligation auch im Falle des Untergangs der Hauptschuld durch Konfusion untergeht, führt l. 71 pr. D. h. t. 46, 1 aus. — Gegen den Untergang der Bürgschaft in Folge der Aufhebung der Hauptschuld erklärt sich Girtanner S. 495. Die Bürgschaft sei „eine Erweiterung" der Hauptobligation, dieser Theil des Rechtsverhältnisses könne daher fortdauern, wenn das erste Stück der Hauptschuld, beseitigt sei. Aber diese Auffassung der Bürgschaft ist verfehlt — vgl. oben § 77 Anm. 5 — und die aus ihr gezogene Konsequenz ist auch nicht mit den Quellen in Einklang. Siehe Hasenbalg a. a. O. S. 295.

2) l. 60 D. h. t. 46, 1.

3) Ueber das Recht der Bürgen, die Exceptionen des Hauptschuldners anzurufen, vgl. oben § 79 Anm. 5.

4) Ursprünglich gab man in solchem Falle nur eine actio doli. Dies berichtet Papinianus libro 37 quaestionum l. 19 D. de dolo 4, 3: Si fidejussor promissum animal ante moram occiderit, de dolo actionem reddi adversus eum oportere Neratius Priscus et Julianus responderunt: quoniam debitore liberato

2. Die Bürgſchaft geht ferner unter, wenn ſich Hauptſchuld und Bürgſchaftsſchuld — z. B. durch Erbgang — in derſelben Perſon vereinigen. Sie erhält ſich aber, wenn die Bürgſchaftsſchuld dem Gläubiger günſtiger iſt als die Hauptſchuld,⁵ insbeſondere wenn die Hauptſchuld klaglos, die Bürgſchaftsſchuld klagbar, oder wenn ſie durch Pfand gedeckt iſt.⁶

3. Der Bürge wird frei, wenn ihm der Gläubiger durch Aufgabe von Rechten oder durch Nachläſſigkeit in der Betreibung der Schuld die geſetzlichen Hülfsmittel, die ihn vor Schaden wahren ſollen, entzogen oder in ihrem Erfolge verkümmert hat.

Dieſer Rechtsſatz iſt zwar dem römiſchen Bürgſchaftsrechte fremd, er entſpricht aber dem Sinne, in welchem nach heutiger Auffaſſung Bürgſchaften übernommen werden, und der Entwickelung der Bürgſchaft ſeit dem Mittelalter.⁷

per consequentias ipse quoque dimittitur, vgl. auch l. 38 § 4 D. de solutionibus 46, 3. Papinian ſelbſt ſtand jedoch auf dieſem Standpunkte nicht mehr, ſondern verſtattete bereits Klage aus dem Bürgſchaftsvertrage libro 28 quaestionum l. 95 § 1 D. de solutionibus 46, 3, vgl. oben § 27 Anm. 12. — Er fährt hier nach Beſprechung der Verhältniſſe der Alternativobligation fort: aliter quam in persona fidejussoris, qui promissum hominem interfecit, quia tenetur ex stipulatu actione fidejussor, quemadmodum tenebatur, si debitor sine herede decessisset. So auch Paulus in der l. 88 D. de verb. obl. 45, 1. Vgl. Vangerow Bd. 3 § 578 Anm. 2. Eine problematiſche Löſung verſucht Huſchke, Gajus S. 80.

5) l. 95 § 3 D. de solutionibus 46, 3. Papinianus libro 28 quaestionum: Quod vulgo jactatur fidejussorem qui debitori heres extitit, ex causa fidejussionis liberari totiens verum est, quotiens rei plenior promittendi obligatio invenitur.

6) l. 38 § 5 D. de solutionibus 46, 3. Africanus libro 7 quaestionum: Qui pro te apud Titium fidejusserat, pignus in suam obligationem dedit: post idem heredem te instituit. quamvis ex fidejussoria causa non tenearis, nihilominus tamen pignus obligatum manebit. at si idem alium fidejussorem dederit atque ita heredem te instituerit, rectius existimari ait sublata obligatione ejus, pro quo fidejussum sit, eum quoque qui fidejusserit liberari. vgl. Dernburg, Pfandrecht Bd. 2 S. 592. Afrikan erachtet die Nachbürgſchaft — anders das Pfandrecht — als untergegangen, weil die principale Bürgſchaft durch die Konfuſion untergegangen ſei. Papinian aber erkennt ſolche Konfuſion nicht mehr an, wenn die Bürgſchaft dem Gläubiger mehr Vortheile bietet als die Hauptſchuld. Das iſt der Fall, wenn für ſie eine Nachbürgſchaft beſteht. Nach ſeiner Auffaſſung muß ſich alſo die principale Bürgſchaft und damit die Nachbürgſchaft erhalten. Die Entſcheidung Afrikans iſt antiquirt. Goldſchmidt in Jherings Jahrbüchern Bd. 26 S. 353 proklamirt freilich, es ſei an deren Geltung „kein Zweifel möglich“ und mahnt „mit der Unterſtellung antiquirter Rechtsſätze etwas vorſichtiger zu ſein“. Den ſpringenden Punkt hat er aber nicht erkannt.

7) Seit der Zeit der Gloſſatoren wurde der Satz aufgeſtellt, daß die exceptio cedendarum actionum zur peremptoriſchen werde, wenn der Gläubiger ſie nicht oder nicht mit Effekt cediren könne. Dieſer Anſicht war auch Bartolus und ſie wurde communis opinio, vgl. Girtanner S. 212. Girtanner ſelbſt bekämpft dieſelbe vom römiſchen Standpunkte aus mit Recht; denn nach ihm konnte der Bürge die Ceſſion der Klagen ſowohl gegen Hauptſchuldner wie gegen Mitbürgen nur unter der Vorausſetzung verlangen, daß der Gläubiger eine ſolche Klage noch habe. Girtanner

## Drittes Kapitel.

### Die Intercessionen.

§ 83. Begriff und Arten der Intercession.[1]

1. Intercession ist die Uebernahme einer Schuld, welche uns materiell fremd ist.

Die Intercession kann in der Eingehung einer persönlichen Schuld liegen, oder auch in der Bestellung eines Pfandrechtes für die fremde Schuld.[2]

Man unterscheidet kumulative und privative Intercessionen.

a) Bei den kumulativen Intercessionen tritt man neben den, welchen die Schuld materiell angeht. Dies kann als Bürge geschehen, nicht minder, indem man sich neben dem materiell Betheiligten als Korrealschuldner verbindet,[3] endlich auch durch Pfandbestellung für die fremde Schuld.

b) Bei der privativen Intercession tritt man an Stelle des eigentlich Betheiligten in den Schuldnexus. Und zwar kann man sich von vornherein für den, welchen die Schuld angeht, allein ver-pflichten, z. B. durch Ausstellung eines Wechsels, während ein Anderer die Valuta, d. h. die Werthvergütung für den Wechsel erhält.[4] Man kann ferner an die Stelle des bisherigen Schuldners durch Expro-mission oder Schuldübernahme treten.[5]

---

selbst behauptet dagegen S. 483, daß die exceptio excussionis peremptorisch werde, wenn der Gläubiger die Ausklagung des Hauptschuldners versäumt habe, so daß diese keinen Erfolg mehr haben konnte. Auch dies läßt sich aus der Nov. 4 cap. 1 keineswegs demonstriren. Das Richtige führt Arndts § 357 Anm. 2 aus. „Der entscheidende Gesichtspunkt für das heutige Recht,“ sagt er, „ist dieser, daß jede Bürgschaft ex fide bona zu beurtheilen ist, dieser kann der Gläubiger zuwider handeln, indem er durch sein Zuthun oder auch durch seine Nachlässigkeit die dem Bürgen zukommenden gesetzlichen Hülfsmittel vereitelt und ihn dennoch in Anspruch nimmt. Nur kann nicht schlechthin jede nachsichtige Zögerung in Ausklagung des Schuldners als Verschulden gegen den Bürgen gelten.“

1) Sintenis, von Intercessionen und einigen Arten derselben in Lindes Zeit-schrift Bd. 10 n. 2; Deurer, über den Begriff der Intercession im Archiv für civ. Praxis Bd. 28 n. 15; Hasenbalg, Beiträge z. L. von der Intercession 1856; Brinz Bd. 2 S. 230.

2) Oben Bd. 1 § 266 Anm. 16.

3) l. 17 § 2, l. 18 D. ad S. C. Vellejanum 16, 1.

4) Solche Intercessionen nennt man nicht selten „tacitae“. Beispiele giebt l. 8 § 14, l. 29 D. ad S. C. Vellejanum 16, 1.

5) In Rom gehörte hierher auch die Uebernahme persönlich verpflichtender Defension gegenüber der Schuldklage durch Litiskontestation, l. 2 § 5 D. ad S.C. Vellejanum, sowie die Leistung der Kompromißstipulation für den Schuldner, l. 32

Nicht intercedirt, wer der materiell Betheiligte ist, z. B. ein Dritter kauft für mich eine Sache als mein indirekter Stellvertreter und ich verbürge mich für die Zahlung des Kaufpreises.[6]

2. Intercession ist es auch, wenn man sich für eine fremde Schuld verbindet in dem Glauben, daß es sich um eine eigene handelt. Verpfändet z. B. Jemand sein Grundstück für eine Erbschaftsschuld, weil er sich für den Erben hält, während ein Anderer der Erbe und also der wahre Schuldner ist, so liegt hierin — objektiv — eine Intercession.[7]

Meist jedoch geschieht die Intercession bewußtermaßen, um einem Anderen Hülfe zu bringen und Kredit zu verschaffen oder zu verlängern. Wir dürfen als eigentliche Intercessionsgeschäfte solche bezeichnen, die aus der Absicht zu intercediren hervorgehen.

Hierbei will der Intercedent in der Regel nichts aus eigenen Mitteln aufopfern und nicht einmal in Vorschuß gehen.

Ihm steht daher in der Regel gegen den, für welchen er intercedirte, im Falle einer Gefährdung Klage auf Deckung, nach seiner Verurtheilung Klage auf Deckung oder Befreiung,[8] nach der Zahlung Klage auf Ersatz zu.

Geschah die Intercession mit Wissen und Willen dessen, für den man eintrat, so hat der Intercedent zu diesen Zwecken die actio mandati contraria, geschah sie ohne dessen Willen unverboten und nützlich, die actio negotiorum gestorum. Im Falle sich mit der Intercessionsabsicht die einer eventuellen Schenkung des Ausgelegten — der animus donandi — verband, bestehen diese Ansprüche natürlich nicht.

## § 84. Die weiblichen Rechtswohlthaten.[1]

Nach der römischen Volksanschauung war die Intercession Sache der Männer und nicht der Frauen. Ihr gab das S. C. Vellejanum Bekräftigung, indem es den Frauen die Intercessionen verbot. Justinian steigerte die weiblichen Rechtswohlthaten sehr. Die gemeinrechtliche Praxis

§ 2 D. de receptis 4, 8, vgl. oben Bd. 1 § 165. Dem heutigen Rechte ist Beides fremd.

6) l. 3, l. 13 pr., l. 22, l. 24 pr. D. ad S. C. Vellejanum 16, 1.

7) l. 23 D. ad S. C. Vellejanum 16, 1, abgedruckt unten § 84 Anm. 6.

8) Oben § 80 Anm. 5.

1) Tit. Dig. ad S. C. Vellejanum 16, 1, Cod. 4, 29; Kattenhorn, über Intercessionen der Frauen 1840; Bachofen, das Vellejanische Senatuskonsult, in seinen ausgewählten Lehren des Civilrechtes 1848 Abh. 1; Windscheid, über das Prinzip des S. C. Vellejanum im Archiv für civ. Praxis Bd. 32 n. 12 und 13. Grabenwitz, Ungültigkeit S. 69. Siehe ferner die oben § 83 Anm. 1 Citirten.

dagegen schwächte sie auf Grund der veränderten wirthschaftlichen Ver=
hältniffe und Anschauungen der neueren Zeit wesentlich ab, und heut=
zutage ist in Deutschland von den weiblichen Rechtswohlthaten nur wenig
stehen geblieben.

1. Das S. C. Vellejanum verbot den Frauen, zu bürgen, sowie
sich durch Uebernahme von Darlehensschulden zu Gunsten Anderer zu
verbinden.[2] Man leitete hieraus das allgemeine Verbot her, sich
für fremde Schulden zu verpflichten.[3]

Die Frauen galten als leichtherzig genug, zu versprechen, ohne sich
zu vergegenwärtigen, daß sie das Versprechen auslösen müßten, wenn
der nicht zahlte, den die Sache anging. Deshalb verbot man ihnen die
Obligation. Dagegen verstattete man ihnen unbedenklich, fremde
Schulden abzuzahlen oder durch Angabe an Zahlungsstatt zu tilgen,
oder sonst durch unmittelbare Aufopferungen zu beseitigen, da
sich hier das zu bringende Opfer unmittelbar fühlbar machte und be=
stimmt übersehbar war.[4] [5]

Das S. C. betraf die Intercessionen schlechthin, daher auch solche,
die nicht aus der Intercessionsabsicht, sondern der irrigen Meinung,
selbst betheiligt zu sein, hervorgegangen waren.[6] Es gab jedoch eine

---

2) Die Worte des S. C. überliefert l. 2 § 1 D. h. t. 16, 1: Quod Marcus
Silanus et Velleus Tutor consules verba fecerunt de obligationibus feminarum,
quae pro aliis reae fierent, quid de ea re fieri oportet, de ea re ita censuere:
quod ad fidejussiones et mutui dationes pro aliis, quibus intercesserint feminae,
pertinet, tametsi ante videtur ita jus dictum esse, ne eo nomine ab his petitio
neve in eas actio detur, cum eas virilibus officiis fungi et ejus generis obligationibus obstringi non sit aequum, arbitrari senatum recte atque ordine
facturos ad quos de ea re in jure aditum erit, si dederint operam, ut in ea
re senatus voluntas servetur. Das S. C. gehört dem Jahre 46 nach Christi Geburt
an. Der Konsul hieß übrigens Bellaeus, die Bezeichnung beruht also auf einer Ver=
derbniß des Namens. Einer Aenderung des prätorischen Ediktes bedurfte es nicht,
um den Willen des Senates zur Geltung zu bringen, vielmehr reichte die allgemeine
im Edikte proponirte Klausel aus: „si in ea re nihil contra legem senatusvecon-
sultum factum sit", welche im Prozeßfalle durch Einfügung des Wortes „Vellejanum" in die Klageformel ergänzt wurde. Dagegen stellte der Prätor zwei Aktionen
auf, um dem Gläubiger, welcher durch die ungültige Intercession der Frau einen
Schuldner eingebüßt hatte, Hülfe zu bringen; siehe Lenel, edictum S. 229.

3) l. 2 § 4 D. h. t. 16, 1.

4) l. 4 § 1, l. 5 D. h. t. 16, 1.

5) Ueber Verzicht auf ein Pfandrecht und die Pfandrechtspriorität vgl. Dernburg,
Pfandrecht Bd. 2 S. 544.

6) Wie weit man hierbei ging, ergiebt l. 23 D. h. t. 16, 1. Paulus libro
singulari ad S. C. Vellejanum: Si mulier in jure interrogata responderit se
heredem esse, si sciens se heredem non esse responderit, minime intercessisse
videri, quia decepit: quod si existimavit se heredem et eo nomine decepta
responderit, in eam actionem quidem dari plerique existimaverunt, sed exceptione
senatusconsulti adjuvari. Nach l. 8 § 2 D. h. t. 16, 1 erscheint die Frage aber
unter den römischen Juristen als bestritten. Siehe Brinz Bd. 2 S. 232 Anm. 7.

Ansicht, wonach nur eigentliche Intercessionsgeschäfte, die in der Absicht, einem Dritten Kredit zu verschaffen, eingegangen waren, dem Verbot unterstanden.[7] Sie ist die der neueren Rechtsauffassung entsprechende.

Das Intercessionsverbot greift natürlich nicht ein, wenn nur dem äußeren Schein nach eine Intercession vorliegt, z. B. eine Bürgschaft, während man in Wahrheit ein eigenes Geschäft besorgte.

Daß es auch dann wegfiel, wenn die Intercession donandi animo geschah, wird zwar häufig behauptet, aber nicht bewiesen.[8]

Das Intercessionsverbot tritt nicht ein:

a) im Interesse des Verkehres, wenn der Gläubiger entschuldbarerweise nicht wußte, daß die Frau intercedire,[9]

b) wenn er minderjährig war und von dem, für welchen die Frau eintrat, nicht befriedigt werden kann,[10]

c) im Falle eines Betruges der Frau,[11]

d) wenn sich die Frau für die Intercession bezahlen ließ,[12] wenn sie für ihre Zahlungen als Intercedentin Deckung in Händen hat oder sonst durch die Intercession nicht ärmer wird.[13]

e) Die Intercession für das Versprechen einer Dos ist Frauen verstattet; sie ist den Frauen anständig.[14]

f) Durch Bestärkung nach 2 Jahren wird die Intercession gültig.[15]

Die verbotenen Intercessionsgeschäfte sind durch die exceptio S. C. Vellejani entkräftbar.[16] Sie läßt nicht einmal eine natürliche Ver-

---

7) Windscheid a. a. O. stellt als Prinzip des S. C. Vellejanum auf, „daß der Frau nur geholfen werde, wenn sie die fremde Obligation in der Erwartung übernehme, gar nicht zahlen zu müssen". So auch Hasenbalg, Beiträge z. L. von der Intercession Abh. 1. Dagegen Brinz a. a. O. S. 233. Wäre das Princip von Windscheid maßgebend gewesen, so wären Entscheidungen wie die der l. 23 cit. unbegreiflich. Vgl. übrigens Windscheid, Pand. Bd. 2 § 485 Anm. 3.

8) Die Neueren verneinen überwiegend, daß Intercessionen, welche donandi animo erfolgten, durch das Intercessionsverbot getroffen würden. Indessen auch derartige Geschäfte bilden Intercessionen und nur außerdem eventuell Schenkungen. Sie fallen daher an sich unter das Intercessionsverbot. Eine Ausnahme für sie ist nirgends bezeugt. Daß den Frauen Schenkungen verstattet sind — l. 4 § 1, l. 21 § 1 D. h. t. 16, 1 —, kann mit Fug nicht hierfür aufgeführt werden. So Seuffert, Archiv Bd. 15 n. 224.

9) l. 4 pr., l. 6, l. 11, l. 12, l. 27 pr., l. 28 § 1 D. h. t. 16, 1.

10) l. 12 D. de minoribus 4, 4.

11) l. 2 § 3 D. h. t. 16, 1.

12) l. 23 pr. C. h. t. 4, 29.

13) l. 16 pr., l. 21 pr., l. 22 D. h. t. 16, 1.

14) l. 12 C. h. t. 4, 29; vgl. ferner l. 24 C. eod.

15) l. 22 C. h. t. 4, 29.

16) l. 25 § 1 D. h. t. 16, 1. In Rom konnte die exceptio noch in der Exekutionsinstanz angerufen werden, l. 11 D. de S. C. Macedoniano 14, 6. Nach C.P.O. § 686 Abs. 2 gilt dies nicht mehr. Siehe ferner l. 39 § 1, l. 40 D. de rei vind. 6, 1.

bindlichkeit übrig; aus Irrthum über die Verbindungskraft der Obligation Gezahltes kann daher mit der condictio indebiti zurückgefordert
werden.[17] Zahlt aber die Frau, wissend, daß sie aus der Intercession
nicht schulde, so kann sie nichts zurückfordern, weil sie durch das Intercessionsverbot an unmittelbarer Zahlung fremder Schulden nicht gehindert ist.[18]

In Fällen einer verbotenen privativen Intercession wird gegen den,
welcher durch sie der Verpflichtung ledig wurde, Klage gegeben.[19] Sie
ist wiederherstellend — actio restitutoria — wenn durch die
Intercession die früher bestehende Verpflichtung des Schuldners aufgehoben war,[20] und schuldbegründend — s. g. institutoria —
wenn derjenige, welchen das Verhältniß anging, niemals Schuldner geworden war, weil die Intercedentin an seiner Stelle von vornherein eingetreten war.[21]

2. Justinian verstärkte die Intercessionsverbote:

a) durch eine Formvorschrift. Er fordert eine öffentliche und
von drei Zeugen unterschriebene Urkunde, wofür man in der gemeinrechtlichen Praxis eine öffentliche oder durch drei Zeugen beglaubigte
Urkunde setzte.[22]

In Ermangelung dieser Form ist die Intercession nichtig; es
bedarf also keiner exceptio, vielmehr ist die Klage, wenn der Charakter
der Intercession aus dem Klageantrag erhellt, weil ihr Fundament ein
nichtiges ist, von Amtswegen zurückzuweisen. Ist die Form beobachtet,
so ist das Intercessionsverbot nur wirksam, wenn die Frau sich auf dasselbe beruft.

In den Fällen, in welchen das Intercessionsverbot nicht Platz greift,
bedarf es der Form nicht.[23]

b) Intercessionen der Ehefrauen für ihre Männer sind nach der
authentica „si qua mulier" nichtig.[24]

---

17) l. 40 D. de condictione indebiti 12, 6, l. 8 § 3 D. h. t. 16, 1.

18) l. 9 C. h. t. 4, 29.

19) l. 1 § 2 D. h. t. 16, 1. Wir behalten die römische Auffassung, welche auf
dem Gegensatze des civilen und prätorischen Rechtes beruht, hier bei. Vom modernen
Standpunkt aus wäre, wo die Römer die a. restitutoria gaben, zu sagen, die Schuld
des materiellen Schuldners ist nie untergegangen, und wo sie die s. g. institutoria
ertheilten, bestand sie von Anfang an.

20) l. 8 §§ 7—13, l. 9, l. 13 § 2, l. 14 D. h. t. 16, 1.

21) l. 8 §§ 14 und 15 D. h. t. 16, 1,

22) l. 23 C. h. t. 4, 29. Vgl. oben Bd. 1 § 137 Anm. 11.

23) Die Frage ist sehr bestritten. Vgl. Vangerow Bd. 3 § 581 Anm. 2, Girtanner S. 351.

24) Nov. 134 cap. 8. Aus ihr ist die authentica „si qua mulier", die nach

3. Im gemeinen Rechte haben alle diese Bestimmungen ihr Wesen geändert.

Denn die von den Römern so verpönte Intercession der Ehefrau für ihren Ehemann war in vielen Fällen eine unentbehrliche Bedingung des Gedeihens des Hausstandes. Auch ist die deutsche Frau keineswegs besonders leichtgläubig und wenig geneigt, ihr Hab und Gut für Fremde auf das Spiel zu setzen.

Die Umbildung geschah durch Zulassung eines Verzichtes in bestimmten Formen. In Rom war der Verzicht in der Regel unwirksam.[25]

Denn die Intercessionsverbote bilden, so sehr sie Vorrechte sind, im Grunde eine Minderung der Handlungsfähigkeit der Frauen; die hierauf bezüglichen Normen sind folglich zwingenden Rechtens.

Gemeinrechtlich aber ließ man eidlichen Verzicht auf die Rechtswohlthaten zu, was freilich heutzutage keine Bedeutung mehr hat.

Ferner bildete sich allgemein die Praxis, daß die Frau auf die Rechtswohlthaten nach vorgängiger gerichtlicher Belehrung verzichten könne.[26]

Damit war an die Stelle des Verbotes eine Form für die Intercession durch die Frauen getreten.

Handelsfrauen können sich nach einem durch das H.G.B. bekräftigten Gewohnheitsrechte überhaupt nicht auf die weiblichen Rechtswohlthaten berufen.[27]

In den bei weitem meisten Partikularrechten Deutschlands endlich sind die weiblichen Rechtswohlthaten allgemein beseitigt.[28]

---

l. 22 C. h. t. 4, 29 in den Kodex eingefügt wurde, entnommen. Die Novelle bestimmt auch, daß der Gläubiger, wenn sich die Ehegatten in einer Urkunde verbinden, von der Frau nur fordern könne, was ihr nachweisbar aus dem Geschäfte zu Gute kam.

25) Im römischen Rechte wurde ein Verzicht auf die Rechtswohlthat nur zugelassen, wenn eine Mutter oder Großmutter die Vormundschaft über ihr Kind übernahm. l. 3 pr. C. quando mulier tutelae 5, 35, nov. 118 cap. 5. Außerdem kommt in Betracht die Stipulation im Falle der l. 82 § 4 D. h. t. 16, 1.

26) Girtanner S. 268, 365; vgl. auch Stobbe, P.R. S. 320.

27) H.G.B. Art. 6.

28) Nach Roth, d. P.R. Bd. 1 S. 372 Anm. 8 bestanden die Beschränkungen der Intercession der Weiber noch in Württemberg, in Mecklenburg, in Reuß j. L. und in Lippe-Detmold. Für Mecklenburg beseitigte sie das Gesetz vom 30. Januar 1893.

# Zweiter Theil.
## Die einzelnen Forderungsrechte.

---

### Erster Abschnitt.
## Die Kontraktsobligationen.

### Erstes Kapitel.
## Die Realkontrakte.

### I. Das Darlehen.

#### § 85. Begriff. Begründung des Darlehens.[1]

I. Die gemeinrechtliche Darstellung der einzelnen Kontraktsobliga=
tionen muß sich, wenn sie ein treues Bild des positiven Rechtes geben
will, an das römische Kontraktensystem anlehnen.

Wir beginnen daher mit den römischen Realkontrakten. Doch sind
nur noch Darlehen, Kommodat und Depositum zu besprechen. Denn
der von den Römern gleichfalls den Realkontrakten unterstellte Pfand=
kontrakt wurde bereits früher im Zusammenhange des Pfandrechtes
behandelt.

II. Darlehen — mutuum — ist Leihe umlaufenden
Kapitals d. h. die Ueberlassung einer Summe von Geld
oder anderen Fungibilien zum Zwecke der Leihe, unter
der Verpflichtung der Rückgabe einer Summe gleich=
artiger Objekte.[2][3]

---

1) Tit. Dig. de rebus creditis si certum petetur et de condictione 12, 1,
Cod. de rebus creditis et jurejurando 4. 1; si certum petatur 4, 2, Huschke,
b. L. d. römischen Rechts vom Darlehen 1882; Schey, die Obligationsverhältnisse
d. öst. P.R. Bd. 1 S. 1. Ein „weitschweifiges“ Werk ist Heimbach, die Lehre von
dem Creditum 1849.

2) l. 1 § 2 D. de obligationibus 44, 7. Gajus libro 2 aureorum: Re contrahitur obligatio mutui datione, mutui autem datio consistit in his rebus,

1. Nicht selten gehen Verträge über Geben eines Darlehens — pacta de mutuo dando — oder über Nehmen eines solchen — pacta de mutuo accipiendo — voraus.⁴ Beide Arten von Verträgen werden auch häufig mit einander verbunden. Sie haben manches Besondere.

Der Vertrag über Geben des Darlehens ist nämlich in der Regel von der stillschweigenden Bedingung abhängig, daß der Darlehens= nehmer zur Zeit der Auszahlung der Darlehensvaluta nicht kreditun= würdig ist. Dies entspricht der vermuthlichen Meinung des Promittenten. Denn man will leihen, nicht verlieren.⁵

Natürlich muß aber der zur Darlehenshingabe Verpflichtete seiner= seits Thatsachen beweisen, aus denen sich ergiebt, daß die bei der Zu= sage unterstellte Kreditwürdigkeit des anderen Theiles schon zur Zeit des Geschäftsschlusses nicht bestand oder daß sie später aufgehört hat z. B. vergeb= liche Pfändungen, Leistung des Manifestationseides, Zahlungseinstellung.

Wer sich zum Nehmen eines Gelddarlehens verpflichtet hat, kann richtiger Ansicht nach, wenn er sich dessen weigert, nicht auf Ab= nahme der Darlehensvaluta, vielmehr nur auf Ersatz des Inter= esses des Klägers an der vereinbarten Placirung des Geldes genöthigt werden. Dies ist um deswillen als die Meinung beim Vertragsschluß anzusehen, weil es keinen vernünftigen Sinn hat, jemanden zum Nehmen von Geld zu nöthigen, für das er keine Verwendung hat.⁶

2. Zum Zustandekommen eines Darlehens ist nothwendig:

a) Die Uebermachung der Valuta d. h. Zuwendung einer Summe von Fungibilien seitens des Darlehensgebers an den Empfänger.

b) Es muß Leihe bezweckt sein, d. h. Ueberlassung zum Gebrauch oder vielmehr Verbrauch.⁷ Kein Darlehen ist eine dem Gläubiger ge= stellte Baarkaution, keines das depositum irregulare. Denn hier=

quae pondere numero mensurave constant, veluti vino, oleo, frumento, pecunia numerata, quae res in hoc damus, ut fiant accipientis, postea alias recepturi ejusdem generis et qualitatis; pr. I. quibus modis re contrahitur obligatio 3, 14.

3) Die römischen Juristen führen aus, „mutuum" sei um deswillen das Geschäft genannt worden, „quod ex meo tuum fit." Gajus Inst. III. § 90, l. 2 § 2 D. h. t. 12, 1. Dies zu Nutz und Frommen der rechtsbeflissenen Jugend, welche mittels dieser etymologischen Spielerei das juristische Wesen des Geschäftes dem Gedächtniß einprägen sollte.

4) Ueber derartige Vorverträge überhaupt siehe oben Bd. 2 § 10, insbesondere über das pactum de mutuo dando dort Anm. 8. Scheh a. a. O. Bd. 1 S. 43 und 172. Verglichen werden kann Suffrian, das pactum de mutuo dando 1866, Storch, der heutige Darlehensvertrag 1878.

5) Vgl. l. 38 pr. D. de solut 46, 3. Das R.O.H.G. Bd. 23 S. 137 nimmt dies für jede Kreditzusage mindestens im Verkehre der Kaufleute an. A. Ansicht ist u. a. Suffrian S. 6.

6) Die Frage ist bestritten. Vgl. hierüber mein Preuß. Pr.Recht Bd. 2 § 179 Anm. 7.

bei ist die Ueberlassung nur das Mittel zur Erreichung anderer Zwecke, nämlich bei dem ersten Geschäft Sicherstellung, bei dem anderen Bewahrung einer Summe.[8]

c) Endlich ist ein rechtsgültiger Vertrag über Rückerstattung der Darlehenssumme erforderlich.[9] Der Vertragsschluß liegt ohne Weiteres in der Hingabe und der Annahme behufs eines „Darlehens". Natürlich können aber auch besondere Abreden über die Modalitäten der Rückzahlung getroffen werden.

Fehlt die Verpflichtungsfähigkeit des Nehmers des Darlehens, so ist zwar das reale, aber nicht das konsensuale Moment vorhanden. Ein Darlehen entsteht also dann nicht, die Stipulation des Darlehensgeschäfts z. B. über Kündigungsfristen, Verzinsung sind kraftlos, eine Darlehensklage findet nicht statt; aber der Empfänger hat das Geliehene ohne Rechtsgrund, dieses kann daher mit der condictio sine causa zurückgefordert werden; wenn der Empfänger minderjährig war, so beschränkt sich die Rückforderung auf den Betrag, um welchen er zur Zeit der Klageerhebung bereichert ist.[10]

### § 86. Die Darlehensvaluta.[1]

1. In seiner einfachsten und ohne Zweifel ursprünglichen Gestalt setzt das Darlehensgeschäft voraus, daß der Darlehensgeber ihm gehörige Fungibilien an den Darlehensnehmer mittels Uebergabe übereignet.

Hiernach kommt ein Darlehen nur zu Stande, wenn der Darleiher ihm gehörige Fungibilien verleiht.[2] Auch muß er veräußerungs-

---

7) Der Darlehensgeber hat nicht danach zu fragen, wozu der Darlehensschuldner die Darlehenssumme zu benutzen denkt, ob er sie namentlich in vernünftiger und nützlicher Weise verwenden, oder in verschwenderischem und unmoralischem Treiben vergeuden will. Ist jedoch das Darlehensgeschäft ausschließlich und ersichtlich zu unsittlichen Zwecken bestimmt, soll es z. B. unmittelbar dazu dienen, einen Einsatz zu verbotenem Spiele zu erhalten, so ist es als contra bonos mores nichtig. Vgl. oben Bd. 2 § 16 Anm. 17. Im Einklang steht l. 12 § 11 D. mandati 17, 1, wo vorausgesetzt ist, daß die Darlehenssumme von dem verschwenderischen Jünglinge zu dem Zwecke entnommen wird, um sie unmittelbar seiner Dirne zu geben.

8) Vgl. oben Bd. 1 § 272, unten § 93. Siehe auch Schey a. a. O. Bd. 1 S. 46. Dort ist auch das Verhältniß zum „Quasinießbrauch" erörtert.

9) Das Princip spricht am schärfsten aus die oben Bd. 1 § 102 Anm. 6 abgedruckte l. 32 D. h. t. 12, 1. Die Anwendung, die Celsus dort von dem Prinzipe macht, ist freilich eine sehr schroffe. Siehe ferner l. 18 pr. D. eod.

10) l. 5 pr. und § 1 D. de auctoritate tut. 26, 8, abgedruckt oben Bd. 2 § 5 Anm. 3.

1) Schey, Obligationsverhältnisse S. 71.

2) l. 2 § 4 D. de reb. cred. 12, 1. Paulus libro 28 ad edictum: In mutui

fähig fein. Verleiht also ein Minderjähriger ohne vormundschaftliche Ermächtigung Geld, so kann er das Verliehene vindiciren, und wenn es der Entlehner verbraucht hat, kondiciren, eine Darlehensforderung erhält er aber nicht.[3]

2. Nach dem späteren, freier entwickelten Rechte genügt, daß der Darlehensgeber dem Darlehensnehmer die Valuta rechts= beständig verschafft hat.

In Folge dessen gewinnt ein Darlehen, bei welchem der Darlehens= geber fremde Gelder — oder andere Fungibilien — verliehen hat, dann Gültigkeit, wenn das Rückforderungsrecht des Eigen= thümers der Gelder durch Vindikation oder Kondiktion weggefallen ist.[4]

Selbstverständlich entsteht ferner dann ein Darlehen, wenn ein Dritter seine Fungibilien im Namen des Darlehensgläubigers aus=

---

datione oportet dominum esse dantem. Ueber den Fall, daß die geliehenen Gelder dem Darleiher nur zum Theile gehören, vgl. l. 94 § 1 D. de solutionibus 46, 3, siehe auch l. 13 § 2, l. 16 D. h. t. 12, 1.

3) § 2 I. quibus alienare licet vel non 2. 8. Nunc admonendi sumus neque pupillum neque pupillam ullam rem sine tutoris auctoritate alienare posse. ideoque si mutuam pecuniam alicui sine tutoris auctoritate dederit, non contrahit obligationem, quia pecuniam non facit accipientis. ideoque vindicare nummos possunt, sicubi extent: sed si nummi, quos mutuos dedit, ab eo qui accepit bona fide consumpti sunt, condici possunt, si mala fide ad exhiben- dum de his agi potest.

4) Die römischen Juristen sprechen hiervon in l. 13 § 1, l. 19 § 1 D. h. t. 12, 1, l. 24 § 2 D. de obl. et act. 44. 7. Auf das Einzelne gehen sie jedoch nicht ein. Es sind folgende Fälle zu unterscheiden: a) Man verleiht fremde Gelder ausdrücklich als fremde in der Erwartung der Genehmigung des Eigenthümers. Hier kommt das Darlehen nur durch dessen Genehmigung zu Stande. Ertheilt er sie nicht, so kann er seine Gelder vindiciren und im Fall etwaiger Konfusion kondiciren; der Empfänger hat sie also nicht rechtsbeständig. b) Man giebt fremde Gelder diebischer= weise zum Darlehen mit Wissen des Empfängers. Hier hat der Eigenthümer Vin= dikation und Kondiktion der Gelder. Ein Darlehen entsteht nicht. c) Man giebt fremde Gelder als Darlehen gleich als seien sie die eigenen, ohne daß der Empfänger von dem Eigenthume des Dritten etwas weiß. Ist dann der Eigenthümer — was selten sein wird — noch in der Lage, sein Eigenthum geltend zu machen, z. B. weil sein Geld noch in seinen Rollen individuell erkennbar existirt, so kann er es vindi- ciren und der Darlehensnehmer schuldet dem Pseudodarlehensgeber nichts. d) Hat aber in dem gedachten Fall der Darlehensnehmer die ihm geliehenen Gelder in guten Glauben konsumirt, insbesondere ausgegeben oder mit seinem Gelde ununterscheidbar vermischt, so verliert der bisherige Eigenthümer der Gelder seine Vindikation und erhält auch keine Kondiktion gegen den Darlehensnehmer, da dieser gerade wegen seiner prima facie Darlehensschuld nicht als bereichert gilt, vgl. Bd. 1 § 225 Anm. 25. Daher erhält der Darlehensgeber gegen ihn in diesem Fall die Darlehensklage als s. g. actio de bene depensa. Dagegen ist der frühere Eigen- thümer der Gelder berechtigt, gegen den Darlehensgeber, der ihm dieselben verbracht hat, mit einer condictio furtiva, actio ad exhibendum zu klagen. — Es ist übrigens einleuchtend, daß in der Regel die Behauptung, das Darlehen habe in fremden Geldern bestanden, eine Einrede bildet, welche nicht leicht anders vorgebracht werden wird, als wenn deren Eigenthümer ihretwegen Ansprüche erhoben hat.

Drittes Kapitel.

## Die Interceffionen.

§ 83. Begriff und Arten der Interceffion.[1]

1. Interceffion ift die Uebernahme einer Schuld, welche uns materiell fremd ift.

Die Interceffion kann in der Eingehung einer perfönlichen Schuld liegen, oder auch in der Beftellung eines Pfandrechtes für die fremde Schuld.[2]

Man unterfcheidet kumulative und privative Interceffionen.

a) Bei den kumulativen Interceffionen tritt man neben den, welchen die Schuld materiell angeht. Dies kann als Bürge gefchehen, nicht minder, indem man fich neben dem materiell Betheiligten als Korrealfchuldner verbindet,[3] endlich auch durch Pfandbeftellung für die fremde Schuld.

b) Bei der privativen Interceffion tritt man an Stelle des eigentlich Betheiligten in den Schuldnexus. Und zwar kann man fich von vornherein für den, welchen die Schuld angeht, allein ver= pflichten, z. B. durch Ausftellung eines Wechfels, während ein Anderer die Valuta, d. h. die Werthvergütung für den Wechfel erhält.[4] Man kann ferner an die Stelle des bisherigen Schuldners durch Expro= miffion oder Schuldübernahme treten.[5]

---

felbft behauptet dagegen S. 483, daß die exceptio excussionis peremptorifch werde, wenn der Gläubiger die Ausklagung des Hauptfchuldners verfäumt habe, fo daß diefe keinen Erfolg mehr haben konnte. Auch dies läßt fich aus der Nov. 4 cap. 1 keineswegs demonftriren. Das Richtige führt Arndts § 357 Anm. 2 aus. „Der entfcheidende Gefichtspunkt für das heutige Recht," fagt er, „ift diefer, daß jede Bürgfchaft ex fide bona zu beurtheilen ift, diefer kann der Gläubiger zuwider handeln, indem er durch fein Zuthun oder auch durch feine Nachläffigkeit die dem Bürgen zukommenden gefetzlichen Hülfsmittel vereitelt und ihn dennoch in Anfpruch nimmt. Nur kann nicht fchlechthin jede nachfichtige Zögerung in Ausklagung des Schuldners als Verfchulden gegen den Bürgen gelten."

1) Sintenis, von Interceffionen und einigen Arten derfelben in Lindes Zeit= fchrift Bd. 10 n. 2; Deurer, über den Begriff der Interceffion im Archiv für civ. Praxis Bd. 28 n. 15; Hafenbalg, Beiträge z. L. von der Interceffion 1856; Brinz Bd. 2 S. 230.

2) Oben Bd. 1 § 266 Anm. 16.

3) l. 17 § 2, l. 18 D. ad S. C. Vellejanum 16, 1.

4) Solche Interceffionen nennt man nicht felten „tacitae". Beifpiele giebt l. 8 § 14, l. 29 D. ad S. C. Vellejanum 16, 1.

5) In Rom gehörte hierher auch die Uebernahme perfönlich verpflichtender Defenfion gegenüber der Schuldklage durch Litiskonteftation, l. 2 § 5 D. ad S.C. Vellejanum, fowie die Leiftung der Kompromißftipulation für den Schuldner, l. 32

Nicht intercedirt, wer der materiell Betheiligte iſt, z. B. ein Dritter
kauft für mich eine Sache als mein indirekter Stellvertreter und ich ver=
bürge mich für die Zahlung des Kaufpreiſes.[6]

2. Interceſſion iſt es auch, wenn man ſich für eine fremde Schuld
verbindet in dem Glauben, daß es ſich um eine eigene han=
delt. Verpfändet z. B. Jemand ſein Grundſtück für eine Erbſchaftsſchuld,
weil er ſich für den Erben hält, während ein Anderer der Erbe und
alſo der wahre Schuldner iſt, ſo liegt hierin — objektiv — eine Inter=
ceſſion.[7]

Meiſt jedoch geſchieht die Interceſſion bewußtermaßen, um einem
Anderen Hülfe zu bringen und Kredit zu verſchaffen oder zu verlängern.
Wir dürfen als eigentliche Interceſſionsgeſchäfte ſolche be=
zeichnen, die aus der Abſicht zu intercediren hervorgehen.

Hierbei will der Intercedent in der Regel nichts aus eigenen Mitteln
aufopfern und nicht einmal in Vorſchuß gehen.

Ihm ſteht daher in der Regel gegen den, für welchen er inter=
cedirte, im Falle einer Gefährdung Klage auf Deckung, nach ſeiner Ver=
urtheilung Klage auf Deckung oder Befreiung,[8] nach der Zahlung Klage
auf Erſatz zu.

Geſchah die Interceſſion mit Wiſſen und Willen deſſen, für den
man eintrat, ſo hat der Intercedent zu dieſen Zwecken die actio mandati
contraria, geſchah ſie ohne deſſen Willen unverboten und nützlich, die
actio negotiorum gestorum. Im Falle ſich mit der Interceſſionsabſicht
die einer eventuellen Schenkung des Ausgelegten — der animus
donandi — verband, beſtehen dieſe Anſprüche natürlich nicht.


## § 84. Die weiblichen Rechtswohlthaten.[1]

Nach der römiſchen Volksanſchauung war die Interceſſion Sache
der Männer und nicht der Frauen. Ihr gab das S. C. Vellejanum
Bekräftigung, indem es den Frauen die Interceſſionen verbot. Juſtinian
ſteigerte die weiblichen Rechtswohlthaten ſehr. Die gemeinrechtliche Praxis

§ 2 D. de receptis 4, 8, vgl. oben Bd. 1 § 165. Dem heutigen Rechte iſt Beides
fremd.

6) l. 3, l. 13 pr., l. 22, l. 24 pr. D. ad S. C. Vellejanum 16, 1.

7) l. 23 D. ad S. C. Vellejanum 16, 1, abgedruckt unten § 84 Anm. 6.

8) Oben § 80 Anm. 5.

1) Tit. Dig. ad S. C. Vellejanum 16, 1, Cod. 4, 29; Kattenhorn, über Inter=
ceſſionen der Frauen 1840; Bachofen, das Vellejaniſche Senatuskonſult, in ſeinen
ausgewählten Lehren des Civilrechtes 1848 Abh. 1; Windſcheid, über das Prinzip
des S. C. Vellejanum im Archiv für civ. Praxis Bd. 32 n. 12 und 13. Graden=
witz, Ungültigkeit S. 69. Siehe ferner die oben § 83 Anm. 1 Citirten.

1. Nicht selten gehen Verträge über Geben eines Darlehens — pacta de mutuo dando — oder über Nehmen eines solchen — pacta de mutuo accipiendo — voraus.[4] Beide Arten von Verträgen werden auch häufig mit einander verbunden. Sie haben manches Besondere.

Der Vertrag über Geben des Darlehens ist nämlich in der Regel von der stillschweigenden Bedingung abhängig, daß der Darlehens=nehmer zur Zeit der Auszahlung der Darlehensvaluta nicht kreditun=würdig ist. Dies entspricht der vermuthlichen Meinung des Promittenten. Denn man will leihen, nicht verlieren.[5]

Natürlich muß aber der zur Darlehenshingabe Verpflichtete seiner=seits Thatsachen beweisen, aus denen sich ergiebt, daß die bei der Zu=sage unterstellte Kreditwürdigkeit des anderen Theiles schon zur Zeit des Geschäftsschlusses nicht bestand oder daß sie später aufgehört hat z. B. vergeb=liche Pfändungen, Leistung des Manifestationseides, Zahlungseinstellung.

Wer sich zum Nehmen eines Geldbarlehens verpflichtet hat, kann richtiger Ansicht nach, wenn er sich dessen weigert, nicht auf Ab=nahme der Darlehensvaluta, vielmehr nur auf Ersatz des Inter=esses des Klägers an der vereinbarten Placirung des Geldes genöthigt werden. Dies ist um deswillen als die Meinung beim Vertragsschluß anzusehen, weil es keinen vernünftigen Sinn hat, jemanden zum Nehmen von Geld zu nöthigen, für das er keine Verwendung hat.[6]

2. Zum Zustandekommen eines Darlehens ist nothwendig:

a) Die Uebermachung der Valuta d. h. Zuwendung einer Summe von Fungibilien seitens des Darlehensgebers an den Empfänger.

b) Es muß Leihe bezweckt sein, d. h. Ueberlassung zum Gebrauch oder vielmehr Verbrauch.[7] Kein Darlehen ist eine dem Gläubiger ge=stellte Baarkaution, keines das depositum irregulare. Denn hier=

quae pondere numero mensurave constant, veluti vino, oleo, frumento, pecunia numerata, quas res in hoc damus, ut fiant accipientis, postea alias recepturi ejusdem generis et qualitatis; pr. I. quibus modis re contrahitur obligatio 3, 14.

3) Die römischen Juristen führen aus, „mutuum“ sei um deswillen das Geschäft genannt worden, „quod ex meo tuum fit.“ Gajus Inst. III. § 90, l. 2 § 2 D. h. t. 12, 1. Dies zu Nutz und Frommen der rechtsbeflissenen Jugend, welche mittels dieser etymologischen Spielerei das juristische Wesen des Geschäftes dem Gedächtniß einprägen sollte.

4) Ueber derartige Vorverträge überhaupt siehe oben Bd. 2 § 10, insbesondere über das pactum de mutuo dando dort Anm. 8. Schey a. a. O. Bd. 1 S. 43 und 172. Verglichen werden kann Suffrian, das pactum de mutuo dando 1866, Storch, der heutige Darlehensvertrag 1878.

5) Vgl. l. 38 pr. D. de solut 46, 3. Das R.O.H.G. Bd. 23 S. 187 nimmt dies für jede Kreditzusage mindestens im Verkehre der Kaufleute an. A. Ansicht ist u. a. Suffrian S. 6.

6) Die Frage ist bestritten. Vgl. hierüber mein Preuß. Pr.Recht Bd. 2 § 179 Anm. 7.

zahlt,[5] nicht minder, wenn dessen Valuta nach Anweisung des Darlehens= nehmers an einen Dritten gezahlt wurde.

Darlehen können endlich ohne Uebergabe von Fungibilien in folgenden Formen geschehen:

a) Man überläßt dem Geldbedürftigen eine Waare zum Ver= kauf, damit er den Erlös als Darlehensvaluta behält.[6][7] Die Gefahr geht hier in der Regel mit Uebergabe der Waare auf den Krebitsuchen= den über, so daß im Fall ihres Untergangs oder ihrer Verschlechterung ihr Verkaufswerth die Darlehenssumme bildet.[8]

b) Der Gläubiger vereinbart mit seinem Schuldner, daß dieser Geld oder Fungibilien, welche er aus einem anderen Grund schuldet, z. B. in Folge eines Depositums, Mandates, Kaufes, als Dar= lehen behält.[9] Daß der Schuldner zur Zeit dieser Vereinbarung die geschuldete Summe effektiv innehat, ist nicht gefordert.

---

5) Mehrfach wird von den römischen Juristen besonders hervorgehoben, daß man Darlehensgläubiger auch dann wird, wenn ein Anderer in unserem Namen die Darlehensvaluta aus seinen Mitteln giebt. So namentlich l. 9 § 8 D. h. t. 12, 1. l. 126 § 2 D. de verb. obl. 45, 1, l. 35 § 2 D. de donationibus 39, 5. l. 4 C. si certum petatur 4, 2, l. 3 C. per quas personas 4, 27. Ob außerdem Vollmacht oder Genehmigung des Darlehensgeschäftes durch denjenigen erfordert ist, welchem die Obligation erworben werden soll, ist höchst bestritten. Es sprechen hierfür l. 2 § 4 D. h. t. 12, 1, l. 34 pr. D. de donationibus 39, 5. Die meisten Neueren nehmen gleichwohl an, daß es singulärer Weise beim Darlehen auf den Konsens des Vertretenen in dem besprochenen Falle nicht angekommen sei. So namentlich Jhering in seinen Jahrbüchern Bd. 2 S. 101. und Schloßmann, das Darlehen auf fremden Namen in Grünhuts Zeitschrift Bd. 9 S. 505. Die entgegengesetzte Auffassung ver= theidigt, wie ich annehme, siegreich Huschke a. a. O. S. 29. Anders Mitteis, Stell= vertretung S. 67, Pernice, Labeo Bd. 3 S. 222.

6) Aehnlich steht es, wenn man dem Geldbedürftigen einen Wechsel oder eine andere Forderung zur Einziehung übermacht, damit er das Einkassirte als Darlehen behält.

7) Dies Geschäft nennen Manche contractus „mohatrae“, ein mittelalterliches aus dem Arabischen stammendes Wort. Nach Schey a. a. O. S. 83 ist c. moha= trae Verkauf einer Sache auf Kredit mit sofortigem Rückkauf um einen kleineren baar bezahlten Preis. Ein Student kauft z. B. von A, um Geld zu bekommen, eine Partie alter Kleider für 100, zahlbar in einem halben Jahr und verkauft sie sofort dem B, der mit A operirt, für baare 50.

8) l. 4 D. h. t. 12, 1, l. 11 pr. D. eod. 12, 1. Ulpianus libro 26 ad edic- tum: Rogasti me, ut tibi pecuniam crederem: ego cum non haberem, lancem tibi dedi vel massam auri, ut eam venderes et nummis utereris. si vendideris puto mutuam pecuniam factam. quod si lancem vel massam sine tua culpa perdideris prius quam venderes, utrum mihi an tibi perierit, quaestionis est. mihi videtur Nervae distinctio verissima existimantis, multum interesse, venalem habui hanc lancem vel massam, nec ne, ut, si venalem habui, mihi perierit, quemadmodum si alii dedissem vendendam: quod si non fui proposito hoc, ut venderem, sed haec causa fuit vendendi, ut tu utereris tibi eam periisse et maxime si sine usuris credidi.

9) l. 15 D. h. t. 12, 1. Ulpianus libro 31 ad edictum: Singularia quaedam recepta sunt circa pecuniam creditam. nam si tibi debitorem meum jussero dare pecuniam, obligaris mihi, quamvis meos nummos non acceperis, quod

c) Endlich genügt es sogar zur Begründung eines Darlehens, daß dem Darlehensnehmer Objekte unter einer Schätzung übergeben werden, welche die Darlehensvaluta ausmacht.[10] Es ist dann so, als wären die fraglichen Objekte an den Darlehensnehmer verkauft und die geschuldete Kaufsumme dann zur Darlehensvaluta gemacht.

Die Römer meinten offenbar, ein Darlehen komme ja auch zu Stande, wenn in derartigen Fällen der Summenschuldner die schuldigen Gelder an seinen Gläubiger auszahle und dieser sie als Darlehensvaluta zurückübereigne; das zwecklose Herüber= und Hinüberschieben der Gelder könne füglich durch eine Gedankenoperation ersetzt werden.

Gerade die zuletzt gedachte Form des Darlehens ist jedoch geeignet, wucherischer Ausbeutung zu dienen. Es ist daher fraglich, ob es zweck= mäßig war, dieselbe durch eine so weit gehende Abstraktion zu ermöglichen.

### § 87. Die Verpflichtungen aus dem Darlehen.

1. Der Darlehensnehmer ist zur Rückerstattung[1] der Darlehens= summe in gleicher Gattung und Art[2] verpflichtet. Geld darf er in der Währung zurückleisten, nicht bloß in der Sorte der geliehenen Valuta,[3] es sei denn anders bedungen. Zulässig ist die Vereinbarung der Zurück= leistung einer geringeren Summe als der geliehenen;[4] nicht minder, was häufiger ist, eines Zuschlages zum Geliehenen.

In Ermangelung eines besonderen Vertrages ist das Darlehen zinslos

---

igitur in duabus personis recipitur, hoc et in eadem persona recipiendum est, ut cum ex causa mandati pecuniam mihi debeas et convenerit, ut crediti no- mine eam retines, videatur mihi data pecunia et a me ad te profecta. Aus der l. 34 pr. D. mandati 17, 1 von Africanus ergiebt sich, daß diese freiere Auf= fassung der Zeit Julians noch nicht geläufig war. Viele Neuere freilich legen den Ausspruch Ulpians enger aus, als hier geschieht. Vgl. Windscheid Bd. 2 § 370 Anm. 11, Scheß a. a. D. S. 84. Für die von uns vertheidigte Ansicht legt nament= lich die in der folgenden Anmerkung citirte l. 8 C. si certum pet. 4, 2 ein schweres Gewicht in die Wagschale.

10) l. 8 C. si certum pet. 4, 2. Daß der hier erörterte Fall recht wesentlich von dem bei Anm. 6 besprochenen differirt, liegt auf der Hand, wird aber doch zu= weilen übersehen.

1) Eine besondere Darlehensklage war im prätorischen Edikte nicht aufgestellt. Vielmehr wurden Gelddarlehen mit der actio certae pecuniae creditae, Darlehen von anderen Objekten mit der condictio triticaria eingeklagt. Vgl. oben Bd. 1 § 131, Lenel, edictum S. 184 ff., Brinz Bd. 2 S. 479. Wenn gleichwohl von einer „mutui actio" die Rede ist, z. B. l. 5 C. quibus non objiciatur l. t. pr. 7 35, so bezieht sich das nicht auf die Form, sondern auf den Inhalt der Klage.

2) l. 3 D. h. t. 12, 1.

3) Ueber l. 99 D. de solutionibus 46, 3 vgl. oben Bd. 2 § 26 Anm. 9.

4) l. 11 § 1 D. h. t. 12, 1.

— gratuitum.[5] In Rom forderte der Zinsvertrag für die Regel eine Stipulation, heutzutage ist er formlos.

Verzugszinsen liefen in Rom nicht von Darlehen als stricti juris negotia;[6] gemeinrechtlich verfallen sie auch von Darlehen.

Vereinbarungen über die Zeit der Rückgabe sind häufig; sie geschehen nicht selten stillschweigend, z. B. durch Annahme von Zinsen für die Zukunft.[7] In Ermangelung von Vereinbarungen darf aber das Darlehen jederzeit, ja unmittelbar nach der Hingabe zurückgefordert werden.

Den Darlehensschuldner trifft als Genusschuldner die Gefahr vom Momente des Empfanges der Darlehensvaluta an.[8]

Der klagende Gläubiger hat im Streitfalle die Auszahlung der Valuta als Darlehen zu beweisen. Dies geschieht vorzugsweise durch Empfangsbekenntnisse des Schuldners.[9] Dem Beklagten steht aber der

5) Vgl. oben Bd. 2 § 29. Siehe auch die bei Pernice, Labeo Bd. 2 S. 263 angeführten Stellen.

6) Vgl. oben Bd. 2 § 41 Anm. 5. Ein Ersatz lag zur klassischen Zeit in der Strafsponsion, wonach der in der a. pecuniae certae creditae Unterliegende dem Sieger ein Drittel der Klagsumme als Strafe zu leisten hatte. Gaj. Inst. IV. § 171.

7) l. 57 pr. D. de pactis 2, 14.

8) § 2 I. quibus modis re contrahitur obligatio 3, 14. Vgl. auch Pernice Labeo Bd. 2 S. 264.

9) Seit dem dritten Jahrhundert nach Christi Geburt bildete sich der Satz in Rom aus, daß schriftliche Empfangsbekenntnisse über Auszahlung der Darlehensvaluta in den Darlehensschuldscheinen von dem Aussteller ohne weiteres durch Protestation — exceptio oder querella non numeratae pecuniae — innerhalb einer gewissen Zeit nach ihrer Ausstellung als unverbindlich abgelehnt werden könnten, so daß dann der Gläubiger anderen Beweis für die Auszahlung des Darlehens bringen mußte. Und zwar durfte diese exceptio oder querella nach Justinians Verordnung noch binnen zwei Jahren nach Ausstellung des Scheines vorgebracht werden. l. 14 pr. C. h. t. 4, 30. War diese Zeit aber ohne Protestation verlaufen, so sollte der Gegenbeweis gegen die Urkunde ausgeschlossen sein, so daß dieselbe selbst dann verpflichtete, wenn in der That die Valuta nicht gegeben war. Daher bezeichnet Justinian derartige durch die Zeit gesicherte Schuldscheine gradezu als Litteralkontrakte. Tit. Inst. de litterarum obligatione 3, 21. Diese Rechtssätze lassen sich nur dadurch erklären, daß es in Rom allgemeine Sitte war, zuvörderst den Kapitalisten die Darlehensurkunde mit den Empfangsbekenntnissen einzuhändigen und dann die Valuta theils durch die Wechsler, welche die Geldgeschäfte der Kapitalisten führten, theils durch die zur Verwaltung ihrer Gelder angestellten Sklaven oder Prokuratoren auf Anweisung des Darlehensgläubigers in Empfang zu nehmen. Der Beweis der Auszahlung wurde dann durch die Bücher dieser Vertreter und die ihnen gegebenen Empfangsbekenntnisse beziehungsweise durch ihr Zeugniß geführt. War freilich eine längere Zeit verflossen, so waren die Beweismittel über den realen Vorgang der Auszahlung der Valuta oft nicht mehr zu beschaffen. Aber jetzt stellte die förmliche Darlehensurkunde unanfechtbaren Beweis dar. — Wie dem auch sei, in Deutschland, wo derartige Verkehrsgebräuche nicht allgemein waren, erschien die Querel als höchst unbillig und irrationell. Wie kommt der Schuldner dazu, von ihm ausgestellte Empfangsbekenntnisse einfach durch Protestation zu annulliren? Von diesem Standpunkte aus erklärte dies seinerzeit Köster in defect. juris communis p. 151 „der gesunden Vernunft nach für ein unbegreifliches mysterium juris", und Ludwig in seinen gelehrten Anzeigen T. I p. 238 „für ein Abenteuer

Gegenbeweis offen, daß er dieselben in Erwartung der Zahlung aus=
gestellt hat, die nicht erfolgt sei.

2. Es ist denkbar, daß auch der Darlehensgeber aus dem Ge=
schäfte haftbar wird. Er ist z. B. ersatzpflichtig, wenn er falsche Geld=
stücke unvorsichtigerweise gab und der Empfänger als Besitzer derselben
zu Schaden kam, etwa wegen Falschmünzerei angeklagt und verhaftet
wird. Derartige Fälle sind jedoch der großen Menge der Darlehens=
geschäfte gegenüber äußerst selten. Die Römer haben sie daher nicht be=
achtet und die Verpflichtung aus dem Darlehen als streng einseitige des
Darlehensnehmers bezeichnet. Für die Regel ist dies vollkommen
zutreffend.

### § 88. Geldbarlehen an Hauskinder.[1]

**Geldbarlehen an Hauskinder sind in Folge des S. C.
Macedonianum ungültig, sofern sie nicht unter der Zu=
stimmung oder Genehmigung des Hausvaters geschahen
oder doch dessen Interessen dienten.**

Es liegt hierin singuläres Recht. Denn grundsätzlich können sich
Hauskinder wie Gewaltunabhängige selbständig durch Verträge ver=
pflichten.[2] Nur sind natürlich hierzu nicht fähig Unmündige, nach ge=
meinem Rechte auch nicht Minderjährige.[3]

Die Verpflichtungsfähigkeit der großjährigen Hauskinder war dem
römischen Verkehre kaum entbehrlich, weil dieselben in Rom, wo die
väterliche Gewalt regelrecht erst mit dem Tode des Vaters erlosch, einen
sehr großen Theil der volljährigen Bevölkerung ausmachten. Immerhin
führten Geldbarlehen an Hauskinder zu Mißständen. Ein besonders
schreiender Fall — der Vatermord des von Wucherern bedrängten Haus=

---

dessen offenbare Unbilligkeit jedem, der nur mit der Muttermilch nicht gar zu sehr
verkürzt worden, in die Augen leuchte". So berichtet Kreittmayr in den Anmerkungen
zum codex Maximilianus Bavaricus IV Kap. 11 § 3. Nichtsdestoweniger galten
die Bestimmungen als gemeinrechtliche, mit denen man sich mehr oder weniger ge=
zwungen abzufinden hatte. Die beste Darstellung der exceptio non numeratae
pecuniae giebt Gneist, die formellen Verträge 1845 S. 7 ff., vgl. die spätere Litte=
ratur bei Windscheid Bd. 2 § 372 Anm.; siehe ferner Huschke a. a. O. S. 91,
Mitteis, Reichsrecht S. 497, Pernice in der Savignyzeitschr. Bd. 13 S. 277. — Das
Einführungsgesetz zur C.P.O. § 17 Abs. 1 bestimmt: „Die Beweiskraft eines Schuld=
scheins oder einer Quittung ist an den Ablauf einer Zeit nicht gebunden." Damit
ist die Querel beseitigt. Vgl. Ludwig Goldschmidt in Jherings Jahrb. Bd. 24 Nr. 2.

1) Tit. Dig. de S. C. Macedoniano 14, 6, Cod. 4, 28. Mandry, Familien=
güterrecht Bd. 1 S. 431; dort siehe die „fast überreiche" Litteratur. Vgl. auch Brinz
Bd. 2 S. 481, Huschke a. a. O. S. 149.

2) Siehe oben Bd. 1 § 52.

3) Oben Bd. 1 § 52.

sohnes Macedo — veranlaßte daher das Verbot des S. C. Macedonianum.[4][5] Das Verbot betrifft:

a) **Gelbbarlehen, sowie sonstige der Gelbbeschaffung bestimmte Krebitgeschäfte.**[6][7]

Verpflichtende Geschäfte anderer Art, insbesondere Verkäufe und Verbürgungen, sind den Hauskindern nicht verwehrt, es sei denn, daß die Absicht einer Umgehung des Verbotes ersichtlich ist.[8]

b) **Das Gelbgeschäft muß sich während der Dauer der väterlichen Gewalt vollzogen haben.**[9]

Das Hauskind aber, welches castrense peculium und quasi castrense hat, wird bis zur Höhe desselben wie ein Hausvater verpflichtet.[10]

c) Nicht verboten sind Gelbgeschäfte, welchen der Hausvater von vornherein seine Zustimmung gab;[11] sie werden ferner durch dessen nachträgliche Genehmigung gültig,[12] nicht minder baburch, daß der Ertrag in das Vermögen des Vaters fließt.[13]

---

4) l. 1 pr. D. h. t. 14, 6. Verba senatusconsulti Macedoniani haec sunt: „Cum inter ceteras sceleris causas Macedo, quas illi natura administrabat, etiam aes alienum adhibuisset, et saepe materiam peccandi malis moribus praestaret qui pecuniam, ne quid amplius diceretur incertis nominibus crederet: placere, nec cui, qui filio familias mutuam pecuniam dedisset, etiam post mortem parentis ejus, cujus in potestate fuisset, actio petitioque daretur: ut scirent, qui pessimo exemplo foenerarent, nullius posse filii familias bonum nomen exspectata patris morte fieri. Vgl. die Erklärung der Worte des S. C. bei Keller, Institutionen S. 112.

5) Das S. C. wurde unter Vespasian erlassen. Sueton, Vespasian cap. 11. Tacitus ann. 11 cap. 13 berichtet schon von Claubius „et lege lata saevitiam creditorum coercuit, ne in mortem parentum pecunias filis familiarum fenori darent." Hieraus ist nicht zu schließen, daß bereits Claubius die Darlehen an Hauskinder schlechthin verbot, sondern nur, daß er gewisse Beschränkungen einführte. Der nähere Inhalt des Gesetzes läßt sich hieraus nicht entnehmen.

6) Dahin gehören nach römischem Rechte Stipulationsschulden behufs Entnahme von Gelb l. 3 § 4, l. 4, l. 6 D. h. t. 14, 6, heute Wechselschulden zu diesem Zweck.

7) Darlehensgeschäfte, aus denen dem Darlehensschuldner kein Gelb zufließt, fallen nicht unter das Verbot z. B. wenn dem Hauskinde Gelb, welche es schuldet, vom Gläubiger statt der Darlehensvaluta überlassen wird. l. 3 § 3 D. h. t. 14, 6.

8) l. 3 § 3, l. 7 pr. D. h. t. 14, 6.

9) Vgl. l. 6 D. h. t. 14, 6.

10) l. 1 § 3, l. 2 D. h. t. 14, 6.

11) l. 7 § 11 D. h. t. 14, 6.

12) l. 7 pr. C. h. t. 4, 28.

13) l. 7 §§ 12 ff., l. 17 D. h. t. 14, 6, l. 2, l. 5 C. h. t. 4, 28. Es ist erforderlich eine in rem patris versio. Sie muß nicht von vornherein beabsichtigt sein. Eine Anwendung macht, wie der Zusammenhang der Stelle mit der vorgehenden Erörterung ergiebt, l. 7 § 14 D. h. t. 14, 6. Ulpianus libro 29 ad edictum: Si filius accepit mutuam pecuniam, ut eum liberaret, qui si peteret exceptione non summoveretur, senatusconsulti cessabit exceptio. Der hier durch das Dar-

d) Das Verbot tritt — im Interesse der Sicherheit des Verkehres — nicht ein, wenn der Gläubiger entschuldbarerweise nicht wußte, daß es ein Hauskind sei, dem er kreditirte.[14]

Das verbotene Geldgeschäft ist nicht nichtig, vielmehr nur durch exceptio S. C. Macedoniani anfechtbar.[15] Diese Einrede steht dem Hauskinde zu, und zwar vor wie nach der Endigung des Gewaltverhältnisses, nicht minder nach römischem Rechte dem aus der Schuld des Kindes mit der Pekulienklage belangten Vater,[16] selbstverständlich auch dessen Erben, endlich Bürgen, sowie sonstigen Intercedenten, wenn sie gegen das Hauskind Regreßrechte haben würden.[17]

Das Verbot berührt die natürliche Verbindlichkeit aus dem Darlehen nicht.[18]

Genehmigung durch das Hauskind während der Dauer der väterlichen Gewalt ist ohne Kraft; Genehmigung nach erlangter Selbständigkeit macht das Geschäft gültig.[19]

---

lehen Befreite ist der Hausvater. Um deswillen fällt die exceptio des Senatuskonsultes weg. So Windscheid Bd. 2 § 373 Anm. 11 und Huschke a. a. O. S. 168. Der letztere schiebt nach liberaret die Worte „ab eo" ein. Andere, z. B. Vangerow Bd. 1 § 245 Ziffer d unterstellen, der Haussohn habe Geld aufgenommen, um sich von einer eigenen Schuld zu befreien. Manche schließen hieraus weiter, daß jedes Geldbarlehen gültig sei, welches durch ein Bedürfniß des Hauskindes hervorgerufen wurde. So Arndts § 282 Anm. 2 Ziff. d unter Anziehung der l. 47 § 1 D. de solutionibus 46, 3. Die römische Jurisprudenz hat aber eine so weitgehende Ausnahme, welche die Anwendung des Verbotes unsicher machen würde, nicht gekannt. Vgl. Mandry a. a. O. S. 454.

14) l. 3 pr., l. 19 D. h. t. 14, 6. Vgl. übrigens l. 7 § 7 D. h. t. 14, 6. Ulpianus libro 29 ad edictum: Proinde et si alius mutuam dedit, alius stipulatus est, dabitur adversus eum exceptio, licet hic non dederit. sed et si alteruter eorum ignoravit in patris esse potestate, severius dicendum est utrique nocere. idem est et in duobus reis stipulandi.

15) Die exceptio konnte, wenn sie nicht gegenüber der Klage vorgebracht war, noch in der Exekutionsinstanz vorgeschützt werden. l. 11 D. h. t. 14, 6. Dies ist durch die C.P.O. § 686 beseitigt. Der Beklagte hat zur Begründung der Einrede darzuthun, daß er bei Aufnahme des Geldbarlehens in väterlicher Gewalt stand. Hierzu genügt aber zunächst der Nachweis, daß damals sein Vater noch lebte. Behauptet Kläger, daß die väterliche Gewalt erloschen war, so muß er dies beweisen. R.O.H.G. Bd. 7 S. 26.

16) l. 6 pr. C. h. t. 4, 28. Da derzeit Pekulienklagen nicht mehr vorkommen, so ist diese Anwendung des Senatuskonsultes nicht mehr praktisch.

17) l. 9 § 3 D. h. t. 14, 6, oben Bd. 2 § 79 Anm. 5.

18) Vgl. oben Bd. 2 § 5 Ziff. 4, insbesondere Anm. 9.

19) Es ist auch dies unbestritten, vgl. Mandry a. a. O. S. 490. Pfandbestellung schließt die exceptio insoweit aus, als das Pfand reicht. l. 9 pr. D. h. t. Was die theilweise Zahlung einer durch exceptio S. C. Macedoniani anfechtbaren Darlehensschuld anlangt, so ist zu unterscheiden, ob sie als „Abschlagszahlung" geschah, dann ist in ihr die Anerkennung der ganzen Schuld zu sehen, oder ob dies nicht der Fall ist, dann fehlt jeder Grund dafür, den nicht getilgten Theil der Schuld als anerkannt zu erachten. Von der Unterstellung einer Abschlagszahlung geht l. 7 § 16 D. h. t. aus. Vgl. Dernburg, Pfandrecht Bd. 1 S. 548.

### § 89. Das Seedarlehen.[1]

Für den Verkehr des Alterthums war von größter Wichtigkeit das Seedarlehen — foenus nauticum, pecunia trajectitia. In Griechenland ausgebildet, ging dies Institut in das römische Recht über.

Bei dem Seedarlehen ist die Verpflichtung des Seedarlehensnehmers zur Rückzahlung der Darlehenssumme und der bedungenen Zinsen eine bedingte, nämlich abhängig von der Bedingung glücklicher Fahrt.[2]

Das Geschäft hatte, wie es scheint, ursprünglich die Gestalt, daß das geliehene Geld selbst nach dem Bestimmungshafen verschickt wurde, um dort zum Ankaufe von Waaren für die Heimath zu dienen. Die Verpflichtung des Darlehnsschuldners wurde hierbei von der Ankunft der entliehenen Gelder in dem überseeischen Hafen abhängig gemacht. Später wurden auch Seedarlehen zur Anschaffung von Waaren für den Export gegeben, so daß die Verpflichtung des Darlehensnehmers von der Ankunft dieser Waaren im Bestimmungshafen abhing.[3] Schließlich gab man auch Darlehen zur Reparatur von Schiffen oder zur Löhnung der Mannschaft mit der Bestimmung, daß die Rückzahlung nur für den Fall der Ankunft des Schiffes im Bestimmungshafen zu erfolgen habe.

Man pflegte genaue Bestimmungen über die Reise zu treffen, so daß bei deren willkürlicher Nichtbeachtung der Gläubiger von der Gefahr frei wurde. Namentlich gab man über die Richtung der Fahrt, sowie die Zeit der Reise solche Vorschriften.[4]

Als selbstverständlich galt, daß der Gläubiger nur die Seegefahr trug. Verschuldung des Darlehensnehmers[5] oder der Schiffsmannschaft oder innere Verderbniß der Güter fielen ihm nicht zur Last.

Für die Uebernahme der Gefahr durften Zinsen über das gesetzliche Maximum ausbedungen werden.

Justinian jedoch beschränkte das Maximum auf 12%.[6] Sehr ge-

---

1) Tit. Dig. de nautico faenore 22, 2, Cod. 4, 33. Matthias, das foenus nauticum und die geschichtliche Entwickelung der Bodmerei 1881, Schröder in Endemanns Handbuch des Handelsrechts Bd. 4 S. 235, Voigt, röm. Rgesch. § 55 S. 618. Sieveking, d. Seedarlehen im Alterthum, Leipziger Jn.differt. 1893. Eine interessante Urkunde über ein Seedarlehen enthält l. 122 § 1 D. de verb. obl. 45, 1. Vgl. hierüber Goldschmidt, Untersuchungen zu l. 122 § 1 D. de v. o. 1855.

2) Die abweichende Ansicht Savignys, System Bd. 6 S. 131 Anm. m hat mit Recht keinen Anklang gefunden.

3) l. 1 D. h. t. 22, 2.

4) l. 6 D. h. t. 22, 2. Matthias a. a. L. S. 18.

5) l. 4 C. h. t. 4, 33.

6) l. 2 C. h. t. 4, 33, l. 26 § 2 C. de usuris 4, 32. Jhering in seinen Jahr-

wöhnlich war es, die mit dem Darlehen angeschafften Objekte für das= selbe zu verpfänden.[7] Es war dies indessen nichts Nothwendiges oder Selbstverständliches.

Aehnlichkeit mit dem antiken Seedarlehen hat der Bodmereivertrag des neueren Seerechtes. Bei demselben kann sich aber der Darleiher nur an die verpfändeten Gegenstände — Schiff, Fracht, Ladung — halten, ohne daß der Darlehensnehmer sich persönlich verpflichtet. In Folge dessen erlischt das Recht des Darleihers ohne Weiteres mit dem zufälligen Untergange der verpfändeten, über See gehenden Objekte.[8]

Seedarlehen in römischer Weise sind dem heutigen Verkehre fremd.

Der Darlehensgläubiger kann natürlich auch sonst eine Gefahr über= nehmen und sich hierfür besondere Vortheile ausbedingen.[9]

## II. Kommodat und Prekarium.

### § 90. Das Kommodat.[1]

Kommodat — Leihe im engeren Sinne — ist die unentgelt= liche Ueberlassung einer Sache seitens des Verleihers — des Kommodanten — an den Entlehner — den Kommo= datar — zum Gebrauche unter der Verpflichtung ihrer Rückgabe nach dessen Beendigung.[2]

Darlehen und Kommodat haben beide den Zweck des Leihens; gleich=

---

büchern Bd. 19 S. 1 behauptet, Justinian habe das Zinsmaximum von 12% nicht für die Zeit der Seegefahr festgestellt, sondern für die Landzinsen, welche meist neben den Seezinsen für die Zeit vor der Abfahrt und nach der Ankunft des Schiffes bis zur Zahlung ausgemacht wurden. Matthias a. a. O. S. 29 hat diese Ansicht adoptirt. Sie entspricht aber den Worten Justinians nicht. Ein Zinsmaximum für Seezinsen mag irrationell gewesen sein, dies kann aber nicht genügen, dasselbe in Frage zu stellen. Denn Justinians Kreditgesetzgebung war auch in vielen anderen Punkten eine irrationelle. Vgl. Karl Büchel, das gesetzliche Zinsmaximum beim foenus nauticum 1883.

7) l. 4 pr., l. 6 D. h. t. 22, 2. Matthias a. a. O. S. 42.

8) Man unterscheidet die „eigentliche" Bodmerei, d. h. die Nothbodmerei des Schiffers — welche das H.G.B. allein in §§ 680 ff. regelt — und die „uneigent= liche", der Regelung der Landesgesetze überlassene, welche von dem Rheder auf= genommen wird. Nur jene Bodmerei des Schiffers ist in Deutschland „von einiger praktischer Wichtigkeit". Beseler, b. P.R. S. 1212.

9) l. 5 pr. D. h. t. 22, 2.

1) Tit. Dig. commodati vel contra 13, 6, Cod. de commodato 4, 23. Ferrini, storia e teoria del contratto di commodato, arch. giurid. Bd. 52 S. 469.

2) Das Kommodat ist Realvertrag. § 2 I. qu. m. re contr. obligatio 3, 14, l. 1 § 3 D. de obl. et act. 44, 7. Natürlich können dem Kommodat Vereinbarungen vorhergehen, welche zum Verleihen verbinden. Sehr häufig wird aber die Zusage, zu leihen, z. B. ein Buch, wenn man es gelesen, nicht in der Absicht ertheilt, sich juristisch zu verbinden. Die Lebenserfahrung ergiebt, was gemeint war.

wohl sind ihre rechtlichen Wirkungen sehr verschiedene. Der Darlehens=
nehmer wird Eigenthümer des Geliehenen, der Kommodatar bloßer
Detentor für den Kommodanten, welcher den juristischen Besitz und Eigen=
thum behält.[3] Der Darlehensschuldner ferner ist zur Rückerstattung von
ebensoviel verbunden, der Kommodatar zur Rückgabe der speciellen Sache.
Der Darlehensschuldner trägt in Folge dessen die Gefahr, der Kommo=
datar steht nur für seine Verschuldung ein, so daß zufälliger Untergang
oder Verderb der geliehenen Sache den Kommodanten trifft. Ein Dar=
lehen endlich wird nur bei Fungibilien anerkannt; das Kommodat ist
an Objekten jeder Art möglich, nicht bloß an Mobilien, sondern auch
an Immobilien.[4] Selbst Fungibilien, insbesondere Inhaberpapiere, können
kommodirt werden, z. B. zum Zwecke der Verpfändung.[5]

    Wesentlich ist dem Kommodat die Unentgeltlichkeit. Durch sie unter=
scheidet es sich von der Sachenmiethe.[6] Das Entnehmen von Büchern
aus einer Leihbibliothek gegen ein Leihgeld ist also Miethe, nicht Kommodat.

    Kommodirt kann auch werden, was dem Verleiher nicht zu eigen
und nicht in seinem Besitz ist, z. B. von ihm bloß gemiethetes, ja selbst
gestohlenes Gut.[7] Dasselbe ist daher dem Dieb vom Entlehner zurück=
zugeben, so lange es nicht für den Eigenthümer in Anspruch genommen ist.

    1. Die Hauptverpflichtung aus dem Geschäft ist die des
Kommodatars. Sie wird mit der a. commodati directa geltend
gemacht. Und zwar hat der Kommodatar

---

    3) l. 8 D. h. t. 13, 6. Pomponius libro 5 ad Sabinum: Rei commodatae
et possessionem et proprietatem retinemus. l. 9 D. eod., l. 3 § 20 D. de adq.
vel amitt. poss. 41, 2.

    4) Labeo nahm an, nur Mobilien könnten kommodirt werden, aber die klassische
Jurisprudenz erachtete auch das Kommodat von Grundstücken, insbesondere von
Wohnungen für zulässig, l. 1 § 1 D. h. t. 13, 6. Immerhin galt es als gerathener,
„praescriptis verbis" zu klagen, weil man nicht sicher war, ob der judex ein der=
artiges Kommodat anerkannte. l. 17 pr. D. de praescriptis verbis 19, 5. Commodatum loci wie Seuff. A. Bd. 37 n. 305? Nach der Definition des Depositums,
§ 92, kaum zu vermeiden.

    5) Bolze, Praxis des Reichsgerichts Bd. 1 S. 207; l. 3 § 6 D. h. t. 13, 6.
Ulpianus libro 28 ad edictum: Non potest commodari id, quod usu consumi-
tur, nisi forte ad pompam vel ostentationem quis accipiat. l. 4 D. eod., l. 18
§ 1 D. de rebus cred. 12, 1. Auch unentgeltliche zeitweise Ueberlassung eines
Rechtes bildet ein Kommodat.

    6) § 2 I. qu. modis re contr. obligatio 3, 14, l. 5 § 12 D. h. t. Ulpianus
libro 28 ad edictum: Rem tibi dedi, ut creditori tuo pignori dares: dedisti:
non repigneras, ut mihi reddas. Labeo ait commodati actionem locum habere:
quod ego puto verum esse, nisi merces intervenit: tunc enim vel in factum
vel ex locato conducto agendum erit.

    7) l. 15, l. 16 D. h. t. 13, 6. — Nichtig ist das Kommodat, wenn die entliehene
Sache dem Entlehner gehörte. l. 15 D. depositi 16, 3. Dies bezieht sich aber nicht
auf Fälle, in denen dem Eigenthümer das Recht, seine Sache zu gebrauchen, nicht
zusteht, z. B. wenn er seine Sache von deren Nießbraucher leiht.

a) die geliehene Sache zu verwahren,[8] er darf sie nur vertrags=
mäßig gebrauchen und ist für jede Verschuldung verantwortlich. Zufall,
welcher die Sache verschlechtert oder vernichtet, fällt ihm zur Last, wenn
er sie gewinnsüchtig anders oder mehr gebraucht, als ihm durch den
Kommodanten verstattet war, da hierin ein furtum usus liegt,[9] ferner
bei Unterschlagung, sowie nach Verzug. In dem Ausnahmefall, daß die
Leihe nur im Interesse des Kommodanten geschah, steht der Ent=
lehner nur für dolus und culpa lata ein.[10]

b) Nach beendetem Gebrauch, sowie nach Verlauf der für den Ge=
brauch zugestandenen Zeit hat der Entlehner das Geliehene zurückzustatten
und zwar zu bringen.[11][12]

Die Dauer des Rechts zum Gebrauch bestimmt sich nach der Verein=
barung, eventuell nach dem Zweck der Leihe, wie er dem Kommodanten
beim Geschäftsschluß mitgetheilt war, sowie nach dem Herkommen.[13]

---

8) l. 5 § 2, l. 10 D. h. t. 13, 6, l. 18 pr. D. eod. Daß der Kommodatar
auch für „custodia" der kommodirten Sache insoweit haftet, daß solche durch die
Sorgfalt des sorgfältigen Hausvaters gefordert wird — l. 5 § 6 D. h. t. —, ver=
steht sich von selbst. Die Ansicht Barons im Archiv für civ. Praxis Bd. 52
S. 65, daß der Kommodatar für custodia in weiterem Maße hafte, als sie ein
sorgfältiger Hausvater vorsieht, ist unbegründet. Vgl. auch Windscheid Bd. 2 § 375
Anm. 8.

9) In der Annahme eines furtum usus sind die Römer außerordentlich weit
gegangen, l. 5 § 8 D. h. t. Ulpianus libro 28 ad edictum: Quin immo et qui
alias re commodati utitur, non solum commodati verum furti quoque tenetur,
ut Julianus libro 11 Digestorum scripsit. denique ait, si tibi codicem commodavero et in eo chirographum debitorem tuum cavere feceris egoque hoc
interlevero, si quidem ad hoc tibi commodavero, ut caveretur tibi in eo, teneri
me tibi contrario judicio: si minus, neque me certiorasti ibi chirographum
esse scriptum: etiam teneris mihi, inquit, commodati, immo, ait, etiam furti,
quoniam aliter re commodata usus es, quemadmodum qui equo, inquit, vel
vestimento aliter quam commodatum est utitur, furti tenetur.

10) l. 5 § 10 D. h. t. 13, 6. Ulpianus libro 28 ad edictum: Interdum plane
dolum solum in re commodata qui rogavit praestabit, ut puta, si quis ita convenit: vel si sua dumtaxat causa commodavit, sponsae forte suae vel uxori,
quo honestius culta ad se deduceretur, vel si quis ludos edens praetor scaenicis
commodavit, vel ipsi praetori quis ultro commodavit. Weiteres Beispiel: man
verleiht ein Buch an einen Freund, damit dieser uns über den Inhalt orientire.

11) Daß der Kommodatar die Sache zurückzubringen habe, nimmt ent=
sprechend der zu unterstellenden Absicht der Kontrahenten mit Recht Windscheid Bd. 2
§ 282 Anm. 4 an. Hierfür scheint auch die von ihm angeführte l. 12 § 1 D. h. t.
13, 6 zu sein.

12) Bezüglich des Rückhaltungsrechts sind die bei der Miethe geltenden Grund=
sätze — vgl. unten § 111 Anm. 24 — entsprechend anzuwenden. Siehe weiter l. 4
C. h. t. 4, 23. Die Einrede des Kommodatars, daß er selbst Eigenthümer der ge=
liehenen Sache sei, ist nach l. 15 D. depositi 16, 3 zulässig.

13) Mehrere Schriftsteller behaupten, dem Kommodat sei wesentlich, daß bei
ihm ein bestimmter Gebrauch ausdrücklich vereinbart werde, während sich
dies beim Prekarium anders verhalte. Allein ein solcher Satz folgt weder aus der
Natur der Sache, noch ergiebt er sich aus den Quellen. Vgl. Vangerow Bd. 3
§ 691 Ziff. VI S. 613.

Auch Zubehör und Alles, was er sonst in Folge des Kommodates erhielt, hat der Kommodatar zu erstatten.[14]

2. Aus dem Kommodat können sich umgekehrt Ansprüche des Kommodatars gegen den Kommodanten entwickeln, für welche die actio commodati contraria bestimmt ist. Sie gehen:

a) auf Erstattung erheblicher Auslagen, wenn sie nothwendig oder unter Zustimmung des Kommodanten gemacht oder nach den Grundsätzen unbeauftragter Geschäftsführung zu vergüten sind. Regelmäßig wiederkehrende — s. g. laufende — Kosten, z. B. für Fütterung eines Pferdes, kompensiren sich mit dem Gebrauch und sind nicht zu vergüten,[15] sofern die geliehene Sache gebraucht wurde oder wenigstens brauchbar war.

b) Ersatz des durch seinen dolus oder culpa lata dem Kommodatar verursachten Schadens hat der Kommodant gleichfalls zu leisten. Ein Hauptfall ist Schädigung durch unzeitige Zurücknahme, z. B. ein gestütztes Haus ist in Folge unzeitiger Wegnahme geliehener Stützen zusammengebrochen.[16][17]

## § 91. Das Prekarium.[1]

Prekarium[2] ist die unentgeltliche Ueberlassung einer Sache oder eines Rechtes[3] auf beliebigen Widerruf.

14) l. 38 § 10 D. de usuris 22, 1. Ueber die Frage, ob der Kommodatar, welchem die kommodirte Sache gestohlen war, dem Kommodanten die beigetriebene Diebstahlsstrafe herausgeben müsse, bestand eine Kontroverse, welche Justinian in der l. 22 C. de furtis 6, 2 entschied. Vgl. hierüber Dernburg, Pfandrecht Bd. 1 S. 147 ff.

15) l. 18 § 2 D. h. t. 13, 6. Der Kommodatar hat wegen derartiger Forderungen auch ein Retentionsrecht; l. 15 § 2, l. 60 D. de furtis 47, 2.

16) l. 17 § 3 D. h. t. 13, 6. Paulus libro 29 ad edictum: Sicut autem voluntatis et officii magis quam necessitatis est commodare, ita modum commodati finemque praescribere ejus est qui beneficium tribuit. cum autem id fecit . . ., tunc finem praescribere et retro agere atque intempestive usum commodatae rei auferre non officium tantum impedit, sed et suscepta obligatio inter dandum accipiendumque. geritur enim negotium invicem et ideo invicem propositae sunt actiones, ut appareat, quod principio beneficii ac nudae voluntatis fuerat, converti in mutuas praestationes actionesque civiles. Vgl. ferner l. 18 § 3, l. 22 D. eod.

17) Der Kommodant ist auch schadensersatzpflichtig, wenn er Mängel der verliehenen Sache kannte und sie dem Kommodatar nicht anzeigte, es sei denn, daß er annehmen konnte, dieser kenne sie oder sie seien für ihn nicht erheblich. l. 18 § 3, l. 22 D. h. t. 13, 6.

1) Tit. Dig. de precario 43, 26, Cod. 8, 9. G. E. Schmidt, das Kommodat und Prekarium 1841; Dankwardt, das Prekarium und die Emphyteuse in Jherings Jahrbüchern Bd. 14 S. 290; Lenel ebendaselbst Bd. 19 S. 208; Bekker, Besitz S. 122 ff. Eine sehr anschauliche und zutreffende Darstellung des römischen Prekarium findet sich bei Fustel de Coulanges, histoire des institutions politiques de l'ancienne France, les origines du système féodal, Paris 1880 p. 63. Vgl. Max Weber, römische Agrargeschichte 1891, Jhering, Besitzwille S. 389.

1. Das Prekarium war in Rom seit uralter Zeit ein wichtiges sociales, aber bloß thatsächliches Verhältniß, vermöge dessen der Patron dem Klienten, dann überhaupt der Vornehme oder Reiche dem kleineren Manne, der von ihm abhängig war, aus Gnaden unentgeltlich Ver= günstigungen gewährte.[4] Es begründete ein Treueverhältniß des Empfängers — des Prekaristen —, nicht ein Rechtsverhältniß. Denn das Recht war nach der altrömischen Anschauung ein bestimmt abgeschlossenes Gebiet, in welchem die Form und die Regel herrschte. Für das Prekarium war es charakteristisch, daß es außerhalb derselben stand.

Nach römischer Vorstellung beruhte also das Prekarium nicht auf Vertrag. War ein Kontrakt über die Rückgabe einer unentgeltlich auf Widerruf überlassenen Sache geschlossen, so entstand kein Prekarium.[5] Aus dem Prekarium entsprang daher keine Kommodatsklage, denn diese stützte sich auf einen Vertrag, welcher beim Prekarium nicht als beab= sichtigt galt.

Der Geber des Prekarium hatte hiernach freies Widerrufsrecht, selbst wenn er dem Prekaristen das Belassen in Aussicht gestellt hatte. Widerrufsverzicht bei einem Prekarium war ohne rechtliche Geltung.[6]

Auch der Prekarist war nicht kontraktlich gebunden. Das inter- dictum de precario, welches das prätorische Edikt dem Geber gegen den Prekaristen gewährt hatte,[7] hatte Aehnlichkeit mit einer Vindikation Es grünbete sich auf einen Zustand — das precario ab illo habere — eventuell auf Dolus.[8]

In der Kaiserzeit verschärfte man die Haftpflicht des Prekaristen. Man stellte culpa lata auch hier dem Dolus gleich, ließ ferner den Besitzer von der Klageerhebung an für den Zufall nach den Grundsätzen

2) l. 1 pr. D. h. t. 43, 26. Ulpianus libro 1 institutionum: Precarium est, quod precibus petenti utendum conceditur tamdiu, quamdiu is qui concessit patitur.

3) l. 2 § 3, l. 3, l. 8 § 5, l. 15 § 2 D. h. t. 43, 26. Die häufige Betonung dürfte darthun, daß in dem ursprünglichen Begriff des Prekariums die Ueberlassung eines Rechtes nicht lag.

4) Vgl. auch oben Bd. 1 § 263, vgl. auch daselbst § 171.

5) l. 15 § 3 D. h. t. 43, 26. Pomponius libro 29 ad Sabinum: Cum quis de re sibi restituenda cautum habet, precarium interdictum ei non competit.

6) l. 12 pr. D. h. t. 43, 26. Celsus libro 25 Digestorum: Cum precario aliquid datur, si convenit, ut in kalendas Julias precario possideat, numquid exceptione adjuvandus est, ne ante ei possessio auferatur? sed nulla vis est hujus conventionis, ut rem alienam domino invito possidere liceat.

7) Die Formel des Interdiktes giebt l. 2 pr. D. h. t. 43, 26, vgl. Lenel, edictum S. 389.

8) Dies nach Bekker, Besitz a. a. O. S. 130.

des Verzugs haften[9] und gewährte endlich dem Geber nach allgemeinen Grundsätzen eine Kondiktion auf Rückgabe des Besitzes, welcher nach dem Widerruf sine causa beim Prekaristen war.[10] Die actio praescriptis verbis aber, die sich in Justinians Pandekten außerdem findet, also eine kontraktliche Klage, gehört der nachklassischen Zeit an, welche für das Institut kein rechtes Verständniß mehr hatte.[11]

Der Prekarist hat in der Regel juristischen Besitz.[12]

2. Auch heutzutage findet sich Ueberlassung von Sachen und von Rechten zum Prekarium. Ein solches hat aber nur einzelne der römischen Züge.

Wohl verständlich ist auch heutzutage, daß man zwar etwas auf kürzere oder längere Zeit zu Gebrauche oder Nutzung überläßt, daß man aber durchaus nicht rechtlich zur Belassung gebunden sein will, so daß, was ursprünglich Vergünstigung war, jederzeit freie Koncession bleibt. In diesem Sinne kommt ein Prekarium heutzutage vor.[13]

Der Prekarist hat auch heute in der Regel gemäß der römischen Rechtsregel juristischen Besitz.

Dagegen ist uns die Vorstellung völlig fremd, daß der Empfänger einer frei widerruflichen Gabe seinerseits n i c h t r e c h t l i c h g e b u n d e n s e i n s o l l, vielmehr erscheint er uns sowohl zur Rückgabe wie zur sorgfältigen Behandlung kontraktlich verpflichtet. Daher steht er auch

---

9) l. 8 §§ 4 und 6 D. h. t. 43, 26.

10) l. 19 § 2 D. h. t. 43, 26, abgedruckt Anm. 11.

11) Von einer actio praescriptis verbis ist in zwei Stellen der Pandekten die Rede. Einmal in der l. 19 § 2 D. h. t. Julianus libro 49 digestorum: Cum quid precario rogatum est, non solum interdicto uti possumus, sed et incerti condictione, id est praescriptis verbis. Daß die letzten Worte nicht von Julian herrühren, ist mit Händen zu greifen. Denn Julian konnte unmöglich die condictio, die einer actio stricti juris auf Rückgabe war, mit der actio praescriptis verbis, einer actio bonae fidei auf Erfüllung des Versprochenen identificiren. Ferner spricht von einer actio praescriptis verbis die l. 2 § 2 D. h. t. Ulpianus libro 71 ad edictum ... itaque cum quid precario rogatum est non solum hoc interdicto uti possumus, sed etiam praescriptis verbis actione quae ex bona fide oritur. Ist in der l. 19 § 2 cit. die Unechtheit unzweifelhaft, so ist sie auch hier anzunehmen, um so mehr, als der Zusatz „quae ex bona fide oritur" recht schülerhaft klingt. Allerdings findet sich auch bei Paul. sent. V 6 § 10 die Aeußerung „tamen et civilis actio hujus rei, sicut commodati competit". Hieraus läßt sich schließen, daß wir es in allen diesen Stellen mit Glossen nachklassischer Rechtslehrer und nicht mit Erfindungen der Kompilatoren zu thun haben. Die Unechtheit ist nichtsdestoweniger gewiß. Vgl. Gradenwitz, Interpolationen S. 128, anders Windscheid Bd. 2 § 376 Anm. 3.

12) Vgl. oben Bd. 1 § 173.

13) Ist etwas als Prekarium gegeben, aber unter Widerrufsverzicht für eine gewisse Zeit, so ist nicht wie in Rom der Verzicht unverbindlich — oben Anm. 6 —, vielmehr ist dieser gültig, es liegt aber kein Prekarium vor, sondern nur eine ungenaue Bezeichnung des Leihverhältnisses.

für jede Verschuldung ein. Nach dieser Seite ist ein Unterschied von Kommodat und Prekarium nicht aufrecht zu erhalten.

In Folge dessen ist das Prekarium zu einer Unterart des Kommodates geworden. Es zeichnet sich vorzugsweise durch die freie Widerruflichkeit aus.

### III. Depositum.[1]

#### § 92. Begriff des Depositums. Verbindlichkeiten.

Depositum — Hinterlegung — ist Uebergabe von Objekten zu unentgeltlicher Aufbewahrung.[2]

Es ist Realkontrakt. Natürlich sind aber auch Verträge denkbar, durch welche man sich zur Annahme von Depositen verbindet.

Das Depositum bezweckt Verwahrung; wird aber besondere, über das Gewöhnliche hinausgehende Bewachung versprochen, so ist das Geschäft Mandat.[3] Mit Unrecht schließen Manche hieraus, das Depositum verbinde überhaupt nicht zur Verwahrung, sondern nur zur Gewährung eines Raumes zu dem Ende, daß die Sache bewahrt sei.[4]

Unentgeltlichkeit ist wesentlich; Verwahrung gegen Lohn ist Mietkontrakt.[5][6]

---

1) Tit. Dig. depositi 16, 3, Cod. 4, 34. Niemeyer, fiducia cum amico und depositum in der Savignyzeitschr. Bd. 12 n. 13. Ueber Edikt und Formeln vgl. Lenel, edictum S. 230. Siehe auch Dernburg, Kompensation 2. Aufl. S. 51.

2) Der Name allein entscheidet nicht. Auch was als Pfand hinterlegt ist, bezeichnet der Verkehr oft als „Depot". Immerhin hat man sich zunächst an den Namen zu halten.

3) l. 1 pr. D. h. t. 16, 3. Ulpianus libro 30 ad edictum: Depositum est, quod custodiendum alicui datum est. Ebenso l. 1 § 9, l. 6 D. eod. Mit dieser Definition scheint freilich nicht zu stimmen, daß Ulpian weiter in l. 1 § 12 cit. ausführt: Quod si rem tibi dedi, ut, si Titius non recepisset, tu custodires, nec eam recepit, videndum est, utrum depositi tantum et mandati actio sit. et Pomponius dubitat: puto tamen mandati esse actionem, quia plenius fuit mandatum habens et custodiae legem; ebendies gilt von § 17 I. de obl. ex delicto 4, 1, wonach der Depositar „custodiam non praestat". Widerspruch ist aber nicht vorhanden. Die volle Bewachungspflicht, wie sie der sorgfältigste Hausvater vorzunehmen pflegt oder wie sie durch besonderen Vertrag vereinbart wird, ist dem Depositum fremd. Die gewöhnliche Obhut, die ohne culpa lata nicht versäumt werden kann, liegt allerdings in seinem Begriff.

4) Windscheid Bd. 2 § 378 Anm. 1. Richtiger erklärte ein alter Praktiker: si studiosus vel scholaris in alterius scholaris museo librum collocet scientis et patientis non est depositum. Vgl. Brinz Bd. 2 § 317 Anm. 3.

5) l. 1 § 8 und 9 D. h. t. 16, 3. Nicht im Widerspruch steht l. 2 § 23 D. vi bon. rapt. 47, 8, „pretium depositionis, non quasi mercedem accepi." Es ist dies Entschädigung für Kosten, Honorar. Unterholzner, O.R. Bd. 2 S. 661, Petražycki, Einkommen Bd. 2.

6) Kein Depositum liegt vor, wenn etwas bei Gelegenheit eines anderen Kontraktes, z. B. eines Mandates, zur Verwahrung übergeben wird; „uniuscujusque enim contractus initium spectandum et causam": l. 8 pr. D. mandati 17, 1.

Das Depositum beschränkt sich nicht auf Mobilien, an die man allerdings zunächst denkt;⁷ es findet sich auch bezüglich Immobilien, insbesondere in der Form der Sequestration.

Nicht in Betracht kommt, ob der Deponent Eigenthümer ist; selbst das Depositum von gestohlenem Gute ist daher dem Dieb zurückzugeben, so lange es nicht für den Bestohlenen mit Beschlag belegt ist.⁸

Der Depositar wird nicht juristischer Besitzer der bei ihm hinter= legten Sache, vielmehr detinirt er dieselbe für den Deponenten.⁹

1. Die Hauptverbindlichkeit aus dem Depositum hat der Depositar. Gegen ihn richtet sich die actio depositi directa. Und zwar liegt ihm ob:

a) Verwahrung der deponirten Sache. Dieselbe hat in vereinbarter und üblicher Weise, in der Regel durch den Depositar persönlich zu geschehen. Besondere Gründe können eine andere Ver= wahrungsweise rechtfertigen.¹⁰

b) Herausgabe der Sache mit ihrem Zubehör¹¹ und Allem, was sie bei ihm abwarf.¹² Die Rückgabe hat am Orte, an dem sich die Sache zur Zeit befindet, zu geschehen.¹³ Doch ist sie dem Depo= nenten auch auf Verlangen auf dessen Kosten und Gefahr zuzusenden. Hat sie der Depositar willkürlich — dolo oder culpa lata — ver= bracht, so ist sie da zurückzustellen, wo sie deponirt wurde.¹⁴

c) Haftung für dolus und culpa lata.¹⁵ Im Falle einer Unterschlagung — furtum rei —, widerrechtlichen Gebrauches in ge= winnsüchtiger Absicht — furtum usus —, oder wenn er in Verzug gesetzt ist, haftet der Depositar für Zufall.¹⁶

---

7) Viele beschränken das Depositum auf Mobilien. So Windscheid Bd. 2 § 377 Anm. 4, welcher dies aus seinem Begriff des Depositums: „der Gewährung eines Raumes" ableiten will.

8) l. 1 § 39 D. h. t. 16, 3, l. 31 § 1 D. eod.

9) l. 8 § 20 D. de a. vel a. poss. 41, 2, l. 7 § 1 D. h. t. 16, 3.

10) Aus l. 16 D. h. t. 16, 3 ist nicht zu folgern, daß man zur Unterbringung deponirter Sachen bei einem Unterdepositar ohne weiteres berechtigt ist, sondern daß man dem Deponenten nur seine Klagen gegen den Unterdepositar abzutreten hat, wenn man befugter Weise weiter deponirte.

11) l. 1 § 5 D. h. t. 16, 3 wollte wohl nur die selbständige Klage wegen des Zubehörs abschneiden, kann aber auch in diesem Sinne nicht mehr als praktisch gelten. Siehe ferner l. 1 § 41 D. h. t.

12) l. 1 § 24 D. h. t. 16, 3. Ueber die Zeit der Rückforderung siehe oben § 34 Anm. 11.

13) l. 12 pr. § 1 D. h. t. 16, 3.

14) Vgl. noch oben Bd. 2 § 32 Anm. 2.

15) Vgl. oben Bd. 2 § 36 Ziff. 2. Erben des Depositars haften aus dem Ver= schulden des Erblassers zu ihrem Erbtheil, aus eigenem Verschulden in solidum l. 7 § 1, l. 9, l. 18 D. h. t. 16, 3. Vgl. oben Bd. 2 § 37 Ziff. 2 Anm. 10.

Auch hat er im Falle des Verzugs oder Verwendung zu eigenem Nutzen Zinsen zu entrichten. [17]

Der Deponent soll möglichst gesichert sein. Er hatte Konkursprivilegien, [18] der Depositar, welcher es zu seiner Verurtheilung kommen ließ, wurde infam; [19] wenn das Depositum in besonderer Gefahr gegeben war, so erfolgte bei Nichtzurückgeben Verurtheilung ins Doppelte. [20] Dies Alles ist nicht praktischen Rechtes.

Dagegen hat sich erhalten, daß gegenüber der Forderung aus dem Depositum jede Kompensation oder Retention wegen Gegenforderungen ausgeschlossen ist. [21] Dies gilt selbst für Gegenforderungen aus dem Depositum [22]

2. Der Deponent ist dem Depositar mit der actio depositi contraria verbunden:

a) wegen Verschuldung. [23] Daher hat er für den Schaden aufzukommen, welchen die hinterlegte Sache dem Depositar verursachte, wenn er die Gefahr voraussehen konnte und nicht anzeigte.

b) Ferner hat der Deponent nothwendige, wie auch auf seine Anweisungen gemachte Aufwendungen — mit Zinsen — zu vergüten. [24]

---

16) l. 1 § 25, l. 12 § 3 D. h. t. 16, 3, l. 3 C. h. t.

17) l. 3, l. 4 C. h. t. 4, 34.

18) l. 7 § 2 und § 3, l. 8 D. h. t. 16, 3, l. 24 § 2 D. de rebus a. jud. poss. 42, 5.

19) l. 6 §§ 6 und 7 D. de his qui not. inf. 3, 2.

20) l. 1 § 1 D. h. t. 16, 3.

21) l. 11 C. h. t. 4, 34.

22) Gehört die deponirte Sache dem Depositar, so ist das Depositum nichtig, l. 15 D. h. t. 16, 3. Ist gleichwohl der Einwand des Eigenthums gegenüber der actio depositi ausgeschlossen? Dies nimmt Windscheid Bd. 2 § 378 Anm. 3 an, mit Beziehung auf die Worte der l. 11 C. h. t., wonach der Klage aus dem Depositum auch keine Klagen „in rem" entgegengestellt werden sollen. Doch seine Ansicht ist nicht richtig. Denn der Empfänger des Depositums schützt keine dingliche Klage vor, sondern leugnet die Rechtsbeständigkeit des Depositums der eigenen Sache. So auch das O.L.G. Jena in den Bl. f. Rechtspfl. in Thür. und Anhalt, n. F. Bd. 17 S. 157. Hat der Depositar die deponirte Sache vom Deponenten nach der Deposition erworben, so ist vollends unzweifelhaft, daß er dies der Klage aus dem Depositum entgegenstellen darf, denn das Depositum hat hiermit sein Ende gefunden. Hierfür auch R.G Bd. 15 S. 208 und Windscheid a. a. O. Darf der Depositar die bei ihm deponirte Sache wegen einer ihm an den Deponenten zustehenden Forderung pfänden lassen? Man wird dies zu bejahen haben, da er sie auch pfänden lassen könnte, wenn sie in die Gewahrsam seines Schuldners zurückgekehrt wäre.

23) l. 62 § 5 D. de furtis 47, 2. Unger in Jherings Jahrb. Bd. 33 S. 321 läßt den Deponenten schlechthin für den durch das Depositum verursachten Schaden haften, auch wenn er ihn nicht voraussehen konnte, also auch wenn das deponirte Pferd einen unerkennbaren Krankheitskeim zur Zeit des Depositars in sich trug oder etwa gar erst später angesteckt, die Pferde des Deponenten weiter ansteckte. Dies ist nicht gerecht und nicht billig. Spielt nur ein Zufall, so lastet er auf dem Pferdeeigenthümer: er muß wissen, daß sein Eigenthum Unfällen unterworfen ist.

24) Dem Depositar sind auch Fütterungskosten für die bei ihm eingestellten Thiere

### § 93. Befondere Arten des Depofitums.

1. Zuläffig ift bie Deponirung von Gelb ober anberen Fungibilieu — auch Werthpapiereu — unter ber Beftimmung, baß ebenfoviel — alfo nicht nothwenbig baffelbe — zurückerftattet werbe — depositum irregulare, Summenbepofiten. [1]

Aeußerlich ift biefes Gefchäft einem Darlehen ähulich. [2] Denn ber Empfänger wirb, wie beim Darlehen, Eigenthümer bes anvertrauten Gelbes unb übernimmt bie Gefahr beffelben. Auch hat er oft Zinfen — f. g. Depofitalzinfen — zu zahlen. Aber bie Zwecke unb bamit auch bie jurifitfche Geftaltung finb verfchieben. Denn ber Empfänger will beim depositum irregulare bem Geber einen Dienft leiften, nicht ein Dar=lehen nehmen. So wenn eine Herrfchaft ihrem Dienftboten auf beffen Erfuchen beffen Gelb in ihrer Kaffe aufhebt, fo auch bei Depofiten, welche

---

zu erfeşen, ba er fie nicht nuşen barf l. 23 D. h. t. 16, 3. — Kann er auch nüş=liche Auslagen nach ben Grunbfäşen unbeauftragter Gefchäftsführung beanfpruchen? Dagegen Petražycki, Einfommen Bb. 1 S. 309.

1) Die Litteratur fiehe bei Niemeyer, depositum irregulare 1889. Bgl. ferner Reaş, Gutachten aus b. Anwaltsftanb zum Entwurf S. 542, Scheş, Obl. verh. Bb. 1 S. 55.

2) Dem depositum irregulare fpricht mit manchen älteren Schriftftellern neueftens Niemeyer a. a. D. für bas heutige Recht bie pofitive Geltung ab. Es hanble fich nur um Darlehen. Inbeffen hat, was kaum wegzuleugnen ift, bereits Alfenus in ber l. 31 D. locati 19, 2 bie befonbere Gefchäftsform anerkannt. Jeben=falls hat fie aber Papinian zugelaffen. So vor allem in l. 24 D. h. t. 16, 3 libro 9 quaestionum. In ben Worten biefer Stelle von „quod ita verum est" bis „et est quidem constitutum" finbet fich freilich ein Wiberfpruch gegen beren übrige Ausführung. Aber biefe ift bamit nicht befeitigt. In jenen Worten liegt eine Gloffe, vielleicht eine tabelnbe Note von Ulpian, bie in bem Texte Papinians aus Verfehen ftehen geblieben. Nicht minber fpricht fich Papinian in ber l. 25 D. eod. libro 3 responsorum für bie Geltung eines depositum aus, bei welchem „tantun=dem" nicht „idem" gefchulbet wirb; ebenfo gefchieht bies von Paulus in ber l. 26 § 1, l. 29 § 1 D. h. t. 16, 3, währenb Ulpian in ber l. 7 § 2 D. h. t. 16, 3 unb in ber l. 24 § 2 D. de rebus auctoritate judicis 42, 5 biefe Gefchäftsform aller=bings zu leugnen fcheint. Die Entfcheibungen von Papinian unb Paulus finb bie herrfchenben unb jebenfalls juftinianifches Recht geworben. — Niemeyer verfteht Papinian fo, baß bie von ben Kontrahenten laienhaft gebrauchten Worte „commendare" „deponere" bie Klage als a. depositi behanbelt habe, um ben rigor juris ber condictio ex mutuo zu vermeiben unb ber Parteiintention unb Billigkeit gemäß formlos bebungenen Zinfen unb Verzugszinfen Berückfichtigung zu verfchaffen. Behufs Begünftigung ber Darleiher alfo habe Papinian was Darlehen gewefen fei, wie ein depositum einklagen laffen. In Wahrheit aber war zur Zeit Papinians bie Darlehnsklage, bei welcher ber unterliegenbe Schulbner in Folge ber sponsio tertiae partis ben britten Theil ber Darlehnsfumme als Strafe ber Prozeß=verzögerung zu leiften hatte, bem Darlehnsgläubiger weit vortheilhafter, als eine ge=zwungene Unterftellung bes Gefchäftes unter bas depositum gewefen wäre. Nach ber Niemeyerfchen Anficht wäre jebes Darlehn feit Papinian mit ber actio depositi einklagbar gewefen, was eine fonberbare Verwirrung unb Verirrung gebilbet hätte. Durch folche Argumentationen läßt fich bie Thatfache nicht entfernen, baß bie Römer bie befonbere Gefchäftsform bes depositum irregulare kannten. Sie erkennt auch R.G. Bb. 12 S. 85 an. Bgl. noch Schirmer im Archiv für civ. Pr. Bb. 78 S. 34. Bruckner in b. krit. B.J.Schr. Bb. 34 S. 56.

Banken entgegennehmen, und bei Gelddepositen an öffentlichen Hinter=
legungsstellen.[3]

Wird Geld hinterlegt, ohne daß es verschlossen ist, so gilt das Depo=
situm in der Regel als das einer Summe.[4][5][6]

2. Sequestration[7] liegt in der Deponirung durch Mehrere
mit der Vereinbarung, daß das Hinterlegte je nach künftigen Eventuali=
täten dem Einen oder dem Anderen herauszugeben ist.[8] Mit
der Verwahrung verbindet sich hier der Zweck, die Sache bis zur Ent=
scheidung der Eventualität der Verfügung der hinterlegenden Parteien zu
entziehen.

Der Sequester wird daher juristischer Besitzer.[9]

Die Sequestration geschieht theils freiwillig durch die Betheiligten,
theils zwangsweise.

---

3) Die innere Verschiedenheit von Darlehen und depositum irregulare trat in
Rom zum Theil in anderen Rechtssätzen hervor als derzeit. a) In Rom waren
formlos versprochene Zinsen und Verzugszinsen zwar beim dep. irregulare, nicht
aber beim Darlehen einklagbar, l. 25 § 1, l. 26 § 1, l. 28, l. 29 § 1 D. h. t. 16, 3,
l. 4 C. h. t. 4, 34. b) Die Verurtheilung aus dem dep. irregulare infamirte,
nicht aber die aus dem Darlehen; dieses aber war durch die sponsio tertiae partis
ausgezeichnet. c) Noch jetzt praktisch ist, daß die Kompensation und Retention gegen=
über dem dep. irregulare ausgeschlossen sind; doch pflegen Banken, welche Geld=
depositen nehmen, diese Ausschließung wegzubedingen. d) Bei Gelddepositen liegt dem
Depositar eine Rechnungsstellung ob, welche von einem Darlehensschuldner nicht ge=
fordert werden kann. e) Die Rückforderung von Darlehen ist vielfach partikularrecht=
lich von Kündigungsfristen abhängig, sie bestehen nicht für Gelddepositen. Vgl. über=
haupt Reatz a. a. O. S. 542. f) Die Zinsen eines Gelddarlehens sind nach modernen
Rechten dem Gläubiger zu schicken, die von Gelddepositen sind beim Depositar abzuholen.

4) Dies hebt schon Alfenus in der l. 31 D. locati 19, 2 hervor. Ein Wider=
spruch mit l. 34 pr. D. de auro 34, 2 ist nicht anzunehmen. Der Satz rechtfertigt
sich durch die „Flüssigkeit" des Geldes und gilt keineswegs für alle Fungibilien,
insbesondere nicht für Inhaberpapiere. Erklärt also der Banquier, Stücke für
seinen Kunden, die er ihm als Kommissionär angeschafft hat, nach Lieferung „in Ver=
wahrung" zu nehmen, so verpflichtet er sich im Zweifel sie als „reguläres Depositum"
zu verwahren. Er ist des Betrugs schuldig, wenn er dies gleichwohl unterläßt. Daß
er dem Kunden die Nummern der Stücke mittheilt und dadurch besonders zu er=
kennen gab, daß er sie individuell verwahren wolle, ist nicht wesentlich. Mit Unrecht
legte R.O.H.G. Bd. 19 S. 78 — vgl. auch Bd. 16 S. 207 — hierauf entscheidendes
Gewicht; richtiger R.G. Bd. 5 S. 1.

5) Ueber den Uebergang eines depositum regulare in ein irregulare vgl. l. 29
§ 1 D. h. t. 16, 3, siehe freilich auch l. 9 § 9, l. 10 D. de rebus creditis 12, 1.

6) Ueber eine besondere Art, das s. g. Sammeldepot siehe oben Bd. 1 § 210 Anm. 4.

7) Muther, die Sequestration und der Arrest 1856, behandelt vorzugsweise Pro=
zessualisches und Historisches. Voigt, Besitz d. Sequester 1885. Serg. v. Nikonoff,
die Lehre von der Sequestration 1894.

8) l. 6 D. h. t. 16, 3. Paulus libro 2 ad edictum: Proprie autem in se=
questre est depositum, quod a pluribus in solidum certa condicione custo=
diendum reddendumque traditur. Hauptfall ist der einer „controversia" l. 17
pr. D. h. t. 16, 3. Einen anderen Fall erwähnt l. 39 D. de solutionibus 46, 3,
ferner l. 5 D. fam. erc. 10, 2. Es bestand eine besondere „sequestraria depositi
actio", über die das Nähere bei Lenel, edictum S. 231 zu vergleichen ist.

9) Oben Bd. 1 § 173 Anm. 5.

Häufig erhält der Sequester auch Verwaltungsbefugnisse. Dann ist er nicht bloßer Depositar, sondern Mandatar.[10]

---

## Zweites Kapitel.

## Die Konsensualkontrakte.

### I. Kauf und Tausch.

#### § 94. Begriff. Abschluß des Kaufvertrages.[1]

I. Die Cirkulation der Güter in der menschlichen Gesellschaft geschieht vorzugsweise durch Kauf, d. h. Umsatz von Waaren gegen Geld. Der Tausch, bei welchem Waare gegen Waare gegeben wird, hat daneben nur eine untergeordnete Bedeutung.[2]

Durch den Kauf gehen fortwährend nothwendige, nützliche und auch überflüssige Güter von einer Hand in die andere, theils zur Konsumtion, d. h. zum unmittelbaren Verbrauch und Genuß, theils zur Weiterveräußerung, der Hauptfall der Handelsgeschäfte. Verkauft werden Güter jeder Art, die der Mensch schätzt und die eine Uebertragung zulassen. Immerhin ist am wichtigsten der Kauf körperlicher Sachen; von ihm muß auch die Theorie des Kaufes ausgehen.

Die älteste Zeit begnügte sich mit dem Handkauf, d. h. dem Umsatze der Waare gegen Geld von Hand zu Hand. Noch heute ist dieses Geschäft sehr häufig, insbesondere im kleineren Verkehr.[3] Bei Geschäften

---

10) Vgl. l. 9 § 3 D. de dolo malo 4, 3.

1) Treitschke, der Kaufkontrakt in besonderer Beziehung auf den Waarenhandel 1838, 2. Aufl. — von Wengler — 1865, weit umfassender und tiefer angelegt Bechmann, der Kauf nach gemeinem Recht Bd. 1 1876, Bd. 2 Abth. 1 1884.

2) Vgl. hierüber unten Anm. 20.

3) Realkauf nennt dies Geschäft Brinz Bd. 2 § 325, Naturalkauf Bechmann a. a. O. Bd. 1, welcher von S. 47 an eine eingehende Untersuchung desselben anstellt. Wir ziehen den Namen Handkauf vor. Er bildet eine andere Geschäftsart, als ein Kaufvertrag. Klagt daher der Verkäufer auf Zahlung des Kaufpreises für gelieferte Waare aus einem Kaufvertrage, und behauptet der Käufer dagegen einen Handkauf, bei welchem die Waare unmittelbar gegen Geld umgesetzt wurde, so liegt hierin eine Leugnung des Klagegrundes. Er ist nicht etwa zur Verurtheilung reif, weil er die Entnahme der Waare zugesteht, aber die Geldzahlung seinerseits nicht beweist. Im Fall solcher Behandlung müßten sich die Käufer bei jedem Handkauf Quittung über die Preiszahlung geben lassen, was nicht üblich ist und unpraktisch wäre. Es muß umgekehrt der Kläger beweisen, daß in der That ein Kaufvertrag vereinbart war, ehe dem andern Theil der Nachweis der Preiszahlung obliegt. So namentlich Bähr, Urtheile des R.G. S. 35, vgl. R.O.H.G. Bd. 16 S. 158.

über erheblichere Objekte aber kommt es meist zu Kaufkontrakten, d. h. zur Uebernahme gegenseitiger Verpflichtungen bezüglich der Waare und des Preises.[4] Diesen Kontrakt nennen die Römer vorzugsweise emptio venditio. Seinen Normen unterstehen auch Handkäufe bezüglich der Gewährleistung, die dem Verkäufer obliegt.

II. Der Kaufkontrakt über körperliche Sachen legt dem Verkäufer die Tradition der Kaufsache zu dauernder Beherrschung auf und verpflichtet den Käufer zur Zahlung des Kaufpreises.[5]

Der Kaufkontrakt ist hiernach die erste Stufe zum Erwerb der Kaufsache durch den Käufer. Aber unrichtig ist es, in dem Kaufkon= trakte bereits eine Entäußerung zu sehen.[6] Vielmehr geschieht die Entäußerung der Kaufsache erst durch ihre Tradition.

Zum Kaufe gehört nothwendig Waare und Preis.[7] Sind die Parteien über beides einig, so ist der Kauf geschlossen, vor- ausgesetzt, daß sie ihr Uebereinkommen nicht von anderen Punkten abhängig gemacht haben.

1. Im engeren Sinne nennt man Waaren nur bewegliche Sachen,[8] aber im weiteren alle Werthe, die verkauft werden.[9]

---

4) Pernice, Labeo Bd. 1 S. 457 führt aus, daß sich der Kaufkontrakt aus dem Realkaufe entwickelte und „daß ihm in Folge dessen noch Reste der durchlaufenden Entwickelung anhaften". Vgl. Petražycki, Einkommen Bd. 2 S. 42.

5) l. 11 § 2 D. de a. e. v. 19, 1. Ulpianus libro 32 ad edictum: Et in primis ipsam rem praestare venditorem oportet, id est tradere: quae res, si quidem dominus fuit venditor, facit et emptorem dominum, si non fuit, tan- tum evictionis nomine venditorem obligat, si modo pretium est˙ numeratum aut eo nomine satisfactum, emptor autem nummos venditoris facere cogitur. Ein Vertrag, bei dem ausgemacht wird, daß der Empfänger der Sache nicht Eigen= thümer werde, ist kein Kaufgeschäft. l. 80 § 3 D. de contr. empt. 18, 1. Aber auch ein Geschäft, wobei man Geld gab „ut mihi Stichum dares", daß man Eigen= thümer werden solle, galt den Römern nicht als Kauf. l. 16 D. cond. c. d. 12, 4. Daß das letztere keine Anwendung im heutigen Rechte finden kann, darüber vgl. Bechmann S. 72, Eck, die Verpflichtung des Verkäufers zur Gewährung des Eigen= thums 1874.

6) Viele Neuere betrachten die Verkaufserklärung als Entäußerung „zwischen den Paciscenten". So Windscheid Bd. 2 § 390 Anm. 3, Bernhöft in Jherings Jahr- büchern Bd. 14 n. 3. Insbesondere findet Windscheid Bd. 2 § 389 Anm. 2, „daß die Verkaufserklärung nicht gedacht werden dürfe als in erster Linie auf Erzeugung einer Verbindlichkeit gerichtet, daß vielmehr ihr nächster Inhalt der sei, daß der Käufer die Sache haben solle, und daß sich eine Verbindlichkeit aus der Vertragserklärung nur dadurch ergebe, daß der wirkliche Zustand dem nicht entspreche". Und doch ist der Käufer, der sich eigenmächtig in den Besitz der Kaufsache setzt, praedo! Vgl. l. 5 D. de a. v. a. p. 41, 2. abgedruckt oben Bd. 1 § 216 Anm. 4. Schlecht stimmt auch mit der Theorie Windscheids, daß man fremde Sachen nicht minder wie eigene verkaufen kann. Vgl. gegen dessen Auffassung l. 67 pr. D. de V. S. 50, 16, Köppen in Jherings Jahrbüchern Bd. 11 S. 391 Anm. 497, Karlowa, Rechtsgeschäft S. 212, Bechmann Bd. 1 S. 613, Puntschart, die fundamentalen Rechtsverhältnisse S. 14.

7) pr. I. h. t. 3, 23, l. 9 D. de c. e. 18, 1.

8) l. 66 D. de V. S. 50, 16, vgl. Bechmann Bd. 1 S. 35.

Verkäuflich sind körperliche Sachen — unbewegliche wie bewegliche — ferner Rechte. Insbesondere werden Forderungsrechte verkauft. Ferner kann die Begründung von dinglichen Nutzungsrechten und deren Uebertragung, soweit sie überhaupt veräußerlich sind, verkaufsweise geschehen. Auch gewerbliche Rechte, insbesondere Patentrechte, Urheberrechte sind verkäuflich. Ja es findet sich der Verkauf von Werthen, welche ein besonderes Recht nicht bilden, z. B. eines Erwerbsgeschäftes, einer Kundschaft, eines Geheimnisses. Warum sollte man solche Geschäfte nicht, wie es die Vertragschließenden beabsichtigen, thunlichst nach den Regeln des Kaufes behandeln?[10]

Vermögensganze, z. B. eine Erbschaft,[11] Sachgesammtheiten, z. B. eine Bibliothek, wie auch willkürlich zusammengestellte Mehrheiten von Objekten können als Einheit verkauft werden.

Zulässig ist auch der Verkauf zukünftiger Sachen, insbesondere von künftigen Früchten.[12] Der Kaufpreis ist für sie nur zu zahlen, wenn sie wirklich zur Existenz kommen.[13]

Sehr verschieden ist der Hoffnungskauf, z. B. eines Fischzuges. Hier ist die Gewinnchance — die alea — das Aequivalent des Preises. Das Geschäft ist ein unbedingtes und der Preis daher auch zu zahlen, wenn die Hoffnung eines Ertrages völlig fehlschlägt.[14]

---

9) Ueber das Kaufobjekt vgl. Bechmann Bd. 2 S. 117.

10) Anderer Ansicht ist Bechmann a. a. O.

11) l. 7 ff. D. de hered. vel act. 18, 4.

12) Von solchem Kaufe spricht l. 8 pr. D. de c. e. 18, 1. Pomponius libro 9 ad Sabinum: Nec emptio nec venditio sine re quae veneat potest intelligi. et tamen fructus et partus futuri recte ementur, ut, cum editus esset partus, jam tunc quum contractum esset negotium venditio facta intellegatur: sed si id egerit venditor, ne nascatur aut fiant, ex empto agi posse. Als Verkauf einer künftigen Sache ist unter Anderem gültig der Verkauf von noch nicht vom Kopfe getrennten Haarflechten. Aber ein Zwang, sie abschneiden zu lassen, ist unzulässig, denn zum Dulden eines solchen Eingriffes in die Persönlichkeit kann man sich nicht rechtlich verpflichten.

13) In der Regel ist bei derartigen Geschäften der Kaufpreis voll zu zahlen, wenn auch nur eine abnorm geringe Quantität der erhofften Sache zur Entstehung kommt, wie er keine Vermehrung bei außerordentlich großer Quantität erfährt. Es kann sich aber aus Wort und Sinn des Vertrages etwas Anderes ergeben. Anders freilich Friedrich Endemann, d. L. v. der emptio spei und rei speratae in Grünhuts Zeitschrift Bd. 12 n. 6.

14) l. 8 § 1 D. de contr. empt. 18, 1 fährt Pomponius — siehe oben Anm. 12 — fort: Aliquando tamen et sine re venditio intelligitur, veluti cum quasi alea emitur. quod fit, cum captum piscium vel avium vel missilium emitur: emptio enim contrahitur etiam si nihil inciderit, quia spei emptio est: et quod missilium nomine eo casu captum est, si evictum fuerit, nulla eo nomine ex empto obligatio contrahitur, quia id actum intelligitur. Wenn Pomponius hier von einer emptio „sine re" spricht, so bezeichnet das vieldeutige Wort „einen Kauf ohne ein greifbares körperliches Objekt". Denn daß zum Kauf ein Kaufobjekt gehört, ist ihm selbstverständlich. Als solches behandelt er daher die „Gewinnchance",

Existirt die Kaufsache im Augenblicke des Verkaufes nicht mehr, oder ist sie doch im Wesentlichen zerstört, so kommt kein Kauf zu Stande. Ist sie nur verschlechtert, so ist der Kaufpreis verhältnißmäßig zu mindern.[15] Diese Grundsätze leiden jedoch Modifikationen im Falle des Dolus oder auch zurechenbaren Verschuldens eines der Kontrahenten.[16]

Zweifellos gültig ist der Verkauf fremder Sachen. Der Verkäufer ist verbunden, sie zu beschaffen, und wenn ihm dies nicht möglich ist, zur Schadloshaltung des Käufers verpflichtet.[17]

Eine für den heutigen Verkehr besonders wichtige, vielfach eigenthümliche Art der Verkäufe ist der Genuskauf, z. B. von Quantitäten Kaffee, Zucker, Tabak. Den Römern waren aber reine Genuskäufe nicht bekannt. Ihnen galten als Kaufgegenstände nur individuelle Sachen oder Quantitäten, die aus bestimmten Massen heraus geleistet werden sollten. Statt des Genuskaufes dienten ihnen Stipulationen.[18]

***

die alea. Bechmann a. a. O. S. 143 dagegen betrachtete solche Geschäfte als Sachentäufe, weil er die Sache, die gewonnen werden kann, als Kaufobjekt ansieht. Und doch soll ein Kauf auch bestehen, wenn nichts gewonnen wird! Die Auffassung Bechmanns theilt Friedrich Endemann in der oben Anm. 13 citirten Abhandlung. Siehe dort die dogmengeschichtliche Entwickelung.

15) l. 15 pr. D. de c. e. 18, 1. Paulus libro 5 ad Sabinum: Etsi consensum fuerit in corpus, id tamen in rerum natura ante venditionem esse desierit, nulla emptio est. l. 57 pr. D. de c. e. 18, 1. Paulus libro 5 ad Plautium; Domum emi, cum eam et ego et venditor combustam ignoraremus. Nerva Sabinus Cassius nihil venisse, quamvis area maneat, pecuniamque solutam condici posse ajunt, sed si pars domus maneret, Neratius ait hac quaestione multum interesse, quanta pars domus incendio consumpta (sit, quanta) permaneat ... ut si quidem amplior domus pars exusta est, non compellatur emptor perficere emptionem ... sin vero vel dimidia pars vel minor quam dimidia exusta fuerit, tunc coartandus est emptor venditionem adimplere aestimatione viri boni arbitratu habita. Die Schlußworte, wonach der Kauf schlechthin gültig ist, wenn noch die Hälfte des Hauses steht, stammen schwerlich von Paulus selbst.

16) Vgl. über römisches Recht l. 57 §§ 1 ff. D. h. t. Bezüglich des heutigen Rechtes sind auch die Grundsätze über culpa in contrahendo in Betracht zu ziehen. Doch hat der Käufer keine Ansprüche, wenn die Kaufsache vor dem Verkauf, ohne daß es der Verkäufer wußte oder wissen mußte, zu Grunde ging.

17) l. 28 D. de c. e. 18, 1. Ulpianus libro 41 ad Sabinum: Rem alienam distrahere quem posse nulla dubitatio est: nam emptio est et venditio: sed res emptori aufferri potest. Kohler, Abhandl. Bd. 1 S. 224, Seuff. Arch. Bd. 49 n. 12 (R.G.). Doch ist der Kauf nichtig, wenn beide Theile wissen, daß die Kaufsache „furtiva“ sei. l. 34 § 3 D. de c. e. 18, 1. Ueber den Kauf der eigenen Sache des Käufers vgl. l. 16 pr. D. de c. e. 18, 1. Pomponius libro 9 ad Sabinum Suae rei emptio non valet, sive sciens sive ignorans emi und l. 34 § 4 D. eod. Paulus libro 33 ad edictum: Rei suae emptio tunc valet cum ab initio agatur, ut possessionem emat, quam forte venditor habuit et in judicio possessionis potior esset und endlich l. 61 D. eod. Siehe Bechmann Bd. 2 S. 74. Vgl. auch Haftung des Verkäufers einer fremden Sache, Inauguraldissertation von Frau Dr. Kempin, Zürich 1887.

18) Daß die Römer keinen reinen Genuskauf kannten, ist mit Recht die Meinung

Dienste und Arbeiten werden nicht gekauft, sondern gemiethet. [19]

2. Der Kaufpreis muß in Geld bestehen. [20] Früher lehrte man oft, er müsse bestimmt — certum —, dem Sachwerthe entsprechend — justum — und wahr — verum — sein. Dies ist aber theils unrichtig, theils nichtssagend.

a) In Rom war allerdings altüberliefertes Erforderniß der Klag= barkeit des Kaufes, daß der Kaufpreis ein bestimmter sei. Doch be= handelte man diesen Satz, um den Verkehrsbedürfnissen zu genügen, bereits in der klassischen Kaiserzeit in sehr bequemer Weise. Nach ge= meinem Rechte ist nicht mehr nothwendig, daß der Kaufpreis bestimmt, [21]

<hr/>

vieler Neueren: vgl. namentlich Brinz Bd. 2 §§ 242 und 327b, Bechmann Bd. 2 S. 331, Karlowa, röm. Rechtsgesch. Bd. 2 S. 615 und die dort Angeführten. Bech= mann will auch nach heutigem gemeinen Rechte das Lieferungsgeschäft — so nennt er den Genuskauf — nicht als Kaufgeschäft aufgefaßt wissen. Aber dieses Geschäft wurde in der gemeinrechtlichen Praxis und Theorie als Kauf entwickelt und den Normen des Kaufes unterstellt, woran man erst in neuerer Zeit rüttelte. Nur das ist richtig, daß die Grundsätze des Specieskaufes auf den Genuskauf nicht ohne Modifikationen angewendet werden können; dies kann aber das Princip im Allge= meinen nicht in Frage stellen. So sind die Normen neuerer Gesetze, z. B. des H.G.B. und der Stempelgesetze des Reiches über den Kauf, zweifellos auch für die Genus= käufe bestimmt.

19) Ueber die Grenze zwischen Kauf und locatio conductio operis siehe unten § 113 Anm. 7.

20) Die Sabinianer suchten den Tausch von Waare gegen Waare unter den Kauf zu subsumiren, aber die entgegengesetzte Ansicht der Prokulianer drang durch. l. 1 § 1 D. de o. e. 18, 1. Paulus libro 33 ad edictum: Sed an sine nummis venditio dici hodieque possit, dubitatur, veluti si ego togam dedi, ut tunicam acciperem: Sabinus et Cassius esse emptionem et venditionem putant: Nerva et Proculus permutationem, non emptionem hoc esse . . . sed verior est Nervae et Proculi sententia: nam ut aliud est vendere, aliud emere, alius emptor, alius venditor, sic aliud est pretium, aliud merx: quod in permutatione dis= cerni non potest, uter emptor, uter venditor sit. vgl. l. 1 D. de rer. perm. 19, 4, Gajus Inst. III § 141, § 2 I. de empt. 3, 23, Bechmann Bd. 1 S. 4. Auch Geld kann „gekauft“ werden, vor allem Geld, welches nicht Währung ist, also aus= ländisches und Papiergeld. Vgl. Flesch in Jherings Jahrbüchern Bd. 19 n. 7, Rießer Bd. 20 n. 5.

21) Vgl. mein preuß. P.R. Bd. 2 § 135, Fels, das pretium certum 1878, Bechmann Bd. 2 S. 338. R.G. in Straff. Bd. 23 S. 399. Ich habe a. a. O. das römische Erforderniß historisch zu erklären gesucht, indem ich davon ausging, daß die Klagbarkeit formloser Verträge, insbesondere auch des Kaufes eine Ausnahme bildete, welche nicht leicht und ohne Widerstreben in Rom Eingang gefunden haben kann. Das Erforderniß des pretium certum sei nun, meinte ich, eine Koncession an die der Klagbarkeit nackter Verträge abgeneigte Ansicht gewesen. Bechmann a. a. O. hält diese Erklärung „für völlig unerweislich“. Gewiß mit Recht, wenn er gleichzeitige Zeugen über den Hergang verlangt. Es handelt sich um einen Schluß. In der Kaiserzeit behandelte man das pretium certum rein äußerlich. Man sehe sich die Argumentation Ulpians libro 28 ad Sabinum l. 7 § 1 D. h. t. 18, 1 an. Hujus= modi emptio: „quanti tu eum emisti“, „quantum pretii in arca habeo“, valet: nec enim incertum est pretium tam evidenti venditione: magis enim igno= ratur, quanti emptus sit, quam in rei veritate incertum est. Hier wird eine gute Sache mit fadenscheinigen Gründen vertheidigt. Denn daß es genügen soll, daß der Preis objektiv gewiß ist, macht das Erforderniß des „bestimmten“ Preises zu

sondern nur daß er bestimmbar sei, nicht anders wie bei sonstigen obligatorischen Geschäften.[22]

b) Dem Sachwerth gleich — justum — muß der Kaufpreis nicht sein. Vielmehr darf man theurer verkaufen und wohlfeil kaufen. Es gilt Vertragsfreiheit.[23][24]

c) Ernsthaft muß der Kaufpreis versprochen sein, sonst ist kein Kauf da.[25] Dies beruht nicht auf einer Besonderheit des Kaufgeschäftes, es entspricht vielmehr den allgemeinen Grundsätzen über simulirte Geschäfte.

### § 95. Arten der Kaufverträge. Nebenverträge.

1. Zu unterscheiden sind Baar=, Krebit= und endlich Pränumerationskaufverträge.

Beim Baarkauf sind Waare und Preis gleichzeitig Zug um Zug zu liefern. Er ist die Regel. Beim Krebitkauf kreditirt der Ver-

---

einer Kuriosität. Darauf fährt — im § 2 — Ulpian fort: Si quis ita emerit: „est mihi fundus emptus centum et quanto pluris eum vendidero", valet venditio et statim impletur: habet enim certum pretium centum, augebitur autem pretium, si pluris emptor fundum vendiderit. In diesem Falle ist der Preis nicht einmal objektiv bestimmt, vielmehr seiner Höhe nach objektiv und subjektiv ungewiß. Dennoch wird der Vertrag wiederum aus einem rabulistischen Grunde, aber sehr zweckmäßigerweise für gültig erklärt. So verfährt man nur, wenn es sich um historisch überkommene Sätze handelt, deren ursprüngliche Bedeutung dem Rechtsbewußtsein entschwunden ist. Versetzt man sich in die Zeit, in welcher man zuerst vor der Frage stand, ob ein formloser Kaufkontrakt Klagbarkeit erhalten solle, so war der unausbleibliche Einwand die Unsicherheit, welche bei derartigen formlosen Vereinbarungen bezüglich der Frage des wirklichen Abschlusses obwalten kann. Diesem Bedenken mochte man begegnen, indem man zur Klagbarkeit des Konsensualkontraktes mindestens forderte, daß die Kaufsache und daß insbesondere der Kaufpreis genau festgestellt seien. — Mag dies übrigens sein, wie es will, die Hauptsache ist die Erkenntniß, daß die bezüglichen Entscheidungen der römischen Juristen nicht auf dem Wesen des Kaufvertrages beruhen, sondern durch historische Zufälligkeiten bedingt sind, und daß sie in Folge der allgemeinen Klagbarkeit der Verträge jede praktische Bedeutung verloren haben.

22) Vgl. oben Bd. 2 § 15. Ueber das Ermessen Dritter siehe dort Anm. 6, über die Ueberlassung der Preisbestimmung an einen der Kontrahenten Anm. 7.

23) l. 22 § 3 D. locati 19, 2. Paulus libro 34 ad edictum: Quemadmodum in emendo et vendendo naturaliter concessum est quod pluris sit minoris emere, quod minoris sit pluris vendere et ita invicem se circumscribere, ita in locationibus quoque et conductionibus juris est. Ueber die Beschränkung dieses Satzes im Falle der Verletzung über die Hälfte siehe unten § 102.

24) Nach der Reichspolizeiordnung von 1548 und von 1571 Tit. 19 ist der Verkauf von Getreide auf dem Halme nur gültig, wenn dessen Marktpreis bedungen wird, und zwar entweder der zur Zeit des Kontraktschlusses oder des 14. Tages nach der Ernte.

25) l. 36, l. 38 D. de c. e. 18, 1. Ulpianus libro 7 disputationum: Si quis donationis causa minoris vendat, venditio valet: totiens enim dicimus in totum venditionem non valere, quotiens universa venditio donationis causa facta est.

käufer den Kaufpreis, so daß er die Waare vorher zu liefern hat. Beim Pränumerationskauf endlich wird Zahlung des Preises vor Lieferung der Waare bedungen.

Eine besondere Art des Kreditkaufes sind die Abzahlungs= geschäfte, d. h. Kaufgeschäfte über eine bewegliche Sache, bei welchen die Waare sofort übergeben wird, der Kauf= preis aber in Theilzahlungen berichtigt werden soll. Solche Geschäfte, im modernen Verkehr sehr häufig, um den kapitalarmen Bevölkerungsklassen den Erwerb beweglicher Sachen zu ermöglichen, dienen leicht der Ausbeutung der Käufer. Dagegen ist das Reichsgesetz vom 16. Mai 1894 gerichtet.[1]

2. Man bezeichnet es als Zeitkauf, wenn für die Lieferung der Waare ein Termin oder eine Frist bedungen ist. Der Zeitkauf kann Baarkauf sein oder nicht. Von Tageskauf spricht man, wenn eine Zeit für die Lieferung der Waare nicht bedungen ist.

3. Dem modernen Verkehr gehört der Distanceverkauf an.[2] Er gilt in der Regel als beabsichtigt, wenn Auswärtige bei Kaufleuten Waaren bestellen.

Der Erfüllungsort ist hier verschieden vom Bestimmungs= ort. Der Erfüllungsort ist nämlich der Regel gemäß beim Verkäufer — an seiner Handelsniederlassung oder seinem Wohnorte oder einem Lagerungsort der Waare. Der Verkäufer hat aber die Waare bei solchen Geschäften auf Gefahr und Kosten des Käufers nach einem anderen Orte — z. B. dem Wohnorte des Käufers — zu senden.

Etwas Anderes ist der Begriff der Distancesendung.[3] Solche liegt stets vor, wenn die Waare an den Käufer von auswärts geschickt wird, mag nun der Erfüllungsort beim Verkäufer oder beim Käufer sein.

4. Folgende Geschäfte haben mit einander Aehnlichkeit des Namens, aber nicht des Wesens.

a) Der Kauf auf Probe oder Besicht ist bedingt durch die Billigung der Waare seitens des Käufers.[4] Die Bedingung kann aufschiebend oder auflösend sein.[5] Im Zweifel ist sie aufschiebend.[6] Die Erklärung

---

1) Vgl. namentlich unten § 95 Anm. 22.

2) H.G.B. Art. 342 und 344, mein preuß. P.R. Bd. 2 § 58.

3) Auf solche Sendungen bezieht sich H.G.B. Art. 347 ff.

4) Vgl. oben Bd. 1 § 108. Dort Anm. 1 ist auch die hauptsächliche Litteratur über den Kauf auf Probe citirt.

5) § 4 J. de empt. vend. 3, 23, abgedruckt oben Bd. 1 § 108 Anm. 3. l. 20 § 1 D. de praescriptis verbis 19, 5, l. 6 D. de resc. vend. 18, 5.

6) H.G.B. Art. 339 Abs. 1 bestimmt dies für Handelskäufe. Man wird die Bestimmung auch bei bürgerlichen Käufen anzuwenden haben. Denn sie wurzelt

des Käufers ist in der Regel eine freie, vom Belieben abhängige,[7] sie kann auch als sachverständige gemeint sein,[8] so daß Entscheidung des Richters über dieselbe angerufen werden kann. Es kann eine vereinbarte oder auch ortsübliche Erklärungsfrist bestehen; ist dies nicht der Fall, so hat sich der Käufer nach angemessener Zeit auf Aufforderung des Verkäufers sofort zu erklären.[9] Nichterklärung zur rechten Zeit gilt als Billigung, wenn die Waare übergeben, als Mißbilligung, wenn sie noch nicht übergeben war.[10][11]

b) Der Kauf nach Probe[12] ist unbedingt. Er enthält das Versprechen einer mit der Probe übereinstimmenden Waare.

Der Käufer, welcher die Probemäßigkeit der Lieferung bestreitet, ist zur Vorlegung der Probe verbunden. Geschieht sie unentschuldigter Weise nicht, so hat er die Nichtprobemäßigkeit zu beweisen.[13]

c) Beim Kauf zur Probe stellt der Käufer weitere Bestellungen in Aussicht, falls ihm die Waare gefällt. Dies ist ohne rechtliche Bedeutung.[14]

---

nicht in einer Eigenthümlichkeit des Handelsverkehres, sondern in der Beobachtung der Intentionen des Verkehres im Allgemeinen.

7) Anderer Ansicht ist Unger in Goldschmidts Zeitschrift Bd. 3 S. 407, aber ohne Grund, siehe jetzt auch Unger in Jherings Jahrb. Bd. 25 n. 6. Vgl. Fitting, Archiv für civ. Praxis Bd. 46 S. 254, H.G.B. Art. 339.

8) Solcher Art war die beim römischen Weinhandel gewöhnliche Klausel der „degustatio", durch welche die Unverdorbenheit des Weines konstatirt wurde. Cato, de re rustica cap. 148, l. 1 pr., l. 4 pr. § 1, l. 16 D. de per. et comm. 18, 6, l. 34 § 5 D. de c. e. 18, 1. Vgl. Goldschmidt, Zeitschrift für H.R. Bd. 1 S. 73, Windscheid Bd. 2 § 387 Anm. 6 und dort Citirte.

9) So H.G.B. Art. 339 Abs. 3. Aus den Anm. 6 entwickelten Gründen sind diese Bestimmungen auch auf bürgerliche Käufe analog anzuwenden.

10) H.G.B. Art. 339 Abs. 2, 3 und 4. Auch diese Vorschriften treffen auf bürgerliche Käufe zu. — Die herrschende romanistische Theorie gestattet bei auflösenden Bedingungen auf Probe eine Frist von 60 Tagen. Sie stützt sich hierfür auf l. 31 §§ 22 ff. D. de aed. ed. 21, 1. Windscheid Bd. 2 § 387 Anm. 7 bezieht aber diese Entscheidungen auf Fälle, in denen die Parteien das Recht des Rücktrittes nach den Grundsätzen des ädilicischen Edittes bedungen haben, was in dem Ausdruck „redhibeatur" geschehen wurde. Dem ist beizutreten.

11) Was die Gefahr anlangt, so versteht es sich von selbst, daß bei aufschiebender Bedingung der zufällige Untergang den Verkäufer trifft, weil das bedingte Geschäft nicht mehr nach dem Untergange des Objektes perficirt werden kann, ferner aber auch die zufällige Verschlechterung, weil der Käufer trotz derselben noch zurücktreten darf. Für Verschulden während der Schwebezeit steht der Käufer ein. Sehr bestritten ist aber die Gefahr, wenn die Bedingung eine resolutive ist. Das Richtige ist, daß sich die Bedingung der Auflösung nicht mehr perficiren kann, wenn die Sache bereits untergegangen ist. Dies folgt aus den allgemeinen Grundsätzen der Bedingung. Doch ist Windscheid Bd. 2 § 387 Anm. 10 anderer Ansicht.

12) H.G.B. Art. 340. Cropp in Heise und Cropp, Abhandlungen Bd. 1 n. 13.

13) R.O.H.G. Bd. 12 S. 118, Bd. 20 S. 62.

14) H.G.B. Art. 341. Ob ein Kauf „zur Probe" geschlossen ist oder etwa ein Kauf „auf Probe", ist übrigens Auslegungsfrage, die keineswegs allein nach den Worten, welche die Betheiligten gebrauchten, zu beurtheilen ist. R.O.H.G. Bd. 2 S. 186.

17*

5. Folgende Nebenverträge erzeugen persönliche Verbindlich=
keiten unter den Kontrahenten:

a) der Vorbehalt des Wiederkaufes seitens des Verkäufers
vom Käufer oder des Wiederverkaufes seitens des Käufers an den
Verkäufer.[15] In Ermangelung anderer Vereinbarung ist für das neue
Geschäft der frühere Kaufpreis maßgebend;

b) der Vorbehalt des Vorkaufes, wonach der Käufer die Sache,
wenn er sie verkaufen will, seinem Verkäufer auf dessen Anfordern zu
den Bedingungen lassen muß, die er mit einem Kaufliebhaber verein=
bart hat.[16]

6. Dingliche Wirkungen haben folgende Klauseln:

a) Die lex commissoria giebt dem Verkäufer das Recht der An=
nullirung des Kaufes, wenn der Kaufpreis nicht recht=
zeitig vollständig gezahlt wird.[17] Die hierin liegende Be=
dingung ist im Zweifel auflösend.[18] Der Verkäufer hat die Wahl
zwischen Forderung der Erfüllung und der Auflösung des Geschäftes.
Einmalige Wahl nach der Fälligkeit ist eine endgültige. Forderung der
Zahlung enthält daher Abstehen von der Verfallsklausel.[19]

In Folge der Annullirung fällt das Eigenthum an den Verkäufer
zurück, frei von etwaigen seitens des Käufers bewilligten Lasten. Auch
Früchte[20] der Zwischenzeit und Ersatz des schuldhafterweise vom Käufer
verursachten Schadens kann er fordern. Der Käufer hat Retentions=
recht wegen nothwendiger Verwendungen;[21] aber die von ihm ge=
leistete Arra und die gemachten Anzahlungen erhält er nicht

---

15) l. 12 D. de praescriptis verbis 19, 5, l. 2 C. de pactis inter empt. et
vend. 4, 54, l. 7 C. eod. Wiederkäufe — Rückkaufsgeschäfte — werden meist geschlossen,
weil der Verkäufer in Geldnoth ist, und sich durch den Verkauf Geld verschaffen will,
sich aber der Hoffnung hingiebt, später die Mittel zu haben, um das Veräußerte
zurückzuerwerben. Der Wiederverkäufer hat Anspruch auf Ersatz nothwendiger, keines=
weges nützlicher Verwendungen. Vgl. l. 25 D. de pign. a. 13, 7 „nec talem efficere
rem pigneratam, ut gravis sit debitori ad recuperandum", vgl. Petražycki, Ein=
kommen Bd. 1 S. 311, 318 ff. gegen den Entwurf d. bürg. Gesetzbuchs.

16) Dies Recht ist mit den dinglich wirkenden ähnlichen Rechten des deutschen
Rechtes, insbesondere dem s. g. Retraktrechte nicht zu identificiren. Jäger, das
Vorkaufsr. n. gemeinem R. 1893.

17) Tit. Dig. de lege commissoria 18, 3. Burckhard im Archiv für civ. Praxis
Bd. 51 n. 12 und 17.

18) Oben Bd. 1 § 112. Der Verkäufer hat das Recht der Auflösung, ohne daß
es einer vorgängigen Androhung bedarf, l. 4 § 4 D. h. t. 18, 3, ferner ohne Rück=
sicht auf Verschuldung des Käufers. Der Verkäufer hat es aber nicht, wenn die Ur=
sache der Nichtzahlung in seiner Person liegt, l. 4 § 4, l. 8 D. h. t. 18, 3. Vgl.
l. 51 § 1 D. d. a. e. v. 19, 1, l. 8 D. h. t. 18, 3.

19) l. 7 D. h. t. 18, 3.

20) l. 4 pr. D. h. t. 18, 3, l. 5 D. eod.

21) Vgl. l. 16 D. de in diem add. 18, 2, oben Anm. 15.

zurück.[22][28] Soweit er diesen Verlust leidet, behält er aber die Früchte der Zwischenzeit.

b) Die addictio in diem berechtigt den Verkäufer zur Auf=
hebung des Kaufes für den Fall, daß innerhalb einer bestimmten Zeit
ein besseres Gebot erfolgt.[24] Der Käufer hat aber ein Vorkaufs=
recht, so daß er in das bessere Gebot eintreten kann.[25]

### § 96. Perfektion des Kaufvertrages. Uebergang der Gefahr.[1]

Mit der Perfektion des Kaufvertrages geht die Gefahr
des zufälligen Unterganges oder der Verschlechterung der Waare auf
den Käufer über — periculum est emptoris.[2] Dies heißt: der

---

22) Ob auch Anzahlungen verfallen, ist Streitfrage. Die Bejahung ist hart,
wurde aber von den Römern beliebt. Dies geht hervor aus l. 6 pr. D. de leg.
comm. 18, 3. Scaevola libro 2 responsorum .... et ea lege uti venditor velit,
fundos inemptos fore et id, quod arrae vel alio nomine datum esset,
apud venditorem remansurum. Müßte der Verkäufer Anzahlungen zurückgeben,
wenn er von der Klausel Gebrauch macht, so läge in dem responsum von Scävola,
welcher doch seine Worte zu wägen pflegt, arge Gedankenlosigkeit. In l. 4 § 1 D.
h. t. 18, 3 ferner entscheidet Ulpianus libro 32 ad edictum: Sed quod ait Neratius,
habet rationem, ut interdum fructus emptor lucretur, cum pretium quod nu-
meravit, perdidit: igitur sententia Neratii tunc habet locum, quae est humana,
quando emptor aliquam partem pretii dedit. Es soll nicht „unmöglich" sein,
diese Stelle von einem besonderen Vertrage über den eventuellen Verlust des
angezahlten Preises zu verstehen. So Windscheid Bd. 2 § 323 Anm. 12, nach
Burkhard a. a. O. S. 289, Seuff. A. Bd. 49 n. 11 (O.L.G. Kiel). Aber natürlich
und ungezwungen ist diese Erklärung nicht.

23) Hat sich der Verkäufer bei einem Abzahlungsgeschäfte das Recht vorbehalten,
wegen Nichterfüllung der dem Käufer obliegenden Verbindlichkeiten vom Vertrage
zurückzutreten, so ist im Falle dieses Rücktritts nach zwingender Vorschrift des Reichs=
gesetzes vom 16. Mai 1894 jeder Theil verpflichtet dem anderen Theil die empfangenen
Leistungen zurückzugewähren. Für Aufwendungen des Verkäufers und für Beschä=
digungen der Kaufsache, die der Käufer zu vertreten hat, hat er Ersatz zu leisten.
Für die Ueberlassung des Gebrauchs oder der Benutzung hat er deren
Werth zu vergüten, wobei auf die Werthverminderung Rücksicht zu nehmen ist.
Das Reichsgesetz findet keine Anwendung, wenn der Käufer als Kaufmann in das
Handelsregister eingetragen ist.

24) Tit. Dig. de in diem addictione 18, 2, Paul Gerber, l. 41 pr. de R.V.
Gött. Jnaug.=Diss. 1893. Solche Geschäfte sind im modernen Verkehr nicht häufig.

25) l. 7, l. 8 D. h. t. 18, 2.

1) Tit. Dig. de periculo et commodo 18, 6, Cod. 4, 48. Hofmann, über
das Perikulum beim Kauf 1870; Puntschart, die fundamentalen Rechtsverhältnisse
S. 1 ff. und dort Angeführte. Dazu Eck in Goldschmidts Ztschrft. Bd. 33 S. 141,
ferner Eck in Holzendorfs Rechtslexikon Wort „Kauf". W. v. Braun, zur Lehre v.
d. Gefahr beim Kauf.Erl. Jnaug.=Diss. 1891. Petrazycki, Einkommen Bd. 2 S. 42.

2) Die Römer haben den Satz „periculum est emptoris" außerordentlich häufig
ausgesprochen, ohne Zweifel weil er schon in Rom nicht als unbedenklich galt. Als
Lehrsatz trägt ihn vor § 3 I. de emptione et vend. 3, 23: Cum autem emptio
et venditio contracta sit ... periculum rei venditae statim ad emptorem pertinet, tametsi adhuc ea res emptori tradita non sit. itaque si homo mortuus
sit vel aliqua parte corporis laesus fuerit, aut aedes totae aut aliqua ex parte
incendio consumptae fuerint, aut fundus vi fluminis totus vel aliqua ex parte

Käufer ist zur Zahlung des Kaufpreises verbunden, trotzdem ihm die Waare in Folge Zufalles nicht oder nur verschlechtert tradirt werden kann. [3][4]

ablatus sit, sive etiam inundatione aquae aut arboribus turbine dejectis longe minor aut deterior esse coeperit: emptoris damnum est, cui necesse est, licet rem non fuerit nactus, pretium solvere. quidquid enim sine dolo et culpa venditoris accidit, in eo venditor securus est. Vgl. ferner l. 5 § 2 D. de resc. vend. 18, 5, l. 11 § 12 D. quod vi 43, 24, l. 14 pr. D. de furtis 47, 2, l. 1, l. 4, l. 6, C. h. t. 4, 48. Gleichwohl verwarf die Regel Cujacius ad Africanum zur l. 33 D. locati, wovon er jedoch später zurückkam, recit. ad Cod. 4, 48. Neuerdings bekämpfte sie eingehend Puntschart a. a. O., insbesondere S. 215 ff. Sie steht indessen fest, wenn auch einige Stellen bedenklich sind. Dahin gehört zunächst l. 13 D. h. t. 18, 6. Paulus libro 3 Alfeni epitomarum: Lectos emptos aedilis, cum in via publica positi essent, concidit: si traditi essent emptori aut per eum stetisset quo minus traderentur, emptoris periculum esse placet, ferner l. 15 pr. eod.: Quod si neque traditi essent neque emptor in mora fuisset quo minus traderentur, venditoris periculum erit. Ob der Aedil die Zerstörung mit Recht angeordnet hat oder nicht, blieb hierbei offene Frage, wie aus l. 14 D. eod. erhellt. Es kam hierauf nichts an. Denn keinesfalls hat der Verkäufer der von ihm zu prästirenden custodia entsprochen, wenn er die verkauften Betten auf die Straße stellte; deshalb trifft ihn die Gefahr. Zweifelhafter ist die l. 15 § 1 D. cit.: Materia empta si furto periisset, postquam tradita esset, emptoris esse periculo respondit, si minus, venditoris: videri autem trabes traditas, quas emptor signasset. Alfenus will auch hier wohl nur sagen: bis zur Tradition liegt dem Verkäufer custodia ob, deshalb trifft ihn so lange regelmäßig, d. h. sofern er seine Schuldlosigkeit nicht darthun kann, die Gefahr des Diebstahls. Daß Alfenus im Allgemeinen den Satz „periculum est emptoris" anerkannte, geht meines Ermessens aus den Schlußworten der l. 12 D. h. t. 18, 6 bestimmt hervor. Am schwierigsten ist l. 33 D. locati 19, 2. Africanus libro 8 quaestionum: si vendideris mihi fundum isque priusquam vacuus traderetur publicatus fuerit, teneraris ex empto: quod hactenus verum erit, ut pretium restituas. Aber auch Africanus nahm im Allgemeinen an, daß den Käufer die Gefahr treffe, wie aus der demselben Buch der Quästionen entnommenen l. 39 D. de solutionibus 46, 3 hervorgeht, „et nummi emptoris periculo sint .... et nihilominus merx quoque, quia emptio perfecta sit". Die Entscheidung von Africanus in der l. 33 cit. muß daher in dem Außerordentlichen der „Einziehung des Grundstückes durch den Staat" ihren Grund gehabt haben. Vgl. Hartmann in Jherings Jahrbüchern Bd. 22 S. 417. Im Falle höherer Gewalt — oben § 39 Anm. 7 — erkannte wohl Afrikan die Regel „periculum est emptoris" nicht an; siehe aber auch die unten § 99 Anm. 14 abgedruckte l. 11 pr. D. de evict 21, 2 von Paulus.

3) Ueber den Grund des Satzes „periculum est emptoris" habe ich mich oben Bd. 2 § 20 ausgesprochen. Er entwickelte sich historisch aus der ursprünglichen Struktur der synallagmatischen Verträge, ging in die Verkehrsanschauung über und erhielt sich in Folge dessen auch später. Daß sich bei der Miethe die Sache anders gestaltete, mußte für den Kauf nicht maßgebend sein. Von anderen Erklärungsgründen sind hier nur folgende zu erwähnen: a) Windscheid rechtfertigt den Satz „aus der Entäußerungsnatur des Kaufs, welche zu der Ansicht geführt habe, daß die Kaufsache zwischen den Parteien als aus dem Vermögen des Verkäufers ausgeschieden und in das des Käufers übergegangen angesehen werde". Daß diese Ansicht nicht haltbar ist, ergab sich uns oben § 94 Anm. 6. b) Jhering in seinen Jahrbüchern Bd. 3 S. 464 führt aus, den Käufer treffe die Gefahr, weil das Recht die Regel aufstelle, daß „an dem Aufschub der sofortigen Erfüllung der Käufer schuld gewesen sei", „er habe daher den Zufall zu tragen, bis sich mit der Mora des Verkäufers der Vorwurf des ferneren Aufschubs auf den Verkäufer wälze". Doch diese Schuld des Käufers wäre eine willkürliche Fiktion. Die römischen Juristen geben nirgends eine Andeutung, daß dies der Grund des Satzes sei. Und wie, wenn — vielleicht im Interesse des Verkäufers — die Leistung der Waare auf einen späteren Termin kon-

Zur **Perfektion** wird der **Abschluß** des Kaufgeschäftes er=
fordert. Aber nicht immer genügt er.[5]

a) Unter einer **Suspensivbedingung** geschlossene Käufe insbesondere
werden nur mit dem **Eintritt der Bedingung** perfekt. Sie
kommen erst zu Stande, wenn die Kaufsache noch im Augenblick des
Eintrittes der Bedingung existirt. Daher trifft während Schwebens der
Bedingung die Gefahr des **Unterganges** der Waare den **Verkäufer**,
die Gefahr ihrer **Verschlechterung** dagegen den **Käufer**.[6]

b) Als unvollendet gilt der Kauf ferner, wenn der **Preis** einer
Masse nach **Maß, Gewicht oder Zahl** festgestellt ist — sog. emptio
ad mensuram —, so lange sie noch nicht gemessen, der Gesammtpreis
also noch nicht ermittelt ist. Solche Geschäfte werden wie bedingte be=
handelt. Der **Verkäufer** trägt daher die Gefahr des Unterganges, der
**Käufer** aber die der Verschlechterung der Waare.[7]

c) Nicht perfekt ist endlich der Verkauf, wenn eine bestimmte, noch
nicht ausgeschiedene Zahl von Stücken oder Maß= oder Gewichtseinheiten
aus einer **Masse** heraus verkauft wird.[8] Erst die **Ausscheidung**

---

traktlich festgestellt war. Soll dann gleichwohl die Fiktion maßgebend sein, daß der
Käufer an dem Aufschub sofortiger Erfüllung schuld sei, während er noch gar nicht
fordern konnte? Für den Grundsatz „periculum est emptoris" läßt sich auch an=
führen, daß der Verkäufer, nachdem er sich verpflichtet hat, eine Sache dem Käufer zu
liefern, nicht mehr in der Lage ist, dieselbe anderweit zu verkaufen und so die Gefahr
ihres Untergangs und ihrer Verschlechterung von sich abzuwälzen. Hierin sieht
namentlich Hartmann im Archiv für civ. Praxis Bd. 73 S. 386 sogar den entschei=
denden Grund für den Satz. Dies ist nicht zutreffend, denn auch bei suspensiv be=
dingten Verkäufen ist der Verkäufer in der gleichen Lage, und zwar oft längere Zeit
als bei unbedingten Geschäften. Dennoch trägt er hier die Gefahr.

4) Sehr bestritten ist der Fall, wenn der Verkäufer dieselbe Sache Verschiedenen
selbständig verkauft hat, und dieselbe zufälligerweise vor der Tradition untergeht oder
verschlechtert wird. Vgl. hierüber Jhering in seinen Jahrbüchern Bd. 3 n. 7; Marti=
nius, der mehrfache Verkauf derselben Sache 1873; Oesterlein, der mehrfache Verkauf
1883; Windscheid Bd. 2 § 390 Anm. 17. Nach unserer Ansicht ist zu unterscheiden:
a) Die beiden Verkäufe geschahen bona fide, indem z. B. der Eigenthümer und sein
Bevollmächtigter dieselbe Sache, ohne von einander zu wissen — vielleicht gleichzeitig —
verkauften. Dann ist es unbedenklich, der Regel gemäß dem Verkäufer den doppelten
Anspruch auf den Kaufpreis zu belassen, oder b) der zweite Verkauf geschah böslich.
Dann liegt in ihm nach römischer Ansicht ein falsum — l. 21 D. de falsis 48, 10
— der zweite Verkauf war seitens des Verkäufers contra bonos mores und der
Verkäufer kann daher aus demselben keinen Vortheil ziehen.

5) Ueber die Bedeutung des Wortes „Perfektion" vgl. Puntschart a. a. O. S. 41.

6) l. 8 pr., l. 10 D. h. t. 18, 6, l. 10 § 5 D. de jure dotium 23, 3.

7) l. 35 § 5 D. de c. e. 18, 1. Gajus libro 10 ad edictum provinciale ...
Sabinus et Cassius tunc perfici emptionem existimant, cum adnumerata ad-
mensa adpensave sint, quia venditio quasi sub hac condicione videtur fieri,
ut in singulos metretas aut in singulos modios, quos quasve admensus eris,
aut in singulas libras, quas adpenderis, aut in singula corpora, quae adnume-
raveris. l. 35 § 6 D. eod.

8) l. 2 C. de periculo et comm. 4, 48, Alexander. Cum convenit, ut sin-
gulae amphorae vini certo pretio veneant, antequam tradantur, imperfecta

stellt hier das Kaufobjekt fest.  Bis dahin trägt der Verkäufer die Ge=
fahr des Unterganges und der Verschlechterung.

Ist eine Masse in Bausch und Bogen für einen Gesammtpreis
verkauft — per aversionem —, so geht die Gefahr auf den Käufer
schon mit dem Abschlusse des Kaufgeschäftes über.

Bei reinen Genuskäufen trägt grundsätzlich der Verkäufer die
Gefahr bis zur Erfüllung, d. h. in der Regel bis zur Ablieferung der
Waare an den Käufer oder bis zu dessen Verzug.

Bei Distancekäufen aber genügt Absendung der Waare oder
Uebergabe an einen Frachtführer behufs der Versendung. [9]

## § 97. Verpflichtungen des Käufers.

Der Verkäufer kann mit der actio venditi vom Käufer fordern:

1. Zahlung [1] — Uebereignung [2] — des bedungenen Kauf=
preises.  Berichtigung durch andere Werthe, z. B. durch Wechsel,

---

etiam tunc venditione periculum vini mutati emptoris, qui moram mensurae
faciendae non interposuit, non fuit. Gegen die Ansicht Mommsens, Beiträge
Bd. 1 S. 342, welcher auch diesen Verkauf wie einen bedingten behandeln und des=
halb den Käufer die Gefahr der Verschlechterung auflegen wollte, vgl. Wind=
scheid Bd. 2 § 390 Anm. 9 und dort Angeführte.

9) Ueber die Litteratur vgl. Puntschart a. a. O. S. 264. Als herrschend ist an=
zusehen die Ausscheidungstheorie Thöls, Handelsrecht 5. Auflage §§ 262 ff. Hier=
nach geht die Gefahr beim Genuskauf auf den Käufer über, wenn eine Species durch
den Verkäufer dem Käufer gegenüber ausgeschieden und wenn diese Thatsache dem
Käufer durch eine Anzeige kund gethan ist. Es wird hiernach ein Willensakt des
Verkäufers und ein Wissensakt des Käufers gefordert. In dieser Weise sucht Thöl
die römische Entscheidung bezüglich des Gefahrüberganges im Falle des Kaufes
einer Quantität aus einer Masse heraus — oben Anm. 8 — für den eigentlichen
Genuskauf zu verwerthen. Er wird aber hierbei weder dem römischen Rechte noch
dem praktischen Bedürfnisse gerecht. Siehe Jhering in seinen Jahrbüchern Bd. 4 n.
5. Ueber die auf der Theorie Thöls beruhenden Entscheidungen des R.O.H.G.
Bd. 22 S. 285 und Bd. 23 S. 145 vgl. mein preuß. P.R. Bd. 2 § 139 Anm. 7.
Zutreffender ist die Theorie von Jhering a. a. O., wonach die Gefahr beim Genus=
kauf mit der Lieferung übergehen soll. Diese Theorie nennt Jhering selbst Liefe=
rungstheorie. Richtiger würde man von einer Erfüllungstheorie sprechen.
In der That geht beim Genuskauf die Gefahr — abgesehen von der mora — erst
mit der Erfüllung auf den Käufer über. Vollzieht sich die Erfüllung aber, wie
dies bei dem Distancekauf — oben § 95 Ziff. 3 — der Fall ist, mit der Ueber=
gabe der Waare an einen Frachtführer für den Käufer, so knüpft sich hieran der
Uebergang der Gefahr. Daß die Waare „ausgeschieden" sei, ist nicht schlechthin
nöthig und kann nicht genügen. Vgl. Karlowa in Grünhuts Zeitschrift Bd. 16
S. 442.

1) l. 13 § 20 D. de a. e. v. 19, 1. Ulpianus libro 32 ad edictum: Veniunt
autem in hoc judicium infra scripta: in primis pretium, quanti res venit.
item usurae pretii post diem traditionis: nam cum re emptor fruatur, aequis=
simum est eum usuras pretii pendere.

2) l. 11 § 2 in fine D. de a. e. v. 19, 1, l. 1 pr. D. de permutatione 19, 4.

Aktien oder durch Uebernahme von Hypotheken,[3] kann dem Käufer ver=
stattet oder zur Pflicht gemacht sein.

Außer dem Kaufpreise können dem Käufer andere Leistungen,
z. B. Belassung von Miethern in der Kaufsache, aufgelegt sein.[4]

2. Der rückständige Kaufpreis ist von der Uebergabe der Waare
an zu verzinsen,[5] wenn nichts Anderes vereinbart ist. Bei Kreditkäufen,
bei welchen der Kaufpreis auf bestimmte Zeit gestundet wurde, ist dies
zu unterstellen, da in diesem Fall der Zins der Zwischenzeit regelmäßig
von vornherein im Preise berechnet wird.[6]

3. Verwendungen des Verkäufers nach dem Geschäftsabschluß
sind ihm — mit Zinsen — zu erstatten, wenn sie nothwendig waren
oder zwar bloß nützliche, aber dem vermuthlichen Willen des Käufers
offensichtlich entsprechende,[7] oder mit dessen Zustimmung gemacht waren.[8]

4. Der Käufer ist nicht bloß die Waare zu fordern berechtigt,
er ist auch verpflichtet sie abzunehmen und hat, wenn er sie nicht
abnimmt, die Kosten zu tragen, welche der Verkäufer aufwenden mußte,
um sich ihrer zu entledigen. Die Verpflichtung zur Abnahme der
Waare liegt dem Käufer aber dann nicht ob, wenn zur Zeit des Ver=
tragsschlusses ein Interesse des Verkäufers an derselben nicht voraus=
sehbar war.[9]

5. Der Käufer hat für Verschuldung einzustehen,[10] bei Distance=
sendungen liegt ihm sorgfältige Bewahrung der Waaren selbst dann ob,

---

3) Sollen Hypotheken „in partem pretii" übernommen werden, und ist diese
Uebernahme nicht thunlich, z. B. weil die Hypothekenschuld bereits getilgt war, so hat
die Berichtigung der entsprechenden Kaufpreisrate in Gelde zu geschehen.

4) l. 13 § 30 D. de a. e. v. 19, 1. Verschiedene in den Quellen erwähnte
Nebenleistungen stellt zusammen Unterholzner Bd. 2 S. 296 Anm. g. Immerhin
liegt ein Kauf nur vor, wenn der Hauptzweck des Geschäfts Umsatz der Waare gegen Geld
ist. Darüber ist nach der Lage des Falls zu befinden. Das Werthverhältniß ist zu
beachten, entscheidet aber allein nicht.

5) l. 13 § 20 D. de a. e. v. 19, 1, — abgedruckt in Anm. 1, — l. 18 § 1
D. de usuris 22, 1, l. 2 C. de usuris 4, 32, l. 5 C. de act. empti 4, 49. Vgl.
übrigens auch fragm. Vat. § 2.

6) Nachträgliche Stundung des Kaufpreises hat die gleiche Bedeutung nicht.

7) l. 13 § 22 D. de a. e. v. 19, 1, Petražycki, Einkommen Bd. 1 S. 312.

8) Die Verwendungen sind vom Käufer auch dann zu ersetzen, wenn die Sache
zufälligerweise unterging, ehe sie tradirt wurde.

9) Ob der Käufer unbedingt zur Abnahme der Waare verpflichtet ist oder nur
unter besonderen Voraussetzungen, ist bestritten. Vgl. Barthausen in Goldschmidts
Zeitschrift Bd. 30 S. 30. In der l. 9 D. de a. e. v. 19, 1 entscheidet Pomponius
libro 20 ad Sabinum einen besonderen Fall: Si is, qui lapides ex fundo emerit,
tollere eos nolit, ex vendito agi cum eo potest, ut eos tollat. Hieraus allein
ist eine ausnahmslose Pflicht nicht zu entnehmen.

10) Der Käufer ist insbesondere verantwortlich wegen schuldhafter Schädigung
des Verkäufers bei der Abnahme der Waare.

wenn er sie wegen Mängel oder aus anderen Gründen zurückzuweisen befugt ist.[11]

Gegenüber den Ansprüchen des Verkäufers kann der Käufer die Einrede des nicht oder des mangelhaft erfüllten Vertrages vorschützen.[12] Außerdem aber hat er die s. g. exceptio evictionis imminentis, wenn ihm zwar erfüllt ist, wenn ihm aber Eviktion droht. Droht theilweise Eviktion, so darf er einen verhältnißmäßigen Betrag zurückhalten. Durch Kaution kann der Verkäufer dieser Einrede begegnen.[13]

### § 98. Verpflichtungen des Verkäufers. Allgemeines.

Der Käufer kann mit der actio ex empto vom Verkäufer fordern:

1. Uebergabe der Kaufsache und ihres Zubehörs zur Zeit des Verkaufsschlusses.[1] Vervollständigung des Zubehöres kann er verlangen, soweit solches ordnungsmäßig mit der Sache zu liefern ist.[2 3]

Auch der Nutzen, welchen die Kaufsache nach Abschluß des Kaufvertrages einbrachte, gebührt dem Käufer, wie er die Gefahr trägt.[4] Und zwar sind ihm die von selbst erwachsenden Vortheile herauszugeben, z. B. Alluvionen oder die dem Eigenthümer als solchem anfallende Hälfte eines in der verkauften Sache gefundenen Schatzes,

---

11) H.G.B. Art. 348, vgl. R.O.H.G. Bd. 20 S. 202.

12) Siehe oben Bd. 2 § 21.

13) Nach einem responsum Papinians — fragm. Vat. § 12 — durfte der Käufer, wenn eine Eigenthumsklage gegen ihn erhoben war, den Kaufpreis während Schwebens des Prozesses selbst dann zurückhalten, wenn ihm Bürgen wegen der Eviktion angeboten wurden. Die kurze Prozeßverjährung der klassischen Zeit, welche rasche Entscheidung des Prozesses sicherte, machte dies zulässig. Als sie wegfiel, konnte hieran nicht festgehalten werden. Diokletian in der l. 24 C. de evictionibus 8, 44 giebt daher dem Verkäufer das Recht, den Kaufpreis während Obschwebens des Prozesses gegen Sicherheit zu verlangen, läßt aber die Retention des Kaufpreises zu, wenn dem Käufer eine evincirende Klage auch nur droht. Papinians Responsum mußte hiernach, um als l. 19 § 1 D. de per. et comm. 18, 6 in den Pandekten Justinians Aufnahme zu finden, interpolirt werden. Vgl. Pugge im Rhein. Museum für Jurisprudenz Bd. 3 S. 438. Abweichende Ansichten äußert Bekker in seinem und Muthers Jahrbuch Bd. 6 S. 323.

1) l. 13 § 31, l. 18 D. de a. e. v. 19, 1 oben Bd. 1 § 77. Eine etwa vereinbarte „Dreingabe" ist gleichfalls Theil des Kaufgegenstandes, l. 31 § 25 D. de aedil. edicto 21, 1. Vgl. Bauer, die Dareingabe beim Kauf 1887.

2) Dies folgt aus allgemeinen Grundsätzen. Ein verkauftes Haus z. B. ist mit den Schlüsseln, ferner, soweit dies ortsüblich ist, mit Sommerläden zu tradiren.

3) Beim Verkauf von Immobilien kann der Käufer auch die Mitwirkung des Verkäufers zur Ueberschreibung im Grundbuche fordern.

4) Vgl. oben Bd. 2 § 23 Anm. 9. Jhering, Abhandlungen n. 1 1843, Mommsen, Erörterungen aus dem O.R. 1. Heft 1859, § 3 I. de empt. et vend. 3, 23, l. 7 pr. D. de per. et comm. 18, 6.

nicht minder der regelmäßige Ertrag der Sache, insbesondere auch Pacht=
und Miethgelder.[5] Gewinn, welchen der Verkäufer mit der Sache durch
besondere Unternehmungen, Glücksfälle, oder gar in unredlicher Weise
erlangte, ist kein Sachgewinn, sondern persönlicher und nicht
herauszugeben.[6]

Der Ort der Leistung der Waare bestimmt sich nach allgemeinen
Grundsätzen. Er ist bei Handelskäufen dort, wo der Verkäufer zur
Zeit des Verkaufes seine Handelsniederlassung und in deren Ermangelung
seinen Wohnort hat.[7] Eine specielle Sache ist in der Regel da
zu liefern, wo sie sich zur Zeit des Kontraktabschlusses befand.[8]

2. Jede Verschuldung, vor allem in Verwahrung der Kauf=
sache, verbindet den Verkäufer zum Schadensersatz.[9]

3. Der Verkäufer hat endlich Gewähr im Falle der Eviktion der
Kaufsache zu leisten und haftet für verborgene Mängel sowie wegen
Zusagen.

Diese Verbindlichkeiten sind besonders zu betrachten.

---

5) Wie es sich mit den Pacht= und Miethzinsen verhält, ist alte Streitfrage,
vgl. Mommsen a. a. O. S. 124. Meist unterscheidet man derzeit zwei Fälle. Wenn
der Mieth= oder Pachtvertrag vor dem Verkauf geschlossen war, soll der Käufer
keinen Anspruch auf die Miethzinsen haben, auch nicht auf die für die Zeit nach dem
Kauf zu entrichtenden. Wenn aber der Mieth= oder Pachtvertrag nach dem Kauf
vom Verkäufer geschlossen wurde, sollen die Miethzinsen dem Käufer zukommen, weil
der Verkäufer in diesem Falle als dessen negotiorum gestor anzusehen sei. Die
Behandlung des Verkäufers als negotiorum gestor des Käufers ist aber gezwungen
und die Distinktion auch nichts weniger als praktisch und billig. Ulpianus libro 32
ad edictum l. 13 § 18 D. de a. e. v. 19, 1 sagt denn auch ganz allgemein: Item
si quid ex operis servorum vel vecturis jumentorum vel navium quaesitum
est, emptori praestabitur. Sollte der Käufer des Schiffes gleichwohl auf die
Schiffsfrachten keinen Anspruch haben, wenn die Verträge vor dem Verkaufe mit den
Befrachtern geschlossen waren, die Befrachtung und die Seefahrt aber erst nach dem
Verkaufe erfolgte? In der Entscheidung Ulpians ist dies nicht angedeutet! Allerdings
erklärt aber Ulpian an demselben Orte — l. 13 § 11 D. eod. —: Si in locatis
ager fuit, pensiones utique ei cedent, qui locaverat: idem et in praediis
urbanis, nisi si quid nominatim convenisse proponatur. Der Widerspruch löst
sich wohl, wenn man den Zusammenhang des § 11 mit dem vorhergehenden § 10
erwägt. Dort werden für den Fall des Verkaufes eines Ackers mit reifen Früchten
dem Käufer die Früchte zugesprochen, wenn sie nur erst nach dem Verkaufe percipirt
wurden. Im Gegensatze hierzu will § 11 cit. betonen, daß dem Verkäufer zur
Zeit des Verkaufs rückständige Miethzinsen verbleiben. Daß der Jurist bei
den „pensiones" in diesem Zusammenhang nur an bereits verfallene Zinsen dachte, ist
erklärlich. Leicht möglich auch, daß die Zweideutigkeit erst durch die den Kompila=
toren geläufige Verkürzung der Ausführung Ulpians entstand.

6) Nicht herauszugeben ist z. B. die Finderhälfte des Schatzes, welchen der Ver=
käufer entdeckte; wer eine Flinte verkauft hat, muß den mit ihr gemachten Jagd=
gewinn nicht erstatten, vgl. auch l. 21 D. de her. vel act. vend. 18, 4. Vgl.
Petražycki, Einkommen Bd. 1 § 6 Bd. 2 § 18.

7) H.G.B. Art. 342 Abs. 2.

8) l. 3 § 4 D. de a. e. v. 19, 1, H.G.B. Art. 342 Abs. 2. Vgl. oben § 32.

9) l. 35 § 4 D. de c. e. 18, 1, l. 1 § 1, l. 2 § 1, l. 3 D. de per. et comm. 18, 6.

### § 99. Haftung des Verkäufers wegen Eviktion.[1]

Der Verkäufer hat seiner Verpflichtung durch Tradition der Kauf=
sache zunächst Genüge gethan. Aber hinterher kann sich ergeben, daß
sein Recht nicht ausreichte, um dem Käufer die dauernde rechtliche Herr=
schaft über sie zu verschaffen; dann treten weitere Verbindlichkeiten
hervor.[2]

Der Hauptfall ist die Eviktion, d. h. die Entziehung der
Kaufsache in Folge rechtskräftigen Urtheiles. An diesen
dachte man im Verkehr vornehmlich, und an ihn schloß sich die römische
Theorie an.

In Rom waren Strafstipulationen zur Leistung des Dop=
pelten des Kaufpreises für den Fall der Eviktion wenigstens bei
wichtigeren Objekten durchaus üblich; sie gehörten so zum Kaufgeschäfte,
daß die Käufer mit der actio ex empto auf ihre Uebernahme klagen
konnten, wenn sich ihnen die Verkäufer entzogen.[3]

Dem modernen Verkehr und dem gemeinen Rechte ist dies fremd.
Hier kann der Käufer im Falle der Eviktion nur mit der actio ex empto
auf sein Interesse klagen.[4]

1. Voraussetzungen sind:

a) Die Kaufsache muß dem Käufer tradirt sein.[5] Bis dahin kann

---

1) Tit. Dig. de evictionibus et duplae stipulatione 21, 2, Cod. 8, 44,
K. O. Müller, d. L. v. d. Eviktionsleistung I 1851 — unvollendet —; Bekker in seinem
Jahrbuch Bd. 6 n. 8. Kempin siehe oben § 94 Anm. 17. P. F. Girard études
historiques sur la formation du système d'eviction 1884. — Gewöhnlich verdeutscht
man Eviktion mit „Entwährung", Windscheid dagegen Bd. 2 § 391 schreibt „Ent=
wehrung" mit Berufung auf Grimms Sprachwörterbuch: „der juristische Sprachgebrauch ver=
wechselt entwehren (aus dem Besitz setzen) und entwähren (nicht leisten)."

2) Bekker a. a. O., vgl. S. 233 und 301, behauptet, „die evincirte Leistung ist
keine Leistung" und „die Eviktion vernichtet den Schein der Leistung". Diese
Auffassung ist aber nicht die der Römer; denn diese stellen die Pflicht zum „tradere"
und „ob evictionem se obligare" nebeneinander, vgl. l. 1 pr. D. de permut. 19. 4.
Sie ist auch keine praktische; ihre Konsequenz wäre, daß der Käufer nach der
Eviktion zunächst auf bessere Erfüllung klagen müßte und nur für den Fall, daß sie
nicht zu beschaffen wäre, auf das Geldinteresse. Daß aber der evincirte Käufer direkt
auf sein Interesse zu klagen hat, ist praktischen Rechtens. In der von Bekker für
sich angeführten l. 3 pr. D. de a. e. v. 19, 1 war dem Käufer die Sache durch
Besitzklage abgestritten, also in der That nicht tradirt.

3) l. 31 § 20 D. de aed. edicto 21, 1. Zur satisdatio galt der Verkäufer
in der Regel nicht als verpflichtet, l. 37 pr., l. 56 pr. D. h. t. 21, 2, l. 1 § 8 D. de
stip. praet. 46, 5, doch entschied hierüber Ortsgewohnheit, l. 6 D. h. t. 21, 2; über
geringere Kaufobjekte siehe l. 37 § 1 D. h. t. 21, 2. Vgl. überhaupt Brinz Bd. 2
S. 734, Bechmann a. a. O. S. 669. Lenel edictum S. 443, 446.

4) l. 8 D. h. t. 21, 2.

5) l. 61 und l. 62 pr. D. h. t. 21, 2, Müller a. a. O. S. 108.

der Käufer nur auf Tradition und bei deren Verzögerung auf Schadlos=
haltung klagen.

b) Die Sache muß aber dem Käufer ferner durch rechtskräftiges
Urtheil abgesprochen und ihm thatsächlich entzogen sein.[6]

Das Urtheil gegen den Käufer schadet dem Verkäufer nur, wenn
ihm rechtzeitig der Streit verkündet war,[7][8] d. h. in einem Stadium
des Prozesses, in welchem noch die volle Vertheidigung offen stand.[9]

Ist dem Verkäufer der Streit gehörig verkündet, so unterliegt er
dem Regreßanspruche des evincirten Käufers, mag er nun an dem Prozesse
Theil genommen haben oder nicht. Ob das evincirende Urtheil gerecht
war oder nicht, kommt nicht in Betracht.[10]

Die Streitverkündung ist überflüssig, wenn sich der Verkäufer auch
ohne sie als Nebenintervenient am Prozesse betheiligt, ferner wenn er
auf sie verzichtet,[11] wie auch, wenn er abwesend, d. h. außerhalb des
deutschen Reiches ist, oder wenn sein Aufenthalt nicht zu ermitteln ist,
oder endlich, wenn er sich der Streitverkündung dolos entzog.[12]

Unterblieb die Streitverkündung ohne solche Gründe, so wird der
Verkäufer durch das evincirende Urtheil nicht verbunden. Ist der

---

6) Eviktion ist erst vorhanden, wenn das rechtskräftige Urtheil zur That wurde.
Also vor allem, wenn der Käufer die Kaufsache, um dem Urtheil zu genügen, dem
Evincenten herausgab, oder wenn sie ihm mittelst Zwangsvollstreckung abgenommen
wurde. Es genügt aber auch, wenn er als Kläger auftreten mußte und rechtskräftig
abgewiesen wurde, weil er damit des Besitzes endgültig entsetzt ist. Endlich reicht es
auch hin, daß der beklagte Käufer, weil er die Sache nicht gemäß des Richterspruches
herausgab, in die Litisästimation verurtheilt ist; es wird nicht gefordert, daß er die
Litisästimation bereits gezahlt hat. Denn die Sache gilt in Folge der Verurtheilung
zur Litisästimation dem Prozeßgegner als abgekauft. Der Käufer hat die Sache da=
her fortan auf Grund dieses neuen Titels, und nicht auf Grund des ursprünglichen
Kaufes, l. 16 § 1, l. 29 § 1, l. 57 pr. § 1 D. h. t. 21, 2.

7) Die Denuntiation wurde durch die Jurisprudenz gefordert, einmal, weil der Ver=
käufer über die Rechtslage der Kaufsache in der Regel besser unterrichtet sein wird,
als der Käufer, dann auch, weil es sich bei dem Streit mit dem Evincenten mehr um
das Interesse des Verkäufers handelt, welcher regreßpflichtig ist, als um dasjenige des
Käufers selbst. Die Eviktionsstipulationen enthielten die Anforderung der Litisdenun=
tiation noch nicht, vgl. die Stipulationen der siebenbürgischen Wachstafeln bei Bruns,
fontes juris ed. VI. pag. 288 ff.

8) In Rom geschah die Denuntiation außergerichtlich, nach neuerem Rechte hat
sie gerichtlich zu erfolgen, C.P.O. § 70. Tritt der Litisdenunciat dem Prozesse bei,
so ist er Nebenintervenient — socius litis § 71 a. a. O.

9) l. 29 § 2 D. h. t. Nach dem jetzigen Prozeßrechte genügt es, daß die Streit=
verkündung in der Berufungsinstanz geschieht, weil die Parteien in ihr mit ihrem
Vorbringen nicht beschränkt sind.

10) C.P.O. § 65. Nach l. 51 pr. D. h. t. 21, 2, vgl. l. 8 C. h. t. 8, 44, konnte
sich der Verkäufer darauf berufen, daß der Käufer den Prozeß sordibus judicis aut
stultitia verloren habe.

11) l. 63 pr. D. h. t. 21, 2.

12) l. 56 § 5 D. h. t. 21, 2.

Käufer aber im Stande nachzuweisen, daß ihm nur ein scheinbares und hinfälliges Recht übertragen war, so kann er hierauf Schadens= ansprüche gründen.[18]

c) Das Recht, auf dessen Grund der Käufer evincirt wurde, muß endlich zu der Zeit bestanden haben, als ihm die Kaufsache über= geben wurde.[14]

Es macht keinen Unterschied, ob die Eviktion durch eine Eigen= thumsklage, eine Publicianische Klage, eine Pfandklage[15] oder eine gegen Dritte zulässige persönliche Klage geschah.[16] [17]

---

13) Daß der Käufer wegen Eviktion nur dann Regreß nehmen könne, wenn er dem Verkäufer den Streit verkündete, spricht mit großer Bestimmtheit aus l. 7 C. h. t. 8, 44 und l. 8 C. eod., beide von Alexander: Emptor fundi nisi auctori aut heredi ejus denuntiaverit, evicto praedio neque ex stipulatu neque ex dupla neque ex empto actionem contra venditorem vel fidejussores ejus habet. Hier= mit wurde ein Satz, welchen bereits die Juristen aus inneren Gründen vertheidigt hatten — vgl. l. 53 § 1 D. h. t. 21, 2 — durch die kaiserliche Autorität befestigt. Gleichwohl nimmt eine mildere Ansicht an, daß die Unterlassung der Litisdenun= tiation dann nicht schade, „wenn der Käufer nachweisen könne, daß der Verkäufer den Verlust des Prozesses nicht hätte abwenden können.“ Vollends Windscheid Bd. 2 § 391 Anm. 12 will den Regreß wegen der Eviktion sogar nur dann versagen, „wenn der Verkäufer nachweisen könne, daß er in der Lage gewesen wäre, dem Prozesse eine andere Wendung zu geben“. Ein derartiger Beweis wäre nichts Leichtes und brächte den Verkäufer dem Käufer gegenüber, welcher seine Verpflichtung, den Streit zu verkünden, versäumte, in eine mißliche Lage. Man muß nach meiner Meinung mindestens das aus den angeführten Verordnungen entnehmen, daß der Käufer, welcher dem Verkäufer den Streit nicht verkündete, sich diesem gegenüber nicht auf das evincirende Urtheil stützen kann. Es kann ihm nur der selbständige Nachweis offen stehen, daß er wegen des mangelnden Rechtes des Verkäufers nicht in die kontraktmäßig bedungene Stellung kam. Auf die l. 11 § 12 D. de a. e. v. 19, 1 wird man sich übrigens bei unserer Streitfrage kaum berufen können, da sie nicht von eigentlicher Eviktion, sondern von einem ädilicischen Mangel handelt. Vgl. Dernburg der ältere in Lindes Zeitschrift n. F. Bd. 2 n. 1, Bekker a. a. O. S. 288.

14) l. 11 pr. D. h. t. 21, 2. Paulus libro 6 responsorum: Lucius Titius praedia in Germania trans Rhenum emit et partem pretii intulit: cum in resi= duum quantitatem heres emptoris conveniretur, quaestionem rettulit dicens has possessiones ex praecepto principali partim distractas, partim veteranis in praemia adsignatas: quaero, an hujus rei periculum ad venditorem pertinere possit? Paulus respondit: futuros casus evictionis post contractam emptionem ad venditorem non pertinere et ideo secundum ea quae proponuntur pretium praediorum peti posse. l. 1 C. de periculo et commodo 4, 48.

15) l. 34 § 2, l. 35, l. 63 § 1 D. h. t. 21, 2, l. 4, l. 5, l. 19 C. h. t. 8, 44. Heutzutage wird übrigens meist vereinbart, daß der Käufer bestimmte, auf dem er= kauften Grundstücke lastende Hypotheken auf den Kaufpreis zu übernehmen habe, während der Verkäufer die Liberation von etwaigen anderen nicht übernommenen Hypotheken verspricht. Dann hat natürlich der Käufer nur wegen der letzteren dem Verkäufer gegenüber Ansprüche. Und zwar kann er auf Befreiung klagen und ist nicht verbunden, eine Entwährung abzuwarten. Vgl. auch Seuff. Arch. Bd. 48 n. 252.

16) In l. 34 § 1 D. h. t. 21, 2 ist von einer Theilungsklage, in l. 39 pr., l. 66 § 1 D. eod. einer in integrum restitutio die Rede.

17) Wird der Besitzerwerb des Käufers durch possessorische Klage in Frage ge= stellt und unterliegt er hierbei, so ist er nicht evincirt; es ist ihm vielmehr noch nicht tradirt, l. 11 § 13 D. de a. e. v. 19, 1. Er hat daher auf Verschaffung des

Theilweise Eviktion giebt Anspruch auf verhältnißmäßigen Ersatz. Sie liegt in der Eviktion körperlicher oder ideeller Teile der Kaufsache, ferner indirekt in der Eviktion von Früchten oder anderen Erzeugnissen, welche die Kaufsache nach der Tradition eintrug, endlich auch in dem Erstreiten eines Nießbrauches.[18]

Dagegen gilt die siegreiche Geltendmachung von Grundgerechtigkeiten nicht als theilweise Eviktion.[19] Daher haftet der Verkäufer ihretwegen nur, wenn er die Freiheit von jeder Grundgerechtigkeit oder doch von Grundgerechtigkeiten der in Anspruch genommenen Art besonders versprochen oder wenn er die Gerechtigkeit dolos verschwiegen hat.[20]

Auf Reallasten läßt sich dies nicht anwenden. Vielmehr steht der Verkäufer zwar für Lasten nicht ein, die nach der Ortsgewohnheit die Gegenstände der bezüglichen Art regelmäßig beschweren, wohl aber für nicht ortsübliche, welche er dem Käufer nicht anzeigte und die diesem unbekannt geblieben waren.[21]

d) Der Verkäufer ist nicht regreßpflichtig, wenn der Käufer das bessere Recht des Evincenten zur Zeit des Kaufes kannte.[22]

Ebensowenig, wenn er „frei von Verbindlichkeiten" verkaufte oder wenigstens die Haftung wegen Eviktion ablehnte. Nicht einmal die

Besitzes und nur eventuell auf Leistung des Interesses zu klagen. Vgl. freilich auch l. 38 § 3 D. de V. O. 45, 1.

18) l. 66 pr. D. de e. e. 18, 1, l. 15 § 1, l. 39 § 5 D. h. t. 21, 2.

19) Dies ist herrschende Ansicht, sie stützt sich auf l. 59 D. de contr. empt. 18, 1. Celsus libro 8 Digestorum: Cum venderes fundum, non dixisti „ita ut optimus maximusque": verum est, quod Quinto Mucio placebat, non liberum, sed qualis esset, fundum praestari oportere: idem et in urbanis praediis dicendum est. Ebenso erklärt l. 75 D. h. t. 21, 2, daß der Verkäufer wegen Grundgerechtigkeiten nur in Anspruch genommen werden könne, wenn er das Grundstück als „optimus maximus", d. h. frei von belastenden Servituten tradirt habe. Die dagegen angeführten l. 61 D. de aedilicio edicto 21, 1 und l. 15 § 1 D. h. t. 21, 2 bestimmen nur, was der Verkäufer zu leisten hat, wenn der Käufer einen Eviktionsanspruch wegen Grundgerechtigkeiten hat, erklären sich aber nicht darüber, wann ein solcher geltend gemacht werden kann. So Windscheid Bd. 2 § 391 Anm. 28. Die Neueren sind fast sämmtlich der hier vertretenen Ansicht: Müller S. 185, Bangerow Bd. 3 § 610, Bekker S. 268 und die Lehrbücher. Ebenso R.G. Bd. 4 S. 194, Bd. 7 S. 174, jurist. Wochenschr. 1892 S. 319. Dagegen ist Neustetel in seinen und Zimmerns Untersuchungen S. 216.

20) Nichtanzeige der dem Verkäufer bekannten Grundgerechtigkeiten ist nicht unter allen Umständen Dolus — R.G. Bd. 7 S. 174, Seuff. A. Bd. 48 n. 83 —, wohl aber, wenn der Verkäufer weiß, daß sie den Zwecken, zu welchen der Käufer kaufte, z. B. der Verwerthung der Kaufsache zu einem Bauplatze, entgegenstehen.

21) Wegen der Lasten vgl. l. 9 C. de a. e. v. 4, 49 und l. 21 § 1, l. 41 D. de a. e. v. 19, 1, die freilich ein sicheres Resultat nicht ergiebt. Siehe namentlich Bekker a. a. O. S. 277. Wegen der Rückstände von Abgaben und Lasten steht der Verkäufer ein, wenn sie der Käufer nicht übernahm.

22) l. 27 C. h. t. 8, 44. Natürlich bezieht sich dies nicht auf Fälle, in welchen der Verkäufer die Beseitigung des Rechtes des Dritten versprochen hatte.

Rückgabe des gezahlten Kaufpreises liegt ihm dann im Eviktionsfalle
ob. Wußte er aber, daß er ohne Recht sei, und erschlich er den Verzicht auf Eviktion, so haftet er dem Käufer trotz desselben wegen seines
Dolus. [23]

2. Gegenstand des Anspruches des evincirten Käufers ist sein
Interesse.

Gemäß der allgemeinen Grundsätze ist dasselbe nach der Zeit des
Urtheiles über die Regreßklage zu bemessen. [24] Dabei ist der
Werth, den die Kaufsache für den Käufer hätte, zu schätzen. Der Kauf-
preis kommt nicht in Betracht. [25]

Ging die Sache durch mehrere Hände — von A. an B., von B.
an C. — und wird C. evincirt, so hat B. Regreß gegen A. wegen der
Eviktion seines Nachmanns und C. einen solchen gegen B. wegen der
eigenen Eviktion. Gegen A. hat C. einen unmittelbaren Anspruch
nicht; der Regreß ist kein springender. Aber B. ist verpflichtet, seinem
Nachmann C. seinen Anspruch gegen seinen Vormann A. zu cediren. [26]

3. Auf die Fälle der Eviktion blieb der Rückgriff des Käufers
gegen den Verkäufer nicht beschränkt.

Er kann sein Interesse vielmehr in allen Fällen fordern, in denen
er durch das mangelhafte Recht des Verkäufers Vermögensnachtheile
erlitt. So namentlich, wenn er den Eigenthümer beerbte, denn er hat
dann den Kaufpreis umsonst ausgegeben; nicht minder wenn ihm die
Sache vermacht oder geschenkt ist, [27] oder auch wenn er sie vom wahren
Eigenthümer, z. B. um dessen Ansprüche zu beseitigen, gekauft hat. [28]
Selbst dann ist ihm eine Klage auf Schadloshaltung nicht zu versagen,

23) l. 6 § 9 D. de a. e. v. 19, 1, l. 69 § 5 D. h. t. 21, 2, l. 11 § 18 D.
de a. e. v. 19, 1. Ueber die letzte Stelle siehe die bei Arndts § 303 Citirten.
Scharff, d. L. v. Gewährerlaß, Greifswald 1888.

24) l. 8 D. h. t. 21, 2, l. 25, l. 29 C. h. t. 8, 44. Maßgebend ist nicht, wie
Windscheid Bd. 2 § 391 Anm. 34 sagt, „die Zeit der Entwehrung". Verwendungen
sind zu ersetzen, l. 9, l. 16 C. h. t. 8, 44, soweit sie noch existiren, werthsteigernd
sind, und der Käufer ihren Ersatz vom Evincenten nicht erlangen konnte. l. 43,
l. 45 pr. § 1 D. de a. e. v. 19, 1. Ueber Kostenersatz siehe Bekker S. 310. Wird
ein Theil der Kaufsache evincirt, so ist natürlich nicht bloß dessen Werth zu schätzen,
sondern nicht minder um wie viel das dem Käufer Uebrigbleibende für diesen weniger
werth ist. In den Quellen finden sich besondere Regeln über Theilevinktionen im
Falle einer duplae stipulatio. So namentlich in der l. 64 D. h. t. 21, 2, vgl.
über diese Stelle Brinz Bd. 2 S. 738. Die bezüglichen Entscheidungen haben keine
praktische Bedeutung mehr.

25) l. 70 D. h. t. 21, 2, l. 66 § 3 D. eod. Das Interesse kann — bei Sinken
des Werthes der Kaufsache — niedriger als der Kaufpreis sein.

26) l. 61, l. 39 § 1, l. 71 D. h. t. 21, 2.

27) l. 41 pr. § 1 D. h. t. 21, 2, l. 13 § 15 D. de a. e. v. 19, 1. Paul. II
17 § 8.

28) l. 29 pr. D. h. t. 21, 2.

wenn er nachträglich erfährt, daß die Kaufsache einem Dritten gehört, so daß er die Stellung eines gutgläubigen Besitzers verliert.²⁹ ³⁰ Natürlich muß aber in derartigen Fällen der Käufer dem Verkäufer gegenüber den Beweis führen, daß der Dritte ein besseres Recht an der Sache hatte, als der Verkäufer.

4. Der Rückgriff besteht nicht bloß beim Kaufe, sondern auch beim Tausche, der Theilung, dem Vergleiche, überhaupt in allen Fällen entgeltlicher Veräußerung.³¹

### § 100. Haftung für Zusagen und Mängel.¹

Nach allgemeinen Rechtsgrundsätzen ist der Verkäufer dem Käufer zur Leistung des Interesses einmal dann verbunden, wenn er Eigenschaften der Kaufsache versprach, die ihr fehlen, ferner dann, wenn er beim Kaufabschlusse Mängel derselben kannte und diese schuldhafter Weise verschwieg.² ³

---

29) Dies ist im Wesentlichen der Standpunkt von Eck, die Verpflichtung zur Gewährung des Eigenthumes 1874. Die Römer hielten allerdings principiell an dem Satze fest, den Africanus libro 8 quaestionum l. 30 § 1 D. de a. e. v. 19, 1 formulirt: „venditorem hactenus teneri, ut rem emptori habere liceat, non etiam ut ejus faciat". Allein wie Eck a. a. O. S. 25 nachgewiesen hat, sind die römischen Juristen in zahlreichen Entscheidungen über jenen Satz hinausgegangen. Insbesondere haftet der Verkäufer in Folge seines Dolus, wenn er wissentlich dem Käufer eine fremde Sache verkauft hat, wegen dessen Interesse an Gewährung des Eigenthumes, l. 30 § 1, l. 45 § 1 D. de a. e. v. 19, 1. Jene einzelnen Entscheidungen haben die Römer noch nicht auf ein Princip zurückgeführt. Man wird aber ihren Tendenzen und jedenfalls den Auffassungen des heutigen Lebens gerecht, wenn man mit Eck dem Käufer stets ein Klagerecht gegen den Verkäufer giebt, falls durch Nichtverschaffung des Eigenthumes sein Interesse verletzt wurde.

30) Ist die der Eviktion unterworfene Sache vor der Eviktion durch Zufall untergegangen, so kann der Käufer nichts von dem Verkäufer fordern, dieser ist denn wegen Dolus verantwortlich. l. 21 pr. D. h. t. 21, 2. l. 26 C. h. t. 8, 44. Dies wird man auch heute festhalten können, falls dem Käufer noch kein Schaden erwachsen war, als die Sache unterging.

31) Bei solchen Verträgen, welche keinen streng geschäftlichen Charakter haben, z. B. gelegentlichem Tausch, wird jedoch oft eine Verpflichtung zur Leistung des vollen Interesses wegen Entwährung außerhalb der Vertragsintention liegen und um deswillen nicht anzunehmen sein. Vgl. Bernhöft in Bekker und Fischer, Beiträge z. E. d. b. G.B. Heft 12 S. 10.

1) Tit. Dig. de aedilicio edicto et redhibitione et quanti minoris 21, 1, Cod. de aediliciis actionibus 4, 58. Neustetel in seinen und Zimmerns Untersuchungen n. 9, Unterholzner im Archiv für civ. Praxis Bd. 6 n. 3, Hermann Keller in Sells Jahrbüchern Bd. 3 S. 86, Bechmann, Kauf Bd. 1 S. 391, Hanausek, die Haftung des Verkäufers für die Beschaffenheit der Waare 1883—1887.

2) Dies galt bereits zur Zeit Ciceros im Grundstücksverkehr: de officiis III cap. 16 § 65. Vgl. über das ältere Recht Bechmann Bd. 1 S. 192 ff.

3) Schon hier sei folgender maßgebende Ausspruch angeführt: l. 13 pr. D. de act. e. v. 19, 1. Ulpianus libro 32 ad edictum: Julianus libro 15 inter eam, qui sciens quid aut ignorans vendidit, differentiam facit in condemnatione ex

Viel weiter geht das äbilicische Recht, d. h. die besonderen
Regeln, welche sich im Anschlusse an die Edikte der kurulischen Aedilen
entwickelten.

Die Aedilen hatten behufs ihrer Marktjurisdiktion zunächst besondere Edikte für Sklavenverkäufe, dann auch für Verkäufe von Spann-
vieh⁴ aufgestellt, und die Jurisprudenz der Kaiserzeit wendete deren
Normen auf alle Verkäufe an. ⁵

Hiernach richtet sich die Haftung des Verkäufers wegen Zusagen
und wegen verborgener Mängel. ⁶

a) Der Verkäufer steht nach Aedilenrecht nicht bloß wegen versprochener, sondern wegen aller bei der Verhandlung und ihrer Vorbereitung angegebenen Eigenschaften der Kaufsache ein — der dicta
wie der promissa, sofern der Käufer nicht die Unrichtigkeit der Angaben

---

empto: ait enim, qui pecus morbosum aut tignum vitiosum vendidit, si quidem
ignorans fecit, id tantum ex empto actione praestaturum, quanto minoris essem
empturus, si id ita esse sciissem: si vero sciens reticuit et emptorem decepit,
omnia detrimenta, quae ex ea emptione emptor traxerit, praestaturum ei: sive
igitur aedes vitio tigni corruerunt, aedium aestimationem, sive pecora contagione
morbosi pecoris perierunt, quod interfuit idonea venisse, erit praestandum.

4) l. 1 § 1 D. h. t. 21, 1 — Sklavenedikt —, l. 38 pr. D. eod. — Jumenten-
edikt von Bechmann a. a. O. genannt.

5) l. 1 pr., l. 63 D. h. t. 21, 1. l. 11 § 3 D. de a. e. v. 19, 1. Wlassak,
zur Geschichte der negotiorum gestio S. 169, Hanausek a. a. O. S. 55.

6) Zahlreiche Bestimmungen des Edikts hingen mit specifischen römischen Ver-
kehrsgewohnheiten zusammen und sind nicht recipirt. a) Der Verkäufer mußte dem
Käufer binnen 2 Monaten nach dem Verkauf die Abwesenheit von Mängeln ausdrücklich promittiren l. 28 D. h. t. 21, 1, l. 11 § 4 D. de a. e. v. 19, 1; vgl. auch
l. 62 D. h. t. Diese Garantiestipulation wegen Mängel pflegte mit der stipulatio
duplae wegen Eviktion verbunden zu sein, ging jedoch in der Regel nicht auf das
Doppelte, sondern auf das Interesse, vgl. l. 31 D. de eviot. 21, 2. Beispiele finden
sich bei Bruns fontes ed. VI p. 288, s. auch Hermes Bd. 19 S. 419. Für den
Fall der Nichtleistung der Garantiestipulation konnte der Käufer den Kauf mit einer
actio redhibitoria rückgängig machen. In Deutschland ist eine solche Klage ganz
unbekannt, Hanausek Bd. 1 S. 79. Windscheid freilich Bd. 2 § 394 n. 4 und Anm. 17
hält den Beweis „eines aufhebenden Gewohnheitsrechts nicht erbracht". b) Der
Käufer hatte binnen 2 Monaten eine redhibitorische Klage, wenn ihm mit dem verkauften Vieh dessen Aufputz — ornamenta — nicht geliefert wurde. l. 38 pr. § 11
D. h. t. 21, 1. Auch dies hält Windscheid Bd. 2 § 395 Anm. 5 für praktisch. Doch
erhält in Deutschland das zum Verkauf gestellte Vieh keinen Aufputz und derselbe
wäre, wenn es etwa aufgeputzt wäre, nicht mitverkauft. c) In mehreren Fällen
wurde der Verkäufer, welcher sich gegen das Edikt verfehlte, in das Doppelte verurtheilt. Es war dies namentlich der Fall, wenn man es bei der actio redhibitoria
trotz des Restitutionsbescheids des Richters zur Geldkondemnation kommen ließ; fügte
man sich dem arbitrium de restituendo, so hatte man weiter nichts zu leisten.
So ist l. 45 D. h. t. zu verstehen. Siehe Ed in den Festgaben für Beseler S. 187.
Windscheid Bd. 2 § 263 Anm. 15, § 394 Anm. 11 erachtet auch die Verurtheilung
des Verkäufers auf das Doppelte für gemeinrechtlich „wenn er seine Verbindlichkeiten bis zum Urtheil nicht erfüllt". Indessen wird Niemand einen solchen Klageantrag stellen, er würde der Abweisung und dem Spott nicht entgehen.

kannte.[7] Vage Anpreisungen aber, die im Verkehr allgemein nur als Redensarten gelten, sind rechtlich ohne Bedeutung.[8]

b) Der Verkäufer haftet ferner für nicht angezeigte Mängel der Waare, d. h. solche Abweichungen von ihrer gewöhnlichen Beschaffenheit, welche ihre Brauchbarkeit oder Verkäuflichkeit beeinträchtigen.[9][10] Wegen sichtbarer Mängel hat der Käufer aber keine Ansprüche, wenn die Waare beim Verkaufe gegenwärtig war, oder wenn er sie vorher besehen hatte.[11]

Die ädilicischen Ansprüche sind nicht davon abhängig, daß der Verkäufer die Mängel kannte oder kennen konnte.[12] Sie treten z. B. auch ein, wenn das verkaufte Vieh zur Zeit des Kaufschlusses krank, die Krankheit aber noch nicht erkennbar war.

Aber sie führen auch nur zur Aufhebung des Geschäftes oder Preisminderung und keineswegs zum Ersatze des vollen Interesses des Käufers,

7) l. 19 § 2 D. h. t. 21, 1, l. 17 § 20, l. 18 D. eod., vgl. Bechmann a. a. O. S. 408. Angaben des Verkäufers über den Flächeninhalt des verkauften Grundstückes sind in der Regel als Zusicherung einer Eigenschaft aufzufassen. Vgl. l. 2 pr., l. 4 § 1, l. 6 pr., l. 13 § 14, l. 22, l. 42 D. de a. e. v. 19, 1, l. 65 § 6 D. de evict. 21, 2. Jedoch können sie auch bloß zu allgemeiner Orientierung dienen, ohne daß sie verpflichtend sein sollen. In welchem Sinne die Angaben gemacht sind, ergiebt sich namentlich aus der Ortsgewohnheit.

8) l. 19 pr. D. h. t. 21, 1. Ulpianus libro 1 ad edictum aedilium curulium: Sciendum tamen est quaedam et si dixerit praestare eum non debere. scilicet ea, quae ad nudam laudem servi pertinent: veluti si dixerit frugi probam dicto audientem. ut enim Pedius scribit, multum interest, commendandi servi causa quid dixerit, an vero praestaturum se promiserit quod dixit. l. 19 § 3 D. eod. Hanausek a. a. O. Bd. 1 S. 76 Anm. 4.

9) Nur vom Mangel der Brauchbarkeit spricht l. 1 § 8 D. h. t. 21, 1. Ulpianus libro 1 ad edictum aedilium curulium: Proinde si quid tale fuerit vitii sive morbi quod usum ministeriumque hominis impediat, id dabit redhibitioni locum, dummodo meminerimus non utique quodlibet quam levissimum efficere, ut morbosus vitiosusve habeatur. Es ist gleichwohl anzunehmen, daß auch, abgesehen vom Handelsrecht und dem Art. 335 des H.G.B., ein Mangel der Waare nicht minder darin liegt, daß ihre „Handelbarkeit" beeinträchtigt ist. Vgl. jedoch Hanausek a. a. O. Bd. 1 S. 69.

10) Windscheid Voraussetzung n. 73, Pand. Bd. 2 § 395 sucht die aedilicischen Klagen auf den Gedanken der „Voraussetzung" zurückzuführen. Demgemäß ließ der Entwurf des b. G.B. v. 1888 den Verkäufer für Mängel haften, welche den „nach dem Vertrag vorausgesetzten Gebrauch" beeinträchtigen. Hiergegen erklärt sich Crome, Archiv für civ. Praxis Bd. 78 n. 4. Ein solcher Satz ist in der That nicht zweckmäßig. Der redselige Käufer kauft ein Reitpferd und erklärt dabei, er wolle es auch als Kutschpferd einspannen. Kann er es zurückgeben, wenn es sich hierzu nicht gewöhnen will, obgleich es im Uebrigen fehlerlos ist? Der Verkäufer genügt seiner Pflicht, wenn die Waare objektiv gut ist und wenn sich seine Zusagen bewahrheiten. Was der Käufer sonst erwartet und voraussetzt, geht ihn nichts an. So jedenfalls nach gemeinem Recht.

11) l. 14 § 10 in fine D. h. t. 21, 1. Ulpianus libro 1 ad edictum aedilium curulium ... ad eos enim morbos vitiaque pertinere edictum aedilium probandum est, quae quis ignoravit vel ignorare potuit. l. 1 § 6 D. eod.

12) l. 1 § 2 D. h. t. 21, 1.

z. B. des Schadens der Ansteckung seines Stallviehes durch das gekaufte Stück.[13]

Es handelt sich also um eine Art von Vermittelung der Prätentionen beider Theile.[14]

### § 101. Die ädilicischen Klagen im Einzelnen.

Der Käufer hat nach ädilicischem Rechte wegen falscher Angaben und verborgener Mängel nach seiner Wahl entweder die actio redhibitoria oder die actio quanti minoris.

1. Die actio redhibitoria — Wandelungsklage — bezweckt **Aufhebung des Geschäftes** zwischen Käufer und Verkäufer.[1]

a) Sie betreibt insbesondere Rückgabe des gezahlten Kaufpreises,[2] ferner Erstattung landesüblicher Zinsen desselben von dem Momente seiner Zahlung.[3]

b) In der Regel hat der Käufer dagegen die Kaufsache mit ihrem Zubehör, sowie deren Früchte und alles was sie sonst abwarf, zurück-

---

13) Vgl. die oben Anm. 3 abgedruckte l. 13 pr. D. de a. e. v. 19, 1.

14) Haftet der Verkäufer, welcher gutgläubig eine Eigenschaft der Kaufsache als vorhanden oder einen Mangel als nicht vorhanden bezeichnet hat, ohne doch ein besonderes Garantieversprechen geleistet zu haben, dem Käufer im Falle der Unrichtigkeit seiner Angaben auf das volle Interesse? So meint Hanausek a. a. O. S. 48 ff. und wohl auch Windscheid Bd. 2 § 395 Anm. 8. Diese Ansicht steht aber mit den Grundsätzen, die Julian in der l. 13 pr. D. de a. e. v. 19, 1 — oben Anm. 3 — entwickelt, in Widerspruch. Sie wäre hart und auch folgewidrig. Wird ein Stück Vieh verkauft, welches anscheinend gesund ist, das aber, ohne daß es der Verkäufer wissen konnte, bereits von einer Krankheit inficirt war, so giebt man zu, daß der Verkäufer an sich nicht für Schaden durch die Ansteckung seines Viehstandes haften muß. Soll sich dies ändern, wenn der Verkäufer unbefangen, aber auch ohne ausdrücklich eine Garantie zu übernehmen, bemerkt hat: das zum Verkauf ausgebotene Thier sei vollkommen gesund? Dagegen spricht sich auch die l. 45 D. de c. e. 18, 1 aus, siehe Pernice, Labeo Bd. 2 S. 324. Das ist freilich zuzugestehen, daß die l. 6 § 4 D. de a. e. v. 19, 1 und die l. 21 § 2 D. eod. mit der Distinktion Julians nicht recht stimmen, so daß anzunehmen ist, sie haben dieselbe nicht anerkannt oder sie haben einen unentschuldbaren Irrthum des Verkäufers vorausgesetzt, welcher bei den von ihnen besprochenen Beispielen thatsächlich sehr nahe lag. Einverstanden ist Crome a. a. O. S. 140.

1) l. 23 § 7 D. h. t. 21, 1. Julianus ait judicium redhibitoriae actionis utrumque, id est venditorem et emptorem quodammodo in integrum restituere debere l. 23 § 1, l. 60 D. eod. Aber freilich werden keineswegs alle auch entfernte Folgen des Verkaufes beseitigt, vielmehr hat man sich innerhalb gewisser Grenzen gehalten, wie dies dem Grundgedanken einer Vermittelung zwischen den Ansprüchen entsprach, l. 17 § 2 D. de furtis 47, 2. Daß es sich nur um persönliche Ansprüche handelt und keineswegs um dingliche gegen Dritte, ist selbstverständlich.

2) l. 27 D. h. t. 21, 1. Ist der Kaufpreis noch nicht gezahlt, so ist der Käufer von seiner Schuld zu liberiren, „sive ipsi venditori obligatus est, sive etiam alii". l. 29 § 1 D. h. t. 21, 1.

3) l. 29 § 2 D. h. t. 21, 1, vgl. l. 27 § 1 D. de min. 4, 4 und oben § 30 Anm. 1.

zuerstatten,[4] ebenso auch die Werthverminderung zu ersetzen, welche die Sache durch seine oder seiner Leute Schuld erlitt.[5]

Dies ist Bedingung der Durchführung seines Anspruches. Jedoch kann er trotz Rückempfangs des Kaufpreises die Kaufsache so lange zurückhalten, bis ihm auch die Auslagen ersetzt sind, die er auf sie machte.[6]

Steht der Käufer von der Redhibition nachträglich ab, so kann sie der Verkäufer nicht seinerseits betreiben, selbst wenn auf sie durch rechts=kräftiges Urtheil erkannt wäre.[7] Denn die Redhibition ist Recht und keineswegs Pflicht des Käufers.

c) Zufälle, welche der verkauften Sache beim Käufer zustoßen, sind Schaden des Verkäufers. Dieser hat daher den Preis selbst dann zurück=zuerstatten, wenn er wegen zufälligen Unterganges der Kaufsache nichts dagegen erhält. Dem gaben die Römer den bizarren Ausdruck „mortuus redhibetur" — der todte Sklave wird zurückgegeben, d. h. nichts.[8][9]

d) Miterben des Käufers müssen sich sämmtlich über die Redhibition

---

4) l. 23 § 9, l. 24, l. 31 §§ 2—4, l. 33 D. h. t. 21, 1.

5) l. 31 §§ 11 und 12 D. h. t. 21, 1. Das Edikt sprach nur von dem Schaden, welcher „opera familiae procuratorisve ejus" entstand, also durch deren Thätigkeit — Hanausek a. a. O. S. 144 —, aber die Interpretation der Juristen erklärte dies als verschuldeten Schaden; l. 48 pr. D. h. t. 21, 1.

6) l. 29 § 3. l. 30 § 1 D. h. t. 21, 1. Laufende Auslagen kompensiren sich mit dem Gebrauche. Fütterungskosten sind daher dem Käufer nicht zu erstatten, wenn er von dem gekauften Thiere Gebrauch machen konnte. R.O.H.G. Bd. 3 S. 100. — Windscheid Bd. 2 § 394 Anm. 8 und Hanausek wollen dem Käufer wegen Auslagen auf die Sache nur Ansprüche zugestehen, „wenn sie auch der Verkäufer gemacht haben würde". Aber was geht den Käufer weiter der Verkäufer an! Man denke, der Käufer hat Jungvieh zum Mästen gekauft. Sind dem Käufer die Kosten der Mästung nicht zu ersetzen, weil sie der Verkäufer nicht aufgewendet hätte? Das wäre wunderbar. Es läßt sich dies auch nicht aus l. 27 D. h. t. rechtfertigen, denn was „emptionis causa erogatum est", sind Ausgaben beim und behufs des Abschlusses des Kaufes, aber keineswegs Verwendungen auf die Kaufsache.

7) l. 29 pr. D. h. t. 21, 1, vgl. l. 25 § 10, l. 26 D. h. t. 21, 1.

8) l. 31 § 11, l. 38 § 3 D. h. t. 21, 1. Nicht einmal verschuldete Zerstörung der Waare nimmt dem Käufer den Redhibitionsanspruch. Seine Schuld verbindet ihn nur, sich die Werthminderung der mangelhaften, zerstörten Waare vom Kauf=preise abziehen zu lassen. Siehe Eck in der Anm. 9 citirten Abhandlung.

9) Bestritten ist, ob der Käufer durch die Veräußerung der Kaufsache oder deren Specifikation des Redhibitionsrechtes verlustig gehe. Dies hat das R.O.H.G., vgl. insbesondere Bd. 11 S. 202, bejaht. Dagegen hat sich neuerdings Eck in den Fest=gaben für Beseler S. 161 erklärt, wo auch die Litteratur der Frage zusammengestellt ist. Mit Recht führt Eck aus, daß, wenn der Käufer in Unkenntniß des Mangels veräußert hat, sein Redhibitionsrechtsanspruch nicht verwirkt sein kann, daß er ihn vielmehr immer noch geltend machen kann, sofern er etwa die Sache selbst zurück=erwirbt oder zur Anrechnung ihres Sachwerthes auf den von ihm zurückgeforderten Preis bereit ist. Nur dann, wenn er in Kenntniß des Mangels ohne zwingende Gründe veräußerte und in Folge dessen die Sache nicht mehr in natura redhibiren kann, ist sein Anspruch auf Redhibition als ausgeschlossen anzusehen.

einigen, wenn sie redhibitorisch klagen wollen.[10]   Von den Miterben des Verkäufers kann aber jeder einzelne auf Redhibition belangt werden, so daß er den auf ihn entfallenden Theil des Kaufpreises gegen Ueberlassung des entsprechenden ideellen Theiles der Kaufsache zurückzugeben hat.[11]

e) Wurden mehrere Objekte zusammen verkauft und ist eines mangelhaft, so erstreckt sich die Redhibition nothwendig auf alle, wenn sie im Sinne des Verkehres oder nach besonderer Erklärung beim Geschäftschlusse als Einheit gekauft wurden.[12]   Die Einheit des Preises ist für diese Absicht nicht entscheidend.[13]

f) Die redhibitorische Klage verjährt in 6 Monaten vom Verkauf an, aber utiliter berechnet. Nichtkenntniß des Käufers vom Fehler hindert daher den Beginn der Verjährung, es sei denn, daß sie auf grober Nachlässigkeit beruht.[14]

g) Beim Kauf geringwerthiger Sachen besteht kein Redhibitionsrecht.[15]

2. Der Käufer hat ferner die **Minderungsklage** — actio quanti minoris — behufs Kürzung des Kaufpreises um den Betrag, welchen die Kaufsache wegen des Mangels weniger werth ist,[16][17] als angenommen wurde.

---

10) l. 31 §§ 5—7 D. h. t. 21, 1.

11) l. 31 § 10 D. h. t. 21, 1, vgl. Hanausek a. a. O. S. 149.

12) l. 35 D. h. t. 21, 1.

13) Die ältere römische Jurisprudenz nahm ohne weiteres Zusammengehörigkeit der Kaufobjekte bei Einheit des Preises — unitas pretii — an. So noch Afrikanus in der l. 34 pr. D. h. t. und Pomponius in der l. 64 pr. § 1 D. eod. auf Grund der Autorität des Labeo. Die spätere klassische Jurisprudenz, und zwar vor allem Ulpian in der l. 38 § 14, l. 59 § 1 D. h. t. 21, 1, legte auf die Einheit des Preises mit Recht ein entscheidendes Gewicht nicht mehr. Anders Fick im Archiv für Wechselrecht Bd. 8 § 129. Er nimmt an, die Einheit des Preises gebe dem Käufer das Recht der Wahl zwischen der Redhibition des einzelnen fehlerhaften Stückes und der Rückgabe des ganzen Assortimentes.

14) l. 19 § 6, l. 55 D. h. t. 21, 1. R.G. Bd. 21 S. 162. Vgl. übrigens Bruns und Sachau, syrisch-römisches Rechtsbuch S. 206.

15) l. 48 § 8 D. h. t. 21, 1. Pomponius libro 23 ad Sabinum: Simplariarum venditionum causa ne sit redhibitio, in usu est. Simplariae waren Verkäufe, bei denen eine stipulatio duplae wegen Eviktion nicht gefordert werden konnte, und dies waren nach l. 37 § 1 D. de evict. 21, 2 solche über geringfügige Objekte. Vgl. Bruns a. a. O. S. 207.

16) Ueber die Berechnung bei der Minderungsklage geben die Quellen keine nähere Bestimmung, daher gehen die Ansichten sehr auseinander, vgl. Hellweg im Archiv für civ. Praxis Bd. 59 n. 2, Hanausek a. a. O. Bd. 1 S. 128. Die einfachste Weise ist, den Werth der Sache, wie er sich nach Aufdeckung des Fehlers stellt, zu schätzen und den Kaufpreis um so weit zu mindern, als er diesen Betrag übersteigt. Mit dieser Berechnung wird man sich auch in der Praxis stets begnügen, wenn keine andere gefordert wird. Sie trifft zu, wenn die Sache um den Marktpreis

a) Wegen verschiedener Mängel kann mehrmals auf Minderung geklagt werden.[18]

b) Die Minderungsklage hat den Erfolg ¡der redhibitoria, wenn die Kaufsache ganz werthlos ist. Denn der Preis mindert sich dann auf Null und ist also ganz zurückzugeben, dagegen aber auch die Sache.[19]

c) Die Minderungsklage verjährt in einem Jahre. Die Verjährung beginnt, wie die der a. redhibitoria.[20]

d) Zwischen der a. redhibitoria und der quanti minoris hat der Käufer die Wahl.

Die Erhebung der redhibitorischen Klage nimmt nicht das Recht, auf Preisminderung statt Redhibition zu klagen. Dagegen kann, wer einmal auf Preisminderung geklagt hat, nicht mehr wegen desselben Fehlers auf Aufhebung des Geschäfts klagen, da er sich für dessen Festhalten durch die Preisminderungsklage entschieden hat.[21]

3. Die ädilicischen Rechtsnormen finden auch bei Genuskäufen Anwendung, wenn Waare der versprochenen Art geliefert ist, aber sich als mangelhaft ergiebt.[22][23]

---

gekauft war, was ja der häufigste Fall ist. Aber grundsätzlich richtig ist die s. g. absolute Methode nicht. Hat Jemand z. B. zur Erweiterung seiner Wirthschaft das Nachbarhaus, welches 10,000 werth schien, für 20,000 gekauft, weil es der Nachbar sonst nicht verkauft hätte und nur durch den besonders hohen Preis zum Verkaufe bewogen wurde, und findet sich hinterher Schwamm im Hause, wonach es an sich nur 8000 werth ist, so kann nun der Käufer unmöglich Reduzirung des Kaufpreises auf 8000 fordern, wodurch dem Verkäufer für den Mangel, der 2000 betrug, 12,000 abgezogen würden. Vielmehr muß nothwendig der Kaufpreis bei der Abminderung zu Grunde gelegt werden. Er ist in dem Verhältniß zu mindern, welches dem Werthe der Sache, wie sie wirklich ist zu dem, wie sie beim Verkauf gedacht war, entspricht.

Es wäre also als Gleichung anzusetzen $\frac{8000}{10,000} = \frac{x}{20,000}$; $x = 16,000$.

17) Der Anspruch auf Preisminderung wird nicht, wie Viele annehmen, dadurch berührt, daß der Käufer die Sache zu dem Betrag des Kaufpreises oder höher veräußerte. Dies kann den erworbenen Anspruch auf Preisminderung nicht aufheben. R.G. Bd. 17 S. 65.

18) l. 31 § 16 D. h. t. 21, 1.

19) l. 43 § 6 D. h. t. 21, 1.

20) l. 19 § 6, l. 38 pr., l. 48 § 2 D. h. t. 21, 1. R.G. Bd. 21 S. 162, oben Anm. 14.

21) l. 25 § 1 D. de exceptione rei jud. 44, 2 ist auf das heutige Recht gegenüber der C.P.O. § 293 nicht mehr anwendbar.

22) Die Anwendbarkeit der ädilicischen Klagen auf den Genuskauf ist sehr bestritten. Gegen dieselbe ist vorzugsweise Thöl, Handelsrecht Bd. 1 § 275 Anm. 17, wie auch Windscheid Bd. 2 § 394 n. 5. Gewiß hat Thöl darin Recht, daß der Titel der Pandekten de aedilicio edicto nur an einen Specieskauf denkt, denn die Römer kannten den Genuskauf nicht. Die Frage ist aber, ob, nachdem sich gemeinrechtlich der Genuskauf eingebürgert hat, das ädilicische Recht auf ihn anzuwenden ist. Dagegen wendet man nun ein, es sei stets als stillschweigend vereinbart anzusehen, daß das zu Liefernde fehlerlos geliefert werden müsse, sei also Fehlerhaftes geliefert, so sei trotz der Annahme des Käufers, vorausgesetzt, daß sie nicht in Kennt-

4. Bezüglich der Distancesendungen bei Handelsgeschäften bestimmt das H.G.B. zu Gunsten des Verkäufers: [24]

a) Der Käufer hat die Waare o h n e  V e r z u g nach der Ablieferung zu u n t e r s u c h e n und, wenn sie nicht vertragsmäßig oder gesetzmäßig ist, sofort eine Anzeige an den Verkäufer a b z u s e n d e n, widrigenfalls die Waare als genehmigt gilt.

b) Die Geltendmachung der Mängel durch Klage oder Einrede ist an die Zeit von 6 Monaten von der Ablieferung der Waare an gebunden. Die Einrede erhält sich jedoch durch A n z e i g e an den Verkäufer innerhalb der Frist.

Diese Beschränkungen treten im Falle des Betrugs des Verkäufers nicht ein.

### § 102. Aufhebung der Kaufgeschäfte.

1. Aufhebung der Kaufgeschäfte, d. h. Beseitigung ihrer Wirkungen, kann jederzeit durch die Kontrahenten vereinbart werden.[1]

2. Durch den Kaufschluß kann eine Partei der Art verletzt sein, daß sie vom Geschäft einseitig abstehen und dessen endgültige Rescission durch den Richter fordern kann. Hierzu berechtigen Zwang, Be-

niß der Fehlerhaftigkeit geschah, noch nicht erfüllt, und der Käufer könne daher anderweite Lieferung und sein Interesse verlangen. Doch dies ist nur richtig, wenn etwas „Anderes", als vereinbart war, geliefert wurde, wie etwa in dem R.G. Bd. 4 S. 195 entschiedenen Falle angenommen werden konnte. Ist dagegen ein dem versprochenen nach Gattung und Art entsprechendes Objekt geliefert und angenommen, so ist erfüllt, nur mangelhaft erfüllt. Daß jeder Fehler der Waare die Sache zu einer anderen, als versprochen war, macht, geht zu weit und ist nicht bewiesen. Vgl. namentlich Goldschmidt, Zeitschrift für Handelsrecht Bd. 19 S. 98, Hanausek Bd. 1 S. 113, R.O.H.G. Bd. 5 S. 399. Nach R.G. Bd. 6 S. 189 hat der Käufer, nachdem ihm die mangelhafte Waare geliefert ist, die nämlichen Rechte, wie sie ihm im Falle des Specieskaufes zustünden. So auch R.G. Bd. 12 S. 84, Seuff. A. Bd. 48 n. 84 (O.L.G. Braunschw.). Vgl. auch Bözow, Sind nach gemeinem Recht die ädilicischen Rechtsmittel auch bei einem Genußkaufe zulässig? Greifsw. Jnaug.diss. 1891.

23) Auch bei anderen entgeltlichen Veräußerungsverträgen kann analoge Anwendung eintreten, siehe aber unten § 108 Anm. 5.

24) H.G.B. Art. 347, 349 und 350. Siehe oben Bd. 2 § 95 Anm. 2.

1) Nach römischem Rechte konnten Konsensualkontrakte durch Willensübereinstimmung der beiden Parteien — contrarius consensus — nur aufgehoben werden, wenn noch von keiner Seite geleistet oder das bereits Geleistete zurückgegeben war. l. 5 § 1 D. de rescindenda vend. 18, 5, l. 2, l. 3, l. 5 pr. D. eod., l. 2 C. quando liceat 4, 45. Dies hing mit der Klaglosigkeit der Verträge zusammen; denn aus dem aufhebenden Vertrage entsprang keine Klage auf Rückforderung des Geleisteten; daher war die Aufhebung des Geschäftes in solcher Weise nicht herzustellen. Für das heutige Recht gilt dies nicht mehr. Wird, nachdem von einer oder von beiden Seiten erfüllt war, die Aufhebung des Geschäftes vereinbart, so entspringt aus dem Vertrage selbstverständlich die Klage auf Rückgabe des Geleisteten. Vgl. Bechmann, Kauf Bd. 2 S. 469 ff.

trug,[2] Mängel der Kaufsache,[3] endlich Verletzung über die Hälfte — laesio enormis.

Durch Verordnung des Kaisers Diokletian erhielt nämlich der Verkäufer, welcher nicht einmal die Hälfte des gemeinen Werthes der Kaufsache erzielt hatte, das Recht auf Rescission des Verkaufs, so daß aber der Käufer das Geschäft bis zur Rechtskraft des rescindirenden Erkenntnisses durch Angebot des vollen gemeinen Werthes der Kaufsache erhalten konnte.[4] Diokletian dachte dabei an Verkäufe aus Noth, welche gegen Schleuderpreise geschehen waren.[5] Seit dem Mittelalter aber setzte man den Grund seines Gesetzes in vermuthetem Dolus des Käufers oder wenigstens Irrthum des Verkäufers.[6] Hieraus schloß man, daß auch dem Käufer, welcher mehr als das Doppelte des Werthes der Kaufsache[7] versprochen hatte, die Vermuthung und Anfechtung zu Gute kommen müsse. Man nahm das Gleiche auch bei anderen gegenseitigen Verträgen an, nach denen Leistungen ausgetauscht werden sollen. Dies wurde gemeine Gewohnheit.

Wer jedoch behufs einer Spekulation kauft, kann, wenn dieselbe fehlschlägt, sich nicht auf enorme Verletzung berufen.[8] Auch blieb in der Praxis stets zweifelhaft, ob in öffentlicher Versteigerung abgeschlossene Käufe wegen Verletzung über die Hälfte anfechtbar seien. Da sich hierfür eine feste Gewohnheit nicht bildete, so ist dies als unzulässig zu erachten.[9] Verzichte auf die Anfechtung sind rechtsverbind-

---

2) l. 1, l. 5 pr., l. 10 C. de resc. vend. 4, 44.

3) Vgl. § 101.

4) l. 2 C. de resc. vend. 4, 44. Imp. Diocletianus et Maximianus: Rem majoris pretii si tu vel pater tuus minoris pretii distraxit, humanum est, ut vel pretium te restituente emptoribus fundum venditum recipias auctoritate intercedente judicis, vel si emptor elegerit, quod deest justo pretio recipies. minus autem pretium esse videtur si nec dimidia pars veri pretii soluta sit a. 285, l. 8 C. eod. Vgl. Chambon, Beiträge zum Obligationenrecht 1851 S. 111 ff., Sandstein, laesio enormis. Inauguraldissert. Berlin 1887. — Das klassische römische Recht des Kaufes beruhte auf der Vertragsfreiheit, l. 22 § 3, l. 23 D. locati 19, 2, und unbegründet ist die Ansicht von Chambon, daß Diokletians Verordnung auf Principien des bisherigen Rechtes basire.

5) Hierfür spricht die Motivirung der Verordnung „humanum est". Es stimmt dies aber auch mit der wirthschaftlichen Politik Diokletians, welcher bekanntlich durch ein auf Inschriften erhaltenes Edikt das Maximum der Preise festzustellen suchte.

6) Beiträge zur Dogmengeschichte giebt Chambon a. a. O. S. 117.

7) Streitig ist, ob das Doppelte des „gemeinen Werthes" oder „das Interesse" zu Grunde zu legen ist. Das R.G. Bd. 10 S. 126 läßt die Frage offen.

8) R.G. Bd. 10 S. 126.

9) R.G. Bd. 6 S. 152.

lich, wenn sie nicht in der Nothlage oder veranlaßt durch Dolus oder Irrthum abgegeben sind. [10] [11]

3. Verzug des Verkäufers in der Lieferung der Waare, sowie des Käufers in deren Abnahme und in Zahlung des Kaufpreises giebt dem andern Theil gemäß der allgemeinen Grundsätze ein Rücktritts= recht, nur wenn es bedungen oder nach der besonderen Sachlage durch Billigkeit gerechtfertigt ist. [12] Bei Handelskäufen aber kann der Verkäufer ohne Weiteres vom Vertrage abgehen, wenn der Käufer mit der Zahlung des Preises in Verzug und die Waare noch nicht über= geben, nicht minder der Käufer, wenn der Verkäufer mit der Uebergabe der Waare in Verzug ist. [13]

Schadensersatz wegen des Verzugs kann daneben beansprucht werden.

## § 108. Tauschverträge. [1]

Einen andern wirthschaftlichen Charakter als der Kauf, d. h. Um= satz von Waaren gegen Geld, hat der Tausch, der Umsatz von Waaren gegen Waare. Denn der Kauf hat einen streng geschäftlichen Charakter; ist er doch das wichtigste und allgemeinste Verkehrsgeschäft; der Tausch ist mehr ein gelegentliches Vorkommen und hat häufig keinen streng geschäftlichen Charakter.

Demzufolge trennte die entwickelte römische Jurisprudenz — im Gegensatz zur älteren Lehre, welche die Sabinianer vertraten — scharf den Tausch vom Kauf. Daher wurde er auch nicht durch bloßen Konsens klagbar, bildete vielmehr einen bloßen Innominatkontrakt. [2] Nur wer seinerseits erfüllt hatte, konnte daher mit einer actio praescriptis verbis auf die eingetauschte Waare klagen. Es stand ihm auch frei, nach Wahl das von ihm Hingegebene mit einer condictio zurückzufordern.

In Folge der allgemeinen Klagbarkeit der Verträge ist dies anti= quirt. Man kann unmittelbar aus dem Tauschvertrage auf Erfüllung klagen, so daß aber dem Kläger, wenn er nicht geleistet hat, oder nicht zur Leistung bereit ist, exceptio non adimpleti contractus entgegensteht.

---

10) Meist erkennt man den Verzicht unbedingt als gültig an.

11) Handelsgeschäfte können wegen übermäßiger Verletzung nicht angefochten werden. H.G.B. Art. 286.

12) Vgl. oben § 41 Anm. 10, Regelsberger im Archiv für civ. Praxis Bd. 50 n. 2.

13) H.G.B. Art. 354—359.

1) Tit. Dig. de rerum permutatione 19, 4 Cod. 4, 64. Bernhöft in Bekker und Fischer, Beiträge z. E. e. d. G.B. Heft 12. — Damm de Seydewitz, de permutatione, Inauguraldissertation Hal. 1868.

2) l. 1 § 2 D. h. t. 19, 4. Vgl. oben Bd. 2 §§ 7 u. 8.

Rückgabe des in Tausch Gegebenen kann demnach nur unter Umständen verlangt werden, unter denen man auch von einem Verkaufe abstehen kann. [3]

Als weitere Folge ist anzusehen, daß mit Abschluß des Tausches jeden Theil die Gefahr der ihm zugesagten Sache trifft, daß ihm aber auch deren Nutzungen gebühren.

Beide Theile haben beim Tausch die Rechte und Pflichten von Verkäufern. Dies gilt namentlich für Eviktion, [4] für Zusagen und Mängel, [5] wie auch wegen Verletzung über die Hälfte.

Bereits die Römer erklärten beim Tauschvertrage jeden Theil dazu verbunden, den anderen zum Eigenthümer der Tauschsache zu machen. [6] Es lag hierin ein Unterschied vom Verkaufe; derzeit gilt das Gleiche auch beim Kaufvertrage. [7]

## II. Spiel und Wette.

### § 104. Spiel. [1]

Spiel ist die Vereinbarung von Gewinn und Verlust unter entgegengesetzten Bedingungen aus Spiellust, d. h. um durch Wagen Gewinn zu erhaschen und die Zeit zu vertreiben.

Das Spiel steht im Gegensatze zu ernsten, dem Leben und der bürgerlichen Gesellschaft nützlichen Beschäftigungen. Es ist unnütz, oft sogar verderblich; denn ungezügelte Spiellust untergräbt häufig das Wohl einzelner, ja ganzer Gesellschaftskreise.

Daher waren Spielgeschäfte um Geld oder Geldeswerth in Rom nichtig und wenigstens bis Justinian strafbar. [2] Sie begründeten keine Klage und das auf sie Gezahlte durfte zurückgefordert werden; erst in

3) Vgl. oben Bd. 2 § 8 Anm. 5.
4) Vgl. aber auch oben § 99 Anm. 31.
5) l. 2 D. h. t. 19, 4. Da aber beim Tausch ein „Preis" nicht besteht, kann auf „Preisminderung" nicht geklagt werden, sondern nur auf Redhibition und außerdem auf Schadensersatz, wenn dies im Falle eines Verkaufes zulässig gewesen wäre. Bernhöft a. a. O. S. 30.
6) l. 1 pr. D. h. t. 19, 4.
7) Siehe oben Bd. 2 § 99 Anm. 29.
1) Tit. Dig. de aleatoribus 11, 5 Cod. de alea lusu 3, 43 — durchaus auf Restitution beruhend; Wilda in der Zeitschrift für deutsches Recht Bd. 8 n. 8; Bruck über Spiel und Wette 1868; Krügelstein über den begrifflichen Unterschied von Spiel und Wette 1869; H. Schuster, das Spiel im deutschen Rechte 1878; Schönhardt Alea: über die Bestrafung des Glücksspieles im älteren römischen Rechte 1885.
2) l. 2 § 1 D. h. t.

50 Jahren verjährte diese Rückforderung.[3] Gewisse Kampfspiele jedoch galten als erlaubt, sogar als löblich. Daher waren Klagen aus ihnen zulässig, immerhin nur bis zu einem geringen Betrage.

Heutzutage belegt das Strafgesetzbuch unter gewissen Voraussetzungen das Spielen mit öffentlicher Strafe, namentlich gewerbemäßiges Glücksspiel.[4] Strafbare Spielgeschäfte sind als gegen die guten Sitten verstoßend nichtig, so daß auf sie Gezahltes zurückgefordert werden kann.

Aber auch nicht strafbare Spiele stehen außerhalb der Sphäre des Rechtes. Daher kann der Spielgewinn nicht durch K l a g e, auch nicht durch Kompensation zwangsweise beigebracht werden.[5] R ü c k f o r d e r u n g des Gezahlten ist jedoch unzulässig.[6]

Die Unklagbarkeit macht es nothwendig, das Spiel von anderen mehr oder minder ähnlichen Geschäften bestimmt abzugrenzen.

Dem Spiel steht besonders nahe die W e t t e. Viele meinen, dem Spiel sei wesentlich, daß die T h ä t i g k e i t der Spieler den Ausgang mit bestimme; andernfalls liege Wette vor. Dies ist aber unannehmbar. Denn Glücksspielen kommt oft ohne Thätigkeit der Spieler vor. Entscheidend ist vielmehr die Absicht des Spielens.[7]

Aber freilich muß dieselbe auch objektiv in den Bedingungen und Regeln über Gewinn und Verlust hervortreten. Es kann also nicht

---

3) l. 1 § 2 C. h. t. 3, 43.

4) Strafgesetzbuch §§ 284 u. 360 Ziff. 14.

5) Windscheid Bd. 2 § 419 betrachtet nicht bloß als erlaubt, sondern auch als k l a g b a r „Spiele zum Zwecke der geselligen Unterhaltung innerhalb der Grenzen derselben". Er stützt sich darauf, daß auch nach römischem Rechte gewisse Spiele, die übrigens derzeit nicht mehr bekannt sind, wie erlaubt so klagbar waren. Aber die Klagbarkeit dieser Spiele erklärt sich daraus, daß sie als löbliche und zu fördernde galten. Das einzig erlaubte Gesellschaftsspiel in Rom — quod in convivio vescendi causa ponitur — forderte „Setzen" und begründete schwerlich eine Klage, l. 4 pr. D. h. t. 11, 5. Gesellige Unterhaltung verlangt nicht die Klagbarkeit des Spieles. Dieselbe widerspricht auch der historischen Entwickelung seit dem Mittelalter. Stobbe, Pr.R. Bd. 3 § 194.

6) Dies nach deutschem Recht. Daß die Rückforderung im Falle des Betruges nicht ausgeschlossen ist, bedarf kaum der Hervorhebung. Auch eine Angabe an Zahlungsstatt kann nicht zurückgefordert werden. Aber gegenüber einem S c h u l d v e r s p r e c h e n, welches an die Stelle der Spielschuld trat, insbesondere einem Wechsel, steht die Einrede, daß der Grund Spiel ist, offen. Oben § 59.

7) Insbesondere vertheidigte Thöl — Handelsrecht Bd. 1 § 304 — den Satz: „Ohne Thätigkeit der Spieler kein Spiel." Ihm war es S p i e l, wenn die Kontrahenten wetteten, welche von zwei Schnecken, die sie neben einander auf einen Tisch setzten, zuerst das Ziel erreiche, aber W e t t e, wenn sie die Schnecken kriechend vorfanden und darüber wetteten, welche zuerst ankomme. So auch Stobbe, Pr.R. Bd. 3 § 193 I. Dagegen Wilda a. a. O. S. 208, Windscheid Bd. 2 § 419 Anm. 3 und R.G. in Strafsachen Bd. 7 S. 21. Das R.G. behandelt hiernach Betheiligung an dem bei Pferderennen eingerichteten s. g. Totalisator, bei welchem Einsätze auf die mitrennenden Pferde gemacht wurden, welche denen verfielen, die auf das siegende Pferd eingesetzt hatten, als Glücksspiel.

genügen, daß die Betheiligten subjektiv der Spielluft fröhnten, um ein Geschäft, das nach seinen Bestimmungen als ein ernstes erscheint, als Spiel in Frage zu stellen. Damit wäre die Sicherheit des Verkehres bedroht. Daher sind z. B. die Zeitkäufe der Börse klagbar. Obgleich sie dem Spiele möglicherweise, ja häufig, dienen, können sie auch eine ernste geschäftliche Bestimmung haben.[8][9]

Ohne Relevanz ist im gemeinen Recht die Kategorie der aleato= rischen oder gewagten Geschäfte. Dahin rechnet man unter anderem Wetten, Hoffnungskäufe,[10] selbst Versicherungsverträge. Ihnen ist mit dem Spiele gemeinsam ein Wagniß, da durchweg Existenz oder Umfang eines Anspruches von ungewissen Eventualitäten abhängig ge= macht wird, ohne daß dies auf die Gegenleistung einen Einfluß hat. Aber Spiele sind sie nicht, sofern sie ernste Zwecke verfolgen.

### § 105. Die Wette.

In Rom waren Spiele verboten, aber Wetten — sponsiones im besonderen Sinne — erlaubt und klagbar, und seit Alters sehr häufig. Gemeinrechtlich hat sich die Klagbarkeit der Wetten erhalten.[1]

Auch bei Wetten handelt es sich um Wagen und Gewinnen unter entgegengesetzten Bedingungen. Aber ihr Zweck ist nicht, zu spielen. Wetten geschehen vielmehr im Meinungskampfe zur Erhärtung des Ernstes der entgegengesetzten Behauptungen der Wet= tenden, wie auch zur Herbeiführung einer Entscheidung über dieselben.

Die Klagbarkeit der Wette kann einem berechtigten Bestreben entgegenkommen.[2] Aber was den Namen Wette führt, darf nicht in Wahrheit Spiel sein; sonst ist es nichtig.[3] Nichtig sind auch Wetten um Spiele.[4]

---

8) Dagegen sind Spielgeschäfte die „reinen Differenzgeschäfte", bei denen es nur auf Zahlung der Differenz des Kurses eines bestimmten Tages z. B. Ultimo des Monats und des Tages des Geschäftsschlusses abgesehen ist. Aus den Umständen kann sich ergeben, daß was Verkauf genannt ist, reines Differenzgeschäft sein sollte. Vgl. Dreyer im sächs. Arch. f. bürg. R. u. Proz. Bd. 2 S. 401, Wiener, d. Differenz= geschäft vom Standpunkt der jetzigen Rechtsprechung 1893. Simon, Klagbarkeit d. Differenzgeschäfte in Goldschmidts Ztschrft. Bd. 41 S. 455.

9) Aus Kreditgeschäften zur Erlangung der Mittel zum Spiel wird dem Kre= ditirenden, wenn er den Zweck kannte, die Klage versagt l. 2 § 1 D. quarum rerum actio 44, 5. Anderer Ansicht Windscheid Bd. 2 § 420 Anm. 7.

10) l. 8 § 1 D. de contr. empt. 18, 1 oben § 94 Anm. 14.

1) l. 17 § 5 D. de praescriptis verbis 19, 5, Stobbe, Pr.R. Bd. 3 § 193 Anm. 18.

2) In Rom ersetzten die sponsiones zum Theil unsere heutigen „Anerkennungs= klagen".

3) Vgl. oben § 104 Anm. 8.

Es ist ferner ein richterliches Moderationsrecht bei übertriebenen Wettsummen festzuhalten.[5] Denn solche arten in Spiel aus, und sind jedenfalls gegen die guten Sitten.[6]

### III. Schenkung. Vergleich.

#### § 106. Begriff der Schenkung.[1a]

Liberalitäten, d. h. freigebige Gewährung geldwerther Vortheile liegen in zahlreichen Geschäften z. B. unentgeltlicher Leihe, Uebernahme eines Depositums,[3] Vermächtnissen. Besonders ausgezeichnet ist aber die Schenkung — donatio — d. h. freigebige Vermögenszuwendung durch Vertrag.

Schenkungen sind keineswegs immer ethisch und wirthschaftlich ge-

---

4) l. 3 D. de aleatoribus 11, 5. Das litt bei den löblichen Kampfspielen in Rom eine Ausnahme, welche keineswegs auf heutige „erlaubte" Spiele zu übertragen ist.

5) Wetten à coup sûr, bei welchen der Wettende besondere sichere Quellen für die Richtigkeit seiner Behauptung hat, ohne dies dem Gegner, welcher sie nicht kennt, mitzutheilen, sind betrügerisch und als nichtig zu erachten. Viele Neuere sind zwar anderer Ansicht. Insbesondere nimmt Keller Pand. § 229 Dolus nur an, wenn bei einer nackten Thatsache das Nichtwissen vorgespiegelt wurde. Doch die Klagbarkeit zweideutiger Wetten zu begünstigen, dafür besteht wahrlich kein Grund.

6) So Thöl, Handelsrecht Bd. 1 § 305 S. 102; dagegen Stobbe Bd. 3 § 193 II n. 3 Anm. 24; Windscheid Bd. 2 § 420 Anm. 1.

1) Tit. Inst. de donationibus 2, 7, Dig. 39, 5, Cod. 8, 53. Meyerfeld, d. L. v. d. Schenkungen Bd. 1 1835 u. Bd. 2 Abth. 1 1837; Savigny, System Bd. 4 S. 1—297; Bekker, Pand. Bd. 2 §§ 102 ff.; Pernice, Labeo Bd. 3 S. 87. — Beachtenswerth ist auch Neaß, die Schenkung, in den Gutachten aus dem Anwaltstand über den Entw. e. b. G.B., Heft 3 S. 163.

2) Die Stellung der Schenkung im System ist eine unsichere. Die Institutionen Justinians ordnen sie den Erwerbsgründen des Eigenthums zu und stellen sie neben die usucapio; hierin folgten ihnen früher die Systematiker; nicht wenige Neuere bringen sie, wie hier geschieht, in das Obligationenrecht, weil sie aus ihr entspringenden Verpflichtungen besonders wichtig sind. Andere endlich, wie namentlich Puchta, Pand. § 53 und Savigny a. a. O. S. 3, reihen sie in den allgemeinen Theil ein, weil sie ein allgemeiner Charakter sei, welchen die verschiedensten Rechtsgeschäfte annehmen können, so daß die Schenkung kein „einzelnes Rechtsgeschäft" bilde. Die Schwierigkeit liegt in der Sache. Die römische wie die heutige Systematik klassificirt die Rechte nach ihrer juristischen Gestalt, also je nachdem es sich um Eigenthum, Servituten, Forderungsrechte u. s. w. handelt. Die Schenkung aber individualisirt sich nicht durch ihre juristische Gestalt, welche in der That die allerverschiedenste sein kann, sondern durch ihren besonderen — wirthschaftlichen — Zweck. Sie charakterisirt sich also durch eine Eigenschaft, welche dem Klassifikationsprincip des Systems fremd ist. Es kreuzen sich verschiedene Eintheilungsgründe. Da wir nur ein Princip dem System zu Grunde legen können, so sind gewisse Abweichungen von streng systematischen Gange unvermeidlich. Vgl. Burckhard, die Stellung der Schenkung im Rechtssystem 1891 und dort Citirte.

3) Auch derartige Liberalitäten nennt man im weiteren Sinne Schenkungen. Vgl. Savigny a. a. O. S. 13 und dort citirte Stellen.

rechtfertigt. Zuweilen geschehen sie unvorsichtig unter Impulsen des Augenblicks, nicht selten unter einem moralischen Druck, welcher die Schwäche des Schenkers ausbeutet. Oft folgt ihnen Reue, wenn sie der Beschenkte mit Undankbarkeit vergilt oder wenn sich die Umstände des Schenkers ändern. Vielfach sind ihnen ferner unlautere Zwecke nicht fremd. Deßhalb sind Schenkungen rechtlich erschwert.[4]

Zum Begriff der Schenkung gehört:

1. eine Zuwendung zu Gunsten des Beschenkten auf Kosten des Vermögens des Schenkers.[5]

Sie ist möglich durch Uebereignung körperlicher Sachen, Abtretung ihres Besitzes, Bestellung von dinglichen Nutzungsrechten, Uebertragung von Forderungen, durch Verzichte, Schenkungsversprechen.[6]

Auch die Schenkung des ganzen Vermögens, des jetzigen und des künftigen, ist zulässig.[7] Sie begründet keine Universalsuccession, geschieht vielmehr durch Uebermachung aller einzelnen Vermögensbestand= theile. Daher verbinden den Schenker seine Schulden trotz der Schenkung nach wie vor persönlich, und verpflichten den Geschenknehmer den Gläu= bigern gegenüber nicht, solange er sie letzteren gegenüber nicht über= nommen hat. Der Schenker darf aber die zu deren Tilgung erforder= lichen Beträge vorweg abziehen und zurückhalten und soweit dies nicht geschah, vom Beschenkten deren Tilgung fordern.[8][9]

Auch unentgeltliche Ueberlassung des Gebrauches einer Sache ist

---

4) Savigny a. a. O. S. 1 ff. bezeichnet die Schenkung im engeren Sinne als etwas ganz Positives. Schenkung ist ihm das Rechtsgeschäft, auf welches sich die besonderen gesetzlichen Beschränkungen der Schenkung beziehen. So auch Wind= scheid § 367 Anm. 5a, Arndts § 80 Anm. 4. Diese Auffassung erachten wir für verfehlt. Schenkungen, welche die Verminderung des Vermögens des Schenkers in sich schließen, haben eine besondere Bedeutung für den Schenker, seine Angehörigen, seine Gläubiger. Sie sind vom wirthschaftlichen und socialen Standpunkte aus ein eigenartiges Geschäft, deswegen unterliegen sie besonderen Regeln.

5) Einen engeren Begriff legt das römische Recht beim Verbot der Schenkungen unter Ehegatten zu Grunde. Vgl. unten § 108 Ziff. 2. l. 5 § 8 D. de don. i. v. et u. 24, 1. Ulpianus libro 32 ad Sabinum . . . definiri solet eam demum donationem impediri solere, quae et donantem pauperiorem et accipientem faciet locupletiorem; ebenda § 16, l. 25 D. eod.

6) Vgl. Meyerfeld a. a. O. Bd. 1 S. 93, Savigny a. a. O. S. 105. Man spricht von Schenken „dando", „promittendo", „liberando". — Ueber Verzicht vgl. oben § 65 a. E.

7) Die Schenkung des ganzen künftigen Vermögens hält Savigny a. a. O. S. 14 für ungültig nach römischem Rechte, weil hierin ein versteckter Erbvertrag liege, aber für gültig nach gemeinem Rechte. Ueber das Letztere ist man einig — R.G. Bd. 18 S. 180 — nicht über das Erstere, vgl. Windscheid Bd. 2 § 368 Anm. 9.

8) l. 28 D. de donat. 39, 5. l. 72 pr. D. de jure dotium 23, 3.

9) Ausschlagung angetragenen Erwerbes, insbesondere einer Erbschaft oder eines Vermächtnisses in Schenkungsabsicht fällt nicht unter das Verbot der Schenkungen unter Ehegatten, l. 5 §§ 13 und 14, l. 31 § 7 D. de don. i. v. et u. 24, 1, weil sie den Schenkenden nicht ärmer macht, als er war. Im Uebrigen liegt auch hierin

an sich nicht Schenkung, da auch sie keine Verminderung des Ver=
mögens enthält. Dies ist sie aber allerdings, wenn sie die Aufgabe
einer regelmäßigen und ordentlichen Einnahmequelle in sich schließt, in=
dem man z. B. für längere Zeit die unentgeltliche Benutzung eines
Miethhauses verstattet. [10] [11]

2. Die Schenkung muß aus der Absicht der Bezeigung einer
Freigebigkeit — dem animus donandi — hervorgehen. [12] Welche
weiteren Zwecke sich dahinter verbergen, ob Wohlwollen und Edelmuth,
oder Prahlerei oder unsaubere Bestrebungen, z. B. die Gewinnung der
Gunst einer einflußreichen oder einer begehrten Person, ist für den Be=
griff der Schenkung gleichgültig.

Die Schenkungsabsicht beruht auf dem positiven Entschlusse der
Freigebigkeit, welcher zu Tage getreten sein muß. Bleibt die Absicht
einer Vermögensübertragung im Dunkeln, so ist keine Schenkung zu
unterstellen, vielmehr in der Regel eine condictio sine causa, nach
Umständen eine actio negotiorum gestorum, begründet. [13]

3. Die Schenkung fordert einen Vertrag zwischen dem Schenker
und Beschenkten. [14]

---

Schenkung, Reatz a. a. O. Anders unsere 1. Aufl., Regelsberger, Pandekten Bd. 1
S. 612, Hölder, Pand. § 55.

10) l. 9 pr. D. h. t. 39, 5. Savigny a. a. O. S. 32.

11) Nach l. 23 pr. D. h. t. 39, 5 ist Erlaß oder Minderung künftiger Zinsen
keine Schenkung.

12) l. 1 pr. D. h. t. 39, 5. Julianus libro 17 digestorum ... propter
nullam aliam causam facit, quam ut liberalitatem et munificentiam exerceat:
haec proprie donatio appellatur. Mit Recht bekämpft Reatz a. a. O. die herrschende
Ansicht, daß die Schenkungsabsicht mit der Absicht der Bereicherung des anderen
Theiles zu identificiren sei. Man schenkt z. B. wenn man zu Ferienkolonien kranker
armer Kinder eine Summe giebt, auch wenn diese Gabe Niemanden bereichert. Ueber
die causa donandi Lenel im Archiv für civ. Praxis Bd. 74 S. 230. Vgl. auch
R.G. Bd. 14 S. 193.

13) In diesem Sinne ist es nicht unrichtig, wenn man den Satz aufstellt:
„Schenkungen seien nicht zu vermuthen". Vgl. l. 33, l. 44 D. de neg. gest. 3, 5.
Dennoch wird oft nach der besonderen Lage des Falles eine Schenkung dann anzu=
nehmen sein, wenn Jemand leistete ohne verpflichtet zu sein. In diesem Sinne äußert
Papinianus libro 10 responsorum l. 29 pr. D. h. t. 39, 5: Donari videtur quod
nullo jure cogente conceditur. Windscheid Bd. 2 § 365 Anm. 4 meint, die l. 29
cit. gebe eine „sehr ungenügende Begriffsbestimmung, denn danach wäre z. B. auch
das Geben eines Darlehens Schenkung." Aber die Absicht der Definition lag Papinian
bei seiner Aeußerung sehr fern.

14) l. 19 § 2 D. h. t. 39, 5. Ulpianus libro 76 ad edictum: Non potest
liberalitas nolenti adquiri. Siehe ferner die oben Bd. 1 § 213 Anm. 9 abge=
druckte l. 18 D. de rebus creditis 12, 1, vgl. auch Cicero, Topica cap. 8: „neque
donationem sine acceptatione intelligi posse". Burckhard, über Schenkungsan=
nahme 1892. Es kann übrigens zugestanden werden, daß die römische Jurisprudenz
bezüglich dieses Erfordernisses zu einem einhellig angenommenen Dogma nicht ge=
langte. Pernice, Zeitschrift d. Savignystiftung rom. Abth. Bd. 9 S. 215, Bekker
Bd. 2 S. 182.

Allerdings kann sich zum Zweck einer Schenkung eine Zuwen=
dung auch ohne Zustimmung des Begünstigten vollziehen, z. B. durch
Zahlung einer Schuld an dessen Gläubiger. Aber eine Schenkung
erwächst hieraus nur, wenn der Bedachte die Gunst annimmt, was still=
schweigend geschehen kann. Lehnt derselbe die Schenkung ab, so schuldet
er den entsprechenden Betrag dem Geschenkgeber, welchem dann die
condictio sine causa offen steht.

4. Als Unterarten der Schenkungen pflegt man hervorzuheben:

a) Die remuneratorischen oder belohnenden, wegen der
Verdienste des Beschenkten um den Geber oder auch um Dritte oder
das Allgemeine.[15] Solche Schenkungen unterscheiden sich aber in der
Regel von anderen nicht.

b) Eine eigene Art bilden nur die Schenkungen von Todes=
wegen — mortis causa —, unter der Bedingung, daß der
Beschenkte den Schenker überlebt. Sie nähern sich den Ver=
mächtnissen und unterliegen in vielen Stücken ihrer Theorie.[16]

## § 107. Die Verbindlichkeiten aus der Schenkung.

1. Schenkungen werden häufig statt durch unmittelbare Uebereig=
nung durch Schenkungsversprechen vorgenommen.

Sie forderten nach vorjustinianischem Rechte die Stipulationsform,
Justinian erklärte aber bloßen Vertrag für hinreichend,[1] unvorgreiflich
der besonderen Vorschriften über größere Schenkungen.

Die Erfüllung des Schenkungsversprechens ist Zahlung der aus
ihm erwachsenen Schuld, keineswegs selbst Schenkung.

Die Verpflichtungen aus dem Schenkungsversprechen werden beson=
ders milde behandelt:

a) der Schenker schuldet keine Verzugszinsen;[2]

---

15) Harburger, die remuneratorische Schenkung 1875. Dort findet sich ein
dogmengeschichtlicher Ueberblick. G. Blume, rem. Schenkung, Freiburger Inaugural=
dissertation 1890. Ueber diese Schenkungen siehe Näheres unten § 108 am Ende.

16) Zuweilen bezeichnet man als eine besondere „Art" auch die Schenkungen
unter einem Modus. Dies ist ebenso ungerechtfertigt, wie wenn man die bedingte
oder betagte Schenkung zu einer eigenen Art machen wollte. Vgl. über die donatio
sub modo Pernice, Labeo Bd. 3 S. 196, Lenel im Arch. f. civ. Prax. Bd. 79 S. 75.
Eine besondere Art von Schenkungen sind die „üblichen", z. B. zu Neujahr an Dienst=
boten und an Dritte, ferner an Verwandte. Sie verdienen eine besondere rechtliche
Behandlung. Doch tritt dies im römischen Rechte nicht hervor. Vgl. Regelsberger,
Pandekten Bd. 1 S. 621.

1) l. 35 § 5 b ff. C. h. t. 8, 53, § 2 l. h. t. 2, 7.

2) l. 22 D. h. t. 39, 5. Windscheid Bd. 2 § 366 Anm. 4. Prozeßzinsen sind
keine Verzugszinsen. Daher hat sie auch der Schenker zu leisten. Die Ausschließung

b) es kommt ihm das beneficium competentiae zu Gute, und zwar der Art, daß seine übrigen Schulden vorabgezogen werden und ihm danach die Subsistenz gelassen wird.[3]

2. Die Schenkung verpflichtet den Schenker, dem Beschenkten für dolus und culpa lata einzustehen. Er ist ihm insbesondere schadens= ersatzpflichtig, wenn er bolos oder grobfahrlässig eine fremde oder fehlerhafte Sache verschenkte, falls der Beschenkte auf sie Auf= wendungen machte, Auflagen ihretwegen erfüllte, Prozeßkosten wegen Eviktion auszulegen hatte, oder wenn der Fehler Sachen des Beschenkten verdarb.

Der Schenker, welchem solche Verschuldung nicht zur Last liegt, haftet für Eviktion, sowie für Mängel nicht, mag er die Sache unmittelbar geschenkt oder zur Erfüllung eines Schenkungsver= sprechens geleistet haben.[4] [5]

---

der Verzugszinsen nach römischem Rechte hing historisch damit zusammen, daß die Klage aus der Schenkungsstipulation stricti juris war. Allein dies war nicht der einzige Grund derselben. Sie beruht auf Billigkeit und greift daher auch heut= zutage ein, obgleich die Klage aus dem Schenkungsversprechen eine strikte Natur nicht mehr hat.

3) Vgl. oben Bd. 2 § 57.

4) Ueber die Eviktion der Schenkungen vgl. namentlich Thibaut, die Verpflich= tung des Schenkers zur Eviktionsleistung in seinen civ. Abhandlungen Bd. 6 n. 4, Better in seinem und Muthers Jahrbuch Bd. 6 S. 245.

5) l. 18 § 3 D. h. t. 39, 5. Ulpianus libro 71 ad edictum: Labeo ait, si quis mihi rem alienam donaverit inque eam sumptus magnos fecero et sic mihi evincatur, nullam mihi actionem contra donatorem competere: plane de dolo posse me adversus eum habere actionem, si dolo fecit. l. 2 C. de eviotio- nibus 8, 44, Paulus sent. V 11 § 5. Ob die Nichthaftung des Schenkers wegen Eviktion allgemein gelte, ist freilich sehr bestritten. Viele Neuere vertheidigen die Verpflichtung des Schenkers bei generischen Schenkungsversprechen. Und zwar be= hauptet Vangerow Bd. 3 § 610 Anm. 2, daß hierbei die evincirte Leistung als nicht geschehen anzusehen sei, so daß der Schenker ein anderes Individuum der versprochenen Gattung schulde, Windscheid aber vertheidigt Bd. 2 § 366 Anm. 8 sogar eine Verpflichtung des Schenkers nach Wahl des Beschenkten entweder zur Leistung einer anderen Sache oder zur Vergütung des Interesses des Beschenkten am Behalten des Empfangenen. Die Quellen wissen aber von einer derartigen Haftung nichts; denn die Beziehung der l. 46 D. de leg. I auf die Schenkung ist troß Vangerow a. a. O. unerweisbar. Und innere Gründe sind für dieselbe auch nicht vorhanden. Die Gegner schließen formal aus dem Charakter der generischen Obligation, ohne die Eigenthümlichkeit der Schenkung zu beachten. Wer aber z. B. ein Reitpferd schenkungsweise verspricht, ein solches Pferd bona fide kauft und dem Beschenkten überliefert, wird hart durch Verurtheilung zur Lieferung eines anderen Pferdes oder Interessevergütung betroffen, wenn jenes Pferd unglücklicherweise einem Dritten gehörte, welcher es evincirt. Er wird sich darauf berufen, daß Geschenkgeber nur für dolus und culpa lata haften, daß sie präsumtiv auch nicht beabsichtigen, sich in schwererer Weise zu belasten. Er wird seine Verurtheilung vollends unbegreif= lich finden, wenn er hört, daß er zu absolviren wäre, wenn er das Pferd zuerst ge= kauft und dann geschenkt hätte! Gegen die herrschende Ansicht ist auch Better a. a. L. S. 245; seinen eigenen Unterscheidungen ist aber nicht beizutreten.

### § 108. Die Beschränkungen der Schenkungen.

Die Normen, welche die Schenkungen einschränken, betreffen theils die Form des Abschlusses, theils das materielle Recht, indem sie gewisse Schenkungen verbieten oder anfechtbar oder widerrufbar machen.

1. Schenkungen über 500 Solidi bedürfen der gerichtlichen Insinuation,[1] theils um dem Schenker Raum zur Ueberlegung zu geben, theils um einen öffentlichen Beweis für den Fall später entstehender Streitigkeiten zu sichern.[2] [3]

In der Receptionszeit setzte man an die Stelle des Solidus den Reichsdukaten, dessen Werth auf 4 Gulden des 18=Guldenfußes tarifirt wurde. Hiernach betragen 500 Solidi in heutiger Münze 4666 Mark und 67 Pfennige.[4]

---

1) Marezoll in Löhrs Magazin Bd. 4 S. 175 und in Lindes Zeitschrift Bd. 1 n. 1 1828; F. Bremer, z. L. v. d. Insinuation der Schenkungen in Jherings Jahrbüchern Bd. 13 n. 3; Herbert Pernice, z. L. v. d. Insinuation der Schenkungen, Greifswald 1882, Jnauguraldissertation.

2) Im älteren Rechte waren größere Schenkungen an nicht besonders gesetzlich ausgenommene Personen durch die lex Cincia — aus dem Jahre 550 der Stadt — verboten. Zwar waren sie nicht nichtig, aber anfechtbar, bis sie sowohl rechtlich als thatsächlich vollständig vollzogen waren. Es war daher insbesondere bei verschenkten res mancipii außer der mancipatio Besitzübertragung nothwendig und, wenn es sich um Mobilien handelte, auch, daß der Beschenkte im interdictum utrubi überlegen war, also majore parte anni besessen hatte. Vgl. fragm. Vat. §§ 248 ff.; Rudorff, röm. Rechtsgeschichte Bd. 1 S. 53 und dort Citirte; Pollack, Schenkungswiderruf 1886 S. 17. Diese Vorschriften veralteten in der christlichen Kaiserzeit. Inzwischen war die gerichtliche Insinuation für Schenkungen in Gebrauch gekommen, die zuerst Konstantius Chlorus in seinen Gebieten zur nothwendigen Form machte. Vgl. Brunner, zur Rechtsgeschichte d. röm. u. germ. Urkunde S. 128. Justinian befreite von dieser Form zuvörderst Schenkungen bis zu 300 Solidi, l. 34 pr. C. h. t. 8, 53, dann solche bis zu 500 Solidi, l. 36 § 3 C. h. t. Die Richtung der Gesetzgebung Justinians ging auf Erleichterung der Schenkungen, zum großen Theile deswegen, weil man fromme Gaben damals sehr begünstigte.

3) Zugefügte Auflagen sind nach ihrem Schätzungswerth vor der Schenkung abzuziehen R.G. Bd. 18 S. 180. — Mehrere zu verschiedenen Zeiten an dieselbe Person gemachte Schenkungen werden nicht zusammengerechnet, l. 34 § 3 C. h. t. 8, 53. Ob die Theilung „in fraudem legis", also zur Umgehung der Insinuation geschah, kommt nicht in Betracht; Pernice a. a. O. S. 38. Anders Pfaff, zur Lehre vom s. g. in fraudem legis agere S. 85. Der Werth ist nach dem Augenblick der Vornahme der Schenkung zu bemessen. Leicht genug setzt sich Entwurf des bürg. Gesetzb. II § 465 über die Bedenken gegen die Formlosigkeit der Schenkungen hinweg. Schenkungsversprechen müssen nach demselben zwar gerichtlich oder notariell sein. Aber die Bewirkung der Leistung soll den Mangel der Form ohne weiteres heilen. Wer in augenblicklicher Aufwallung, Leidenschaft, indem er dem Druck eines Anderen nachgiebt, Jnhaberpapiere durch Handgeschenk weggiebt, dem ist hiernach nicht mehr zu helfen! Welche Gelegenheit zu schwindelhafter Ausbeutung.

4) Savigny Bd. 4 S. 210 nahm den Solidus gleich 4 Gulden des 20=Guldenfußes, wonach die größere Schenkung mit 4200 Mark beginnen würde. Dem schloß sich die Praxis vielfach an, weil hiermit eine runde Summe gegeben war. Aber Francke Archiv für civ. Praxis Bd. 47 n. 18 brachte historisch richtig, praktisch be-

Die Insinuation geschah nach römischer Weise dadurch, daß die vom Schenker beim Gerichte mündlich abgegebene Erklärung in die Gerichts=bücher — acta — wörtlich eingetragen wurde.[5] Derzeit vollzieht sie sich entweder durch eine mündliche Erklärung bei Gericht, über welche ein Protokoll aufgenommen wird, oder durch eine dem Gerichte übergebene Schenkungsurkunde, zu deren Inhalt sich der Schenker bei Gericht be=kennt, worüber ein Protokoll errichtet wird.[6] Die Mitwirkung des Be=schenkten bei Gericht ist nicht nöthig, die Annahme der Schenkung durch ihn kann formlos und außergerichtlich geschehen.

Die nicht insinuirte Schenkung ist nichtig, soweit sie die 500 Dukaten überschreitet, gültig bis zu diesem Betrage.[7] Nicht insinuirte Schenkungen von Sachen höheren Werthes begründen daher Miteigenthum; doch kann der Eigenthümer des größeren Theils gegen Entschädigung Eigenthum des Ganzen beanspruchen.[8] Die Nichtigkeit ist von Amtswegen zu beachten.

Rentenschenkungen bedürfen der Insinuation nicht, wenn die ein=zelne Rate unter 500 Dukaten ist, und wenn sie sich auf die Zeit des Lebens entweder des Gebers oder des Beschenkten beschränken. Länger bewilligte Rentenschenkungen, auf unbestimmte Zeit hinaus, sind zu insinuiren, sonst ganz nichtig. Bei Rentenschenkungen auf bestimmte Zeit sind die Beträge zusammenzurechnen, so daß sich hiernach bemißt, ob Insinuation erforderlich ist.[9] [10]

---

dauernswerth der sich bildenden Gewohnheit gegenüber, den 18=Guldenfuß wieder zu Ehren. Hiernach entschied das R.G. Bd. 1 S. 313, Bd. 8 S. 145, Bd. 18 S. 180, vgl. Bähr, Praxis des R.G. XX. — Der Werth des Solidus war höher als beide Ansätze, vgl. Savigny, Zeitschrift für Rechtsw. Bd. 6 S. 391; Pindter und Fried=länder ebenda Bd. 12 S. 9.

5) l. 25 § 1 C. h. t. 8, 53.

6) Ueber die heutige Form der Insinuation vgl. R.G. Bd. 5 S. 130, Bd. 6 S. 181.

7) l. 34 § 1 C. h. t. 8, 53.

8) Ueber das Nähere vgl. l. 34 § 2 C. h. t. 8, 53. — Die Zuwendung des Ge=schenkten kann durch Geschäfte — insbesondere mit Dritten — vermittelt sein, die trotz des Mangels der Insinuation rechtsbeständig sind. Dann besteht wegen Mangels der Insinuation nur eine condictio sine causa des Schenkers gegen den Beschenkten auf Herausgabe der Bereicherung zur Zeit der Klaganstellung. Vgl. Windscheid Bd. 2 § 367 Anm. 7. Dieselbe Klage hat der Schenker auch dann, wenn er die ursprünglich zulässige Vindikation nicht erheben kann.

9) l. 34 § 4a C. h. t. 8, 53. Nachdem Justinian bestimmt hat, daß die Schenkung einer Rente „intra vitam personarum vel dantis vel accipientis" der Insinuation nicht bedürfe, sofern die einzelne Rate das gesetzliche Maximum nicht überschreite, fährt er fort: „sin autem etiam heredum ex utraque parte fuerit mentio vel adiciatur tempus vitae vel donatoris vel qui donationem accipiet", sei Insinuation nothwendig. Mit Recht betrachtet Briegleb im Archiv für civ. Praxis Bd. 38 n. 6 „vitae" als Dativ, abhängig von adiciatur, nicht als Genitiv, regiert von tempus. Die Insinuation ist, das ist die Meinung, nothwendig, wenn entweder die Rente

2. Schenkungen unter Lebenden an den Ehegatten, welche den Schenker ärmer, den Beschenkten reicher machen, sind nichtig. Sie konvalesciren aber, wenn der Schenker in der Ehe vor dem Beschenkten stirbt.

3. Der Schenker hat das Recht des Widerrufes:[11][12]

a) in gewissen gesetzlich bestimmten Fällen groben Undankes des Beschenkten.[13] Der Widerruf ist ein höchst persönliches Recht des Schenkers; er muß dem Beschenkten gegenüber erfolgen. Aus ihm entspringt eine Revokationsklage gegen den Beschenkten und dessen Erben auf das zur Zeit der Widerrufserklärung noch beim Beschenkten Vorhandene.[14]

b) Nach der Praxis hat, wer zur Zeit einer Schenkung kinderlos war, wenn ihm nachher eheliche Kinder geboren werden, das Recht zum Widerruf. Auch dies Recht ist ein höchstpersönliches und dem Widerruf wegen Undankbarkeit analog zu behandeln.[15]

---

ausdrücklich auf die Erben beider Betheiligten oder wenigstens auf die Erben eines Betheiligten und über das Leben des andern hinaus erstreckt wird. Wenn Windscheid Bd. 2 § 367 Anm. 6 einwendet, daß hiernach die Rente auch bei einer sehr kurzen Erstreckung über das Leben des Betheiligten hinaus insinuationspflichtig werde, so ist dies irrelevant. Denn es handelt sich um positive Bestimmungen, bei welchen derartiges keineswegs auffallend ist. Es bedarf hiernach keiner Textesveränderung, z. B. der Einschiebung eines „non", die Cujacius auf Grund der Basiliken vorschlug. Verfehlt ist auch die Erklärung von Zoll in Iherings Jahrb. Bd. 14 n. 8 und Pernice a. a. O. S. 59. Ihre Voraussetzung, daß die Worte „vel dantis vel accipientis" heißen sollen „et" dantis „et" accipientis ist nach unserer Ansicht unmöglich. Vgl. noch Regelsberger, Pandekten Bd. 1 S. 616 Anm. 10. Bei gleichzeitiger Schenkung an Mehrere ist nicht die Gesammtsumme, sondern der Betrag der Schenkung an jeden Einzelnen entscheidend. Anders Regelsberger a. a. O. Anm. 9.

10) Von der Nothwendigkeit der Insinuation sind ausgenommen: a) Schenkungen durch oder an den Regenten, b) zum Wiederaufbau von Gebäuden, c) zum Loskauf von Gefangenen, d) an eine Frau durch Bestellung einer Dos zu ihren Gunsten.

11) Pollack, der Schenkungswiderruf 1886. Siehe auch Bothmer, die rechtliche Konstruktion des Widerrufs im Archiv für civ. Praxis Bd. 61 S. 335.

12) Nach klassischem Rechte hatte der Patron das Recht willkürlichen Widerrufes von Schenkungen an seine Freigelassenen, fragm. Vat. § 272. Später wurde dies Recht auf Fälle der Undankbarkeit des Freigelassenen beschränkt, l. 1 C. de revocandis donationibus 8, 55, und außerdem wegen nachträglicher Geburt von Kindern des Patrons zugelassen, l. 8 C. eod. Justinian erhob in der l. 10 C. eod. den Widerruf wegen Undankbarkeit zu einer allgemeinen Rechtsregel.

13) Die Fälle sind folgende: a) grobe wörtliche Beleidigungen, b) Thätlichkeiten gegen den Schenker, c) bedeutende Vermögensschädigung, d) Lebensgefährdung des Schenkers, endlich e) Nichterfüllung der bei der Schenkung aufgelegten Verbindlichkeiten. Selbstverständlich ist durchweg Dolus erfordert, damit „Undankbarkeit" vorliegt. Besondere Bestimmungen gelten für die Mutter, welche zur zweiten Ehe schreitet, bezüglich der Revokation von Schenkungen an Kinder erster Ehe, l. 7 C. h. t. 8, 55, nov. 22 cap. 35.

14) Vgl. l. 7 pr. C. de revoc. don. 8, 55, Petrażycki Fruchtvertheilung S. 190. Die Widerrufserklärung muß vom Schenker persönlich ausgehen, sie kann außergerichtlich sein. Sie begründet die Klage auf Rückgabe — condictio causa finita — die aktiv und passiv vererblich ist. Pollack a. a. O. S. 50.

15) Nach justinianischem Rechte war der Patron befugt, wegen nachgeborener

4. Schenkungen sind anfechtbar:

a) seitens der durch die Schenkung benachtheiligten Gläubiger des Schenkers nach der Bestimmung der Anfechtungsgesetze;

b) durch verkürzte Pflichttheilserben.

Alle diese Bestimmungen sind auch auf die remuneratorischen Schenkungen anzuwenden;[16][17] denn auch sie sind Schenkungen.

Eine Ausnahme gilt jedoch für Schenkungen zum Danke für die Rettung des Schenkers aus Lebensgefahr.[18]

### § 109. Der Vergleich.[1]

Vergleich — transactio -- ist der Vertrag, welcher be= zweckt, die Ungewißheit eines Rechtes oder die Unsicher=

---

Kinder die Schenkungen an seine Freigelassenen zu widerrufen, wenn er zur Zeit ihrer Vornahme keine Kinder hatte l. 8 C. de revoc. don. 8, 55. Es war dies Reminiscenz des früheren unbeschränkten Widerrufsrechts des Patrons, fragm. Vat. § 272. Hieraus läßt sich zwar richtiger Ansicht nach ein allgemeines Wider= rufsrecht wegen nachgeborener Kinder nicht herleiten; gleichwohl geschah dies in freier Weise Jahrhunderte lang, siehe die bei Pollack a. a. O. S. 67 Citirten, und es hat sich hieraus ein Gewohnheitsrecht gebildet, welches human und zweckmäßig ist. Dies haben wir festzuhalten, so auch Regelsberger Band. Bd. 1 § 169 Anm. 16, dagegen Windscheid Bd. 2 § 367 Anm. 22. — Auf unbedeutende Geschenke ist das Recht zum Widerruf nicht zu beziehen. Es ist auch nicht anzunehmen, daß die Geburt der Kinder die vorher vorgenommene Schenkung von Rechtswegen aufhebt, wie die bei Pollack a. a. O. S. 67 Citirten unterstellten.

16) Vgl. R.G. Bd. 4 S. 121.

17) Was belohnende Schenkung genannt wird, ist zuweilen in Wahrheit „Lohn", nicht Schenkung, dann sind natürlich die Beschränkungen der Schenkungen nicht an= wendbar. Einen derartigen Fall behandelte Papinianus libro 29 quaestionum l. 27 D. h. t. 39, 5. Aquilius Regulus juvenis ad Nicostratum rhetorem ita scripsit: „quoniam et cum patre meo semper fuisti et me eloquentia et dili- gentia tua meliorem reddidisti, dono et permitto tibi habitare in illo cenaculo eoque uti". defuncto Regulo controversiam habitationis patiebatur Nicostratus et cum de ea re mecum contulisset, dixi posse defendi non meram donationem esse, verum officium magistri quadam mercede remuneratum Regulum ideoque non videri donationem sequentis temporis irritam esse. Die Entscheidung Papinians setzt voraus, daß ein Rechtssatz bestand, wonach Schenkungen von Wohn= rechten nur auf Lebenszeit des Schenkers als gewährt galten. Dies ergiebt auch l. 32 D. h. t. 39, 5, vgl. Harburger a. a. O. S. 6. Unter dieser Voraussetzung wurde die Frage wichtig, ob in Wahrheit Schenkung oder Honorirung vorliege, — Papinian erklärt sich für das letztere — mit Recht, siehe l. 1 pr. D. de extraord. cogn. 50, 13, Harburger a. a. O. S. 15. Hiernach kann diese Entscheidung nichts für die Exemtion der remuneratorischen Schenkungen von den Regeln der Schenkungen beweisen, weil eben eine wahre Schenkung nicht vorlag. Vgl. übrigens Windscheid a. a. O. Bd. 2 § 368 Anm. 11, anders Regelsberger, Pandekten Bd. 1 S. 620, Hölder, Pandekten § 55 Anm. 3, S. 290.

18) l. 34 § 1 D. h. t. 39, 5 aus Paulus sent. V 11 § 6. Die donatio wird für „irrevocabilis" erklärt. Dies hieß im Sinne von Paulus: sie unterliegt den Beschränkungen der lex Cincia nicht; im Sinne Justinians ist es aber von einer Befreiung von der Vorschrift der gerichtlichen Insinuation zu verstehen, welche sich an Stelle der lex Cincia eingebürgert hatte. Auch Widerruf wegen Undankbarkeit und nachträglicher Geburt von Kindern ist, wie der Wortlaut ergiebt, ausgeschlossen. Vgl. übrigens Regelsberger a. a. O. § 170 Anm. 8.

heit seiner Erfüllung mittels gegenseitiger Koncessionen zu beseitigen.[2]

1. Der Vergleich charakterisirt sich wie die Schenkung vorzugsweise durch seinen Zweck. Die Geschäfte, mittels deren er vollzogen wird, sind, wie dies auch bei der Schenkung der Fall ist, verschiedener Art.[3] Er geschieht namentlich durch Anerkennung oder sofortige Erfüllung eines bestrittenen Rechtes zu einem Theile gegen Verzicht auf weiter= gehende Prätentionen;[4] nicht minder durch Verzicht auf einen Anspruch gegen eine Abfindung in Geld oder Geldeswerth.[5] Wegen Eviktion sowie wegen der Mängel zur Abfindung gegebener Objekte haftet der Abfindende wie ein Verkäufer.[6]

2. Vergleichen kann man sich über Rechte jeder Art, so weit sie der Verfügung der Vergleichschließenden unterstehen.

---

1) Tit. Dig. de transactionibus 2, 15, Cod. 2, 4. Risch, d. L. v. Vergleich 1855. Sturm, die L. v. Vergleich 1889; Bekker Bd. 2 § 110, Oamé Kendjiro, de la transaction Par. 1889, Bülow, absolute Rechtskraft des Urtheils im Archiv f. civ. Praxis Bd. 83 S. 83.

2) l. 1 D. h. t. 2, 15. Ulpianus libro 50 ad edictum: Qui transigit quasi de re dubia et lite incerta neque finita transigit. Gegen diese Begriffsbestimmung Bülow a. a. O. S. 83 Anm. 89, S. 89 Anm. 97a. Bülow betrachtet als Vergleich nur den Vertrag, durch welchen ein streitiges Rechtsverhältniß zur Feststellung kommt. Verträge, durch welche ein unstreitiger Anspruch modificirt wird, z. B. der Zwangsvergleich im Konkurs, bezeichnet er als „Abfindungsverträge". Die Römer brauchen das Wort transactio übrigens häufig in einem viel weiteren Sinne und verstehen darunter Verträge jeder Art zur endgültigen Feststellung eines Rechts= verhältnisses. Dies z. B. in der l. 8 § 6 D. h. t. 2, 15; vgl. Buhl, Anerkennungs= vertrag S. 79. — Ueber die von Buhl vorgeschlagenen Begriffsbestimmungen siehe Windscheid Bd. 2 § 413 Anm. 6a.

3) Deßhalb ist auch die Stellung des Vergleiches im System eine unsichere, nicht minder wie dies bei der Schenkung der Fall ist. Siehe Risch a. a. O. S. 12. Bülow a. a. O. S. 85 ff. will den Vergleich in den allgemeinen Theil neben das Urtheil gestellt haben. Das habe ich vorlängst in meinem Preuß. Priv.Recht gethan, nur aus didaktischen Gründen ist dies hier nicht geschehen.

4) Inhalt eines Vergleiches über einen bestrittenen Anspruch kann auch sein, daß die Parteien einen Theil desselben durch Vereinbarung zu einem unbestrittenen und sofort selbständig zahlbaren machen, während sie wegen des Restes richterliche Entscheidung vorbehalten. R.O.H.G. Bd. 8 S. 143. Die Koncession des Gläubigers liegt hier in der Verstattung theilweiser Zahlung auf seine, wenigstens nach seiner Behauptung, größere Forderung.

5) l. 6 pr. C. h. t. 2, 4, l. 33 pr. C. eod. Wegen der Zusage der Abfindung bestand, sofern sie nicht durch Stipulation geschah, nach römischem Rechte nur eine actio praescriptis verbis seitens dessen, welcher seinerseits den Vergleich erfüllt hatte. Vgl. Buhl a. a. O. S. 112. Nach heutigem Rechte entspringen selbstverständlich aus dem Vergleiche unmittelbar Klagen auf Erfüllung.

6) l. 33 pr. § 1 C. h. t. 2, 4. Eine Anfechtung des Vergleiches kann auf die Eviktion der Abfindung nicht gegründet werden. — Wird der Vergleich durch Verzicht auf ein vom anderen Theile beanspruchtes Objekt geschlossen, so liegt dem Verzichten= den Gewähr für Mängel dieses Objektes oder wegen etwaiger Rechte Dritter auch dann nicht ob, wenn er hierfür eine Abfindung erhielt. Vgl. Bekker in seinen und Muthers Jahrbüchern Bd. 6 S. 238.

In Rom waren Vergleiche durch bloßen Vertrag — pacta — gegen rechtskräftige Urtheile kraftlos. Um diesen gegenüber Vergleiche zu ermöglichen, bedurfte es einer förmlichen Aufhebung der Urtheilsschuld durch Acceptilation. Heutzutage aber ist der formlose Vergleich im Stande, rechtskräftige Erkenntnisse zu beseitigen. [7]

Ueber den Inhalt von Urkunden, insbesondere von Testamenten, kann man sich in der Regel zweckmäßigerweise nur nach ihrer Kenntnißnahme vergleichen. Ein rechtliches Verbot von Vergleichen vor deren Einsicht existirt aber nicht. [8]

---

7) Meist lehrt man: „ohne Ungewißheit kein Vergleich", daraus folge „Ungültigkeit des Vergleiches gegen ein unstreitiges Urtheil". Arndts § 269. Aber das Urtheil war den Parteien entweder bekannt, dann muß ihnen etwas zweifelhaft gewesen sein, wenn sie sich vergleichen, wäre es auch nur die Erfüllung, oder es war ihnen unbekannt, dann war die subjektive Ungewißheit vorhanden, auf die es beim Vergleiche allein ankommen kann. Windscheid Bd. 2 § 414 führt aus: der Vergleich bezwecke Entscheidung eines Streites, darin liege, daß er „unter der Voraussetzung nicht erfolgter rechtskräftiger Entscheidung abgeschlossen werde", ja er erstreckt diese Voraussetzung selbst darauf, daß die Sache noch nicht durch früheren Vergleich, Eid oder Schiedsspruch entschieden sei. Dies ist sehr willkürlich; denn wenn die Parteien von dem früheren Urtheil oder Vergleich nichts wissen, so setzen sie mit Rücksicht hierauf sicher nichts ins Blaue hinein voraus. Es handelt sich vielmehr nur um etwas Historisches. Ein formloser Vergleich — pactum transactionis — war der res judicata gegenüber kraftlos: const. 4 Cod. Gregoriani l. 11 „de re judicata pacisci nemo potest" Paulus sent. I. 1 § 5, const. 3 Cod. Hermogeniani Tit. IV. Wenn sich l. 7 pr., l. 11 D. h. t. 2, 15 und l. 23 § 1 D. de cond. indeb. 12, 6 allgemeiner ausdrücken, so werden zu weit gehende Schlüsse abgeschnitten durch die l. 32 C. de transact. 2, 4, Diocletianus et Maximianus: Si causa cognita prolata sententia, sicut jure traditum est, appellationis vel in integrum restitutionis solemnitate suspensa non est, super judicato frustra transigi non est opinionis incertae, proinde si non Aquiliana stipulatione et acceptilatione subsecuta competentem tibi actionem peremisti, praeses provinciae usitato more legum rebus pridem judicatis effectum adhibere curabit. Vergleiche gegenüber einem Urtheil waren hiernach gültig, wenn dasselbe durch Acceptilation nach vorgängiger Novation beseitigt war. — Ganz anders interpretirt freilich Vangerow Bd. 3 § 668. Nach ihm wäre zwar die Obligation aus dem Urtheil „durch die unvorsichtig angewendete stipulatio Aquiliana und Acceptilation" aufgehoben, der Transigent habe damit seine actio judicati eingebüßt, aber der Vergleich sei gleichwohl nichtig gewesen, die Gegenleistung also nichtig versprochen. Das sind aber exorbitante, durch nichts gerechtfertigte Behauptungen. Da nun der heutige Erlaßvertrag die Kraft der römischen Acceptilation hat, so können derzeit Vergleiche auch gegenüber rechtskräftigen Urtheilen geschlossen werden. Dies war die Ansicht älterer Praktiker. So auch Bekker Bd. 2 S. 266. Dagegen Regelsberger, Pand. Bd. 1 S. 623 A. 6 und namentlich Bülow a. a. O. S. 83. Eine andere Frage ist, ob die Partei auf die bloße Geltendmachung der Rechtskraft in bindender Weise verzichten kann, wie Entwurf d. bürg. Gesetzbuchs § 191 Abs. 2 bestimmt. Dies erachte ich mit Bülow a. a. O. S. 10 nicht als gemeinrechtlich zulässig und nicht als zweckmäßig. Vgl. übrigens über das römische Recht Rudorff, Zeitschrift f. Rechtswissenschaft Bd. 14 S. 334.

8) Gajus libro 17 ad edictum provinciale l. 6 D. h. t. 2, 15 — vgl. l. 1 § 1 D. test. quemadmodum aper. 29, 3 — sprach nur von der thatsächlichen Unmöglichkeit, sich über ein noch nicht eingesehenes Testament zu vergleichen; Manche freilich — z. B. Brinz Bd. 1 S. 384 — finden, die Kompilatoren hätten dadurch, daß sie die Aeußerung von Gajus aus ihrem Zusammenhange rissen, eine rechtliche

Vergleiche über künftige Alimente bedürfen gerichtlicher Bestätigung.[9]

3. Vergleiche sind richterlichen Urtheilen ähnlich, da sie wie diese einen Streit beenden sollen.[10] Nach der C.P.O. sind sogar vor einem deutschen Gerichte über eine anhängige Streitsache abgeschlossene Vergleiche wie Urtheile vollstreckbar.[11]

Der Vergleich steht Bürgen und anderen Accessionen nur entgegen, falls sie ihn mitvollzogen oder nachträglich genehmigt haben. Andererseits kommt er ihnen zu Gute, wenn sie sich auf denselben berufen. Damit erkennen sie ihn aber auch gegen sich an.

4. Nach der Art der Menschen erhebt sich über Vergleiche und ihre Tragweite nicht selten neuer Streit, da sie glauben, sich übereilt zu haben, übervortheilt zu sein.

Vergleiche sind natürlich wegen Zwanges, Betruges und wesentlichen Irrthums nach allgemeinen Grundsätzen anfechtbar.

Dagegen begründet es keine Anfechtung, wenn das Sachverhältniß, worüber man sich verglichen hat, hinterher durch neu aufgefundene Urkunden klar gestellt wird, sie seien denn vom Gegner betrügerisch hintangehalten worden.[12]

Vergleiche erledigen aber nur die Streitpunkte, über welche man sich vergleichen wollte. Worin dieselben bestanden, ergiebt sich nicht bloß aus dem Tenor des Vergleiches, sondern auch aus dem Komplex der Thatsachen, welche den Ansprüchen, die man geltend machte, zu Grunde lagen.[13][14]

---

Unmöglichkeit geschaffen. Doch derartige Vergleiche werden nicht leicht vorkommen, und wenn sie vorkommen, ihre besonderen Gründe haben. Wozu also das Verbot? Es ist nicht zu unterstellen. Vgl. Windscheid Bd. 2 § 414 Anm. 12, Regelsberger a. a. O. Anm. 8.

9) Oben Bd. 2 § 31 Anm. 4.

10) l. 20 C. h. t. 2, 4 „non minorem auctoritatem transactionum quam rerum judicatarum esse".

11) C.P.O. § 702 Ziff. 1.

12) l. 19 C. h. t. 2, 4.

13) l. 12 D. h. t. 2, 15. Celsus libro 3 Digestorum: Non est ferendus, qui generaliter in his, quae testamento ei relicta sunt, transegerit, si postea causetur de eo solo se cogitasse, quod prima parte testamenti et non etiam quod posteriore legatum sit. si tamen postea codicilli proferuntur, non improbe mihi dicturus videtur de eo dumtaxat se cogitasse, quod illarum tabularum, quas tunc noverat, scriptura contineretur, vgl. l. 36 D. fam. erc. 10, 2 und l. 42 C. h. t. 2, 4. Windscheid, Pand. Bd. 2 §. 414, stellt als Princip auf: Voraussetzung eines Vergleiches über einen bestrittenen Anspruch ist, daß die bei dem Vergleich als wahr angenommenen Thatsachen, deren Nichtwahrheit den Streit ausschließen würde, wahr seien, sowie daß nicht andere Thatsachen wahr seien, deren Wahrheit den Streit ausschließen würde." Vgl. auch Windscheid im Arch. f. civ. Prax. Bd. 78 S. 186 f. Aber die Parteien schließen Vergleiche nicht unter zahlreichen unausgesprochenen Vor-

## IV. Die Miethverträge.[1]

§ 110. Die Arten der Miethverträge. Geschichtliche Einleitung.

Die Miethverträge stellen uns Sachen oder Arbeits=
kräfte auf Zeit gegen ein Geldäquivalent zu Diensten.
Es giebt drei Hauptarten:

a) die Sachenmiethe — locatio conductio rei,
b) die Dienstmiethe — l. c. operarum,
c) die Uebernahme eines Unternehmens — l. c. operis.

Aus kleinem Keim erwuchsen diese für das bürgerliche Leben so
wichtigen Institute.[2]

1. Die Sachenmiethe entwickelte sich zunächst bezüglich Mobilien.
Vermiethung von Spannvieh war bereits den 12 Tafeln bekannt;[3]
die von Sklaven, z. B. zu Erntearbeiten, mag gleichfalls früh vorge=
kommen sein.[4] Bei solchen Vermiethungen muß sich die Bezeichnung

---

aussetzungen, wie solche Windscheid a. a. O. unterstellt. Sie wollen dem Streite ein
Ende machen und eine feste Grundlage schaffen, keineswegs aber auf einen unter=
höhlten Boden treten. Vgl. Brinz Bd. 1 S. 383. Nur auf die Frage kann es ankommen,
wie auch Celsus ausführt: worüber wollten sich die Betheiligten vergleichen und was
lag ihrem Horizonte beim Vergleichsschlusse fern? Vgl. Regelsberger im Archiv für
civ. Praxis Bd. 47 S. 160, mein Preuß. Pr.Recht Bd. 1 § 82 Anm. 13. Herold
in Grünhuts Zeitschrift Bd. 16 S. 694. Lenel im Arch. f. civ. Prax. Bd. 79 S. 80 ff.,
Regelsberger, Pandekten Bd. 1 S. 626.

14) Man vereinbarte in Rom nicht selten, daß Streitigkeiten durch den außer=
gerichtlichen Eid einer Partei entschieden werden sollten — s. g. Schiedseidvertrag —
l. 17 pr. D. h. t. de jurejurando 12, 2. Solche Vereinbarungen sind derzeit un=
gewöhnlich und haben keine Kraft mehr. Sie würden unzulässigerweise den Theil,
welchem der Eid anvertraut wird, zum Richter in eigener Sache machen; Strafen,
wie sie in Rom dem wissentlich falsch Schwörenden trafen — l. 13 § 6 D. h. t.
12, 2 — treten bei Privateiden nicht mehr ein. R.G. für Strafsachen Bd. 5 S. 94.
Derselben Ansicht ist Savigny, System Bd. 7 S. 85; dagegen Windscheid Bd. 2 § 418
Anm. 7.

1) Tit. Inst. de locatione et conductione 3, 24, Dig. locati conducti 19. 2,
Cod. 4, 65.

2) Vgl. Carl Christoph Burckhard, zur Geschichte der locatio conductio 1889.

3) Gajus Inst. IV § 28. Lege autem introducta est pignoris capio, veluti
lege XII tabularum ... adversus eum, qui mercedem non redderet pro eo
jumento, quod quis ideo locasset, ut inde pecuniam acceptam in dapem, id
est in sacrificium impenderet. Vgl. hierüber Burckhard a. a. O. S. 15.

4) Die von Brinz Bd. 2 S. 752 Anm. 4 angeführten Stellen ergeben, daß bei
Plautus „conducere" das „Holen" von Arbeitern ständig bedeutet. So auch Burck=
hard a. a. O. S. 28. Das darf uns nicht irre machen, daß in den Erörterungen
der Pandektenjuristen die Miethe von Immobilien die Hauptrolle spielt. Denn sie
war seit den letzten Jahrhunderten der Republik der wichtigste Fall. Ihr die über=
kommenen Regeln der Miethe einigermaßen anzupassen, war denn auch eine besonders
schwierige Aufgabe, welche die Juristen zu lösen hatten. Nach Karlowa, röm. Rechts=
gesch. Bd. 2 S. 636, war dagegen die Miethe von Immobilien die älteste Miethe!

locatio conductio „Aufstellen" und „Wegführen" gebildet und ein=
gebürgert haben; denn für andere Gegenstände paßt sie nicht. Offenbar
kam eine Vermiethung von Immobilien erst in Gebrauch, nachdem jene
Ausdrücke bei den Moventien den Sinn von Vermiethung angenommen
hatten. In der That waren die Grundbesitzer und Bewohner des
alten Latium entweder Eigenthümer oder Prekaristen, nicht aber Pächter
und Miether. [5]

Gehen wir davon aus, daß der Urfall der römischen Sachen=
miethe Vermiethung von Moventien war, daß sich hierbei die Grund=
züge der Theorie der Miethe bildeten, und daß man dieselbe erst später
auf Miethverträge über Immobilien übertrug, so erklären
sich manche befremdliche Erscheinungen des römischen Miethrechtes.

Dahin gehört, daß in Rom bei Vermiethungen keine gesetzlichen
Kündigungsfristen bestanden, so daß, wenn nichts Besonderes vereinbart
war, jeder Theil jederzeit das Verhältniß beendigen konnte. Dies ist
für die Miethe von Mobilien natürlich, für die Miethe von Immobilien
und besonders für deren Pacht aber befremdend.

Auch der römische Rechtssatz, wonach der Käufer, welchem die
Miethsache übereignet wurde, an die Vermiethungsverträge seines Ver=
käufers nicht gebunden ist, hat bei der Vermiethung von Mobilien
nichts Auffallendes. Daß er sich bei der Vermiethung von Immobilien
und insbesondere bei Pachtverhältnissen entwickelt hätte, wäre schwer
begreiflich. [6]

Da die Vermiethung von Mobilien meist auf kürzere, mehr oder
minder unbestimmte Zeit geschieht, so lag es nahe, daß man regelmäßig
die Zahlung des Miethzinses erst bei der Beendigung der Miethe —
postnumerando — nach Verhältniß der Zeit des Gebrauches
leistete. Ging die Sache durch Zufall zu Grunde, so lief hiernach der
Miethzins nicht weiter. So mag sich der Satz „periculum est locatoris"
festgestellt haben, wodurch die Gefahr anders normirt wird, wie bei
anderen zweiseitigen Verträgen, insbesondere beim Kaufe.

----

5) Ueber Mommsen: die römischen Anfänge von Kauf und Miethe in der Zeit=
schrift der Savignystiftung r. Abth. Bd. 6 S. 260, siehe Burckhard a. a. O. S. 16.

6) Hiermit stehen die Ausführungen in meinem Pfandrecht Bd. 2 S. 65 und
Begriff und Entwickelung des juristischen Besitzes S. 69 sowie von Pernice, Labeo
Bd. 1 S. 467 nicht im Widerspruch. Zur Miethe, bemerkt Pernice, wohnten in Rom
untergeordnete Leute — Freigelassene, Klienten, Dichter —; ihnen dem Kapitale
gegenüber einen besonderen Rechtsschutz angedeihen zu lassen, lag nicht im Sinne
der römischen Juristen. So richtig dies ist, so waren die bezüglichen Sätze doch für
Wohnungsmiethe und Pacht leichter durchzusetzen, wenn sie sich an die bisherige Ent=
wickelung der Miethe anschlossen, als wenn man den blanken Klassenegoismus hätte
hervorkehren müssen.

2. Die l. c. operarum, bei welcher Freie ihre Dienste vermietheten, stand der Vermiethung von Sklaven oder anderen Hausuntergebenen durch den Hausherrn thatsächlich sehr nahe. Der Arbeiter, welcher sich am Arbeitsmarkt aufstellte, war der locator, und der Arbeits- herr, welcher ihn zur Arbeit mitnahm, der conductor.

3. Bei der l. c. operis wird der Arbeitsherr der locator und der Uebernehmer der Arbeit der conductor genannt.

Woher dieser Wechsel? Denkt man sich als Urfall die Weide fremden Viehes, so würden sich die Bezeichnungen handgreiflich erklären.[7] Als man andere Arbeiten gleichstellte, blieb dann den Unternehmern der Name conductor.

Der locator klagt mit der actio locati und der conduc- tor mit der actio conducti.

## § 111. a) Die Sachenmiethe.

1. Das Gebiet der Sachenmiethe, d. h. des Vertrages über Einräumung von Sachen zur Benutzung auf Zeit gegen einen Miethzins[1] ist ein weites.

Mobilien, städtische und landwirthschaftliche Immobilien, nutzbare Rechte und selbst Erwerbsgeschäfte können ihren Gegenstand bilden.

Sie kann in Einräumung bloßen Gebrauches bestehen — Miethe im engeren Sinne — oder in der Ueberlassung von Einkommen, insbesondere von natürlichen Früchten — Pacht. Beide Geschäfte unterscheiden sich im römischen Rechte nur in wenigen Einzel- heiten.[2]

Wesentlich ist ein Miethzins in Geld[3] oder in Früchten. Ins- besondere ist die Theilpacht bei welcher dem Verpächter fortlaufend

---

7) Vgl. l. 9 § 5 D. h. t. 19, 2 „si quis vitulos pascendos conduxit". Aehn- lich Brinz Bd. 2 S. 752 Anm. 4. Nach und nach mag man „locare" für „austhun" und „conducere" für „sich etwas Vortheilhaftes zu Gemüthe führen" genommen haben, Pernice, Zeitschrift für Rechtsgeschichte n. F. Bd. 3 S. 55, vgl. auch eben- daselbst Bd. 9 S. 239. Von vornherein wäre man bei der Verdingung von Arbeiten auf solche Ausdrücke schwerlich gekommen.

1) l. 2 pr. D. h. t. 19, 2, Gajus libro 2 rerum cottidianarum besagt: .. locatio et conductio contrahi intelligitur, si de mercede convenerit. Natür- lich müssen die Betheiligten aber auch über das Miethobjekt einig sein, nicht minder über die Zeit der Miethe, namentlich also, ob auf unbestimmte Zeit oder auf be- stimmte gemiethet sein soll und in letzterem Falle, auf wie lange.

2) Vgl. übrigens Pfizer, Pacht und Miethe im Archiv für civ. Praxis Bd. 71 S. 445. Die Römer haben keine besondere Bezeichnung für die Pacht. Doch heißt der Pächter meist „colonus"; der Wohnungsmiether oft „inquilinus".

3) § 2 I. h. t. 3, 24.

eine Quote des Fruchtertrages zu entrichten ist, eine Art der Miethe.[4]

Ueberlassung einer Nutzung gegen andere Aequivalente, z. B. Dienste, ist nicht Miethe,[5] aber ihr im Wesentlichen analog.

Der Miethkontrakt setzt nicht voraus, daß der Vermiether der Eigenthümer des Miethobjektes ist, oder an demselben ein Nutzungsrecht hat. Die gegenseitigen Verpflichtungen des Vermiethers und Miethers entstehen vielmehr auch, wenn der Erstere kein Recht an der von ihm vermietheten Sache hat.[6]

2. Der Miether hat ein Recht:

a) auf rechtzeitige Einräumung der Miethsache und deren Gewährung während der Miethzeit, und zwar in kontraktgemäßem Zustande und mit dem bedungenen oder üblichen Zubehör,[7]

b) auf Schadensersatz wegen jeder Verschuldung des Vermiethers.[8]

Wird ihm die Miethsache nicht rechtzeitig gewährt oder, wenn auch nur zeitweise, entzogen, so hat er ein Rücktrittsrecht.[9] Geringe Verzögerung der Uebergabe und spätere vorübergehende Behinderung muß er sich jedoch gefallen lassen, wenn es sich dabei nur um Unannehmlichkeiten handelt, die im Leben nicht leicht vermeidbar sind, und die man zu ertragen pflegt.

Entschädigung wegen der völligen oder theilweisen Nichtge-

---

4) l. 25 § 6 D. h. t. 19, 2, Gajus libro 10 ad edictum provinciale. partiarius colonus quasi societatis jure et damnum et lucrum cum domino fundi partitur. Die Theilpacht ist in der Regel nicht Societät, wie Waafer, die colonia partiaria des römischen Rechtes 1885 behauptet. Nur die Vertheilung der Früchte mit dem Grundherrn ist der Societät ähnlich. Im Uebrigen ist das Verhältniß Pacht. Hierfür ist entscheidend die Absicht der Betheiligten. Die Grundsätze der Societät würden den Zwecken, welche dieselben bei solchem Verhältniß verfolgen, nicht entsprechen. Vgl. unten § 124 Anm. 6, Pernice, Parerga in der Zeitschrift für Rechtsgeschichte n. F. Bd. 3 S. 57. Zachariä v. Lingenthal, Savignyzeitschr. rom. Abth. Bd. 12 S. 80, Ferrini im Arch. f. civ. Prax. Bd. 81 S. 1. Der Pachtzins kann auch in bestimmten Summen von Naturalien festgesetzt sein, l. 8, l. 21 C. h. t. 4, 65.

5) l. 5 § 2 D. de praescriptis verbis 19, 5, § 2 I. h. t. 3, 24.

6) l. 7, l. 9 pr. § 6 D. h. t. 19, 2. Die Miethe der eigenen Sache ist nichtig, es sei denn, daß dem Miether rechtlich oder wenigstens thatsächlich die Nutzung derselben fehlt, l. 28 D. de a. vel a. poss. 41, 2.

7) l. 15 § 1, l. 19 § 2 D. h. t. 19, 2, l. 19 § 5 D. eod.

8) l. 19 § 5 D. h. t. 19, 2, l. 28 C. h. t. 4, 65. Vgl. freilich Pernice, Labeo Bd. 2 S. 326.

9) l. 24 § 4 D. h. t. 19, 2. Paulus libro 34 ad edictum... sera est enim patientia fruendi, quae offertur eo tempore quo frui colonus aliis rebus illigatus non potest, quod si paucis diebus prohibuit, deinde paenitentiam agit omniaque colono in integro sunt nihil ex obligatione paucorum dierum mora minuet — berühmte Worte. Vgl. oben Bd. 2 § 35 Anm. 2. Pfizer, Archiv für civ. Praxis Bd. 71 S. 457.

währung oder der Entziehung der Miethsache ist dem Miether außerdem zu leisten, wenn sie in Folge einer Verschuldung des Ver= miethers[10] oder auch ohne solche in Folge des besseren Rechtes eines Dritten geschah, welches zur Zeit der Vermiethung bestand und dem Miether unbekannt war.[11]

Mängel der Miethsache werden zwar nicht nach ädilicischem Recht behandelt.[12] Hindern sie aber den kontraktmäßigen Gebrauch, so hat der Miether das Recht des Rücktritts oder verhältnißmäßiger Minde= rung des Miethzinses. Entschädigungsansprüche hat er ihretwegen, wenn dem Vermiether wegen falscher Angaben oder Nichtanzeige oder Nicht= beseitigung derselben eine Schuld zur Last fällt. Dies alles gilt so= wohl für Mängel, die zur Zeit des Abschlusses des Miethkontraktes bestanden, als für solche, die sich während der Dauer der Miethe ent= wickelten.[13]

c) Nothwendige Verwendungen, welche der Miether im Interesse des Vermiethers vornahm, hat dieser mit Zinsen zu ersetzen.[14]

d) Der Miether ist zur Aftervermiethung und Afterver= pachtung befugt,[15] wenn der Vertrag nichts Anderes bestimmt.

Die auf der Miethsache ruhenden Lasten und Abgaben hat der Vermiether zu tragen.[16]

3. Die Rechte des Vermiethers sind:

a) der bedungene Miethzins. In der Regel ist derselbe post-

---

10) l. 33 in fine D. h. t. 19, 2. Africanus libro 8 quaestionum: Si colonus tuus fundo frui a te aut ab eo prohibetur, quem tu prohibere ne id faciat possis, tantum ei praestabis, quanti ejus interfuerit frui, in quo etiam lucrum ejus continebitur: sin vero ab eo interpellabitur, quem tu prohibere propter vim majorem aut potentiam ejus non poteris, nihil amplius ei quam mercedem remittere aut reddere debebis.

11) l. 9 pr. D. h. t. 19, 2. Ulpianus libro 32 ad edictum: Si quis domum bona fide emptam vel fundum locaverit mihi, isque sit evictus sine dolo malo culpaque ejus, Pomponius ait nihilo minus teneri ex conducto ei, qui conduxit, ut ei praestetur frui quod conduxit licere. Ob diese Eviktion eine „wahre" Eviktion genannt werden kann, darüber streiten Müller, Eviktion S. 123 und Bekker in seinem und Muthers Jahrbuch Bd. 6 S. 243.

12) l. 63 D. de aedil. edicto 21, 1.

13) l. 19 § 1, l. 25 § 2 D. h. t. 19, 2. Fehler, welche der Miether beim Kontraktschluß kannte oder sehen mußte, kann er nicht rügen, es sei ihm denn deren Beseitigung vom Vermiether zugesagt, l. 13 § 6 D. de damno infecto 39, 2.

14) l. 19 § 4, l. 61 pr. D. locati 19, 2. Nach l. 55 § 1 D. eod. sollen auch nützliche Verwendungen ersetzt werden, vgl. aber Petražycki, Einkommen Bd. 1 S. 307. Nicht ersetzt werden die laufenden Ausgaben z. B. Futterkosten für ein gemiethetes Pferd.

15) l. 6 C. h. t. 4, 65. Selbstverständlich haftet der Miether für Sorgfalt bei Auswahl des Aftermiethers und Afterpächters.

16) l. un. § 3 D. de via publica 43, 10.

numerando, d. h. nach Endigung der Miethe oder der vereinbarten oder üblichen Zinstermine zu zahlen. Der Vermiether trägt die Ge= fahr; das heißt: der Miethzins läuft nicht weiter, wenn die Miethsache zu Grunde geht,[17] oder wenn der Miether sonst in Folge eines nicht in seiner Person liegenden Grundes an der Fortsetzung der Miethe gehindert ist.[18] [19] Im Falle erheblicher theilweiser Störung der Miethe kann verhältnißmäßiger Abzug verlangt werden.[20]

Dem entspricht das Recht des Pächters auf Nachlaß am Pacht= zins — remissio mercedis —, falls der Fruchtertrag vor dem Ein= thun durch außerordentliche Unfälle vernichtet oder erheblich ge= schmälert wird. Bei mehrjähriger Pacht muß sich der Pächter indessen eine Aufrechnung besonders guter Jahre gefallen lassen.[21]

b) Der Miether hat die Miethsache gut zu behandeln,[22] und er haftet wegen jeder Verschuldung, mag nun Untergang oder Ver= schlechterung der Miethsache die Folge sein.[23] Erhebliche Veränderungen hat er zu unterlassen.

---

17) Dieses wichtige Princip scheint vorzugsweise Alfenus für die Wohnungs= miethe festgestellt zu haben. l. 30 § 1 D. h. t. 19, 2. Alfenus libro 3 digesto= rum a Paulo epitomatorum: Aedilis in municipio balneas conduxerat, ut eo anno municipes gratis lavarentur: post tres menses incendio facto respondit posse agi cum balneatore ex conducto, ut pro portione temporis, quo lava= tionem non praestitisset, pecuniae contributio fieret. Vgl. oben § 110 Abschn. 1 am Ende.

18) Auch die Furcht vor Gefahren kann hierher gehören. Man miethet z. B. eine Sommervilla und in der Nähe bricht die Cholera aus. Miethzins kann dann im Falle des Rücktrittes des Miethers nicht beansprucht werden, wenn auch die Villa von der Krankheit verschont bleibt. l. 27 § 1 D. h. t. 19, 2. Alfenus libro 2 digestorum: Iterum interrogatus est, si quis timoris causa emigrasset, deberet mercedem necne. respondit, si causa fuisset, cur periculum timeret, quamvis periculum vere non fuisset, tamen non debere mercedem: sed si causa timoris justa non fuisset, nihilo minus debere.

19) Der Rücktritt von der Miethe ist nicht dadurch ausgeschlossen, daß die Be= hinderung des Gebrauchs von vornherein als mögliches Ereigniß vorausgesehen werden konnte. Wird z. B. zur Möbelfabrikation ein Lokal in einem Rayon ge= miethet, welcher besonderen Anordnungen der Zollbehörde unterliegt, und später werden von der Zollbehörde neue Vorschriften getroffen, welche jene Fabrikation un= möglich machen oder erheblich beschränken, so darf der Miether zurücktreten, R.G. Bd. 4 S. 169.

20) l. 27 pr. D. h. t. 19, 2.

21) l. 15 §§ 2—4, l. 25 § 6 D. h. t. 19, 2, l. 8 C. h. t. 4, 65. W. Sell im Archiv für civ. Praxis Bd. 20 n. 8. Jacobi, Remission des Pachtzinses 1856. Vangerow Bd. 3 § 641 Anm. 1.

22) Dazu können Aufwendungen zur Erhaltung der Sache gehören. Vgl. oben Anm. 14, Petražycki, Einkommen Bd. 1 S. 165. Namentlich liegt dem Pächter auch die Pflicht der Summission ob, oben Bd. 1 § 247 Anm. 7, l. 45 § 13 D. de jure fisci 49, 14, Petražycki a. a. O. S. 117.

23) Der Miether steht für die Schuld seiner Leute und Gäste nur ein, soweit ihn selbst eine Schuld z. B. in deren Aufnahme trifft, l. 11 pr. D. h. t. Vgl. weiter

c) Nach Beendigung der Miethe ist er zur Rückgabe der Mieth=sache [24] und alles Zubehörs in ihrem derzeitigen Stand [25] gehalten. [26]

4. Das Recht des Miethers ist kein dingliches, sondern ein per=sönliches. Er hat bloße Detention für den Vermiether, keinen juri=stischen Besitz. [27] [28]

In Rom konnte der Vermiether demzufolge den Miether beliebig aus der Miethsache setzen, er war ihm nur entschädigungspflichtig, wenn dies vorzeitig kontraktwidrig geschah. Und vollends ein n e u e r E r=w e r b e r, insbesondere ein Käufer der vermietheten Sache war an die Miethverträge seines Vorgängers nicht gebunden. [29] [30] Dies drückt man gewöhnlich durch den Satz aus: „Kauf bricht Miethe". Natürlich

---

l. 11 § 1 ff, l. 12, l. 25 §§ 3 und 4 D. h. t. Absichtliches Zuwiderhandeln gegen ausdrückliche Verbote des Miethkontraktes verpflichtet auch für den zufälligen, hieraus entstehenden Schaden, l. 11 § 1 D. h. t. Ueber die Verpflichtungen des Pächters eines Geschäftsetablissements vgl. Kohler im Archiv für civ. Praxis Bd. 71 n. 9.

24) Nicht selten ist, daß Miether, insbesondere auch Pächter, die Herausgabe der Miethsache trotz Endigung der Miethe verzögern und den klagenden Verpächter durch Chikanen und ungegründete Vorwände hinzuhalten suchen. Die l. 25 C. h. t. 4, 65 tritt dem durch Ausschließung des Einwandes entgegen, daß der Miether selbst der Eigenthümer der Miethsache sei. Er muß dies also in besonderem Prozesse geltend machen. G. Thon in Lindes Zeitschrift Bd. 1 n. 24 hält dies namentlich dann nicht für anwendbar, wenn der Beklagte behauptet, schon zur Zeit der Miethe Eigenthümer gewesen zu sein, weil dann in Wahrheit kein Miethkontrakt geschlossen sei. Dies ist nicht zutreffend, denn die Verordnung schließt den Einwand des Eigenthums stets aus, wenn man „agrum conductionis titulo accepit", also ohne Rücksicht darauf, ob ein gültiger Miethkontrakt geschlossen ist. Windscheid Bd. 2 § 400 Anm. 18.

25) Das Inventar eines Landgutes wird dem Pächter häufig unter einer S c h ä t z u n g s summe übergeben. Dann ist der Pächter K ä u f e r für die Schätzungs=summe. Daher wird er Eigenthümer des Inventars und zur freien Verfügung über dasselbe berechtigt, ist aber verbunden, nach Endigung der Miethe die Schätzungs=summe zu erstatten. Natürlich trifft ihn also die Gefahr des Unterganges und der Verschlechterung des Inventars. — Seit dem Mittelalter kommen auch Verträge vor, nach denen der Verpächter Eigenthümer des Inventars bleibt, so daß der Pächter dasselbe nur soweit veräußern darf, als es die Gutsbewirthschaftung nothwendig macht, und bei denen der Pächter dennoch die Gefahr trägt, so daß er abgängige Stücke ersetzen muß. Solche Abmachungen — welche unter anderem code civil art. 1822 vorsieht — pflegt man „eiserne Viehverträge" zu nennen.

26) Ueber die gesetzlichen Pfandrechte des Vermiethers und Verpächters vgl. oben Bd. 1 § 268.

27) l. 10 D. de a. vel a. poss. 41, 2, oben Bd. 1 § 174 Anm. 4.

28) Ueber das Folgende vgl. Dernburg (der ältere), Abhandlungen n. 1 und Ziebarth, die Realexekution und die Obligation mit Rücksicht auf die Miethe 1866, ferner Degenkolb, Platzrecht und Miethe 1867, Geller in Grünhuts Zeitschrift Bd. 5 S. 813. L. Jacobi, Miethe u. Pacht 1889 S. 21. Zur Geschichte der Miethe und Pacht in den deutschen Rechten des Mittelalters siehe Brünneck in der Zeitschr. der Savignystiftung Bd. 1, germanistische Abth. S. 138.

29) l. 12, l. 18 pr. D. de vi 43, 16, l. 20 D. de a. vel a. poss. 41, 2. Ziebarth a. a. O. S. 126 ff.

30) Weder war der Käufer dem Miether, — l. 25 § 1 D. h. t. 19, 2 und die oben Anm. 29 citirten Stellen —, noch auch der Miether dem Käufer zur Fortsetzung der Miethe nach dem Verkaufe verpflichtet, l. 32 D. h. t. 19, 2, l. 9 C. h. t. 4, 65.

blieb aber der Vermiether dem Miether kontraktlich zur Entschädi=
gung verbunden, wenn diesem der Kontrakt in Folge der Veräußerung
nicht ausgehalten wurde.

Das gemeine Recht ist minder schroff. Es duldet namentlich nicht,
daß der Vermiether selbst den Miether vor Beendigung der Miethe
kontraktbrüchig der Miethsache entsetzt, selbst wenn er entschädigen wollte. [31]
Der Grundsatz: Kauf bricht Miethe wurde zwar aufgenommen, aber
gemildert. Gemeinrechtlich darf der Miether Einhaltung der ortsüblichen
Kündigungsfristen, und eventuell eine angemessene Zeit zur Räumung
beanspruchen. [32]

5. Hinsichtlich der Beendigung ist Miethe mit und solche ohne
Zeitbestimmung zu unterscheiden.

Miethe ohne Zeitbestimmung kann jederzeit von jedem der
beiden Theile mittels Kündigung unmittelbar beendigt werden. Doch
bestehen in Deutschland für Wohnungsmiethen fast überall lokale Kün=
digungsfristen, welche einzuhalten sind.

Miethen unter Zeitbestimmungen endigen mit deren Ab=
lauf und außerdem vorzeitig:

a) durch Untergang der Miethsache,

b) in Folge Rücktrittes des Miethers, wenn ihm die
kontraktmäßige Nutzung nicht gewährt wird, [33]

c) durch Entsetzung des Miethers seitens des Vermiethers
wegen zweijährigen Rückstandes der Miethzinsen, [34] erheblicher Ver=

31) Die Praxis trägt kein Bedenken, dem Miether, gegen welchen der Vermiether
sein possessorisches Rechtsmittel geltend macht, „die Einrede aus dem Kontrakte zuzu=
gestehen." Mühlenbruch, Cession S. 279 Anm. 75. Nach der Praxis des R.G. ver=
fällt ferner der Vermiether, welcher den Miether durch Selbsthülfe zum Verlassen
der Wohnung nöthigt, den Strafen wegen Nöthigung, vgl. oben Bd. 1 § 125 Anm. 3,
und der Miether hat die Spolienklage, wenn er aus der Miethsache ausgetrieben
wird, oben Bd. 1 § 189 Anm. 7. Auch gegenüber petitorischen Rechtsmitteln des
Vermiethers vertheidigt sich der Miether mit Erfolg durch Berufung auf den Mieth=
kontrakt. Vgl. auch Fischer, soll Kauf Pacht und Miethe brechen? 1888.

32) Hierfür kann man sich auf die Worte der l. 12 D. de vi 43, 16 berufen:
„nisi forte propter justam et probabilem causam id fecisset". Nach der Praxis
kommt dem Miether ferner die Vereinbarung zwischen dem Verkäufer und dem
Käufer zu gute, wonach der letztere sich verpflichtete, die Miethe auszuhalten. Vgl.
l. 9 C. h. t. 4, 65; Seuffert, Archiv Bd. 32 n. 318. Daß der Miether die Miethe
fortzusetzen hat, wenn der Käufer zur Fortsetzung bereit ist, wird in der Praxis
nicht bezweifelt.

33) Vgl. oben Anm. 18.

34) l. 54 § 1, l. 56 D. h. t. 19, 2. Durch Zahlung vor Anzeige der Auf=
hebung der Miethe erhält sich das Recht des Miethers. Siehe oben Bd. 1 § 260
Anm. 24.

schlechterung der Miethsache, [35] nothwendiger Reparaturen [36] und un=
vorhergesehenen eigenen Bedürfens der Sache. [37]

d) Konkurs des Miethers, nachdem die Miethsache in seine Detention
kam, giebt dem Vermiether und dem Konkursverwalter ein
Kündigungsrecht unter Beachtung der vereinbarten, oder der gesetzlichen
oder ortsüblichen Kündigungsfristen. [38]

Thatsächliche Fortsetzung der Miethe nach ihrer Beendigung
gilt als Wiedererneuerung der Miethe, und zwar wenn sie
Pacht ist, auf ein Jahr, sonst auf Kündigung, [39] nach heutiger Auf=
fassung unter Beachtung der üblichen Kündigungsfristen.

### § 112. b) Die Dienstmiethe. [1]

Die Vermiethung unserer Dienste auf Zeit gegen
Geld ist Dienstmiethe — locatio conductio operarum. Sie ist
nach Analogie der Sachenmiethe zu behandeln, soweit ihre besondere
Natur nicht entgegensteht.

Die Dienstmiethe hat es nur mit solchen Arbeiten zu thun, die nach

---

35) l. 54 § 1 D. h. t. 19, 2, l. 3 C. h. t. 4, 65.

36) l. 3 C. h. t. 4, 65, l. 30 pr., l. 35 pr. D. h. t. 19, 2.

37) l. 3 C. h. t. 4, 65. Nur von der Wohnungsmiethe ist hier übrigens die
Rede. R. Samter, Benutzungsrecht d. Vermiethers bei eigenem Gebrauch, Jenaer
Inauguraldiss. 1890.

38) K.O. § 17 Ziff. 1.

39) l. 13 § 11, l. 14 D. h. t. 19, 2. Röder, Abhandlungen n. 1; Bangerow
Bd. 3 § 644. Dem Ausspruche in der l. 13 § 11 cit. von Ulpianus libro 32 ad
edictum „in urbanis autem praediis... jure utimur, ut, prout quisque habita-
verit, ita et obligetur" folgt — offenbar von der Hand der Kompilatoren — der
höchst bestrittene Zusatz: „nisi in scriptis certum tempus conductioni comprehensum est". Viele, insbesondere Bangerow a. a. O. und Windscheid Bd. 2 § 402
Anm. 13, entnehmen hieraus den Satz, daß die in einem Schriftvertrage für die —
erste — Miethe festgestellte Zeit auch für die stillschweigend fortgesetzte Miethe gelte.
Bliebe also der Miether, welcher auf 5 Jahre gemiethet hatte, nach Ablauf derselben
ohne Widerspruch des Vermiethers noch einige Zeit in der Wohnung, so wäre die
Miethe für beide Theile auf volle 5 Jahre erneuert! Ein merkwürdiger Satz. Aus
der vermuthlichen Absicht der Betheiligten läßt er sich nicht herleiten und für willkürliche Gesetzesbestimmungen auf diesem Gebiete besteht kein Grund. In dem bloß
negativ sich verhaltenden Schlußsatze der Stelle ist so etwas nicht gesagt. Wir sehen
in ihm nur einen wenig glücklich formulirten, übrigens selbstverständlichen Vorbehalt.
Ist, dies nur ist die Meinung, in dem ursprünglichen Miethvertrage — in scriptis
im Gegensatz zu der späteren stillschweigenden Erneuerung — eine Zeit für die
etwaige Fortsetzung der Miethe vorgesehen, so ist sie maßgebend, nicht die Zeit des
thatsächlichen Wohnens. Vgl. Röder a. a. O. S. 40 und die bei Bangerow a. a. L.
Citirten. Behn im Archiv für civ. Praxis Bd. 68 n. 4 kommt durch eine andere
Interpretation zu demselben Resultat wie wir.

1) Dankwardt in Jherings Jahrbüchern Bd. 14 n. 5. Pernice in der Ztschrift.
d. Savignystiftung, rom. Abth. Bd. 9 S. 242. Jean Adnet, le louage de services,
thèse, Par. 1892.

Anordnung und Geheiß des Arbeitgebers zu geſchehen haben.[2] Es
wird aber keineswegs erfordert, daß es ſich um bloße Handarbeit —
ſ. g. illiberale Dienſte — handelt. In Rom, wo die Sklavenarbeit
überwog, hatte die Dienſtmiethe nur untergeordnete Bedeutung.[3][4] Heutzutage aber iſt ſie nach Beſeitigung der Sklaverei und anderer durch
Geburt begründeter Subjektionsverhältniſſe von der größten ſocialen
Wichtigkeit. Beſondere Arten ſind die Geſindemiethe, der Arbeitsvertrag
mit Geſellen, mit Fabrikarbeitern, mit der Schiffsmannſchaft, die An-
ſtellung von Handlungsgehülfen.[5]

Die Dienſtmiethe wird bald auf beſtimmte, bald auf unbeſtimmte
Zeit geſchloſſen. Im letzteren Fall hatte in Rom jeder Theil jeder
Zeit das Rücktrittsrecht. Aber nach heutigem Recht beſtehen Kündigungs-
friſten. Ihre Dauer beſtimmt das Landesgeſetz oder die Uebung, in
Ermangelung deſſen richterliches billiges Ermeſſen.

a) Der Arbeiter hat ſeine Dienſte perſönlich zu leiſten; denn ſie
ſind gemiethet. Es muß daher der Arbeitsherr eine Vertretung nicht
annehmen.

b) Für die Dienſte iſt der Lohn zu zahlen — im Zweifel poſt-
numerando. Er kann nach der Zeit der Arbeit bemeſſen ſein — z. B.
Tagelohn, — oder nach dem Maße der Arbeit — Akkordarbeit. Auch
dann iſt der Lohn zu zahlen, wenn der Miether die Dienſte willkürlich
zurückweiſt oder aus in ſeiner Perſon liegenden Gründen nicht brauchen
oder annehmen kann. Selbſt der Tod des Miethers iſt an ſich kein
Grund der Endigung eines auf beſtimmte Zeit geſchloſſenen Dienſtvertrages; er iſt dies nur, wenn es ſich um höchſtperſönliche Leiſtungen
an den Dienſtherrn handelte.[6]

Bleibt dem Vermiether durch die Nichtannahme ſeiner Dienſte freie
Zeit, ſo kann ihm auf ſeine Lohnforderung angerechnet werden, was

2) Brinz Bd. 2 S. 762.

3) Paulus sententiae II 18 § 1: homo liber, qui statum suum in potestate
habet et pejorem eum et meliorem facere potest: atque ideo operas suas
diurnas nocturnasque locat, vgl. l. 91 D. de furtis 47, 2.

4) Keine Art der Miethe nahmen die Römer bei den Feldmeſſern an. Dieſelben
erhielten keinen Lohn, ſondern Honorar, waren auch nur wegen Dolus verantwortlich. l. 1 pr. D. si mensor falsum modum dixerit 11, 6. Dies ſind auf der
älteren römiſchen Volksanſchauung beruhende Sätze, die für das heutige Recht keine
Bedeutung haben.

5) Vgl. über dieſe verſchiedenen Kontrakte Dankwardt a. a. O., mein preuß.
Pr.Recht Bd. 2 §§ 192 ff. Selbſt auf das Staatsdienerverhältniß ſind die privat-
rechtlichen Normen des Dienſtvertrages anzuwenden, ſoweit ſie nicht mit den öffentlichen Zwecken des Staatsdienſtes in Widerſpruch ſtehen, R.G. Bd. 18 S. 173.

6) l. 19 § 9 D. h. t., abgedruckt Anm. 7, l. 19 cit. § 10, l. 4 D. de off.
adsess. 1, 22.

er inzwiſchen verbient hat, vorausgeſetzt, baß es nicht in anſtrengenberer
ober läſtigerer Art geſchehen mußte. Verbienſt, ben zu machen in ſeiner
Hand lag, iſt gleichzuſtellen.[7][8]

Der Arbeitsherr hat das Recht des Rücktrittes vom Vertrage nach
Analogie der Sachenmiethe, wenn er bie Dienſte aus außerhalb
ſeiner Perſon liegenden Gründen nicht annehmen kann.[9]
Insbeſondere ſteht ihm der Rücktritt offen, wenn ſein Vertrauen in das
Wollen unb Können ſeines Angeſtellten aus anzuerkennenden Gründen
erſchüttert iſt.[10] Eröffnung des Konkurſes über bas Vermögen des
Dienſtherrn giebt beiden Theilen ein Kündigungsrecht unter Beobachtung
ber vereinbarten oder üblichen Kündigungsfriſten.[11]

### § 113. c) Locatio conductio operis.

Der Vertrag, burch welchen ſich ein Unternehmer — conductor —
gegenüber bem Beſteller — locator — zur Vollführung eines
Unternehmens gegen einen Gelbpreis verbinbet, iſt locatio conductio operis,[1] Verbingungsmiethe oder Werkverbingung.

Bezweckt wirb ein ökonomiſcher Effekt — ein opus.[2] Dahin gehören namentlich Manipulationen mit körperlichen Dingen, z. B. Be-

---

7) l. 19 § 9 D. h. t. 19, 2. Ulpianus libro 32 ad edictum: Cum quidam
exceptor operas suas locasset, deinde is, qui eas conduxerat, decessisset, impe-
rator Antoninus cum divo Severo rescripsit ad libellum exceptoris in haec
verba: Cum per te non stetisse proponas, quo minus locatas operas Antonio
Aquilae solveres, si eodem anno mercedes ab alio non accepisti, fidem contractus impleri aequum est.

8) Vgl. ben oben § 45 Ziff. 3 entwickelten Satz.

9) In l. 38 pr. D. h. t. erklärt zwar Paulus libro singulari regularum:
Qui operas suas locavit totius temporis mercedem accipere debet, si per eum
non stetit, quo minus operas praestet. Doch iſt dies nicht auf Fälle zu beziehen,
in welchen eine ſolche Unmöglichkeit der Leiſtung des fraglichen Dienſtes eintrat,
die nicht in der Perſon des Gläubigers begründet war. R.G. Bb. 3 S. 182 unb
dort Angeführte.

10) R.G. Bb. 23 S. 167.

11) K.D. § 19.

1) Dankwardt, die l. c. operis Jherings Jahrb. Bb. 13 n. 7, Pernice, Ztſchrſt.
b. Savignyſtift. r. Abth. Bb. 9 S. 244.

2) Es iſt unrichtig, wenn Viele, z. B. Wächter Bb. 2 S. 479 in ſeinen Beilagen
zu den Pandekten, die l. c. operis als „einen Fall" ber l. c. operarum bezeichnen.
Es handelt ſich bei ihr vielmehr um einen herzuſtellenden ökonomiſchen Effekt. l. 5
§ 1 D. de V. S. 50, 16. Paulus libro 2 ad edictum: „Opere locato conducto":
his verbis Labeo significari ait id opus, quod Graeci ἀποτέλεσμα vocant, non
ἔργον id est ex opere facto corpus aliquod perfectum. Natürlich iſt aber für
dieſen Effekt von Seiten des Unternehmers Arbeit aufzuwenden. Dies ſucht Paulus
libro 34 ad edictum, l. 22 § 2 D. h. t. 19, 2 zur Geltung zu bringen: „locat
enim artifex operam suam, id est faciendi necessitatem."

arbeitung oder Verarbeitung von Mobilien, Transport von Sachen [3] und von Personen, Bauten und sonstige Umgestaltungen von Immobilien. Nach gleichen Grundsätzen sind geldwerthe immaterielle Leistungen geschäftlicher, künstlerischer, technischer oder wissenschaftlicher Art zu behandeln. [4] [5]

Der Unternehmer hat bald bloß Arbeit zu leisten — reine Werkverdingung — bald auch Materialien für das Werk zu liefern — Werklieferungsvertrag. [6]

Liegt jedoch dem Unternehmer die Beschaffung des zu bearbeitenden Hauptgegenstandes ob, so gilt das Geschäft als Verkauf, nicht als Werkverdingung. [7] Auf bloße Zuthaten bezieht sich dies nicht. Daher bilden Bauten auf Boden, welchen der Besteller anweist, stets Werkverdingung, auch wenn der Unternehmer die Baumaterialien liefert. [8]

---

3) Das H.G.B. normirt „das Frachtgeschäft" Art. 390 ff. und das Frachtgeschäft zur See Art. 657 ff.

4) Vgl. über den Lehrvertrag mein preuß. Pr.Recht Bd. 2 § 194.

5) Ein besonders wichtiges Geschäft dieser Art ist die Auskunftsertheilung über die Kreditwürdigkeit einer Person, welche eine regelmäßige Grundlage für den vielverzweigten modernen Kredit geworden ist. Vgl. hierüber Hugo Jacoby, die Krediterkundigung. Berliner Inauguraldissertation 1891. Die bezügliche Auskunft wird regelmäßig „ohne Obligo" ertheilt und diese Klausel ist als usancemäßig zu unterstellen, wenn sie ausnahmsweise fehlen sollte. Zweifellos haftet der Ertheiler gleichwohl für dolus. Ob aber auch für culpa lata? Dies hält Jacoby a. a. O. für unzutreffend. Uns scheint umgekehrt die Haftung für grobe Fahrlässigkeit geboten und im allgemeinen Interesse. Nur muß sich der Richter der großen Schwierigkeiten der Auskunftsertheilung bewußt bleiben und daher mit der Annahme grober Fahrlässigkeit vorsichtig sein.

6) Eine s. g. locatio conductio irregularis ist es, wenn dem conductor verstattet ist, statt der zur Verarbeitung gegebenen Materialien andere zu verwenden, oder auch im Falle eines Transportes statt der hingegebenen Fungibilien zu restituiren. l. 31 D. h. t. 19, 2, l. 34 pr. D. de auro 34, 2, vgl. Karlowa in Grünhuts Ztschrft. Bd. 16 S. 418. P. Rossi, l. c. operis irregularis in den stadi senesi Bd. 7 S. 181 ff. — Ein hierher gehöriger Fall ist die Zahlung einer Geldsumme durch „Postanweisung".

7) § 4 I. h. t. 3, 24: Item quaeritur, si cum aurifice Titio convenerit, ut is ex auro suo certi ponderis certaeque formae anulos ei faceret et acciperet verbi gratia aureos decem, utrum emptio et venditio an locatio et conductio contrahi videatur? Cassius ait materiae quidem emptionem venditionemque contrahi, operae autem locationem et conductionem. sed placuit tantum emptionem et venditionem contrahi. quodsi suum aurum Titius dederit mercede pro opera constituta dubium non est. quin locatio et conductio sit. Dies nach Gajus Inst. III. § 147, vgl. l. 2 § 1 D. h. t. 19, 2. Die Unterstellung der Werklieferungsverträge unter den Kauf ist übrigens unzweckmäßig und wirthschaftlich bedenklich. Ehrenberg, Kauf und Werkvertrag in Jherings Jahrb. Bd. 27 n. 4.

8) l. 20 D. de contr. empt. 18, 1, quoniam tunc a me substantia proficiscitur, l. 22 § 2 D. h. t. 19, 2. Ob der Bau auf eigenem Boden des Bestellers oder auf fremdem ausgeführt werden soll, ist gleichgültig. So R.G. Bd. 13 S. 209 bezüglich des Baues eines Cirkus auf einem städtischen Platze in Folge Bestellung einer Kunstreitergesellschaft. Vgl. ferner R.O.H.G. Bd. 23 S. 89. Seuff. Arch. Bd. 48 n. 254, R.G. in jur. Wochenschr. 1893 S. 556.

a) Der Unternehmer hat vertragsmäßig, rechtzeitig [9] und fehlerlos [10] abzuliefern.

Persönliche Ausführung ist nichts Wesentliches. Der Unternehmer kann die Arbeit vielmehr weiter verdingen, [11] es sei denn das Gegentheil vereinbart oder nach der Natur der fraglichen Arbeit selbstverständlich. Die locatio conductio operis begreift also auch die s. g. Entreprise in sich. [12]

Gehülfen darf der Unternehmer regelmäßig verwenden, auch wenn er zur persönlichen Leitung verbunden ist.

Für Verschuldung von Vertretern und Gehülfen steht er wie für die eigene ein. [13]

Die Verpflichtung des Unternehmers ist in der Regel vererblich.

b) Der Besteller — locator — schuldet den bedungenen Preis, und zwar je nach der Vereinbarung erst nach Vollendung des Ganzen, oder gemäß den einzelnen Stadien des Fortschreitens. [14] Vorschüsse sind zu leisten, sofern sie besonders ausbedungen oder üblich sind. [15]

Der Lohn ist auch geschuldet, wenn das Unternehmen durch kontraktwidrige Kündigung seitens des Bestellers verhindert wird. Die Ersparniß an sonst nöthigen Aufwendungen ist aber anzurechnen. [16]

---

9) Verzögerung giebt nicht selten dem Besteller ein Rücktrittsrecht nach den oben Bd. 2 § 85 entwickelten Grundsätzen.

10) Ist eine unverzügliche Nachbesserung möglich, so kann sie der Besteller fordern, der Unternehmer anbieten. Wie lange der Besteller auf sie warten muß, ist nach den Lebensverhältnissen und den Zwecken des Kontraktes zu beurtheilen. Begnügt sich der Besteller mit einer mangelhaften Arbeit, so kann er Minderung des Preises fordern und, im Falle der Unternehmer in Schuld ist, Schadenersatz. Dem Besteller steht aber auch der Rücktritt vom Geschäft frei, wenn die Arbeit in erheblicher Weise der kontraktmäßigen Beschaffenheit entbehrt, sofern er nur das ihm Geleistete zurückgeben kann, was namentlich bei Bauten auf seinem Grund und Boden nicht der Fall ist. Ist das Unternehmen noch nicht vollendet, so kann er dasselbe aufgeben, wenn sich herausstellt, daß es kontraktmäßig nicht auszuführen ist. Er muß dann für das fertig Gestellte Vergütung leisten, l. 60 § 4 D. h. t. 19, 2. Der Unternehmer haftet für Fehler nicht, wenn er auf Anweisung des Bestellers gehandelt hat, es sei denn, daß er als Kunstverständiger den nicht sachverständigen Arbeitsherrn auf die Gefahren der Ausführung aufmerksam machen mußte. Vgl. l. 51 § 1, l. 60 § 3 D. h. t. 19, 2.

11) l. 48 pr. D. h. t. 19, 2.

12) Dankwardt a. a. O. S. 305 will freilich „locatio conductio operis" und „Entreprise" scharf unterschieden wissen. Mit Unrecht. Der Unternehmer verspricht ein Arbeitsprodukt und nicht nothwendig seine Arbeit. Das ergiebt auch l. 48 pr. D. cit.

13) Oben Bd. 2 § 38 Anm. 8.

14) l. 51 § 1 D. locati 19, 2.

15) Laufen Zinsen des rückständigen Lohns von der Ablieferung der Arbeiten an? Eine derartige Analogie eines immerhin singulären Satzes des Kaufrechtes ist bedenklich. Vgl. Windscheid Bd. 2 § 401 Anm. 1 a.

16) Vgl. l. 19 § 9 D. h. t. 19, 2, Bolze, Praxis des R.G. Bd. 2 S. 230.

Der Besteller hat das zu Bearbeitende rechtzeitig zu liefern, sowie das vollendete Werk rechtzeitig abzunehmen. Ist es kontraktmäßig, so hat er seine Billigung zu ertheilen. Dieselbe liegt oft schon in vor=behaltloser Annahme oder darin, daß er nicht in kurzer Frist Mängel desselben rügt. Nach der Billigung steht der Unternehmer nur für solche Mängel ein, welche bei ordnungsmäßiger Prüfung nicht erkennbar waren. Daß dies der Fall, hat der Besteller darzulegen. Hat der Unternehmer die Billigung durch Dolus herbeigeführt, so entlastet sie ihn nicht. [17]

Bestritten ist die Gefahr, b. h. die Frage, ob dem Unternehmer in Fällen zufälliger Vernichtung oder Verschlechterung des unternommenen Werkes gleichwohl der Lohn gebührt. [18]

Natürlich geht die Gefahr auf den Besteller über, wenn er das Werk abgenommen hat oder hätte abnehmen sollen. Dagegen trägt bis dahin der Unternehmer die Gefahr, denn die Vergütung ist ihm für das vollendete Werk zugesagt. Aber striktes Festhalten an diesen Grundsätzen wäre hart. Sie erleiden daher folgende Modifikationen aus billiger Berücksichtigung der aufgewendeten Arbeit:

a) Trat Untergang oder Verschlechterung des Werkes in Folge des vom Besteller gelieferten Materials ein, so trifft die Gefahr ihn, er hat also verhältnißmäßigen Lohn zu vergüten.

Ist der zufällige Schaden ferner Folge eines in der Person des Bestellers liegenden Grundes oder traf er die Sache zu der Zeit, wo sie in der Gewahrsam des Bestellers war, so muß Gleiches gelten. [19]

b) Den Besteller trifft die Gefahr auch, wenn das Werk durch höhere Gewalt zerstört wird, welche durch technische Vorkehrungen nicht auszuschließen war, z. B. durch ein Erdbeben. [20] [21]

---

17) l. 24 pr. D. h. t. 19, 2. Aus dem Satze „ut irrita sit adprobatio dolo conductoris facta" läßt sich nicht mit Arndts § 315 schließen, daß der Unternehmer nach der Billigung nur für dolus hafte.

18) Siehe Bolze, über den Zufall bei der Werkverdingung im Archiv für civ. Praxis Bd. 67 n. 5. Schmauser, Zufall bei d. Werkverdingung, Erlanger Inaugural= diss. 1891. Adnet a. a. O. S. 29 siehe oben § 112 Anm. 1. Vgl. ferner die bei Windscheid Bd. 2 § 401 Anm. 8 Angeführten.

19) Dies folgt aus der Natur der Sache, vgl. Strohal in Jherings Jahrb. Bd. 33 S. 386.

20) Aus dem Begriff der l. c. operis, wie ihn Labeo entwickelt — vgl. oben Anm. 2 — folgt, daß der conductor die Gefahr trägt, wenn das opus zu Grunde geht, ehe es der Besteller angenommen hat oder hätte annehmen sollen. Dies spricht Labeo libro 1 pithanorum l. 62 D. h. t. 19, 2 aus: Si rivum, quem faciendum conduxeras et feceras, antequam eum probares, labes corrupit, tuum peri-culum est. Paulus macht die offenbar billige Ausnahme: „immo si soli vitio id accidit, locatoris erit periculum, si operis vitio accidit, tuum erit detrimen-tum." Eine andere noch tiefer greifende Ausnahme rührt von Sabinus her. Vgl.

### § 114. Die lex Rhodia de jactu. [1]

Bedroht eine Seegefahr Schiff und Ladung gemein=
sam, zu deren Abwendung der Führer des Schiffes Opfer
bringt, so haben Alle, die gefährdet waren, den Schaden
— die große Haverei [2] — gemeinsam zu tragen.

Dieser Satz — die lex Rhodia de jactu — ging aus dem
rhodischen Recht in das römische, und von da in das mittelalterliche und
neuere Seerecht über. Es wird hierdurch eine rechtliche Gemeinschaft
zwischen dem Rheder des Schiffes und sämmtlichen Befrachtern desselben
von der Einladung der Frachtgüter in das Schiff bis zu deren Wieder=
ausladung begründet, welche in der durch die Befrachtung entstandenen
thatsächlichen Gemeinschaft eine natürliche Grundlage hat.

Die Voraussetzungen der Austheilung des Schadens sind:

1. eine unmittelbare, Schiff und Ladung gemeinsam bedrohende
Gefahr,

2. zur Rettung gebrachte Opfer. Urfall ist das Auswerfen von

---

l. 59 D. h. t. 19, 2. Javolenus libro 5 Labeonis posteriorum: Marcius domum
faciendam a Flacco conduxerat: deinde operis parte effecta terrae motu con-
cussum erat aedificium. Masurius Sabinus, si vi naturali veluti terrae motu,
hoc acciderit, Flacci esse periculum. Die vis naturalis, von der Sabinus sprach,
ist die höhere Gewalt, vgl. oben Bd. 2 § 39 Anm. 7. Uebereinstimmend ist Florentinus
libro 7 institut. l. 36 D. h. t. 19, 2: Opus, quod aversione locatum est, donec
adprobetur conductoris periculo est: quod vero ita conductum sit, ut in pedes
mensurasve praestetur, eatenus conductoris periculo est, quatenus admensum
non sit: et in utraque causa nociturum locatori si per eum steterit, quo minus
opus adprobetur vel admetiatur. si tamen vi majore opus prius interciderit
quam adprobaretur, locatoris periculo est, nisi si aliud actum sit: non enim
amplius praestari locatori oporteat, quam, quod sua cura atque opera consecutus esset. Dies wird ergänzt durch l. 37 D. h. t. 19, 2. Javolenus libro 8
ex Cassio: Si, priusquam locatori opus probaretur, vi aliqua consumptum est.
detrimentum ad locatorem ita pertinet, si tale opus fuit, ut probari deberet.

21) Der Entwurf des bürg. Gesetzbuchs II § 580 läßt den Unternehmer stets
die Gefahr tragen, es sei denn, daß der Zufall den vom Besteller gelieferten Stoff
trifft. Das ist hart für die arbeitenden Stände.

1) Tit. Dig. de lege Rhodia de jactu 14, 2, Paulli sent. II. 7, H.G.B.
Art. 702—735, Goldschmidt in seiner Zeitschrift Bd. 35 S. 36, S. 321. Heck, d.
Recht d. großen Haverei 1889, insbesondere S. 592. Dort siehe die Litteratur.

2) Der Ausdruck „Haverei" ist zum technischen für solchen Schaden und für das
Rechtsinstitut geworden. Ist der Name arabischen Ursprungs? siehe Goldschmidt
a. a. O. Anm. 1. Es handelt sich bei der Haverei in unserem Sinne um außer=
ordentliche Aufwendungen. Die „ordinäre" oder „kleine" Haverei, d. h. Aufwen=
dungen in mißlichen Lagen, die aber nichts Außergewöhnliches sind, z. B. Aufeisen
Nothwendigkeit eines Lootsen, hat der Rheder allein zu tragen, ohne daß er die
Ladungsinteressenten wegen ihrer heranziehen darf. Von der „großen" oder „gemein=
samen" Haverei ferner ist die partikulare oder besondere zu unterscheiden.
Dies sind Schäden, die den Einzelnen treffen. Es entsteht z. B. Feuer in der Waare
eines der Befrachter, durch welches dieselbe zerstört wird.

Waaren über Bord;[3] aber auch alle anderen Rettungsmaßregeln des Schiffers gehören hierher, unter anderem Ueberladung von Waaren in Leichterschiffe, in denen sie zu Grunde gingen, Kappen der Masten oder andere Beschädigungen des Schiffes, Loskauf von Piraten.[4]

3. Die Maßregeln müssen vom Führer des Schiffes ausgegangen sein.[5]

4. Das Schiff muß erhalten bleiben, wie auch ein Theil der Ladung.[6]

Die Vertheilung des Schadens geschah in Rom dadurch, daß der Schiffer den Beitragspflichtigen entsprechende Abzüge zu machen und hieraus den Vergütungsberechtigten Ersatz zu leisten hatte.[7] Nach jetzigem Seerechte ist ein Vertheilungsplan — Dispache — durch amtlich angestellte Dispacheure aufzustellen,[8][9] auf Grund dessen die Vergütungsberechtigten direkt Ansprüche gegen die Beitragspflichtigen erhalten. Doch haften dieselben zunächst nur mit dem geretteten Gute.[10]

Die Bestimmungen der lex Rhodia gelten auch für Flußschiffe.[11]

Auf andere Fälle lassen sie sich nicht anwenden, denn sie beruhen nicht auf einem allgemeinen Principe, sondern auf den besonderen Verhältnissen der Frachtschifffahrt.[12]

---

3) l. 1 D. h. t. 14, 2. Paulus libro 2 sententiarum: Lege Rhodia cavetur, ut, si levandae navis gratia jactus mercium factus est, omnium contributione sarciatur, quod pro omnibus datum est.

4) Beispiele enthalten l. 2 § 1, l. 3, l. 5 § 1 D. h. t. 14, 2, l. 4 pr. D. eod., l. 2 § 3 D. eod. — Vgl. auch l. 4 § 2 D. eod. — H.G.B. Art. 708 zählt einzelne Fälle der großen Haverei auf, ohne erschöpfen zu wollen; dagegen macht die Bestimmung des Gesetzes darüber, was bei den von ihm aufgezählten Unfällen zur großen Haverei gehört, erschöpfendes Recht. R.O.H.G. Bd. 13 S. 407.

5) Ausdrücklich heben die römischen Quellen dies nicht hervor, es versteht sich von selbst. Anders Heck S. 594. Im neueren Seerecht ist hierüber kein Zweifel. H.G.B. Art. 702.

6) Paul. sent. II. 7, § 3, l. 4 pr. D. h. t. — l. 2 pr. D. eod. H.G.B. Art. 705.

7) Paulus libro 34 ad edictum, l. 2 pr. D. h. t. 14, 2: Si laborante nave jactus factus est, amissarum mercium domini, si merces vehendas locaverant, ex locato cum magistro navis agere debent: is deinde cum reliquis, quorum merces salvae sunt, ex conducto, ut detrimentum pro portione communicetur, agere potest.

8) H.G.B. Art. 731.

9) Nach H.G.B. Art. 713 entscheidet bezüglich der geopferten und der geretteten Waaren der Verkaufswerth am Bestimmungsorte. So war es auch in Rom, wie Heck a. a. O. S. 604 nachgewiesen hat, während die herkömmliche Interpretation der l. 2 § 4 D. h. t. 14, 2 zu dem Ergebniß kam, daß die geopferten Waaren nach ihrem „Einkaufspreis" zu berechnen seien. Natürlich ist bezüglich der geopferten abzuziehen, was an Unkosten in Folge des Verlustes der Güter gespart wurde. — Nicht beitragspflichtig war in Rom Mundvorrath, l. 2 § 2 in fine D. h. t. 14, 2; etwas weiter geht Art. 725 des H.G.B.

10) H.G.B. Art. 727 und 728.

11) Dagegen O.L.G. Hambg. in Seuff. Arch. Bd. 46 n. 22.

### V. Mandat. Verwandte Geschäfte. Negotiorum gestio.

#### a) Mandat.[1]

#### § 115. Begriff des Mandates.

Die Uebernahme eines Auftrages — Mandates —
ohne Lohn begründet gegenseitige Verbindlichkeiten
zwischen dem Auftraggeber — dem Mandanten — und dem Beauftragten — dem Mandatar.[2]

Das Mandat hat vornehmlich Rechtshandlungen zum Gegen-
stande, seien dies nun Rechtsgeschäfte oder prozessualische Handlungen.
Aber auch die Uebernahme von bloß thatsächlichen Leistungen ist
Mandat, wenn sie nicht gegen Lohn geschieht.[3]

Das Mandat kann die Verwaltung eines ganzen Vermögens zum
Inhalte haben, oder sich auf bestimmte Zweige desselben beziehen, oder
auch einzelne Geschäfte betreffen.[4][5]

Nicht selten schließt das Mandat eine Vollmacht ein, d. h. die
Ermächtigung, Rechtshandlungen mit der Wirkung vorzunehmen, als
habe sie der Geschäftsherr selbst vollzogen.[6] Dann hat das

---

12) Ausdehnung der Grundsätze der lex Rhodia auf alle Fälle, in welchen
Jemand Sachen verschiedener Eigenthümer in Händen hat und die Sachen des Einen
durch Aufopferung der Sachen des Anderen rettet, behauptet Windscheid Bd. 2 § 403
Anm. 18. Weiter noch geht Jhering in seinen Jahrbüchern Bd. 10 S. 348. Vgl.
gegen beide Goldschmidt a. a. O. S. 61. Er verwirft u. a. mit Recht die Anwendung der lex Rhodia auf einen Fall, in welchem der Konducteur eines Postwagens
Räubern, die ihn anfielen, einen miteingeladenen Geldbeutel behufs Rettung der
anderen Poststücke auslieferte. Ebenso Hed a. a. O. S. 589.

1) Tit. I. de mandato 3, 26, Dig. mandati vel contra 17, 1, Cod. 4, 35.

2) Die Römer nennen den Auftraggeber „mandans“ oder „mandator“; für
den Beauftragten hatten sie keine besondere Benennung; die vieldeutige Bezeichnung
„procurator“ mußte aushelfen.

3) § 13 I. h. t. 3, 26 ... si falloni polienda curandave vestimenta dederis
aut sarcinatori sarcienda nulla mercede constituta neque promissa, mandati
competit actio. Neuere Gesetzgebungen beschränken meist das Mandat auf den Fall
des Auftrages zu Rechtshandlungen.

4) Vgl. oben Bd. 1 § 119 Anm. 12 und 13.

5) Ein Mandat scheint seltsam, wonach der Mandatar seine eigene Sache an
den Mandanten veräußern soll! Warum nicht lieber gleich Verkauf? Dennoch kommt
es vor. Wenn man nämlich einem Miteigenthümer oder einem Miterben den Auftrag giebt, die gemeinschaftliche Sache oder Erbschaft ganz für den Mandanten zu
erwerben, so erstreckt sich das Mandat auch auf den eigenen Theil des Mandatars,
l. 22 § 4, l. 34 § 1, l. 35, l. 36 D. h. t. Liegt hierin, wie Goldschmidt, Handbuch des H.R. 3. Aufl. Bd. 1 S. 78 lehrt, daß man in Rom bereits das „Selbst-
eintrittsrecht des Kommissionärs“ nach Art des modernen Handelsrechts kannte?
Das ist durchaus unannehmbar, vgl. oben § 59 Anm. 7.

6) Laband in Goldschmidts Zeitschrift für Handelsrecht Bd. 10 S. 205, oben
Bd. 1 § 119 Anm. 5.

Mandat nicht bloß Bedeutung zwischen dem Auftraggeber und dem
Beauftragten — nach innen —, sondern auch für dritte Personen —
nach außen. Aber nicht jedes Mandat enthält eine derartige Voll=
macht. Andrerseits giebt es im entwickelten Rechte zahlreiche Fälle von
Vollmachten, ohne daß ein Auftrag besteht. Der Bevollmächtigte ist
dann zu der bezüglichen Rechtshandlung befugt, ohne zu derselben ver=
pflichtet zu sein.

Die Römer unterscheiden mandatum mea, aliena und tua gratia.[7]

a) Regelmäßig wird das Mandat im Interesse des Auftrag=
gebers — mea gratia — ertheilt. Damit kann übrigens das Inter=
esse eines Dritten oder auch des Beauftragten Hand in Hand gehen.

b) Das Mandat kann ferner gültigerweise im bloßen Interesse
eines Dritten — aliena gratia — gegeben werden, so daß der
Mandant ein selbständiges Interesse an der Ausführung nicht hat.

c) Dagegen ist das Mandat tua gratia, welches nur im In=
teresse des Beauftragten ertheilt wird, an sich ohne rechtliche
Kraft.

Ein solcher Auftrag hat bloß die Bedeutung eines Rathes. Aus
diesem kann der Ertheiler nur dann in Anspruch genommen werden,
wenn er bolos handelte oder sich besonders verpflichtete.[8][9] Natürlich

---

7) l. 2 D. h. t. 17, 1, pr. § 1 und ff. I. h. t. 3, 26.

8) l. 2 § 6 D. h. t. 17, 1. Gajus libro 2 rerum cottidianarum ... magis
consilium est, quam mandatum et ob id non est obligatorium, quia nemo ex
consilio obligatur, etiamsi non expediat ei cui dabatur. Ebenso § 6 I. h. t.
3, 26. Der Ertheiler eines Rathes wird aus demselben verbunden: a) für den
übeln Ausgang, wenn er böswillig schlecht rieth, l. 47 pr. D. de R. J. 50, 17,
vgl. l. 10 § 7 D. h. t. 17, 1, ebenso b) wenn er für die Folgen des Rathes ein=
zustehen versprach, l. 12 § 13 D. h. t. 17, 1, c) wegen jeder Verschuldung haftet,
wer sorgfältigen Rath zugesagt hat. Die Uebernahme einer derartigen Ver=
bindlichkeit ist zu unterstellen, wenn man gewerbemäßig Rath ertheilt und dies auch
vorliegend gegen Vergütung that. Aber viel zu weit geht die Behauptung Vangerows
Bd. 3 § 659, daß ohne Weiteres wegen Mangels an diligentia hafte, wer in seiner
Eigenschaft als Kunstverständiger gefragt wurde und Rath ertheilte. Wenn ein
solcher auf einem Spaziergange oder einem Balle von einem Bekannten gefragt
wurde, mit dem er in keiner Geschäftsverbindung stand, haftet er sicher nur wegen
etwaigen Dolus. Bei kaufmännischem Rath und Empfehlung gilt dasselbe. Vgl.
R.O.H.G. Bd. 19 S. 197. Bestand aber eine Geschäftsverbindung zwischen Rathendem
und Berathenem, so haftet der Rathende für volle Sorgfalt bei seinen Empfehlungen
und Auskunftsertheilungen. R.G. Bd. 27 S. 118.

9) Wie sich zu den in Anm. 8 entwickelten Grundsätzen die l. 6 § 5 D. h. t.
17, 1 von Ulpianus libro 31 ad edictum verhalte, ist sehr bestritten: Plane si
tibi mandavero, quod tua intererat, nulla erit mandati actio, nisi mea quoque
interfuit: aut, si non esses facturus, nisi ego mandassem, etsi mea
non interfuit tamen erit mandati actio. Man leitet hieraus häufig den Satz
her, daß Rath und mandatum tua gratia den Rathenden verbinde, wenn der andere
Theil bloß hierdurch zu der fraglichen Handlung bestimmt worden sei, spricht sich
aber nicht darüber aus, wie dies festgestellt werden soll. Auf die unausgesprochenen

er inzwiſchen verdient hat, vorausgeſetzt, daß es nicht in anſtrengenderer oder läſtigerer Art geſchehen mußte. Verdienſt, den zu machen in ſeiner Hand lag, iſt gleichzuſtellen.[7][8]

ist der Mandant aber dann haftbar, wenn der Beauftragte aus dem Mandate nicht ersehen konnte, daß es bloß in seinem Interesse ertheilt war, und es ausführte.

Das Mandat ist unentgeltlich,[10] kein Erwerbsgeschäft des Mandatars. Hierdurch unterscheidet es sich vom Dienstvertrag. Der Mandatar wird durch persönliche Beziehungen zum Mandanten z. B. Verwandtschaft, Freundschaft, Kollegialität zur Uebernahme des Auftrags bestimmt, nicht durch die Absicht, Geld zu verdienen. Allerdings kann ihm Honorar zugesagt sein.[11] Honorar ist aber etwas anderes als Lohn; es bezweckt nicht Geldgewinn; es wird gewährt als Bezeigung der Dankbarkeit, als Anerkennung für die geleisteten Dienste, als Entschädigung für Auslagen, die im einzelnen nicht leicht berechnet werden können, wie auch als eine Sustentation während der Zeit der Geschäftsbesorgung.[12] Ob Honorar oder Lohn bedungen ist, läßt sich in der Regel nur aus den besonderen Umständen des Falls entnehmen.

Bei der Thätigkeit als Geistlicher, Lehrer von Wissenschaft und Kunst, Arzt, Rechtsanwalt — operae liberales — kommen überwiegend unschätzbare Güter in Frage. Sie wird nicht bezahlt, sondern honorirt. Diese Dienstleistungen gehören daher nothwendig dem Mandate zu.[13]

---

Gedanken des Berathenen kann es keinesfalls ankommen. Die Entscheidung ist — man bemerke das Futurum — nur auf den Fall gemünzt, daß dem Rathgeber ausdrücklich vor der Ausführung erklärt wurde, daß man das Gerathene „nur mit Rücksicht auf den Rath thun werde". Wenn dazu der Rathgeber schweigt, so ist zu schließen, daß er für den Erfolg seines Rathes einstehen wolle. Es handelt sich hiernach um ein stillschweigendes Garantieversprechen. Andere Auffassungen siehe bei Bangerow Bd. 3 § 659 Ziff. 4 und Wächter, Pandekten Bd. 2 S. 451.

10) l. 1 § 4 D. h. t. 17, 1. Paulus libro 32 ad edictum: Mandatum nisi gratuitum nullum est: nam originem ex officio atque amicitia trahit, contrarium ergo est officio merces: interveniente enim pecunia res ad locationem et conductionem potius respicit. l. 36 § 1 D. eod. Javolenus libro 7 ex Cassio ... nec lucrum tibi ex hac causa adquirere debes, cum mandatum gratuitum esse debet.

11) l. 6 pr. D. h. t. 17, 1. Das Honorar konnte in Rom nicht mit der a. mandati, sondern nur durch extraordinaria cognitio beigetrieben werden l. 7 D. h. t. 17, 1, l. 1 C. h. t. 4, 35, l. 1 pr. ff. D. de extraordin. cognitionibus 50, 13.

12) Löwenfeld in den Gutachten des Anwaltstandes zum Entwurf des B.G.B. S. 884. Petrażycki Einkommen Bd. 2 § 34.

13) Vgl. Löwenfeld a. a. O. und in den Münchener Festgaben für Pland, Inästimabilität und Honorirung der operae liberales 1887 S. 887 ff. Es besteht der Unterschied vom gewöhnlichen Mandat, daß der Geistliche, Lehrer u. s. f. in der Ausführung keineswegs schlechthin an die Anweisungen des Geschäftsherrn gebunden ist, vielmehr ihm gegenüber seinerseits eine autoritative Stellung einnimmt, um den Vorschriften der Religion, Wissenschaft, Kunst Geltung zu verschaffen. Heße, der Arzt, Darmstadt 1886.

### § 116. Die Verpflichtungen aus dem Mandat.

1. Die Verpflichtungen des Mandatars sind folgende:

a) Es liegt ihm sorgfältige und genaue Ausführung des übernommenen Auftrages ob, nicht einseitig nach seinem Wortlaute, sondern nach seinem erkennbaren Sinne. In der Regel hat er auch nachträglichen Anweisungen des Mandanten nachzukommen, sofern sie innerhalb des Rahmens des Auftrages bleiben. Willkürliche Abweichungen sind ihm nicht gestattet, auch wenn sie pekuniär vortheilhaft sein sollten, denn er ist Vertreter und nicht Herr des Geschäftes.[1] Aendern sich jedoch die Umstände, welche den Auftrag bestimmten, so hat der Beauftragte die Entscheidung des Geschäftsherrn einzuholen, soweit dies aber nicht thunlich ist, in dessen Sinne zu handeln.

Vollführung des Auftrages durch Andere — Substituten — ist dem Mandatar gestattet, es sei denn persönliche Thätigkeit vorgeschrieben oder nach der Natur des Geschäftes selbstverständlich geboten.[2] Auch in diesen Fällen ist ihm bei eigener Verhinderung im Nothfalle Substitution verstattet, und unter Umständen Pflicht. Wer berechtigterweise zur Ausführung des Auftrages Substituten verwendete, haftet nur für eigenes Verschulden, insbesondere in der Auswahl oder Instruirung der Substituten; wer unberechtigterweise Substituten annahm, haftet für jeden hieraus entspringenden Schaden und steht insbesondere für deren Versehen wie für die eigenen ein.

b) Jede Verschuldung, die ihm bei Ausführung des Geschäftes oder in dessen Versäumniß zur Last fällt, macht den Mandatar schadensersatzpflichtig.[3]

c) Was er in Folge des Mandates erhielt, hat er dem Mandanten zu erstatten, auch wenn der Mandant an sich kein Recht auf die Einnahme hatte.[4] Daher hat er einkassirte Zahlungen auf

---

1) l. 5 § 1 D. h. t. 17, 1. Paulus libro 32 ad edictum: Itaque si mandavero tibi, ut domum Sejanam centum emeres tuque Titianam emeris, longe majoris pretii, centum tamen aut etiam minoris, non videris implesse mandatum.

2) Vgl. l. 8 § 3 D. h. t. 17, 1, cap. 1 § 2 und cap. 9 in VI de procuratoribus 1, 19; Goldschmidt, Zeitschrift für H.R. Bd. 16 S. 309. Anders Windscheid Bd. 2 § 410 Anm. 5. Zwischen dem Auftraggeber und dem Substituten erwachsen in Folge der Geschäftsführung des Letzteren a. negotiorum gestorum l. 5 § 3 D. de neg. gest. 3, 5. Es kommt aber auch vor, daß der Mandatar im Namen und für Rechnung seiner Mandanten dem Substituten das Mandat giebt, dieser also Mandatar des ersten Mandanten wird. Vgl. auch R.O.H.G. Bd. 24 S. 198.

3) l. 11, l. 13, l. 21 C. h. t. 4, 35, l. 23 D. de R.J. 50, 17. Vgl. aber auch collatio legum Rom. et Mos. X 2. § 3. Siehe oben Bd. 2 § 37 Ziff. 2.

4) l. 20 pr. D. h. t. 17, 1. Paulus libro 11 ad Sabinum: Ex mandato

vermeinte, in der That nicht bestehende Forderungen des Mandanten in Rechnung zu stellen;[5][6] Früchte und Zinsen, die er von dem verwalteten Vermögen zog oder die er hätte ziehen sollen, hat er zu vergüten; nicht minder muß er die dem Mandanten gebührenden Gelder dann verzinsen, wenn er sie in seinen eigenen Vortheil verwendete.[7]

Auch die Herausgabe von Dokumenten liegt ihm ob, die er in Folge des Mandates in Händen hat; insbesondere hat er seine Vollmachtsurkunde nach Beendigung des Mandates zurückzuliefern.[8]

d) Der Mandatar hat dem Mandanten in angemessener Weise Auskunft und Rechenschaft über die Ausführung des Auftrages zu geben, nach Bedürfniß eine förmliche Rechnung mit den nöthigen Belegen zu stellen.[9]

Die Klage des Mandanten gegen den Mandatar ist die actio mandati directa.

2. Der Mandant ist dem Mandatar vorzugsweise zur Schadloshaltung verbunden.

a) Er hat ihm die Auslagen zu ersetzen, welche der Mandatar bona fide und verständigerweise machte, selbst wenn sie keinen Erfolg hatten, und auch wenn etwa der Mandant sparsamer gewesen wäre.[10]

---

apud eum, qui mandatum suscepit, nihil remanere oportet, sicuti nec damnum pati debet, si exigere faeneratam pecuniam non potuit.

5) l. 46 § 4 D. de procuratoribus 3, 3, l. 10 §§ 2 und 3, l. 8 D. h. t. 17, 1.

6) Wie weit man zu gehen hat, ist eine interessante, praktisch wichtige Frage. Der Egoismus der Bevollmächtigten und die Neigung des Verkehrs, die Dinge bequem und lax zu behandeln, sucht das Maß herunterzudrücken, aber das Recht erfüllt seine hohe und sittenreinigende Aufgabe, wenn es den Standpunkt strupuloser Redlichkeit und vollkommener Anständigkeit gleichwohl festhält. Der Bevollmächtigte hat daher namentlich Extraprovisionen und Geschenke, womit ihn der dritte Kontrahent wegen des Abschlusses aufgetragener Geschäfte mit ihm zu belohnen sucht, auch wenn er redlich handelte und der Verdacht der Bestechung fern liegt, dem Mandanten in Rechnung zu stellen. R.G. Bd. 4 S. 290. Natürlich gilt dies auch für Handlungsgehülfen. Geschäfte, die der Mandatar bei Gelegenheit der Ausführung des Auftrages schließt, gehen dagegen den Mandanten nichts an.

7) l. 10 § 3 D. h. t. 17, 1. Es wird nicht unterschieden, ob die Verwendung unerlaubt oder erlaubt war.

8) R.G. Bd. 3 S. 186.

9) l. 46 § 4 D. de procuratoribus 3, 3, l. 56 § 2 D. h. t. 17, 1, vgl. l. 111 D. de cond. et dem. 35, 1. R.O.H.G. Bd. 6 S. 215. Ueber die Verpflichtung zur Rechnungsablage siehe namentlich Bähr in Jherings Jahrb. Bd. 13 n. 6. Ihr nothwendiges Korrelat ist, daß, wie dies ältere Praktiker und Bähr lehren, "der Rechnungsleger die Vollständigkeit der abgelegten Rechnung in den Einnahmen eidlich zu bestärken hat". Nimmt man dies nicht an, so ist die Pflicht zur Rechnungslegung ein Messer ohne Klinge. Denn der Mandatar könnte dann mit der nichtsnutzigsten Rechnung abkommen. Vgl. auch Seuff. A. Bd. 48 n. 26 (O.L.G. Cassel).

10) l. 12 §§ 7 ff., l. 45, l. 12 § 9 D. h. t. 17, 1. Selbst in Folge entschuldbaren Irrthums gemachte Aufwendungen darf der Mandatar anrechnen. l. 29 §§ 1 ff., l. 51 D. h. t. 17, 1.

Er muß diese Auslagen zudem verzinsen.[11] Auch hat er Vorschüsse wegen voraussichtlicher Auslagen zu leisten.[12]

Hat der Mandatar seinen Auftrag überschritten, so kann er trotzdem Erstattung seiner Auslagen fordern, wenn er seine Ansprüche nach den Grenzen des Mandates ermäßigt und gleichwohl dem Mandanten alles anbietet, was derselbe bei genauer Einhaltung des Mandates gehabt hätte. Dies gilt namentlich, wenn er zwar das Preislimitum bei einem aufgetragenen Einkauf überschritt, aber dem Mandanten das Eingekaufte für den limitirten Preis belassen will.[13]

b) Verschuldung des Mandanten macht ihn dem Mandatar schadenersatzpflichtig. Für zufälligen Schaden, welcher dem Mandatar bei Gelegenheit der Ausführung des Auftrages zustieß, hat er nicht aufzukommen.[14][15]

---

11) l. 12 § 9 D. h. t. 17, 1.

12) l. 12 § 17, 1. 45 pr. D. h. t. 17, 1.

13) § 8 I. h. t. 3, 26, Gajus III § 161, l. 3 § 2 und 4 D. h. t. 17, 1. Dies war die Ansicht des Proculus, während Sabinus und Cassius in solchem Falle dem Mandatar die actio mandati versagten, weil das Mandat nicht vollführt war.

14) l. 26 § 6 D. h. t. 17, 1. Paulus libro 32 ad edictum: Non omnia, quae impensurus non fuit mandator, imputabit, veluti quod spoliatus sit a latronibus aut naufragio res amiserit vel languore suo suorumque adprehensus quaedam erogaverit: nam haec magis casibus quam mandato imputari oportet. l. 62 § 5 D. de furtis 47, 2. Das Princip ist nicht unbedenklich. Schon die Glosse „mandato“ zu l. 26 § 6 D. mandati bemerkt: „item nec hic § de curialitate debet servari“. Manche ältere gemeinrechtliche Schriftsteller wollten hiernach eine Verantwortlichkeit des Mandanten für Schäden, die dem Mandatar bei Ausführung seines Auftrages zufälligerweise zustießen, anerkennen. Doch dieser Gedanke ist derzeit im gemeinen Rechte verschollen. Siehe auch Koppel, Haftung des Auftraggebers für zufälligen Schaden. Inauguraldissert. Breslau 1886. Unger, Handeln auf fremde Gefahr in Jherings Jahrb. Bd. 33 S. 329 unterscheidet ein Grund solche Unfälle, die Folge der Ausführung des Mandates sind, für welche der Mandant haftet, von solchen, welche nur bei Gelegenheit dieser Ausführung entstanden, und für die der Mandant nicht einzustehen hat.

15) Wie, wenn ein Auftrag falsch übermittelt wird? Ein Fall dieser Art (vgl. Ztschr. f. dtsch. Recht Bd. 19 S. 456 ff.) machte in den fünfziger Jahren besonderes Aufsehen. Während die Kurse an den Börsen auf und nieder schwankten, gab ein Bankhaus den Auftrag, gewisse Papiere „zu kaufen“. Die Telegraphenanstalt übermittelte „zu verkaufen“. Dies wurde ausgeführt. Es entstand ein erheblicher Schaden. Konnte der Beauftragte Ersatz fordern? Dagegen sprach, daß ein Vertrag des Mandatars mit dem Mandanten über das Kaufgeschäft wegen wesentlichen Irrthums nicht zu Stande gekommen war. Vgl. oben Bd. 1 § 101. Auch eine culpa in contrahendo konnte nicht, wie man wohl vermeinte, auf Seiten des Auftraggebers darin gefunden werden, daß er sich des Telegraphen bediente. Dennoch haben die bei weitem meisten Schriftsteller die Entschädigungspflicht des Auftraggebers angenommen. Vgl. Jhering in seinen Jahrbüchern Bd. 4 S. 83, Windscheid Bd. 2 § 309 Anm. 5 und dort Citirte, Pernice in Goldschmidts Zeitschrift Bd. 25 S. 132. Das Rechtsgefühl scheint hierfür zu sprechen, die juristische Rechtfertigung ist schwierig. Auch gehen die Ansichten über sie sehr auseinander. Man wird sie aus der Eigenthümlichkeit des Mandates gewinnen müssen. Der Mandant setzt die Thätigkeit des Mandatars in Bewegung, und zwar für seine Zwecke und so, daß er unmittelbare

c) Dem Mandanten liegt endlich Zahlung des vereinbarten oder gesetzlichen oder ortsüblichen Honorars ob, und zwar in der Regel nach Beendigung des Geschäftes.

Der Mandatar klagt gegen den Mandanten mit der actio mandati contraria.

Mehrere Mandatare sind solidarisch zur Ausführung des Auftrages verbunden und mehrere Mandanten stehen dem Mandatar solidarisch ein.[16]

## § 117. Erlöschen des Mandates.

Das Mandat findet sein natürliches Ende mit der Vollendung des aufgetragenen Geschäftes, sowie mit dem Herankommen eines dem Auftrag gesetzten Endtermins und dem Eintritte einer ihm eingefügten auflösenden Bedingung, endlich auch durch die Unmöglichkeit seiner Vollführung.

Nach besonderem Mandatsrechte endigt es weiter, weil es eine auf Vertrauen gegründete persönliche Beziehung anknüpft:

a) Durch Kündigung eines der beiden Theile.

Insbesondere darf der Mandant den Auftrag jederzeit widerrufen. Das Mandat endigt daher, sowie der Mandatar den Widerruf erfährt,[1] es sei ihm denn die Abwickelung des Angefangenen belassen. Dies ändert sich nicht durch vertragsmäßigen Verzicht des Mandanten auf den Widerruf, wohl aber hat er zur Folge, daß das Honorar für die volle kontraktmäßige Zeit geschuldet wird.[2]

Auch der Mandatar hat das Recht der Kündigung. Geschieht sie jedoch unzeitig, so daß der Geschäftsherr nicht mehr anderweit vorsorgen kann, so wird der Mandatar schadensersatzpflichtig. Nur aus wichtigen Gründen darf er auch unzeitig kündigen.[3]

b) Ferner ist der Tod eines der Betheiligten Erlöschungsgrund.

Das Mandat erlischt also regelmäßig mit dem Tode des Mandanten; doch muß dieser zur Kenntniß des Mandatars gekommen sein,[4] und Angefangenes zu vollenden, wird auch jetzt noch für ihn

---

Ausführung verlangt. Da fordert es die bona fides, daß er die Deckung einer durch unrichtige Uebermittelung seiner Aufträge entstehenden Benachtheiligung übernimmt. Er gilt daher insoweit als Vertragsschuldner. R.G. Bd. 28 S. 16.

16) l. 59 § 3 D. h. t. 17, 1.

1) l. 15 D. h. t. 17, 1.

2) R.O.H.G. Bd. 6 S. 180, Bd. 23 S. 324. R.G. Bd. 3 S. 186.

3) l. 22 § 11 D. h. t. 17, 1, l. 23—25 D. eod.; z. B. der Mandant giebt dringende Veranlassung zur Kündigung oder der Mandatar wird durch schwere Krankheit verhindert.

4) l. 26 pr. D. h. t. 17, 1, l. 15 C. h. t. 4, 35.

Pflicht und Recht sein. Bereits das römische Recht ließ Mandate für Geschäfte zu, welche erst nach dem Tode des Mandanten besorgt werden sollten. [5] Heutzutage ist einer ausdrücklichen Erstreckung auf die Erben des Mandanten die Anerkennung nicht zu versagen. Ja, bei Vollmachten an Rechtsanwälte zu Prozessen [6] und bei solchen für ein Handelsgewerbe [7] gilt die Erstreckung auf die Erben als selbstverständlich.

Mit dem Tode des Mandatars erlischt das Mandat, doch haben dessen Erben dem Mandanten den Todesfall ungesäumt mitzutheilen, ferner in Nothfällen Angefangenes zu vollenden. [8]

Die Endigung des Mandates berührt die bereits aus ihm erwachsenen Verbindlichkeiten nicht, sie hindert nur die Entstehung weiterer Mandatspflichten.

Mit dem Mandat erlischt auch die Vollmacht, die in ihm liegt. [9]

b) **Unterarten des Mandates und verwandte Geschäfte.**

### § 118. Garantieverträge.

Die Kehrseite des Mandates ist das Versprechen des Mandanten, dem Mandatar die Auslagen des ausgeführten Geschäftes zu ersetzen. Solche Garantie kann sogar den Hauptzweck bei Ertheilung des Mandates bilden. Sie wird auch häufig selbständig übernommen.

1. Der Kreditauftrag — mandatum qualificatum — vor Allem hat sein Schwergewicht in der Uebernahme einer Garantie. Er besteht in dem Auftrage, einem Dritten zu kreditiren, womit man Schadloshaltung wegen der Kreditgewährung verspricht. So entsteht der Effekt einer Bürgschaft. [1]

2. Selbständiger Art sind die Garantieverträge, [2] welche die Unterstützung geplanter Unternehmen dadurch bezwecken, daß man deren Risiko ganz oder theilweise auf sich nimmt.

---

5) l. 12 § 17, l. 13 D. h. t. 17, 1, siehe freilich auch l. 108 D. de solut. 46, 3. Vgl. Zimmern, über den nach dem Tode des Mandators zu vollziehenden Auftrag im Archiv für civ. Praxis Bd. 4 n. 19, und Vangerow Bd. 3 § 662.

6) Vgl. C.P.O. § 82.

7) H.G.B. Art. 54 Abs. 2, Art. 297.

8) Vgl. l. 1 pr. D. de fidejussorib. et nominat. 27, 7, l. 40 D. pro socio 17, 2.

9) Das Nähere siehe oben Bd. 1 § 119 Anm. 5 ff.

1) Vgl. oben Bd. 2 § 77.

2) Stammler, der Garantievertrag im Archiv für civ. Praxis Bd. 69 n. 1, vgl. auch Unger, Handeln auf fremde Gefahr, in Jherings Jahrb. Bd. 33 S. 300.

Dahin gehört namentlich die Garantie gegen Ausfälle für den Fall, daß die Einnahmen von künstlerischen oder gewerblichen Ausstellungen die Kosten nicht decken sollten, sowie die Zinsgarantien von Staaten oder von Korporationen zu Gunsten von Eisenbahngesellschaften oder von anderen Unternehmern.

Der Garantirende ist hier nicht Mandant, er erhält kein Recht auf die Ausführung des Unternehmens, aber er sucht es im privaten oder öffentlichen Interesse zu fördern durch die Uebernahme der Garantie.

Sorgfalt in der Herstellung und Betreibung des Unternehmens ist in der Regel stillschweigende Bedingung der Garantie.

Unerwartete Unfälle belasten den Garantirenden.

### § 119. Die Anweisung.[1a]

Viele sehen in der Anweisung zur Erhebung einer Zahlung bei einem Dritten zwei Mandate, nämlich ein erstes an den Angewiesenen zur Einziehung — mandatum accipiendi, Inkassomandat — und ein zweites an den Ueberwiesenen zur Leistung der Zahlung — mandatum solvendi.[2]

Diese Auffassung ist unzutreffend. Ein Mandat zur Erhebung einer Zahlung liegt in der Anweisung keineswegs nothwendig.

Unter einer Anweisung ist vielmehr zu verstehen die seitens des Anweisenden — des Assignanten — dem Angewiesenen — dem Assignatar — ertheilte Ermächtigung, Geld oder andere Werthe bei einem Dritten — dem Ueberwiesenen oder Assignaten — auf Rechnung des Anweisenden zu erheben.

---

1) Die Römer wendeten den Ausdruck „delegatio", welchen sie bei sehr verschiedenen Geschäftsoperationen verwertheten, auch auf Fälle der Anweisung zur Zahlung an. Dies ist nicht mehr gebräuchlich, dagegen nennt der kaufmännische Sprachgebrauch seit mehreren Jahrhunderten solche Geschäfte „Assignationen" oder „Anweisungen". Wir erblicken hierin einen Fortschritt, weil es zweckmäßig war, dem besonderen Verhältniß einen besonderen Namen zu geben. Eine direkte Beantwortung der vielfach streitigen und schwierigen Fragen, die sich bei der Anweisung erheben, ist in den römischen Rechtsquellen nicht enthalten. Nur in einem Punkte findet sich eine Entscheidung, sie aber entspricht der heutigen Verkehrsauffassung nicht und ist unanwendbar; vgl. unten Anm. 10. Die Theorie der Anweisung ist daher theils aus allgemeinen Grundsätzen, theils aus der Beobachtung der Anschauungen des Verkehrs zu gewinnen.

2) Die Litteratur ist eine reiche. Sie findet sich bei Georg Cohn in Endemanns Handbuch des Handelsrechtes Bd. 3 S. 1093 zusammengestellt.

3) Die Lehre des Doppelmandates war lange Zeit die herrschende. Ihr huldigte u. A. Thöl, H.R. Bd. 1 § 325; siehe dagegen die bei G. Cohn a. a. O. S. 1097 angeführten Schriftsteller. Gegen die Theorie des Doppelmandates spricht sich auch R.G. Bd. 11 S. 138 aus.

Sie giebt also dem Angewiesenen eine Ermächtigung zur Einziehung; dieselbe kann allerdings im Interesse des Anweisenden geschehen, so daß der Angewiesene dessen Mandatar ist. Aber sehr häufig
erfolgt sie im Interesse beider Theile. Sie kann auch bloß im Interesse
des Angewiesenen sein, z. B. behufs einer Kreditirung oder auch einer
Schenkung, die ihm der Anweisende durch das Medium der Anweisung
zu machen gedenkt.

Dagegen wird allerdings mittels der Anweisung dem Ueberwiesenen in der Regel ein Mandat zur Zahlung ertheilt.[4]

Häufig ist der Anweisende Schuldner des Angewiesenen und der
Ueberwiesene Schuldner des Anweisenden. Doch ist auch dies nichts
dem Verhältniß Wesentliches.

Aus diesem Allem ergiebt sich, daß die Anweisung bei Geschäften
verschiedener Art eine Rolle spielt. Hiernach sind auch die Rechtsfolgen,
welche sich an sie knüpfen, verschiedene.

a) Welche Verpflichtungen übernimmt der Anweisende gegenüber dem Angewiesenen durch Ertheilung der Anweisung bezüglich
des Einganges der Zahlung? Eine Garantie hierfür liegt ihm nur
ob, wenn er sie ausdrücklich übernimmt oder wenn deren Uebernahme,
weil sie verkehrsüblich ist, unterstellt werden muß. Das Letztere ist in
der Regel der Fall, wenn die Anweisung gegen Entgelt ertheilt wird.[5]

b) Ist der Angewiesene dem Anweisenden zu prompter Einforderung verbunden? Dies ist dann selbstverständlich, wenn er
Inkassomandatar des Anweisenden ist. Es ist aber auch sonst als Absicht zu unterstellen, wenn es sich um Einkassirung eines Ausstandes
des Anweisenden gegen den Ueberwiesenen handelt.[6][7]

---

4) Ob die Anweisung immer ein besonderes mandatum solvendi des Anweisenden an den Ueberwiesenen bildet, läßt sich bezweifeln, siehe hiergegen mein
preuß. P.R. Bd. 2 § 52, aber auch Cohn a. a. O. S. 1098 Anm. 27. Indessen
bildet das Solutionsmandat derart die Regel, daß hier von anderen Kombinationen
abgesehen werden kann.

5) Einverständniß herrscht darüber, daß die Nichthonorirung der Anweisung
nicht ohne weiteres einen Regreß des Angewiesenen gegen den Anweisenden begründet,
vgl. R.O.H.G. Bd. 13 S. 313. Wann aber in der Ertheilung der Anweisung zugleich stillschweigend die Uebernahme einer Garantie für den Eingang liegt, darüber
gehen die Ansichten sehr auseinander, vgl. Cohn a. a. O. S. 1106. Es handelt
sich um die Würdigung einer Verkehrsgewohnheit.

6) Indem der Anweisende auf seinen Schuldner anweist, stellt er dem Angewiesenen in Aussicht, daß er selbst den Ausstand nicht einziehen werde. Es ist
sachgemäß und daher als die Absicht der Kontrahenten anzusehen, daß andererseits
der Assignatar mit dem Versuch der Einziehung prompt vorgeht.

7) Wird eine Anweisung behufs Tilgung einer Forderung — zahlungshalber — gegeben, so kann der Assignatar jene Forderung — darüber ist man wohl
einverstanden — nur dann noch geltend machen, wenn er von dem Ueberwiesenen trotz

c) Ist der Ueberwiesene dem Anweisenden gegenüber zur Honorirung der Anweisung verbunden? Dies ist selbst dann nicht der Fall, wenn er dessen Schuldner ist. Vielmehr setzt es voraus, daß der Ueberwiesene das in ihr liegende Zahlungsmandat dem Anweisenden gegenüber übernahm.

d) Der Angewiesene erhält durch die Anweisung keine Klage=rechte gegen den Ueberwiesenen.[8]

Er hat solche selbst dann nicht, wenn der Ueberwiesene dem An=weisenden zur Honorirung der Anweisung verbunden war.

Der Ueberwiesene kann aber dem Angewiesenen Zahlung durch s. g. Annahme der Anweisung versprechen. Er ist dann nach Maßgabe seines Annahmeversprechens gebunden.[9][10]

e) Der Ueberwiesene hat Regreß gegen den Anweisenden, wenn er die Anweisung dessen Auftrag gemäß honorirt hat. Er hat solchen nicht, wenn ihm vorher ein Widerruf zukam.[11][12]

---

rechtzeitiger Einforderung keine Zahlung erlangen konnte. Die Geltendmachung der Forderung gegenüber dem Schuldner wird also im Falle der Annahme einer Anweisung zahlungshalber bedingt durch die Nichthonorirung der Anweisung seitens des Ueberwiesenen.

8) Insbesondere kann der Assignatar auch dann gegen den Ueberwiesenen nicht klagen, wenn der Anweisende eine Forderung gegen den Ueberwiesenen hatte. Damit er die Forderung des Anweisenden gegen den Ueberwiesenen einklagen kann, muß sie ihm cedirt sein.

9) Die Acceptation kann in verschiedenem Sinne erfolgen: a) der Ueberwiesene verpflichtet sich unbedingt, die Summe, um die es sich handelt, zu zahlen. Er ist dann dem Angewiesenen verpflichtet, ohne ihm gegenüber Einwendungen aus seinem Verhältniß zum Anweisenden entnehmen zu können; oder b) der Ueberwiesene ver=spricht dem Angewiesenen nur, was er — der Ueberwiesene — dem Anweisenden schuldig ist. Dann darf er natürlich dem Angewiesenen trotz solcher Acceptation alle Einreden entgegenstellen, welche er dem Anweisenden gegenüber hat und erwirbt.

10) Die Römer stellten den Satz auf „qui delegat solvit", d. h. wenn N., der Schuldner des A., diesem zahlungshalber eine Anweisung auf den X. gab und wenn X. in Erfüllung dieser Anweisung dem A. promittirte, dann galt die Forderung des A. gegen den N. als getilgt, l. 187 D. de V. S. 50, 16, l. 18 D. de fidejussoribus 46, 1, l. 26 § 2 D. mandati 17, 1; Salpius, Novation und Delegation § 76, da=gegen Windscheid Bd. 2 § 412 Anm. 17. Die Römer waren der Konkurrenz zweier Forderungen auf dasselbe Ziel abgeneigt. Daher entwickelte sich dieser Satz. Nach gemeinem Rechte gilt dagegen der Spruch „Anweisung ist keine Zahlung". Der Assignatar hat daher nach dem Accept zwei Forderungen, eine unbedingte gegen den Acceptanten und eine eventuelle — durch das Nichteingehen der Forderung gegen den Acceptanten trotz ordentlicher Beitreibung bedingte — gegen seinen ursprünglichen Schuldner. Vgl. freilich Leonhard, Anfechtbark. der Verträge s. b. Vermög. eines Dritten S. 42.

11) Zweifelhaft ist, ob der Ueberwiesene, welchem eine erst inskünftige, z. B. nach 6 Monaten fällige Anweisung vorgelegt wird, dem Anweisenden gegenüber befugt ist, schon jetzt unbedingt zu acceptiren, ob er also, wenn der Anweisende inzwischen noch die Anweisung widerruft, gegen ihn gleich=wohl einen Rückgriff um deswillen hat, weil er dem Angewiesenen gegenüber durch seine Annahme unbedingt zur Zahlung verpflichtet wurde? Es ist klar, daß in der

### § 120. Der Tröbelvertrag.[1]

Durch Geschäfte sehr verschiedener Art stellen wir Andere zum Verkauf unserer Waaren an. Uebernehmen dieselben den Verkauf ohne Entgelt, so liegt ein Mandat vor, geschieht es gegen Entgelt, ein Miethkontrakt; wird der Verkauf als gemeinschaftliche Angelegenheit behandelt, so ist eine Societät vorhanden.[2] Ein besonderer Vertrag behufs Betriebes des Verkaufes ist der Tröbelvertrag.[3]

Beim Tröbelvertrag übergiebt man eine Sache dem Tröbler zum Verkaufe unter einer Taxe mit der Vereinbarung, daß er die Sache oder die Taxsumme zurückgiebt.[4] Dem Tröbler verbleibt sein Mehrerlös über die Taxsumme; hierdurch ist er beim Verkauf mitinteressirt.[5] Daneben kann ihm eine feste Vergütung zugebilligt sein.[6]

Der Tröbler wird nicht Eigenthümer der Sache; er erhält sie nur zum Vertröbeln,[7] aber er ist ermächtigt, ihr Eigenthum zu übertragen oder auch sie gegen Erstattung der Taxsumme für sich zu behalten.

vorzeitigen Acceptirung eine Ueberschreitung des ertheilten Mandates liegt, daß daher im Falle des Widerrufs der Ueberwiesene nicht regreßberechtigt ist, es sei denn, was allerdings häufig angenommen werden muß, in den bezüglichen Verkehrskreisen Uebung, daß derartige Anweisungen auch vor dem Verfall bindend acceptirt werden dürfen, so daß dies als dem Auftrag des Anweisenden bei der Mandatertheilung entsprechend anzusehen ist. R.O.H.G. Bd. 1 S. 69.

12) Ueber die Frage, wer den Schaden trägt, wenn ein gefälschter Check eingelöst wird, ob der Aussteller des Checks oder die Zahlung leistende Bank; vgl. Unger, Handeln auf fremde Gefahr, in Jherings Jahrb. Bd. 33 S. 353.

1) Tit. Dig. de aestimatoria 19, 3; Chambon, Beiträge z. Obligationenrecht n. 1; Brinz, kritische Blätter n. 1; Lipp, Beitrag z. L. v. Tröbelvertrag 1880; Friedrichs, Tröbelvertrag. Bresl. Inauguraldiss. 1890. Liebert, Beiträge zur Lehre vom contractus aestimatorius. Berlin. Inauguraldiss. 1890, Coviello, del contratto estimatorio in der riv. ital. p. l. scienze giur. Bd. 15 S. 362, Bd. 16 S. 3.

2) Vgl. l. 1 pr. D. h. t. 19, 3.

3) Für den Tröbelvertrag stellte der Prätor eine eigene Klage, die actio de aestimato auf, welche als Vorbild für die actiones praescriptis verbis aus anderen Innominatkontrakten diente. Vgl. oben Bd. 2 § 7 Anm. 15. Hierauf zielten die Ausführungen von Ulpian in der l. 1 pr. D. h. t. von den Worten „quotiens" an, welche freilich, wie wir sie jetzt lesen, von den Kompilatoren arg zugerichtet wurden. Siehe Lenel, edictum S. 239 und die dort Anm. 2 Citirten.

4) Die Römer behandelten den Tröbelvertrag als Innominatkontrakt, welcher nur durch Hingabe klagbar wurde. Im heutigen Rechte ist schon der Vertrag über das Vertröbeln klagbar. Es ist für den Tröbelvertrag nicht wesentlich, daß der Hingebende Eigenthümer sei. Da er dies aber in der Regel ist, so darf er — a fortiori — wie dies im Text geschieht, als der Eigenthümer bezeichnet werden.

5) Der Tröbler ist nicht verpflichtet, sich um den Verkauf zu bemühen, wenn dies nicht besonders ausgemacht wird; er ist genügend durch die Aussicht auf den zu machenden Gewinn angespornt. Anderer Ansicht ist u. A. Windscheid Bd. 2 § 383.

6) l. 2 D. h. t. 19, 3.

7) Dafür, daß der Tröbler nicht Eigenthümer wird, spricht, daß ihm die Sache

Der Trödler steht für Verschuldung ein. Die Gefahr des Zufalls trifft ihn nur dann, wenn er den Verkauf in seinem Interesse erbeten hat. [8]

Der Eigenthümer kann, wenn eine Frist für das Vertröbeln festgestellt wurde, nach deren Ablauf klagen, sonst nach angemessener Frist, außerdem aber, sobald der Trödler verkauft hat.

Die Klage geht alternativ auf Rückgabe der Sache oder der Taxsumme, wenn der Trödler nicht verkauft, noch auch das Behalten der Sache angezeigt hat. Geschah dies, so ist einfach auf Zahlung der Taxsumme zu klagen. [9][10]

---

nur „vendenda" gegeben wird. Siehe auch l. 5 § 18 D. de tributoria 14, 4. Doch ist die Frage des Eigenthumsüberganges nicht unbestritten.

8) Sehr bestritten ist die Gefahr. Dem Trödler scheint die Gefahr aufzulegen Ulpianus libro 32 ad edictum l. 1 § 1 h. t. Aestimatio autem periculum facit ejus, qui suscepit: aut igitur ipsam rem debebit incorruptam reddere aut aestimationem de qua convenit. Und doch schreibt Ulpian in demselben Werke libro 28 ad edictum l. 17 § 1 D. de praescriptis verbis 19, 5: Si margarita tibi aestimata dedero, ut aut eadem mihi adferres aut pretium eorum, deinde haec perierint ante venditionem, cujus periculum sit? et ait Labeo, quod et Pomponius scripsit, si quidem ego te venditor rogavi, meum esse periculum: si tu me, tuum, si neuter nostrum, sed dumtaxat consensimus, teneri te hactenus, ut dolum et culpam praestes. Mit der letzteren Entscheidung stimmt Paulus sent. II. 4 § 4 überein. Analog ist ihr l. 11 pr. D. de rebus creditis 12, 1 von Ulpian. Wie die widersprechenden Entscheidungen zu vereinigen sind, wird ewig zweifelhaft bleiben. Meine Meinung geht dahin, daß Ulpian in der l. 1 § 1 D. h. t. den allgemeinen Satz für den Fall der Uebergabe einer Sache unter einer Schätzung ausspricht, daß die Gefahr der ästimirten Sache auf den Empfänger übergeht. In der That trifft derselbe in der Regel zu, vgl. auch l. 5 § 3 D. commodati 13, 6. Nur für den Trödelvertrag paßt er nach der Besonderheit des Verhältnisses nicht, weil der Trödler vorzugsweise für den Eigenthümer thätig ist, für diesen handelt. Dies mag Ulpian im Laufe der Erörterung selbst bemerkt haben; von den Kompilatoren aber wurde das Weitere unvorsichtigerweise gestrichen, da sie die Ausführung Ulpians an diesem Orte überhaupt sehr verkürzten. Jedenfalls ist eine derartige Vereinigung im Sinne der justinianischen Kompilation zutreffend. — Von einem „rogare" seitens des Trödlers wird man nur reden können, wenn er das Geschäft in seinem Interesse veranlaßte. Anders Glum, die Gefahr beim Trödelvertrage. Berliner Inauguraldiss. 1893.

9) Quellenmäßig lassen sich diese Sätze nicht belegen.

10) Als besondere Art des Trödelvertrages erscheint das „buchhändlerische Konditionsgeschäft", bei welchem der Verleger dem Sortimenter Verlagsartikel zum Verkauf übermacht unter der Verpflichtung, dieselben entweder ordnungsmäßig zu remittiren oder zur Ostermesse zum angesetzten Preise zu bezahlen. Dies Geschäft enthält die wesentlichen Charakterzüge des Trödelvertrages, nämlich einmal die Uebermachung einer „res vendenda" und zweitens die Verbindlichkeit, die Waare oder eine festgesetzte Summe zurückzugeben. Daß außerdem das Konditionsgeschäft auch seine besonderen usancemäßigen Eigenthümlichkeiten hat, ist unzweifelhaft. Vgl. namentlich Buhl, das Konditionsgeschäft in Goldschmidts Zeitschrift Bd. 5 S. 142. Weibling, das Konditionsgeschäft 1885, betrachtet den Konditionshandel „als suspensiv bedingtes Kaufgeschäft". Vgl. auch Friedrichs a. a. O.

### c) Die negotiorum gestio. [1]

#### § 121. Allgemeines über die negotiorum gestio.

Die auftraglose Besorgung fremder Geschäfte begründet gegenseitige Obligationen zwischen Geschäftsführer und Geschäftsherrn, welche zwar nicht auf Kontrakt beruhen, aber ihrem Inhalt nach den Obligationen aus dem Mandate so ähnlich sind, daß sie ihnen zweckmäßig angereiht werden.

Das prätorische Edikt, dem diese Ansprüche ihre Klagbarkeit verdanken, lautete in der allgemeinsten Weise: si quis negotia alterius gesserit, judicium eo nomine dabo. [2]

Dieser Fassung entsprach auch die demonstratio der actio negotiorum directa des Geschäftsherrn gegen den Geschäftsführer und der actio contraria des Geschäftsführers gegen den Geschäftsherrn. Aber die intentio dieser Klagen machte doch die Verurtheilung davon abhängig, daß etwas auf Grund solcher Geschäftsführung „ex fide bona" zu leisten war. Damit wurde der Richter zur sachentsprechenden Begrenzung des Thatbestandes ermächtigt und verpflichtet.

Ursprünglich begriff das Edikt — dies ergiebt seine allgemeine Fassung — auch die Fälle in sich, in welchen ein Mandatar, ein Tutor oder Protutor fremde Geschäfte geführt hatte. [3] Doch diese Fälle

---

1) Tit. Dig. de negotiis gestis 3, 5, Cod. 2, 18; Wächter im Archiv f. civ. Praxis Bd. 20 n. 11; Chambon, die n. g. 1848. Ruhstrat schrieb Aufsätze über n. g. im Archiv f. civ. Praxis Bd. 32 n. 7 (1849), Bd. 33 n. 2 und 9, Bd. 34 n. 3, Bd. 64 n. 2, ferner ein Buch 1858 und den Aufsatz in Jherings Jahrbüchern Bd. 19 n. 6, sowie Bd. 27 n. 2; Dankwardt, die n. g. 1855; Köllner, die Grundzüge d. o. n. g. 1856; Aarons, Beiträge z. L. v. d. n. g. 1. Abtheil. dogmengeschichtliche Erörterung 1860; E. Zimmermann, echte und unechte n. g. 1872 und die L. v. d. stellvertretenden n. g. 1876; Monroy, die vollmachtlose Ausübung fremder Vermögensrechte 1878; Sturm, das n. utiliter gestum 1878; Blassak z. Geschichte d. n. g. 1879; Kohler, Menschenhülfe in Jherings Jahrb. Bd. 25 S. 42; Thon im Arch. f. civ. Prax. Bd. 80 S. 77 ff.

2) l. 3 pr. D. h. t. 3, 5. Die Stellung im Edikte weist darauf hin, daß man ursprünglich an die Vertretung im Prozesse dachte, Blassak a. a. O. S. 42. Es finden sich noch die Ediktsworte „sive quis negotia, quae cujusque cum quis moritur fuerint, gesserit." Sie sind offenbar erst nachträglich von den Prätoren in das Edikt eingeschoben worden; Dernburg in den Festgaben für Heffter S. 115. Vgl. Blassak a. a. O. S. 38.

3) Hätte zur Zeit des ersten Entwerfens des Ediktes über negotiorum gestio bereits eine actio mandati oder tutelae bestanden, so hätte es nach unserer Ansicht nicht so gefaßt werden können, wie wir es lesen, vielmehr hätte man das Moment, worin etwas Neues gelegen hätte, nämlich daß es sich um „auftraglose" Geschäftsführung handelte, auch hervorheben müssen. Dies hat Blassak a. a. O. S. 24 gut ausgeführt. Anderer Ansicht ist Brinz Bd. 2. S. 633, Ruhstrat in Jherings Jahrb. Bd. 27 S. 95, Karlowa, röm. Rechtsgesch. Bd. 2 S. 672 Anm. 1.

wurden frühzeitig ausgeschieden, indem besondere Klagen für sie auf=
gestellt wurden.⁴⁵

Der negotiorum gestio verblieb daher nur die auftraglose Ge=
schäftsführung. Und zwar bestehen zwei Kategorien derselben:

a) Die eine ist die Besorgung der fremden Geschäfte a u f f r e m d e
R e c h n u n g. Man hat sie die s t e l l v e r t r e t e n d e oder auch die e c h t e
negotiorum gestio genannt.

b) Unter gewissen Umständen aber gewährte man actiones negotiorum gestorum, obgleich der Handelnde die fremden Geschäfte f ü r
s i c h, nicht für den Herrn derselben in Angriff genommen hat.⁶ Man
spricht hier von u n e c h t e r negotiorum gestio. ⁷

### § 122. Geschäftsführung für Andere auf deren Rechnung.

Der Hauptfall der negotiorum gestio ist die f ü r den Geschäfts=
herrn unternommene.

Sie kann aus der Fürsorge für Andere hervorgehen, insbesondere
für Abwesende oder sonst an der Besorgung ihrer Angelegenheiten Be-
hinderte. ¹ Aber solche Gesinnung ist nichts Unerläßliches. Nicht selten
veranlaßt die Rücksicht auf eigenen Vortheil die Wahrung des fremden,
indem man z. B. eine gemeinsame Sache, um einen besseren Erlös zu
erzielen, für eigene und fremde Rechnung verkauft. Oft handelt man in
Folge öffentlichen Zwanges, wenn man die Geschäfte Anderer auf deren
Rechnung besorgt. ² ³

---

4) Die actio mandati ist bereits vor Cicero aufgestellt worden, so daß aber ihre
„Einführung" noch im Gedanken lag, Cicero pro Roscio Amerino cap. 38 § 111.

5) Unten § 122 Anm. 7.

6) Viele behaupten, im „Sinne" des Ediktes liege die Beschränkung auf stell=
vertretende oder wenigstens „wissentliche" negotiorum gestio, Brinz Bd. 2 S. 634,
640, Wlassak a. a. O. S. 26. Aber woher sollen wir den Sinn des Ediktes erkennen,
als aus seinen Worten, und die Worte wissen von jener Beschränkung nichts. Unter
„auftragslos" ist zu verstehen „ohne Auftrag des Geschäftsherrn oder des Richters
oder unmittelbar des Gesetzes."

7) Den Ausdruck „stellvertretende" negotiorum gestio gebraucht in der Be=
deutung, von der hier die Rede ist, Brinz Bd. 2 S. 632. Zimmermann spricht von
echter und unechter negotiorum gestio, Monroy a. a. O. von „auftragloser Wahr=
nahme fremder Vermögensinteressen" und „vollmachtsloser Ausübung fremder Ver=
mögensrechte".

¹ 1) An diesen Fall, in dem die negotiorum gestio das dringendste Bedürfniß ist,
denken die römischen Juristen zunächst, l. 1 D. h. t. 3, 5, Ulpianus libro 10 ad
edictum: Hoc edictum necessarium est, quoniam magna utilitas absentium versatur, ne indefensi rerum possessionem aut venditionem patiantur vel pignoris
distractionem vel poenae committendae actiones, vel injuria rem suam amit-
tant. Vgl. l. 2 D. eod.

2) l. 3 § 10 D. h. t. 3, 5. Ulpianus libro 10 ad edictum: Hac actione tenetur
non solum is, qui sponte et nulla necessitate cogente immiscuit se negotiis

Das Wesentliche ist nur, daß man Geschäfte, die einem Anderen zugehören, auf dessen Rechnung vornimmt, ohne i h m gegenüber hierzu verbunden zu sein.

1. Voraussetzungen solcher Geschäftsführung sind:

a) Besorgung fremder Geschäfte. Dahin zählen vor allem die unmittelbar dem fremden Vermögenskreise zugehörenden, z. B. Reparatur eines fremden Hauses.[4] Aber auch Geschäfte, welche an sich neutral sind, d. h. eine nothwendige Beziehung zu einem bestimmten Vermögen nicht haben, können durch den Willen des Geschäfts= führers Anderen zugewendet werden, z. B. Einkauf von Waaren zu Gunsten des Gewerbes eines Dritten.[5]

b) Die Geschäftsführung muß eine auftraglose sein, d. h. sie darf nicht in einer Verpflichtung gegenüber dem Geschäftsherrn ihre Veranlassung haben, also weder auf einem Mandat desselben[6]

---

alienis et ea gessit, verum et is, qui aliqua necessitate urguente vel necessitatis suspicione gessit. Wlassak a. a. O. S. 140 nimmt an, daß Ulpian hier den weiteren Begriff der negotiorum gestio zu Grunde gelegt habe, wonach sie auch die Mandatsklage umfaßte. Dies ist schwerlich richtig, denn in der klassischen Zeit waren Mandat und negotiorum gestio längst getrennt, vgl. unten Anm. 6; Ulpian denkt vielmehr an Fälle, in welchen der Geschäftsführer anderweit zur Geschäfts= führung verbunden ist. Dies ergiebt das sofort — im § 11, cit. — angefügte Beispiel, wonach der Geschäftsführer in Folge eines von einem Dritten ertheilten Mandates handelte.

3) Es wird z. B. Jemand von der Obrigkeit, weil er prima facie dazu ver= pflichtet erscheint, zu einer Handlung, z. B. zur Räumung eines Grabens, im öffent= lichen Interesse angehalten, und führt das ihm Auferlegte „auf Rechnung dessen, dem es obliegt", aus. Vgl. l. un D. de via publica 43, 10. — Haben öffentliche Armenverbände eine a. neg. gest. gegen den von ihnen unterstützten Armen, welcher zu Vermögen kommt sowie gegen dessen alimentationspflichtige Verwandte? Dies verneint R.G. Bd. 14 S. 197 und Kohler a. a. O. S. 107, weil der Verband durch seine öffentliche Pflicht gezwungen die Unterstützung leistete, aber unseres Ermessens im Widerspruch mit der l. 3 § 10 D. h. t., oben Anm. 2. Jene öffentliche Ver= pflichtung hebt die Thatsache nicht auf, daß der Verband dem Armen in dessen Interesse Hülfe leistete.

4) l. 5 § 13 D. h. t. 3, 5... alterius re ipsa gestum negotium.

5) Derartige Geschäfte werden endgültig zu fremden durch die Ratihabition des= jenigen, für den gehandelt ist, oder durch dessen Verpflichtung zu ratihabiren. Daher l. 5 § 11 D. h. t. 3, 5... ratihabitio constituet tuum negotium, quod ab initio tuum non erat, sed tua contemplatione gestum. Vgl. übrigens Wlassak a. a. O. S. 74.

6) l. 6 § 1 D. mandati 17, 1. Ulpianus libro 31 ad edictum: Si cui fuerit mandatum, ut negotia administraret, hac actione erit conveniendus nec recte negotiorum gestorum cum eo agetur: nec enim ideo est obligatus, quod negotia gessit, verum idcirco quod mandatum susceperit: denique tenetur et si non gessisset. § 1 J. de obl. quasi ex contractu 3, 27, l. 20 C. h. t. 2, 18. Keinenfalls hat aber, wer mit der a. neg. gest. klagt, die Negative zu beweisen, daß er ohne Auftrag handelte. Vgl. oben Bd. 1 § 159. Man kann daher primär mit der a. mandati aus dem Mandat klagen und eventuell für den Fall, daß es nicht erwiesen sein sollte, mit der a. neg. gestorum. Ruhstrat in Jherings Jahrb. Bd. 27 S. 95.

noch auf einer Vormundſchaft [7] beruhen. [8] Daß der Geſchäftsführer Anderen zu der fraglichen Handlung verpflichtet iſt, kommt nicht in Betracht. [9]

Wer daher die Geſchäfte des A. in Folge eines Mandates des B. in deſſen Intereſſe beſorgt, hat neben einander gegen den B. die actio mandati, gegen den A. die actio negotiorum gestorum. [10]

c) Die Geſchäftsführung muß auf Rechnung des Geſchäfts=herrn unternommen ſein.

Kenntniß der Perſon des Geſchäftsherrn iſt nichts Weſentliches, Irrthum über dieſelbe daher nicht ſchädlich, [11] giebt aber, auch wenn er entſchuldbar wäre, keine Rechte gegen den vermeinten Geſchäfts=herrn. [12]

2. Die Geſchäftsführung iſt bald für den Geſchäftsherrn verbindlich, bald iſt dies nicht der Fall.

Den Geſchäftsherrn verbindet:

a) die nützlich unternommene Geſchäftsführung — negotium utiliter coeptum.

---

7) Nach römiſchem Rechte galt dies nur für die Tutel. Für die Kuratel wendete man die actio negotiorum an. Doch ſcheint man wenigſtens in der ſpäteren klaſſiſchen Zeit die Thatſache der Kuratel in der demonstratio der Klage markirt, alſo regelmäßig eine utilis actio angewendet zu haben. Vgl. die bei Brinz Bd. 2 S. 634 Anm. 7 citirten Stellen.

8) Bei Handlungen eines Miteigenthümers für ſich und ſeine Genoſſen iſt zu unterſcheiden, ob es ſich um Geſchäfte handelte, die nothwendig oder doch bei guter Adminiſtration zweckmäßigerweiſe gemeinſam auszuführen waren, dann hat der Gerirende die a. communi dividundo, oder ob dies nicht der Fall war, dann iſt die a. negotiorum gestorum anzuwenden, l. 6 § 2 D. communi dividundo 10, 3, Ulpianus libro 19 ad edictum: Sive autem locando fundum communem sive colendo de fundo communi quid socius consecutus sit, communi dividundo judicio tenebitur ... hoc autem ideo praestat communi dividundo judicio, quia videtur partem suam non potuisse expedite locare. Ceterum non alias communi dividundo judicio locus erit, ut et Papinianus scribit, nisi id demum gessit, sine quo partem suam recte administrare non potuit: alioquin si potuit, habet negotiorum gestorum actionem eaque tenetur. Vgl. Brinckmann, Verhältniß der a. communi div. und der a. neg. gest. 1855, Wind-ſcheid Bd. 2 § 431 Anm. 18.

9) Vgl. oben Anm. 2.

10) l. 3 § 11, l. 4, l. 5 § 6 D. h. t. 3, 5, l. 14 C. eod. 2, 18. Es kann freilich der Fall ſo liegen, daß der Mandatar offenbar nur mit dem Mandanten zu thun haben will, l. 53 D. mandati 17, 1. Vgl. übrigens Thibaut, Abhandlungen n. 20 und Windſcheid Bd. 2 § 431 Anm. 3 ff.

11) l. 5 § 1 D. h. t. 3, 5. Ulpianus libro 10 ad edictum: Sed et si, cum putavi Titii negotia esse cum essent Sempronii, ea gessi, solus Sempronius mihi actione negotiorum gestorum tenetur, l. 5 § 10, l. 25 D. eod. Brinz Bd. 2 S. 644 Anm. 42. Sind Mehrere bei demſelben Geſchäfte intereſſirt, ſo entſteht eine actio negotiorum gestorum immer nur zwiſchen dem Gerenten und demjenigen, für den er zu handeln gedachte, l. 60 § 1 D. mandati 17, 1.

12) Kohler a. a. O. S. 52. Anwendung hiervon macht R.O.H.G. Bd. 24 S. 126.

Viele Schriftsteller bezeichnen als nützlich unternommen nur noth=
wendige Geschäfte, worunter sie verstehen zur Erhaltung des Ver=
mögens des Geschäftsherrn bestimmte. [13] Es ist zuzugestehen, daß solche
Geschäfte vorzugsweise nützlich sind. [14] Indessen sind sie dies keineswegs
immer, namentlich dann nicht, wenn der Geschäftsherr das fragliche Ver=
mögensstück als der Erhaltungskosten unwerth nicht in Stand gesetzt haben
wollte. [15] Andererseits müssen auch nicht nothwendige Geschäfte als
nützlich unternommen gelten, wenn ihre Unternehmung für den Ge=
schäftsherrn seinen Plänen und Wünschen entsprechend war.     Man
denke z. B. an den besonders günstigen Ankauf eines Grundstücks für
einen Abwesenden, nach welchem derselbe schon lange zur zweckmäßigen
Arrondirung seines Besitzes und erheblichen Verbesserung desselben ge=
strebt hatte. [16]

Nützlich unternommen ist also die Geschäftsführung,
sofern der Geschäftsführer annehmen konnte und mußte,
daß sie der Geschäftsherr, wenn er in der Lage zu han=
deln gewesen wäre, selbst in Angriff genommen hätte.

Demnach entscheidet nicht eine strikte Regel, sondern vernünftige
Erwägung des Falles, nicht ein bloß objektives, sondern vorzugsweise
ein subjektives Moment. [17]

---

13) Nur die Unternehmung nothwendiger Geschäfte betrachten als negotium
utiliter coeptum Wächter im Archiv für civ. Praxis Bd. 20 n. 11, Vangerow Bd. 3
§ 664 S. 506, neuerdings Brinz Bd. 2 S. 641 Anm. 33.

14) Vgl. übrigens über den Begriff der nothwendigen Geschäfte oben Bd. 1
§ 227 Anm. 6.

15) l. 9 § 1 D. h. t. 3, 5. Ulpianus libro 10 ad edictum... quid enim
si eam insulam fulsit, quam dominus quasi impar sumptui dereliquerit, vel
quam sibi necessariam non putavit? oneravit, inquit, dominum secundum
Labeonis sententiam... sed istam sententiam eleganter Celsus deridet: is
enim negotiorum gestorum, inquit, habet actionem, qui utiliter negotia gessit:
non autem utiliter negotia gerit, qui rem non necessariam vel quae oneratura
est patremfamilias adgreditur... quid si putavit se utiliter facere, sed patri-
familias non expediebat? dico hunc non habiturum negotiorum gestorum
actionem.

16) Den subjektiven Standpunkt vertritt vorzugsweise Ruhstrat a. a. O., vgl.
ferner die bei Windscheid Bd. 2 § 430 Anm. 17 Citirten. Sehr bestimmt formulirt
die römische Ansicht Ulpianus libro 32 ad edictum l. 13 § 22 D. de a. e. v. 19, 1.
Er giebt dort dem Verkäufer eine actio ex vendito wegen Verwendungen auf die
Kaufsache: si in aegri servi curationem impensum est ante traditionem aut si
quid in disciplinas, quas verisimile erat etiam emptorem velle impendi. Aller=
dings handelt es sich hier nicht um eigentliche negotiorum gestio; aber das Ver=
hältniß ist ihr verwandt und die Principien müssen dieselben sein.

17) Vgl. Ruhstrat in Jherings Jahrb. Bd. 27 S. 70. Manche Schriftsteller
unterstellen einen wirklichen Willen des Geschäftsherrn, „eine Willensgemeinschaft“
mit dem Geschäftsführer und suchen hieraus die Ansprüche aus der negotiorum
gestio zu erklären und zu rechtfertigen. Aber hiervon ist nicht die Rede. Der Ge=
schäftsherr wollte die Geschäftsführung nicht; denn er mußte nichts von der Lage

Hatte der Geschäftsherr die Einmischung in seine Geschäfte über=
haupt oder wenigstens dem Geschäftsführer verboten, so ist sie auch
dann nicht für ihn rechtsverbindlich, wenn sie von gutem Erfolge war.[18][19]

Bestand aber die Geschäftsführung in der Beisetzung einer Leiche,
so hatte der Geschäftsführer in Rom eine eigene Klage, die actio fu=
neraria. Diese wurde auch gewährt, wenn er gegen Verbot gehandelt
hatte, sofern er hierbei dringenden Pietätsrücksichten nachgab.[20]

Man muß dies verallgemeinern und die Geschäftsführung stets als
für den Geschäftsherrn verbindlich und nützlich ansehen, wenn sie aus
dringenden Pietätsrücksichten oder gar in Erfüllung einer öffentlichen
Pflicht oder in Folge öffentlichen Zwanges für ihn geschah.[21]

b) Nachträgliche Genehmigung macht eine auch nicht nützlich
unternommene oder verbotene Geschäftsführung rechtsverbindlich.[22] —

Die actiones negotiorum gestorum haben einen verschiedenen
Inhalt, je nachdem es sich um eine den Geschäftsherrn verbindende
Geschäftsführung handelt oder nicht.

3. Was die actio directa des Geschäftsherrn anlangt, so gilt:

a) Seine Ansprüche sind, wenn er die Geschäftsführung als rechts=

!

und der Geschäftsführung; aber er hätte sie bei Kenntniß der Sachlage gewollt.
Die Ansprüche aus der negotiorum gestio gründen sich vielmehr auf das Interesse
der bürgerlichen Gesellschaft an der Erhaltung und dem Wohlsein ihrer Glieder und
an der Erhaltung und möglichsten Mehrung ihrer Güter. Vgl. Windscheid Bd. 2
§ 430 Anm. 17, Kohler a. a. O. S. 23.

18) l. 7 § 3 D. h. t. 3, 5, l. 24 C. h. t. 2, 18.

19) Wem eine Sache zur Aufbewahrung oder zur Nutzung — als Nießbraucher,
Kommodatar, Miether — oder zur Sicherung — als Pfandgläubiger oder Wieder=
verkäufer — überlassen ist, so daß er vertragsmäßig nur Ersatz nothwendiger Ver=
wendungen beanspruchen darf, kann seine Rechtsstellung nicht ändern und als unbe=
auftragter Geschäftsführer auch Ersatz nützlicher Verwendungen beanspruchen.

20) l. 14 § 13 D. de religiosis 11, 7. Ueber die a. funeraria vgl. Brinz
Bd. 2 S. 655. H. Funcke, die a. funeraria. Hallesche Jnaugdiss. 1890.

21) l. un. § 3 D. de via publica 43, 10, vgl. Windscheid Bd. 2 § 430
Anm. 20 und dort Citirte. Dahin gehört namentlich die Leistung gesetzlich geschuldeter
Alimente.

22) L. Seuffert, Ratihabition S. 47. Die Ratihabition giebt dem Geschäfts=
führer eine ähnliche Stellung, wie sie der Mandatar hat, aber sie macht ihn nicht
zum Mandatar l. 8 D. h. t. 3, 5 „utique mandatum non est", l. 12 § 4 D. de
solutionibus 46, 3 „rati enim habitio mandato comparatur". Wie verhält sich
aber hierzu l. 60 D. de R. J. 50, 17. Ulpianus libro 10 disputationum: „Semper
qui non prohibet pro se intervenire, mandare creditur. sed et si quis ratum
habuerit quod gestum est, obstringitur mandati actione?" Unmöglich kann sich
der Schlußsatz auf die Vergangenheit beziehen. Was negotiorum gestio war,
bleibt solche. Man muß beachten, daß Ulpian hier die stillschweigende Ertheilung
eines Mandates untersucht. Er sieht sie einmal in dem wissentlichen Dulden der
Intervention; nicht minder, so müssen wir die Stelle verstehen, mandirt für die
Zukunft, wer eine fortlaufende ursprünglich auftragslose Geschäftsführung für die
Vergangenheit genehmigt.

verbindlich anerkennen muß oder anerkennt, denen des Mandanten gegen den Mandatar entsprechend.

Der Geschäftsführer hat ihm daher Rechnung zu legen. [23]

Er ist ihm weiter wegen jeder Verschuldung haftbar. [24] Solche kann unter Umständen selbst darin liegen, daß er Einzelnes in Angriff nahm und anderes damit Verbundenes liegen ließ. [25] Wer in einem Nothfalle Nothwendiges besorgte, haftet nur für dolus und culpa lata. [26]

Die Genehmigung der Geschäftsführung im Ganzen nimmt dem Geschäftsherrn nicht das Recht, wegen Fehler im Einzelnen Ersatz zu fordern. [27]

Der Geschäftsführer hat endlich, was er in Folge der Geschäftsführung einnahm, dem Geschäftsherrn herauszugeben. [28]

b) Der Geschäftsherr kann eine nicht nützlich unternommene und von ihm auch nicht genehmigte Geschäftsführung zurückweisen. Dann darf er Wiederherstellung des früheren Zustandes fordern. Aber er muß die einheitlich geführte Verwaltung entweder ganz verwerfen oder ganz anerkennen. Es ist ihm also nicht verstattet, die günstig auslaufenden Unternehmungen für sich in Anspruch zu nehmen, die ungünstigen aber zurückzuweisen. [29]

4. Was die actio contraria anlangt, so hat der Geschäftsführer:

a) dieselben Ansprüche wie ein Mandatar, wenn die Geschäftsführung eine für den Geschäftsherrn verbindliche, insbesondere eine nützliche oder genehmigte war.

---

23) § 1 J. de obl. quasi ex contractu 8, 27 verb. „tenetur ut administrationis rationem reddat".

24) § 1 J. de obl. quasi 3, 27, l. 10 D. h. t. 3, 5. Unrichtig ist die Ansicht von Sturm S. 58, „daß der negotiorum gestor nur die Sorgfalt aufzuwenden habe, welche der Herr vermuthlich angewendet haben würde". Richtig ist nur, daß er Geschäfte nicht zu unternehmen hat, die der Herr nicht zu betreiben pflegt. l. 13 § 1 D. de usuris 22, 1. Zur geschichtlichen Würdigung dieser Stelle vgl. Petražyoki, Einkommen Bd. 2 S. 186.

25) l. 5 § 14 D. h. t. 3, 5.

26) l. 3 § 9 D. h. t. 3, 5. Die Erklärungen der l. cit. gehen sehr auseinander. Nach Windscheid Bd. 2 § 430 Anm. 6 haftet der Geschäftsführer dann bloß für Dolus, wenn ohne seine Dazwischenkunft „Alles" verloren wäre. Was ist aber Alles? — Ein interessanter Fall in Seuff. A. Bd. 47 n. 269 (O.L.G. Hambg.). Bloß für dolus und culpa lata steht auch ein, wer als Erbe vom Erblasser Unternommenes zu vollenden hat, l. 17 C. h. t. 2, 18.

27) l. 8 D. h. t. 3, 5.

28) l. 2, l. 18 § 4, l. 28 D. h. t. 3, 5. Der Geschäftsführer hat auch eingezogene „indebita" für den Geschäftsherrn herauszugeben l. 22, l. 7 § 1 D. h. t. 3, 5. Vgl. ferner l. 18 § 3 D. h. t. 3, 5. Ueber Verzinsung R.G. Bd. 18 S. 196.

29) Da der Vermögensherr die Geschäftsführung zurückweisen kann, so folgt, daß der Geschäftsführer den Zufall seiner Unternehmungen, die ihm bleiben, zu

Der Geschäftsherr muß ihm daher entsprechend gemachte Auslagen mit Zinsen[30] ersetzen und die von ihm für die Zwecke der Geschäftsführung übernommenen Verbindlichkeiten abnehmen,[31] der Geschäftsführer habe denn die liberale Absicht gehabt, auf den Regreß zu verzichten, den Betrag seiner Auslagen also zu schenken.[32]

Die Aufwendungen sind auch dann zu ersetzen, wenn der Erfolg der Geschäftsführung kein günstiger war.[33]

Der Geschäftsherr haftet ferner wegen etwaiger Verschuldung, z. B. er zerstört das Gerüste und Arbeitsgeräth des Geschäftsführers, welches er bei der Zurückkunft in seinem Besitzthume vorfindet.

b) War die Geschäftsführung nicht nützlich unternommen und auch nicht genehmigt, so kann der Geschäftsführer doch insoweit Ersatz fordern, als der Geschäftsherr durch sie bereichert ist.[34][35]

### § 123. Fremde Geschäfte auf eigene Rechnung.

Etwas ganz Anderes als die Unternehmung fremder Geschäfte auf fremde Rechnung ist es, wenn man Geschäfte, die objektiv fremd sind — re ipsa aliena — für sich besorgt.

tragen hat. l. 10 D. h. t. 3, 5. Pomponius libro 21 ad Quintum Mucium: Si negotia absentis et ignorantis geras, et culpam et dolum praestare debes: sed Proculus interdum etiam casum praestare debere, veluti si novum negotium, quod non sit solitus absens facere, tu nomine ejus geras: veluti venales novicios coemendo vel aliquam negotiationem ineundo: nam, si quid damnum ex ea re secutum fuerit, te sequetur, lucrum vero absentem: quod si in quibusdam lucrum factum fuerit, in quibusdam damnum, absens pensare lucrum cum damno debet.

30) l. 18 § 4 D. h. t. 3, 5 und Petrażycki, Einkommen Bd. 2 S. 163.

31) l. 2 D. h. t. 3, 5... justum est, et utiliter gessit, praestare ei, quidquid eo nomine vel abest ei vel afuturum est. Desgleichen Vergütung in üblichem Maße, wenn es sich um technische Dienstleistungen handelte, die entgeltlich geleistet zu werden pflegen, Seuff. A. Bd. 46 n. 186 (O.L.G. Hambg.).

32) Der Geschäftsführer muß keineswegs besonders behaupten und beweisen, daß er die Auslagen für die ihm fremden Geschäfte „recipiendi animo" machte. Vielmehr ist es Sache des Geschäftsherrn, darzuthun, daß die Aufwendung „donandi animo" geschah. Vgl. l. 4 D. h. t. 3, 5. Wenn freilich Eltern ihre unmittelbaren Kinder alimentiren oder ihnen sonst Zuwendungen machen, welche im Leben gewöhnlich als liberale angesehen werden, so muß, wenn sie gleichwohl Ersatz beanspruchen, der animus recipiendi bei der Aufwendung dargethan werden. l. 33 D. h. t. 3, 5, l. 50 D. familiae erciscundae 10, 2, l. 11 C. h. t. 2, 18; vgl. l. 15 C. eod. R.G. Bd. 10 S. 117.

33) l. 21 D. h. t. 3, 5, Gajus libro 3 ad edictum provinciale... veluti si frumentum aut vinum familiae paraverit, idque casu quodam interierit, forte incendio ruina. sed ita scilicet hoc dici potest, si ipsa ruina vel incendium sine vitio ejus acciderit, l. 9 § 1 D. eod.

34) arg. l. 5 § 5 D. h. t. 3, 5.

35) War der Geschäftsherr unmündig, so kann er überhaupt nur bis zum Belaufe seiner Bereicherung belangt werden. l. 5 § 2, l. 36 D. h. t. 3, 5, l. 2 C.

Dennoch paßten auch auf diesen Fall das Edikt „si quis negotia alterius gesserit" und die actiones negotiorum gestorum.

Daher gewährte man diese Klagen:

1. wenn Jemand wissentlich und gewinnsüchtig fremde Geschäfte für sich besorgte.[1] Der Herr des Geschäftes hat dann die actio negotiorum gestorum directa auf Rechnungslegung und Herausgabe des in Folge der Geschäftsführung Eingenommenen oder auch nach seiner Wahl auf Wiederherstellung des früheren Zustandes, und der Gerent kann mit der actio contraria Erstattung seiner Auslagen bis zum Betrage der Bereicherung des Vermögensherrn fordern, wenn sich dieser das Produkt des Geschäftes aneignet.

2. Wer fremde Geschäfte im Glauben, es seien eigene, besorgt, kann unmöglich, wie Manche vermeinen, schlechthin als Vertreter desjenigen behandelt werden, welchem das Geschäft objektiv zugehört. Dies würde ihn und den Geschäftsherrn mit einer Verantwortlichkeit belasten, für die es an inneren Gründen fehlt, und stünde mit anerkannten Rechtssätzen, insbesondere hinsichtlich der Stellung eines gutgläubigen Besitzers fremder Objekte in schroffem Widerspruche.

Aber ebenso unhaltbar ist es, die Anwendung der actiones negotiorum gestorum in diesem Falle durchaus zu leugnen.[2] Sie sind vielmehr unter besonderen Umständen zugelassen:[3]

---

h. t. 2, 18. Es ist dies eine Reminiscenz der Auffassung der negotiorum gestio als eines Quasikontraktes; aus inneren Gründen rechtfertigt sich der Satz nicht. Vgl. Kohler a. a. O. S. 44.

1) l. 5 § 5 D. h. t. 3, 5. Ulpianus libro 10 ad edictum: Sed et si quis negotia mea gessit non mei contemplatione, sed sui lucri causa, Labeo scripsit suum eum potius, quam meum negotium gessisse — qui enim depraedandi causa accedit, suo lucro, non meo commodo studet —: sed nihilo minus, immo magis et is tenebitur negotiorum gestorum actione. ipse tamen si circa res meas aliquid impenderit, non in id quod ei abest, quia improbe ad negotia mea accessit, sed in quod ego locupletior factus sum habet contra me actionem. Uebrigens hat der bösgläubige Besitzer fremder Sachen wegen Verwendungen auf die Sache doch nur ein Retentionsrecht.

2) Köllner a. a. O. S. 29, vgl. aber Vangerow Bd. 3 § 664 S. 504.

3) Die Hauptstelle ist die berühmte l. 48 D. h. t. 3, 5. Africanus libro 8 quaestionum: Si rem, quam servus venditus subripuisset a me venditore, emptor vendiderit eaque in rerum natura esse desierit, de pretio negotiorum gestorum actio mihi danda sit, ut dari deberet, si negotium, quod tuum esse existimares, cum esset meum, gessisses: sicut ex contrario in me tibi daretur, si, cum hereditatem quae ad me pertinet tuam putares, res tuas proprias legatas solvisses, quandoque de ea solutione liberarer. Vgl. auch l. 3 C. de rei vind. 3, 32. Nicht selten generalisirt man die Entscheidung von Afrikan. Am weitesten geht hierbei Dankwardt, negotiorum gestio § 22. Nach ihm wäre, wer mit einem fremden Vermögen ohne Rücksicht auf das Subjekt dieses Vermögens, sei es wissentlich, sei es unwissentlich, schaltet, aus diesem objektiven Faktum dem Vermögenssubjekt haftbar, als wäre er dessen procurator omnium bonorum, soweit seine Handlung objektiv das Vermögenssubjekt berührt. Dies müßte zu absonderlichen

a) Hat Jemand eine fremde Sache gutgläubig für sich veräußert, und ist er durch den Preis bereichert, so hat der Eigenthümer der Sache, wenn ihm durch zufällige Umstände deren Vindikation abgeschnitten wird, eine a. negotiorum gestorum directa gegen jenen Veräußerer auf den Betrag der Bereicherung desselben. [4]

b) Hat ein vermeinter Erbe durch Erfüllung einer auf der Erb= schaft lastenden Verbindlichkeit den wahren Erben befreit, so steht ihm deshalb die a. negotiorum gestorum contraria gegen den wahren Erben bis zum Belauf der Bereicherung desselben zu. [5]

### VI. Der Gesellschaftsvertrag.

§ 124. Begriff und Arten des Gesellschaftsvertrages. [1]

Gesellschaft — societas — ist vertragsmäßige Ver= mögensgemeinschaft.

a) Die Gemeinschaft des Vermögens muß nicht nothwendig in Miteigenthum bestehen; vielmehr genügt, daß durch gegenseitige Ver= bindlichkeiten die Verwendung zu gemeinsamen Zwecken, insbesondere die Austheilung von Gewinn und Verlust festgestellt wird. [2]

Meist sind die Ziele der Gesellschaften pekuniäre, also Erwerb oder Erhaltung von Vermögen; aber dies ist nichts Wesentliches. Es giebt zahlreiche Gesellschaften mit anderen Zwecken, z. B. zu geselligem Zu= sammensein oder wissenschaftlichen und künstlerischen Bestrebungen. Ge= sellschaften zu unerlaubten Zwecken sind aber unzulässig und nichtig.

b) Nothwendig ist ferner ein Gesellschaftsvertrag, welcher übrigens, weil formlos, auch stillschweigend geschlossen sein kann. Ver= mögensgemeinschaften, die nicht auf Vertrag beruhen, etwa durch Erb= schaft, Vermächtniß oder Zufall entstanden, bilden keine Societäten. Natürlich kann sich aber ein Gesellschaftsvertrag an sie knüpfen. [3]

---

Resultaten führen. Vgl. Monroy a. a. O. S. 50, Windscheid Bd. 2 § 431 Anm. 18, R.G. Bd. 13 S. 184. Auch die Auffassung von Monroy halte ich für viel zu weit gehend.

4) In diesem Falle gewährten Afrikan und Julian auch eine condictio, l. 23 D. de r. c. 12, 1. Sie versuchten eben verschiedene Wege, um für das, was ihnen billig erschien, die praktische Form und die Rechtfertigung zu finden. Francke, hered. pet. S. 325 ff. Pacchioni in den studi giuridici per il 35 anno d'insegnamento di Filippo Serafini 1892 S. 99 ff.

5) Vgl. außer der Anm. 8 abgedruckten l. 48 D. h. t. die l. 14 § 11, l. 32 pr. D. de rel. 11, 7, l. 50 § 1 D. de her. pet. 5, 3.

1) Tit. Inst. de societate 8, 25. Dig. pro socio 17, 2. Cod. 4, 37.

2) l. 58 pr., l. 74 D. h. t. 17, 2.

3) l. 32 D. h. t. 17, 2. Ulpianus libro 2 ad edictum: Nam cum tractatu

Das Charakteristische des Gesellschaftsvertrages ist der animus contrahendae societatis, d. h. die Absicht, als Genossen zusammen=zuwirken.[4] Daher ist es in der Regel keine Gesellschaft, wenn der Kaufmann seinen Handlungsgehülfen, der Fabrikant seinen Arbeitern außer dem Lohne einen Antheil am Gewinne zusagt,[5] ebensowenig ist es die Theilpacht.[6] Hier fehlt die Absicht der Gesellschaft.

Die Gesellschaften zerfallen in Arten nach dem Umfange der Ver=mögensgemeinschaft.

a) Die umfassendste ist die Gesellschaft des gesammten Ver=mögens — societas omnium bonorum.[7][8] Sie erstreckt sich auf alles, was die Gesellschafter zur Zeit des Geschäftsschlusses haben und später, sei es durch Arbeit, sei es in anderer Weise, z. B. durch Erb=schaften erwerben, nicht minder auf die Schulden der Gesellschafter. Aber sie ergreift nicht Erwerb der Gesellschafter durch Delikt, und Deliktsschulden der Gesellschafter fallen ihr nicht zur Last.

b) Die allgemeine Erwerbsgesellschaft — s. quaestus — umfaßt alles Einkommen der Gesellschafter,[9] natürlich auch die be=züglichen Schulden, nicht aber einmalige Kapitalverbesserungen, z. B. durch Erbschaften, Glücksfälle.

Diese beiden Gesellschaftsarten pflegen die neueren als allge=meine den übrigen Gesellschaften — den besonderen oder parti=kulären — entgegenzustellen.

c) Zu solchen gehören die Vereinigungen zum Betriebe eines Ge=

---

habito societas coita est, pro socio actio est, cum sine tractatu in re ipsa et negotio communiter gestum videtur. l. 31, l. 33 und l. 34 D. h. t.

4) Je nach der Absicht der Betheiligten bildet derselbe Thatbestand bald eine Societät, bald ein anderes Geschäft. l. 44 D. h. t. 17, 2. Ulpianus libro 31 ad edictum: Si margarita tibi vendenda dedero, ut, si ea decem vendidisses, redderes mihi decem, si pluris, quod excedit tu haberes, mihi videtur, si animo contrahendae societatis id actum sit, pro socio esse actionem, si minus, prae-scriptis verbis. Die Absicht ist natürlich aus den äußeren Umständen zu erschließen: auch aus der socialen Stellung der Betheiligten lassen sich nicht selten Anhaltspunkte gewinnen.

5) R.O.H.G. Bd. 1 S. 194, Bd. 17 S. 275, Bd. 18 S. 1.

6) Vgl. oben Bd. 2 § 111 Anm. 4. Auch dieses Verhältniß kann in eine Societät übergehen. l. 52 § 2 D. h. t. 17, 2.

7) l. 1 § 1, l. 2, l. 3 pr. § 1, l. 5 pr., l. 52 §§ 16 ff., l. 53, l. 65 pr. § 3, l. 73 D. h. t.

8) Die Sachen der Gesellschafter werden im Falle der societas omnium bo-norum ohne besondere Tradition unmittelbar gemeinsam, oben Bd. 1 § 211 Anm. 2. Der Satz wird altes Gewohnheitsrecht gewesen sein; die römischen Juristen erklärten ihn durch Unterstellung eines constitutum possessorium.

9) l. 7, l. 13 D. h. t. 17, 2.

Gewerbes,[10] insbesondere eines Handelsgewerbes — Handelsgesell=
schaften.[11]

Ferner f. g. Gelegenheitsgesellschaften, b. h. die für
einzelne Angelegenheiten eingegangenen Vereinigungen.[12]

### § 125. Entwickelung des römischen Societätsrechtes.

Die Meinungen der Neueren über die geschichtliche Entwickelung
der römischen Societät sind getheilt.[1]

Gesellschaftsverträge kommen derzeit vorzugsweise auf dem Gebiete
des Handels und der Industrie vor. Aehnlich war es in Rom seit
den letzten Zeiten der Republik und in der Kaiserzeit. Deshalb liegt
die Ansicht nahe, daß auch im alten Rom die merkantilen Societäten die
Hauptrolle gehabt hätten.

Dies ist gleichwohl irrig. Die Ausgangspunkte des römischen
Gesellschaftsrechtes waren andere.

Hierfür liefert den Beweis, daß die actio pro socio für die
societas omnium bonorum aufgestellt wurde, und daß sich die
prätorischen Edikte auf diese Gesellschaftsform bezogen.[2]

Die societas omnium bonorum aber hat keinen merkantilen,
sondern einen familienartigen und agrarischen Charakter.

Sie schloß sich, wie aus zahlreichen Zeugnissen hervorgeht, an die
Gemeinschaft der Miterben, insbesondere der Agnaten an,[3] bildete also
deren vertragsmäßige Fortsetzung — consortium — behufs der gemein=
schaftlichen Bewirthschaftung des Erbgutes, ohne Zweifel zugleich Waffen=
gemeinschaft zu Schutz und Trutz vor allem gegen räuberische Einfälle
von Feinden zu Land und zur See.

Die römischen societates omnium bonorum lassen sich hiernach

---

10) l. 52 § 5 D. h. t. 17, 2.

11) Die Handelsgesellschaften normirt besonders das H.G.B. Art. 85 ff.

12) l. 5 pr. D. h. t. 17, 2.

1) Vgl. Pernice, Labeo Bd. 1 S. 443; Leist, z. Geschichte der römischen societas
1881; Laftig in Goldschmidts Ztschrft. Bd. 24 S. 400; Pernice, Parerga in der
Ztschrft. f. Rechtsgeschichte n. F. Bd. 3 S. 48, Bd. 9 S. 232 und dort Citirte.
Schmoller im Jahrb. f. Gesgbg., Verwaltg. u. Volkswirthsch. N. F. Bd. 16 S. 736 ff.

2) Lenel, edictum S. 237 führt namentlich an: die societas omnium bonorum steht in den Kommentaren zum Edikte voran, sowohl bei Paulus, vgl. L. 1
§ 1, l. 3 pr. § 1 D. h. t., wie bei Ulpian, vgl. L 5 pr. D. h. t. Ferner zählt
die actio pro socio zu den „generalia judicia" l. 28 pr. D. h. t. 17, 2. Das
Richtige hat schon Salkowski de soc. publ. p. 20 gesehen. Dagegen Pernice, Labeo
S. 443.

3) Vgl. Leist a. a. O., Pernice, Parerga S. 67 und die dort angeführten Stellen.

mit den deutschen Ganerbschaften vergleichen.[4] Aber freilich ist der Unterschied, daß die Ganerbschaften rechtlich unauflösbar waren. Die römischen Genossenschaften hingegen erhielten sich wohl thatsächlich die Generationen hindurch, aber es bestand die Befugniß einseitiger Kündigung, und sie erloschen bei jedem Todesfall eines der Genossen, ohne Zweifel um meist mit dem Erben erneuert zu werden.

Da die Societäten Familiengenossenschaften waren, entstand die Anschauung, daß unter Gesellschaftern ein jus fraternitatis walte, wovon bei merkantilen Gesellschaften oft wenig zu merken ist.[5]

Für die socii omnium bonorum war ferner das beneficium competentiae natürlich und vom Prätor gegeben. Wie weit dasselbe auf andere socii zu übertragen sei, war schon den Römern zweifelhaft.[6][7]

Auch daß die Gesellschafter gegenseitig nur für culpa in concreto einstehen, erklärt sich durch den familienartigen Charakter der alten societas.[8] Für merkantile Gesellschaften paßt dieser Satz nicht, wenn er sich auch traditionell auf sie vererbt hat.[9]

Noch in der Kaiserzeit ist die societas omnium bonorum vielfach in Gebrauch gewesen,[10] dominirend war sie längst nicht mehr. Sabinus nahm daher an, im Falle der Begründung einer Gesellschaft ohne nähere Bestimmung sei eine allgemeine Erwerbsgesellschaft zu unterstellen.[11] Es liegt auf der Hand, daß auch dies für das heutige Recht nicht anwendbar ist. Denn im heutigen Rechte kommen allgemeine Vermögensgesellschaften wie allgemeine Erwerbsgesellschaften nur höchst selten vor.

4) Siehe über die Ganerbschaften Edward Wippermann 1873.

5) l. 63 pr. D. h. t. 17, 2.

6) Vgl. oben Bd. 2 § 57 Anm. 13.

7) Die römische Societät erlosch noch zur Zeit von Gajus, Inst. III § 153, durch jede capitis deminutio, auch durch die minima. Die Erklärung von Gajus, daß die c. deminutio dem Tode gleichstehe, ist nicht ausreichend, denn diese Gleichstellung war keine absolute. War aber die Societät ursprünglich die fortgesetzte Erbgemeinschaft der Agnaten, so bestand ein historischer Grund. Mit der Qualität als Agnat erlosch eben die Voraussetzung der Theilnahme an der Agnatensocietät. Bei der Ausdehnung der Societät auf andere Verhältnisse erhielt sich der Satz, gleich als wurzele er in ihrer allgemeinen Natur. In Wahrheit hatte er keinen rationellen Grund mehr. Daher ließ ihn das spätere klassische Recht fallen und beschränkte das Erlöschen der Societät auf c. dem. maxima und media. l. 63 § 10, l. 65 § 11 D. h. t. 17, 2.

8) Unbefriedigend ist die Erklärung von Gajus libro 2 cottidianarum rerum l. 72 D. h. t. 17, 2 „quia qui parum diligentem sibi socium adquirit, de se queri debet." Dieser Grund würde bei jedem Kontrakte zutreffen.

9) Er ist auch in das H.G.B. Art. 94 übergegangen.

10) Dies ergeben die oben § 124 Anm. 7 citirten Quellenzeugnisse.

11) l. 7 D. h. t. 17, 2. Dies schrieb Sabinus, — dessen Ausspruch hier Ulpian wiedergiebt — wie wir meinen, aus dem Rechte seiner Zeit heraus. Für den Ursprung der römischen Societät aus dem Handelsrechte, wie Pernice, Labeo Bd. 1 S. 443 annahm, beweist die Entscheidung nichts.

### § 126. Beiträge, Antheile, gegenseitige Verbindlichkeiten der Gesellschafter.

Ueber Beiträge der Gesellschafter, deren Antheile, deren Verpflichtungen entscheiden in erster Linie die Bestimmungen des Gesellschaftsvertrages, soweit nicht zwingende Rechtsnormen entgegenstehen, und in zweiter die des Gesetzes.

1. Die Beiträge der Gesellschafter bestehen theils in Einlagen — Geld oder Geldeswerth — theils in Diensten. Es ist zulässig, daß ein Gesellschafter bloß Dienste, oder daß er bloß Kapital leistet. [1]

Die Einlagen treten entweder in das Miteigenthum der Gesellschafter — s. quoad sortem — oder dienen ohne Eigenthumswechsel den Gesellschaftszwecken — s. quoad usum. — In Ermangelung anderer Vereinbarungen ist bei Einlagen von Geld, von anderen Fungibilien und von Objekten, die unter einer Schätzung eingebracht wurden, Miteigenthum anzunehmen, sonst aber nicht. [2]

2. Wenn man von Gewinn oder Verlust der Gesellschaft spricht, sieht man nicht auf das Ergebniß einzelner Geschäfte derselben, sondern auf das Gesammtresultat bei Beendigung der Gesellschaft. [3][4]

Man versteht unter Gewinn den Betrag, um welchen sich das in die Gesellschaft eingelegte Kapital vermehrt hat, unter Verlust die Summe, um welche sich die Einlage vermindert hat und die etwa noch außerdem behufs Deckung von Verbindlichkeiten der Gesellschaft zu beschaffen ist.

3. Die Antheile der Gesellschafter an Gewinn und Verlust sind in Ermangelung besonderer Vereinbarungen gleiche. Dies ohne Rücksicht auf die Höhe ihrer Einlagen. [5]

---

1) l. 1 C. h. t. 4, 37.

2) Diese Regeln entsprechen den allgemeinen Grundsätzen, siehe Vangerow Bd. 3 § 651 Anm. 2. Vgl. auch H.G.B. Art. 91. Anderer Ansicht ist u. a. Windscheid Bd. 2 § 405 Anm. 13.

3) l. 30 D. h. t. 17, 2. Paulus libro 6 ad Sabinum .. neque enim lucrum intellegitur nisi omni damno deducto neque damnum nisi omni lucro deducto, § 2 I. h. t. 3, 25 verb. quod ita intellegi oportet, ut, si in aliqua re lucrum, in aliqua damnum allatum sit, compensatione facta solum quod superest, intellegatur lucro esse.

4) Bei den modernen Handlungsgesellschaften wird jedoch jährlich Gewinn und Verlust berechnet. Hieran knüpfen sich erhebliche Rechtsfolgen.

5) l. 29 pr. D. h. t. 17, 2. Ulpianus libro 30 ad Sabinum: Si non fuerint partes societati adjectae, aequas eas esse constat, § 1 I. h. t. 3, 25. Es fehlt freilich nicht an Schriftstellern, welche „die gleichen Theile" als „verhältnißmäßige", d. h. als im Verhältniß der Kapitalbeträge eines jeden Gesellschafters

Der Gesellschaftsvertrag kann aber ungleiche Antheile feststellen.[6] Es ist zulässig, die Antheile der Gesellschafter am Gewinn und am Verlust nach verschiedenen Proportionen anzusetzen, aber im Zweifel ist das Verhältniß beider dasselbe.[7]

Einem Gesellschafter kann ein Gewinnantheil zugebilligt werden, ohne daß er am Verlust betheiligt wird. Aber Verträge, wonach ein Kontrahent von der Betheiligung am Gewinn ausgeschlossen ist und nur den Verlust ganz oder theilweise zu tragen hat, sind keine Gesellschaftsverträge.[8]

4. Die Verbindlichkeiten der Gesellschafter gegeneinander sind folgende:

a) Sie haben die vereinbarten Einlagen und Dienste zu leisten. Wegen Eviktion und verborgener Mängel der Einlagen haften sie wie Verkäufer.[9]

Vom Abschlusse des Gesellschaftsvertrages an ist die Gefahr der Einlagen, welche in einer bestimmten Species zugesagt wurden, zu Lasten der Societät.[10]

---

zu bemessende auffassen. Doch dies entspricht den Worten nicht. Und wo blieben hiernach die Gesellschafter, welche nur Dienste, aber kein Kapital beitragen! Man darf aber natürlich nicht übersehen, daß es sich bloß um Vertheilung von Gewinn und Verlust handelt. Hat z. B. X. 1000 eingeschossen und Y. Dienste versprochen, so kann das Verhältniß sein: a) Bei Endigung der Gesellschaft sind nur 1000 da, X. bekommt dieselben zurück, Y. erhält nichts und hat nichts zu leisten, da weder Gewinn noch Verlust da ist. b) Es sind 1200 vorhanden. X. nimmt 1000 als seine Kapitaleinlage und 100 als Hälfte des Gewinnes, Y. erhält 100 als die andere Gewinnhälfte. c) Es sind in Folge von Verlusten nur noch 500 vorhanden. Dann erhält X. 500 als noch restirenden Einschuß, und da der Schaden, welcher 500 beträgt, gleichmäßig zu tragen ist, so hat ihm Y. außerdem 250 zuzuzahlen. Vgl. Vangerow Bd. 3 § 651 Anm. 2. Dort finden sich andere Ansichten angemerkt.

6) § 1 I. h. t. 3, 25, l. 29 pr. D. h. t. 17, 2.

7) l. 29 § 1 D. h. t. Ulpianus libro 30 ad Sabinum: Ita coiri societatem posse ut nullam partem damni alter sentiat, lucrum vero commune sit, Cassius putat. Natürlich muß aber eine Societät beabsichtigt sein, und nicht eine bedingte Schenkung; nichts Anderes wollen die zugefügten Kautelen, vgl. auch § 2 I. h. t. 3, 25.

8) l. 29 § 2 cit. Aristo refert Cassium respondisse societatem talem coiri non posse, ut alter lucrum tantum, alter damnum sentiret, et hanc societatem solitum appellare: et nos consentimus talem societatem nullam esse. Löwengesellschaft nannte man sie nach der äsopischen Fabel, nach welcher der Löwe mit dem Esel auf die Jagd geht und schließlich alle Theile des Jagdgewinnes an sich nimmt — Phädrus 1, 45. — Es sollte also grober Uebervortheilung entgegengetreten werden. Gleichwohl kann der Vertrag von anderem Standpunkte aus gültig sein, nicht bloß als Schenkung, sondern namentlich auch als Garantievertrag, vgl. oben Bd. 2 § 118.

9) Dies folgt aus allgemeinen Principien.

10) Die Hauptstelle über die Gefahr der Einlagen ist l. 58 pr. D. h. t. 17, 2. Ulpianus libro 31 ad edictum: Si id, quod quis in societatem contulit, exstinctum sit, videndum, an pro socio agere possit? Tractatum ita est apud Celsum libro septimo digestorum ad epistulam Cornelii Felicis: cum tres equos haberes et ego unum, societatem coimus, ut accepto equo meo quadrigam

b) Die Gesellschafter haben für culpa in concreto einzustehen.[11]

c) Eingenommenes haben sie sich nach Maßgabe des Gesellschaftsvertrages zu Gute zu bringen.[12]

Für Auslagen, die sie im Interesse der Gesellschaft entsprechenderweise machten, ist ihnen Ersatz, für solchergestalt übernommene Verbindlichkeiten Deckung zu gewähren.[13]

Selbst Schaden, welcher den Gesellschaftern zufälligerweise bei Gelegenheit der Besorgung der Gesellschaftsangelegenheiten zustieß, ist ihnen zu vergüten.[14]

Schließlich hat die Auseinandersetzung und Austheilung von Gewinn und Verlust nach dem Gesellschaftskontrakte zu geschehen.

d) Jedem Gesellschafter ist von den Mitgesellschaftern die nöthige Aufklärung über die Gesellschaftsangelegenheiten und Einsicht in

---

venderes et ex pretio quartam mihi redderes, si igitur ante venditionem equus meus mortuus sit, non putare se Celsus ait societatem manere, nec ex pretio equorum tuorum partem deberi: non enim habendae quadrigae sed vendendae coitam societatem, ceterum si id actum dicatur, ut quadriga fieret eaque communicaretur tuque in ea tres partes haberes, ego quartam, non dubie adhuc socii sumus. Die Ansichten gehen außerordentlich auseinander; vgl. über sie das Referat von Puntschart, fundamentale Rechtsverhältnisse S. 478. Celsus unterscheidet zwei Fälle. In dem einen soll zwar ein gemeinsamer Verkauf stattfinden, aber eine Einlage der Pferde in einen Gesellschaftsfonds nicht geschehen. Hier trifft der Untergang des Pferdes den Eigenthümer desselben allein. In dem anderen Fall sollen die Pferde zu einem Viergespann zusammengelegt werden. Bei einem Geschäfte dieser Art trifft der Untergang der Pferde die Gesellschaft von Abschluß des Gesellschaftsvertrages an, ähnlich wie bei einem Verkaufe. Der Uebergang der Gefahr der zugesagten Einlage knüpfte sich also an den Vertragsschluß und keineswegs erst an die Tradition. Anders ist es natürlich, wie l. 58 § 1 D. eod. hervorhebt, wenn die Einlage nur generisch bestimmt ist, namentlich in Geld besteht. Dann kann die Gefahr auf die Gesellschaft erst mit dem Einbringen selbst übergehen.

11) l. 72 D. h. t. 17, 2. Vgl. oben § 125 Anm. 8. Siehe übrigens auch l. 52 §§ 2, 3 D. h. t. 17, 2. Ueber die Kompensation beiderseitiger Nachlässigkeit vgl. Dernburg, Kompensation S. 333.

12) l. 74 D. h. t. 17, 2.

13) l. 88 § 1 D. h. t. 17, 2. Die Auslagen sind zu verzinsen. l. 67 § 2 D. h. t. 17, 2, Petražycki, Einkommen Bd. 2 S. 165.

14) l. 52 § 4 D. h. t. 17, 2. Ulpianus libro 31 ad edictum: Quidam sagariam negotiationem coierunt: alter ex his ad merces comparandas profectus in latrones incidit, suamque pecuniam perdidit, servi ejus vulnerati sunt, resque proprias perdidit. dicit Julianus: damnum esse commune ideoque actione pro socio damni partem dimidiam adgnoscere debere tam pecuniae, quam rerum ceterarum, quas secum non tulisset socius nisi ad merces communi nomine comparandas proficisceretur: sed et si quid in medicos impensum est, pro parte socium adgnoscere debere rectissime Julianus probat … nam sicuti lucrum, ita damnum quoque commune esse oportet, quod non culpa socii contingit, vgl. l. 60 § 1 D. eod. Daß der Mandatar zufälligen Schaden bei Gelegenheit der Besorgung der aufgetragenen Geschäfte nicht in Rechnung stellen kann, darüber siehe oben Bd. 2 § 116 Anm. 14. — Vgl. Unger, Handeln auf fremde Gefahr, in Jherings Jahrb. Bd. 33 S. 339.

deren Papiere zu gewähren, nach Bedürfniß auch besondere Rechnung zu legen.

Die Klage — actio pro socio — entsteht, sowie ein Gesellschafter seinen Verbindlichkeiten nicht Genüge leistet, also auch vor der Beendigung der Gesellschaft. [15]

5. Dem Gesellschafter steht frei, bezüglich seines Antheiles eine Untergesellschaft abzuschließen. Es erwachsen hieraus aber nur Rechte und Pflichten zwischen ihm und seinem Untergesellschafter, nicht zwischen dem Untergesellschafter und dem Gesellschafter seines Gesellschafters. [16]

### § 127. Verhältniß der Gesellschafter nach außen.

Die Gesellschaft ist nicht, wie die Korporation, ein selbständiges Rechtssubjekt. [1] Vielmehr sind die Gesellschafter nach innen und nach außen die Träger der gesellschaftlichen Rechte und Pflichten. Sie sind also die Miteigenthümer der Gesellschaftsobjekte, sie sind die Gläubiger der für die Gesellschaft erworbenen Forderungen und die Schuldner der gesellschaftlichen Schulden. Dies ist jedoch bei gewissen modernen Gesellschaften, die mit einzelnen korporativen Rechten ausgestattet sind, nicht festgehalten. [2]

Bezüglich der Rechte und Verbindlichkeiten der Gesellschafter dritten Personen gegenüber sind Innengesellschaften und Außengesellschaften zu unterscheiden.

a) Bei der Innengesellschaft handelt der vertragschließende Gesellschafter in eigenem Namen auf Rechnung der Gesellschaft. Er allein ist also den Mitkontrahenten gegenüber berechtigt; die Mitkontrahenten haben gegen ihn allein Forderungsrechte. Sie können dessen Mitgesellschafter nur mit der actio de in rem verso utilis nach deren allgemeinen Voraussetzungen bis zum Belaufe ihrer Bereicherung belangen. [3]

---

15) Ursprünglich nahmen die Römer an, daß eine actio pro socio erst nach Beendigung der Societät zulässig sei. Hieran hielten sie nicht fest, l. 65 § 15 D. h. t. 17, 2.

16) l. 19 — l. 23 D. h. t. 17, 2.

1) Oben Bd. 1 § 61 Ziff. 2.

2) Bd. 1 § 61 Ziff. 3.

3) l. 82 D. h. t. 17, 2. Papinianus libro 3 responsorum: Jure societatis per socium aere alieno socius non obligatur, nisi in communem arcam pecuniae versae sunt. Die Entscheidung vereinigt sich sehr wohl mit den oben Bd. 2 § 14 über die actio de in rem verso utilis entwickelten Grundsätzen. Ueber eine andere Erklärung von Sell, Versuche Bd. 1 S. 48, siehe Vangerow Bd. 3 § 653 S. 480.

b) Bei den Außengesellschaften schließen die geschäftsführenden Gesellschafter Verträge im Namen der Gesellschaft. Wer zu solcher Vertretung berechtigt ist, bestimmt der Gesellschaftsvertrag. Es können alle oder einzelne Gesellschafter dazu befugt sein. Die Vollmacht ferner mehrerer geschäftsführender Gesellschafter kann eine kollektive sein, so daß sie zusammen handeln müssen, oder eine individuelle, so daß jeder für sich zur Vertretung befugt ist.

Die Geschäfte, welche die geschäftsführenden Gesellschafter in Gemäßheit ihrer Vollmacht im Namen der Gesellschaft schließen, berechtigen und verpflichten unmittelbar sämmtliche Gesellschafter.

In der Regel theilen sich daher Forderungen und Verbindlichkeiten unter die Gesellschafter⁴ und zwar nach Gesellschaftstheilen, wenn dieselben festbestimmt und beim Kontrakt in Bezug genommen sind, sonst aber nach Kopftheilen.⁵⁶

---

4) Nach l. 44 § 1 D. de aedilicio edicto 21, 1 und der unten Anm. 5 abgedruckten l. 4 pr. D. de exerc. act. 14, 1 haften die Gesellschafter „pro portione qua socii fuerunt." Die Beschränkung unseres Textes erscheint jedoch als selbstverständlich.

5) In Folge der Veränderung des Systems der Stellvertretung sind hier römisches und gemeines Recht verschieden. Die römischen Sätze entwickelt l. 4 pr. und § 1 D. de exerc. act. 14, 1, Ulpianus libro 29 ad edictam bezüglich der Gesellschaft der Rheder eines Schiffes: Si tamen plures per se navem exerceant, pro portionibus exercitionis conveniuntur: neque enim invicem sui magistri videntur. Sed si plures exerceant, unum autem de numero suo magistram fecerint, hujus nomine in solidum poterunt conveniri. Nach römischem Rechte war also zu unterscheiden a) die Gesellschaften kontrahirten persönlich zusammen, dann theilte sich die Verpflichtung unter sie nach den allgemeinen Grundsätzen des Obligationenrechtes, oben Bd. 2 § 71, oder b) es trat ein Dritter als magister navis oder institor für sie auf, dann waren alle Geschäftsherren nach den Grundsätzen der actio exercitoria und institoria dem Mitkontrahenten solidarisch verbunden, oder c) es kontrahirte einer der Gesellschafter als magister navis oder institor der übrigen, dann trat ebenso solidarische Verbindlichkeit aller Geschäftsherren ein. — Im gemeinen Rechte ist nun die institorische Stellvertretung, welche die solidarische Haftung der Geschäftsherren im Gefolge hatte, verschwunden, oben Bd. 2 § 13. Derzeit vertritt der Stellvertreter und insbesondere auch der geschäftsführende Gesellschafter die Mitgesellschafter, in deren Namen er kontrahirt hat, direkt. Es ist so, als wenn dieselben persönlich gehandelt hätten. Konsequenterweise muß nunmehr getheilte Verhaftung auch eintreten, wenn ein geschäftsführender Gesellschafter in ihrem Namen Verbindlichkeiten übernahm. Fraglich ist aber, ob sich nicht gewohnheitsrechtlich solidarische Haftung der Gesellschafter für die Gesellschaftsverbindlichkeiten eingebürgert hat. Vgl. die bei Buchta, Stellvertretung S. 246 Citirten. Dies war für handelsrechtliche Gesellschaften zu bejahen und ist nunmehr für Gesellschafter, welche Handelsgeschäfte betreiben, durch das H.G.B. gesetzlich festgesetzt. Für andere Societäten läßt sich aber ein entsprechendes Gewohnheitsrecht nicht nachweisen. Dasselbe würde auch — man denke z. B. an eine Gesellschaft zu Erholungszwecken — hart sein und dem gemeinen Rechte zuwiderlaufen. Die Verpflichtung nichthandelsrechtlicher Gesellschafter für Gesellschaftsverbindlichkeiten ist also regelmäßig eine getheilte.

6) Die Behauptung Windscheids Bd. 2 § 407 Anm. 7, wonach die Gesellschafter verlangen können, daß von den Gläubigern der Gesellschaft das Gesellschaftsvermögen

Solidarische Berechtigung und Verpflichtung tritt dagegen in Fällen der Vereinigung zu einem Handelsgewerbe oder einzelnen Handelsgeschäften ein. [7]

§ 128. Beendigung der Societät.

Gesellschaften endigen selbstverständlich nach Durchführung der Aufgaben, denen sie bestimmt waren, mit Herankommen eines Endtermines, dem Eintritt einer auflösenden Bedingung, endlich durch Unmöglichkeit der Erreichung der Gesellschaftszwecke. [1]

Endigungsgründe nach Gesellschaftsrecht sind:

1. Tod eines Gesellschafters. [2]

Der Uebergang auf die Erben der Gesellschafter kann nach römischem Recht nicht gültig bedungen werden; [3] doch gestattet dies das H.G.B. bei den offenen Handelsgesellschaften. [4]

Der Erbe ist berechtigt und verpflichtet, wegen der von seinem Erblasser in Angriff genommenen Gesellschaftsgeschäfte das Nothwendige vorzukehren, und haftet hierbei für Dolus und grobe Verschuldung. [5]

Was ein Gesellschafter vornahm, ehe er den Tod seines Gesellschafters erfuhr, geht noch auf Rechnung der Gesellschaft. [6]

2. Eröffnung des Konkurses über einen der Gesellschafter. [7]

3. Uebereinkunft der Gesellschafter. [8]

---

zuerst angegriffen werde, ist in dieser Allgemeinheit unhaltbar. Aus der l. 65 § 14 D. h. t. 17, 2. welche von den Ansprüchen der Gesellschafter untereinander handelt, läßt sie sich natürlich nicht herleiten. Es kann jedoch ein derartiges Recht der Gesellschafter ausbedungen sein, oder sich auch aus der Verfassung der Gesellschaft, mit Rücksicht auf welche kontrahirt wurde, ergeben.

7) H.G.B. Art. 269 Abs. 2. Es gilt dies auch für Handelsgewerbebetrieb von Kleinkaufleuten ohne gemeinsame Firma, R.G. Bd. 9 S. 79 und dort Citirte.

1) Vgl. l. 63 § 10 D. h. t. 17, 2. In l. 1 pr. D. h. t. 17, 2 führt Paulus libro 32 ad edictum aus: Societas coiri potest vel in perpetuum, id est dum vivunt, vel ad tempus vel ex tempore vel sub condicione; in l. 70 D. eod. aber, libro 33 ad edictum äußert er: Nulla societatis in aeternum coitio est. Dies ist kein Widerspruch. Dort ist die Rede von der Vertragsintention, hier von deren rechtlicher Kraft.

2) § 5 I. h. t. 3, 25, l. 65 § 9 D. h. t. 17, 2.

3) l. 35, l. 52 § 9 D. h. t. 17, 2. Eine Ausnahme bestand in Rom bezüglich der societates vectigalium, l. 59 pr. D. h. t. 17, 2.

4) H.G.B. Art. 123 unter 2.

5) l. 40 D. h. t. 17, 2, vgl. freilich auch l. 35 und l. 36, l. 65 § 9 D. h. t. 17, 2.

6) l. 65 § 10 D. h. t. 17, 2.

7) § 8 I. h. t. 3, 25, l. 65 § 1 D. h. t. 17, 2.

8) l. 65 § 3 D. h. t. 17, 2.

4. **Einseitige Aufkündigung.**[9] Sie hebt die Gesellschaft auch dann auf, wenn dieselbe nach dem Gesellschaftsvertrage noch fortdauern sollte. Aber unzeitige und arglistige Kündigung bringt Nachtheile.

Kündigt man nämlich eine Gesellschaft vor der im Vertrage bestimmten Zeit ohne gute Gründe,[10] so befreit man sich nicht vom Mitgesellschafter, aber man befreit diesen von sich, d. h. der Kündigende ist an dem Verlust, nicht an dem Gewinn betheiligt, welcher sich aus den zur Zeit der Kündigung im Gang befindlichen Geschäften ergiebt.[11]

Entsprechendes gilt bei einer auf unbestimmte Zeit geschlossenen Gesellschaft im Falle arglistiger Kündigung, namentlich um ein Geschäft für sich allein zu machen, welches sonst auf Rechnung der Gesellschaft gegangen wäre. Der Kündigende hat nämlich dann den Gewinn aus demselben noch mit dem Gesellschafter zu theilen, aber etwaigen Verlust allein zu tragen.[12]

Besteht die Gesellschaft aus Mehreren, so endigt sie mit dem Ausscheiden eines Gesellschafters für alle, es sei denn die Fortsetzung der Gesellschaft der Uebrigen für solche Fälle vereinbart.[13]

---

9) l. 14, l. 15, l. 16 pr., l. 65 § 6 D. h. t. 17, 2.

10) Welche Gründe eine vorzeitige Kündigung rechtfertigen, darüber befindet richterliches Ermessen im Streitfall, vgl. l. 14 D. h. t. 17, 2 verb.: Aut quid si ita injuriosus et damnosus socius sit, ut non expediat eum pati.

11) l. 65 § 6 D. h. t. 17, 2. Paulus libro 32 ad edictum: Item qui societatem in tempus coit, eam ante tempus renuntiando socium a se, non se a socio liberat: itaque, si quid compendii postea factum erit, ejus partem non fert, at si dispendium aeque praestabit portionem. Die neueren Schriftsteller scheinen zu unterstellen, daß der grundlos Kündigende aus allen während der vertragsmäßigen Zeit noch unternommenen Geschäften, die im Falle der Fortsetzung der Societät auf deren Rechnung gegangen wären, verbunden, aber nicht berechtigt werde. Das wäre eine beklagenswerthe Situation für den Kündigenden, welche jeden davon abschrecken müßte, eine Gesellschaft auf Zeit einzugehen. Man wäre unter Umständen Jahre lang willkürlichen und gefährlichen Operationen des ehemaligen Socius preisgegeben. Leicht kann es sein, daß der Richter hinterher einen Grund nicht für genügend zur Kündigung hält, welcher dem Kündigenden als sehr triftig und zwingend erschien. Dies spricht auch gegen eine übermäßig belastende, ja grausame Behandlung des vorzeitig Kündigenden. Davon war auch nicht die Rede. Nur auf bereits in Angriff genommene Sachen bezieht sich der Satz. So erklärt sich l. 17 § 1 D. h. t. 17, 2, wo der Festsetzung einer Zeit für die Societät die Bedeutung abgesprochen wird, weil auch ohne solche eine unzeitige Kündigung verantwortlich mache.

12) § 4 I. h. t. 3, 25. Als dolos betrachtete man auch regelmäßig die Kündigung an einen Abwesenden. Vgl. l. 17 § 2 D. h. t. 17, 2.

13) § 5 I. h. t. 3, 25, l. 65 § 9 D. h. t. 17, 2. Die Vollmacht zur Vertretung der Gesellschaft erlischt mit deren Auflösung, die Abwickelung der Gesellschaftsgeschäfte — Liquidation — hat durch die Gesellschafter insgesammt oder durch besonders für sie bestellte Vertreter zu geschehen.

---

Zweiter Abschnitt.

## Die außerkontraktlichen Obligationen.

Erstes Kapitel.

## Die Deliktsobligationen.

§ 129.  A.  Das Allgemeine der Deliktsobligationen.[1]

Private Strafklagen bestanden in Rom seit den ältesten Zeiten. Schon die 12 Tafeln kannten sie wegen bestimmter grober, gleichsam in die Sinne fallender Vergehen gegen Person und Vermögen, namentlich wegen Diebstahl, Körperverletzung und gewisser Sachbeschädigungen. Genereller wurden Sachbeschädigungen durch die lex Aquilia verpönt.

Besonders fruchtbar an Strafklagen war das prätorische Edikt. Zum Theil handelte es sich um Verschärfungen der alten Strafen; dahin gehörte die a. vi bonorum raptorum wegen Entwendungen und Sachbeschädigungen mit Gewalt.[2] Zum Theil suchte man den verfeinerten Vergehen die Spitze zu bieten, welche man früher nicht gekannt oder nicht beachtet hatte. Dahin gehörte die a. de servo corrupto des Hausherrn wegen Verführung seines Sklaven zum Bösen, auf das Doppelte seines Interesses[3] und analog des Hausvaters wegen Verderbung seines Hauskindes;[4] ferner die a. de calumnia des kalumniös mit einem Rechtsstreit Behelligten auf das Vierfache dessen, was sich sein Gegner von Dritten hatte zahlen lassen, um ihm den kalumniösen

---

1) Savigny, O.R. Bd. 2 S. 293; Jhering, das Schuldmoment im römischen Privatrecht, insbesondere S. 58; Binding, die Normen Bd. 1 Abth. 1 S. 213.

2) Die actio vi bonorum raptorum wurde von dem Prätor Lukullus im Jahre 76 v. Chr. aufgestellt. Vgl. über sie Keller, semestria ad Ciceronem l. III p. 541. Man nahm an, „in quadruplo inest et rei persecutio ut poena tripli sit". pr. I. vi bonorum raptorum 4, 2. Die actio vi bonorum raptorum konkurrirte mit der actio furti und der actio legis Aquiliae, so daß es sich nur um eine Verschärfung der Strafe in Fällen der Gewalt handelte. Praktische Bedeutung hat diese Klage derzeit nicht mehr.

3) Tit. Dig. de servo corrupto 11, 3; Cod. de furtis et de servo corrupto 6, 2; Keller, Institutionen S. 151.

4) l. 14 § 1 D. de servo corrupto 11, 3. In dieser Funktion ist die Klage recipirt, geht aber nur auf das einfache Interesse. Windscheid Bd. 2 § 456 Anm. 18. Der Gerichtsgebrauch gab sie auch der Mutter wegen ihrer verführten Kinder, dem Ehemanne wegen der verführten Ehefrau, der Herrschaft wegen Verführung ihres Gesindes. Glück Bd. 11 S. 319. Diese Anwendung ist gerecht. Vgl. auch Eisenberger, üb. die a. servi corrupti directa et utilis. Erlang. Inaug.diss. 1889, Entsch. d. oberst. L.Gs. f. Bayern Bd. 12 S. 110.

Prozeß anzuhängen, oder was er seinerseits hatte zahlen müssen, um sich den kalumniösen Prozeß vom Leibe zu halten.[5][6] Am bedeutsamsten war die a. de dolo, durch welche der Prätor jede böswillige, argliftige Beschädigung ahndete. Die prätorischen Deliktsklagen unterlagen zum größeren Theile einer kurzen Verjährung.[7]

So bildete sich durch Gesetz und Edikte ein großer Kreis von **Privatdelikten**, d. h. beftimmter **doloser oder auch kulposer** Vergehungen, an welche die Rechtsnorm eine Klage des Verletzten gegen den Schuldigen auf Sühne und Ausgleichung knüpfte.[8]

Die Deliktsklagen hatten eine Doppelnatur. Sie bildeten **Privat= rechte**, wurden im Wege des Civilprozeffes verfolgt und waren dem Gläubiger zu eigen, so daß er frei über sie verfügte und daß ihr Resultat ihm zu Gute kam. Aber sie hatten zugleich eine wichtige **öffentliche Bestimmung**. Denn sie bezweckten die Beftrafung des Schuldigen und dienten in Folge deffen zur Ergänzung des lückenhaften öffentlichen Strafrechtes der Römer.

Zwei Gesichtspunkte sind in Verbindung gebracht, welche sie nach verschiedenen Richtungen hin treiben. Der eine ist die Funktion der **Strafe des Beschädigers**, der andere die einer **Schadloshaltung des Beschädigten**. Die Strafe ist das Dominirende, aber schon in Rom macht sich der Zweck der Entschädigung geltend. Man unterschied:[9]

a) **Reine Strafklagen**. Bei ihnen kam der Zweck der Ent= schädigung nicht oder kaum in Betracht. Letzterem dienten andere Rechtsmittel. Hauptbeispiel ist die actio furti, insoweit neben ihr eine condictio furtiva beftand. Auch die a. injuriarum gehört im Wesent= lichen hierher.

b) **Gemischte Strafklagen**, welche dem Verletzten durch die

---

5) Tit. Dig. de calumniatoribus 3, 6.

6) Es war dies reine Strafklage. Eine Anwendung im heutigen Rechte scheint mir ausgeschloffen. Anders Windscheid Bd. 2 § 471 Anm. 5, welcher aber aus der römischen Klage ein grundsätzlich von ihr verschiedenes Rechtsmittel macht.

7) pr. L de perpetuis et tempor. act. 4, 12. Perpetua war jedoch unter anderem die actio de servo corrupto l. 13 pr. D. de servo corrupto 11, 3.

8) Die Deliktsklagen sind individualifirte, ähnlich wie die Kontraktsklagen. Es muß der besondere Thatbestand vorliegen, an welchen die Rechtsnorm eine Delikts= klage geknüpft hat. Dies gilt auch gemeinrechtlich. Windscheid Bd. 2 § 326 — ebenso Hölder Band. § 59 — behauptet freilich, „jedes Vergehen, durch welches ein Ver= mögensschaden verursacht ist, erzeugt ein Forderungsrecht auf Erfatz dieses Schadens". Außerdem gebe das römische Recht aus bestimmten Vergehen Anspruch auf eine Privatstrafe. Eine Begründung jener allgemeinen Schadensklage hat Windscheid nicht versucht. Auch ist sie wohl nicht mit dem Satze, den Windscheid Bd. 2 § 451 lehrt, zu vereinigen, „daß jeder nur den durch seine Arglist, nicht aber durch seine Schuld entstandenen Schaden zu erfetzen verpflichtet sei".

9) Vgl. oben Bd. 1 § 130.

ihm zuzuerkennende Geldstrafe zugleich Entschädigung gewähren sollten. Dahin gehört die a. legis Aquiliae und die a. doli.

Daß die Gedanken der Strafe und der Entschädigung schon in Rom in einer Art von Kampf waren, zeigt namentlich der Fall, daß Mehrere zusammen dasselbe Delikt verübt hatten. Geht man hierbei von dem Gedanken der Strafe aus, so muß Multiplikation der Klagen entstehen, d. h. jeder hat die Strafe, die er verdient hat, zu zahlen, ohne daß die Leistung des Einen den Anderen befreit. Betrachtet man die Entschädigung des Verletzten als die Hauptsache, so ist nur solidarische Verpflichtung anzunehmen, d. h. die Leistung des Einen befreit den Anderen, da dem Verletzten durch sie volle Schadloshaltung wurde.

Die Multiplikation der Ansprüche gegen mehrere Schädiger erhielt sich in Rom bei der a. legis Aquiliae, trotzdem sie gemischte Strafklage war; die bloß solidarische Verhaftung stellte sich aber bei der actio doli und vielen anderen gemischten Strafklagen fest. [10]

Gemeinrechtlich ist der Gesichtspunkt der Entschädigung ausschließlich entscheidend. Dies tritt in Folgendem hervor:

a) Es giebt keine reinen Strafklagen mehr. Allerdings haben sich die actio furti und die actio injuriarum theilweise erhalten, aber nur soweit auch in ihnen eine Entschädigungsfunktion liegt. [11]

b) Bei allen Deliktsklagen befreit die volle Leistung des einen Schädigers die Mitverpflichteten. Sie sind sämmtlich solidarische Obligationen geworden. [12]

c) Am entschiedensten zeigt sich die Veränderung in der Vererblichkeit.

Nach römischem Rechte succedirte der Erbe des Schädigers auch nicht in gemischte Deliktsklagen, denn auch sie galten als Strafklagen. Strafe kann aber nur den Schuldigen persönlich treffen. [13] Der Erbe hatte daher bloß die Bereicherung, welche aus dem Delikte an ihn kam, herauszugeben. [14]

---

10) Oben Bd. 2 § 72 S. 196.

11) Hierüber siehe das Nähere unten § 130 und § 137.

12) Geht man davon aus, daß der Strafcharakter gemeinrechtlich abgestreift ist, und eine Entschädigung bezweckt wird, so kommt man folgerecht zu einem weiteren Schritt. Man hat dem Theilnehmer des Delikts, welcher den Verletzten voll entschädigte, einen Rückgriff gegen die Mitverpflichteten zu geben. Derselbe kann freilich nicht auf die Gemeinsamkeit des Delikts, wohl aber auf die befreiende Zahlung gestützt werden. Unger, Handeln auf eigene Gefahr S. 25.

13) l. 22 in fine D. de o. n. nunc. 39, 1.

14) l. 38 D. de R. J. 50, 17.

Nach kanonischem Rechte dagegen war der Erbe wegen der Delikte seines Erblassers dem Beschädigten unbeschränkt schadenersatz= pflichtig. [15] Gemeinrechtlich hat man dies nur insoweit festgehalten, als der Betrag der Erbschaft reicht.

Die Klageerhebung gegen den Schuldigen macht den Anspruch vererblich, wie jeden anderen Vermögensanspruch.

§ 130. B. Das Furtum. [1]

Der römische Begriff des furtum — der Entwendung — ist sehr umfassend. Zwar die noch von Sabinus vertretene Ansicht, daß ein furtum auch an Grundstücken begangen werden könne, so daß z. B. der Pächter, welcher das Pachtgrundstück verkauft und dadurch den Verpächter um seinen Besitz bringe, wegen furtum belangbar sei, [3] wurde später entschieden verworfen. [4] Aber jede widerrechtliche, gewinnsüchtige Zueignung einer beweglichen Sache ist furtum. [5]

Dasselbe erfordert also:

a) Zueignung — contrectatio — einer beweglichen Sache. Eine körperliche Handlung bezüglich des Entwendeten ist unumgänglich. [6]

---

15) cap. 5 X. de raptoribus 5, 17. Alexander III . . . heredes ejus moneas et compellas, ut his quibus ille per incendium vel alio modo damna contra justitiam irrogaverat, juxta facultates suas condigne satisfaciant, ut sic a peccato valeat liberari. Wenn Manche die Geltung dieser Vorschrift bestritten, weil sie die päpstliche Auffassung nicht billigten, daß durch die Restitution das Seelen= heil des Verstorbenen gefördert werde, so war dies haltlos, denn die Disposition des Gesetzgebers ist zu respektiren, auch wenn wir seine Motive nicht theilen. Vgl. Francke, Beiträge S. 44. Daß nun aber gleichwohl durch die Praxis nach dem Vorgange der Kommentatoren des kanonischen Rechtes die Beschränkung auf die vires hereditariae eingeführt wurde, darüber siehe Francke a. a. O. S. 48, Savigny a. a. O. Bd. 5 S. 51.

1) Tit. Inst. de obl. quae ex delicto 4, 1, Dig. de furtis 47, 2, Cod. 6, 2. Paulus sent. II. Tit. 41.

2) Dollmann, die Entwendung 1834; Wächter in Weiskes Rechtslexikon Bd. 3 S. 354; Keller, Institutionen S. 184.

3) Gellius noctes atticae XI cap. 18.

4) Gajus Inst. II § 51, l. 25 pr. § 1 D. h. t. 47, 2. Siehe aber auch l. 25 § 2 D. eod. Ulpianus libro 41 ad Sabinum . . Eorum, quae de fundo tolluntur ut puta arborum vel lapidum vel harenae vel fructuum, quos quis furandi animo decerpsit, furti agi posse, nulla dubitatio est. Wegnahme von Blumen, Pilzen, Beeren u. s. w. ohne gewinnsüchtige Absicht ist kein Delikt.

5) Berühmt ist die Definition von Paulus libro 39 ad edictum l. 1 § 3 D. h. t. 47, 2: Furtum est contrectatio rei fraudulosa lucri faciendi gratia vel ipsius rei vel etiam usus ejus possessionisve.

6) Windscheid Bd. 2 § 452 Anm. 3 will contrectatio durch „Behandlung der Sache" wiedergeben. Damit verflüchtigt sich der Begriff. Schwerlich kann als fur gelten, wer ein fremdes Rennpferd dolos überfüttert, damit er es im Wettlauf

Daher bildet das bloße Ableugnen eines Depositums durch den De=
positar, in der Absicht das Hinterlegte für sich zu behalten, kein
furtum. [7]

Nicht zum Begriff gehört Wegnahme aus fremder Gewahr=
sam wie für den Diebstahl nach dem deutschen Strafgesetzbuch. [8] Viel=
mehr ist furtum auch Unterschlagung, d. h. Vergreifen an fremder
Sache, die man im Besitze oder in Gewahrsam hat, [9] und Fundbiebstahl,
also Aneignung verlorener oder in der Noth weggeworfener Gegen=
stände. [10] Und selbst wissentliche Annahme der Zahlung auf eine Nicht=
schuld, welche der Zahlende irrthümlich als bestehend ansieht, [11] sowie
Manipulationen mit einer Schuldurkunde, die den Gläubiger um seine
Forderung bringen, bilden ein furtum. [12]

Das Delikt besteht nicht bloß in Aneignung der Substanz —
furtum rei — wie solche beim Diebstahl im Sinne des heutigen Straf=
rechts sowie bei Unterschlagungen und beim Fundbiebstahl stattfindet;
auch gewinnsüchtige Anmaßung eines Gebrauches, [13] auf den man
kein Recht hat — furtum usus — fällt unter dasselbe; nicht minder
Aneignung bloßen Besitzes durch den Eigenthümer der Sache —
furtum possessionis — z. B. wenn er dem Faustpfandgläubiger die
verpfändete Sache nimmt. [14]

b) Unumgänglich ist ferner die gewinnsüchtige Absicht —
animus lucri faciendi. [15]

---

überhole! Eine widerrechtliche, gewinnsüchtige Behandlung des Pferdes fand je=
doch statt.

7) l. 1 §§ 1 und 2 D. h. t. 47, 2, l. 52 § 19, l. 68 pr. D. h. t. 47, 2.

8) Strafgesetzbuch § 242.

9) l. 43 § 1, l. 52 § 7, l. 68, l. 72 pr. D. h. t. 47, 2. Ueber das furtum
des bösgläubigen Besitzers vgl. Landsberg 1888 gegen Pampaloni im archivio giur.
XXVIII 1882 und gegen Landsberg wieder Ferrini das. Bd. 47 S. 423.

10) l. 43 §§ 4—11 D. h. t. 47, 2.

11) l. 18 D. de conditione furtiva 13, 1, l. 81 §§ 5 und 6 D. de furtis
47, 2. Ueber abweichende Ansichten vgl. Vangerow Bd. 3 § 625 S. 399.

12) l. 27 § 3, l. 28—32, l. 52 § 23 D. h. t. 47, 2, l. 41 § 1 D. ad legem
Aquiliam 9, 2.

13) Es gebraucht z. B. ein Depositar oder Faustpfandgläubiger die anvertraute
Sache für sich, oder ein Kommodatar oder Miether gebraucht das Geliehene in nicht
vertragsmäßig verstatteter Weise, § 6 I. h. t. 4, 1. W. Carl, d. furtum usus, Erlang.
Inauguraldiss. 1891.

14) § 10 und § 15 I. h. t. 4, 1. So versteht die herrschende und richtige
Meinung das furtum possessionis, von welchem Paulus in der oben Anm. 5 ab=
gedruckten l. 1 § 3 D. h. t. 47, 2 spricht. Theophilus freilich zu § 1 I. h. t.
bezieht den Ausdruck auf alle Fälle der Unterschlagung. Darin traten ihm Marezoll
im Archiv für civ. Praxis Bd. 8 S. 284 und Buchholz, juristische Abhandlungen
S. 323 bei. Aber Theophilus irrt offenbar; wer unterschlägt, entwendet nicht die
„possessio", sondern die Substanz, die „res".

15) l. 55 § 1 D. h. t. 47, 2 „species enim lucri est ex alieno largiri et

Sie ist nicht durch die Absicht bedingt, sich dauernd zu bereichern. Wer daher kontrektirt, um zu verschenken, ist ein fur.[16]

Dies ist aber nicht, wer eine Sache wegnimmt, um sie zu zerstören.[17]

Wegen des furtum gab man zweierlei Klagen:

1. Die actio furti, eine Deliktsklage, welche in der Gesetzgebung der 12 Tafeln wurzelt.[18]

Sie ging auf eine Privatstrafe, deren Höhe beim furtum manifestum und beim nec manifestum verschieden war. Manifestum war die Entwendung, wenn der Dieb auf der That oder unmittelbar nachher, ehe er die entwendete Sache in seinen nächsten Zufluchtsort gebracht hatte, ergriffen wurde; nec manifestum, wenn dies nicht der Fall war. Beim furtum nec manifestum war das Doppelte, beim furtum manifestum das Vierfache des klägerischen Interesses zu leisten.[19]

Die actio furti steht jedem zu, der bei dem Diebstahl interessirt, d. h. durch denselben beschädigt war, also keineswegs bloß dem Eigenthümer der entwendeten Sache.[20]

2. Daneben hatte der Eigenthümer der entwendeten Sache die condictio furtiva auf Rückerstattung der Sache gegen denjenigen, welcher sie kontrektirt hatte. Es war dies keine Strafklage, sie ging vielmehr nur auf Rückerstattung und Ersatz.

Soweit das Gebiet der condictio furtiva reicht, ist die actio furti reine Strafklage.[21] Aber die actio furti hatte außer ihrer Strafnatur den Zweck der Schadloshaltung in den Fällen, in welchen eine condictio furtiva nicht neben ihr zu Gunsten des Beschädigten besteht. Soweit sie eine Privatstrafe beitrieb, ist sie nicht

beneficii debitorem sibi adquirere". Anders Gebauer, über den strafrechtl. Schutz werthloser Gegenstände. Bresl. Inauguraldiss. 1892 §§ 6, 7. Das deutsche Strafgesetzbuch § 242 sieht bezüglich des Diebstahls und im § 246 bezüglich der Unterschlagung von der gewinnsüchtigen Absicht ab. Vgl. aber oben Bd. 1 § 125 Anm. 13.

16) l. 52 § 13 D. h. t. Siehe auch l. 39 und l. 83 § 2 D. h. t. 47, 2.

17) Vgl. unten § 131 Anm. 5 u. 6.

18) Gajus Inst. III §§ 184 ff., Gellius noctes atticae XI cap. 18.

19) Ueber die Formel der actio furti nec manifesti vgl. namentlich Lenel, edictum S. 259. Nach seiner Ausführung sind folgende Formelworte nicht zu bezweifeln: si paret A° A°a N° N° opeve consilio N¹ N¹ furtum factum esse paterae aureae, quam ob rem N^m N^m pro fure damnum decidere oportet … Gajus Inst. IV § 37. Problematisch ist die Fassung der sich anschließenden condemnatio.

20) l. 10 — l. 15 D. h. t. 47, 2.

21) Die actio furti verfolgte ursprünglich neben der Strafe zugleich Schadensersatz, wie sich aus der oben Anm. 19 mitgetheilten Intentio der Klage ergiebt. Indessen wurde dem Bestohlenen wohl nie daneben die Vindikation der entwendeten Sache versagt. Seit den letzten Jahrhunderten der Republik erkannte man aber daneben zu Gunsten des Eigenthümers auch die condictio furtiva an. Soweit deren Zuständigkeit ging, wurde die actio furti reine Strafklage.

gemeinrechtlich; soweit sie Schadloshaltung bezweckt, ist sie noch praktisch. Ihre Erhebung ist daher noch zulässig:

a) Seitens des Eigenthümers der entwendeten Sache gegen An-stifter und Gehülfen des Diebstahls,[22]

b) Seitens aller Anderen, die bei dem Diebstahl interessirt sind, gegen den Dieb und die Diebsgenossen.[23]

**C. Die Klage wegen Sachbeschädigung und verwandte Rechtsmittel.**

### § 131. Schuldhafte Sachbeschädigung.[1]

Die lex Aquilia, ein zur Zeit der dritten plebejischen Secession[2] von einem Volkstribunen Aquilius rogirtes Plebiscit, bestimmte:

a) im ersten Kapitel: wer einen fremden Sklaven oder Vier-füßler mit Unrecht tödtet, sei dem Eigenthümer zum Geben von soviel Geld verdammt, als dessen höchster Werth im letzten Jahr war, und

b) im dritten Kapitel: wer in sonstigen Dingen einen Anderen durch Brennen oder Brechen oder Verderben mit Unrecht schädigt, sei verdammt, dem Eigenthümer soviel Geld zu geben, als der Werth in den letzten 30 Tagen war.[3]

Hieraus hat die römische Jurisprudenz erweiternd und verfeinernd das Delikt der Sachbeschädigung — damnum injuria datum — entwickelt. Die Erweiterung geschah durch analoge Klagen — actiones utiles — und zwar vorzugsweise in Gestalt von formulae in factum.[4]

---

22) Vgl. übrigens l. 6 D. de cond. furt. 13, 1, unten § 139 Anm. 6.

23) Vgl. l. 83 § 1 D. h. t. 47, 2.

1) Tit. Inst. de lege Aquilia 4, 3. Dig. ad legem Aquiliam 9, 2. Cod. de lege Aquilia 3, 35. Suarez de Mendoza ad legem Aquiliam in Meerman thesaurus II, p. 1, Noodt ad legem Aquiliam, opera I, p. 137. A. Pernice, zur Lehre von den Sachbeschädigungen 1867. Grueber, the Roman law of damage to property, a commentary on the title of the Digest ad legem Aquiliam. London 1886, v. Thur, zur Schätzung des Schadens in der lex Aquilia. Basel 1892.

2) Theophilus IV 3 § 15, vgl. Pernice a. a. O. S. 18.

3) Pernice a. a. O. S. 15 restituirt Kap. 1: Si quis servum servamve alie-num alienamve quadrupedemve pecudem injuria occiderit, quanti ea res in eo anno plurimi fuerit, tantum aes ero dare damnas esto. Kap. III: Ceterarum rerum si quis alteri damnum faxit quod usserit fregerit ruperit injuria, quanti ea res fuerit in XXX diebus proximis, tantum aes ero dare damnas esto. Dies nach l. 2 pr. und l. 27 § 5 D. h. t. 9, 2, sowie Gajus Inst. III §§ 210, 217 und 218. — Das zweite Kapitel der lex behandelte einen anderen Gegenstand; es gab eine Klage gegen den Abstipulator, „qui pecuniam in fraudem stipulatoris acceptam fecerit". Das mag ein Amendement gewesen sein, welches der Volks-tribun in seine Rogation aufzunehmen sich genöthigt sah.

4) Die im Anschlusse an die lex Aquilia gewährten Klagen werden bald als actiones „utiles", bald als „in factum" bezeichnet, und zwar ohne Unterschied der

Zum Thatbestande des Deliktes gehört:

a) Sachbeschädigung — damnum corpori datum. Sie liegt in Zerstörung oder körperlicher Verletzung. Entziehung von Sachen ohne physische Zerstörung, z. B. durch Schlagen von Geld aus der Hand, so daß es nicht wieder zu erlangen ist,[5] sowie Verderben von Sachen ohne deren körperliche Verletzung, z. B. durch Vermischen von Saatgetreide mit Unkrautsamen,[6] ist gleichgestellt.

b) Verschuldung, und zwar genügt geringe Verschuldung — culpa levis.[7]

Wer schuldlos Schaden verursacht, ist also nicht ersatzpflichtig.[8] Daher machen nicht haftbar gesetzmäßige Handlungen der Obrigkeit, z. B. Tödtung von Vieh wegen Ausbruches der Rinderpest, und auch nicht Schadenszufügungen in unverschuldetem Nothstande zur Wahrung berechtigter Interessen.[9]

Fälle. Dies hat seit Alters befremdet, aber ohne Grund. Actiones utiles hießen sie, weil sie „analog" der lex Aquilia gegeben wurden — oben Bd. 1 § 123 Anm. 7. Sie waren aber in der Regel nicht, wie die a. directa legis Aquiliae in „jus", vielmehr „in factum" conceptae; vgl. Gajus Inst. IV §§ 45 ff.; um deswillen ist nicht minder oft von actiones in factum die Rede. Daß in einem besonderen Falle — Gajus IV § 37 — eine actio „ficticia" analog den civilen aquilischen Klagen gegeben wurde, steht damit nicht in Widerspruch. Auffallend ist nur § 16 I. h. t. 4, 3, welcher die actio utilis und in factum in Gegensatz setzt und ihnen verschiedene Fälle anweist. Diese Stelle ist in ihrem Beginn aus Gajus Inst. III § 219 entnommen, und führt im Anschluß an ihn aus, daß die directa actio eine unmittelbare Beschädigung „corpore" fordere, daß also, wenn der Schaden in anderer Weise verursacht würde, actiones utiles zu geben seien. Darauf fährt die Institutionenstelle — nunmehr ohne die Stütze von Gajus — fort: wenn die Beschädigung nicht in der Verletzung eines corpus bestehe, sondern in Anderem, z. B. in der Freigebung eines gefesselten Sklaven, welcher entweiche, so reiche weder die actio directa noch utilis aus, vielmehr sei man dann auf eine „actio in factum" verwiesen. Dieser Zusatz steht in schroffem Widerspruch mit den Aeußerungen der klassischen Juristen, welche die actio in factum, wie gesagt, geben, wo die Analogie der lex Aquilia die Klage rechtfertigt. Wie erklärt sich der Anhang? Wahrscheinlich war er Glosse zu den Institutionen des Gajus aus einer Zeit, die von dem alten Klagensystem keine Anschauung mehr hatte. Damals mochte ein Rechtslehrer, welcher bei der lex Aquilia viel von actio in factum gelesen hatte, sich die Sache bei der Erklärung von Gajus Institutionen so zurechtlegen. Das erschien scharfsinnig und elegant, obgleich es verkehrt und herzlich unwissend war. Von den Redaktoren der Institutionen wurde dann die ausbündige Weisheit mit übernommen. Andere Auffassungen haben Pernice a. a. O. S. 144 und Lenel, edictum S. 160. Hervorzuheben ist übrigens, daß bei der a. utilis legis Aquiliae, und insbesondere bei der in Gestalt der actio in factum gewährten, die besondere Schadensberechnung der lex Aquilia und der Satz lis infitiando crescit in duplum Anwendung fand, l. 12 D. h. t. 9, 2, l. 5 C. h. t. 3, 35.

5) l. 27 § 21 D. h. t. 9, 2.

6) l. 27 §§ 14 und 20 D. h. t. 9, 2.

7) l. 44 pr. D. h. t. 9, 2. Ulpianus libro 42 ad Sabinum: In lege Aquilia et levissima culpa venit, vgl. l. 31 D. eod.

8) l. 3, l. 4 pr. D. h. t. 9, 2 oben Bd. 1 § 125 Anm. 12. Vgl. ferner Unger in Jherings Jahrb. Bd. 30 S. 376.

9) l. 29 § 3 D. h. t. 9, 2. Ulpianus libro 18 ad edictum: Item Labeo

Nach der älteren römischen Auffassung war unmittelbare Be=
schädigung durch eine körperliche Handlung — corpore —,
also ein sichtbarer Kausalnexus gefordert, nach dem entwickelten Rechte
aber genügt jede verschuldete Verursachung des Schadens, z. B.
Tödtung durch Reichen von Gift statt der geforderten Arznei. [10]

Viele Neuere fordern Beschädigung durch positives Thun, aber
mit Unrecht. Auch schuldhaftes Unterlassen verpflichtet aquilisch.
Aber allerdings bilden Unterlassungen nur unter besonderen Voraus=
setzungen eine Schuld. [11]

scribit, si cum vi ventorum navis impulsa esset in funes anchorarum alterius
et nautae funes praecidissent, si nullo alio modo nisi praecisis funibus expli-
care se potuit, nullam actionem dandam. Dies hat eine merkwürdige Anwendung
in dem R.G. Bd. 5 S. 161 entschiedenen Falle erfahren. Vgl. Thur, Ueber den
Nothstand im Civilrecht, Habilitationsschrift, Heidelberg 1888, Zeitschrift für Ver=
waltung und Rechtspflege in Oldenburg. Bd. 17 S. 357. Beachtenswerth ist Liszt
in Bekkers und Fischers Beiträgen zum Entwurf Heft 5 S. 8 sowie Lehrbuch des
Strafrechts § 33.

10) Daß die ältere römische Jurisprudenz zur actio legis Aquiliae ein „damnum corpore datum" forderte, war nicht, wie man meist behauptet, Folge einer
wörtlichen Interpretation des Gesetzes. Denn das Gesetz spricht sich nicht darüber
aus, wie die widerrechtliche Tötung oder Verletzung geschehen sein müsse. Die
Sache liegt tiefer. Die alte Rechtsprechung verlangte, daß der Kausalzusammenhang
sichtbar vor Augen trete, und lehnte die feinere Untersuchung darüber ab. Deswegen
mußte das damnum „corpore" datum sein. Die entwickelte Jurisprudenz konnte
sich hiermit unmöglich begnügen. Jeder nachweisbare Kausalzusammenhang mußte
ihr ausreichen, daher erklärt schon Labeo l. 9 pr. D. h. t. 9, 2 den für haftbar,
welcher schuldhafterweise „mortis causam praestitit". Nur mußte man dem alten,
traditionell überlieferten Rechtssatze gegenüber bei indirekter Beschädigung zu einer
actio utilis greifen. — Ueber den Nachweis des Kausalzusammenhanges zwischen dem
Versehn und dem Schaden vgl. R.G. Bd. 10 S. 141.

11) Für den Satz, daß die aquilische Klage nicht wegen eines durch bloße Unter=
lassungen verursachten Schadens zustehe, stützt man sich — vgl. Vangerow Bd. 3
§ 681 S. 582 — namentlich auf l. 13 § 2 D. de usu fructu 7, 1. Hier erklärt
Ulpian die cautio usufructuaria des Nießbrauchers für nothwendig, weil es Fälle
gebe, in welchen die actio legis Aquiliae nicht eingreife, „nam qui agrum non
proscindit, qui vites non subserit, item aquarum ductus corrumpi patitur,
lege Aquilia non tenetur." Dies beweist aber nicht. Fremde Grundstücke zu be=
stellen und im Stande zu halten, ist natürlich an sich nicht unsere Pflicht. Daher
mußte sie in Rom der Nießbraucher besonders kontraktlich übernehmen. Wie kann
man hieraus schließen, daß man überhaupt für Unterlassungen aquilisch nicht
verantwortlich werden kann? Das Gegentheil ergeben namentlich l. 8 pr., l. 27
§ 9 D. h. t. 9, 2. Denn die aquilische Klage wird hier zugelassen, wenn ein
Chirurg eine an sich gerechtfertigte Operation vornimmt und die weitere Be=
handlung schuldhafterweise unterläßt, ferner wenn in einem Schmelzofen Feuer
angezündet wurde, und der Anzündende selbst oder ein Anderer, dem sie oblag,
die Bewachung unterließ, so daß in Folge dessen das Haus abbrannte. Wind=
scheid Bd. 2 § 455 Ziff. 2 entnimmt aus diesen Stellen, daß „eine Unterlassung
nur verpflichte, wenn das Thun durch eine vorhergehende oder begleitende Thätigkeit
geboten war". Die Quellen wissen aber von einem solchen „nur" nichts. Aquilische
Haftung tritt vielmehr auch dann ein, wenn man schuldhafterweise allgemeine, zum
Schutze des Publikums erlassene Gebote mißachtete, so daß die Unterlassung Sachbe=
schädigungen zur Folge hatte. Dies gilt namentlich bei öffentlichen Strafbestimmungen
gegen Unterlassungen. Wer z. B. Reichsstrafgesetzbuch § 367 Ziff. 12 nicht beachtet,

Was die Anstellung der Klage anlangt, so gilt:

a) Klagberechtigt war nach der lex Aquilia selbst nur der Eigenthümer der beschädigten Sache. [12] Dinglich an ihr Berechtigte, insbesondere Nießbraucher und Pfandgläubiger, [13] sowie gutgläubige Besitzer [14] erhielten aber die Klage analog; ebenso, wer bloß obligatorische Ansprüche auf die Sache hat, wenn er durch die Sachbeschädigung benachtheiligt wird und in anderer Weise nicht zum Ersatz kommen kann. [15]

b) Verklagbar ist, wer die Sachbeschädigung direkt oder indirekt — z. B. als Urheber oder Gehülfe [16] — verursacht hat.

Mehrere haften solidarisch. Die Leistung des Einen befreit auch die Uebrigen. [17]

Waren Mehrere bei der That zusammen betheiligt, z. B. durch thätliche Mitwirkung bei einer Schlägerei, und ist der Antheil des Ein-

wonach Gruben und Oeffnungen da, wo Menschen verkehren, zu verwahren sind, wird dem hierdurch Beschädigten schadenersatzpflichtig. Vgl. R.O.H.G. Bd. 11 S. 426. Seuff. A. Bd. 46 n. 17, Bd. 47 n. 196, Blätter f. Rechtsanwendung Bd. 57 S. 267.

12) l. 11 § 6 und 7 D. h. t. 9, 2, vgl. Pernice a. a. O. S. 183.

13) l. 11 § 10, l. 12 — l. 17, l. 30 § 1 D. h. t. 9, 2. Dernburg, Pfandrecht Bd. 2 S. 402. Grueber im Archiv f. civ. Pr. Bd. 75 S. 303.

14) l. 11 § 8, l. 17 D. h. t. 9, 2.

15) Wer bezüglich der beschädigten Sache nur obligatorisch berechtigt war, kann nach der heutzutage herrschenden Ansicht nicht aquilisch klagen, l. 11 § 9 D. h. t. 9, 2, sowie arg. l. 18 § 5 D. de dolo 4, 3 und l. 13 § 12 D. de. a. e. v. 19, 1. Eine einzige „Ausnahme" soll es sein, daß der Pächter aquilisch klagen kann, wenn auf dem Pachtgut anstehende Früchte beschädigt werden, l. 27 § 14 D. h. t. 9, 2. S. u. a. Bangerow Bd. 3 § 681 S. 581, Windscheid Bd. 2 § 455 Anm. 17, R.G. Bd. 9 S. 163. Warum aber wird dem Käufer bei Beschädigung der Kaufsache die aquilische Klage versagt, wenn sie der Pächter hat im Falle der Beschädigung der Früchte! Ohne Zweifel, weil der Käufer den Anspruch gegen seinen Verkäufer auf Cession der Klage hat — als commodum rei — vgl. oben Bd. 2 § 98, während dem Pächter ein derartiger Anspruch fehlt. Dies führt auf den allgemeinen Satz, daß auch der bloß obligatorisch Berechtigte dann wegen Sachbeschädigung klagberechtigt ist, wenn er nicht in anderer Weise zum Ersatz seines Schadens kommen kann. Vgl. auch l. 41 pr. D. h. t. 9, 2 und dazu Pernice a. a. O. S. 211. Ist doch die Regel bei Deliktsklagen, daß jeder Beschädigte klagberechtigt ist. Sie gilt auch bei der actio de pauperie wegen Beschädigung durch Thiere, l. 2 D. si quadrupes 9, 1. Der unbedingten Durchführung beim damnum injuria datum stellte sich entgegen, daß die lex Aquilia die Klage nur zu Gunsten des „dominus" einführte. Aber nie sollte ein Beschädigter rechtlos sein. Abweichend Ferrini, la legittimazione attiva nell' a. legis Aquiliae in der rivista italiana per le scienze giur. Bd. 12 S. 180.

16) l. 11 § 1 D. h. t. 9, 2. Haftet der Anstifter aquilisch? Nach altrömischem Rechte war die Frage zu verneinen; der Anstifter hatte nicht corpore beschädigt. Daher gewährte noch Javolenus — l. 37 pr. D. h. t. 9, 2 — die Klage gegen den Anstifter nicht allgemein. Aber dies ist die Uebergangsstufe. Das Princip des entwickelten Rechtes ist, daß für den Schaden verantwortlich ist, wer ihn verursachte, also auch der Anstifter. Vgl. R.G. Bd. 10 S. 132. Windscheid Bd. 2 § 455 Anm. 27.

17) Anders im römischen Rechte, vgl. oben Bd. 2 § 72 Anm. 5.

zelnen am Schaden nicht mehr festzustellen, so haftet Jeder für alle Folgen der That. [18]

c) Gegenstand der Klage ist das Interesse des Klägers. Die besondere Schätzung der lex Aquilia, wonach bald der höchste Werth innerhalb des letzten Jahres, bald des letzten Monats vor der That in Anspruch genommen werden konnte,[19] ist nicht recipirt.

In Rom war der Beklagte, welcher seine aquilische Verpflichtung mit Unrecht ableugnete, in das Doppelte zu verurtheilen.[20] Auch dies ist dem gemeinen Rechte stets fremd geblieben. [21][22]

§ 132. Schuldhafte Beschädigung und Tödtung einer Person.[1]

Die Grundsätze der Sachbeschädigungen fanden analoge Anwendung auf die Körperverletzungen von Personen.

1. Der Mißhandelte erhielt — etwa seit Hadrian — eine utilis Aquiliae actio gegen den Schuldigen.[2]

---

18) l. 11 § 2 und § 4, l. 51 § 1 D. h. t. 9, 2. R.G. Bd. 1 S. 89.

19) Ueber die Gründe dieser Schätzungsweise vgl. Thur a. a. O. 3. Inwieweit der Sachwerth als solcher in Betracht kommt, vgl. das. S. 8.

20) l. 2 § 1 D. h. t. 9, 2, § 26 I. de actionibus 4, 6.

21) Windscheid Bd. 2 § 455 Anm. 25 ist „principiell" für die heutige Geltung der Steigerung, obgleich er anerkennt, „daß dieselbe nicht in lebendigem Gebrauch ist".

22) Wer in Folge eines Kontraktsverhältnisses eine fremde Sache innehat und sie schuldhafterweise beschädigt, kann sowohl mit der Kontraktsklage, als mit der actio legis Aquiliae belangt werden. Hat der Beschädigte aber mit der einen Klage Verurtheilung des Beklagten zum vollen Schadensersatz erlangt, so kann die konkurrirende Klage nicht mehr geltend gemacht werden. Vgl. oben Bd. 1 § 135 Anm. 15, 16, l. 18 § 1 D. commodati 13, 6 und andere bei Vangerow Bd. 3 § 681 Anm. 3 S. 588 citirte Stellen. Sehr bestritten ist aber, ob das Kontraktsverhältniß an sich einen modificirenden Einfluß auf die aquilische Verhaftung habe? In dieser Hinsicht ist zu bemerken: a) Das obligatorische Verhältniß rechtfertigt häufig Handlungen, die ohne dasselbe nicht zulässig wären. Was ohne den Kontrakt Verschuldung wäre, ist es insoweit nicht. In Folge dessen ist dann die actio legis Aquiliae nicht begründet. Der Arbeitsherr verlangt z. B. auf sein Risiko eine Bearbeitung seiner Sache, welche an sich den Kunstregeln nicht entspricht, und sie geht wirklich zu Grunde, l. 27 § 29 D. h. t. 9, 2, oder eine Eisenbahnverwaltung übersendet mit Zustimmung des Absenders Waaren in offenen Waggons, so daß sie durch Funken der Lokomotive in Brand gesetzt werden, R.O.H.G. Bd. 15 S. 83. b) Eine ganz verschiedene Frage ist, ob ein Schuldner, welcher aus dem Obligationsverhältnisse nur für dolus und culpa lata haftet, wie der Depositar, um deswillen auch der aquilischen Klage gegenüber nicht weiter in Anspruch zu nehmen ist, so daß er auch ihr gegenüber zu absolviren ist, wenn er die anvertraute Sache durch leichte Verschuldung beschädigte? Dies ist zu verneinen. Wenn leichte Versehen nicht unter der lex contractus begriffen sind, so heißt dies nicht, daß sie erlaubt seien. Als Kontraktsschuldner steht der Depositar allerdings nur für dolus und culpa lata ein, aber in Folge seiner allgemeinen Bürgerpflicht für kulpose Sachbeschädigungen. So namentlich Vangerow Bd. 3 § 681 S. 589. Dort siehe auch die Litteratur.

1) Weinrich, die Haftpflicht wegen Körperverletzung und Tödtung eines Menschen nach dem im Deutschen Reiche geltenden Rechte 1883.

2) l. 13 pr. D. h. t. 9, 2, vgl. l. 3 D. si quadrupes 9, 1, l. 7 D. de his qui effuderint 9, 3.

In Rom war nur Entschädigung wegen der Kurkosten, wegen versäumten Erwerbes, endlich wegen der Verkümmerung der Erwerbsfähigkeit zu leisten. Wegen der Entstellung und des Schmerzes konnte dagegen nichts beansprucht werden.[3]

Gemeinrechtlich wird aber der Frau, welcher durch Entstellung die Aussicht sich zu verheirathen verkümmert ist, eine vom Richter arbiträr zu bemessende Entschädigung gewährt.[4]

Anerkanntermaßen besteht ferner das Recht auf Schmerzensgelder.[5] Sie sind nicht Strafe, sondern Ersatz und Ausgleichung der erlittenen Schmerzen.[6] Daher geht die Verpflichtung auf die Erben des Schädigers über. Den Erben des Beschädigten steht aber die Klage nicht zu, wenn sie nicht bereits von ihrem Erblasser erhoben war.

2. Im Falle eines Todtschlages haben die Hinterlassenen nach gemeinem Recht Schadensansprüche gegen den Schuldigen. Insbesondere können nach feststehender Gewohnheit Verwandte und Ehegatten, welche einen gesetzlichen Alimentationsanspruch gegen den Getödteten hatten und durch dessen Tod des Unterhaltes beraubt werden, von dem des Todtschlages Schuldigen Ersatz verlangen.[7]

Ferner hat der Vater, dessen Hauskind schuldhafterweise getödtet wurde und der hierdurch dessen Dienste verlor, Entschädigungsansprüche;[8] billigerweise wird man sie im entsprechenden Falle auch dem Ehemanne nicht verweigern, dessen Frau schuldhafterweise getödtet wurde.

Den Hinterbliebenen ist endlich Ersatz der Begräbnißkosten vom Todtschläger zu leisten.[9]

---

3) l. 7 D. de his qui effuderint 9, 3. Gajus libro 6 ad edictum provinciale: Cum liberi hominis corpus ex eo, quod dejectum effusumve quid erit, laesum fuerit, judex computat mercedes medicis praestitas ceteraque impendia, quae in curatione facta sunt, praeterea operarum, quibus caruit aut cariturus est ob id quod inutilis factus est. cicatricium autem aut deformitatis nulla fit aestimatio, quia liberum corpus nullam recipit aestimationem.

4) Seuffert, Archiv Bd. 18 n. 42. Weinrich a. a. O. S. 63.

5) Stobbe, Pr.R. Bd. 3 § 203 S. 417 weist Spuren dieses Rechtes aus dem 15. Jahrhundert nach. Die Praxis fand einen Anhaltspunkt in der Carolina Art. 20 und 21, wonach dem mit Unrecht Gefolterten Ersatz für Schmerzen zugebilligt wird.

6) Manche Neuere suchten den Anspruch auf Schmerzensgelder als Privatstrafe zu konstruiren, wollten auch daraus schließen, daß derselbe in Folge des Reichsstrafgesetzbuchs weggefallen sei. Daß es sich um einen Ersatz handele, hat namentlich Wächter, die Buße 1874 ausgeführt. Ihm sind die meisten beigetreten. Vgl. Hellmann im Archiv für civ. Praxis Bd. 78 n. 1.

7) R.G. Bd. 1 S. 90 und insbesondere Bd. 7 S. 139, wo sich die Litteraturnachweise über die Entwickelung dieses Gerichtsgebrauches finden. Im Einzelnen ist Vieles streitig. Vgl. R.G. Bd. 5 S. 108, Bd. 10 S. 50, siehe auch mein preuß. Pr.R. Bd. 2 S. 296. Darüber, daß dieser Entschädigungsforderung die Privilegien der Alimente zuzugestehen sind, vgl. Weinrich a. a. O. S. 76.

8) Vgl. l. 5 § 3, l. 6, l. 7 pr. D. h. t. 9, 2.

### § 133. Beschädigung durch Thiere.

Wer Schuld an einer Beschädigung Anderer durch Thiere hat, ist aquilisch verantwortlich. Zur Schuld gehört auch Versäumniß der Obhut, ferner Mangel an Gewandtheit und voller Tüchtigkeit, wenn man ein Thier an Orten des Verkehrs führt oder reitet.[1]

Verübte aber ein Thier boshafterweise Schaden, ohne daß Jemanden die Schuld trifft, so hat der Beschädigte die actio de pauperie — eine Noxalklage.[2]

Die Noxalklagen waren wegen der Delikte der Hausuntergebenen geschaffen. Sie nöthigten namentlich den Eigenthümer eines schuldigen Sklaven, ihn zu vertreten und Schadensersatz zu leisten, oder ihn zur noxa zu geben. Und zwar war nicht der Eigenthümer der Zeit der That, sondern der Zeit der Litiskontestation zu belangen.[3]

Thiere sind nicht zurechnungsfähig und können keine Delikte begehen. Dies war den Römern der Kaiserzeit ganz klar.[4]

Aber anders dachten hierüber die römischen Bauern sechs bis sieben Jahrhunderte früher; ihrer naiven Anschauung galten boshafte Beschädigungen seitens eines Vierfüßlers als Delikte. Deshalb verpflichteten die 12 Tafeln den Eigenthümer, das boshafte Thier zur noxa zu geben oder den Schaden zu ersetzen.[5] Das Klagerecht erhielt sich, auch

---

9) Bestritten bei Seuffert Bd. 15 n. 225, weil eine derartige Ausgabe Jedem bevorstehe. Aber die jetzt erwachsene, diesen Hinterlassenen obliegende Ausgabe ist durch den Todtschlag verschuldet.

1) l. 8 § 1, l. 52 § 2 D. ad legem Aquiliam 9, 2. Mit Recht hebt dies Eisele in Jherings Jahrbüchern Bd. 24 S. 480 hervor, aber mit Unrecht leugnet er, daß hier noch von culpa gesprochen werden könne, und behauptet, es genüge, daß ein Mensch mit einem Thiere zusammen die „Ursache" eines Schadens gewesen sei, um ihn aquilisch zu verpflichten. Das heißt das geistige Band zerschneiden, welches die bezüglichen Quellenentscheidungen mit den Grundprincipien des römischen Rechtes verbindet. Es soll eben Niemand ein Thier nach Orten des Verkehrs bringen, wenn er nicht die nöthige Kraft und Gewandtheit hat, es zu zügeln, anderenfalls ist er in Schuld, weil er sich auf etwas zum Schaden Anderer einließ, dessen er nicht mächtig war. Vgl. Unger in Grünhuts Ztschrft. Bd. 15 S. 683 Anm. 31. Sturm, Beiträge z. röm. Recht 1891 S. 75.

2) Tit. Dig. si quadrupes pauperiem fecisse dicatur 9, 1. Inst. 4, 9. Eisele in Jherings Jahrbüchern Bd. 24 S. 480 und die dort S. 488 Angeführten. Sturm, Beiträge zum röm. Recht 1891 n. 6.

3) Ueber die römischen Noxalklagen vgl. Tit. Dig. de noxalibus actionibus 9, 4; Zimmern, System der Noxalklagen 1818; ferner die bei Arndts § 326 Anm. 3 Citirten und Lenel, edictum S. 154. Girard, les actions noxales, Paris 1888, darüber Kipp, Ztschrft d. Savignystift. Bd. 10 S. 397.

4) Ulpianus libro 18 ad edictum. l. 1 § 3 D. h. t. 9, 1: Pauperies est damnum sine injuria facientis datum: nec enim potest animal injuria fecisse, quod sensu caret.

5) So Zimmern a. a. O. S. 79. Vangerow Bd. 3 § 689. Vgl. l. 1 § 11 D. h. t.

nachdem die primitiven Vorstellungen, in denen es wurzelte, längst nicht mehr bestanden. [6]

Es mußte aber eine besondere Bosheit oder ungewöhnliche Erregung des Thieres obgewaltet haben und der Schaden auch nicht einem Menschen zur Last fallen. [7]

Kläger ist der Beschädigte. [8]

Beklagter ist der Eigenthümer des schädigenden Thieres zur Zeit der Klageerhebung. [9]

Die Klage ist aktiv und passiv vererblich. [10]

In ähnlicher Weise besteht eine noxale actio de pastu, wenn Thiere fremdes Gelände abweiden, ohne daß Jemand eine Schuld hieran trägt. [11] [12]

---

9, 1. Wächter, Pand. Bd. 2 § 495 beruft sich hiergegen auf die oben Anm. 4 abgedruckte Stelle Ulpians. Er würdigt aber dabei nicht den Unterschied der Zeiten.

6) Ja, man gab die Klage utiliter auch bei Schaden durch Nichtvierfüßler, also z. B. Affen — Vierhänder — oder Hühner. l. 4 D. h. t. 9, 1.

7) Das Princip der Klage entwickelt l. 1 § 4 D. h. t. Ulpianus libro 18 ad edictum: Itaque, ut Servius scribit, tunc haec actio locum habet, cum commota feritate nocuit quadrupes, puta si equus calcitrosus calce percusserit, aut bos cornu petere solitus petierit, aut mulae propter nimiam ferociam: quod si propter loci iniquitatem aut propter culpam mulionis, aut si plus justo onerata quadrupes in aliquem onus everterit, haec actio cessabit damnique injuriae agetur. Nichts anderes will aber auch l. 1 § 7 D. eod.: Et generaliter haec actio locum habet quotiens contra naturam fera mota pauperiem dedit: ideoque si equus dolore concitatus calce petierit, cessare istam actionem. Dies heißt, es muß ein Schade geschehen sein, welcher nach dem gewöhnlichen Lauf der Dinge nicht zu erwarten war. Seit der Glosse zur l. 1 § 7 D. h. t. wird meist gelehrt, die actio de pauperie stehe nur zu, wenn das Thier contra naturam „sui generis" gehandelt habe. Mit Recht spricht sich Eisele a. a. O. gegen diese Glossierung aus. Sie ist nicht quellenmäßig und schief. Wenn ein Hund beißt, ein Stier stößt, ein Pferd ausschlägt, meint Eisele, so handeln die Thiere nicht contra naturam „sui generis"; dies wäre nur etwa der Fall, wenn ein Stier beißen oder ein Pferd mit dem Kopfe stoßen würde. Die eigenen Ansichten von Eisele erachten wir freilich für unhaltbar. (Gut O.L.G. Braunschw. in Seuff. A. Bd. 48 n. 33.

8) l. 2 pr. D. h. t. 9, 1: „non solum domino, sed ei cujus interest competit." R.G. Bd. 20 S. 199.

9) l. 1 § 12 D. h. t. 9, 1: „et in quadrupedibus noxa caput sequitur." Miteigenthümer haften solidarisch. Ueber die Frage, ob der Eigenthümer, welcher das Thier veräußert, als dolo desinens possidere verklagt werden kann, vgl. R.G. Bd. 20 S. 205.

10) l. 1 § 17 D. h. t. 9, 1.

11) l. 14 § 3 D. de praescriptis verbis 19, 5. Paul. sent. I, 15 § 1. Eisele a. a. O. S. 495.

12) Die actio de pauperie wurde zwar in Deutschland recipirt, jedoch in den meisten Theilen Deutschlands beseitigt oder doch umgebildet, insbesondere ist das noxae dare nur in wenigen Gebieten üblich; Stobbe, Pr.R. Bd. 3 § 202 S. 407.

§ 134. **Die actio de dejectis et effusis.** [1]

Der Bewohner des Raumes, von dem aus ein Wurf oder Guß nach Orten geschieht, wo das Publikum verkehrt, haftet für den Schaden. Dies bestimmte das prätorische Edikt zur Sicherung der Kommunikation im öffentlichen Interesse. Die Klage ist zwar keine Deliktsklage, denn sie gründet sich nicht auf Schuld, aber sie ist einer Deliktsklage nahe verwandt. [2][3]

In Rom gewährte sie das Doppelte des Schadens; gemeinrechtlich geht sie auf den einfachen Schaden.

Der Beweis des Mangels an eigener Schuld entlastet den Bewohner nicht, [4] ohne Zweifel aber der höherer Gewalt, z. B. einer Ueberwältigung durch Aufständische oder Feinde. [5]

Ob man als Eigenthümer, als Miether, ob man etwa umsonst wohnt, ist gleichgültig; aber vorübergehend Aufgenommene haften als solche nicht. [6] Mehrere Bewohner stehen solidarisch ein. [7]

Es kommt nicht darauf an, ob der Wurf oder Guß aus einem Hause oder einer Bude oder einem Karren oder einem Schiffe, [8] ob er ferner nach einem öffentlichen oder einem anderen Orte geschah, wenn er nur dahin erfolgte, wo zur Zeit Menschen zu verkehren pflegten. [9]

Dem in Anspruch Genommenen steht der Rückgriff gegen den Schuldigen offen. [10]

### D. Haftung wegen anderer als Sachbeschädigungen.

§ 135. **Ersatz wegen Verschuldung im Allgemeinen.**

Die aquilische Klage, auch die analoge, beschränkte sich in Rom ausschließlich auf Zerstörung oder Entwerthung der Körper. [1] Ver-

---

1) Tit. Dig. de his qui effuderint 9, 3. Glück Bd. 10 S. 392. Weiß, Haftung für fremde culpa S. 66. Unger in Jherings Jahrb. Bd. 30 n. 4.

2) § 1 I. de obl. quae quasi ex delicto 4, 5, l. 5 § 5 D. de obl. et act. 44, 7.

3) Nicht recipirt wurde die Strafe des Edikts für den Fall der Tödtung eines Freien, wie auch nicht die Strafe wegen des die Kommunikation bedrohenden „positum habere".

4) l. 1 § 4 D. h. t. 9, 3. Vgl. aber auch Seuff. A. Bd. 40 n. 288 (R.G.).

5) Jedoch erwähnen die Quellen diese Ausnahme nicht. Vgl. Unger a. a. O. und in Jherings Jahrb. Bd. 30 S. 416 Anm. 17.

6) l. 1 § 9 D. h. t. 9, 3.

7) l. 1 § 10, l. 2—4 D. h. t.

8) l. 6 § 3 D. h. t. 9, 3.

9) l. 1 § 2, l. 6 pr. § 1 D. h. t. 9, 3.

10) l. 5 § 4 D. h. t. 9, 3. Dies auf Grund der Autorität von Labeo.

mögensbeſchädigungen anderer Art verpflichteten ben Schädiger baher
außerkontraktlich nur in Fällen des Dolus.

Anders war es nach der älteren gemeinrechtlichen Lehre und Praxis.
Nach ihr galt man wegen j e d e r v e r ſ c h u l b e t e n Schadenszufügung
als zur Schabloshaltung verbunden, unb mit der actio Aquiliae utilis
haftbar.[2] Dies warf aber die gemeinrechtliche Theorie unſeres Jahr=
hunderts über Borb, theils weil ſie ſich ausſchließlich auf ben Boben
der römiſchen Quellen ſtellte, theils weil ſie eine ſo allgemeine außer=
kontraktliche Schadensklage als zu vag und als für den Berkehr be=
denklich anſah.[3]  Ihr folgt die neuere Praxis.[4]

Dennoch hat man bei beſtimmten Thatbeſtänden an der außer=
kontraktlichen Schadensklage wegen j e d e r Verſchulbung feſtgehalten:

a) Bei Schadenszufügung durch Ausbringen eines u n g e r e c h t e n
A r r e ſ t e s.[5]

b) B e a m t e — richterliche wie nichtrichterliche — ſind nach über=
wiegender Praxis den Beſchädigten wegen jeder Berſchulbung b e i V e r =
w a l t u n g  i h r e s  A m t e s  zum Schadenserſatz verbunden. Sie haften
aber nur ſubſidiär, d. h. bloß wenn der Beſchädigte von anderer Seite
Erſatz nicht erlangen kann.[6][7]

---

1) Pernice, Sachbeſchädigung S. 157.

2) Bgl. die bei Landsberg, Jnjuria S. 107 Anm. 3 citirten Autoritäten, welche
leicht zu vermehren ſind.

3) Windſcheid Bb. 2 § 451 Anm. 1 unb bort Angeführte.

4) R.O.H.G. Bb. 10 S. 404 und R.G. Bb. 9 S. 163.

5) Reichsabſchied von 1594 § 87. Sehr beſtritten iſt, ob der Arreſtleger im
Fall ungerechtfertigten Arreſtes ſ c h l e c h t h i n auf das Intereſſe haftet — was nament=
lich Henrici in Raſſow und Künzels Beiträgen Bb. 32 S. 161 vertheidigt — ober
nur, wenn ihm eine Berſchulbung zur Laſt liegt. Die K o ſ t e n hat er jebenfalls
nach den allgemeinen Grundſätzen der C.P.O. ohne Rückſicht auf Berſchulden zu
tragen; aber bie Pflicht zur Intereſſevergütung entſteht nur im Falle der Berſchul=
bung. R.G. Bb. 7 S. 374, Bb. 26 S. 204. Jedoch muß der Arreſtleger, welcher
ben anberen Theil burch ben Arreſt ungerechtfertigterweiſe beſchädigte, ſeinerſeits bar=
thun, baß er bringende Gründe bazu hatte, den Arreſt auszubringen, alſo ohne
Schuld war. So auch Kahane, die Folgen eines ungerechten Arreſtes in Grünhuts
Ztſchrift. Bb. 19 S. 99, bort ſiehe die Litteratur. Bgl. noch Unger, Handeln auf
eigene Gefahr S. 25, und über die Haftung bei wiberrechtlicher Zwangsvollſtreckung
aus einem Urtheile, Blätter f. Rechtsanwendg. Bb. 59 S. 30.

6) In Rom wurden magistratus municipales in Folge eines burch Trajan
veranlaßten Senatuskonſultes ben Pupillen ſubſidiär haftbar, wenn ſie etwas in
ber Beſtellung der Bormünder verſehen hatten, l. 5 C. de magistratibus con-
veniendis 5, 75, und zwar hafteten ſie für culpa l. 7 D. de mag. conv. 27, 8. Auch
ber judex wurde ſeit der Zeit von Gajus für imprudentia, welche auf culpa levis
hinaus kommt, in Anſpruch genommen, vgl. P. Uſteri, die privatrechtliche Berant=
wortlichkeit des römiſchen Richters, Zürich 1877; Pernice, Labeo Bb. 2 S. 291; Lenel
edictum S. 135; l. 5 § 4 D. de obl. et act. 44, 7. Gemeinrechtlich knüpfte man
an die Haftbarkeit der Municipalmagiſtrate an und wendete ſie unbeſtrittenermaßen
auf die Obervormundſchaftsbehörden an. Aber man ging weiter und erklärte bie

c) Verschulden bei Vertragsunterhandlungen — culpa in
contrahendo — macht, auch wenn es nicht zum Vertrage kommt, also
außerkontraktlich — ersatzpflichtig.[6]

§ 136. Actio doli.[1]

Jede widerrechtliche bösliche Vermögensbeschädi-
gung, die nicht in anderer Weise ebensogut ausgleichbar
ist, begründet die actio doli.[2]

Dieselbe ist also eine generelle, aber subsidiäre Klage wegen Dolus.

a) Ursprünglich eingeführt für Fälle des Betruges, also absichtlicher Täuschung,[3] wurde sie auch bei anderen arglistigen Veranstaltungen gegeben.[4] Auch hierauf beschränkte sie sich indeß nicht.
Sie soll bösliche Vermögensschädigung jeder Art gut machen, welche
Gestalt dieselbe annehmen, welcher Mittel sie sich bedienen möge.[5]

b) Der Anspruch hat einen ergänzenden und subsidiären Charakter.

---

Beamten überhaupt für jede Beschädigung der Privaten durch ihre Amtshandlungen
mindestens subsidiär für haftbar. Vgl. Seuffert, Pandekten § 425 und dort Citirte.
Siehe auch Völderndorff im Archiv für praktische Rechtswissenschaft n. F. Bd. 12,
Pfizer im Archiv f. civ. Praxis Bd. 72 S. 66. Klewitz, Entschädigungsansprüche
aus rechtswidrigen Amtshandlungen 1891. Seuff. A. Bd. 46 n. 165.

7) Der Spruchrichter hat einmal die Feststellung des Thatbestandes.
In dieser Beziehung haftet er wegen jeden, auch leichten Versehens. Ihm liegt
ferner ob, über denselben zu urtheilen. Dies muß mit Freiheit geschehen können.
Eine angebliche leichte Verschuldung kann nach dieser Richtung hin von der unterliegenden Partei nicht geltend gemacht werden, sondern nur dolus oder culpa lata.
Vgl. Haffner, civilrechtliche Verantwortlichkeit der Richter 1885. Anders Klewitz
a. a. O. S. 33.

8) Oben Bd. 2 § 10 Anm. 10.

1) Tit. Dig. de dolo malo 4, 3; Cod. 2, 20; Pernice, Labeo Bd. 2 S. 97.

2) Ueber die Aufstellung der Klage durch Aquilius Gallus vgl. oben Bd. 1
§ 104 Anm. 4.

3) Aquilius, von Jemandem, welchem das neue Rechtsmittel offenbar zu „vag"
war, gefragt: „quid esset dolus malus?", antwortete: „quum esset aliud simu-
latum, aliud actum". An dieser Begriffsbestimmung hielt auch Servius Sulpicius
fest. Siehe die oben Bd. 1 § 86 Anm. 4 abgedruckte l. 1 § 2 D. h. t. 4, 3.

4) So Labeo nach l. 1 § 2 D. h. t. 4, 3.

5) Pernice a. a. O. S. 107 will im Anschlusse an die Definition von Labeo
die actio doli auf hinterlistige schlaue Veranstaltungen einschränken. Mit Unrecht.
Unter Anderem ist die actio doli begründet, wenn Jemand redlicherweise eine nicht
obligatorisch verbindende Zusage macht, sie aber später zurücknimmt, nachdem der
andere Theil, auf sie vertrauend, Aufwendungen vorgenommen hat, die hierdurch
fruchtlos werden, l. 34 D. h. t. 4, 3, l. 16 § 1 D. de praescriptis verbis 19, 5,
R.G. Bd. 8 S. 176. Wo ist hier die arglistige „Veranstaltung"? Die Jurisprudenz
hat eben erst allmählich den vollen Thatbestand des Deliktes zu entwickeln gewagt,
und ist hierbei über die älteren Definitionen weit hinausgegangen. Vgl. R.G. Bd. 21
S. 236.

Doch ist die actio doli auch zulässig, wenn andere Rechtsmittel nicht gleich sicheren Erfolg versprechen.[6][7]

Ist es zu einem Kontraktsschlusse gekommen, so ist die Kontrakts= klage, nicht die Dolusklage anwendbar.

Dies ist vorzugsweise wichtig wegen der kurzen Verjährung der außerkontraktlichen Dolusklage. Sie verjährt in 2 Jahren vom be= gangenen Dolus ab, geht jedoch auch nachher auf den Betrag der Bereicherung des Beklagten.[8]

Geschah der Dolus zu Gunsten eines Dritten, der nicht kollubirte, so haftet dieser auf den Betrag seiner Bereicherung.[9]

### E. Die Injurienklage.

#### § 137. Begriff und Grundsätze.[1][2]

Entwendungen, Sachbeschädigungen und Dolus sind Delikte gegen das Vermögen, die Injurie ist das Delikt gegen die Person.

Auch die römische Injurie hat einen weiten Thatbestand. Nicht bloß um Körperverletzungen und Beleidigungen, also besondere Krän= kungen des Ehrgefühls handelt es sich. Injurie ist vielmehr jede

---

6) l. 7 pr. D. h. t. 4, 3. Die actio doli ist namentlich auch zuständig, wenn es zweifelhaft ist, ob eine andere Klage begründet ist, l. 7 § 3 D. h. t. 4, 3, wenn eine gegen einen Dritten offenstehende Klage wegen dessen Insolvenz keinen Erfolg verspricht, l. 6 D. h. t. 4, 3, vgl. auch l. 18 § 5 D. eod. — Manche, z. B. Wind= scheid Bd. 2 § 451 Anm. 10, behaupten, die Subsidiarität sei eine Folge des in= famirenden Charakters der actio doli im römischen Reiche gewesen und mit diesem im gemeinen Rechte weggefallen. Dies ist unbegründet, wie auch R.G. Bd. 23 S. 143 annimmt. In der l. 1 § 4 D. h. t. 4, 3 billigt allerdings Ulpian die Subsidiarität der actio doli, weil sie infamirend sei. Damit ist aber nicht gesagt, daß dies der Grund des Prätors war. Derselbe liegt vielmehr in der außerordentlichen Natur der Klage, die nur Nothbehelf sein sollte. Derzeit hat die Subsidiarität natürlich vorzugsweise dann praktische Bedeutung, wenn dem Benachtheiligten gegen einen Anderen als den bolosen Schädiger eine Klage zusteht, und in diesem Falle ist sie auch zweckmäßig.

7) Römische Eigenthümlichkeiten der actio doli waren noch, daß sie der Prätor nur nach vorgängiger Sachuntersuchung und regelmäßig auch nicht wegen einer ge= ringen Summe gewährte, l. 9 § 5 D. h. t. 4, 3. Dies hing mit der staatsrecht= lichen Stellung der römischen Magistrate zusammen und ist nicht recipirt.

8) l. 8 C. h. t. 2, 20, l. 28 D. h. t. 4, 3. Im klassischen Rechte war die Verjährungszeit ein annus utilis. Für die Geltung der kurzen Verjährung auch R.G. Bd. 23 S. 178.

9) l. 15 pr. §§ 1 und 2 D. h. t. 4, 3.

1) Tit. Inst. de injuriis 4, 4, Dig. 47, 10, Cod. 9, 35.

2) A. D. Weber, über Injurien und Schmähschriften 1793 ff., 4. Aufl. 1820; Walter im neuen Archiv des Kriminalrechtes Bd. 4 S. 108 ff., S. 241 ff.; Jhering, Rechtsschutz gegen injuriöse Rechtsverletzungen in seinen Jahrbüchern Bd. 23 n. 6; Landsberg, Injuria und Beleidigung 1886. Dort findet sich weitere Litteratur.

absichtliche widerrechtliche Aeußerung der Mißachtung der Persönlichkeit.[3]

a) Der animus injuriandi, welcher ihr zu Grunde liegt,[4] ist bewußt geringschätziges Benehmen gegenüber einem Anderen. Dessen Kränkung muß keineswegs der Zweck des Handelns sein; es genügt, daß man, um andere Zwecke zu erreichen, die Kränkung nicht scheute.

b) Die injuriöse Handlung kann sich direkt gegen die fremde Person wenden, ihren Körper antasten, ihre Freiheit verkümmern,[5] ihrer Ehre zu nahe treten oder ihren Namen mißbrauchen.[6]

Es giebt außerdem indirekte Injurien, deren Begriff und Umfang freilich viel Zweifelhaftes hat. Sie liegen in der böslichen absichtlichen Antastung der Rechte des Anderen an der Außenwelt.[7]

Eine indirekte Injurie kann man in jedem Diebstahl, in absichtlicher Sachbeschädigung, in sonstiger doloser Vermögensverletzung finden. Denn wer böslich fremden Besitz mißachtet, der mißachtet auch den Besitzer. Aber eine Injurienklage wird hier nicht gewährt. Die Injurienklage ist vielmehr in Fällen doloser Antastung von Gerechtsamen nur subsidiär, d. h. sie wird dadurch ausgeschlossen, daß Strafklagen wegen der Verletzung des Vermögens bestehen.[8]

---

3) Bekanntlich kannten bereits die zwölf Tafeln die injuria, welche sie mit der Buße von 25 Assen bedrohten. Die altrömische Jurisprudenz scheint aber unter injuria — vgl. Landsberg a. a. O. S. 32 und dort Citirte — nur Körperverletzung verstanden zu haben. Hieraus erklärt sich, daß der Prätor besondere Edikte gegen andere Arten von persönlichen Verletzungen erließ, insbesondere wegen „convicium", wegen Antastungen der Schamhaftigkeit und „ne quid infamandi causa fiat", vgl. Lenel, edictum S. 320. Jedenfalls findet schon Labeo das Wesen der injuria in der contumelia, l. 13 § 4 D. h. t. 47, 10. Als contumelia charakterisiren die Injurie geradezu die klassischen Definitionen der Institutionen pr. I. h. t. 4, 4 dem Paulus entnommen — collatio II. 5 § 1 — und die l. 1 pr. D. h. t. 47, 10 von Ulpian. Die Stelle von Paulus sucht contumelia zu veranschaulichen durch ὕβρις. Im weiteren Sinne ist injuria nach den gedachten Stellen „omne quod non jure fit", ἀδίκημα.

4) l. 3 § 1 D. h. t. 47, 10. Ulpianus libro 56 ad edictum „injuria ex affectu facientis consistit".

5) Realinjurien und Verbalinjurien unterscheidet l. 1 § 1 D. h. t. 47, 10.

6) Ein Fall aus dem heutigen Leben ist Setzen unseres Namens unter einen Aufruf oder eine Petition ohne unsere Ermächtigung.

7) Hiernach unterscheidet Ihering a. a. O. Verletzung einer Person in dem „was sie ist" und in dem „was sie hat" und bezeichnet die Injurienklage im ersten Fall als „abstrakte", im zweiten als „konkrete".

8) Die Römer haben die Verletzung, welche für die Person des Beschädigten in einem gegen sie verübten Diebstahl, in Sachbeschädigung oder Dolus liegt, schon scharf geahndet durch die Strafzuschläge der actio furti, legis Aquiliae und den infamirenden Charakter der actio doli. Deswegen sollte nicht außerdem eine actio injuriarum zulässig sein. Wenn aber das Delikt nicht vollendet war, insbesondere wenn ein Dieb sich um zu stehlen eingeschlichen hatte, aber den Diebstahl nicht vollzog, so daß Sühne durch actio furti nicht zu erreichen war, gewährte man die Injurienklage, l. 21 § 7 D. de furtis 47, 2. Ihering und Landsberg a. a. O. suchen die Grenze

Hauptfälle indirekter Injurien, welche eine Injurienklage erzeugen, sind Störung des Gemeingebrauches,[9] Behinderung des Eigenthümers in der Benutzung seiner Sachen,[10] Eindringen in das fremde Besitzthum gegen den Willen des Eigenthümers.[11]

Gegenstand der Injurienklage ist eine von dem Richter zu bemessende Privatstrafe,[12] bei der auch die pekuniäre Benachtheiligung des Klägers in Betracht zu ziehen ist.[13] Sie ist aktiv und passiv unvererblich[14] und verjährt in einem Jahre utiliter berechnet.[15] Die private Injurienklage wurde in Deutschland recipirt.[16] Viele erachten sie jedoch als durch die Reichsgesetzgebung derzeit beseitigt.[17] Dies ist richtig für Beleidigungen und Körperverletzungen,[18] unrichtig aber für andere Fälle, insbesondere für indirekte Injurien. Hier hat sie sich als Klage auf Schadensersatz erhalten.[19]

---

der Injurienklage aus dem Begriffe der Injurie selbst zu gewinnen. Dies ist wohl nicht gelungen.

9) l. 2 § 9 D. ne quid in loco publico 43, 8. Ulpianus libro 68 ad edictum: Si quis in mari piscari aut navigare prohibeatur, non habebit interdictum, quemadmodum nec is, qui in campo publico ludere, vel in publico balineo lavare aut in theatro spectare arceatur: sed in omnibus his casibus injuriarum actione utendum est. l. 13 § 7 D. h. t. 47, 10. Ueber entsprechende Anwendungen auf Fälle des heutigen Lebens vgl. Jhering a. a. O. S. 270.

10) l. 24 D. h. t. 47, 10, l. 25 D. de a. e. v. 19, 1, l. 44 D. h. t. 47, 10. Anwendungen auf Nachbarverhältnisse und insbesondere Kollisionen zwischen Miethern macht Jhering a. a. O. S. 280. Wenn aber Jhering die Veranstaltung von Tanzvergnügen in der oberen Etage ohne Weiteres als mittelbare Injurie gegen den Miether der unteren auffaßt, so dürfte er zu weit gehen.

11) l. 5 pr. §§ 2, 5 D. h. t. 47, 10.

12) Der Prätor hatte an die Stelle der Injurienklage der 12 Tafeln auf 25 Asse die actio injuriarum aestimatoria gesetzt, bei welcher der Richter die Höhe der Strafe nach seinem Ermessen feststellte. l. 17 § 5 D. h. t.

13) l. 8 C. h. t. 9, 35, Landsberg a. a. O. S. 90.

14) l. 13 pr. D. h. t. 47, 10.

15) l. 5 C. h. t. 9, 35.

16) Die Reception der römischen actio injuriarum aestimatoria in Deutschland ist unbezweifelt. Und zwar wurde sie in ihrem römischen Umfange recipirt, also namentlich auch für den Fall, wenn es sich nicht gerade um direkte Ehrenkränkungen handelte. Vgl. hierüber Landsberg a. a. O. S. 66.

17) Die neueren Pandektenkompendien nehmen durchgängig völlige Beseitigung an, siehe die Citate bei Jhering a. a. O. S. 267 Anm. 1.

18) Es verordnet nämlich § 11 Abs. 1 des Einführungsgesetzes zur Strafprozeßordnung: Die Verfolgung von Beleidigungen und Körperverletzungen findet nur nach den Vorschriften der Strafprozeßordnung statt. Damit sollte die ästimatorische Injurienklage aufgehoben werden, natürlich aber nur soweit es sich um Beleidigungen und Körperverletzungen handelt.

19) Dies ist im Wesentlichen die Ansicht von Jhering a. a. O. 268. Auch Hölder, Pand. § 59 erkennt eine Injurienklage auf Schadensersatz an. Der Versuch von Landsberg a. a. O., die römische actio injuriarum aestimatoria, soweit sie sich noch erhalten hat, in den Strafprozeß und vor die Schöffengerichte zu verweisen, erscheint mir verfehlt.

Zweites Kapitel.

**Die Kondiktionen.**

§ 138. A. Die Kondiktionen im Allgemeinen.[1]

Erwerb aus fremdem Vermögen ohne gerechten Grund erzeugt eine persönliche Klage auf Rückerstattung — eine Kondiktion.[2]

Die Kondiktionen — judicia stricti juris, welche Ursprung und Namen aus der Zeit der legis actiones hatten — bestanden in der actio certae pecuniae creditae wegen kreditirter Geldsummen, der condictio triticaria wegen aller bestimmter Objekte und endlich der condictio incerti wegen Werthe von anderer Art.[3] Die Kondiktionen waren ursprünglich nur zur Rückforderung von kontraktlich Kreditirtem bestimmt. Aber die Jurisprudenz benutzte sie etwa seit den letzten Jahrhunderten der Republik[4] auch zur Rückforderung dessen, was außerkontraktlich ungerechtfertigterweise aus fremdem Vermögen erworben war. Hierdurch machte sie diese strikten Klagen den höchsten Zwecken der Billigkeit dienstbar.

Die außerkontraktlichen Kondiktionen setzen voraus:

1. Erwerb des Kondiktionsschuldners aus dem Vermögen des Kondiktionsgläubigers.

Sie haben also eine reale Grundlage. Deshalb stellten die römischen Juristen wenigstens die condictio indebiti der Darlehensklage an die Seite.[5]

Der einfachste und ursprüngliche Fall ist Erwerb des Eigenthums an körperlichen Sachen. Aber im entwickelten Rechte genügt jede Vermehrung des Vermögens des Einen auf Kosten des Anderen, z. B.

---

1) Savigny, System Bd. 5 S. 503: „Die Kondiktionen"; Windscheid, d. L. des römischen Rechtes von der Voraußetzung 1850; Erxleben, die condictiones sine causa 1. Abth. 1850, 2. Abth. 1852; Witte, die Bereicherungsklagen 1859; Jacobi, Rechtsbegriff der Bereicherung in Jherings Jahrb. Bd. 4 S. 296; Voigt, die condictiones ob causam 1862, Pernice, Labeo Bd. 3 S. 202 ff., Bolze, zur Lehre v. d. Kondiktionen, insonderh. v. d. cond. sine causa im Archiv f. civ. Praxis Bd. 78 n. 14, Bolze, einige Quellenstellen zur Lehre v. d. Kondiktionen, daselbst Bd. 79 n. 5. Vgl. auch Lenel im Archiv f. civ. Praxis Bd. 74 n. 6 und Windscheid daselbst Bd. 78 S. 161 ff.

2) l. 66 D. de condictione indebiti 12, 6. Papinianus libro 8 quaestionum: Haec condictio ex bono et aequo introducta, quod alterius apud alterum sine causa deprehenditur, revocare consuevit.

3) Oben Bd. 1 § 131.

4) Vgl. Voigt a. a. O. S. 226.

5) Gajus Inst. III § 91.

durch Erlangung von dinglichen Rechten an fremder Sache,[6] Erwerb von Forderungen,[7] Erlaß von Verbindlichkeiten,[8] Ersparnisse anderer Art.[9] Und auch darauf kommt es nicht an, daß die Werthe direkt aus dem Vermögen des Einen an den Anderen gekommen waren.[10]

Wer in den Besitz einer fremden Sache kommt, ohne deren Eigenthum zu erlangen, hat die Sache noch nicht erworben. Der Eigenthümer kann sie noch vindiciren, deshalb kann er sie nach alt-römischem Rechtssatz nicht kondiciren. Der Dieb jedoch konnte sich hierauf nicht berufen. Kondicirte also der Bestohlene die entwendete Sache, die noch in seinem Eigenthume stand, so war die Klage gültig — „odio furum".[11]

Der Satz hat aber überhaupt seine Bedeutung im Wesentlichen verloren, seit man gegen denjenigen, welcher den Besitz einer fremden Sache ohne Rechtsgrund an sich gebracht hat, eine condictio pos-sessionis gewährt, welche auch dem Eigenthümer jener Sache zu-steht, welcher den Besitz verlor.[12]

2. Der Vermögensübergang, obgleich formal vollendet, muß materiell ungerechtfertigt sein. Und zwar kann es sich:

a) um eine Unredlichkeit des Kondiktionsschuldners handeln, so daß der Erwerb auch subjektiv widerrechtlich ist.

Wegen unredlichen Erwerbes bestehen drei Arten von Kondiktionen, nämlich die c. furtiva, ob turpem causam und ob injustam causam.

b) Es genügt aber auch, daß bloß objektiv ein Unrecht vor-liegt, ohne daß dem Kondiktionsschuldner subjektiv eine Verschuldung zur Last fällt.

Der Zweck ist dann die Anfechtung formalen Rechtes, welches der tieferen, der materiellen Begründung entbehrt.

Auch solcher Kondiktionen giebt es drei: nämlich die c. indebiti, ob causam und sine causa.

Die Neueren bezeichnen die Kondiktionen meist als Bereiche-rungsklagen, indem sie deren Zweck in die Herausgabe ungerecht-

---

6) l. 12 D. de condictione indebiti 12, 6.

7) l. 1 pr. D. de condictione sine causa 12, 7.

8) l. 4, l. 10 D. de cond. causa d. c. n. s. 12, 4.

9) Siehe Windscheid Bd. 2 § 421 Anm. 10 ff.

10) Vgl. namentlich den oben Bd. 1 § 225 Anm. 25 besprochenen Fall.

11) Gajus Inst. IV § 4, § 14 I. de actionibus 4, 6.

12) l. 15 § 1 D. de cond. indeb. 12, 6, l. 2 D. de cond. trit. 13, 3. Vgl. über die condictio possessionis Bruns, Besitzklagen S. 185; Pflüger, Besitzklagen S. 120; Bolze im Arch. f. civ. Prax. Bd. 79 S. 206 ff.

fertigter Bereicherung setzen.[13] Dies ist keineswegs allgemein zutreffend. Allerdings haben die Konditionen eine reale Grundlage und gehen auf Rückerstattung, aber keineswegs stets bloß bis zum Betrag der Bereicherung des Beklagten. Insbesondere bezwecken die Konditionen wegen subjektiver Unredlichkeit des Konditionsschuldners volle Interessevergütung.[14]

### B. Kondiktion unredlichen Erwerbes.

### § 139. Die condictio furtiva.[1]

Die condictio furtiva verbindet zur Rückerstattung von entwendetem Gut.

Es ist alte Streitfrage, ob sie eine Deliktsklage sei? Natürlich setzt sie ein Delikt, das furtum, voraus. Aber ihr Klagfundament ist ein reales, nämlich das Erlangen des Entwendeten aus dem Vermögen des Bestohlenen, und ihr Klagzweck der reale der Rückerstattung. Sie ist daher wahre Kondiktion.[2] Dies zeigt sich in ihren einzelnen Sätzen:

a) Kläger ist nur der Eigenthümer sowie der binglich Be-

---

13) So namentlich Savigny a. a. O. S. 564. Ihm folgen die Späteren. Hiernach giebt u. a. Windscheid der Lehre der Kondiktionen die Aufschrift „ungerechtfertigte Bereicherung". Er verkennt nicht, daß dies auf die condictio furtiva nicht paßt und sucht diese aus dem Kreise auszuscheiden. Gegen ihn Bolze im Arch. f. civ. Prax. Bd. 78 S. 422 ff. — Gegen den Ausdruck „Bereicherungsklagen" auch Jacobi a. a. O. S. 160, 182.

14) Bereicherung des Einen mit dem Nachtheil eines Anderen begründet für sich allein keine Verpflichtung. Hierauf beruht die Ordnung der menschlichen Gesellschaft, ihr Streben und Kämpfen. Im Widerspruche steht nicht Pomponius libro 9 ex variis lectionibus l. 206 D. de R. J. 50, 17: Jure naturae aequum est neminem cum alterius detrimento et injuria fieri locupletiorem. Es muß nur auf injuria das gebührende Gewicht gelegt werden. In l. 14 D. de condictione indebiti 12, 6 erklärt sich die verkürzte Wendung durch ihre besondere Beziehung auf den in l. 18 § 1 D. eod. erörterten Fall. A. Ansichten hatte W. Sell, Versuche 1833.

1) Tit. Dig. de condictione furtiva 13, 1, Cod. 4, 8.

2) Für eine Deliktsklage erklärt die c. furtiva unter den Neueren vorzugsweise Francke, Beiträge S. 29. Nach Windscheid Bd. 2 § 453 ist sie ein „Deliktsanspruch im Gewande eines Anspruches aus ungerechtfertigter Bereicherung". Hiergegen Savigny Bd. 5 S. 551 und Vangerow Bd. 3 § 679 Anm. 2. Daß die Römer die condictio furtiva durchaus nicht als Deliktsklage ansahen, ergiebt sich unter Anderem aus deren Behandlung, wenn ein Sklave gestohlen hatte. Wäre sie Deliktsklage, so wäre sie gegen den jeweiligen Herrn des biebischen Sklaven als noxale gegangen, nicht minder gegen den Dieb selbst nach seiner Freilassung. Sie wurde aber gegen den Hausherrn nur als Pekulienklage gegeben, eine condictio furtiva noxalis existirte nicht und wird auch durch l. 4 D. h. t. 13, 1 nicht bezeugt, vgl. Savigny a. a. O. S. 562. Dem entsprechend konnte auch gegen den Sklaven selbst nach seiner Freilassung zwar die actio furti, nicht aber die condictio furtiva angestellt werden, falls er nicht als Freier den Diebstahl fortgesetzt hatte, l. 15 D. h. t. 13, 1.

rechtigte, dem etwas entwendet ist.[3] Die Klage erlischt, wenn der Eigenthümer durch eigene Handlungen das Eigenthum des Gestohlenen aufgiebt.[4] Denn sie vertritt die Stelle der Vindikation.[5]

b) Nur wer realiter kontrektirte, nicht aber der Urheber und Gehülfe können belangt werden.[6]

Mehrere, welche die Kontrektation zusammen vornahmen, haften jedoch solidarisch.[7]

Die Klage geht gegen die Erben des Entwenders unbeschränkt, als Vermögensklage, nicht beschränkt wie eine Deliktsklage.[8]

c) Gegenstand der Klage ist Rückerstattung des Entwendeten. Dabei ist der Entwender stets in Verzug. Deshalb haftet er für zufälligen Untergang, hat den höchsten Werth zu ersetzen, welchen die entwendete Sache jemals zwischen der Zeit des Diebstahls und der Verurtheilung hatte, und muß nicht nur die selbst gezogenen und die von ihm versäumten Früchte restituiren, sondern alle, welche der Bestohlene hätte ziehen können.[9]

### § 140. Condictio ob turpem vel injustam causam.[1]

Kondicirbar ist regelmäßig Alles, was man in Folge von Vergehen oder sonstiger grober Unsittlichkeit an sich brachte.

1. Besonderer Art ist die condictio ob turpem causam[2]

---

3) l. 1, l. 12 § 2 D. eod. 13, 1. Wäre die condictio Deliktsklage, so hätte man sie allen Interessirten zugestehen müssen. Aber ihr Fundament ist Erwerb aus fremdem Vermögen. Daher hat sie nur der Eigenthümer und der dinglich Berechtigte.

4) l. 10 § 2, l. 12 pr. D. h. t. 13, 1.

5) Daß die condictio furtiva elektiv mit der vindicatio konkurrirt — oben § 138 Anm. 11 — steht damit nicht im Widerspruch.

6) l. 6 D. h. t. 13, 1 von Ulpian. Paulus freilich in der l. 53 § 2 D. de V. S. 50, 16 läßt die condictio furtiva wohl gegen den Gehülfen, nicht aber gegen den Urheber des furtum zu. Lenel, edict. S. 262. Dieser Widerspruch erklärt sich nicht, wie Windscheid Bd. 2 § 453 meint, aus der Doppelnatur der condictio und daraus, daß Ulpian auf das Gewand — die Konditionennatur —, Paulus aber auf das Innere — den Deliktscharakter — gesehen habe. Denn dann hätte Paulus die condictio auch gegen den Urheber geben müssen. Vielmehr nahm Paulus an, daß der Gehülfe, weil er an der Kontrektation theilnahm, wenigstens thatsächlich etwas aus dem fremden Vermögen an sich genommen habe, was ihm dann odio furum zur condictio genügen mochte. Anders Karlowa, röm. Rechtsgesch. Bd. 2 S. 786.

7) l. 1 C. h. t. 4, 8.

8) l. 9 D. h. t. 13, 1.

9) l. 8, l. 20 D. h. t. 13, 1. Nach heutigem Rechte sind ohne Zweifel auch Zinsen zu erstatten.

1) Tit. Dig. de condictione ob turpem vel injustam causam 12, 5, Cod. de condictione ob turpem causam 4, 7, sowie Tit. Cod. de condictione ex lege et sine causa vel injusta causa 4, 9.

2) Früher stritt man darüber, ob die Benennungen condictio ob turpem vel

mit dem Zwecke der Rückerstattung dessen, was sich der Kondik= tionsschuldner unsittlicherweise von dem Kondiktions= gläubiger um künftiger Handlungen oder Unterlassungen willen leisten ließ.

Vorausgesetzt ist, daß die Leistung nur für den Empfänger und nicht für den Geber schändlich war. Es gehören dahin namentlich Erpressungen, z. B. Abkaufen der Veröffentlichung eines Pamphletes, oder Bezahlung, um ein Depositum zurückzuerhalten, welches der De= positar ohne solche seiner Pflicht zuwider nicht erstatten will.[3]

Lag in dem Geschäft zugleich eine Unsittlichkeit des Gebers, z. B. im Falle des Dingens eines Mörders, so kann nichts zurückgefordert,[4] aber das bloß Versprochene auch nicht eingeklagt werden.[5]

2. Jeder sonstige unsittliche Erwerb begründet die con= dictio ob injustam causam,[6] z. B. Annahme wucherischer Zinsen.[7]

Der Inhalt dieser Ansprüche bestimmt sich nach den Grundsätzen der condictio furtiva.[8]

C. **Die Konditionen wegen objektiv ungerechtfertigten Erwerbes.**

### § 141. Die condictio indebiti.[1]

Zahlung einer vermeinten, aber nicht bestehenden Schuld begründet die condictio indebiti.

---

injustam causam Verschiedenes oder Identisches bezeichneten, Glück Bd. 13 S. 50. Derzeit ist man darüber einig, daß es sich um verschiedene Klagen handelt.

3) l. 1 § 2 D. h. t. 12, 5. Paulus libro 10 ad Sabinum: Quod si turpis causa accipientis fuerit etiamsi res secuta sit, repeti potest; l. 2 D. eod. Ulpianus libro 26 ad edictum: utputa dedi tibi ne sacrilegium facias, ne furtum, ne hominem occidas .. Item si tibi dedero, ut rem mihi reddas depositam apud te, vel ut instrumentum mihi redderes.

4) l. 3 D. h. t. 12, 5, Paulus libro 10 ad Sabinum: Ubi autem et dantis et accipientis turpitudo versatur non posse repeti dicimus, veluti si pecunia detur ut male judicetur. Vgl. ferner l. 4 § 3 D. eod. Ulpianus libro 26 ad edictum: Sed quod meretrici datur repeti non potest, ut Labeo et Marcellus scribunt, sed nova ratione, non ea, quod utriusque turpitudo versatur, sed solius dantis: illam enim turpiter facere, quod sit meretrix, non turpiter accipere, cum sit meretrix.

5) l. 1, l. 5 C. h. t. 4, 7.

6) l. 6 D. h. t. 12, 5.

7) l. 3 C. h. t. 4, 9.

8) l. 7 C. h. t. 4, 7. Nach l. 4 C. eod. konnten keine Zinsen gefordert werden. Dies war Folge der strikten Natur der in Rom hier anzustellenden actio certae pecuniae creditae und kann derzeit bei Konditionen wegen unredlichen Erwerbs keine Anwendung mehr finden.

Auch derartige Zahlungen übertragen Eigenthum; denn der Geber wie der Empfänger hatten den Willen der Uebereignung bei der Uebergabe.[2]

Aber der Zweck des Geschäftes, die Schuldtilgung, ist nicht zu erreichen, denn es fehlt die Schuld. Die Uebereignung ist also grundlos. Deßhalb wird dem irrthümlich Zahlenden die condictio indebiti auf Rückerstattung eröffnet. Ihre Erfordernisse sind folgende:

1. Zahlung zum Zweck einer Schuldtilgung.[3] Dies ist im weitesten Sinne zu nehmen. Uebereignung von Geld, von anderen Fungibilien, einer Species, Leistung von Diensten,[4] Uebernahme von Verpflichtungen,[5] selbst Verzichte[6] gehören hierher.

Eigentliche Zahlung ist nicht unumgänglich, auch Leistung an Zahlungsstatt begründet die Konbiktion.[7]

2. Nichtbestehen der vermeinten Schuld, habe sie nun nie bestanden oder sei sie bereits getilgt gewesen. Als Nichtschuld gilt auch, was durch eine peremtorische Exception entkräftbar ist, sofern dieselbe keine natürliche Verbindlichkeit zurückläßt.[8]

Zahlungen auf Naturalobligationen sind, auch wenn sie aus Irrthum geschehen, in der Regel unanfechtbar.[9][10]

Wurde aus Irrthum vorzeitig auf eine gewisse, aber noch nicht fällige Schuld gezahlt, so entsteht keine Konbiktion,[11] auch nicht des

---

1) Tit. Dig. de condictione indebiti 12, 6. Cod. 4, 5. Erxleben, die condictiones sine causa Abth. 1 1850. Voigt a. a. O. §§ 74 und 75. Pernice, Labeo Bd. 3 S. 238, Maur. Desribes, de la condictio indebiti, thèse, Par. 1892.

2) Oben Bd. 1 § 213.

3) Rothwendig ist, daß der Zahlende die Absicht der Schuldtilgung hatte. Daß der Gläubiger dies bei der Empfangnahme zufällig nicht wußte, kommt nicht in Betracht. Lenel a. a. O. S. 224.

4) l. 26 § 12, l. 40 § 2 D. h. t. 12, 6.

5) l. 31 D. h. t. 12, 6.

6) l. 39 D. h. t. 12, 6.

7) l. 26 §§ 4—6 D. h. t. 12, 6. Römer, Leistung an Erfüllungsstatt S. 132.

8) l. 26 § 3 und § 7, l. 30, l. 32 § 1, l. 43 D. h. t. 12, 6.

9) Vgl oben Bd. 2 § 4 Anm. 9.

10) Können gezahlte, nicht geschuldete Zinsen eines geschuldeten Kapitals zurückgefordert werden? Dies scheint zu verneinen die l. 26 pr. D. h. t. 12, 6. Ulpianus libro 26 ad edictum: Si non sortem quis, sed usuras indebitas solvit, repetere non poterit, si sortis debitae solvit. Man erklärt dies meist daraus, daß Zahlung der Zinsen „eine Liebespflicht" des Schuldners bilde, Vangerow Bd. 1 § 76. Das ist wohl nicht zutreffend. — Die Römer verstehen unter usuras indebitae häufig solche, die „ex pacto" ohne Stipulation versprochen waren, vgl. l. 5 § 2 D. de sol. 46, 3. Hierauf wird man den Ausspruch zu beschränken haben. Danach hat er keine praktische Bedeutung mehr.

11) l. 10 D. h. t. 12, 6. Dies gilt auch, falls ein s. g. dies incertus quando, certus an in Aussicht steht, insbesondere „cum moriar dare promisero", l. 17 D. h. t. 12, 6, vgl. auch l. 56 D. eod.

Vortheils des Zwischenzinses;[12] denn es ist eine Schuld getilgt. Er=
folgte aber auf eine bedingte[13] oder sonst ihrer Existenz nach ungewisse
Schuld irrthümlich Zahlung, so ist sie während der Schwebe der Schuld
condicirbar; denn noch ist nichts geschuldet.

Wer in dem irrigen Glauben, selbst Schuldner zu sein, die
Schuld eines Dritten zahlt, ist zur Rückforderung befugt, denn er
zahlte nicht die wirkliche, sondern eine andere, nur vermeinte Schuld;
wer dagegen die Schuld eines Dritten in dessen Namen zahlt in
Folge des irrigen Glaubens, diesem hierzu verpflichtet zu sein,
hat keine Rückforderung; denn der Gläubiger erhielt hier, was er zu
fordern hatte. Der Zahlende ist daher auf seinen Rückgriff gegen den
befreiten Schuldner verwiesen.[14]

Zahlung an einen Nichtgläubiger, den er für den Gläubiger hielt,
befreit den Schuldner nicht, giebt ihm aber die condictio gegen den
Empfänger, es sei denn, daß der Gläubiger die Zahlung genehmigte oder
daß ihm das Gezahlte hinterher ausgehändigt wurde.[15][16]

3. Die Zahlung muß in entschuldbarem Irrthum geschehen
sein. Rechtsirrthum genügt daher in der Regel nicht.[17][18]

12) Anderer Ansicht ist Windscheid a. a. O. Bd. 2 § 426 Anm. 8.
13) l. 16 D. h. t. 12, 6. Natürlich gilt dies ·nicht bei „nothwendigen" Be=
dingungen, die eintreten müssen, l. 18 D. h. t. 12, 6. Sie sind keine wahren Be=
dingungen. Vgl. ferner l. 56 D. eod.
14) In diesem Sinne sind zwei Aussprüche von Paulus zu vereinigen. In
l. 65 § 9 D. h. t. 12, 6 libro 17 ad Plautium führt er aus: Indebitum est..
si id quod alius debebat, alius quasi ipse debeat solvat, vgl. l. 19 § 1, l. 31
D. h. t. 12, 6. In l. 44 D. h. t. 12, 6 aber äußert Paulus libro 14 ad Plautium: Repetitio nulla est ab eo qui suum recepit, tametsi ab alio quam vero
debitore solutum est. Dies muß sich nothwendig auf Fälle beziehen, in denen die
Zahlung nicht geschah „quasi ipse debeat". Vgl. neuestens Oertmann im Archiv
f. civ. Praxis Bd. 82 S. 457.
15) l. 65 § 9 D. h. t. 12, 6, l. 8 C. h. t. 4, 5.
16) Der Irrthum kann den Inhalt der Schuld betreffen, und zwar in ver=
schiedener Weise. a) Der Zahlende vermeinte ein anderes Objekt zu schulden, als
der Fall ist, und leistete demgemäß. Natürlich kann er condiciren. b) Er schuldete
alternativ und leistete beide Objekte in dem irrigen Glauben, beide zu schulden.
Zweifelsohne ist ihm eins zurückzuerstatten. Aber bestritten war unter den römi=
schen Juristen, wer die Wahl hat? Celsus, Marcellus und Ulpian gestanden sie
dem Empfänger zu, der nun gleichsam Alternativschuldner ist, Julian, Papinian und
schließlich Justinian in der l. 10 C. h. t. 4, 5 dem Zahlenden. Das Letztere ist
das rationelle. Die aus Irrthum hervorgegangene Zahlung ist keine; der Schuldner
hat daher nach wie vor die Bestimmung des Objektes, welches gezahlt sein soll.
c) Wer generell schuldet und eine Species liefert in dem Glauben, er schulde sie
speciell, kann sie condiciren und sich durch Zahlung einer anderen Sache aus
dem Genus befreien. d) Wer alternativ schuldet und eines der alternativ ge=
schuldeten Objekte liefert in dem Glauben, er schulde dasselbe simpliciter, kann es
zurückfordern und das andere leisten, l. 32 § 3 D. h. t. 12, 6, vgl. übrigens l. 19
D. de leg. II. In allen bezüglichen Fällen hat der Gläubiger das Recht der
Retention des irrthümlich Gezahlten, bis ihm richtige Zahlung geleistet wird, arg.
l. 26 § 4 am Ende D. h. t. 12, 6.

War der Empfänger in Kenntniß des Irrthums des Zahlenden, so begeht er ein furtum. Ist ihm dies nachgewiesen, so haftet er daher nach den strengeren Grundsätzen der condictio furtiva.[19]

Auch bloßer Zweifel des Zahlenden an der Existenz der Schuld genügt zur Rückforderung.[20]

Ferner wird sie durch einen Vorbehalt bei der Zahlung gewahrt.[21]

Auch wer zur Vermeidung eines richterlichen oder administrativen Zwangsverfahrens zahlte, kann zurückfordern, obwohl er die Nichtexistenz der angeblichen Forderung kannte.

4. Wer in Rom auf eine angebliche **Judikatsschuld**[22] oder gleichgestellte **Damnationsschuld**[23] zahlte, war von der Rückforderung ausgeschlossen. Dies ist aber nicht praktischen Rechtes.[24][25]

---

17) Es wird vielfach behauptet, daß unentschuldbarer Irrthum ausreiche. Die Quellen fordern aber mit Bestimmtheit Entschuldbarkeit, vgl. l. 25 pr. D. de probationibus 22, 3, l. 10 C. de juris et facti ignorantia 1, 18, l. 9 § 5 D. de juris et facti ignorantia 22, 6. l. 6 und l. 7 C. h. t. 4, 5, l. 9 C. ad legem Falcidiam 6, 50 oben Bd. 1 § 87. Die verschiedenen Ansichten siehe bei Bangerow Bd. 3 § 625 S. 396. Die hier vertretene Meinung theilt Brinz Bd. 2 S. 550 Anm. 39. Dagegen ist Wächter, Pand. Bd. 2 S. 502. Die — entschuldbare — irrthümliche Ansicht, daß eine Einrede nicht beweisbar sei, kann die condictio indebiti begründen. R.G. Bd. 21 S. 198.

18) l. 1 § 1 D. h. t. 12, 6. Nur halbwahr ist der Ausspruch der l. 53 D. de R. J. 50, 17. Paulus libro 42 ad edictum: Cujus per errorem dati repetitio est, ejus consulto dati donatio est. Nicht immer handelt es sich um Schenkungsabsicht, wenn man wissentlich eine Nichtschuld zahlt. Man kann z. B. zahlen, um dem unbequemen Prozeß, den der Andere androht, aus dem Wege zu gehen, also aus Schwäche, oder weil man eine Geschäftsverbindung, welche vortheilhaft ist, nicht durch einen Streit über einen unerheblichen Posten in Frage stellen will.

19) Vgl. oben Bd. 2 § 130 Anm. 11.

20) So entschied Justinian die Streitfrage der römischen Juristen in der l. 11 C. h. t. 4, 5.

21) l. 2 pr. D. h. t. 12, 6. Ein solcher Vorbehalt kann generell sein und erhält dann jeden Einwand, oder speciell und erstreckt sich dann auf Anderes nicht. Uebrigens kann der Gläubiger nicht genöthigt werden, eine Zahlung unter einem unbegründeten Vorbehalt anzunehmen.

22) Altes römisches Rechtsaxiom war „qui ex causa judicati solvit repetere non potest" l. 74 § 2 D. de judiciis 5, 1, l. 36 D. familiae erciscundae 10, 2, l. 29 § 5 D. mandati 17, 1, l. 1 C. h. t. 4, 5, l. 2 C. de compensationibus 4, 31. Nicht bloß dann cessirte die Rückforderung, wenn ein Urtheil gefällt, aber nichtig war, vielmehr auch dann, wenn auf ein vermeintes gar nicht existirendes Urtheil gezahlt war, l. 36 D. familiae erciscundae 10, 2. Paulus libro 2 quaestionum . . quamvis non sit judicium, tamen sufficit ad impediendam repetitionem quod quis se putat condemnatum. Man muß diesen Ausspruch trotz Brinz Bd. 2 S. 546 wörtlich gelten lassen. Genügt doch auch die bloße Annahme einer Damnationsschuld, die nicht auf Judikat beruht, um die Rückforderung einer daraufhin gemachten Zahlung auszuschließen — unten Anm. 23 —. Warum soll es beim Judikat anders sein? War freilich ein Urtheil der unteren Instanz zwangsweise vollstreckbar und um deswillen erfüllt, so stand natürlich die Rückforderung offen, wenn dasselbe in der Berufungsinstanz aufgehoben wurde. Dies war nothwendige Konsequenz des Institutes der Berufung.

23) § 7 I. de obl. quasi ex contr. 3, 27 . . ex quibus causis infitiando lis

Was die Geltendmachung der condictio anlangt, so ist:

a) berechtigt der, in dessen Namen die Zahlung geschah,[26]

b) verpflichtet der, dem sie geleistet ist. Hat man als Vertreter eine Nichtschuld einkassirt, so geht die condictio gegen den Vertretenen, wenn dieser hierzu Vollmacht gab oder die Annahme genehmigte, sonst gegen den Empfänger selbst.[27]

c) Bezüglich des Gegenstandes der Rückgewähr sind Geld= zahlungen und andere Leistungen zu unterscheiden.

Geld ist im empfangenen Betrage zurückzuerstatten, der Empfänger ist Genusschuldner, etwaiger zufälliger Verlust daher in der Regel sein Schaden.

Anderes — auch Fungibilien außer Geld, z. B. Getreide — ist in specie zurückzugewähren.[28] Der Empfänger hat daher zu leisten, was er vom Gezahlten noch besitzt, ferner, im Falle der Veräußerung, den erlösten Preis, und wenn er das Empfangene verzehrte, den Preis zur Zeit der Konsumtion zu erstatten. Zufälliger Untergang oder Ver= derb ist aber Schaden des Zahlenden.

---

crescit, ex his causis non debitum solutum repeti non posse, veluti ex lege Aquilia, item ex legato, l. 4 C. h. t. 4, 5. Rudorff in der Zeitschrift für geschicht= liche Rechtswissenschaft Bd. 14 S. 95.

24) Vgl. Glück Bd. 13 S. 94.

25) Dunkel ist der Satz der l. 42 D. h. t. 12, 6. Ulpianus libro 68 ad edic= tum: Poenae non solent repeti, cum depensae sunt. Vgl. l. 46 D. de R. J. 50, 17. Es ist anzunehmen, daß Strafen gemeint sind, die mit der Formel „dare damnas esto" in den Gesetzen angedroht waren, daß also auch hier von einer ver= meinten Exekutivschuld die Rede war, vgl. Karlowa, der römische Civilprozeß S. 200. Es handelt sich also nicht um einen praktisch anwendbaren Rechtssatz.

26) l. 6 pr., l. 57 pr. D. h. t. 12, 6, l. 18 D. de condictione furtiva 13, 1, l. 6 C. h. t. 4, 5. Ueber die Zahlung vermeinter Schulden durch den Bürgen vgl. l. 47 D. h. t. 12, 6. Siehe überhaupt Schloßmann, die condictio indebiti bei Zahlungen für einen Dritten in Grünhuts Zeitschrift Bd. 9 S. 553, ferner Oert= mann a. a. O. S. 445.

27) l. 6 § 2, l. 57 § 1 D. h. t. 12, 6.

28) Die Ansichten über den Gegenstand der condictio indebiti sind sehr ge= theilt, vgl. namentlich Mandry im Archiv für civ. Praxis Bd. 48 n. 9 und Vangerow Bd. 3 § 625 Anm. 3 S. 404. Daß der Beklagte bei Geldzahlungen zur Rück= erstattung von „ebensoviel" verbunden ist, folgt mit Bestimmtheit daraus, daß die Gelder mit der actio certae pecuniae zu fordern waren — Gaj. Inst. III § 91 — mit welcher nicht „Geldstücke" sondern „Geldsummen" eingeklagt wurden. Hiermit stimmt l. 19 § 2 D. h. t. l. 1 C. h. t. 4, 5 vollkommen überein. Dagegen ergiebt sich aus l. 65 § 6 D. h. t. 12, 6, daß bei Lieferung von nicht geschuldetem Ge= treide die gelieferte Masse selbst oder ihr Preis zu ersetzen ist. Vgl. ferner l. 26 § 12, l. 65 § 7 und 8 D. h. t. 12, 6. Hieraus erklärt sich l. 7 D. h. t. 12, 6 und l. 25 D. de praescriptis verbis 19, 5, wonach „aut ipsum aut tantumdem" zurück= zuleisten ist. Das letztere gilt für Geldzahlungen und das erstere für Leistungen anderer Art. Es ist immerhin anzunehmen, daß der Empfänger nicht geschuldeten Geldes, welcher durch sein vermeintes größeres Vermögen zu Ausgaben verleitet wurde, dieselben gegenüber der Rückforderung aufrechnen kann.

Früchte und Accessionen, die der Kondiktionsschuldner gewann, hat er herauszugeben. [29] [30] Vom Verzuge an steigert sich seine Verpflichtung nach den allgemeinen Grundsätzen.

d) Der Kläger hat die Zahlung zu beweisen. [31] Aber auch die Nichtexistenz der vermeinten Schuld hat er darzuthun; denn indem er sie zahlte, hat er sie prima facie anerkannt. Ein merkwürdiges Privileg wird freilich Pupillen, Minderjährigen, Soldaten, Bauern und beschränkten Individuen ertheilt. Zahlen sie und fordern dann das Gezahlte als Nichtschuld zurück, so soll ihnen gegenüber der Empfänger den Beweis der Schuld führen. [32] Hiervon will aber die Praxis mit Recht nichts wissen.

Dagegen tritt allerdings auch heute eine Umkehrung der Beweislast ein, wenn der Empfänger den Empfang der Zahlung geleugnet hat, und dieser vom Kläger bewiesen wird. Nunmehr muß der Beklagte die Existenz der Schuld beweisen. [33]

Auch seinen Irrthum bei der Zahlung muß der Kläger darthun; denn er ist ein Hauptfaktor des Anspruches. [34] Häufig freilich ergiebt sich der Irrthum ohne Weiteres aus dem Beweise der Nichtschuld und ihrer Zahlung.

---

29) l. 15 pr., l. 65 § 5 D. h. t. 12, 6.

30) Nach römischem Rechte konnten Zinsen nicht beansprucht werden. L. 1 C. h. t. 4, 5. Dies war Folge der strikten Natur der Klage; gemeinrechtlich sind Zinsen nach denselben Grundsätzen zu vergüten wie bei den römischen bonae fidei judicia, also namentlich vom Verzuge an, Petražycki, Einkommen Bd. 2 S. 256. Vgl. auch R.G. in Seuff. A. Bd. 47 n. 111.

31) Ueber den Beweis bei der condictio indebiti handelt die famose L. 25 pr. § 1 und 2 D. de probationibus 22, 3, welche zwar den Namen von Paulus libro 3 quaestionum an sich trägt, zu einem großen Theile aber ohne Zweifel ein Werk der Kompilatoren ist. Vgl. Römer, die Beweislast hinsichtlich des Irrthums S. 55; Bähr, die Anerkennung, insbesondere §§ 21 ff.; Fr. Zimmermann im Archiv für civ. Praxis Bd. 48 n. 4; E. Hofmann im Archiv für prakt. Rechtswissenschaft n. F. Bd. 8 n. 10; Wächter, Pand. Bd. 2 S. 501. Weitere Litteratur siehe bei Bangerow Bd. 3 § 625 Anm. 2 S. 402.

32) Brinz Bd. 2 S. 549 Anm. 37. Da der Gläubiger, wenn er bezahlt wird, dem Schuldner die Schuldurkunde zurückzugeben hat, so müßte ihn die Zumuthung, nachträglich, vielleicht nach Jahren zu beweisen, daß die seinerseits gezahlte Schuld bestand, in die allerschlimmste Lage bringen. Modifikationen des Principes, in denen zum Theil reine Willkür liegt, trifft übrigens l. 25 § 2 D. de prob. 22, 3 selbst.

33) Ueber die Geltung der fraglichen Bestimmungen vgl. L. Seuffert im Archiv für civ. Praxis Bd. 67 S. 351.

34) Auch dies ist zwar herrschende Ansicht, aber kontrovers. Dagegen, daß dem Kläger der Beweis des Irrthumes obliege, hat sich namentlich Wächter, Pand. a. a. O. ausgesprochen.

## § 142. Die condictio ob causam.[1] [2]

Die condictio ob causam entspringt aus Geschäften, bei welchen man etwas um künftiger Zwecke willen leistete, die sich nicht verwirklichten.[3]

a) Es muß eine Zuwendung des Konbiktionsgläubigers an den Konbiktionsschuldner geschehen sein durch Uebereignung von Sachen[4] — datio — oder abstraktes Versprechen,[5] z. B. Wechsel — promissio — oder in anderer Weise.

b) Diese Zuwendung muß aber nur das erste Stück des Geschäftes bilden, so daß dessen Vollendung von Ereignissen der Zukunft abhängt.

Diese Ereignisse können der Einwirkung der Betheiligten entrückt sein, — so bei einer Schenkung von Todeswegen, welche von dem Eintreten des Todes des Schenkers vor dem des Beschenkten abhängt,[6] — oder an die Mitwirkung des Empfängers gebunden sein, ohne daß sie allein entscheidet, — z. B. bei Hingabe einer Dos an den Bräutigam, welche das Eingehen der Ehe fordert[7] [8] —; sie können endlich auch bloß in einer Handlung des Empfängers bestehen.[9]

Sie können die Hauptsache des Geschäftes bilden oder etwas bloß Sekundäres — einen modus.[10]

---

1) Tit. Dig. de condictione causa data causa non secuta 12, 4, d. h. condictio, „weil der Grund nicht nachfolgte dem, was wegen eines Grundes gegeben war": causa non secuta ist ablativus absolutus, data ist Accusativ abhängig von secuta; causa ist ablativus causalis zu data; vgl. Voigt, condictiones S. 490. Tit. Cod. de condictione ob causam datorum 4, 6.

2) Litteratur: Wächter, doctrina de condictione causa data 1822; Erxleben, die condictiones sine causa 2 Abth. 1853; Wendt, Neurecht und Gebundenheit Heft 1 1878; Brinz Bd. 2 S. 533, Windscheid im Arch. f. civ. Prax. Bd. 78 S. 181 ff., Pernice, Labeo Bd. 3 S. 259.

3) Wann sich die condictio ob causam in Rom einbürgerte, darüber sind nur Vermuthungen möglich. Servius Sulpicius behandelte sie, l. 8 D. h. t. 12, 4.

4) Natürlich ist der Hauptfall das Geben von Geld. l. 1 pr. § 1, l. 3 pr. D. h. t. 12, 4.

5) l. 1 § 2 D. de condictione sine causa 12, 7, l. 24 D. de mortis causa don. 39, 6.

6) l. 12 D. h. t. 12, 4. Vgl. oben Bd. 1 § 112 Anm. 8.

7) l. 6 und l. 10 D. h. t. 12, 4.

8) Ein hierher gehöriger Fall ist auch Zahlung eines Schuldners an einen auftraglosen Geschäftsführer seines Gläubigers in Erwartung künftiger Genehmigung dieses Gläubigers, die ausbleibt, l. 14 D. h. t. 12, 4.

9) l. 5 pr. § 1 und § 2 D. h. t. 12, 4. Die condictio ob causam ist nicht begründet, wenn eine Leistung zur Erfüllung eines gegenseitigen Vertrages geschah, auch wenn die Gegenleistung ausblieb. Man leistete dann nicht ob causam futuram. Anders war die Auffassung bei den römischen Innominatkontrakten, vgl. oben Bd. 2 § 7.

10) Oben Bd. 1 § 115 Anm. 9.

Aber nothwendig ift, daß die Verwirklichung des fraglichen Er=
eigniffes Beftandtheil des Gefchäftes ift.

Das kann fich aus dem allgemeinen Wefen des Gefchäftes er=
geben, wie bei Schenkung von Todeswegen und einer Dosbeftellung,
oder auf befonderen Vereinbarungen beruhen.

Irrthümlich wäre dagegen anzunehmen, daß Erwartungen und
Vorausfetzungen, die von den Kontrahenten beim Gefchäftsfchluß gehegt
oder auch ausgefprochen wurden, ohne Weiteres in Betracht kämen.
Wird z. B. die Parzelle eines Grundftücks einem Bekannten in der aus=
gefprochenen beiderfeitigen Erwartung verkauft, daß gute Nachbarfchaft
walten werde, und entfteht gleichwohl fpäter Feindfchaft, fo ift um
deswillen von einer Anfechtung des Kaufgefchäftes keine Rede. [11] Nur
dann wäre fie möglich, wenn jene Vorausfetzung als Bedingung oder
Modus zum Gefchäftsbeftandtheile gemacht wäre.

Wenn man alfo häufig diefe Konbiktion auf ermangelnde
Vorausfetzung zurückführt, fo ift dies nicht falfch, aber unpräcis.
Nur Vorausfetzungen, welche Gefchäftsbeftandtheile bilden, find in Frage. [12]

c) Die Konbiktion erwächft, wenn der Zweck vereitelt, das
beabfichtigte Gefchäft alfo nicht zu Stande gekommen ift. Aus welchem
Grunde es nicht zur Gefchäftsvollendung kam, macht in der Regel keinen
Unterfchied. Auch wenn dies Zufall [13] oder der eigene Wille des Gebers
ift, [14] erwächft die Konbiktion.

---

11) l. 3 § 7 D. h. t. 12, 4. Ulpianus libro 26 ad edictum .. ut et ipse —
Celsus — ait, eum, qui dedit ea spe, quod se ab eo qui acceperit remunerari
existimaret vel amiciorem sibi esse eum futurum, repetere non posse opinione
falsa deceptum.

12) Windfcheid Bd. 2 § 427 vor allen fetzt den Grund der condictio ob causam
darin, daß eine auf die Zukunft geftellte „Vorausfetzung" nicht verwirklicht wurde.
Hierin hat er viele Nachfolger gefunden. Ja der Entwurf des bürgerlichen Gefetz=
buches von 1888 wollte hiernach den Satz zum Gefetz erheben: „wer unter der aus=
drücklich oder ftillfchweigend erklärten Vorausfetzung des Eintrittes oder Nichteintrittes
eines künftigen Ereigniffes oder rechtlichen Erfolges eine Leiftung bewirkt hat, kann,
wenn die Vorausfetzung fich nicht erfüllt, von dem Empfänger das Geleiftete zurück=
fordern." Welche Gefchäfte bleiben danach feft? Ein Verleger zahlt dem Schriftfteller
für deffen Werk ein Honorar, natürlich unter der „Vorausfetzung", daß es Abfatz
findet. Kann er es zurückfordern, wenn feine Vorausfetzung fich nicht verwirklicht hat?

13) l. 16 D. h. t. 12, 4, Celsus libro 3 digestorum .. et ideo, si mortuus
est Stichus, repetere possum, quod ideo tibi dedi, ut mihi Stichum dares.
Uebrigens paßt das Beifpiel von Celfus im heutigen Rechte nicht mehr, weil im
gegebenen Falle heutzutage ein Kaufvertrag anzunehmen wäre. Vgl. oben Bd. 2
§ 94 Anm. 5.

14) l. 1 § 1 D. h. t. 12, 4. Ulpianus libro 26 ad edictum: Si parendi
condicioni causa tibi dedero decem, mox repudiavero hereditatem vel legatum
possum condicere. A. ift zum Erben eingefetzt unter der Bedingung, daß er dem
B. 10,000 gebe, er zahlt fie aus und fchlägt nachher die Erbfchaft aus, weil er fie
bei näherer Ueberlegung nicht fufficient findet. Er kann die 10,000 konbiciren.

Indeſſen kann auch die Meinung bei der Zuwendung geweſen ſein, daß ſie der Empfänger behalten ſoll, wenn er nicht ſelbſt den Geſchäfts= zweck ſchuldhaft vereitelt.[15]

Inhalt und Umfang der Verpflichtung bemißt ſich nach den Grund= ſätzen der condictio indebiti für die Zeit, in welcher ihr Fall noch nicht eingetreten war und der Konbiktionsſchuldner den Eintritt deſſelben ent= ſchuldigter Weiſe noch nicht kannte. Für die ſpätere Zeit hat er ge= wonnenes und gewinnbares Einkommen zu erſtatten.[16]

Kläger hat zur Begründung ſeiner Klage nur nachzuweiſen, daß er dem Beklagten etwas zu dem von ihm behaupteten Geſchäftszweck zu= wendete, Sache des Beklagten iſt es darzuthun, daß ſich der Zweck ver= wirklicht hat oder daß die Entſcheidung noch ausſteht.[17]

### § 143. Die condictiones sine causa.[1]

Im weiteren Sinne ſind alle erörterten Konbiktionen sine causa, da ſie alle auf einem Erwerb ohne gehörigen Grund beruhen.[2]

Im beſonderen Sinne ſpricht man aber von condictiones sine causa bei grundloſen Erwerbungen, welche nicht unter die bisher behandelten Kategorien fallen. Sie dienen alſo zur Ergänzung der nichtdeliktiſchen Konbiktionen. Ihr Gebiet iſt ein großes.[3]

---

15) Dies wird namentlich im Falle der Unmöglichkeit der Erfüllung eines modus angenommen, l. 8 C. h. t. 4, 6.

16) Vgl. l. 38 § 1 D. de usuris 22, 1, l. 42 § 1 D. sol. matr. 24, 3, Petra= życki, Einkommen Bd. 2 S. 33.

17) Die Beweislaſt iſt ſehr beſtritten. Vgl. Windſcheid Bd. 2 § 429 Anm. 1, ſowie R.G. Bd. 14 S. 225. Es iſt davon auszugehen, daß die Vermögensüber= tragung nur gerechtfertigt iſt, wenn der Zweck derſelben erfüllt iſt. Daß eine ſolche Rechtfertigung vorhanden iſt, muß darthun, wer etwas aus dem fremden Vermögen inne hat. So Windſcheid a. a. O. und R.G. a. a. O. Anders Brinz Bd. 2 S. 540. Beſtritten iſt ferner die Beweislaſt, wenn ſich der Beklagte darauf beruft, daß die Unentſchiedenheit noch fortdauere, während Kläger behauptet, der Zweck, um den es ſich handelt, ſei vereitelt. Hier will Windſcheid dem Kläger den Beweis auflegen. Mit Unrecht. Es iſt auch hier Sache des Beklagten, das Behalten des unter causa futura Empfangenen zu rechtfertigen, was durch den Nachweis geſchehen kann, daß die Erfüllung des Zweckes nach dem Inhalte des Geſchäftes noch zu erwarten iſt.

1) Tit. Dig. de condictione sine causa 12, 7, Cod. 4, 9. Reinhard, z. L. v. d. condictio sine causa im Archiv für civ. Praxis Bd. 29 n. 7. Kieſſelbach in Jherings Jahrb. Bd. 5 n. 1.

2) Die Aelteren ſprachen daher von einer condictio sine causa „generalis“, welche mit den übrigen condictiones konkurrirte. So ſchon die glossa „est“ zu l. 1 pr. D. h. t. 12, 7. Von einer Konkurrenz iſt aber keine Rede, ſondern nur von einem generellen Geſichtspunkte, unter welchem die verſchiedenen Konbiktionen wiſſenſchaftlich zuſammengefaßt werden können.

3) Vgl. Vangerow Bd. 3 § 628 S. 409.

Sie beschränken sich nicht auf Uebertragungen durch den
Kondiktionsgläubiger ohne gehörigen Grund. Vielmehr finden sie sich
auch, wenn etwas sonst grundlos aus fremdem Vermögen erworben
worden ist, z. B. in Folge einer Specifikation⁴ oder durch den Verkauf
einer fremden Sache, mittels dessen sich deren gutgläubiger Besitzer auf
Kosten ihres Eigenthümers bereichert hat.⁵

Die Kondiktionen sine causa haben Anwendung, wenn der Er=
werb von vornherein grundlos war, nicht minder, wenn er hinterher
grundlos wird.

a) Zur ersten Art gehört unter anderem Erwerb, der nicht einmal
subjektiv einen Grund hat, bei dem vielmehr Zufall und Mißverständniß
ihr Spiel treiben, es wird z. B. durch einen Schreibfehler in einem
Wechsel eine Null zu viel gesetzt;⁶ ferner Uebertragungen auf einen bloß
vermeinten Grund hin, z. B. die Uebereignung zum Zweck eines Ge=
schäftes, welches sich jeder Theil anders denkt;⁷ endlich zum Zweck ge=
setzlich verbotener Geschäfte, z. B. von Schenkungen unter Ehegatten.

b) Fälle, in welchen der ursprünglich vorhandene Grund später
wegfällt, s. g. causa finita, sind unter Anderem, daß eine arra nach
vollständiger Erfüllung des Geschäftes beim Mitkontrahenten,⁸ oder ein
Schuldschein nach Tilgung der Schuld beim Gläubiger zurückgeblieben
ist.⁹ Fernere Beispiele sind, daß man Entschädigung von einem Mit=
kontrahenten erhielt, welcher den Verlust einer ihm anvertrauten Sache
verschuldete und diese Sache später wieder erlangt,¹⁰ oder daß eine
Schenkung wegen Undankbarkeit widerrufen wird.¹¹

Der Umfang des Anspruches ist in den verschiedenen Fällen der
condictio sine causa keineswegs immer derselbe. In der Regel sind
die bei der condicto indebiti entwickelten Grundsätze maßgebend. Aber
in mehreren Fällen haftet der Kondiktionsbeklagte nur auf den Betrag
seiner Bereicherung zur Zeit der Klageerhebung. Hat er daher das
Empfangene verzehrt, so hat er nichts zu leisten. So ist es namentlich
im Falle einer nichtigen Schenkung unter Ehegatten.¹²

---

4) Oben Bd. 1 § 204. Vgl. l. 4 § 2 D. de r. c. 12, 1. Ulpianus libro 34
ad Sabinum: Ea quae vi fluminum importata sunt, condici possunt.

5) Oben Bd. 1 § 225 Anm. 25.

6) Vgl. R.G. Bd. 10 S. 111, l. un. C. de calculi errore 2, 5.

7) Vgl. die oben Bd. 1 § 213 Anm. 9 abgedruckten Stellen.

8) l. 11 § 6 D. de a. e. v. 19, 1.

9) l. 2 C. h. t. 4, 9.

10) l. 2 D. h. t. 12, 7.

11) Oben Bd. 2 § 108 Ziff. 3a.

12) l. 5 § 18, l. 6 D. de donationibus inter virum et uxorem 24, 1.

## Drittes Kapitel.

### Die Anfechtungsrechte verletzter Gläubiger.

#### A. Das römische Recht.

**§ 144. Die geschichtliche Entwickelung der actio Pauliana.**[1]

Ueberschuldete Schuldner veräußern oft vor Eröffnung des Kon-kurses[2] ihre Habe, um sie ihren Gläubigern zu entziehen. Hierin liegt eine Treulosigkeit und eine schwere Gefährdung des Kredites.

Solange eine strenge Personalexekution bestand, waren solche Machi-nationen freilich weniger zu fürchten, da sie den Unwillen der Gläubiger herausgefordert hätten, welchen die Schuldner hätten büßen müssen. Seit der Einschränkung der Personalexekution wurden aber Schutzmittel für die Gläubiger nöthig, die der Prätor gewährte.

Zu ihrer Würdigung ist zu beachten, daß es in Rom zwei Arten des Konkurses gab, nämlich den ordentlichen Konkurs durch emptio bonorum und die spätere Form der Liquidation durch Kuratoren. Für beide Arten stellte der Prätor besondere fraubatorische Klagen auf.[3]

1. Bezüglich des ordentlichen Konkursverfahrens durch emptio bonorum war der Gang folgender:

a) Zunächst half man, wenn der Schuldner, um seine Gläubiger zu benachtheiligen, ihm gehörende körperliche Objekte an

---

1) Tit. Dig. quae in fraudem creditorum facta sunt ut restituantur 42, 8, Cod. de revocandis his, quae per fraudem alienata sunt 7, 75.

2) Handlungen des Gemeinschuldners nach der Konkurseröffnung sind nach heutigem Rechte den Gläubigern gegenüber nichtig, oben Bd. 2 § 56 Anm. 5. Nach römischem Rechte waren die immittirten Gläubiger durch ihr prätorisches Pfandrecht gegen Benachtheiligungen durch dieselben geschützt. Vgl. auch l. 6 § 7 D. h. t. 42, 8.

3) Siehe oben S. 157. Ohne diese Erkenntniß läßt sich ein zutreffendes Bild der geschichtlichen Entwickelung nicht gewinnen. Daher konnten auch die scharfsinnigen und gelehrten Abhandlungen von Huschke in Lindes Zeitschrift n. F. Bd. 14 n. 1 und von Schey in der Zeitschrift für Rechtsgeschichte Bd. 13 S. 120 nicht zu gesunden Ergebnissen kommen. Doch hält noch heute Ubbelohde bei Glück zum Buch 43 1. Theil S. 167 und Theil 2 S. 364 an der Ansicht fest, daß der Prätor für genau denselben Fall zuerst eine actio und dann ein interdictum aufgestellt habe, und zwar das letztere zu dem Zweck, damit man auch außerhalb der regel-mäßigen Gerichtszeit — des actus — fraubatorisch klagen konnte. Das hätte der Prätor einfacher haben können! Uebrigens hat sich auch Enrico Serafini im archivio giuridico Bd. 38 S. 119 nach Schneider, krit. Vierteljahrsschrift Bd. 32 S. 251, gegen mich erklärt. — Meine Unterscheidung billigten Gradenwitz in der Zeitschrift der Savigny-Stiftung Bd. 8 S. 255 und Lenel in der Palingenesia. Vgl. noch Brezzo, la revoca degli atti fraudolenti compiuti a danno dei creditori. 1892. P. I c. 1.

Dritte veräußert hatte, welche Mitwisser des Betruges waren. Dies ist jetzt und war zu allen Zeiten der hauptsächliche Fall der dolosen Verkürzung der Gläubiger. Und zwar gab der Prätor den immittirten Konkursgläubigern, deren Schädigung durch das Ergebniß der bonorum emptio feststand, eine vindicatio utilis der veräußerten Objekte an des Schuldners Statt unter der Fiktion, daß die Veräußerung nicht stattgefunden habe. [4]

b) Diese älteste fraudatorische Klage setzte voraus, daß der Gemeinschuldner Eigenthümer der eingeklagten Objekte vor der Veräußerung war und daß die Gläubiger dies nachweisen konnten. Nur unter dieser Voraussetzung war die Vindikation auf Grund der Rescission der Veräußerung begründet. Aber jener Nachweis war nicht immer möglich, jedenfalls lästig und für die Gläubiger beschwerend. Deshalb gab ihnen der Prätor das interdictum fraudatorium. [5] Dasselbe war apiscendae possessionis und setzte nur voraus, daß die bezüglichen Objekte thatsächlich in dem Vermögen des Schuldners gewesen und daß sie vom Schuldner diesem Vermögen unter Wissen des Beklagten fraudulos entfremdet waren.

c) Hieran schloß der Prätor in allgemeiner Weise zum Schutze der fraudirten Gläubiger die Zusage einer actio in factum, unter Umständen selbst gegen Geschäftsgenossen, welche beim Erwerb von der Fraudation keine Kenntniß hatten. [6]

d) Nicht minder versprach er Verweigerung der Klage gegen den bonorum emtor aus Kontrakten, die der Gemeinschuldner fraudulos unter Mitwissen der Mitkontrahenten abgeschlossen hatte. [7]

2. Für den Fall, daß Konkurskuratoren zur Veräußerung

---

4) § 6 I. de actionibus 4, 6. Es ist dies dieselbe Klage, welche Cicero ad Atticum I, 1 § 3 erwähnt. Daß diese enge und begrenzte Klage, welche übrigens auch Cicero a. a. O. in Verbindung mit der bonorum venditio setzt, nicht identisch sein kann mit der weiten und abstrakten, welche die l. 1 pr. D. h. t. 42, 8 für den Kuratorenkonkurs verspricht, liegt auf der Hand.

5) Das interdictum fraudatorium lautete nach l. 10 pr. D. h. t. 42, 8: Ulpianus libro 73 ad edictum. Quae Lucius Titius fraudandi causa sciente te in bonis, quibus de ea re agitur, fecit: ea illis, si eo nomine, quo de agitur, actio ei ex edicto esseve oportet, ei, si non plus quam annus est, cum de ea re, qua de agitur, experiundi potestas est, restituas.

6) Diese Klage wurde dem interdictum fraudatorium mit den Worten angehängt — l. 10 pr. D. h. t. 42, 8: Interdum causa cognita — et si scientia non sit — in factum actionem permittam. Die Beziehung auf die emptio bonorum ergiebt l. 10 § 18 D. h. t. 42, 8.

7) l. 25 D. de rebus auctoritate judicis vend. 42, 5. Ulpianus libro 64 ad edictum: Ait Praetor: Quod postea contractum erit, quam is, cujus bona venierint, consilium receperit fraudare, sciente eo qui contraxerit, ne actio eo nomine detur.

der Masse bestellt waren, gab der Prätor schließlich eine fraudatorische Klage, welche nunmehr so allgemein gefaßt wurde, daß sie alle bezüglichen Machinationen des treulosen Schuldners traf.[8]

Eine der Klagen hieß a. Pauliana, welche, kann zweifelhaft sein.[9]

In der justinianischen Kompilation sind die fraudatorischen Klagen des alten Rechtes verschmolzen, nicht ohne daß Widersprüche stehen blieben. Man pflegt die fraudatorische Klage des justinianischen Rechtes Pauliana zu nennen.

## § 145. Die Grundsätze der actio Pauliana.[1]

Die actio Pauliana wurzelt ausschließlich in der Unredlichkeit des Schuldners — sie hat also eine subjektive Grundlage.

1. Ihre Voraussetzungen sind folgende:

a) Entäußerung von Vermögen durch den Schuldner. Dies ist im weitesten Sinne zu nehmen. Veräußerung von körperlichen Objekten, von Rechten, Uebernahme von Lasten, Eingehen von Schulden, Verzichte gehören hierher.[2]

Ob die Entäußerung durch fraudulose Handlungen oder fraudulose Unterlassungen geschah, macht keinen Unterschied.[3]

Zurückweisung eines angebotenen Erwerbes durch den Schuldner ist aber nicht betroffen.[4]

---

8) l. 1 pr. D. h. t. 42, 8. Ulpianus libro 66 ad edictum: Ait Praetor: Quae fraudationis gesta erunt, cum eo, qui fraudem non ignoraverit, de his curatori bonorum vel ei cui de ea re actionem dare oportebit, intra annum, quo experiundi potestas fuerit, actionem dabo. idque etiam adversus ipsum qui fraudem fecit servabo. Wer das in Anm. 5 und das hier abgedruckte Edikt vergleicht, kann nicht im Zweifel sein, daß der Prätor besondere Edikte für die bonorum emptio und den Kuratorenkonkurs aufstellte. Daß in l. 1 pr. D. h. t. der Kurator nicht interpolirt ist, ergiebt sich aus dem Gange des Ediktskommentars Ulpians, welcher im 66. Buche von den Konkurskuratoren, im 64. Buche von der emtio bonorum handelte. Vgl. namentlich Lenel, edictum S. 351. Allerdings beruft sich Ubbelohde a. a. O. S. 168 anscheinend mit Grund dafür, daß auch diese Klage im Zusammenhang mit der bonorum emptio stand, auf l. 6 § 12 D. h. t. Dagegen aber vgl. Lenel, palingenesia vol. II p. 799 n. 1.

9) In l. 38 § 4 D. de usuris 22, 1 bezeichnet Paulus die persönliche fraudatorische Klage als Pauliana; Theophilus zum § 6 J. de act. 4, 6 nennt so auch die fraudatorische rescissoria in rem.

1) Otto, die Anfechtung nach gemeinem, sächsischem und Reichsrecht 1881. Dort ist die wichtigere ältere Litteratur zu finden.

2) l. 1 § 2, l. 2, l. 3 pr. D. h. t. 42, 8.

3) l. 3 § 1, l. 4 D. h. t. 42, 8.

4) l. 6 pr. § 5 D. h. t. 42, 8. Die älteste fraudatorische Klage ging von dem Falle der Veräußerung aus — oben § 144 Anm. 4. — Wenn auch die späteren Edikte weiter gefaßt waren, l. 1 pr. D. h. t., so hielt man an dem Grundgedanken fest.

b) **Abſicht des Schuldners, ſeine Gläubiger zu ver-
kürzen — consilium fraudandi.** [5]

c) **Erfolg dieſer Abſicht,** indem die Gläubiger, welche verkürzt werden ſollten, oder ſolche, die an deren Stelle traten, aus dem
Vermögen des Schuldners nicht vollſtändig befriedigt werden können. [6]

d) **Der Geſchäftsgenoſſe** wird nur dann verbunden, wenn er
entweder Mitwiſſer der fraudulofen Abſicht war, oder durch das
fraudulofe Geſchäft eine lukrative Zuwendung erhielt. [7]

2. Sind Zahlungen anfechtbar, welche der Ueberſchuldete an
einzelne ſeiner Gläubiger machte, um dieſelben vor den anderen zu be-
günſtigen?

Die Römer verneinten die Frage, weil der Schuldner nicht fraudulos handele, wenn er Schulden zahle, und keinesfalls der Gläubiger,
wenn er ihm Geſchuldetes annehme. [8] Dies galt ſelbſt für Zahlungen
auf noch nicht fällige Schulden. Nur der Vortheil des Interuſuriums
durch die verfrühte Zahlung war daher den übrigen Gläubigern herauszugeben. [9]

Die Möglichkeit einer derartigen Bevorzugung einzelner ihm nahe-
ſtehender Gläubiger durch den Schuldner entſpricht jedoch der Billigkeit
nicht, und iſt auch den Intereſſen des Krebites nicht förberlich. Deshalb
gewährte die Gratifikationstheorie, welche lange Zeit gemeinrechtlich
herrſchte, den Konkursgläubigern auch bei Begünſtigung von Mit-

---

5) l. 1 pr. § 1, l. 17 § 1 D. h. t. 42, 8, l. 10 D. qui et a quibus 40, 9. Es
genügt das Bewußtſein der wenn auch nur eventuellen Schädigung der Gläubiger.
Daß dieſe Schädigung der Hauptzweck des Handelns, iſt nicht erfordert. Auch wer
ſeine Gläubiger durch eine Handlung der Dankbarkeit oder der Frömmigkeit ſchädigt,
handelt ihnen gegenüber fraudulos. R.G. Bd. 9 S. 73. Culpa lata iſt dem dolus
gleichzuſtellen.

6) l. 10 § 1 D. h. t. 42, 8.

7) Vorausgeſetzt iſt Erwerb auf lukrativen Titel. Nicht geradezu nothwendig
iſt Schenkung. Auch Legatare ſind ohne Rückſicht auf Theilnahme an der fraus belangbar, l. 6 § 13 D. h. t. 42, 8, ebenſo durch Erlaß eines Pfandrechtes Be-
günſtigte, l. 2 und l. 18 D. h. t. 42, 8, obgleich ſie nicht Geſchenknehmer im eigentlichen Sinne ſind.

8) Dies beſagt die berühmte l. 6 § 7 D. h. t. 42, 8. Ulpianus libro 66 ad
edictum: Sciendum Julianum scribere eoque jure nos uti, ut, qui debitam
pecuniam recepit ante, quam bona debitoris possideantur, quamvis sciens pru-
densque solvendo non esse recipiat, non timere hoc edictum: sibi enim vigi-
lavit. Auch Erfüllung von Naturobligationen erſchien nicht als fraudulos und als
unanfechtbar, l. 19 und l. 20 D. h. t. 42, 8.

9) l. 10 § 12 D. h. t. 42, 8. Ulpianus libro 73 ad edictum: Si, cum in
diem deberetur, fraudator praesens solverit, dicendum erit in eo, quod sensi
commodum in repraesentatione, in factum actioni locum fore: nam praetor
fraudem intelligit etiam in tempore fieri, vgl. l. 17 § 2 D. h. t. 42, 8. Die
Sache iſt jedoch beſtritten.

gläubigern durch Zahlung das Anfechtungsrecht.[10] Aber diese Theorie konnte sich gegenüber den römischen Quellen in der neueren Zeit nicht behaupten.

Pfandbestellung für einen Gläubiger zum Nachtheil der übrigen ist anfechtbar,[11] nicht minder Angabe an Zahlungsstatt;[12] denn hierin liegen neue Geschäfte.

3. Die fraudatorische Klage ist persönlich, nicht dinglich.[13]

a) Klagberechtigt ist der Konkurskurator, nach Bedürfniß auch der verletzte Gläubiger selbst.[14]

b) Belangbar ist der Geschäftsgenosse des Schuldners, sofern er Mitwisser der fraus war oder durch dieselbe einen lukrativen Erwerb machte.[15] Auch gegen den fraudulosen Schuldner selbst ist die Klage zulässig.[16]

c) Der am Dolus Betheiligte hat den verletzten Gläubiger in die Lage zu versetzen, wie wenn die Veräußerung nicht stattgefunden hätte.[17] Es kommt nicht in Betracht, ob er die Sache inne hat, oder nicht; ihn trifft die Gefahr.[18] Früchte und Accessionen und Zinsen

---

10) Die Gratifikationstheorie bekämpfte vorzugsweise Francke im Archiv für civ. Praxis Bd. 16 n. 5, für dieselbe trat auf Laspeyres im Archiv ebendaselbst Bd. 21 n. 2, gegen ihn Vangerow Bd. 3 § 697 S. 621, ebenso Brezzo a. a. O. S. 344.

11) l. 10 § 13 D. h. t. 42, 8.

12) Es ist dies kontrovers, vgl. Vangerow Bd. 3 § 698 S. 628.

13) Ob die fraudatorische Klage „in personam" oder „in rem" sei, ist nicht unbestritten. Vgl. die bei Schey a. a. O. S. 125 Anm. 11 Citirten. In l. 38 pr., § 4 D. de usuris 22, 1. wird die Pauliana ausdrücklich als persönliche Klage bezeichnet. Es kann auch nicht zweifelhaft sein, daß sämmtliche in dem Pandektentitel zusammengeworfenen Klagen den Charakter den persönlichen an sich tragen. Allerdings war das im § 6 I. de actionibus 4, 6 erwähnte Rechtsmittel — oben § 144 Anm. 4 — wenigstens seiner Form nach dinglich. Dasselbe ist aber im justinianischen Rechte, wie sich aus den Pandekten ergiebt, nicht festgehalten; es war längst überwuchert durch die jüngeren fraudatorischen Klagen, insbesondere durch die in l. 1 pr. D. h. t. 42, 8 enthaltene, welche im justinianischen Rechte als das eigentlich maßgebende fraudatorische Rechtsmittel zu erachten ist. Anders Brezzo a. a. O. S. 85.

14) l. 1 pr. D. h. t. 42, 8. Otto a. a. O. S. 127 und S. 213.

15) Auch Dritte sind belangbar, wenn sie zur Zeit des Erwerbes Kenntniß von der Mitwissenschaft ihres Mitkontrahenten an der fraus hatten, arg. l. 9 D. h. t. 42, 8. Dies ist freilich gleichfalls bestritten, vgl. Otto a. a. O. S. 113 und dort Citirte.

16) Dies bestimmte das Edikt bezüglich des Kuratorenkonkurses ausdrücklich, l. 1 pr. D. h. t. 42, 8, bezüglich des gewöhnlichen Konkurses bejahte es die Jurisprudenz, l. 10 § 24, l. 25 § 7 D. h. t. 42, 8. Die Pauliana gegen seinen Schuldner war dem Gläubiger vortheilhaft, weil sie bezüglich der Exekution mehr begünstigt war, als die gewöhnliche Schuldklage.

17) l. 38 § 4 D. de usuris 22, 1. Paulus libro 6 ad Plautium .. praetor id agit, ut perinde sint omnia, atque se nihil alienatum esset.

18) Der dolose Geschäftsgenosse des betrügerischen Schuldners trägt die Gefahr, es sei denn, daß er nachweisen kann, daß die Sache auch bei dem Veräußerer untergegangen wäre. Die Frage der Gefahr ist bestritten.

hat er herauszugeben, nicht bloß solche, die er gewann, vielmehr Alles, was der fraudulose Schuldner voraussichtlich hätte gewinnen können.[19]

Gutgläubige Erwerber sind, wenn sie paulianisch haften, nur bis zu ihrer Bereicherung zur Zeit der Klageerhebung haftbar.[20]

d) Was der Beklagte für die an ihn veräußerten Objekte geleistet hat, kann er anrechnen, soweit es dem Kläger zu Gute gekommen ist.[21]

e) Die Klage verjährt in einem Jahre, utiliter von dem Momente an gerechnet, in welchem sie für den Kläger entstanden war.[22] Nachher geht sie noch auf Bereicherung des Beklagten.[23]

f) Erben haften nach den Grundsätzen der Deliktsobligationen.[24]

### B. Das Anfechtungsrecht nach den Reichsgesetzen.[1]

### § 146. Das Allgemeine des Anfechtungsrechtes.

Im modernen Recht wurde das Anfechtungsrecht der Gläubiger sehr erweitert.

Dies neue Recht tritt bereits im Mittelalter in Statuten italienischer Städte auf, erhielt später Festigung und Verbreitung durch die französische Gesetzgebung und ist dann in seinen Grundzügen Gemeingut der meisten Staaten des europäischen Kulturkreises geworden, so daß es sich fast als allgemeines europäisches Krebitrecht darstellt.[2]

Ihm folgt auch die Gesetzgebung des deutschen Reiches. Dieselbe hat durch die Konkursordnung die Anfechtung zu Gunsten der Konkursgläubiger und durch das Gesetz vom 21. Juli 1879 die Anfechtung außerhalb des Konkurses nach übereinstimmenden Principien geordnet.

---

19) l. 10 § 20 D. h. t. 42, 8. Ulpianus libro 73 ad edictum: Et fructus. non tantum, qui percepti sunt, verum etiam hi, qui percipi potuerunt a fraudatore, veniunt, sed cum aliquo modo, scilicet ut sumptus facti deducantur. Lange nicht so weit war das interdictum fraudatorium gegangen. Hiervon ist l. 25 § 4 D. h. t. stehen geblieben, Schey a. a. O. S. 164, ein Widerspruch, welcher viel Kopfzerbrechen gemacht hat.

20) l. 6 §§ 11 und 12, l. 10 § 5 D. h. t. 42, 8.

21) l. 7 und l. 8 D. h. t. 42, 8.

22) l. 1 pr. D. h. t. 42, 8, vgl. l. 10 § 18 D. h. t. 42, 8, l. 6 § 14 D. eod., deren Erklärung hier zu weit führen würde.

23) l. 10 § 24 D. h. t. 42, 8.

24) Vgl. l. 11 D. h. t. 42, 8, oben Bd. 2 § 129 Anm. 13 ff.

1) K.O. §§ 22—35 und Reichsgesetz vom 21. Juli 1879, im Folgenden als „Reichsgesetz" citirt. Vgl. die Motive zu den Entwürfen dieser Gesetze, insbesondere zur K.O.; ferner Cosack, Anfechtungsrecht der Gläubiger 1884. Die einschlägige Litteratur ist aus dem dort S. 393 gegebenen Verzeichnisse zu ersehen.

2) Vgl. Cosack a. a. O. S. 5 und S. 386.

Die Anfechtung innerhalb des Konkurses nennen wir die konkurs=
mäßige und diejenige außerhalb desselben die individuelle.

Das Eigenthümliche des modernen Rechtes ist, daß es die Anfech=
tung nicht, wie das römische, ausschließlich auf Unredlichkeit des
Schuldners gründet, vielmehr auch gegen Rechtshandlungen gewährt,
welche den Gläubigern gegenüber als Unrecht erscheinen, ohne daß den
Handelnden Treulosigkeit oder Unsittlichkeit vorzuwerfen ist.[3]

So stellt sich neben die aus subjektivem Grunde erwachsene eine auf
objektivem Grunde beruhende Anfechtung, neben die paulianische eine
kondiktionsartige.

I. Die erste Kategorie der Anfechtung entspricht im Wesentlichen
der römischen Pauliana. Es sind anfechtbar in und außerhalb des
Konkurses Rechtshandlungen, welche der Schuldner in der
dem anderen Theile bekannten Absicht vorgenommen hat,
seine Gläubiger zu benachtheiligen.[4][5]

Auch in Unterlassungen können sie liegen.[6] Zurückweisung
eines Erwerbes ist gleichfalls anfechtbar.[7]

Um dem Gläubiger zu Hülfe zu kommen, findet sich eine weit=
greifende Präsumtion des Dolus gegen nahe Verwandte des
Schuldners.[8]

Nahe Verwandte im Sinne des Gesetzes sind der Ehegatte des
Schuldners — auch wenn die Ehe erst nachfolgte, — sowie dessen und
seines Ehegatten Descendenten, Ascendenten und Geschwister und deren
Ehegatten.[9]

Verträge mit solchen Verwandten, welche die Gläubiger benach=

---

3) Die Motive der Konkursordnung freilich suchen die reichsrechtliche Anfechtung
— von Schenkungen abgesehen — ausschließlich auf Delikt des Anfechtungsgegners
zu gründen, nämlich auf Dolus oder Doluspräsumtion. Dagegen habe ich mich
zuerst in meinem preuß. Privatrecht Bd. 2 § 128 erklärt. Gründlich widerlegt die
Motive Cosack a. a. O. S. 15. Dem entsprechend erkannte das R.G. durch Plenar=
beschluß vom 28. Juni 1888 in Beantwortung der Frage, ob für die auf die Vor=
schrift des § 23 Ziffer 2 K.O. gestatteten Anfechtungsklagen der Gerichtsstand für
Klagen aus unerlaubten Handlungen begründet ist. R.G. Bd. 21 S. 420.

4) K.O. § 24 Ziffer 1, Reichsgesetz § 3 Ziff. 1.

5) Vgl. oben § 145 Anm. 5 und Cosack a. a. O. S. 77.

6) Die Motive der K.O. erklären Unterlassungen für nicht anfechtbar, — aus
unzureichenden Gründen. Läßt z. B. der Schuldner dolos seine Wechselforderungen
nicht protestiren, so ist die Anfechtung begründet, vgl. Cosack a. a. O. S. 48.

7) Vgl. Cosack a. a. O. S. 66. Anders das römische Recht, siehe oben § 145
Anm. 4.

8) K.O. § 24 Ziff. 2, Reichsgesetz § 3 Ziff. 2.

9) Analoge Anwendung ist ausgeschlossen. Der Neffe oder der Verlobte des
Kindes des Schuldners ist nicht betroffen, wohl aber der Schwager seiner Frau,
Cosack a. a. O. S. 119.

theiligen, gelten als fraudulos, wenn sie im Falle konkursmäßiger Anfechtung innerhalb eines Jahres vor der Konkurseröffnung und bei individueller Anfechtung innerhalb eines Jahres vor Erhebung der Anfechtungsklage oder deren gehöriger Anmeldung abgeschlossen waren. Die Verwandten entkräften die Präsumtion nur durch den Nachweis, daß ihnen zur Zeit des Vertragsschlusses die Absicht des Schuldners, seine Gläubiger zu benachtheiligen, nicht bekannt war.[10]

II. Die andere Kategorie von Anfechtungsgründen bezieht sich auf Rechtshandlungen, welche objektiv gegen die Gläubiger ein Unrecht enthalten. Diese Anfechtung hat etwas mit einer condictio sine causa Verwandtes. Um deswillen nennen wir sie die kondikticische, und zwar giebt es zwei Hauptgruppen:

1. Die eine ist auf den Fall des Konkurses beschränkt. Sie stützt sich auf die Auffassung, daß die Konkursgläubiger, auch wenn erst die Vorzeichen des Konkurses eingetreten sind, bereits ein festes Anrecht auf gleichmäßige Befriedigung aus dem Vermögen des Schuldners haben. Deshalb sind anfechtbar:

a) Rechtsgeschäfte des Gemeinschuldners, durch deren Eingehung die Konkursgläubiger benachtheiligt wurden, wenn die Zahlungseinstellung des Schuldners oder der Antrag auf Konkurseröffnung vor ihrem Abschluß erfolgt war und der Geschäftsgenosse dies wußte.[11]

b) Sicherung oder Befriedigung von Gläubigern, wenn vor deren Vornahme die Zahlungseinstellung oder der Antrag auf Konkurseröffnung erfolgt war und der Gläubiger dies wußte. Dies gilt auch für fällige Forderungen.[12]

c) Endlich Gratifikationen d. h. nach der Zahlungseinstellung oder dem Eröffnungsantrage oder in den letzten 10 Tagen vorher erfolgte Rechtshandlungen, welche einem Konkursgläubiger eine Sicherheit oder Befriedigung gewähren, die er nicht, oder nicht zur Zeit, oder

---

10) Daß es sich um eine Beweisregel handelt, wird vom Gesetze nicht ausdrücklich gesagt. Die Bestimmung läßt sich aber nicht anders rationell erklären. Der Verwandte gilt also als dolos, und damit ist auch in der großen Mehrheit der Fälle das Richtige getroffen. Hiernach muß sich der Umfang seiner Verhaftung bestimmen. Anders R.O.H.G. Bd. 21 S. 418.

11) K.O. § 23 Ziff. 1 erster Satz, vgl. Cosack namentlich S. 176. — Ueber den Begriff der Zahlungseinstellung vgl. oben § 56.

12) K.O. § 23 Ziff. 1 zweiter Satz. In diesem Falle von einem Dolus des Gläubigers zu reden, wie die Motive der K.O. thun, ist ganz unzulässig. Die Zurückweisung der Zahlung, die Sistirung der Exekution in der Zwischenzeit wäre Thorheit. Niemand weiß, wem die nicht eingenommenen Werthe zu gute kämen, namentlich ob sie der Schuldner nicht verthun würde.

nicht in der Art zu beanspruchen hatte. Dem Begünstigten steht der Nachweis offen, daß ihm zur Zeit der Handlung weder die Zahlungseinstellung, noch der Eröffnungsantrag, noch eine Absicht des Gemeinschuldners, ihn vor den übrigen Gläubigern zu begünstigen, bekannt war.[13]

Rechtshandlungen, die um mehr als 6 Monate vor der Konkurseröffnung zurückliegen, können wegen Kenntniß der Zahlungseinstellung nicht angefochten werden.[14]

2. Unentgeltliche Verfügungen des Schuldners unterliegen der Anfechtung im Konkurse, wenn sie dem letzten Jahre vor der Konkurseröffnung, sowie der individuellen Anfechtung, wenn sie dem letzten Jahre vor der Erhebung der Anfechtung oder deren gesetzmäßiger Anmeldung angehören. Bei Verfügungen zu Gunsten des Ehegatten beträgt die Frist zwei Jahre.[15]

Gebräuchliche Gelegenheitsgeschenke sind nicht betroffen.

Es kommt nichts darauf an, ob die Schenkung eine den Verhältnissen des Schenkers zur Zeit ihrer Vornahme entsprechende und loyale war. Ohne Rücksicht darauf giebt das Gesetz vielmehr den Gläubigern das Recht, sich aus den vom Schuldner vorgenommenen Schenkungen zu befriedigen. Ihm genügt, daß der Eine einen Verlust abwenden, der Andere einen Gewinn erhalten will.

Die Anfechtung einer Rechtshandlung wird nicht dadurch ausgeschlossen, daß sie Vollstreckbarkeit gegen den Schuldner hatte oder auf Zwangsvollstreckung oder Arrest gegen ihn beruhte. Dies gilt für alle Anfechtungsfälle.[16]

### § 147. Die einzelnen Sätze des Anfechtungsrechtes.

1. Zur Anfechtung im Konkurse ist einzig der Verwalter der Konkursmasse legitimirt.[1]

Zur Anfechtung außerhalb des Konkurses ist der Gläubiger einer

---

13) K.O. § 23 Ziff. 2. Der Einredebeweis ist praktisch und legislativ von zweifelhaftem Werthe, weil er nur unter ganz besonderen Umständen gelingen kann.

14) K.O. § 26. Die Zahlungseinstellung kann hiernach beliebig weit zurückliegen; nur das Geschäft, welches angefochten wird, muß innerhalb der Frist von 6 Monaten geschlossen sein. Cosack a. a. O. S. 180. Dies ist aber cum grano salis zu nehmen. Eine Zahlungseinstellung, welche in keinem inneren Zusammenhange mit dem jetzt eröffneten Konkurse steht, kann nicht in Betracht kommen. — Ueber die sehr problematische Beziehung des § 26 der K.O. auf die Gratifikationsfälle des § 23 Ziff. 2 vgl. Cosack a. a. O. S. 205.

15) K.O. § 25, Reichsgesetz § 3 Ziff. 3 und 4, vgl. Cosack a. a. O. S. 133.

16) K.O. § 28, Reichsgesetz § 6.

1) K.O. § 29.

fälligen und vollstreckbaren Forderung befugt, wenn die Zwangsvoll=
streckung in das Vermögen des Schuldners nicht zu seiner vollen Be=
friedigung führte oder voraussichtlich erfolglos bleiben müßte.[2]

2. Anfechtungsgegner ist der, welcher vom Schuldner erwarb, so=
wie des Erwerbers Erbe.

Andere Rechtsnachfolger jenes Erwerbers sind dies, wenn sie zur
Zeit des Erwerbes die betrügerische Absicht des Gemeinschuldners
kannten,[3] oder wenn sie als nahe Verwandte desselben die Präsumtion
gegen sich haben und sie nicht durch den Nachweis ihrer Nichtkenntniß
entkräften können.

3. Der Konkursverwalter kann Rückgewähr des durch die anfecht=
bare Handlung Entfremdeten fordern, der einzelne benachtheiligte Gläu=
biger kann dies nur soweit, als es zu seiner Befriedigung erforderlich
ist. Im Uebrigen ist richtiger Ansicht nach zu unterscheiden:[4]

a) Der Anfechtungsgegner war fraudulos oder gilt wenigstens
als naher Verwandter des Schuldners für fraudulos. Hier ist er nach
den Grundsätzen der römischen paulianischen Klage zu behandeln. Er
haftet also ohne Rücksicht auf Besitz, trägt die Gefahr, hat nicht bloß
die gewonnenen, sondern auch die gewinnbaren Früchte und Zinsen zu
erstatten.

b) Er haftet kondikticisch aus Geschäften und Zahlungen, weil
dieselben der Zeit des anstehenden Konkurses angehören.
Hier sind die Grundsätze der Kondiktionen wegen mangelnden Grundes
anzuwenden. Geld ist daher in der empfangenen Summe zurückzu=
erstatten. Bezüglich anderer Objekte trägt der Empfänger aber die
Gefahr nicht, er hat nur die Sache, wie sie sich ohne seine Schuld
findet, zurückzugeben, und wenn er gutgläubig verzehrte oder veräußerte,
den Preis. Zinsen hat er zu ersetzen, wenn er selbst solche zog, sowie
im Falle des Verzuges.

---

2) Reichsgesetz § 2.

3) K.O. § 33, Reichsgesetz § 11. Der Dritte ist nach diesen Gesetzen belangbar,
wenn er „die Absicht des Gemeinschuldners, seine Gläubiger zu benachtheiligen,
kannte". Kommt also Kenntniß von Anfechtungsgründen anderen Charakters nicht
in Betracht? Man wird dies doch nach der Analogie anzunehmen haben. Vgl. übrigens
Cosack a. a. O. S. 310.

4) K.O. § 30 bestimmt: „was veräußert ist, muß zur Konkursmasse zurück=
gewährt werden. Der gutgläubige Empfänger einer unentgeltlichen Leistung hat
dieselbe nur so weit zurückzugewähren, als er durch sie bereichert ist." Welchen
Umfang die Rückgewähr, vom letzten Falle abgesehen, hat, darüber spricht sich das
Gesetz nicht aus. Vgl. mein preuß. Pr.R. Bd. 2 § 131, Cosack a. a. O. S. 254,
siehe ferner oben Bd. 2 § 141 Anm. 28. Ueber Fälle, in welchen ein über mehrere
Objekte geschlossenes Geschäft nur bezüglich eines derselben anfechtbar ist, vgl. R.G.
Bd. 21 S. 95.

c) Gutgläubige Empfänger einer unentgeltlichen Zuwen=
dung sind nur auf den Betrag ihrer Bereicherung verbunden.

4. Die etwaige Gegenleistung kann bei konkursmäßiger An=
fechtung angerechnet werden, soweit sie der Masse zu gute kam.[5][6]

5. Die konkursmäßige Anfechtung verjährt in einem Jahre von der
Konkurseröffnung an,[7] die individuelle wegen frauduloser Handlungen
in 10 Jahren von der Entstehung des Klagerechtes an.[8][9]

---

5) K.O. § 31.

6) Das Reichsgesetz § 8 bestimmt bezüglich der individuellen Anfechtung „wegen
Erstattung einer Gegenleistung kann der Empfänger sich nur an den Schuldner
halten". Aber wie, wenn sich der Gläubiger aus der Gegenleistung für seine For=
derung bereits theilweise Befriedigung holte? Der Schuldner hat z. B. anfechtbarer=
weise ein Landgut gegen ein Haus eingetauscht, der Gläubiger im Wege der Zwangs=
vollstreckung das Landgut veräußert und Befriedigung des größeren Theiles seiner
Forderung aus demselben bekommen; kann er nun in Folge der Anfechtungsklage
ohne Weiteres auch aus dem Hause Befriedigung für den Rest seiner Forderung
beitreiben? Dies ist doch nur auf den Betrag möglich, zu welchem das Haus einen
höheren Werth hat als das Landgut. Sonst würde der Anfechtungsgegner mit
doppelten Ruthen gezüchtigt. Vgl. Cosack a. a. O. S. 272. Siehe ferner R.G.
Bd. 20 S. 157.

7) K.O. § 34 bestimmt: „Das Anfechtungsrecht verjährt in einem Jahre seit
der Eröffnung des Verfahrens". Dies bezieht sich auch auf Einreden. Gilt dies
auch, wenn der Gläubiger einer anfechtbaren Forderung dieselbe im Konkurse, der
sich in die Länge zieht, erst nach einem Jahre anmeldet und sie jetzt erst zur Kennt=
niß der Gläubiger kommt? Muß die offenbar fraudulose Forderung nunmehr zur
Theilnahme im Konkurse zugelassen werden, weil die Anfechtung verjährt ist! Man
muß gegen solche Machination durch exceptio doli helfen. Denn unmöglich kann
die Unzulänglichkeit der Gesetzgebung grobe Uebervortheilung der Konkursgläubiger
privilegiren.

8) Reichsgesetz § 12 enthält das Nähere.

9) Nicht ohne eine bestimmte Absicht wurde bei der Darstellung des Anfechtungs=
rechtes nach den Reichsgesetzen auf einige ihrer erheblichsten Lücken und Unvollkommen=
heiten hingewiesen. Diese Gesetze sind nach reiflichster Vorbereitung von bewährten
Sachkennern und tüchtigen Juristen verfaßt, und doch — wie manche Fragen lassen
sie offen, wie viele lösen sie mangelhaft! Das mag die Hohlheit der naiven Meinung
vor Augen führen, als komme es nur auf Abfassung neuer Gesetze an, um der
Probleme des Privatrechtes Herr zu werden, und als reiche die Kenntniß ihrer
Paragraphen für das Rechtsleben aus. Um Recht zu sprechen und zu bilden, muß
man juristisch zu denken wissen. Und diese Kunst lehren uns vor Allem die Meister
des römischen Rechtes.

# Sachregister.

Actio locati 300 (**110**).
— mandati 318 (**116**), 40 (14), contraria beim mandatum qualificatum 210 (77), 217 (80), 225 (83).
— mutui 235 a 1 (87).
— negotiorum gestorum 328 (**121**), 288 (106), 332 (122), 40 (14), 42 a 17 (14), des Bürgen 217 (80), 218 a 8 (80), 225 (83).
— non adimpleti contractus 282 (103).
— noxalis 105 ff. (**38**), 359 (**133**).
— Pauliana 381 ff. (144 ff.).
— pro socio 343 (**126**), 338 (125).
— quanti minoris 278 ff. (101).
— quasi institoria 37 (13).
— quod jussu 38 (**14**), 35 (13).
— quod metus causa 7 a 6 (3).
— redhibitoria 276 ff. (**101**).
— restitutoria 228 (84).
— servi corrupti 347 (129).
— tributoria 39 a 6 (14).
— utilis bei Verträgen zu Gunsten Dritter 53 (18), des Cessionars 134 (47).
— venditi 264 (97), 184 a 6 (67).
— vi bonorum raptorum 347 (129).
Actiones aediliciae 276 (101).
— adjecticiae qualitatis 35 ff. (13 ff.).
— poenales 347 ff. (129 ff.).
— stricti juris 367 (138).
— utiles 134 (47).
— vindictam spirantes 140 a 4 (50).
Addictio in diem 261 (95).
Adjectus solutionis causa 154 a 16 (55), 169 a 9 (60).
Adressat von Sendungen 54 (18).
Aedilicische Klagen 273 ff. (100).
Aestimatio 122 (44).
Aestimatoria praescriptis verbis 20 (7).
Aestimatorius contractus 325 (120).
Affektionsinteresse 123 (44).
Afterbürge 216 (79).
Aftervermiethung 302 (111).
Akkord (Zwangserlaß) 182 (66), 159 (56).
Aktive Korrealobligationen 203 ff. (74).
Alea 254 (94).
Aleatorische Verträge 285 (104).
Alimentationspflicht 90 ff. (31), 358 (132).

Alimentenforderungen, Cessibilität 139 (50), Kompensation 177 a 14 (63).
Alternativ-Obligationen 79 ff. (27).
Alterum tantum bei Zinsen 89 a 8 (30).
Amtspflicht, Verletzung 362 (135).
Anatocismus 90 (30).
Anerkennung eines cedirten Anspruches durch den Schuldner 144 a 9 (51).
— der Schuld 66 (22).
Anfechtung fraudulofer Geschäfte 381 ff. (144 ff.).
Angeld 33 (12).
Animus contrahendae societatis 337 (124).
— donandi 182 (65), 225 (83), 227 (84), 288 (106).
— injuriandi 365 (137).
— lucri faciendi beim furtum 351 (130).
— novandi 168 (60).
Annahme an Erfüllungsstatt 162 (58).
Annahmeverzug 117 ff. (**43**).
Annullirung des Kaufes 260 (95).
Anpreisungen beim Kauf 275 (100).
Antheile der Gesellschafter 340 (126).
Anweisung 322 (119).
Anzahlungen 260 (95).
Apocha 150 a 14 (54).
Arbitratoren 43 (15).
Argentarius 58 (20), 172 (62).
Arglist f. dolus.
Arra 33 ff. (**12**), beim Kauf 260 (95).
Arra poenitentialis 33 (12).
Arrestschlag, ungerechtfertigter 362 (135).
Arrha f. Arra.
Affignation 322 ff. (119).
Aufbewahrung 247 (92).
Aufhebung der Obligationen 148 ff. (54 ff.), der Kaufgeschäfte 276 (101), 280 (102).
Aufkündigung f. Kündigung.
Aufrechnung 171 ff. (62 ff.).
Auftrag 314 ff. (115 ff.).
Auslagen beim commodatum 244 (90), beim depositum 249 (92), bei der actio redhibitoria 277 (101), beim mandatum 318 (116), bei der negotiorum gestio 334 (122), bei der societas 342 (126).
Auslobung 24 (9).
Ausscheidungstheorie beim Kauf 264 a 9 (96).

## J (j).

Judex qui litem suam fecit 362 (135 b).
Jubilat 374 (141).
Juramentum in litem 127 (45).
Jus ad rem 8 (3).
— justum 256, 257 (94).
— poenitendi 21 a 16 (7).
— protimiseos 260 (95).
— variandi 82 a 16 (27).

## K.

Kassation der Schuldurkunde 150 a 16 (54).
Kauf 252 ff. (94 ff.), 19 (7), 280 (102).
— auf Probe 258 (95).
— auf Spekulation 281 (102).
— gegen baar 257 (95).
— in Bausch und Bogen 264 (96).
— nach Probe 259 (95).
— zur Probe 259 (95).
Kaufpreis 256 (94), 278 (101).
Kaufsache, deren Uebergabe 266 (98).
Kausale Geschäfte 63 ff. (22).
Kausalnexus beim Schadenersatz 124, 127 (45).
Klage 5 ff. (3).
Klageort 94 ff. (33).
Klaglose Obligationen 8 ff. (4).
Kommodat 241 ff. (90), 19 (7).
Kompensation 171 ff. (62 ff.), 249 (92).
— der culpa 126 a 9 (45).
Kompetenz, Rechtswohlthat 159 (57).
Kondiktionen 367 ff. (**138** ff.).
Konditionsgeschäft 326 a 10 (120).
Konfusion der Obligationen 183 (67).
Konkurrirendes Verschulden 126 (45).
Konkurs 156 ff. (**56**), des Miethers 306 (111), eines Gesellschafters 345 (128), Kompensation 177 (63), Anfechtung von Rechtshandlungen des Schuldners 386 ff. (146 ff.), K. des Dienstherrn 308 (112).
Konkurskurator 382 (144).
Konkursverwalter 158 (56), 306 (111).
Konsensualkontrakte 19 (7), 22 (8), 280 a 1 (102).
Konstitut 187 ff. (**69**).
Kontokurrent 90 a 9 (30).

Kontrakt, Begriff 15 (6).
Kontraktensystem, römisches 17 (7).
Kontraktsobligationen und Deliktsobligationen 15 ff. (6).
Konvalescenz der Schenkung unter Ehegatten 293 (108).
Konventionalstrafe 129 ff. (46).
Körperverletzung 357 (132).
Korrealobligationen 190 ff. (**71** ff.), 5 (2), 215 (79), 344 (127).
Kreation der Ordre= und Inhaberpapiere 25 a 13 (9).]
Kreditauftrag 209 (77), 218 a 7 (80).
Kreditgeschäfte 3 (1).
Kreditkauf 257 (95).
Kreditzusage 231 a 5 (85).
Kündigung 96 (34), bei Sachenmiethe 305 (111), im Gesellschaftsverhältniß 346 (128), beim Mandat 320 (117).
Kumulative Intercession 224 (83).
Kumulative Schadenersatzpflicht 196 (72).
Kurswerth 77 (26).

## L.

Laesio enormis 281 (102).
Lata culpa 100 a 5 ff. (36); s. culpa l.
Lebensgefahr 294 (108).
Lebensversicherungen 54 (18).
Legitima pacta 19 (7).
Legitimae usurae 89 (30).
Leichenkosten 358 (132).
Leihe 241 ff. (90).
Leistung an Zahlungsstatt 162 (58).
Leistungspflicht des Schuldners 4 (2).
Leonina societas 341 a 8 (126).
Leugnen, Prozeßnachtheile 7 (3).
Lex Anastasiana 49 (16 a), 141 (51).
— Aquilia 353 ff. (131 ff.).
— Cincia 291 a 2 (108), 294 a 18 (108).
— commissoria 260 (95), 33 a 4 (12), 129 (46).
— Furia de sponsu 207 (76).
— Rhodia de jactu 312 (114).
Liberalitäten 286 (106), des Gemeinschuldners 159 (56).
Liberation 148 ff. (54).

Receptum (Bürgschaft) 209 (77).
— nautae, cauponis 107 (39).
Rechnungslegung beim Mandat 318 (116).
— bei der negotiorum gestio 333 (122).
Recht zur Sache 8 (3).
Rechtswohlthat s. beneficium.
Rehhibitionsklage 276 ff. (101).
Regreß des Bürgen 217 ff. (80).
— des zahlenden Korrealschuldners 202 (73).
— des Solibarschuldners 205 (75).
Reisender 32 a 10 (11), 107 a 3 (39).
Relocatio tacita 306 (111 d).
Remissio s. Erlaßvertrag.
— mercedis 303 (111).
Remuneratorische Schenkungen 289 (106).
Rente 83 a 5 (28); Schenkung 291 (108).
Renuntiatio s. Kündigung.
— mandati 320 (117).
— societatis 346 (128).
Reparaturen bei der Miethe 306 (111).
Replik der Kompensation 178 (64).
Repräsentation s. Stellvertretung.
Res extra commercium 45, 46 (16).
Rescission 281 (102), 382 (144).
Retention 249 (92), 260 (95).
Retraktrecht 260 a 16 (95).
Reugeld 83 (12).
Reurecht 20 a 16 (7).
Revokation s. Widerruf.
Rheder 35 (13).
Rückbürge 218 (80).
Rückgriff s. Regreß.
Rücktrittsrecht beim Kauf 261 (95).
— beim Auftrag 320 (117).
— bei der Gesellschaft 346 (128).
— bei der Miethe 301, 302 (111).
— vom zweiseitigen Vertrage 116 (41).
Rustici bei der condictio indebiti 376 (141).

## S.

Sachbeschädigung 353 ff. (131 ff.), 347 (129).
Sachenmiethe 300 (111).
Sachwucher 50 (16a).
„Salvum fore recipio" 107 a 3 (39).

Schadensersatz 121 ff. (44 ff.).
Schablosbürge 215 (79).
Schenkung 286 ff. (106 ff.).
Schiedseidvertrag 298 a 14 (109).
Schiffer 107 (39), 105 a 5 (38), 312 (114).
Schmerzensgeld 358 (132).
Schuld, Begriff 3 (1).
Schuldschein, Zurückgabe an den Schuldner 150 a 16 (54).
Schuldübernahme 146 (53).
Schuldverträge 22 (9).
„Securitas" 150 a 14 (54).
Seedarlehen 240 (89).
Selbsthülfeverkauf 120 (43).
Senatusconsultum Macedonianum 237 ff. (88), 13 (5).
— Vellejanum 225 ff. (84).
Separatist 158 (56).
Sequestration 248 (92), 251 (93).
Simplaria venditio 278 a 15 (101).
Societas 336 ff. (124 ff.), Beendigung 345 (128).
Solidar-Obligationen 189 ff. (70 ff.), S.-O. im engeren Sinn 205 (75), 356 (131).
Solibus, Werth desselben 291 (108).
Solutio 148 a 1 (54).
Solutionis causa adjectus 154 (55 u. a 16), 169 a 9 (60).
Species-, Genus-Schuld 73 ff. (25); Specieskauf 256 a 18 (94).
Spiel 283 ff. (104).
Sponsio (Bürgschaft) 206 (76).
— dimidiae partis 188 (69).
Sponsiones 285 (105).
Stabularius 107 (39), 105 a 5 (38).
Stipulatio 17 ff. (7), 22 (8), debiti 62 (22), ob causam 63 (22), zum Zwecke der Novation 167 (60).
Strafarra 83 (12).
Strafklagen 347 ff. (129 ff.).
Streitverkündung bei Eviktion 269 (99).
Stricti juris actiones 6 (3).
Stundung 182 (65), 182 a 2 (66).
Subjekt, Wegfall 183 (67).
Sublocatio 302 (111).
Synallagmatische Verträge 56 ff. (20).
Syndikatsklage 362 (135).

Lippert & Co. (G. Pätz'sche Buchdr.), Naumburg a. S.

Vor Kurzem erschienen:

Die

# Phantasie im Rechte.

Vortrag
von
Dr. Heinrich Dernburg.

Preis 1 Mt.

---

# Hülfsbuch

zum

# Studium der Pandekten

insbesondere zu

## Dernburg's Pandekten.

Von einem Verwaltungsbeamten.

2. Abtheilung.

(Obligationenrecht.)

Preis 1 Mt.

---

Verlag von H. W. Müller in Berlin, Luckenwalderstraße 2.